138 : Objektivität des Fremdseelischen, Intersub-
          jektivität der mentalen Sprache'

5„   Psyche ≠ Geist !
7   Psychopharmaka
58   Selbstbewußtsein beim Kind
92, 103   SNEED in Gehirnforschung
119..   LS aus ärztlicher Sicht
157..   Bewußtseindefinitionen   !
162   Polarität der Emotionen !
163..   Monismus / Dualismus
174..   Emotionspsychologie
280   Theorienauswahl irrational ? 282 !

23   Geist = funktional oder ontologisch ?
...254 Abaursalität
294   Beobachter ist Teil des Systems

250..   Kausalität in horizontalen Seinsschichten !
289   WALKERs Grundbeziehung Geist - Materie
294   Beobachter - Partizipation
359   Evidenz - Erlebnis
453..   Bewußtseinszustände + Bewußtseininhalte

INSTITUT FÜR GRENZGEBIETE DER WISSENSCHAFT

IMAGO MUNDI

Schriftenreihe für Ausbau und Vertiefung
des christlichen Welt- und Menschenbildes
herausgegeben von ANDREAS RESCH

Band X

RESCH VERLAG INNSBRUCK 1986

Andreas Resch

PSYCHE UND GEIST
Fühlen Denken Weisheit

Unter Mitarbeit von:

Hans Zeier

Helgi-Jón Schweizer

Wolfgang Wesiack

Bernulf Kanitscheider

Hermann Loddenkemper

Josef A. Keller

Claus Heinrich Bick

Alex Schneider

Franz Moser

Walter A. Frank

Adolf Hübner

Caroline Schützinger

Johannes C. Brengelmann

Franz-Theo Gottwald

Hubert Larcher

Theodor Landscheidt

Claus Schedl

RESCH VERLAG INNSBRUCK 1986

VORWORT

In einer Zeit, wo Kritik und negative Informationen, Mißtrauen, Angst und Resignation, Initiative, Kreativität und Frohsinn zu verdrängen scheinen, ist eine verstärkte Besinnung auf die lebenserhaltenden Möglichkeiten des Menschen das Gebot der Stunde. So befaßt sich dieser 10. IMAGO MUNDI Band mit dem Titel *«Psyche und Geist: Fühlen, Denken und Weisheit»* mit den positiven Möglichkeiten und Fähigkeiten des Menschen.

Im Einleitungsartikel versuche ich die geschichtliche Entwicklung und den Bedeutungswandel von Psyche und Geist im Laufe der Geschichte zu umreißen. Hier zeigt sich, daß die Kenntnisse der heutigen Erforschung des Menschen eine klare Unterscheidung von Psyche und Geist erfordern, um den diesbezüglichen Ausdrucksformen gerecht zu werden.

Die physiologischen Grundlagen dieser Verschiedenheit von Psyche und Geist liefert heute vor allem die Hirnforschung. Durch die Unterscheidung der Funktionen von Gehirnstamm, Limbischem System und Kortex konnte die Psychobiologie unser Verständnis von Fühlen, Denken und Weisheit wesentlich bereichern. Diese Forschungen zeigen zudem ganz deutlich, daß der Mensch das einzige Wesen ist, das sich selbst erkennen kann.

Es ist jedoch auch Tatsache geworden, daß der Mensch in seinen intelligenten Leistungen von der «künstlichen Intelligenz», den Computern, in bestimmten Bereichen übertroffen wird. Diese Tatsache hat die Diskussion um das alte Leib-Seele-Problem neu entfacht, zumal die Psychosomatische Medizin bei den physiologischen Reaktionen einer Vielfalt psychisch-geistiger Inhalte begegnet, die rein somatisch nicht deutbar sind und auch nicht computerisiert werden können. So erhalten der einzelne Gegenstand und das Subjekt erst durch den selbstbewußten Geist des Bewußtseins Sinn und Bedeutung, wobei die Welt der Gefühle eine bedeutende Rolle spielt.

Dabei scheint sich, wie vor allem aus Hypnoanalysen hervorgeht, der selbstbewußte Geist als Denken, Verstehen und Weisheit der linken bzw. rechten Gehirnhälfte des Kortex zu bedienen, während die Gefühle und Emotionen über das Limbische System zum Ausdruck kommen.

Freilich bleiben im einzelnen noch viele Fragen offen. Sicher ist jedenfalls, daß Fühlen und Denken die Grundpfeiler der Motivation des menschlichen Verhaltens sind. Hier ist auch noch zu beachten, daß Motiv und Motivation durch paranormale Erfahrungen beeinflußt werden können.

Diese ganzheitliche Sicht des Menschen erfordert ein Verständnis von Welt und Mensch, das von einer kosmischen Einheit ausgeht. Ein solcher Wandel des Bewußtseins kann jedoch nur dann die gewünschten Früchte tragen, wenn er der Ordnung entspricht, die der Welt ursprünglich gegeben ist. Die Evidenz dieser Ordnung erlebt der beschauliche Betrachter in den vielen harmonikalen Formen der Natur.

Damit sich Ordnung und Harmonik auch beim Menschen ereignen können, muß der menschliche Lebensvollzug nach außen Qualität und Effektivität, nach innen eine Wertigkeit aufweisen, die von einer kosmischen Einheit getragen wird.

Diese Formung des Selbst vollzieht sich auf dem Weg letzter Vollendung in Bereichen veränderter Bewußtseinszustände, die durch den persönlichen Gottesbegriff der christlichen Lebenserfahrung das immanente Selbst zur transzendenten Gemeinschaft der Heiligen führt.

Ein solcher Bezug zur Transzendenz erfährt schließlich in der Mystik einen Bewußtseinszustand dauernder Gottverbundenheit. In dieser umfassenden Form des Selbst verbinden sich schließlich Fühlen, Denken und Lebenserfahrung zur alles umfassenden Weisheit. Die Weisheit trennt nicht und haftet nicht, sie erhebt sich über den Alltag und jede Form der Begrenztheit. Sie trägt die Züge des Ewigen und vermag dem Leben Sinn und Inhalt zu geben.

Aus dieser vielschichtigen Betrachtung, die eine Frucht des X. IMAGO MUNDI Kongresses (1985) darstellt, erwächst ein Verständnis von *Psyche und Geist: Fühlen, Denken und Weisheit*, das dem Leben Schätze zu vermitteln vermag, die weder Rost noch Motten verzehren.

Die einzelnen Beiträge wurden von Autoren eigens für diese Veröffentlichung ausgearbeitet und gehen zum Teil weit über den Vortragsrahmen hinaus.

Es ist mir daher eine angenehme Pflicht, den Autoren für alles Wohlwollen und die vorzügliche Mitarbeit meinen besonderen Dank auszusprechen.

Einen weiteren Dank schulde ich den Mitgliedern des Instituts für Grenzgebiete der Wissenschaft (IGW) und von IMAGO MUNDI, den Teilnehmern der IMAGO MUNDI Kongresse und allen Freunden und Gönnern des IGW und des Resch-Verlages sowie Mag. Priska Kapferer, Minka Honeck und Maria Luise Jäger für den großen Einsatz bei der Erstellung des Bandes.

Möge dieser 10. Band von IMAGO MUNDI zur Weitung und Vertiefung des Welt- und Menschenbildes ein echter Beitrag zum Verständnis und zur Entfaltung von Psyche und Geist, Fühlen, Denken und Weisheit sein.

Innsbruck, 16. Juli 1986 Andreas Resch

INHALTSVERZEICHNIS

WOLFGANG WESIACK

DAS LEIB-SEELE-PROBLEM AUS ÄRZTLICHER SICHT   119

BERNULF KANITSCHEIDER

DAS LEIB-SEELE-PROBLEM IN DER ANALYTISCHEN PHILOSOPHIE   137

HERMANN LODDENKEMPER

PSYCHOLOGISCHE, NEUROBIOLOGISCHE UND WISSENSCHAFTS-
    THEORETISCHE ASPEKTE DES BEWUSSTSEINS   157

JOSEF A. KELLER

MOTIVATION UND MENSCHLICHES VERHALTEN 215

ALEX SCHNEIDER

TELEPATHIE, HELLSEHEN UND PRÄKOGNITION 233

FRANZ MOSER

WISSENSCHAFTSTHEORETISCHE KONSEQUENZEN DER ERFORSCHUNG AUSSERNORMALER PSYCHISCHER PHÄNOMENE

ADOLF HÜBNER

IST EINE ORDNUNG A PRIORI DER WELT GEGEBEN, UND WENN JA, (WIE) KÖNNEN WIR IHRER ANSICHTIG WERDEN?   341

CAROLINE SCHÜTZINGER

EVIDENZ-ERLEBNIS: OFFENBARE GEHEIMNISSE DER NATUR ODER SIGNATUREN DES LOGOS IN DER SCHÖPFUNG   359

JOHANNES C. BRENGELMANN

PERSÖNLICHE EFFEKTIVITÄT, STRESS UND LEBENSQUALITÄT
Strukturen der positiven Lebensgestaltung   395

FRANZ-THEO GOTTWALD

VIBHŪTI ODER SIDDHI
THEORIE UND PRAXIS DER ERWEITERUNG MENSCHLICHER
FÄHIGKEITEN NACH DEN YOGA-SŪTRAS DES PATAÑJALI   425

AUTOREN

Prof. DDr. Andreas Resch, geb. am 29. 10. 1934 in Steinegg bei Bozen / Südtirol. 1955 Eintritt in den Redemptoristenorden; 1961 Priesterweihe. 1963 Doktorat der Theologie an der Universität Graz, Studium der Psychologie an den Universitäten Freiburg und Innsbruck, 1967 Doktorat der Philosophie (Psychologie und Volkskunde) an der Universität Innsbruck. Psychoanalytische und verhaltenstherapeutische Ausbildung; psychotherapeutische Praxis. Seit 1969 Professor für klinische Psychologie und Paranormologie an der Academia Alfonsiana, Päpstliche Lateranuniversität, Rom. 1972 Gastvorlesungen in San Francisco und Kyoto (Japan). Gründer und seit 1980 Direktor des «IGW - Institut für Grenzgebiete der Wissenschaft», Innsbruck. Initiator und Leiter der IMAGO MUNDI Kongresse; *Herausgeber* der Zeitschriften: Grenzgebiete der Wissenschaft und Impulse aus Wissenschaft und Forschung. *Herausgeber* der Buchreihen: Imago Mundi; Grenzfragen; Personation and Psychotherapy; Bibliographie zur Paranormologie. – Inhaber des Resch Verlages – Zahlreiche Veröffentlichungen in verschiedenen Zeitschriften und Sammelbänden sowie der Bücher: Der Traum im Heilsplan Gottes; Depression, Ursachen, Formen, Therapie; Gerda Walther: Ihr Leben und Werk. Mitarbeit an Fernseh- und Kinofilmen.

Anschrift: Prof. DDr. Andreas Resch, Postfach 8, A-6010 Innsbruck.

Prof. Dr. phil. Hans Zeier wurde 1939 in Luzern geboren, wo er Primar- und Kantonsschule besuchte. Nach der 1959 abgelegten C-Maturität studierte er zunächst Sekundarlehrer mathematisch-naturwissenschaftlicher Richtung und anschließend Biologie. Promotion 1965 an der Universität Zürich im Hauptfach Zoologie und den Nebenfächern Psychologie, Anthropologie und Anatomie. 1962 bis 1967 wissenschaftlicher Mitarbeiter am Institut für Hirnforschung der Universität Zürich. 1967 bis 1969 Research Associate am Massachusetts Institute of Technology (MIT) in Cambridge, USA. Anschließend Lehr-und Forschungstätigkeit an der Eidg. Technischen Hochschule (ETH) Zürich; 1972 Habilitation mit Lehrgebiet Verhaltensbiologie und vergleichende Neuroanatomie, 1983 Ernennung zum Professor am Institut für Verhaltenswissenschaft der ETH. Seit 1977 Mitglied des Schweizerischen Wissenschaftsrats. Mitglied der American Psychological Association (APA), der European Brain and Behaviour Society (EBBS), der International Brain Research Organisation (IBRO), der Society for Psychophysiological Research (SPR) und der Union Schweizerischer Gesellschaften für Experimentelle Biologie (USGEB). Mitarbeit in interdisziplinärem Arbeitskreis: Arbeitsgemeinschaft Neurobiologie Zürich (Mitbegründer und Redaktionsmitglied), Arbeitsgemeinschaft zum interdisziplinären Studium anthropologischer Fragen, International Cultural Foundation (ICF). Schwerpunkte der wissenschaftlichen Arbeit: Anthropologische und psychophysiologische Untersuchungen über Wechselwirkungen zwi-

schen körperlichen und seelisch-geistigen Vorgängen, mit besonderer Berücksichtigung von Stressverhalten und Stressbewältigung. Theoretische Arbeiten zur Bedeutung der Evolutionstheorie für Verhaltens-und soziokulturelle Entwicklungsprozesse.
Veröffentlichungen: Neben zahlreichen wissenschaftlichen Publikationen in Fachzeitschriften und Sammelwerken Autor bzw. Herausgeber folgender Bücher: Wörterbuch der Lerntheorien und Verhaltenstherapie, München: Kindler Verlag 1976 (ital. Ausgabe 1980); Gehirn und Geist (mit Sir John Eccles), München: Kindler Verlag 1980 (span. Ausgabe 1985); Lernen und Verhalten, Band I: Lerntheorien und Band II: Verhaltensmodifikation, Weinheim und Basel: Beltz Verlag 1984.
Anschrift: Prof. Dr. Hans Zeier, Kreuzbülstr. 4, CH-8600 Dübendorf.

Dr. Helgi-Jón Schweizer, geb. 1939 in Deutschland, aufgewachsen in Island. 1952 Rückkehr nach Deutschland. Ab 1960 Studium der Philosophie in München. 1962 Aufnahme des Studiums der Psychologie und Physiologie in Innsbruck. 1968 – 1972 Ass für das Fach «Vergleichende Neurophysiologie» in Innsbruck. Ab 1972 Lehrbeauftragter für Physiologische Psychologie und Neurophysiologie ebenda. 1974 – 1976 Durchführung eines Projektes zur Erforschung rhythmischer Interdependenz in sensomotorischen und zentralnervösen Prozessen. 1976 – 1980 Entwurf einer Allgemeinen Funktionstheorie der Nervensysteme (AFT). Seit 1980 Einzelarbeiten zur AFT, insbesondere deren Anwendung auf die Psychologie. Konstruktion und Untersuchung von Simulationsmodellen der Allgemeinen Funktionstheorie der Nervensysteme. Aufbau eines auf der Computersimulation basierenden Lehrsystems der allgemeinen Psychologie.
Anschrift: Dr. Helgi-Jón Schweizer, Egerstr. 3, D-8918 Diessen.

Prof. Dr. Wolfgang Wesiack, geb. am 29. 3. 1924 in Graz, aufgewachsen in Marburg a. d. Drau, Süd-Stmk., Studium der Medizin, Psychologie und Philosophie an den Universitäten Berlin, Freiburg / Breisgau, Prag und Erlangen. Promotion zum Dr. med. 1949, Internistische Fachausbildung, parallel zur Internistischen Assistenten- und Oberarzttätigkeit psychoanalytisch-psychotherapeutische Ausbildung. Ab 1960 Lehranalytiker und Dozent an der Akademie für Tiefenpsychologie und Psychotherapie in Stuttgart sowie ärztliche und psychotherapeutische Tätigkeit in freier Praxis in Aalen / Württemberg. 1972 Habilitation für das Fach Psychosomatische Medizin an der Universität Ulm. Seit 1968 außerplanmäßiger Professor für Psychosomatische Medizin an der Universität Ulm. Seit 1. 9. 1984 ordentlicher Universitätsprofessor für Medizinische Psychologie und Psychotherapie an der Universität Innsbruck. Hauptarbeitsgebiete: Integration der Psychotherapie (Einzel-, Gruppen- und Familientherapie) in die ärztliche Praxis. Mehrere Arbeiten über die Arzt-Patient-Beziehung, über das diagnostisch-therapeutische ärztliche Gespräch sowie über wissenschaftstheoretische Untersuchungen zur Psychosomatischen Medizin. Wichtigste Veröffentlichungen: «Einführung in die Psychosomatische Medizin» in: Loch (Hrsg.): «Die Krankheitslehre der Psychoanalyse», 4. Auflage 1983 (Hirzel). – «Grundzüge der Psychosomatischen Medizin», 2. Auflage 1984 (Springer). – «Psychosomatische Medizin in der ärztlichen Praxis» 1984 (Urban & Schwarzenberg). – «Psychoanalyse und praktische Medizin» (Klett Cotta, Stuttgart). – Außerdem ist Prof. Wesiack Mitherausgeber und Mitautor des Uexküllischen Lehrbuches der Psychosomatischen Medizin, 2. Auflage München 1981 (Urban & Schwarzenberg); dritte und gründlich überarbeitete Auflage in Vorbereitung.

Anschrift: Prof. Dr. Wolfgang Wesiack, Sonnenburgstraße 16, A-6020 Innsbruck.

Prof. Dr. Bernulf Kanitscheider, geb. 5. 9. 1939 in Hamburg, Studium der Fächer Philosophie, Mathematik, Physik und Geschichte an der Universität Innsbruck, 1964 Promotion zum Dr. phil. und Annahme einer Assistenzstelle am Innsbrucker Philosophischen Institut. Habilitationsschrift über die methodische Analyse des Anwendungsproblems der Geometrie auf die unbegriffliche Realität, dafür 1970 Zuerkennung des Theodor-Körner-Stiftungspreises. 1974 Veröffentlichung des Buches ««Philosophisch-Historische Grundlagen der physikalischen Kosmologie»; eine Neufassung und Erweiterung dieses Werkes ist unter dem Titel «Kosmologie. Geschichte und Systematik in philosophischer Perspektive» erschienen. Die Beschäftigung mit der Frage einer realistischen Interpretation der Quantenmechanik führte 1974 zu seiner Berufung an das Zentrum für Philosophie und Grundlagen der Wissenschaft nach Gießen. Von seinen zahlreichen Veröffentlichungen seien folgende Bücher besonders hervorgehoben: «Philosophie und moderne Physik». Wissenschaftliche Buchgesellschaft, Darmstadt 1979; «Materie – Leben – Geist» (Hrsg.) Duncker & Humbolt: Sammelband Berlin 1979; «Wissenschaftstheorie der Naturwissenschaft». Sammlung Göschen, Berlin: de Gruyter-Verlag 1981; «Moderne Naturphilosophie» (Hrsg.) Sammelband, Würzburg: Verlag Königshausen und Neumann 1984; «Kosmologie. Geschichte und Systematik in philosophischer Perspektive». Stuttgart: Verlag Philipp Reclam jun. 1984. Hinsichtlich allgemeiner philosophischer Fragen focussierte sich Kanitscheiders Interesse auf die Problematik der Einheitswissenschaft und des durchgängigen Verständnisses von Natur, vor allem in Richtung auf eine Lokalisierung der Position des Menschen in der naturalen Welt. Dies prägte sich in einer Reihe von Lehrveranstaltungen aus und führte dann auch zu dem Sammelband «Materie – Leben – Geist».

Anschrift: Prof. Dr. Bernulf Kanitscheider, Hangstraße 11, D-6301 Nordeck.

Prof. Dr. Hermann Loddenkemper, geb. 1936 in Wadersloh (NRW); 1956 Abitur, 1956 bis 1963 Studium in Münster, Bonn, später Stanford (USA); Prüfungen für Lehrämter, Realschulen, Gymnasien; Fächer: Deutsch,

Geschichte, Erdkunde, Pädagogik, Religion; 1963 bis 1975 Tätigkeit als Lehrer an Realschulen und Gymnasien, Studienrat, Oberstudienrat; 1976 Dr. paed. (Universität Paderborn), Akadem. Oberrat; 1977 und 1979 Forschungsreisen in USA und Kanada; 1980 Professor für Allg. Päd. und Erwachsenenbildung an der Erziehungswiss. Hochschule des Landes Rheinland-Pfalz in Koblenz; 1984 Gastprofessor der Missouri State University. Die Forschungsschwerpunkte beziehen sich auf: Superlernen, neurophysiol. Aspekte des Bewußtseins mit Ziel einer Lernoptimierung in der Erwachsenenbildung. Von seinen ca. 100 Zeitschriftenartikeln und 15 Büchern seien genannt: 1) Loddenkemper / Schier: Leistung und Angst in der Schule, Schöningh, 1979; 2) Schule als Instanz sozialer und kreativer Lernprozesse, Reinhardt, München 1980; 3) Lehrl / Loddenkemper: Gehirnjogging, Mediteg, Wehrheim 1984.

Anschrift: Prof. Dr. Hermann Loddenkemper, Scherfelderstr. 31, D-479 Paderborn.

Dr. phil. Josef A. Keller, Diplom-Psychologe, 1944 in Ebern / Unterfranken geboren. Besuch des humanistischen Neuen Gymnasiums in Bamberg von 1955 bis 1964. Anschließend eineinhalb Jahre Wehrdienst. Ab 1966 Studium der Pädagogik, ab 1967 zusätzlich der Psychologie an der Pädagogischen Hochschule Bamberg und den Universitäten Würzburg und Münster / Westfalen. 1969 Erste Lehramtsprüfung. 1970 Vordiplom und 1973 Hauptdiplom in Psychologie. Anschließend wissenschaftlicher Mitarbeiter und Assistent am Institut für Psychologie (Lehrstuhl I) der Universität Würzburg bei Professor Wilhelm Arnold. Die Promotion erfolgte im Jahre 1978; die Dissertation erhielt eine Auszeichnung der Fränkischen Gedenkjahrstiftung für Wissenschaft. In jüngster Zeit Mitarbeit in einem wissenschaftlichen psychophysiologischen Forschungsprojekt bei Professor Wilhelm Janke und Vertretung einer Professur an der Justus-Liebig-Universität Gießen. Schwerpunkte der wissenschaftlichen Arbeit: Motivationspsychologie, Entwicklung und Durchführung von Motivationstraining, Differentielle Psychologie und Psychodiagnostik.

Anschrift: Dr. Josef A. Keller, Domerschulstr. 13, D-8700 Würzburg.

Dozent Claus Heinrich Bick, 1935 als Sohn des Begründers und Chefarztes für Chirurgie und Frauenheilkunde des Dahner St. Josefs-Krankenhauses sowie der Pfälzer Felsenland-Bick-Klinik, Dr. Heinrich Bick (Verfasser des Hypnosebuches «Hypnose und ihre Wellentheorie»), in Dahn geboren. 1957 nach dem Abitur im Gymnasium Studium in Medizin und Psychologie an der Universität Heidelberg, 1960 Fortsetzung des Medizinstudiums an der medizinischen Fakultät der Universitäten Innsbruck und Würzburg mit ärztlicher Staatsprüfung. Medizinal- und Assistentenzeit an der Pfälzischen Nervenklinik Landeck bei Prof. Dr. Dr. G. Mall, am Henriettenstift Hannover bei den Professoren Bordasch und Seusing und am Vincensius- und Städtischen Krankenhaus in Landau. 1970 Eintritt in die väterliche Privatklinik für Hypnosetherapie in Dahn. Seither fast ausschließlich Beschäftigung mit der Hypnosetherapie und ihrer Wissenschaft. Ab 1972 ärztlicher Leiter der Pfälzer Felsenland-Bick-Klinik. Auf vielen internationalen Kongressen durch Referate eigener Forschungsergebnisse zu den Themen Hypnose, Hypnoanalyse und Interaktion der Psychopharmaka in Hypnose hervorgetreten. 1975 Gastvorlesung an der Universität Freiburg / Breisgau und an der Troy State University. 1976 zum Council of Representatives der International Society of Hypnosis berufen. Als Initiator der europäischen Symposien für ärztliche Hypnose 1979 in St. Moritz die europäische Gesellschaft für ärztliche Hypnose gegründet. Im gleichen Jahr in Zusammenarbeit mit dem saarländischen Fernsehen und der Universität Saarbrücken ein wissenschaftliches Experiment mit 16 eineiigen Zwillingspaaren in Hypnose mit der Fragestellung «Bin ich mein eigener Vorfahre?», erbgenetische Information oder Reinkarnation? Seit Gründung der European Society of Medical Hypnosis e. V. deren Generalsekretär und in dieser Eigenschaft viele Symposien und Kongresse ausgerichtet. Im Herbst 1981 die Dahner Symposien zu aktuellen Themen der ärztlichen Hypnose und Hypnoanalyse in der europäischen Akademie für ärztliche Fortbildung in Hypnose und A. T. ins Leben gerufen, die seither regelmäßig einmal im Frühjahr und Herbst veranstaltet werden. 1981 im *ZDF Gesundheitsmagazin Praxis* mit «Spezialkliniken in Deutschland». 1983 Autor des Buches «Neurohypnose, Skalpell der Seele» im Ullstein-Verlag. Im gleichen Jahr Einladung zur Mitgliedschaft zum International Council for Scientific Development, der International Academy of Medical Hypnosis. Ebenfalls 1983 eine zweite Sendung in der Fernsehsendung *ZDF Gesundheitsmagazin Praxis* zum Thema «Hypnose zwischen Magie und Medizin». 1984 in der Sendung *Die Sprechstunde* des dritten Programms «Gesund durch Hypnose». 1984 Begründer und Leiter des Bick-Instituts für Hypnose-und Suggestionswissenschaft.

Anschrift: Doz. C. H. Bick, Pfälzer Felsenland-Bick-Klinik, Postfach 1105, D-6783 Dahn.

Prof. Dipl. Ing. ETH Alex Schneider, geb. 9. Mai 1927 in St. Gallen. Nach dem Abitur Studium der Elektrotechnik an der Eidgen. Technischen Hochschule in Zürich. Nach einigen Jahren Industriepraxis Lehramt für Mathematik und Physik (seit 1960). Damit war die Möglichkeit eröffnet, sich intensiver mit Randgebieten der Physik und Philosophie sowie den Paraphänomenen zu befassen.

Seit etwa 1972 regelmäßige Kurse (Gymnasium St. Gallen), Vorlesungen (Hochschule St. Gallen und verschiedene wissenschaftliche Vorträge über Parapsychologie. Kleinere Veröffentlichungen, u. a. über paranormale Tonbandstimmen, psychomotorische Automatismen, Conceptographie, Geistheilung und erkenntnistheoretische Probleme.

Vizepräsident von IMAGO MUNDI, Präsident der Schweizer Parapsychologischen Gesellschaft, der Basler PSI-Tage, der Schweizerischen Gesellschaft für wissenschaftliche Forschung auf Grenzgebieten und des Schweizerischen Verbandes zur Förderung natürlicher Heilverfahren.

Anschrift: Prof. Dipl. Ing. ETH Alex Schneider, Tannenstr. 1, CH-9000 St. Gallen.

Prof. Dr. Franz Moser, geb. 17. 2. 1928 in Graz, Österreich; 1947 – 1953 Studium der Technischen Chemie an der Technischen Hochschule in Graz und der Princeton University, USA; 1953 – 1966 Industrietätigkeit in der BRD, Holland, England, USA und Österreich, vor allem als Mitarbeiter der SHELL Internationale Chemie Mij (Den Haag) im Bereich Petrochemie; 1966 Berufung als Professor für Grundlagen der Verfahrenstechnik an die Technische Universität Graz; 1969 – 1971 Dekan der Fakultät für Maschinenbau der Technischen Universität Graz. Forschungsarbeiten auf den Gebieten Stofftransport von Gasen und Flüssigkeiten, Abwassertechnik, Energietechnik. Beratungstätigkeit auf dem Gebiet der Petrochemie in Venezuela, Bangladesh und Trinidad. Autor mehrerer Bücher, unter anderem über Grundlagen der Verfahrenstechnik und Wärmepumpen. Zahlreiche Vorträge und Veröffentlichungen über wissenschaftliche Probleme der Verfahrenstechnik sowie grundsätzliche Fragen zur Forschungssituation, Wissenschaftstheorie und des Paradigmenwechsels.

Anschrift: Prof. Dr. Ing. Franz Moser, Steinbergstraße 22, A-8302 Nestelbach.

Dr. Walter A. Frank, geb. 1927 in Deutsch-Böhmen, Volksschule, Oberschule. Ab 1939 Vollwaise, Heimaufenthalte an verschiedenen Orten. 1943 – 44 Chemie-Studium an der Höheren Staatsgewerbeschule in Reichenberg (Sudetenland). 1944 Einzug zu Reichsarbeitsdienst und Wehrmacht (Luftwaffe), 1945 Kriegseinsatz und Kriegsgefangenschaft (Belgien, Großbritannien). 1948 Entlassung nach Deutschland, vorübergehende Aufnahm in Familie in Köln, zunächst arbeitslos. 1949 Einstellung als Hilfsarbeiter bei den Ford-Werken AG in Köln, Tätigkeiten als Band-Arbeiter, Verteiler, Lagerist, etc. 1954 Übernahme ins Angestelltenverhältnis, kurzzeitig im Technischen Büro, danach in der Modell-Entwicklung als selbständiger Sachbearbeiter aufgrund mehrerer Verbesserungsvorschläge und Mitarbeit in der Werkszeitung. Nebenberufliche Dozententätigkeit ab 1960 an der Volkshochschule Köln, journalistische und schriftstellerische Arbeiten für Presse und Rundfunk, autodidaktische Weiterbildung auf wissenschaftlichen Gebieten, hauptsächlich in Psychologie und Naturwissenschaften. 1963 Antrag auf Zulassung zum Sonder-Abitur f. H. 1964 Sonderabitur beim Schulkollegium in Düsseldorf, danach Aufgabe des Berufs und Aufnahme des Studiums der Soziologie und Sozialpsychologie an der Universität Köln (von Wiese, König, Scheuch). 1965 – 66 Assistant Director in einem Entwicklungsprojekt zur Produktion von Unterrichtsfilmen für das Ghanaische Fernsehen in Ghana, Aufbau einer umfangreichen Sammlung afrikanischer Ethnologika, mit Schwerpunkt Akan-Grabkeramik (80 Stücke). 1967 Verschiebung des Studienschwerpunktes auf die Psychologie unter Hinzunahme der Völkerkunde als Nebenfach, das dann allerdings mehr und mehr Gewicht bekam und 1969 zum Hauptfach wurde. Im gleichen Jahr erster Forschungsaufenthalt in Nepal. 1973 Pomotion zum Dr. phil. an der Universität Köln, Dissertation 1974 veröffentlicht (Ethnische Grundlagen der Siedlungsstruktur in Mittel-Nepal, Innsbruck-München). 1974 – 75 erneuter Forschungsaufenthalt in Nepal; nach Rückkehr befristete Stelle als Wissenschaftlicher Mitarbeiter am Völkerkunde-Institut der Universität Köln (Funke), danach seit 1978 Planstelle am Zentral-Asien-Seminar der Universität Bonn. Seit 1969 planmäßiger Aufbau einer Sammlung von Kunst- und Kulturgegenständen aus dem Himalaya-Raum. Zur Zeit Vorbereitung der ersten beiden Bände eines umfassenden *Ethnographic Survey of Nepal*, Vorlesungen und Intensiv-Seminare zum Thema: «Schamanentum als globale Erscheinung – Weltbild im Wandel» an den Universitäten Bonn und Köln sowie Gastprofessuren an anderen Universitäten und Vorträge im In-und Ausland.

Anschrift: Dr. phil. Walter A. Frank, Schloß Vehn, D-5485 Sinzig-3 (Löhndorf).

Dr. med. vet. Adolf Hübner, 1929 in Schönlinde, Nordböhmen, als Sohn eines Oberförsters geboren. Besuch der ersten fünf Klassen eines Realgymnasiums. 1948 Ablegung der Externisten-Matura in Wien. 1948 bis 1953 Studium der Tierheilkunde an der Veterinärmedizinischen Universität Wien. Anschließend dreijährige Tätigkeit als praktischer Tierarzt. Von 1956 bis 1959 wissenschaftlicher Assistent am Physiologischen Institut der Vet.-Med. Universität Wien unter Prof. A. Kment. Zugleich Ausbildung in Nuklearmedizin am Radium-Institut der Österreichischen Akademie der Wissenschaften und an der Station für Radioaktive Isotope der 2. Medizinischen Universitätsklinik unter Prof. Dr. K. Fellinger. Planung und Aufbau einer Station für die Anwendung radioaktiver Isotope in der physiologischen Forschung. Lehrveranstaltungen auf dem Gebiete der Verhaltensforschung.

Von 1959 bis 1982 freiberuflich als praktischer Tierarzt in Kirchberg am Wechsel, NÖ, tätig. Ab 1963 Beschäftigung mit analytischer, insbesondere mit Wittgensteinscher Philosophie. Biographische Erhebungen über Ludwig Wittgenstein in Österreich, England und Norwegen. 1974 Gründung der «Österreichischen Ludwig Wittgenstein Gesellschaft», seither deren Vorsitzender. 1976 Gründung der «L. Wittgenstein Dokumentation» in Kirchberg / Wechsel. Die Österr. L. Wittgenstein Gesellschaft veranstaltet sein 1976 alljährlich «Internationale Wittgenstein Symposien» und gibt die «Schriftenreihe der Wittgenstein Gesellschaft» (bisher zehn Bände) heraus. Verleihung des Österreichischen Ehrenkreuzes für Wissenschaft und Kunst 1978. Seit 1984 Aufbau der postuniversitären Einrichtung «Institut für Wittgensteinforschung» mit Mitteln des Bundeslandes Niederösterreich, in Kirchberg am Wechsel.

Schwerpunkte der wissenschaftlichen Arbeit: Begriffslogische und mathematisch-logische Untersuchungen fundamentaler physikalischer Sachverhalte, insbesondere auf dem Gebiete der Elementarteilchenphysik und der universel-

len Naturkonstanten, im Sinne einer Einheitswissenschaft und als Alternative zum paradigmatischen Selbstverständnis von Philosophie und Physik. Von den vielen Veröffentlichungen seien die folgenden Bücher genannt: 1) «Die Logik als Zustandshaftigkeit der Welt» (74 Seiten), Kirchberg, 1978; 2) «Die Logik als Eigengesetzlichkeit des Seins» (104 Seiten), Kirchberg, 1979; 3) «Wittgenstein» (125 Seiten, zusammen mit Kurt Wuchterl), Reinbek b. Hamburg, 1979, 3. Auflage 1983, Japanische Übersetzung 1981, Italienische Übersetzung in Vorbereitung); 4) «Die Natürliche Ordnung» (400 Seiten, in Vorbereitung).
Anschrift: Dr. Adolf Hübner, Markt 234, A-2880 Kirchberg am Wechsel.

Frau Prof. em. Dr. Caroline Schützinger, geb. in Moosburg / Bayern. Studium und Ausbildung als Lehrkraft in Haag, Obb., München; Auswanderung nach USA, Studium in Psychologie und Philosophie: BA. – San Antonio, Texas, MA. – St. Louis University, St. Louis, Missouri, Ph. D. – University of Ottawa, Canada. Dissertation: Die gnoseologische Transzendenz in Nicolai Hartmanns Metaphysik der Erkenntnis. – Verschiedene Veröffentlichungen in Deutsch und Englisch. Buch: Illuminationslehre des hl. Augustinus. Tätigkeit: Dozentin: Berufspädagogisches Institut, München, Instructor, Assistant, Associate und Full Professor: Mercy College of Detroit, Dekanin für Philosophie bis 1974; Gastvorlesungen: Wayne State Community College, Mary Grove College, University of Detroit. 1974 – 1982 Lehrbeauftragte für Philosophie und Psychologie an der Fachhochschule Regensburg. Veröffentlichungen: «Sokratisches: Frauen um Sokrates» in «Was Philosophinnen denken», eine Dokumentation, Zürich: Ammann Verlag 1983; «Wurzeln sokratischer Ethik» in «Sokratisches», Mannheim, Verlag Sokrates 1984.
Anschrift: Prof. Dr. Caroline E. Schützinger, Zaitzkofener Straße 16, D-8306 Schierling-Unterdeggenbach.

Prof. Dr. med., Dr. rer. nat., Ph. Dr. Johannes C. Brengelmann, geb. 15. 2. 1920 zu Essen in Oldenburg; Abitur am Realgymnasium zu Cloppenberg i. Olbg. 1937; medizinisches Staatsexamen, Universität Göttingen 1944; medizinisches Doktorexamen, Universität Göttingen 1945; psychologisches Staatsexamen (Diplompsychologe), Universität Göttingen 1947; naturwissenschaftliches Doktorexamen, Universität Göttingen 1949; Doctor of Philosophy (Science), Universität London 1953, Habilitationsschrift (Düsseldorf 1968). Früherer Mitarbeiter an den Universitäten Göttingen (1946 – 1949), London (1949 – 1960), am Department of Institutions and Agencies, New Jersey (1960 – 1965), den Universitäten Pennsylvania (1961 – 1964) und Düssseldorf (1968), der Technischen Hochschule München (1967 – 1969), den Universitäten Regensburg (1969 – 1970), Hamburg (1971) und Heidelberg (1972). 1965 wurde Prof. Brengelmann zum Leiter der Psychologischen Abteilung und 1970 zum Direktor am Max-Planck-Institut für Psychiatrie in München ernannt; seit 1972 besitzt er einen Lehrauftrag für den Fachbereich Psychologie und Pädagogik an der Universität München. Außerdem kann Prof. Brengelmann auf zahlreiche

Mitgliedschaften und Ehrenmitgliedschaften verweisen.Von seinen Veröffentlichungen seien über 250 Arbeiten in wissenschaftlichen Zeitschriften zu nennen; überdies Mitwirkung an mehreren Lehrbüchern und Herausgeber bzw. Mitherausgeber von fünf Büchern. Besonders hervorgehoben sei schließlich die äußerst einflußreiche ehrenamtliche Tätigkeit Brengelmanns als Präsident der European Association of Behaviour Therapy von 1974 – 1977.

Anschrift: Prof. Dr. J. C. Brengelmann, Kraepelinstraße 10, D-8000 München 40.

Dr. Franz-Theo Gottwald, geb. 1955 in Wiesbaden. Studium der Theologie, Philosophie, Indologie und Religionswissenschaft in Frankfurt / M. 1980 Diplom in Kath. Theologie. Danach Promotionsstudium zum Dr. phil. mit dem Themenschwerpunkt «Mystik», gefördert von der Studienstiftung des Deutschen Volkes. Von 1979 an mehrmonatige Auslandsaufenthalte zur vergleichend philosophischen Forschung in Thailand, Indien und auf den Philippinen. Seit 1982 Lehraufträge an verschiedenen Institutionen, u. a. an der Ludwig-Maximilians-Universität in München. Derzeitiger Arbeitsschwerpunkt in der Meditations- und Bewußtseinsforschung, speziell in der Modellentwicklung zur Theorie veränderter Bewußtseinszustände. Publikationen: «Gegenwart des Unbedingten. Zur Philosophie der Mystik im Handeln», Bielefeld: B. Kleine 1982; «Milarepa. Von der Verwirklichung und andere Texte» (Hrsg. u. eingel.), Südergellersen: B. Martin 1985; Artikel, Beiträge und Rezensionen in den Bereichen: Religionsphilosophie, Fundamentaltheologie, Mystik, Bewußtseinsforschung und Ökologie.

Anschrift: Dr. Franz-Theo Gottwald, Langenbeckstr. 3, D-62 Wiesbaden

Dr. Hubert Larcher, geb. 26. Juni 1921 in Paris, studierte nach Abschluß seiner Pflichtschulzeit an der Ecole des Roches und im Anschluß an einige Reisen Medizin in Montpellier und später in Grenoble, wo er unter anderem Schüler (Philosophie) von Professor *Jacques Chevalier* war. Dem Vernichtungslager Mauthausen glücklich entkommen, vollendete er seine Studien in Paris als Praktikant am Laboratorium für Organische Chemie der Ecole Polytechnique unter der Leitung von Professor *Pierre Baranger*. 1951 verfaßte er eine Dissertation zum Thema «*Introduction à l'étude de l'adaptation à la mort fonctionnelle*» (Untersuchungen über das Sich-Einfügen in den funktionalen Tod), welche dann 1957 bei Gallimard unter dem Titel «*Le sang peut-il vaincre la mort?*» (Kann das Blut den Tod besiegen?) in Buchform erschien. Nach achtzehnjähriger Tätigkeit (1951 – 1969) als Chefarzt für Arbeitsmedizin bei verschiedenen Industriekonzernen der Region Paris-Ost war er zwischen 1953 und 1982 als Gerichtsmediziner in der Seine-Provinz tätig. Seit 1966 Chefredakteur von «*Revue métapsychique*», übernahm Dr. Larcher zur selben Zeit das Wissenschaftssekretariat des *Institut métapsychique international*, zu dessen Leiter er 1977 ernannt wurde. Korrespondierendes Mitglied der *Society for Psychical Research* und der *Associazione Italiana di Scienza Metapsichica*, ist er gleichzeitig Gründungsmitglied der *Société de thanatologie* sowie Mitglied der *Alliance Mondiale des Religions*. Seit 1972 leitet Dr. Larcher bei der *Société des Amis de l'Institut métapsychique international* (Gesellschaft der Freunde des Internationalen Instituts für Metaphysik) unter der Bezeichnung *«Métapsychique et sciences de l'homme»* (Metaphysik und die Wissenschaften vom Menschen) ein Seminar. Seit 1977 fungiert er als Präsident des *Association Centre Hospitalier et Scientifique de Selins*. Seit 1985 Ehrenmitglied des Instituts für Grenzgebiete der Wissenschaft und von IMAGO MUNDI.

Anschrift: Dr. Hubert Larcher, I rue de Marnes, F-92410 Ville d'Avray.

Dr. Theodor Landscheidt, Jahrgang 1927. Jura-, Philosophie- und Sprachenstudium. Berufliche Arbeit als Richter am Oberlandesgericht. Praktische Erfahrung auf den Gebieten Psychotherapie und Hypnose. Spezialist für langfristige Vorhersagen der Sonnenaktivität. Seit 1966 Zusammenarbeit mit internationalen wissenschaftlichen Organisationen wie dem Space Environment Services, Center, Boulder, und astronomischen, meteorologischen, klimatologischen und psychologischen Instituten. Gründung des Schroeter Instituts zur Erforschung der Zyklen der Sonnenaktivität. Veröffentlichungen auf den Gebieten Mathematik, Statistik, Theoretische Physik, Astronomie, Geophysik, Meteorologie, Klimatologie, Kybernetik, Informatik und Zyklusforschung. Gewähltes Mitglied der American Geophysical Union und des International Center for Interdisciplinary Cycle Research. Zahlreiche Veröffentlichungen in Sammelbänden und Zeitschriften.

Anschrift: Dr. Theodor Landscheidt, Im Dorfe 14, D-2804 Lilienthal.

Prof. DDr. Claus Schedl, geb. am 3. 8. 1914 in Oberloisdorf / Burgenland, widmete sich nach seinem Theologiestudium an der Ordenshochschule der Patres Redemptoristen in Mautern / Steiermark (Priesterweihe 1939) dem Studium am Institut für Ägyptologie in Wien. Hier entstand unter Prof. Czermak die theologische Dissertation «Das Christusbild der Mönche in der ägyptischen Wüste Sketis» (Dr. theol. Wien 1942). Bereits 1941 Übersiedlung nach Tübingen, dort Studium der Orientalistik mit Schwerpunkt Arabisch und Syrisch, philosophische Dissertation mit dem Thema: «Der Herr der Mysterien in den Hymnen Ephräm, des Syrers» (Dr. phil. Tübingen 1943), 1947 Habilitationsschrift «Mythos und Offenbarung, Studien zu den Propheten Amos und Hosea». Im Anschluß Beginn der Lehrtätigkeit als Dozent an der Kath. Theol. Fakultät in Wien als Vertreter der sogenannten «Biblischen Dialekte» (Arabisch, Syrisch, Aramäisch) und als Professor für Biblische Theologie an der Ordenshochschule in Mautern. 1953 Eintritt in die Theologische Fakultät Graz, 1967 ordentlicher Univ. Prof. für das Fach «Biblische Theologie», das dann im Zusammenhang mit der Neuordnung der Universitäten zu einem selbständigen «Institut für Religionswissenschaft» erhoben wurde. Studium der alten Religionen mit sakralem Schrifttum, der Islamwissenschaft mit Schwerpunkt Koranforschung, Studien-und Forschungsreisen. Von den 30 Buchpublikationen seien genannt: «Geschichte des Alten Testaments» (Verlag Tyrolia-Innsbruck 1956 – 66, 5 Bände), «Muhammad und Jesus» (Herder, Wien 1978), «Zur Christologie der Evangelien» (Herder, Wien 1984), «Zur Theologie des Alten Testaments» (Herder, Wien, im Druck 1986). Entwicklung einer neuen Methode für die Untersuchung der Baustruktur der alten literarischen Texte mit der Bezeichnung «Logotechnik» («Kunst des Wortes»). Im Herbst 1984 wurde Prof. Claus Schedl emeritiert, was ihm die Möglichkeit zur Verwirklichung weiterer Projekte gab, wie etwa «Jesus, der Sohn des Panthers im Talmud».

Leider wurde Prof. Claus Schedl am 19. 6. 1986 durch einen tragischen Verkehrsunfall unverhofft mitten aus seinem reichen Schaffen gerissen.

ANDREAS RESCH

PSYCHE UND GEIST

Der Titel «Psyche und Geist» mag zunächst fremd und allgemein klingen, dürfte aber zur Zeit das wichtigste Thema sein, mit dem wir uns befassen sollten. Bei aller Errungenschaft, die der Mensch auf dem Gebiet seiner Leistungsmöglichkeiten erbrachte, wie sie vornehmlich in der Technik zum Ausdruck kommen, sind seine *psychisch-geistigen Möglichkeiten* in vielen Bereichen auf der Strecke geblieben.

I. GESCHICHTE

Die Wurzeln dieser Entwicklung, die heute, trotz materiellen Wohlstandes, zu Weltverdrossenheit und psychisch geistiger Unausgeglichenheit führen, wurden vor über 2000 Jahren getrieben.

1. Griechen

Unterschied man bei den *Griechen* zunächst noch zwischen *Psyche* als der *Lebenskraft* und *Thymos* als *Denkmöglichkeit*, so wurde im 7. Jahrhundert v. Chr., als sich der Glaube an die Vergeltung des menschlichen Tuns immer mehr verbreitete und man die Abhängigkeit der «bewußten Seele» (ϑυμός / thymos) von der «unbewußten Seele» (φυχή / psyche) erkannte, die *Psyche* zusehends zum Inbegriff des Individuums.[1] Die als unbewußte, unpersönliche Lebensgrundlage

---

1 HOMER: Od 11, 576 ff.; ALCACEUS fr 38 (E. LOBEL / D. L. PAGE: Poetarum Lesbiorum Fragmenta, 1955, S. 128

verstandene Psyche nimmt den Bedeutungsinhalt von Thymos in sich
auf und wird so zum Träger bewußter Erlebnisse.

PLATO (427 – 337) greift allerdings bei seinem Psychebegriff nochmals auf den Thymosbegriff zurück, um durch eine Schichtentheorie
der Psyche einen unsterblichen Teil abzugrenzen.
Die *Psyche* besteht nach ihm aus:

– der *Vernunft* (τὸ λογιστικόν / to logistikon), der das *Streben nach Erkenntnis* eigen ist. Sie hat ihren Sitz im *Haupte* und ist als *geistige Qualität* des Menschen *unsterblich*.[2]
– dem *Mutartigen* (τὸ ϑυμοειδές / to thymoeides), dem Inbegriff der *ed-
leren Affekte* und *Triebe*, des Zornes über Unrecht, des Mutes und Stre-
bens nach Sieg, nach Beifall und Ehre. Sein Sitz ist in der *Brust*.[3]
– dem *Begehrlichen* (τὸ ἐπιϑυμετικόν / to epitymetikon), dem untersten Teil der Psyche, der die niederen Triebe umfaßt, die auf Nahrung,
Geschlechtstrieb u. dgl. gerichtet sind und ihren Sitz zwischen *Zwerch-
fell* und *Nabel* haben.[4]

Diese Unterscheidung zwischen einem *sterblichen* und *unsterblichen*
Teil der Psyche folgt auch ARISTOTELES (384 – 422), der jedoch die
Psyche zum Lebensprinzip des Organismus macht. Diese Psyche besitzt
neben dem Seelenvermögen (δυνάμεις / dynameis) der *Pflanzen*, dem
Vegetativen (ϑρεπτικόν / threptikon), und dem Seelenvermögen der
Tiere, dem *Begehren* (ὀρεκτικόν / orektikon), dem *Empfinden* (αἰσϑητι-
κόν / aisthetikon) und der *Ortsbewegung* (κινητικὸν κατὰ τόπον / kine-
tikon kata topon) auch noch den *Geist*, das διανοετικόν (dianoetikon)
bzw. den νοῦς (nous), die Vernunft. Dieser gehört nicht mehr der Welt
der natürlichen Erscheinungen an, sondern der *Transzendenz* und ist
daher vom Leib *trennbar* und *unsterblich*.[5]

Diese klare Unterscheidung zwischen *Psyche* und *Geist* wurde der
Psyche als den an den Körper gebundenen Bereich des Empfindens
und Fühlens leider zum Verhängnis, das bis heute bestimmend ist und
das die eigentliche Wurzel der obengenannten Situation darstellt. Die
psychischen Fähigkeiten, die auch Tieren und vielleicht sogar Pflanzen
eigen sind, stellen nicht einen besonderen, sondern einen minderen

---

2 PLATON: Timaios 73 d e
3 PLATON: Timaios 69 d – 70 b
4 PLATON: Timaios 70 e – 71 a, 77 b
5 ARISTOTELES: De anima II 2,7; II 3,2 – 5

Teil des Menschen dar. Das Eigentliche des Menschen ist die *Vernunft*, die sich über den Körper und die Psyche weit erhebt.

Das *Psychische* tritt zwar als Zeichen der *Förderung* oder *Hemmung* der Seelentätigkeit auf, löst auch Strebungen aus (ARISTOTELES), über das Handeln entscheidet jedoch der Wille bzw. die Vernunft. Damit sind *psychische Empfindungen und Gefühle bzw. Emotionen* im wesentlichen auf die Rolle von Begleiterscheinungen verwiesen. Im Normalfall gehen sie mit der Vernunft konform, im ungünstigen Fall können sie die Vernunft stören. Das letzte Wort hat jedenfalls die Vernunft.[6]

2. Abwertung der Psyche

Diesem *intellektualistischen Psychekonzept* liegen «ethische und pädagogische Motive zugrunde. Beherrschung der unmittelbaren Handlungsantriebe, der *Affekte*, gehört als eine Voraussetzung geordneten Zusammenlebens zu den Erziehungszielen schon der frühesten Kulturen. Und dies wurde auch auf die wissenschaftlichen Lehren übertragen und in ihnen tradiert. Mit dem Aufkommen einer empirischen Psychologie bot sich die Möglichkeit, den Bereich der psychischen Reaktionen, unabhängig von philosophisch-ethisch-pädagogischen Vorentscheidungen zu untersuchen. Doch die Experimentalpsychologie des 19. und frühen 20. Jahrhunderts setzte die intellektualistische Tradition fort, indem sie – summarisch gesagt – die «Gemütsbewegungen» gewissermaßen als Verzierungen des Seelenlebens bewertete, die für eine Wissenschaft, die ernst genommen werden wollte, schwerlich einen wichtigen und würdigen Forschungsgegenstand abgeben konnten. Diese Haltung wurde später durch den Behaviorismus noch erheblich verstärkt.»[7] So wurde die Erforschung von Empfinden und Fühlen zu einem dubiosen und prekären Gebiet, das von den meisten «zünftigen» Wissenschaftlern gemieden wurde.

Zünftiger Wissenschaftler ist man heute, wenn man im Rahmen der Natur- und Geisteswissenschaften offiziell etabliert ist, was besagt, daß man in der seit den Griechen erfolgten Betonung von *Materie* und *Geist*, von *Leib* und *Seele*, bzw. in der Akzentuierung einer dieser Kate-

6 ARISTOTELES: De anima
7 Harald A. EULER / Heinz MANDL: Emotionspsychologie. Ein Handbuch in Schlüsselbegriffen. - München / Wien / Baltimore: Urban & Schwarzenberg 1983, S. 17

gorien zu denken pflegt. Diese vereinfachte Zweiteilung der Betrachtung von Mensch und Kosmos führte, wie bekannt, zur verhängnisvollen Trennung in *Natur-* und *Geisteswissenschaft*, das heißt zu wissenschaftlich prinzipiell einseitiger Betrachtung des Menschen.

Die *Naturwissenschaften*, die Psychologie in den meisten Richtungen mit eingeschlossen, konzentrieren sich auf den Körper, die Hirnstrukturen, das Nervensystem und physiologische Prozesse.

Die *Geisteswissenschaften*, vornehmlich Philosophie und Theologie, befassen sich mit den Denkprozessen, dem Logistikon, und eventuell mit dessen somatischen Implikationen. Physik, Philosophie und Theologie sind damit zu Eckpfeilern wissenschaftlich grundsätzlicher Denkmodalität geworden. Alle anderen Fachwissenschaften sind nach dieser dualistischen Konzeption Mischformen der Betrachtungsweise von *Materie* und *Geist*. Der Bedeutungsgradient der einzelnen Fachrichtungen steht und fällt je nach dem aktuellen Stellenwert von Materie und Geist.

Dieser Dualismus ist umso unverständlicher, als wir bereits bei den antiken Kulturen eine Unterscheidung von *Physis*, *Bios*, *Psyche* und *Pneuma* oder Geist feststellen können.

3. Grundstrukturen

Von wissenschaftstheoretischer Seite hat allerdings erst Burkhard HEIM in «Elementarstrukturen der Materie»[8] und in «Postmortale Zustände?»[9] die Voraussetzung einer solchen vierfachen Konturierung von Mensch und Kosmos gegeben, indem er zwischen *manifesten* und *latenten* Ereignissen in der Natur unterscheidet, was für den Bereich der *Physis*, der Materie, in der Formulierung zum Ausdruck kommt, daß *Elementarteilchen* bezogen auf ihre Eigenschaft Materie zu sein, sehr wohl *elementar*, bezogen auf ihre innere *Struktur* aber sehr *komplexe Gebilde* sind. Anders ausgedrückt: Die Elementarteilchen gruppieren sich nicht aus eigener Kraft zu einem bestimmten Gegenstand, sondern nach den ihnen zugrundeliegenden Strukturen bzw.

8 Burkhard HEIM: Elementarstrukturen der Materie I, 2. Aufl. 1986, II 1984, Innsbruck: Resch Verlag

9 B. HEIM: Postmortale Zustände? Die televariante Area integraler Weltstrukturen. - Innsbruck: Resch 1980; derselbe: Der kosmische Erlebnisraum des Menschen, Innsbruck: Resch 1982; derselbe: Der Elementarprozeß des Lebens, Innsbruck: Resch 1982

Informationen. Je komplexer diese zugrundeliegenden Strukturen sind, umso anpassungsfähiger ist die von ihnen getragene Erscheinungsform *physischer, biologischer psychologischer* oder *geistiger* Natur. Zudem sind komplexere Strukturen nicht auf einfachere Strukturen reduzierbar, d. h. zum Beispiel, daß man den *Bios* mit seinen komplexeren Strukturen nicht durch die *Physis* mit ihren einfacheren Strukturen ersetzen kann; die *Psyche* ist nicht auf den Bios reduzierbar und der *Geist* kann nicht durch die Psyche ersetzt werden. Damit ist zumindest theoretisch eine qualitative Unterscheidung zwischen Physis, Bios, Psyche und Pneuma möglich geworden und auch gefordert.

Die Konsequenzen dieses Ansatzes beinhalten eine neue Wende in Wissenschaft, Forschung und Leben. Zunächst sind nach diesem Ansatz neben Physik, Philosophie und Theologie auch die *biologischen Wissenschaften* und die *Psychologie* ureigene Grundwissenschaften. Was dies bedeutet, kann vielleicht erahnt werden, wenn die Medizin den Körper des Menschen nicht mehr nur physikalisch betrachtet, sondern auch nach der Ureigenheit des menschlichen Organismus zu forschen beginnt und zudem noch die psychischen und geistigen Komponenten einbezieht.

Damit stelle ich zu Beginn dieser Abhandlung über Psyche und Geist die These auf: *Psyche und Geist sind zwei völlig verschiedene Grundstrukturen im Menschen.* Eine Gleichsetzung von Psyche und Geist kann einer abgewogenen Betrachtung der Erlebnis- und Äußerungsform des Menschen nicht gerecht werden.

II. PSYCHE

Die Psyche des Menschen ist die an den Organismus gebundene, jedoch relativ selbständige Kraft bewußter und unbewußter Empfindungen und Gefühle. Diese Kraft erlebt der Mensch in einem breiten Spektrum von Gestimmtheiten, die an die Jetztheit der Körperlichkeit und an die Jetztheit der Bewußtseinslage des jeweiligen Individuums gebunden sind. Sie werden vom Menschen völlig passiv erlebt und sie überkommen den einzelnen. Empfindungen und Gefühle können nicht direkt hervorgerufen werden. Sie können nur indirekt über Körperlichkeit und Vorstellungsformen in bestimmtem Ausmaß abgeschwächt und verstärkt, in der individuellen Bedeutungsvalenz verschoben und ausgetauscht und in der persönlichen Sinnbezogenheit geweitet oder eingeengt werden. Erlebt werden können Gefühle und Empfindungen immer nur jetzt und individuell. Dabei möchte ich nicht verneinen, daß Empfindungen und Gefühle auch übertragen werden können, und zwar selbst auf Distanz. Trotzdem erlebt jeder seine Empfindungen und Gefühle in der ureigensten Form seiner Individualität.

Psychische Erlebnisformen werden als Zustände des Ichs erlebt im Unterschied zu Wahrnehmungen, Vorstellungen usw., in denen ich-unabhängige Inhalte gegeben sind.

Im Erleben von Empfindungen und Gefühlen erfahren wir uns selbst als jemand, der in einer bestimmten Beziehung zu etwas lebt. «Selbst wenn Gefühlsregungen oder Stimmungen konflikthaft, ambivalent, nicht eindeutig oder schwankend sind, werden die emotionalen Zustände als solche mit unbezweifelbarer subjektiver Gewißheit erlebt. Das heißt nicht, daß alle Zustände mit derselben Klarheit und Eindeutigkeit erlebt werden oder daß alle Zustände, die ich einmal erlebt habe, zu jeder Zeit bewußtseinsfähig sind, oder daß ich auch immer weiß, warum ich z. B. wovor Angst habe.»[10] Neuere empirische Befunde scheinen dabei die Annahme zu bestätigen, daß alle psychischen Gestimmtheiten mit einem bestimmten Profil physiologischer Reaktionen verbunden sind, wenngleich es keine spezifischen Sinnesorgane für das *Psychische* zu geben scheint.

Das Psychische wirkt immer nur in *aktuellen Erlebnissen*. Es kann nicht wie ein Objekt vorgestellt werden. Bei *Erinnerungen* bleiben psychische Reaktionen entweder aus oder sie werden selbst (wenn auch meist abgeschwächt) wieder aktuell.

Bewußte *kognitive Bewertungsprozesse* können Intensität und Qualität psychischer Gestimmtheiten beeinflussen, sie sind aber keine notwendige Voraussetzung für ihr Zustandekommen. Damit hängt zusammen, daß der Mensch keinen direkten Einfluß auf die *Psyche* hat, vielmehr bestimmen psychische Gestimmtheiten in Abhängigkeit vom Erregungsgrad in unterschiedlicher Stärke Ausmaß, Richtung und Art

---

10 D. ULICH: Das Gefühl. Eine Einführung in die Emotionspsychologie. - München: Urban & Schwarzenberg 1982, S. 66 – 68

kognitiver Prozesse. So stieß man auch bei Versuchen, psychische Gestimmtheiten künstlich hervorzurufen, auf zwei grundsätzliche
Schwierigkeiten:

1. Auf die Unmöglichkeit, eine spezielle Gestimmtheit mit hinreichen-
der Intensität und Zeitdauer herzustellen;

2. auf die Schwierigkeit, «reine» Gefühle (z. B. Angst ohne Ärger) zu
induzieren.[11]

1. Psychische Gestimmtheiten und Psychopharmaka

Diese *Selbständigkeit* und *Individuumgebundenheit* des Psychischen
zeigt sich besonders deutlich bei den *pharmakologischen Beeinflussun-
gen* von Empfinden und Fühlen. Wie bekannt, sind die physiologischen
und biochemischen Systeme, die augenfällig mit dem psychischen Geschehen verknüpft sind, vor allem das *vegetative Nervensystem*, das
zentrale Nervensystem mit dem *Limbischen System* und das *Hormonsy-
stem*.

Das bedeutendste Problem hierbei ist die Abhängigkeit. «Bestimmte
Stoffe, so etwa Alkohol, verändern emotionale Vorgänge offenbar in einer solchen Weise, daß sie unter Umständen in der Zukunft 'gesucht'
oder 'vermieden' werden. Die Abhängigkeit äußert sich vor allem darin, daß ohne die betreffenden Stoffe das körperliche und seelische
Gleichgewicht gestört werden. Ein wesentlicher Schlüssel für das Entstehen der Abhängigkeit sind die emotionalen Wirkungen des Stoffes.
Diese sind auch für eine Reihe weiterer «Alltagsprobleme» von großer
Bedeutung, z. B. für die folgend genannten:

1. *Verhalten im Straßenverkehr*: Emotionale Wirkungen können die
Fahrtüchtigkeit beeinträchtigen. So etwa kann eine alkoholbedingte
Stimmungssteigerung oder eine durch Ovulationshemmer (Antibaby-
pille) bewirkte Stimmungsverschlechterung das Fahrverhalten stören.

2. *Straffälliges Verhalten*: Einige Substanzen vermindern die Hemm-
schwellen für aggressive Handlungen. Zum Beispiel können nach Alko-
holgenuß oder nach Behandlung mit männlichen Keimdrüsenhormo-
nen aggressive Handlungen bei vorhandenen Umweltbedingungen beobachtet werden.»[12]

11 H. A. EULER / H. MANDL: Emotionspsychologie, S. 141

2. Kulturelle Bedeutung

Aus *Kulturvergleichen* liegen handfeste Beweise vor, daß psychische Gestimmtheiten als *intraindividuelle Prozesse* angeboren und universell sind. Das bedeutet, daß z. B. die Emotionen universell verstandene Ausdrucksformen und allgemeine erlebnishafte Eigenschaften haben. Dies ist die Grundlage und Voraussetzung transkultureller Verständigung. In den Begegnungen auf der rein psychischen Ebene ist daher auch eine nicht verbale Verständigung möglich.

3. Emotion, Wahrnehmung und Erkennen

Empfindungen und Gefühle bzw. *Emotionen* beeinflussen nämlich die gesamte Person, «und jede Emotion berührt die Person verschieden. Sie hat Einfluß auf den Grad der elektrischen Aktivität im Gehirn, die Stärke der Muskelspannungen in Gesicht und Körper, das Eingeweide-und Drüsensystem, das Kreislauf- und das Atmungssystem. Gefühlsveränderungen können das Aussehen unserer Welt umschlagen lassen von hell und fröhlich zu dunkel und düster, unser Denken von kreativ zu morbid und unsere Handlungen von unbeholfen und unpassend zu geschickt und erfolgreich.» [13] Dies kommt auch dadurch zum Ausdruck, daß wir entsprechend unseren Bedürfnissen, Wünschen, Zielen *wahrnehmen* und unsere Bedürfnisse, Wünsche, Ziele von unseren Wahrnehmungen beeinflußt werden.

«Da ein gewisser Grad von Emotion gewöhnliche Bewußtseinszustände zu jeder Zeit charakterisiert, kann man sagen, daß Emotion der Wahrnehmung von Gegenständen, Ereignissen und Menschen vorausgeht, die sich durch unser Bewußtseinsfeld bewegen. Die im Bewußtsein vorhandene Emotion oder die Kombination von Emotionen beeinflußt den Wahrnehmungsprozeß und filtert sogar die sensorischen Rohdaten, die durch die Rezeptoren übertragen werden, oder modifiziert sie in anderer Weise. Eben diese Interaktion von Emotion und sensorischem Input verhindert, daß «reine» Empfindung in gewöhnlichen Bewußtseinszuständen registriert wird. Gesichts-, Gehörs-, Tast-

12 Derselbe, ebenda, S. 132
13 E. Izard CARROLL: Die Emotionen des Menschen. Eine Einführung in die Grundlagen der Emotionspsychologie. - Weinheim / Basel: Beltz Verlag 1981, S. 168

und selbst Geschmacks- und Geruchsempfindung kann durch Gefühl verändert werden. Peter, der sich über eine gerade erhaltene gute Prüfungsnote freut, wird den Dozenten an diesem Tag ganz anders sehen und die Vorlesung und Diskussion an diesem Tag ganz anders hören als ein niedergeschlagener und angewiderter Student, der gerade eine enttäuschende Note in einem Test erhalten hat.... Jeder der Affekte – Triebe, Emotionen – und jede aus einer fast endlosen Vielfalt von Affektkombinationen beeinflussen Wahrnehmungen in unterschiedlicher Weise. In einem Zustand der Freude nehmen wir die Welt durch eine rosarote Brille wahr, und wir sehen überall Freude und Harmonie. Bei Kummer sehen wir die Welt durch eine schwarze Brille, und alle Dinge erscheinen uns trübe und düster. Bei Zorn haben wir eine stärkere Tendenz, Hindernisse und Barrieren wahrzunehmen, und wenn sich Ekel mit ankommenden Empfindungen mischt, ist das, was wir wahrnehmen, wahrscheinlich ekelhaft und häßlich. Bei Geringschätzung nehmen wir andere als in irgendeiner Weise minderwertiger und unvollkommen wahr. Bei Furcht verengt sich unser Wahrnehmungsfeld, und mehr Dinge erscheinen uns bedrohlich. In tiefer Scham scheinen wir nur das sich im Irrtum befindliche Selbst zu sehen, und dieses Bewußtsein des Selbst verdrängt alles andere. Bei Schuldgefühl verändert sich unsere Wahrnehmung anderer Personen als Ergebnis des Zusammenbruchs zwischenmenschlicher Beziehungen.»[14]

Zudem ermöglichen Interaktionen von Affekten und Affektmustern mit Wahrnehmungen und Kognition «eine unendliche Vielfalt von affektiv-kognitiven Strukturen und Orientierungen, die Wahrnehmung, Denken und Handeln beeinflussen.»[15] So wird behauptet, «daß Emotion im Bewußtsein unabhängig von Kognition existieren kann und daß dies hilft, zu erklären, warum ein Mensch in Form einer Emotion reagieren kann, ohne sie als solche zu erkennen und zu etikettieren. Zorn zu erleben und zu erkennen sind unterschiedliche Phänomene, wenn auch solches Emotionserleben und die damit verbundene Kognition im typischen Fall in affektiv-kognitiven Interaktionen verflochten sind.»[16]

---

14 Derselbe, ebenda, S. 169
15 Derselbe, ebenda, S. 186

4. Emotionen und Bewußtsein

Psychische Gestimmtheiten spielen eine entscheidende Rolle in den *Selbstbewußtseins-* und *Selbstidentitätsaspekten* des Bewußtseins. So nimmt die differentielle Emotionstheorie an, daß Emotion die fundamentalste Organisation von Empfindung ist, die erlebnishaft-motivationale Bedeutung oder Sinn hat. «Der Affekt, dessen Anwesenheit im Bewußtsein und dessen Aktivität bei selektiver Wahrnehmung und in kognitiven Prozessen am typischsten ist, ist Interesse-Erregung. Besondere Bewußtseinszustände, die durch bestimmte Kombinationen von Interesse und Freude gekennzeichnet sind, fördern Intuition, stillschweigendes Wissen und den rezeptiven Modus.»[17]

Hierbei wird keineswegs übersehen, daß *sensorische Wahrnehmung* ebenfalls von großer Bedeutung für die psychischen Prozesse ist, sie wird jedoch vom Affekt ausgewählt und beeinflußt. So ist zum Beispiel das *Interesse* als angeborene, fundamentale Emotion gekennzeichnet durch einen hohen Grad von Angenehmheit, Selbstbewußtheit und einem mäßigen Grad von Impulsivität und Spannung. *Freude* ist oft eine Begleiterscheinung des Interesse-Effektes, ist doch Freude gekennzeichnet durch ein Gefühl von Vertrauen, Zufriedenheit und oft auch durch das Empfinden geliebt zu werden und liebenswert zu sein.

Was schließlich die *Ausdrucksformen psychischer Reaktionen* betrifft, so umfassen diese «alle motorischen und vegetativen Vorgänge, die von anderen Menschen als Hinweis auf bestimmte Gefühle verstanden werden, z. B. bestimmte Veränderungen der Mimik, Blickrichtung, Pupillengröße, Stimme, Sprechgeschwindigkeit, vegetative Vorgänge der Haut (Erröten, Erblassen).»[18]

Diese kurzen und sehr allgemeinen Ausführungen mögen genügen, um klarzustellen, daß *Psyche* eine «ureigene» Wirkkraft des Menschen darstellt, und daher als eigener Bereich zu betrachten ist, was bis jetzt in Ermangelung einer theoretischen Grundlage nicht geschah und wohl auch nicht geschehen konnte.

---

17 Derselbe, ebenda
18 H. A. EULER / H. MANDL: Emotionspsychologie, S. 8 – 9

III. GEIST

Während sich die Psyche einerseits durch ihre relative Gebundenheit an den Organismus, andererseits durch ihre relative Selbständigkeit dem Aktiven Bewußtsein des Menschen gegenüber auszeichnet, ist
der *Geist*, das *Pneuma, das belebende und beseelende Prinzip des Menschen als solches.* Der *Geist* hebt sich voll vom Organismus ab und bildet das Wirkpotential des Ichbewußtseins. Dieses Wirkpotential äußert sich vornehmlich in der Fähigkeit des Menschen, Allgemeinbe-
griffe zu bilden, was Grundlage jedweder Reflexion darstellt. Im Geist
besitzt der Mensch die Fähigkeit, eine immaterielle geistige Informa-
tionswelt aufzubauen, für die das Materielle Resonanzboden oder Stimulation sein kann, sowie Gedankensysteme zur Erklärung der Welt
und zur Beantwortung des Lebens aufzustellen.

1. Altertum

Als das umfassendste Wort zur Bezeichnung dessen, was wir Geist
nennen, wurde im *Griechischen* das wort *Pneuma* gebraucht, das «die
elementare Natur- und Lebenskraft, die als Luftstrom im Blasen des
Windes wie im Einziehen und Aushauchen des Atems und von daher
übertragen als inspiratorisch erfüllender und enthusiastisch ergreifen-
der Hauch des Geistes nach außen und innen wirksam ist.»[19] Dem
Wort «Pneuma» wohnt nämlich eine Kraftgeladenheit inne. Diese Kraft
erfuhr je nach Wirklichkeitsbereich und Zusammenhang, innerhalb
dessen Pneuma in verschiedener Seinsweise und Stärke als wirkmäch-
tig erkannt wurde, die verschiedenen Bedeutungs- und Anwendungs-
formen. So steckt nach H. KLEINKNECHT im Pneuma immer irgendeine
Kraftwirkung: Als ein Stück Natur ist es wie diese alles mit einem
Mal, «ein Äußeres und Inneres, Stoffliches und Geistiges, Natürliches
und Göttliches.»[20] Der Pneuma-Begriff hat also neben seiner materiellen Bedeutung auch bei den Griechen wie im Alten Testament immer
schon eine spirituelle Komponente, wenngleich sich in Griechenland

19 H. KLEINKNECHT: πνεῦμα, πνευματικός. - In: Gerhard FRIEDRICH (Hrsg.): Theologi-
sches Wörterbuch zum Neuen Testament, Bd. 6. - Stuttgart: Kohlhammer 1954, S. 333
20 Derselbe, ebenda, S. 333

die Entdeckung des Geistes nicht primär mittels des *Pneumabegriffes*,
sondern anhand des Begriffes νοῦς (nous = Verstand oder Vernunft)
vollzog. Trotzdem ist der Pneuma-Begriff für das Verständnis des Geistes von entscheidender Bedeutung. Die Besonderheit seiner Wirkkraft kommt ursprünglich vor allem in der Inspirationsauffassung
etwa *Apollinischer Weissagung* oder in der ähnlich vorgestellten *Dich-
terberufung* durch die Musen[21] und in der *poetischen Eingebung* zum
Ausdruck, die den Dichter zum Seher oder Propheten macht.[22]

a) Die Vorsokratiker

Von hier aus bekommt Pneuma geradezu die Bedeutung von Seele
(Psyche)[23] und steht als Element neben Erde, Wasser, Feuer, aus denen sich der Körper aufbaut,[24] wie die Psyche dem Körper gegenüber,
mit dem es im Leben verbunden ist. Im Tode trennt sich das Pneuma
vom Körper, um zur Erfüllung seiner höheren Bestimmung nach oben
zu entweichen. So sagt EPICHARMOS:
«Bist du im Geiste (νόωι / nooi) fromm geartet, so wird dir im Tode
kein Leid widerfahren. Oben wird der Hauch (πνεῦμα / pneuma) ewig
bestehen bleiben am Himmel.»[25]

Diese Lebenskontrolle ist nach HERAKLIT vor allem dann geboten,
wenn das Pneuma die persönlichen Kräfte zu übersteigen droht. So po-
lemisiert er den Ekstatismus mit ätzender Schärfe:
«*Wem prophezeit Heraklit?* Den Nachtschwärmern, Magiern, Bac-
chen, Menaden und Mysten. *Diesen droht er mit Strafe nach dem Tode,
diesen prophezeit er das Feuer.* Denn die Weihung in die Mysterienwei-
hen, wie sie bei den Menschen im Schwange ist, ist unheilig.»[26]

DEMOKRIT, der Vater des Materialismus, hingegen scheint der geistigen (pneumatischen) Verzückung eine poetische Bedeutung zu geben, wenn er sagt:

21 HESIOD: Theog. 31 f.
22 H. LEISEGANG: Der Heilige Geist: Das Wesen und Werden der mystisch-intuitiven
Erkenntnis in der Philosophie und Religion der Griechen. 1. Teil (nur dieser erschienen):
Die vorchristlichen Anschauungen und Lehren vom Pneuma und der mystischen intuitiven Erkenntnis. - Berlin / Leipzig: Teuber 1919, S. 133 f.
23 H. DIELS: Die Fragmente der Vorsokratiker griechisch und deutsch. - 6. verbesserte
Auflage herausgegeben von W. KRANZ: I. – III. Bd. - Berlin: Widmannsche Verlagsbuch-
handlung I (1951), II und III (1952). Die Fragmente werden nach DIELS zitiert; Diels I
113
24 EPICT: Diss III, 13, 14 f.
25 EPICHARMOS: Fr 22 (Diels I 202)

«Ein Dichter aber, was immer er mit Verzückung und göttlichem Anhauch (ἱεροῦ πνεύματος / hierou pneumatos) schreibt, das ist gewiß
schön, [was er aber ohne diese schreibt...]»[27]

Ob hier DEMOKRIT mit dem «göttlichen Anhauch» die Möglichkeit
göttlicher Erkenntnisvermittlung versteht, darf offen bleiben.[28] Tatsache ist, daß von nun an Pneuma zum stehenden Ausdruck für göttliche
Kraft der *enthusiastischen Begeisterung* wird, die den Dichter über die
gewohnten gültigen Ordnungen hinaushebt.[29]

Ein weiterer wichtiger Beitrag zur Entfaltung des Geistbegriffes ist
die Verwendung des Pneumabegriffes als *lebende* und *zusammenhal-
tende Kraft* in der *griechischen Medizin*. So bezeichnet Pneuma nach
HIPPOKRATES die Luft, die vom Körper, nicht nur durch die Atmung,
sondern auch durch pneumaartige Speisen und Getränke aufgenommen wird. Im Innern des Körpers wird das Pneuma in *psychisches
Pneuma* umgesetzt. Dies hat sein Zentrum im Gehirn und beherrscht
von dort aus den Organismus, indem es ihn nicht nur am Leben und in
Bewegung erhält, sondern ihm auch *Bewußtsein* verleiht.[30] Das Pneuma wird so zur grundlegenden Macht im Leben der gesamten, organischen wie anorganischen Natur, da es alles, was zwischen Himmel und
Erde ist, erfüllt.[31]

Nach der *sizilianischen Schule* ist, im Gegensatz zu HIPPOKRATES,
der Sitz des Pneuma im *Herzen*.[32] Es verdunstet unter dem Einfluß der
Lebenswärme aus dem Blut und bildet den Ursprung der Bewegung
und der sinnlichen Erkenntnis. Wird das freie Zirkulieren dieses Prinzips behindert, dann treten allerlei Krankheiten und Störungen auf.[33]

Diese Vorstellungen wurden von den beiden einflußreichsten Philosophen des Altertums, nämlich von PLATON und ARISTOTELES aufgegriffen und aus zwei völlig verschiedenen Ansatzpunkten in einer sehr
einseitigen Sicht beschrieben, die bis heute noch bestimmend ist.

26 HERAKLEITOS: Fr. 14 (Diels I 154), vgl. auch Fr. 40, 42, 56, 57 (Diels I 160, 162)
27 DEMOKRITOS: Fr. 18 (Diels II 146)
28 H. KLEINKNECHT: Pneuma, S. 342
29 PLATON: Phaedros 265 a
30 HIPPOKRATES: De Flatibus 7 (CMG I 1 p 95, 6 ff.); vgl. auch HIPPOKRATES: De
Natura Hominis 9 (Littré VI 52, 11); HIPPOKRATES: De Aere Aquis Locis 3 – 6 (CGM I 1 p
57 – 60)
31 HIPPOKRATES: Morb Sacr 7 (Littré VI 372 f.)
32 HIPPOKRATES: De Flatibus 3 (CGM I 1 p 92, 20 ff.; 93, 6 ff.); 4 (CGM I 1 p 93, 19 ff.);
15 (CGM I 1 p 101, 19 f.)
33 M. WELLMANN: Die Fragmente der sikelischen Ärzte Akron, Philistion und des
Diokles von Karystos. - In: Fragmentensammlung der griechischen Ärzte I (1901), S. 79

b) Platon und Aristoteles

So nimmt für PLATON der *Geist* unter den Erkenntnisweisen der
Seele die höchste Stufe ein, er ist gleichsam das Auge der
Seele, durch welches diese die ewigen Urbilder (*Ideen*) erblickt, die
ihrerseits immer der Seele zugeordnet bleiben. Doch kann der Geist
Dinge nur erkennen, weil er schon in einem vorweltlichen Leben die
Ideen unmittelbar geschaut hat. Erkenntnis wird somit als Wiedererin-
nerung bestimmt. Damit ist der Dualismus Geist und Leib perfekt.[34]

Im Gegensatz zu PLATON analysiert ARISTOTELES die Struktur des
menschlichen Geistes mit Betonung seines Angewiesenseins auf die
sinnliche Wahrnehmung. So betrachtet er das Pneuma nur vom physiologischen Aspekt her und beschränkt den Aspekt des *Geistes* auf
den «*nous*», den Verstand, ohne die personale Dimension des Pneuma
aufzugreifen, was ihn bei der Abgrenzung zum Psyche-Begriff in
Schwierigkeiten bringt: «Hinsichtlich des Geistes und Denkvermögens aber sehen wir noch nicht klar; doch scheint dies eine andere
Art Seele zu sein, und diese allein kann sich trennen wie das Ewige
vom Vergänglichen. Dagegen ergibt sich hieraus, daß die übrigen Teile
der Seele (der Psyche) nicht trennbar sind, wie einige meinen.»[35]

c) Stoa und Neuplatonismus

Während bei ARISTOTELES der Zusammenhang zwischen menschlichem und göttlichem Geist noch offen bleibt, versteht die *Stoa* den
menschlichen *Geist* als Ausfluß eines allgemeinen Weltgeistes (Pneuma), der alle Dinge durchdringt und zu einer Einheit verbindet, wobei
die *Einzelseele* als Teil der Weltseele betrachtet wird.[36]

Im Gegensatz dazu ist nach dem *Buch der Weisheit* das Pneuma keine
selbständige Emanation aus der göttlichen Substanz, kein Zwischenwe-
sen, sondern das direkte Eingreifen Gottes ins Weltgeschehen. Besonders wichtig ist hierbei, daß Pneuma nicht mehr stofflich aufgefaßt
wird.[37]

---

34 PLATON: Phaedros 248 A ff.

35 ARISTOTELES: De anima II 2, 11

36 W. JAEGER: Das Pneuma im Lykeion.- Hermes 18 (1913) 44; Diog. Laert. VII, 157.
SVF I, 135; CICERO: De natura deorum II, 7, 19; M. POHLENZ: Die Stoa 1.2 (1948 / 49)
Reg.

37 M. HEINZE: Die Lehre vom Logos in der griechischen Philosophie, Münster: Oldenburg 1872, 200; P. HEINISCH: Das Buch der Weisheit 1912, S. 153, 156

In der *neuplatonischen Philosophie* wird das Pneuma vor allem als Bindeglied zwischen dem Unstofflichen und dem Stofflichen betrachtet. So nimmt PLOTIN (205 – 270) platonische und aristotelische Ansätze der Pneumalehre auf und bestimmt den Geist (nous) als die oberste Wesenheit nächst dem Einen (ἕν / hen), wobei er die Einfachheit des Geistes gegenüber der Gegliedertheit der Seele besonders hervorhebt.[38]

2. Mittelalter

Die *Philosophie des Mittelalters* bedient sich bei der spekulativen Behandlung der theologischen Probleme zunächst der neuplatonischen und später der aristotelischen Geistlehre, die jedoch ganz in den Rahmen der Schöpfungstheologie gestellt wird, wobei vor allem der fundamentale Unterschied zwischen *ungeschaffenem Geist*, nämlich *Gott*, und dem *geschaffenen Geist*, nämlich *Engel* und *Mensch* hervorgehoben wird.[39]

Trotz dieser vielfältigen Betrachtung des Geistes in Altertum und Mittelalter, die hier nur ganz allgemein erwähnt werden kann, bleibt eine Vielzahl von Fragen offen, wie die Abgrenzung von *Psyche* und *Geist*, die Unterschiede und Bezüge zur Christologie, zur Angelologie, Dämonologie, Eschatologie, Apokalyptik, Prophetie, Mantik, Okkultismus, Mystik, Trinitätstheologie und so fort.

3. Neuzeit

Die Klärung dieser Fragen, vor allem die Abgrenzung von Psyche und Pneuma, fand jedoch in der *Neuzeit* nicht mehr das nötige Interesse, da *Geist* in zunehmendem Maße als *Bewußtsein* verstanden wird. Zwar kannten auch Antike und Mittelalter diesen Aspekt des Geistes, doch wurde Bewußtsein nur als Ausdrucksform und nicht als *Wesen* des Geistes bezeichnet. In dieser Wende von der *Substantialität des Geistes* zum *Geist als Bewußtsein* liegt der Ursprung der Neu-

38 PLOTIN: Enn. II, 2, 2

39 J. PEPIN: Primitiae Spiritus. Rev.-Hist. Relig. 140 (1951) 178; G. VERBEKE: L'Evolution de la doctrine du P. Louvain, Paris 1945

zeit, die mehr auf Tätigkeit im Denken und Handeln als auf Wesensbe-
trachtung setzt.

a) Cusanus bis Fichte

Die wichtigsten Stationen dieser Entwicklung werden vor allem vom
Geistverständnis bei Nikolaus CUSANUS, DESCARTES, LEIBNIZ, KANT
und FICHTE markiert.

Nikolaus CUSANUS (1401 – 1464) entschied sich zur Bezeichnung
von Geist für den Begriff *mens* (Verstand), den er etymologisch von
mensurare, messen, ableitete und folgendermaßen definierte: «Unser
Geist ist eine Kraft der Begriffe, mit der er alles dem Begriffe nach
schafft.»[40]

R. DESCARTES (1596 – 1650) sieht nicht nur die Garantie seiner Existenz, sondern auch die *Natur des Geistes* im *Denken* gegeben, da das
Denken vom Ich nicht getrennt werden kann.[41] Der Geist ist einfach,
unausgedehnt, unzerstörbar, er erfaßt sich selbst als Denkendes. Als
solcher (*res cogitans*, mens = Denkendes) steht er in absolutem Gegensatz zum Stoff, zum Körper (*res extensa* = Ausgedehntes).[42] Diese Betonung des Denkens und der Trennung von Subjekt-Objekt übte einen
entscheidenden Einfluß auf das europäische Geistesleben aus, der bis
in die Gegenwart reicht und das aktive Denken zum Maß aller Wahrheit macht.

Nach G. W. LEIBNIZ (1646 – 1710) ist der Geist als *Disposition* zu
verstehen, die dem einzelnen Geistakt sachlich vorausgeht.[43] Dies ist
dadurch möglich, daß den Körpern Monaden, geistige Substanzen, zugrundeliegen, wobei jede Monade eine Welt für sich ist.[44]

Für I. KANT (1724 – 1804) ist Geist schließlich nicht einmal mehr
Disposition. Er entfernt den Begriff des Geistes aus seiner kritischen
Transzendentalphilosophie und ersetzt ihn mit Begriffen wie «Ich», «In-
telligenz», «Bewußtsein überhaupt», «transzendentale Einheit der
Aperzeption».[45]

---

40 Mens nostra est vis notionalis secundum quam virtutem facit omnia notionaliter
(CUSANUS: De ludo globi II)
41 R. DESCARTES: Medit 2,6; Princ. philos I, 8
42 Derselbe, Medit 6; Princ. philos. I, 13.49
43 G. W. LEIBNIZ: Nouv. es. sur l'entendement humain 1704 I, 3
44 G. W. LEIBNIZ: Die philosophischen Schriften, hrsg. v. G. H. GERHARD, 7 Bde.
1875 – 1890; 4. Bd., S. 485 f.
45 Vgl. Allg. Kantindex zu Kants gesammelten Schriften, hrsg. v. G. MARTIN 16
(= Wortindex 1), 393 f.

Dieser Ablehnung des Geistbegriffes suchte J. G. FICHTE (1762 – 1814) noch etwas aufzufangen, doch bleibt auch für FICHTE der menschliche Geist nur «das, was man sonst auch produktive Einbildungskraft nennt»[46] bzw. «Thätigkeit und nichts als Thätigkeit.»[47]

b) Der objektive Geist

Diese Gleichsetzung des Geistes mit Bewußtsein im Sinne von Tätigkeit im Denken und Wollen führte zu einer völligen Entdinglichung des Geistes, wobei die Verschiedenheit des Geistes gegenüber allen Dingen besonders herausgearbeitet wird. Der *Geist* verliert seine *Gegenständlichkeit* und Objektivität und wird nur mehr als *subjektive Aktualität* verstanden.

Für diese subjektive Geistauffassung ist daher die Rede vom «objektiven Geist» unangebracht. Unter «objektivem Geist» versteht man vielmehr jene geistigen Phänomene, die nicht unmittelbar von einem subjektiven Bewußtsein abhängen und von ihm auch nicht unmittelbar abgeleitet werden können, trotzdem aber keine geringere Realität aufweisen. «Objektiver Geist» ist nämlich das, was einer Epoche (Zeitgeist), einer bestimmten Gruppe, einem Volk gemein ist: Geschichte, Moral, Recht, Gesellschaft, Staat, Sprache und Kultur. Dieser objektive Geist muß sich zwar immer in Individuen repräsentieren, läßt sich aber nicht auf die Individuen reduzieren.

Die Vorläufer dieser Geistlehre sind C. MONTESQUIEU (1689 – 1755): «Der Geist der Gesetze» (1748) und J. J. ROUSSEAU (1712 – 1778), der vom *allgemeinen Willen* als Träger des staatlichen Lebens spricht. Die erste große systematische Ausarbeitung dieses Verständnisses von Geist ist J. G. HERDERs (1774 – 1803) Lehre vom *Volks-Geist* als dem Träger der überpersönlichen geschichtlichen Entwicklung.[48]

c) Hegel

Bei G. F. W. HEGEL (1770 – 1831) steht die Lehre vom «objektiven Geist» in Zusammenhang mit der allgemeinen Metaphysik des Geistes. Der Geist wird als Totalität dessen verstanden, was nicht zur bloßen

---

46 J. G. FICHTE: Gesamtausgabe II, 3, 316
47 Derselbe, ebenda, S. 325

physischen Welt gehört,[49] zur Aufhebung des Äußerlichen, zur «Idea-
lität» als Zurückkommen aus der Natur. «Der Geist hat *für uns die Na-
tur* zu seiner *Voraussetzung*, deren *Wahrheit*, und damit deren *absolut
Erstes* er ist. In dieser Wahrheit ist die Natur verschwunden, und der
Geist hat sich als die zu ihrem Für-Sich-Sein gelangte Idee ergeben,
deren *Objekt* ebensowohl als das *Subjekt der Begriff* ist.»[50] Um den
Geist nicht nur als Für-Sich-Sein, als Vereinigung, sondern auch als
Ausgangspunkt und Substanz von Entfaltung zu verstehen, nützte HE-
GEL die Möglichkeit, Geist, in Anlehnung an den Psyche-Begriff des
ARISTOTELES, als das durch sich selbst Tätige zu deuten, das sich zu
dem macht, was es ist, und das ist, wozu es sich macht.[51]

So setzt HEGEL den Geist (Vernunft, Idee) als *Weltprinzip*, das in dia-
lektischer Bewegung die Stufen des *Sich-Entgegensetzens* und *Sich-
Versöhnens* durchläuft und als «abstrakter Geist» zum Wissen seiner
selbst kommt. Unter diesem Aspekt der Selbstverwirklichung unterscheidet HEGEL zwischen *subjektivem, objektivem* und *absolutem* Geist.

Der *subjektive Geist* wird in seiner Entwicklung von drei Phasen bestimmt: der Ununterschiedenheit von der Natur (als *Seele*), der Entge-
gensetzung gegen sie (als *Bewußtsein*), der Befreiung von diesem Gegensatz durch das *Für-Sich-Werden*[52], d. h. daß das, «was sein Begriff
ist, für ihn wird und ihm sein Sein dies ist, bei sich, das ist frei zu sein,
subjektiver Geist.»[53]

Dieser Freiheit als innerer Bestimmung und Zweck steht jedoch eine
äußere vorgefundene *Objektivität* von Bedürfnissen, Naturdingen und
Willensverhältnissen gegenüber. Daher muß der Geist zur Verwirklichung seines Zweckes in dieser äußeren Objektivität sich in Form der
Objektivität erfassen, d. h. «in der Form der Realität als einer von ihm
hervorzubringenden und hervorgebrachten Welt, in welcher die Freiheit als vorhandene Notwendigkeit ist, objektiver Geist.»[54] Der *objektive Geist* ist also «*die absolute Idee, aber nur an sich seiend*»[55], d. h. der

---

49 G. F. W. HEGEL: Encyclop. der philosophischen Wissenschaft, 3. Aufl. 1930. Werke, hrsg. v. H. GLOCKNER (= WG) 1929, 10, § 381
50 Derselbe, WG 10, § 381
51 Derselbe, WG 10, § 378
52 Derselbe, WG 10, § 387
53 Derselbe, WG 10, § 385
54 Derselbe, WG 10, § 385
55 Derselbe, WG 10, § 483

Geist in den sozialen Schichten, «das sittliche Leben eines Volkes.»[56]

Der *absolute* Geist ist schließlich der zeitliche Prozeß aufeinanderfolgender Gestalten, indem sich die Menschen zum Bewußtsein bringen, was der Geist ist.[57] Der absolute Geist ist daher *kein* jenseits menschlicher Realität stehender, reiner Vollzug zeitloser «Gehalte oder deren Inbegriff, sondern die sich wissende Idee oder Weltvernunft.[58]

Dieser Differenzierung des Geistes liegt ein *Seelenbegriff* zugrunde, der weder die Annahme einer unkörperlichen Seelensubstanz noch deren empiristische Destruktion bejaht, sondern die *Immaterialität* der Natur bezeichnet. «Die Seele ist nicht nur für sich immateriell, sondern die allgemeine Immaterialität der Natur, deren einfaches ideelles Leben. Sie ist die Substanz, so die absolute Grundlage aller Besonderung und Vereinzelung des Geistes, so daß er in ihr allen Stoff seiner Bestimmung hat und sie die durchdringende identische Idealität derselben bleibt.»[59] Von einem geistigen Prinzip im Sinne einer geistigen Substanz bzw. einer Geistseele ist daher auch bei HEGEL keine Rede mehr.

Sicherlich haben HEGELs Einteilung und die entsprechenden Begriffe des Geistes die nachfolgende Philosophie direkt nur wenig beeinflußt. Indirekt war die Wirkung jedoch sehr bedeutsam. Sie reicht von systematischen Gliederungen der Schulphilosophie des 19. Jahrhunderts, die auf die Philosophie der Natur eine Philosophie des Geistes folgen läßt[60], über den Gedanken der Kontinuität, der Entwicklung,[61], der allseitigen Verbundenheit geistiger Erscheinungen (Milieutheorie[62], Gesamt-Geist[63], höhere Geisteswelt[64] Synechism[65]), bis zu den Grundkategorien des Geschichtsverhältnisses in der *historischen Schule*.

56 G. F. W. HEGEL: Werke, hrsg. v. P. MARTINECKE u. a., 18 Bde. u. Suppl., 2. Aufl. 1932, II. Bd.: Phänomenologie, S. 330

57 Derselbe, WG 10, § 553 f., § 385, § 481 f, § 555

58 Derselbe, WG 10, § 554 ff., § 574, § 577

59 Derselbe, WG 10, § 389

60 Vgl. W. WUNDT: System der Philosophie, 4. Aufl. 1919, Bd. 2, 136 ff.

61 Vgl. CH. S. PEIRCE: Coll. Papers, hrsg. v. HARSHORNE / WEISS. - Cambridge / Mass. 1931, 1, 40 f.

62 Vgl. O. ENGEL: Der Einfluß Hegels auf die Bildung der Gedankenwelt H. Taines (1920)

63 W. WUNDT: System der Philosophie

64 R. EUCKEN: Die Einheit des Geisteslebens in Bewußtsein und Tat der Menschen (1888)

d) Geist als Lebenseinheit und Denkvermögen

So griff W. D. DILTHEY (1833 – 1911) unter dem Einfluß der historischen Schule den Begriff des «objektiven Geistes» auf, allerdings unter Verzicht eines absoluten Wissens. «Wir können den objektiven Geist nicht in eine ideale Konstruktion einordnen, vielmehr müssen wir seine Wirklichkeit in der Geschichte zugrunde legen. In ihm sind Sprache, Sitte, jede Art von Lebensform, von Stil des Lebens ebensogut umfaßt wie Familie, bürgerliche Gesellschaft, Staat und Recht. Und nun fällt auch ... Kunst und Religion und Philosophie unter diesen Begriff.»[66]

Objektiver Geist ist bei DILTHEY daher «Objektivation des Lebens» in jeder Hinsicht, auch in dem von HEGEL dem subjektiven und dem absoluten Geist zugeordneten Bereich. Die Gliederung dieses objektiven Geistes wird durch «Nacherleben des inneren Zusammenhanges, der vom Allgemeinmenschlichen in seine Individuation führt,» erfaßt, worin die Aufgabe der Geisteswissenschaft besteht.[67]

Die Fortführer der Gedankengänge DILTHEYs, deren bedeutendster Martin HEIDEGGER (1888 – 1976) war, haben auf das Wort «Geist» meist verzichtet. Dies hängt damit zusammen, daß im 19. Jahrhundert mit dem Auftreten einer *positivistischen*, am unmittelbaren Objektbezug der Naturwissenschaften orientierten Denkform, das metaphysische und transzendental-reflexive Denken zurückgedrängt und der Begriff des *Geistes* auf die Gehalte des *Bewußtseins und Denkvermögens* des Einzelmenschen begrenzt wurde.

So ist für J. F. HERBART (1776 1841) oder A. SCHOPENHAUER (1788 – 1860) der Geist nur der Inbegriff der «intellektuellen Fähigkeiten des Menschen».[68] Für L. FEUERBACH (1804 – 1872) wird er vom empirischen Bewußtsein bestimmt. Ein über das Bewußtsein hinausreichender Geistbegriff wurde als «irrige Spekulation» abgelehnt.[69]

Diese Psychologisierung des Geistbegriffes ist um 1850 zur Selbstverständlichkeit geworden. Symptomatisch dafür ist vor allem die Gleichsetzung der Begriffe *Geist* und *Seele* sowie die zunehmende Ver-

---

65 Ch. S. PEIRCE: Coll. Papers
66 W. DILTHEY: Gesammelte Schriften 1 – 18, Leipzig / Berlin 1914 – 1958, Bd. 7, S. 150 f.
67 Derselbe, ebenda, S. 146 ff.
68 A. SCHOPENHAUER: Werke, hrsg. v. FRISCHEISEN-KÖHLER 5, 249
69 L. FEUERBACH: Werke, hrsg. v. F. JODL (1904) 4, 256; 2, 194 ff.

drängung des «Geistes» durch die «Seele», die in einem umfassenden Begriff des Psychischen als natürliche Welt- und Lebenseinheit verstanden wird.

e) Geist als Widersacher der Seele

Im Rahmen dieses Psyche-Begriffes wird der Geist als Teilmoment erfüllter Weltverbindung[70] oder als zersetzende Rationalität verstanden, die den Lebensstrom zerreißt und seine Fülle tötet (der Geist als Widersacher der Seele).[71]

So gerät der Begriff des Geistes völlig in Mißkredit: zum einen, weil Geist mit Rationalität, ja sogar technischer Rationalität gleichgesetzt[72] und als lebensstörend bezeichnet wird, zum andern, weil in sprach*philosophischen* und *neopositivistischen* Richtungen der *analytischen Philosophie* der Gegenwart der Begriff «Geist» als nicht eindeutig zu definierender Ausdruck verworfen wird.[73] Schließlich ist auch noch in der Anthropologie ein Tendenz festzustellen, den Begriff «Geist» wegen seiner Behaftung mit metaphysischen Bestimmungen und Gehalten zu vermeiden.[74]

4. Theologie

Diese Entwicklung des Geistverständnisses findet auch in der *Theologie* ihren Niederschlag, was vor allem in einem veränderten Verständnis der *Unsterblichkeit*, einer Art Antiplatonismus, zum Ausdruck kommt, indem man gegenüber der Dualität von Leib und Seele die Einheit des Menschen betont. Mit Berufung auf die Bibel, besonders auf das Alte Testament, wird die Vorstellung einer Trennung von Leib und Seele, die Grundvoraussetzung der Lehre von der Unsterblichkeit der Seele, als *platonischer Idealismus* abgewiesen. Nach der biblischen Lehre gehe der Mensch im Tode «nach Leib und Seele» zu-

70 K. JOËL: Seele und Welt (1913) 289 f., 370 f.

71 L. KLAGES: Der Geist als Widersacher der Seele (1929 – 1932)

72 O. BREDT: Die Grenzen des Geistes im Reich der Seele (1969); J. HOMMES: Krise der Freiheit (1958)

73 G. RYLE: Der Begriff des Geistes (1969), Stuttgart: Reclam

74 Philosophie als Erfahrungswissenschaft. - Den Haag 1965, S. 89; vgl. auch H. PORTMANN: Biologie und Geist, 2. Aufl. Zürich 1968, S. 9; A. GEHLEN: Urmensch und Spätkultur, 2. Aufl. 1964, S. 90 f.; W. ZIMMERMANN: Evolution und Naturphilosophie, Berlin: Duncker 1968, 238 f.

grunde. Die Auferstehung des ganzen Menschen am Jüngsten Tag sei die einzige christliche Hoffnung. So schreibt Oskar (ULMANN 1962: «Wenn wir heute einen Durchschnittschristen, sei es Protestant oder Katholik, Intellektueller oder Nicht-Intellektueller, fragen, was das Neue Testament über das individuelle Los des Menschen nach dem Tode lehrt, so werden wir, von wenigen Ausnahmen abgesehen, die Antwort erhalten: die Unsterblichkeit der Seele. In dieser Form ist diese Meinung eines der größten Mißverständnisse des Christentums.»[75]

Dieser in vollen Fluß geratene Gedanke, daß es unbiblisch sei, von der Seele zu sprechen, erfaßte sehr bald auch weite Kreise der Bevölkerung.

Wenn es also keine Seele gibt, dann kann es auch kein «Zwischen» zwischen Tod und Auferstehung geben. Man fand daher folgende Lösung: Zeit ist eine Form des leiblichen Lebens. Tod bedeutet das Heraustreten aus der Zeit in die Ewigkeit. Aufgrund der Unzeitlichkeit jenseits des Todes ist also jedes Sterben Eintritt in den neuen Himmel und in die neue Erde, in die Auferstehung und in die Ewigkeit. Zunächst stirbt der Mensch aber einmal ganz. «Damit kann dann auch die Auferstehung im Tod und nicht erst am Jüngsten Tag angesetzt werden.»[76]

Demgegenüber stellte die Glaubenskongregation am 17. Mai 1979 u. a. folgendes fest: «Die Kirche hält an der Fortdauer und Subsistenz eines geistigen Elementes nach dem Tode fest, das mit Bewußtsein und Willen ausgestattet ist, so daß das «Ich des Menschen» weiterbesteht. Um dieses Element zu bezeichnen, verwendet die Kirche den Ausdruck «Seele», der sich durch den Gebrauch in der Heiligen Schrift und in der Tradition fest eingebürgert hat. Obwohl sie nicht übersieht, daß dieser Ausdruck in der Heiligen Schrift verschiedene Bedeutungen hat, ist sie doch der Auffassung, daß es keinen stichhaltigen Grund dafür gibt, ihn abzulehnen, zumal ja irgendein sprachlicher Ausdruck zur Stütze des Glaubens der Christen einfach notwendig ist.»[77]

75 O. CULLMANN: Unsterblichkeit der Seele oder Auferstehung der Toten? - Stuttgart 1962, S. 19

76 J. RATZINGER: Eschatologie: Tod und ewiges Leben: Kleine Katholische Dogmatik, Bd. IX, hrsg. v. J. AUER / J. RATZINGER. - Regensburg: Pustet 1977, S. 94

77 A. RESCH: Fragen der Eschatologie, Grenzgebiete der Wissenschaft 4 (1979), S. 258

5. Gegenwartsphilosophie

Diese Notwendigkeit eines sprachlichen Ausdrucks ist gegeben, doch sollte man im Blick auf das Seeleverständnis in Schrift und Geistesgeschichte besser von Geist im Sinne einer materie- und zeitungebundenen *Substantialität* sprechen, dies ungeachtet der Tatsache, daß die philosophische Beschreibung des Geistes eine solche Bedeutung noch kaum einzufangen vermag. So kann nach der *Philosophie der Gegenwart*, der die gedankliche Analyse von Inspiration und Intuition ebenso fremd ist wie der Philosophie der Neuzeit, das Verständnis von *Geist* auf folgende Formel gebracht werden: «Geist ist die Realität des Denkens. Realität besagt dabei ein Dreifaches: 1. das, was das Denken selbst ist; 2. das, was das Denken zu einem lebendigen, fruchtbaren Denken macht, ihm Sinn und Gehalt gibt; das, wohin ein Denken, insoferne es sich selbst einzig und allein als Vorstellung reflektierend – vergegenständlichend und in diesem Rahmen begrifflich begründend – versteht, nicht zurückzudenken vermag. Als Realität des Denkens ist Geist also das Wesen, die Kraft, der Sinngehalt und der Quellgrund, der das Denken veranlassende und freigebende Wesensspielraum des Denkens.»[78]

Von einer geistigen Substanz oder einem geistigen Prinzip im Menschen ist hier keine Rede, denn für die Philosophie und die Geisteswissenschaften hat, mit wenigen Ausnahmen, das Wort «Geist» nur mehr *funktionale Bedeutung.*

6. Psychobiologie

Der Anstoß für ein Verständnis einer *Substantialität des menschlichen Geistes* kommt heute von der Naturwissenschaft. So schreibt der bedeutende Neurologe und Neurochirurg Wilder PENFIELD: «Die körperliche Grundlage des Geistes ist die Gehirntätigkeit in jedem Individuum. Sie begleitet die Aktivität seines Geistes, aber der Geist ist frei. Er besitzt die Fähigkeit, einen gewissen Grad von Initiative zu entfalten. Der Geist ist der Mensch, den man kennt. Er muß während Perioden des Schlafs oder des Komas stets Kontinuität haben. Dann mutma-

78 H. BUCHNER: Geist. - In: H. KRINGS / H. M. BAUMGARTNER / Ch. WILD (Hrsg.):
Handbuch philosophischer Grundbegriffe. Bd. 2. - München: Kösel 1973, S. 539

ße ich auch, daß dieser Geist nach dem Tod des Menschen irgendwie
weiterleben muß. Ich kann nicht daran zweifeln, daß viele Menschen
Beziehungen zu Gott aufnehmen und Führung und Leitung von einem
höheren Geist erfahren. Aber dies alles sind persönliche Überzeugungen, die jeder Mensch für sich akzeptieren mag oder nicht.»[79]

Nach dem Nobelpreisträger für Physiologie (1983), Roger Wilcott
SPERRY, ist das wichtigste Postulat seiner *Theorie des Bewußtseins*
und dessen Beziehung zu Gehirnprozessen, daß der subjektive, *bewußte Geist* ein essentieller Bestandteil höherer Gehirnfunktionen ist; er
geht aus ihnen hervor und ist gleichzeitig eine aktive, kausale Determi-
nante dieser Gehirnaktivität. «Geistige Phänomene sind demnach
höchstrangige, direktive Kräfte neuronaler, atomarer oder subatoma-
rer Ereignisse, ohne mit diesen identisch oder auf sie reduzierbar zu
sein. Für die auf verschiedenen Niveaus lokalisierbaren Phänomene
wie auch für das Ganze und für alle kausalen Beziehungen gilt außerdem, daß sich zwar Ganzheiten aus auf ihrem Niveau wirksamen Teilen zusammensetzen, daß das Ganze bedingt kausal das Schicksal der
Teile, ohne dabei gegen die physikalisch-chemischen gesetzmäßigen
Zusammenhänge der Teile auf ihrem Niveau zu verstoßen.»[80]

So kann allein aufgrund des Denkens an eine bestimmte Handlung
im entsprechenden Gehirnbereich eine deutliche Durchblutungstei-
gerung festgestellt werden, die bei tatsächlicher und nicht bloß gedach-
ter Handlung auch nicht stärker ausfallen würde. Dies ist für Karl
POPPER und den Nobelpreisträger John ECCLES eines der Indizien, daß
es ein von der physischen Welt getrennt vorhandenes Bewußtsein
gibt.[81]

7. Geist und kontinuierliches Bewußtsein

Solche Indizien zeigen jedoch nicht nur die Wechselwirkung von
Denken und Gehirn. Die *veränderten Bewußtseinszustände* der *Luzidität*, der *Ekstase* und der *Psychostase* weisen bei Reduzierungen der

79 W. PENFIELD: Science, the arts and the spirit. - Trans. Ray. Soc. Canada, Series IV,
7, 1969, S. 83
80 B. PREILOWSKI: Gehirn, Geist und Wertsysteme. - Naturwissenschaftliche Rund-
schau 6 (1984), S. 216
81 A. RESCH: Impulse aus Wissenschaft und Forschung '86. - Innsbruck: Resch 1986,
S. 14

Funktionen des Organismus bis zum völligen Funktionsstillstand eine Klarheit des Bewußtseins auf, die jene bei normalem Funktionsablauf des Organismus und bei normalen Bewußtseinszuständen weit übertrifft.[82]

Ihre umfassendste und inhaltlich tiefste Form, die über das geistige Selbst hinausweist, erreichen diese geänderten Bewußtseinszustände im *mystischen Erleben*. So ist nach Gerda WALTHER (1897 – 1977) das Grundwesen als Geist schließlich jene geistige Lichtsphäre im Innern des Menschen, «die in sich über sich selbst hinausweist auf eine geistige Urquelle und die ihm auch in verwandter Form aus anderen Wesen in seiner Umwelt entgegenstrahlt. Der Mensch erlebt sich also hier unter Umständen zugleich auch als Glied einer *geistigen Welt*, eines geistigen Reiches, trotzdem er selbst noch individuell gebunden ist, seine eigene geistige Qualität und deren Quelle sehr wohl von der anderer Subjekte in und außer sich unterscheiden kann.»[83]

Diese substantielle Freiheit des Geistes von der Materie ist die Grundbedingung für die Annahme der *Fortdauer des personalen Kerns des Menschen*, bis zur verheißenen Vollendung der leiblichen Auferstehung, unter Beibehaltung eines *kontinuierlichen Bewußtseins*. Damit ist auch die erwähnte theologische *Hypothese*, daß der Mensch als Ganzer sterbe und bei der Auferstehung von Gott neu geschaffen werde, nur für den Leib, nicht aber für den Personenkern annehmbar. So sagt Gerda von BREDOW: «Der «neugeschaffene Mensch» würde zwar dem Verstorbenen *gleichen*, er wäre aber *ein andrer, eine andre Person*... Eine «personale Identität» des neugeschaffenen mit dem verstorbenen Menschen ist nicht möglich. Es kann nicht einmal eine personale Gleichheit der beiden geben, weil die Person sich selbst qualifiziert durch ihre eigenen Entscheidungen... Die einzigartige Qualität einer jeden Person hängt ab von der *inneren Kontinuität* dieser ihrer eigenen Qualifikation. Ein neu geschaffener Mensch wäre dem Verstorbenen bestenfalls *ähnlich*, qualitative *Gleichheit* dieser Person mit der Person des Verstorbenen ist unmöglich. Wenn also weder die Fortdauer eines materiellen Teilchens das Vehikel für die Kontinuität der *Identität* des Menschen in der Auferweckung der Toten sein kann, noch die Fortdauer eines personalen Kerns des Menschen geglaubt

---

82 A. RESCH (Hrsg.): Mystik (Imago Mundi 5), Innsbruck: Resch, 3. Aufl. 1985
83 Gerda WALTHER: Phänomenologie der Mystik, 3. Aufl. - Olten: Walther 1976, S. 122

wird, dann ist die «Auferweckung der Toten» in sich sinnlos. So kann
also das Geheimnis *nicht* erläutert werden! Die *Annahme der Fortdauer
des personalen Kerns, bis* zu der verheißenen Vollendung in der leiblichen Auferstehung *ohne ein materielles Substrat,* erscheint zwingend
notwendig. *Wenn* es eine Auferweckung der Toten gibt, dann gelangt
der ohne den Körper fortdauernde personale Kern in ihr zu neuem
leibhaftigem Leben. Die Alternative müßte lauten: Mit dem Tode des
Menschen «ist alles aus»! – Der Glaube an die Auferweckung der Toten
setzt die Fortdauer des personalen Kerns nach dem Tode des Menschen *voraus.*»[84]

Ohne Fortleben nach dem Tode gäbe es für den Menschen keine
volle Entfaltung seiner Persönlichkeit, die in ihrem Wesen über sich
hinausstrebt. So habe ich in meiner psychotherapeutischen Praxis
noch keinen Menschen gefunden, der im tiefsten nicht den einen
Wunsch hatte, ewig zu sein. Ohne Fortleben nach dem Tode gibt es für
den Menschen auch keine volle Dynamik bis zu seinem Lebensende in
einem hohen Alter. So sagt unser früherer Ehrenpräsident von IMAGO
MUNDI, Gabriel MARCEL: «Einen Menschen lieben, heißt sagen, du
wirst nicht sterben.» Sterben wird der Mensch nur dann nicht, wenn er
ein *kontinuierliches Bewußtsein,* einen nichtmateriellen, geistigen
Ich-Kern besitzt.[85]

IV. SCHLUSSBEMERKUNG

Die Bedeutung der hier stückhaft aufgezeigten Eigenheiten von *Psyche* und *Geist* ist noch nicht auslotbar, weil wir erst am Anfang dieser
neuen Betrachtung stehen. Eines kann aber heute schon gesagt werden, daß nur eine harmonische Entfaltung der psychischen und geistigen Fähigkeiten unter Einbeziehung der Körperlichkeit des Menschen
innere und äußere Abgewogenheit der Einzelperson und der Gemeinschaft gewährleisten. Tritt dann die hierin sich ereignende Lebenser-

---

84 Gerda von BREDOW: Über die personale Existenz des Menschlichen und ihr Fortleben nach dem Tode. In: Salzburger Jahrbuch für Philosophie XXVIII / XXIX, 1983 / 84. -
Salzburg: Pustet 1984, S. 13
85 G. MARCEL: Sein und Haben. Übers. v. E. BEHLER. - Paderborn 1954, S. 102

fahrung in einen harmonischen Einklang mit *Fühlen* und *Denken*, so entfaltet sich *Weisheit*, die Vollendung von Psyche und Geist, Fühlen und Denken:

«22. Denn es wohnt ihr ein Geist inne: denkend, heilig, einzigartig, vielfältig, fein, beweglich, durchdringend. unbefleckt,

23. klar, unverletzlich, das Gute liebend, scharf, unhemmbar, wohltätig, menschenfreundlich, sicher, fest, arglos, alles vermögend, alles beobachtend und alle Geister durchdringend, die denkenden, reinen und feinsten.

24. Denn beweglicher als alle Bewegung ist die Weisheit; sie geht durch und durchdringt alles vermöge ihrer Reinheit.

25. Sie ist ja ein Hauch der Kraft Gottes und ein lichter Ausfluß der Herrlichkeit des Allherrschers; deshalb dringt nichts Beflecktes in sie ein.

26. Denn sie ist ein Abglanz ewigen Lichtes, ein ungetrübter Spiegel des göttlichen Wirkens und ein Abbild seiner Vollkommenheit.

27. Obwohl sie nur eine ist, vermag sie doch alles, und obwohl in sich selbst verbleibend, erneuert sie alles. Von Geschlecht zu Geschlecht geht sie in lautere Seelen ein und rüstet Gottesfreunde und Propheten aus.

28. Denn Gott liebt nichts außer dem Menschen, der mit der Weisheit zusammenwohnt.

29. Diese nämlich ist herrlicher als die Sonne und als jegliche Stellung der Gestirne. Verglichen mit dem Tageslicht muß man ihr den Vorzug geben; denn auf dieses folgt die Nacht; über die Weisheit aber siegt keine Schlechtigkeit.» (Weisheit 7,22 – 29)

Diese Unterscheidung von Psyche und Geist ist noch völlig ungewohnt, findet aber immer mehr Beachtung. Vor allem lassen die hirnphysiologischen und psychobiologischen Forschungen, wie Hans ZEIER im folgenden Beitrag darlegt, die Evolution von Gehirn und Geist in einer Vielschichtigkeit erscheinen, die qualitativ verschiedene Äußerungsformen aufweist.

HANS ZEIER

EVOLUTION VON GEHIRN UND GEIST

Die *Darwinsche Evolutionslehre*[1] hat sich im Verlaufe dieses Jahrhunderts von einer Selektionstheorie zu einer genetischen Theorie, dem sog. *Neodarwinismus*, und schließlich zu einer umfassenden Systemtheorie gewandelt. Allgemein definiert kann man *Evolution* als Prozeß bezeichnen, der Information gewinnt und für Problemlösungen anwendet. K. LORENZ[2] und R. RIEDEL[3] sprechen sogar von einem Erkenntnis gewinnenden Prozeß. Die vorliegende Abhandlung verwendet jedoch den neutraleren Begriff *Information* in seinem eigentlichen Sinne als «in formare», d. h. hinein formen. Das Entscheidende am Evolutionsprozeß ist aber nicht nur das Entstehen von Information, sondern auch das dem Phänomen Leben innewohnende Engagement, diese Information anzuwenden.

In der biologischen Evolution beispielsweise entsteht Information sowohl durch genetische Veränderungen in Organismen als auch durch die von Lebewesen bewirkten Veränderungen in der Umwelt. Eine Eigendynamik erhält der Prozeß durch die wechselseitige Auseinandersetzung zwischen *Kreativität* und *Kritik*. Eine Rückkoppelung der Wirkungsweisen gibt es auf verschiedensten Organisationsstufen, angefangen von indirekten Rückwirkungen zwischen Nukleinsäuren und Proteinen[4], über homöostatische Mechanismen zur Regulierung von

1 C. DARWIN: On the Origin of Species by Means of Natural Selection. London: Murray 1859. - Deutsch: Die Entstehung der Arten durch natürliche Zuchtwahl oder die Erhaltung der bevorzugten Rassen im Kampf ums Dasein. Leipzig: Reclam 1860

2 K. LORENZ: Die Rückseite des Spiegels: Versuch einer Naturgeschichte menschlichen Erkennens. - München, Zürich: R. Piper & Co. 1973

3 R. RIEDL: Biologie der Erkenntnis: Die stammesgeschichtlichen Grundlagen der Vernunft. - 3. Aufl., Berlin / Hamburg: Paul Parey 1981

4 Gene bestehen aus Nukleinsäuren, die die Anleitung zur Synthese von Proteinen enthalten. Zwischen Nukleinsäuren und Proteinen gibt es zwar keine direkten, wohl aber indirekte Rückwirkungen. Die aus Proteinen aufgebaute Struktur der Organismen be-

Körperfunktionen des Organismus, bis zu vernetzten Bedingungsgefü-
gen im Verhalten von Populationen. Schließlich spielt das Prinzip der
Rückkoppelung auch in der Psychologie und Soziologie eine wichtige
Rolle.

Als universelle Lehre läßt sich die heutige Evolutionstheorie auf jegliche Form von Entwicklungsprozessen anwenden, sowohl auf die Entwicklung des Kosmos und die Entstehung des Lebens, als auch auf das
Werden des Menschen und seiner gesamten kulturellen Evolution.
Zwar muß man deutlich zwischen der biologischen und kulturellen
Entwicklung des Menschen unterscheiden. Für ein naturgerechtes
Menschen- und Weltbild sind aber auch die biologischen Gegebenheiten des Menschen, die bekanntlich sein Verhalten und somit auch seine Kultur beeinflussen, gebührend mitzuberücksichtigen. Dabei geht
es aber nicht etwa darum, Mensch und Kultur auf biologische Kategorien reduzieren zu wollen, sondern um das Bestreben, die biologischen
Rahmen- und Systembedingungen des menschlichen Lebens, Denkens
und Handelns zu ergründen und dadurch mitzuhelfen, die den heutigen Menschen bedrohenden Probleme zu lösen.

I. ENTWICKLUNG BIOLOGISCHER REGULATIONSSYSTEME

Organismen sind äußerst komplexe Gebilde, die über *Regulationssysteme* verfügen müssen, um ihre Lebensfunktionen wahrzunehmen.
Diese Regulationssysteme veranschaulichen sehr deutlich ein wichtiges evolutives Grundprinzip, nämlich Bewährtes möglichst weiterzu-
verwenden und Neues stets auf dem bereits Vorhandenen aufzubauen.
Phylogenetisch alte und neue Strukturen vereinigen sich zu einem harmonischen Ganzen mit neuen Systemeigenschaften. Dadurch entsteht
ein stufenweiser, hierarchisch gegliederter Aufbau der Lebensfunktionen, der sich auch im psychischen Bereich fortsetzt.

---

stimmt deren Lebenstüchtigkeit und entscheidet dadurch, welche Gene bzw. Nukleinsäuren sich im Genpool einer Art ausbreiten.

1. Drei Steuerungssysteme

Bei den *biologischen Regulationssystemen* lassen sich drei Typen ausmachen: *humorales, hormonales* und *nervöses System*, wobei sich Ansätze dieser drei Systeme bis zu den einzelligen Organismen zurückführen lassen.

Ein *einzelliger Organismus* kann alle Lebensfunktionen wie Verdauung, Atmung, Stoffwechsel, Zirkulation, Exkretion, Lokomotion
und Reproduktion durchführen, ohne über ein Nerven- oder Drüsensystem zu verfügen. Ein heute noch lebender Einzeller ist beispielsweise das Pantoffeltierchen *Paramaecium* (Abb. 1). Die Oberfläche eines

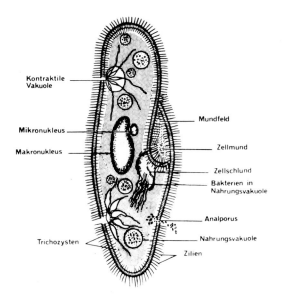

Abb. 1: Das Pantoffeltierchen (Paramaecium caudatum), ein heute lebender Einzeller.

solchen Tierchens ist mit etwa 2500 feinen zytoplasmatischen Här-
chen, genannt *Zilien*, bedeckt, die einen koordinierten Schlagrhythmus
aufweisen und so das Tier fortbewegen. Stößt es auf ein Hindernis,
wird die Schlagbewegung kurz umgekehrt, dann dreht sich das Tierchen durch einseitigen Wimpernschlag ab und bewegt sich anschließend wieder vorwärts in einer neuen Richtung. Neben den Zilien besitzt das Tierchen noch weitere Organellen, die seine Lebensfunktionen gewährleisten. Die gegenseitige Abstimmung dieser Funktionen

besorgt ein einfaches Informationsübertragungssystem, das aus flüssigen Stoffwechselprodukten, also in der Regel Abfallstoffen, besteht.
Dieses *humorale System* (von lat. humor = Flüssigkeit, Körpersaft)
wirkt diffus. Es kann mit dem hormonellen System höherer Tiere verglichen werden. Abfallprodukte zu Steuerungszwecken einzusetzen, ist
eine derart geniale Errungenschaft, daß auch der menschliche Körper
dieses Prinzip anwendet. Reichert sich beispielsweise infolge erhöhter
körperlicher Tätigkeit oder schlechter Durchblutung irgendwo im Körper Kohlensäure an, so stimuliert diese Kohlensäure die Blutgefäße,
sich an der betreffenden Stelle zu erweitern. Dadurch kommt es zu einer besseren Durchblutung, der Kohlensäureüberschuß wird abtransportiert und mehr Sauerstoff zugeführt. Neben Abfallprodukten produzieren einzellige Tiere bereits Stoffe, die auffallende Ähnlichkeiten mit
den Hormonen und Neurotransmittern höherer Tiere aufweisen. Das
hormonelle System mehrzelliger Tiere läßt sich somit als Spezialfall
des humoralen Systems betrachten. Auf Sekretion spezialisierte Zellen
bilden Botenstoffe, die bestimmte Körperfunktionen steuern.

Der *hormonelle Steuerungsvorgang* arbeitet wie ein Rundfunksystem. Die *Drüsenzellen*, die bei den Vertebraten ganze Organe bilden,
fungieren als Sender. Sie geben Botenstoffe ab, und die Körperflüssigkeit, bei Vertebraten das Blut, verteilt sie im ganzen Körper. Empfangen wird die Botschaft aber nur an bestimmten Stellen, den sog. Rezeptoren. Sie sind spezialisierte Strukturen an der Zellmembran der Empfängerzellen und können, ähnlich wie auf einen einzelnen Sender abgestimmte Radiogeräte, nur den zu ihrer Struktur passenden Botenstoff
aufnehmen. Den einzelnen Hormonen entsprechen also spezifische
Rezeptoren, die jeweils, dort anzutreffen sind, wo die durch das betreffende Hormon übermittelte Botschaft empfangen werden soll. Auf diese Weise üben die sich diffus ausbreitenden Hormone ihre Steuerungsfunktion gezielt aus. Das *Nervensystem* dagegen ist mit einem Telefoniesystem vergleichbar. Die Information wird nicht diffus, sondern
kanalisiert über Nervenbahnen geleitet. Die Nervenzelle, *Neuron* genannt, ist ganz darauf spezialisiert, auf Reize zu reagieren und diese
Information in Form von elektrischen Impulsen weiterzuleiten. Nervenzellen kommen in verschiedenster Form und Größe vor. Sie weisen
aber immer den gleichen Grundbauplan auf (Abb. 2). Ein Neuron besitzt meist mehrere Dendriten, aber immer nur ein Axon. Die elektri

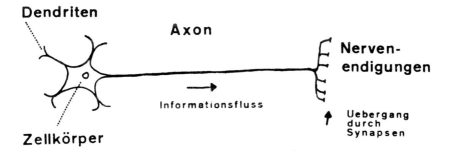

Abb. 2: Grundbauplan der Nervenzelle in schematischer Darstellung. Die elektrischen Nervenimpulse bewegen sich über das Axon zu den Nervenendigungen und werden dort durch chemische Neurotransmitter, über die Synapsen, auf andere Nervenzellen übertragen.

schen Nervenimpulse bewegen sich dem Axon entlang zu den Nerven-endigungen. Diese sind über Synapsen mit Dendriten, mit Zellkörpern oder mit Axonen von anderen Neuronen verbunden. Die Synapsen dienen als Ventile und Integratoren, sie lassen die Nervenimpulse nur in einer Richtung durch und entscheiden darüber, ob am nächsten Neuron ebenfalls ein Nervenimpuls ausgelöst werden soll. Bei der Reiz-übertragung an den Synapsen wird die Verwandtschaft zwischen dem hormonellen und dem nervösen Steuerungssystem deutlich. Sie erfolgt nämlich mit chemischen Überträgersubstanzen, sog. Neurotransmit-tern, die hormonähnlich und im Falle des Noradrenalins sogar mit einem Körperhormon identisch sind. Das Konzept der hormonellen Steuerung, Information durch chemische Substanzen zu übertragen, wird auch im Nervensystem angewendet, jedoch in abgewandelter Form: Die Substanzausschüttung erfolgt kanalisiert auf spezifische Kontaktstellen, die bereits erwähnten Synapsen, an denen die ausgeschüttete Substanz jeweils sofort wieder abgebaut und zum Neuaufbau von Überträgersubstanz resorbiert wird. Diese Kanalisie-rung, sofortige Neutralisierung und Abfallwiederverwertung erlauben eine viel differenziertere und schnellere Informationsübermittlung als das freie Herumschwimmen von chemischen Boten im ganzen Körper.

Erste Nervenzellen findet man bei den *Hohltieren* (Coelenteraten). Zu dieser Gruppe gehört beispielsweise der Süßwasserpolyp (*Hydra*). Die Nervenzellen dieses Tierchens weisen viele Verästelungen auf, die die Zellen untereinander zu einem Netzwerk verbinden, so daß ein von

einem bestimmten Körperteil ausgehender Nervenimpuls sich in alle
Teile des Körpers ausbreiten kann. Die Hydra (Abb. 3) besitzt bereits
erstaunliche Verhaltenseigenschaften. Normalerweise heftet sie sich

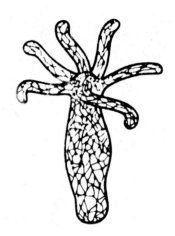

Abb. 3: Erste spezialisierte Nervenzellen
findet man bei der Hydra (Süßwasserpolyp)
und anderen Coelenteraten. Die Nervenzellen der Hydra bilden ein Netzwerk, das im
Bereich des Mundes dichter ist als in den
übrigen Gebieten.

mit ihrer Fußplatte an eine Unterlage, und ihre Tentakel treiben
scheinbar passiv im Wasser. Sobald aber die Tentakel mit einem im
Wasser schwebenden Teilchen in Berührung kommen, rollen sie sich
ein, um das Teilchen zum Zellmund zu transportieren. Ist der Berüh-
rungsreiz zu stark, so wird aus dem Tentakelreflex eine Rückzugsreaktion: die ganze Hydra zieht sich zusammen und wird zu einer kleinen
Kugel. Die Tentakel sind außer mit den zu ihrer Bewegung dienenden
Muskelzellen an ihrer Oberfläche noch mit giftigen Nesselkapseln aus-
gerüstet, die bei entsprechender Berührung auf lebende Wasserflöhe
und andere Planktontierchen geschleudert werden, um diese zu betäu-
ben. Diese Reaktion erfolgt wie das Öffnen des Mundes aufgrund eines
chemischen Signals, das anzeigt, daß es sich bei der Beute um lebendes
organisches Material handelt. Als Schlüsselreiz dient ein einfaches Ei-
weißmolekül, das aus drei Aminosäuren bestehende *Gluthathion*, falls
es in reduzierter und nicht in oxydierter Form vorhanden ist[5].

    Dieses Tripeptid ist in der Haut des lebenden *Wasserflohs* enthalten
und oxydiert, sobald der Wasserfloh stirbt, wodurch der Signalcharak-
ter verlorengeht. Dieser einfache Mechanismus ermöglicht es der Hy-

    5 H. M. LENHOFF: On the mechanism of action and evolution of receptors associated
with feeding and digestion. In: L. MUSCATINE / H. M. LENHOFF (Eds.): Coelenterate Biol-
ogy. - New York: Academic Press 1974, 211 – 243

dra, ihren Mund nur im biologisch sinnvollen Augenblick zu öffnen, nämlich dann, wenn die Tentakel lebendes organisches Material zuführen. Die Hydra besitzt also bereits ein zwar sehr einfaches, aber zweckmäßiges Weltbild. Mit einem äußerst einfachen Indikator kann sie die für sie wichtige Qualität «lebendes organisches Material» detektieren.

Die weitere evolutive Entwicklung verlief in Richtung Zentralisierung des Nervensystems. Eine hirnähnliche Struktur, die das Verhalten koordiniert, findet man bei höheren *Invertebraten* (Wirbellose), wie Gliederfüßler, segmentierte Würmer und Tintenfische. Ein eigentliches Gehirn als zentrales Regulations- und Koordinationsorgan trat dann bei den *Vertebraten* (Wirbeltiere) auf. Zu dieser Gruppe gehören in aufsteigender Reihenfolge Fische, Amphibien, Reptilien, Vögel und Säuger.

2. Gehirnorganisation der Vertebraten

Die verschiedenen Klassen von *Vertebraten* weisen alle einen ähnlichen Gehirnbauplan auf. Unterschiede gibt es eigentlich nur in der Ausbildung einzelner Hirnregionen und im Überbau von phylogenetisch neueren Strukturen. Zunächst lassen sich fünf verschiedene Abschnitte unterscheiden (Abb. 4), nämlich *Rückenmark*, *Hirnstamm* (bestehend aus Medulla, Pons und Mittelhirn), *Kleinhirn*, *Zwischenhirn* und *Vorderhirn*. Die unterhalb des Mittelhirns gelegenen Hirnstrukturen änderten sich im Verlaufe der Evolution kaum. Das *Rückenmark* ist wichtig für lokale Reflexe und für die Weiterleitung der Nervenimpulse zu und von den höheren Zentren. Das *Kleinhirn* reguliert und koordiniert die Bewegungen; es ist, relativ zum Körpergewicht, besonders groß bei bewegungsaktiven Tieren, wie Vögeln und schnellschwimmenden Fischen. Der *Hirnstamm* ragt als Fortsetzung des Rückenmarks wie ein Stiel ins Vorderhirn. Er ist für die Grundfunktionen des Lebens verantwortlich; hier befinden sich lebenswichtige Zentren, welche unsere räumliche Stabilität (Körperhaltung) sowie, assistiert vom Hypothalamus, die Stabilität des innern Milieus garantieren. Der meiste sensorische Input führt am Hirnstamm vorbei und kann somit durch diesen Hirnabschnitt beeinflußt werden. Die Funktion des Hirn-

stamms könnte man mit der eines Hausmeisters vergleichen, der dafür
sorgt, daß ein Gebäude ordnungsgemäß benutzt werden kann, und zur
Stelle ist, wenn irgendetwas nicht klappt. *Zwischenhirn* und *Vorderhirn*

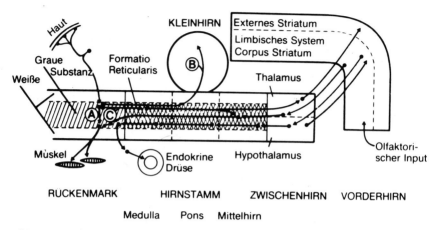

Abb. 4: Schematische Darstellung des Gehirns von Wirbeltieren, die unterhalb der Stufe
der Säuger stehen (Sauropsiden). Die fünf Hauptabschnitte sind: Rückenmark, Hirnstamm (bestehend aus Medulla, Pons und Mittelhirn), Kleinhirn, Zwischenhirn und Vorderhirn. Die anfallende Sinnesinformation wird auf 3 Informationskanäle verteilt: (A) lokale Reflexbogen im Rückenmark; (B) Kleinhirn-Seitenstrangbahnen; (C) Verbindung
vom Rückenmark zum Thalamus und Vorderhirn.

sind für die zeitliche Stabilität verantwortlich. Sie ermöglichen das
zielgerichtete Verhalten der Wirbeltiere. Diese Strukturen entscheiden, was zu welchem Zeitpunkt getan wird. Der im Zwischenhirn gelegene *Thalamus* ist eine Relaisstation zum Vorderhirn: Jede Sinnesinformation – mit Ausnahme der Geruchsinformation – muß über den
Thalamus laufen. Das *Vorderhirn* enthält zusätzlich die höchsten As-
soziationszentren, beim Menschen das Bewußtsein.

a) Sauropsidengehirn

Das Gehirn eines unterhalb der Stufe der Säuger stehenden Wirbel-
tieres (*Sauropside*) ist schematisch in Abb. 4 dargestellt. Es lassen sich
hier bereits die drei verschiedenen, bei jedem Wirbeltier vorkommenden Kanäle für anfallende Sinnesinformationen unterscheiden. Der *erste Informationskanal* umfaßt die lokalen Reflexbogen im Rückenmark.
Wenn wir mit der Hand einen heißen Gegenstand berühren, dann ziehen wir den Arm sofort zurück. Der Befehl für diese Bewegung geht

vom Sinnesneuron direkt ins Rückenmark und gelangt dort über ein
Interneuron zum entsprechenden *Motoneuron*. Schmerzempfindung
und erfolgte Ausführung der Rückzugsreaktion werden den höheren
Zentren über Bahnen, die mehrere Synapsen aufweisen, nachträglich
mitgeteilt. Der *zweite Informationskanal* führt vom Rückenmark über
die Kleinhirnseitenstrangbahnen ins Kleinhirn und dient der Bewe-
gungskoordination. Der *dritte Informationskanal* schließlich führt vom
Rückenmark über den Palaeolemniscus in den Thalamus. Wie bereits
erwähnt, leitet der Thalamus diese Sinnesinformation ins Vorderhirn
weiter, das sie zur Organisation des Verhaltens analysiert und verarbeitet. Aufgrund der engen Beziehung zwischen Thalamus und Vorderhirn kann man den *Thalamus als Tor zum Bewußtsein* bezeichnen. Auf
ähnliche Weise wirkt der unterhalb des Thalamus gelegene *Hypothalamus als Tor zur Emotion*, denn er steht in enger Beziehung zu den sog.
limbischen Strukturen des Vorderhirns, die das emotionale Verhalten
steuern.

Auf der Output- oder *motorischen Seite* kennen wir heute mehrere
absteigende Bahnen, die von den höheren Zentren zu den Motoneuro-
nen und den Effektorzellen führen. Die der Bewegung dienende *quer-
gestreifte Muskulatur* wird durch das sog. somatische Nervensystem aktiviert, das auch die Informationen der Sinnesorgane aufnimmt. Die
glatte Muskulatur der inneren Organe sowie die *endokrinen Drüsen* dagegen werden durch die Antagonisten Sympathikus und Parasympathi-
kus versorgt. Diese bilden den motorischen Anteil des sog. *vegetativen*
oder autonomen Nervensystems, dessen oberstes Kontrollorgan der
Hypothalamus ist. Das vegetative Nervensystem verfügt, wie das den
höheren Funktionen dienende somatische Nervensystem, über einen
zentralen Anteil, der die Informationsverarbeitung besorgt, sowie einen peripheren Anteil, der die Verbindungen zu den vegetativen Rezeptoren und Effektoren vermittelt.

b) Neuerwerbungen des Säugergehirns

Wie strukturelle Neuerwerbungen der Säugetiere die phylogenetisch älteren Strukturen überlagern, ist schematisch in Abb. 5 dargestellt. Eine erste Neuerwerbung stellen die großen *neosensorischen
Kerne* im Rückenmark und Gehirn dar, die die Sinnesinformation aus
der Peripherie aufnehmen. Beim Menschen ist die Haut nicht mehr

mit Schuppen, Federn oder einem dichten Haarpelz bedeckt, sondern, relativ ungeschützt, mit sehr empfindlichen Tast-, Druck-, Schmerz- und Temperaturrezeptoren versehen. Die sensorischen Kerne für die-

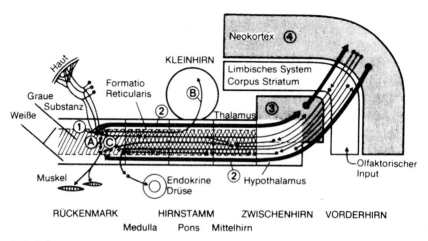

Abb. 5: Schematische Darstellung des Säugergehirns. Man beachte die folgenden Neuerwerbungen: 1. neosensorische Kerne; 2. direkte aufsteigende (Lemniscus) und absteigende (Pyramidenbahn) Verbindungen; 3. Neothalamus; 4. Neokortex. A, B und C (s. Legende zu Abb. 4)

se Rezeptoren sind entsprechend gut entwickelt. Aufgrund dieser strukturellen Gegebenheiten erstaunt es wohl kaum, daß die *Haut* für uns Menschen ein wichtiges Sinnesorgan ist. So zeigen wir Zuneigung durch physischen Kontakt, und zwar mit Körperstellen, die besonders sensibel sind. Körperlicher Kontakt wirkt ferner beruhigend in Streßsituationen. So flieht ein erschrecktes Kind zu seiner Mutter und schmiegt sich ihr fest an.

Eine *weitere* Neuerwerbung bilden zwei schnell leitende, direkte Bahnen im Nervensystem. Diese sind dem tontechnischen Hi-Fi-System vergleichbar, denn auch für das Nervensystem gilt: Je direkter die Verbindung, um so weniger Signalrauschen und Verzerrung. Die direkte Informationsübermittlung von unten nach oben oder von oben nach unten – also die Umgehung des «Dienstweges» – ist evolutionsgeschichtlich etwas sehr Modernes.

Die eine der beiden Bahnen ist eine aufsteigende oder *sensorische Bahn*. Sie wird *Lemniscus* genannt und übermittelt die Sinnesinformation von den sensorischen Kernen ohne Zwischenschaltungen direkt dem Thalamus.

Die andere Bahn ist eine absteigende oder *motorische Bahn.* Sie ist eigentlich erst beim Menschen voll entwickelt und dient der Willkürbewegung. Sie heißt auch *Pyramidenbahn* und führt vom motorischen Kortex (Rinde des Vorderhirns) bis hinunter ins Rückenmark und gibt so dem Kortex eine direkte Kontrolle über motorische Funktionen. Dieses Pyramidenbahn-System überlagert das bereits bei den Sauropsiden vorhandene *extrapyramidale System,* das die Haltungsfunktionen sowie die nicht unmittelbar bewußt ablaufenden Bewegungsabläufe steuert. Die funktionelle Beziehung zwischen den beiden motorischen Systemen besteht darin, das das extrapyramidale System das pyramidale entlastet. Komplexe Bewegungsmuster, wie z. B. das Schreiben, werden zuerst mit dem Pyramidenbahn-System eingeübt und dann nach und nach dem extrapyramidalen System übertragen. Dadurch wird der Kortex und damit das Bewußtsein entlastet, es kann sich auf den Gedankengang konzentrieren. Die Intention, eine eingeübte Bewegung durchzuführen, bleibt willkürlich, der Bewegungsablauf dagegen wird nach erfolgter Automatisierung durch das extrapyramidale System gesteuert.

Als *dritte* Neuentwicklung finden wir den *Neothalamus.* Beim Säuger steht dem größeren Angebot an sensorischer Information ein besser entwickelter Thalamus gegenüber, der als Relaisstation zum Kortex fungiert.

Der *Neokortex,* auch Hirnrinde oder kurz Kortex genannt, stellt schließlich die *vierte* und wichtigste Neuerwerbung der Säuger dar. Beim Menschen ist er so groß, daß er die anderen Hirnabschnitte ganz überdeckt. Überdies ist der menschliche Kortex sehr stark gefaltet, was seine Oberfläche beträchtlich vergrößert.

Funktionell teilt man die Hirnrinde aufgrund der Ergebnisse elektrophysiologischer Untersuchungen in *sensorischen Kortex, motorischen Kortex* und *Assoziationskortex* ein. Elektrische Stimulation im sensorischen Kortex bewirkt eine entsprechende Sinnesempfindung (die Sinnesbahnen projizieren in dieses Gebiet); Stimulation im motorischen Kortex dagegen löst über die von dort absteigenden motorischen Bahnen Zuckungen an den zugehörigen Muskelgruppen aus. Sensorischer und motorischer Kortex sind schließlich dem *Assoziationskortex* untergeordnet. Dieser hat keine direkten Verbindungen zur Peripherie, er verknüpft in erster Linie die verschiedenen Kortexfelder untereinander. Der Assoziationskortex ist Sitz der höchsten Integrations- und Koordinationsfunktionen. Die elektrische Reizung dieses Gebiets löst keine beobachtbaren Reaktionen aus. Bei niederen Säugern, etwa bei Ratten, besteht praktisch die gesamte Hirnrinde nur aus motorischem und sensorischem Kortex. Im Verlauf der Evolution aber wurde der Anteil des Assoziationskortex zunehmend größer.

Die Mikrostruktur der Hirnrinde besteht aus Gruppen von miteinander verknüpften Nervenzellen, die senkrecht zur Kortex-Oberfläche stehende Säulen bilden. Diese als «Module» bezeichneten Säulen haben im Durchschnitt eine Querschnittsfläche von etwa $0,2$ mm^2, ihre Ausdehnung reicht durch alle sechs Kortexschichten. Sie stellen nicht nur strukturelle, sondern auch funktionelle Grundeinheiten der Hirnrinde dar. Nach J. ECCLES[6] spielen sie eine entscheidende Rolle bei der Interaktion von *Gehirn* und *Geist*.

3. Arbeitsteilung zwischen den Hirnhemisphären

Das Gehirn der Wirbeltiere hat einen *bilateral symmetrischen* Aufbau: Die Strukturen der einen Hirnhälfte sind auch in der gegenüberliegenden Hirnhälfte vorhanden und umgekehrt. Der anatomischen Symmetrie entspricht auch eine funktionelle, wobei die *linke Hirnhälfte* die *rechte Körperseite* kontrolliert und die *rechte Hirnhälfte* die *linke Körperseite*. Die interhemisphärische Koordination gewährleisten Querverbindungen, deren wichtigste beim Säuger das sog. *Corpus callosum* (s. Abb. 6) bildet.

a) Untersuchungen an Split-Brain-Patienten

Beim Menschen ist nun aber die funktionelle Symmetrie durchbrochen. Bereits im letzten Jahrhundert haben P. BROCA[8] und C.

6 J. C. ECCLES / H. ZEIER: Gehirn und Geist: Biologische Erkenntnisse über Vorgeschichte, Wesen und Zukunft des Menschen. - München / Zürich: Fischer Taschenbuch Verlag 1984

7 R. W. SPERRY: Lateral specialization in the surgically separated hemisphere. In: F. O. SCHMITT / F. G. WORDEN (Eds.): The Neurosciences: Third Study Program. - Cambridge, Mass. / London: M. I. T. Press 1974, 5 – 19

8 P. BROCA: Remarque sur le siège de la faculté du language articulé, suivies d'une observation d'aphémie (perte de la parole). - Bulletin de la Société Anatomique de Paris 6 (1861), 330 – 357

WERNICKE[9] entdeckt, daß es *motorische* und *sensorische* Sprachzentren gibt. Diese für das Sprechen und das Sprachverständnis zuständigen Regionen sind nur einseitig vorhanden. Sie liegen meistens in der

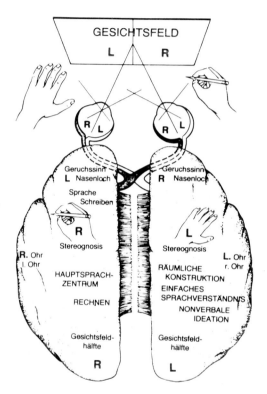

Abb. 6: Schema, das den Weg zeigt, wie aufgrund der partiellen Kreuzung im Chiasma opticum das linke Gesichtsfeld in die rechte Sehrinde und das rechte Gesichtsfeld in die linke Sehrinde projiziert wird. Das Schema gibt auch andere sensorische Inputs an, die von den rechten Gliedmaßen zur linken Hemisphäre und von den linken Gliedmaßen zur rechten Hemisphäre gehen. In ähnlicher Weise kreuzt der Input des Hörsinns weitgehend, der Geruchssinn dagegen ist ipsilateral. Die Verbindungen zwischen den Hemisphären werden durch das Corpus callosum bewerkstelligt, das hier chirurgisch durchtrennt eingezeichnet ist (nach SPERRY[7]).

linken Hirnhemisphäre, außer bei einigen Linkshändern. Neuere Untersuchungen von R. W. SPERRY und Mitarbeitern[10] haben gezeigt, daß die aufgabenspezifische Spezialisierung der Hirnhemisphären noch viel weiter geht. Man muß eigentlich von zwei Großhirnen sprechen, die sehr verschiedene mentale Funktionen ausüben.

9 C. WERNICKE: Der aphasische Symptomenkomplex. - Breslau: Cohn & Weigert 1874
10 R. W. SPERRY: Lateral specialization

In der Annahme, epileptische Anfälle würden jeweils irgendwo in einer Hirnhälfte beginnen und dann auf dem Weg über das Corpus callosum auf die andere Hirnhälfte übergreifen und sich so generalisieren, hat man vorgeschlagen, das Corpus callosum operativ vollständig zu durchtrennen, damit wenigstens eine Hirnhälfte anfallsfrei bleibe. Dieser chirurgische Eingriff wurde bei etwa 20 Patienten durchgeführt, die an schweren, selbst durch massive Medikation nicht kontrollierbaren epileptischen Anfällen litten. Erwartungsgemäß nahm die Zahl der Anfälle bei diesen Split-Brain-Patienten merklich ab. In ihrem äußeren Verhalten zeigten die operierten Patienten keine besonderen Auffälligkeiten, und auch Intelligenzquotient, Gedächtnisfunktion und motorische Fertigkeiten blieben unbeeinträchtigt. Veränderungen gegenüber dem voroperativen Zustand konnten erst durch spezielle Testverfahren entdeckt werden, die Information getrennt in die einzelnen Hemisphären einspeisen und die Reaktionen jeder Hemisphäre unabhängig von der anderen beobachten lassen. Bei allen psychologisch näher untersuchten Patienten befand sich das *Sprachzentrum* in der *linken* Hirnhemisphäre. Sie war somit immer die sprachdominante Hemisphäre und es lag die in Abb. 6 dargestellte Situation vor. Diese Abbildung zeigt, wie das linke Gesichtsfeld über die gekreuzten und ungekreuzten Fasern der Sehbahn in die visuellen Areale der rechten Hemisphäre projiziert, während das rechte Gesichtsfeld in der linken Hemisphäre abgebildet wird. Angedeutet ist ferner die gekreuzte Anordnung der sensorischen und motorischen Innervation der Hände, die überwiegend gekreuzte Projektion des Hörens sowie die streng unilaterale Projektion des Geruchs. Die von SPERRY und Mitarbeitern aufgebaute Testsituation veranschaulicht Abb. 7. Der Versuchsleiter (E) kann Wörter oder Bilder tachistoskopisch auf die linke oder rechte Seite des Bidlschirms projizieren. Wenn die Versuchsperson (S) den dazwischenliegenden Punkt fixiert, gelangt die im rechten Gesichtsfeld präsentierte Information in die linke, sprachdominante Hemisphäre. Die auf dem Tisch ausgelegten Gegenstände muß die Versuchsperson, ohne sie zu sehen, mit der einen Hand ertasten.

Unter diesen Versuchsbedingungen kann ein Patient mit durchtrenntem Corpus callosum sagen, was er gesehen hat, wenn ein Bild in seine linke Hemisphäre dargeboten wird. Auch ein bekannter Gegenstand, den die rechte Hand, ohne ihn zu sehen, betastet, wird leicht er-

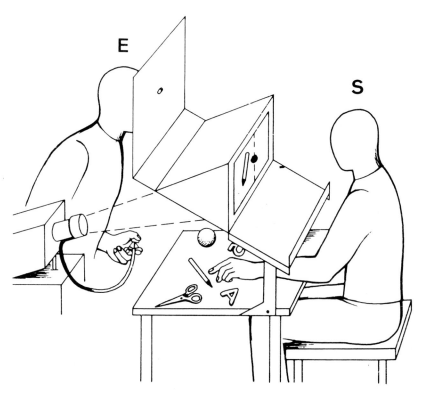

Abb. 7: Versuchsanordnung zum Testen von Patienten, deren Verbindungsfasern zwischen den beiden Großhirnhemisphären durchtrennt wurden («Split Brain»). Der Versuchsleiter (E) kann Wörter oder Bilder tachistoskopisch auf die linke oder rechte Seite des Bildschirms projizieren. Wenn die Versuchsperson (S) den dazwischenliegenden Punkt fixiert, gelangt die im rechten Gesichtsfeld präsentierte Information in die linke, sprachdominante Hemisphäre und jene aus dem linken Gesichtsfeld in die rechte, nichtdominante Hemisphäre. Die auf dem Tisch ausgelegten Gegenstände muß die Vp, ohne sie zu sehen, mit der einen Hand ertasten (nach: SPERRY, GAZZANIGA [11])

kannt, ebenso ein mit Plastikbuchstaben geschriebenes Wort. Hingegen ist der Patient nicht in der Lage, Gegenstände zu benennen, die seine rechte Hemisphäre sieht oder seine mit dieser Hemisphäre verbundene linke Hand abtastet. Die rechte Hemisphäre ist also stumm und sprachlos. Sie kann aber trotzdem Informationen erfassen, denn die durch diese Hemisphäre gesteuerte linke Hand ist durchaus in der Lage, einen mit der rechten Hemisphäre gesehenen Gegenstand aus ei-

11 R. W. SPERRY / M. S. GAZZANIGA: Language following surgical disconnection of the hemispheres. In: F. L. DARLEY (Ed.): Brain Mechanisms underlying Speech and Language. - New York: Grune & Stratton 1967, 108 – 121

ner vorgegebener Auswahl taktil zu erkennen, oder dessen Namen mit ertasteten Plastikbuchstaben zu schreiben. Interessanterweise weiß die linke Hemisphäre dabei nicht, was die rechte tut, kann also keine Angaben über die mit der linken Hand ausgeführten Tätigkeiten machen, wenn sie dies nicht selber gesehen hat.

Bemerkenswert ist auch die Reaktion der beiden Hemisphären auf Stimulierung durch sog. *Chimärenbilder*, die aus zwei verschiedenen menschlichen Gesichtern bestehen (Abb. 8). Wird eine derartige Kom-

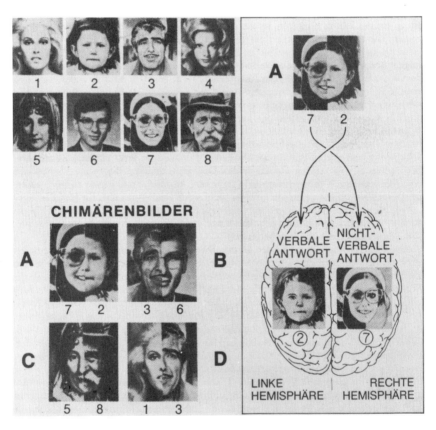

Abb. 8: Stimulierung durch Chimärenbilder, die man aus zwei verschiedenen Hälften menschlicher Gesichter zusammengesetzt hat, um zu testen, wie die beiden Hirnhälften für das Erkennen menschlicher Gesichter spezialisiert sind. Abgebildet sind die vier Beispiele A bis D, die aus den Aufnahmen 1 bis 8 zusammengesetzt sind. Ausführliche Erklärung im Text (nach: SPERRY[12])

12 R. W. SPERRY: Lateral specialization

bination von zwei halben Portraitaufnahmen kurz projiziert, während
die Versuchsperson den Mittelpunkt des Projektionsschirmes fixiert,
so empfängt jede Hirnhälfte das halbe Portrait aus dem gegenüberliegenden Sehfeld. Infolge des Fehlens der kommissuralen Verbindung
verfährt jede Hirnhälfte entsprechend der von ihr gemachten Wahrnehmung, um das Bild zu ergänzen, so wie es die in Abb. 8 auf jeder
Hirnhälfte eingezeichneten Bilder zeigen. Die chimärische Eigenart
des gesamten visuellen Inputs wird nicht erkannt. Jede Hirnhälfte
zeigt, ihren spezifischen Funktionen entsprechend, eine eigene Antwort. Infolgedessen wird, wenn man eine verbale Auskunft verlangt,
dies in Übereinstimmung mit dem in der linken Hemisphäre vervoll-
ständigten Bild gegeben. Wenn aber andererseits eine visuelle Erken-
nungsreaktion durch Hinweisen mit der linken Hand auf eine Auswahl
von verschiedenen Portraitaufnahmen erfolgen soll (nichtverbale Antwort), so wird auf das durch die rechte Hemisphäre wahrgenommene
und ergänzte Gesicht gezeigt. Die Wahrnehmungsreaktionen der beiden Hirnhälften sind also nach Durchtrennung des Corpus callosum
vollständig getrennt: Verlangt man eine verbale Antwort, dominiert die
linke Hemisphäre mit ihrer Wahrnehmung des rechten Gesichtsfeldes;
dagegen dominiert die rechte Hemisphäre, wenn man eine nichtverbale Antwort verlangt.

b) Die Hirnhemisphären als sich gegenseitig ergänzende Partner

Aufgrund ihrer sprachlichen Fähigkeiten wird die *linke* Hirnhemisphäre üblicherweise als *dominante* und die *rechte* als *untergeordnete*
Hemisphäre bezeichnet. Diese Etikettierung ist aber irreführend. Sie
gilt nur für die Sprachfunktion und es gibt auch Aufgaben, bei deren
Bewältigung die rechte Hirnhemisphäre überlegen ist. Dies zeigten
Untersuchungen, die bei verschiedenen Tätigkeiten Hemisphärenun-
terschiede im Elektroencephalogramm oder in der Hirnstoffwechsel-
aktivität nachweisen konnten. Die Hirnhemisphären des Menschen
sind nicht als einander über- und untergeordnete, sondern als sich
durch ihre spezifischen Eigenschaften gegenseitig ergänzende Partner
anzusehen.

Die spezifischen Leistungen der beiden Hirnhemisphären sind in
Tab. I zusammengestellt. Allgemein betrachtet ist die *linke Hemisphäre*
auf den sprachlichen Ausdruck sowie auf feine gedankliche Details

Tabelle I: **SPEZIFISCHE LEISTUNGEN DER BEIDEN HIRNHEMISPHÄREN**

Linke Hemisphäre (Analytische Funktionen)	**Rechte Hemisphäre** (Synthetische Funktionen)
Sprachlicher Ausdruck	Nahezu keine sprachlichen Fähigkeiten
Semantische Unterscheidungen	Musikalität
Abstrakte Analogien	Sinn für Bildliches und Muster
Begriffliche Ähnlichkeiten	Visuelle Ähnlichkeiten
Analyse zeitlicher Abläufe	Synthese zeitlicher Abläufe
Arithmetisches in Sequenzreihen, computerartig verlaufendes Denken, logisches Denken	Geometrisches und räumliches Denken, Bild-Denken, assoziatives und intuitives Denken
Lineare Kausalität Analytisches Denken (entweder-oder) Detailanalyse	Wechselseitige Kausalität Synthetisches Denken (sowohl-als-auch) Ganzheitliches Denken

Phänomenologie von Hegel:

Verstand (Vermögen der Begriffsbildung, des zergliedernden, abstrahierenden und ordnenden Denkens)	Vernunft (Vermögen zur Erfassung von Erkenntnisprinzipien und metaphysischen Zusammenhängen)

Psychologie von Jung:

Intellekt (Ratio)	Geist (umfaßt Gemüt, Herz)

jeglicher Art und Wirkungsweise spezialisiert, d. h. sie arbeitet *analytisch* und *sequenziell*. Sie kann auch arithmetische und andere computerähnliche Funktionen ausführen, logisch denken und durch Detailanalyse lineare Beziehungen zwischen Ursache und Wirkungen in isolierten Teilsystemen erkennen.

Die *rechte Hirnhemisphäre* dagegen übt *syntetische* Funktionen aus. Sie ist auf bildhafte, ganzheitliche Wahrnehmung eingespielt. Sie hat nahezu keine sprachlichen, dafür aber musikalische Fähigkeiten. *Musik* ist ihrem Wesen nach kohärent und synthetisch, da sie durch Abfolgen von Tonreizen vermittelt wird. Unser Sinn für Musik schafft aus den Einzeltönen ein zusammenhängendes, synthetisches, sequenziell ablaufendes Bildwerk auf gewissermaßen holistische Weise. Die rechte Hemisphäre denkt nicht abstrakt, sondern assoziativ und intuitiv. Durch Zusammenfassen von Einzelinformationen zu Bildern und Symbolen gelangt sie zu einem ganzheitlichen, synthetischen Denken. Dadurch kann sie komplexe Zusammenhänge und wechselseitige Kausalitäten sowie aus einer ganzheitlichen Betrachtungsweise gewonnene Werte besser erfassen, als die auf Detailanalyse ausgerichtete linke Hemisphäre.

Erstaunlicherweise decken sich diese neueren Befunde der Hirnforschung mit früheren philosophischen und psychologischen Erkenntnissen, die die menschliche *Psyche* in zwei sich gegenseitig ergänzende Funktionen unterteilten, ohne über eine neurophysiologische Erklärung zu verfügen. G. F. W. HEGEL[13] beispielsweise unterschied die Phänomene *Verstand* und *Vernunft*, also einerseits die Fähigkeit der Begriffsbildung, des zergliedernden, abstrahierenden und ordnenden Denkens, und andererseits das Vermögen, Zusammenhänge und Erkenntnisprinzipien zu erfassen. C. G. JUNG differenzierte zwischen *Intellekt* und *Geist*. Nach JUNG[14] drückt sich Seelisch-Geistiges durch Symbole aus. Die Sprache der Seele sei die Sprache der Symbole. Der Intellekt führe zum Symbolverlust. Dadurch gehe der Sinn des Lebens verloren und die soziale Ordnung zerfalle.

Mit dem Aufkommen der *Naturwissenschaft* und ihren unbestreitbaren Erfolgen vollzog sich tatsächlich eine Gewichtsverschiebung zu-

13 G. W. F. HEGEL: Phänomenologie des Geistes. - W. BONSIEPEN / R. HEEDE (Hrsg.). - Hamburg: Felix Meiner Verlag 1980

14 C. G. JUNG: Psychologische Betrachtungen. Hrsg. J. JACOBI. - Zürich: Rascher Verlag 1945

gunsten des linkshemisphärischen analytischen Denkens. Eine Verschiebung zum Intellekt findet sich auch in der Entwicklung unserer *Sprache*. Diese erfolgte nämlich vom Bildhaften zum Abstrakten; bildliche Assoziationen gingen zunehmend verloren und in unserem heutigen Sprachgebrauch herrscht das Abstrakte vor. Beispielsweise beschreibt die Aussage «Peter ist ein Klotz» auf bildhafte Weise einen Sachverhalt, der sich abstrakt durch «Peter ist grob» ausdrücken läßt. Die deutsche Sprache ist voll von Bildern und Symbolen, die wir heute meist kaum mehr beachten. So etwa beinhaltet das Wort «begreifen», daß wir etwas mit den Händen greifen, wenn wir es verstehen wollen, oder der Begriff «Vorwand» heißt eigentlich, vor etwas eine Wand zu stellen.

Für die harmonische Entwicklung und Selbstverwirklichung des Menschen braucht es die Funktionen beider Hirnhemisphären in wechselseitiger Ergänzung. Die heutige Überbetonung des Intellekts und des technisch-wissenschaftlichen Fortschrittsdenkens müßte dadurch korrigiert werden, daß wir insbesondere auch in der Schule versuchen, die allzu sehr vernachlässigten Funktionen der rechten Hirnhemisphäre zu fördern. Dies könnte etwa dadurch geschehen, daß wir den bildhaften und symbolischen Reichtum unserer Sprache besser beachten und pflegen, gleichzeitig verschiedene Sinne ansprechen und nicht im rein Verbalen stecken bleiben, der Kreativität und Intuition Betätigungsfelder öffnen und auch das Musische, insbesondere die Musik, vermehrt in den Schulunterricht mit einbeziehen. Ansätze zu einem ganzheitlichen Lernen finden sich beispielsweise in der von G. LOSANOV begründeten Methode des suggestiven Lernens[15].

II. BIOLOGISCHE INTELLIGENZ, BEWUSSTSEIN UND SOZIALE SYSTEME

1. Intelligentes Verhalten als aktive und passive Anpassung

Die *morphologische* Entwicklung des Gehirns ermöglichte die Entstehung von Fähigkeiten, die man gemeinhin mit den Begriffen *Intelli-*

genz und *Bewußtsein* bezeichnet. Beides sind Eigenschaften der höheren Wirbeltiere und weisen auf eine evolutionsgeschichtliche Vergangenheit. Eine Definition von Intelligenz und Bewußtsein zu geben ist sehr schwierig, verschiedene Ansätze verweisen auf unterschiedlichste Erkenntnisinteressen.

In unserem Zusammenhang wollen wir *Intelligenz* definieren als die allgemeine Fähigkeit eines Individuums, in einer sich verändernden Umwelt ökonomische Anpassungsleistungen zu erbringen. Dieser Anpassungsprozeß kann sowohl aktiv als auch passiv erfolgen. Niedere Lebewesen sind in der Regel ihren Lebensbedingungen ausgeliefert, d. h. sie werden von ihrer Umwelt beherrscht. Mit fortschreitender Evolution tritt eine vermehrte aktive Anpassung und damit eine Verselbständigung und Behauptung gegenüber der Umwelt in Erscheinung, etwa durch den Bau von geschützten Brut- und Schlafplätzen. Der Organismus verändert in der Weise seine Lebensbedingungen, daß sie seinen Bedürfnissen entgegenkommen. In seiner letzten Konsequenz unterwirft sich der Mensch die gesamte Natur und paßt sie seinen Bedürfnissen an. Dabei versucht er auch, Kontrolle über seine eigenen Artgenossen zu gewinnen. Dies ist bereits im Tierreich vorgebildet. Hier wie dort wird die Macht über Gleichartige durch gesellschaftliche Spielregeln festgelegt bzw. geregelt. Das einfachste Mittel zur Durchsetzung eigener Bedürfnisse ist die Anwendung von Gewalt. Unter Einsatz von Intelligenz aber scheint es möglich, auf offene Gewalt verzichten zu können, indem überzeugendere Lösungen angeboten werden, die alle befriedigen, wobei sicher manche gesellschaftliche Spielregel geschickt ausgenutzt wird. Wie jede Errungenschaft, so läßt sich auch Intelligenz für moralisch gute wie moralisch schlechte Zwecke einsetzen. Die oben angegebene Fähigkeit zur Anpassung beinhaltet dabei die Frage, ob im gegebenen Fall aktiv oder passiv operiert werden soll, aber auch die Überlegung, ob momentane Vorteile nicht später schwerwiegende Nachteile nach sich ziehen, die sowohl das Individuum selbst, aber auch die ganze Population treffen können. Gesellschaftliche Normen wie Verhaltensregelungen und Traditionen müssen dafür sorgen, daß die Bedürfnisse eines einzelnen sich aufgrund seines Intelligenzvermögens nicht allzu sehr auf Kosten der Allgemeinheit durchsetzen.

15 G. LOZANOV: Suggestology and Outlines of Suggestopedy. - London / New York: Gordon & Breach 1978

2. Bewußtsein als interpretierbares Abbild der Welt

Als *Bewußtsein* bezeichnen wir hier die Fähigkeit eines Lebewesens, sich ein Modell oder ein hypothetisches Bild von seiner Umwelt zu entwerfen. Diese Fähigkeit interagiert mit der Intelligenzfähigkeit, ist quasi eine Voraussetzung für sie. Wir wollen deshalb beide Fähigkeiten in ihrer gegenseitigen Wechselwirkung betrachten.

Intelligenz und *Bewußtsein* bilden die Voraussetzung für jegliche Form von *geistiger* Tätigkeit. Sie äußern sich in der Art, wie man die Welt kennenlernt, kennt bzw. mit Erwartungen verbindet. Diese Kenntnisse sind von Bedeutung, wann immer man sich mit veränderten Situationen auseinandersetzen muß. *Biologische Intelligenz* ist so nichts anderes als die Fähigkeit, eine perzeptive Welt zu bilden, damit Simulationsprozesse durchzuführen und adäquate Erwartungen abzuleiten. Das durch das Nervensystem als Abbildung oder Entwurf der Umwelt konstruierte Modell gestattet dem Organismus, sensorische Prozesse zu interpretieren und motorische auszuführen. Nach J. v. UEXKÜLL[16] ist die «Umwelt», auf die sich ein Tier bezieht, artspezifisch und sehr viel ärmer als die es objektive umgebende Wirklichkeit. Berücksichtigt werden nur bestimmte Merkmale und Eigenschaften der Umwelt, die aber – wie die Schatten in PLATONs Höhlengleichnis – als Wirklichkeit interpretiert werden und die Erlebniswelt des betreffenden Organismus bilden. Das Dreistachelige Stichlingmännchen (Gasterosteus aculeatus) beispielsweise greift während der Fortpflanzungszeit nicht nur allfällige Rivalen, sondern auch eine in sein Revier gehaltene einfache Holzscheibe an, wenn diese auf der Unterseite rot angemalt ist. Ein naturgetreues Modell eines *Stichlingmännchens*, dem die für die Fortpflanzungszeit charakteristische rote Unterseite fehlt, löst in der Regel keine derartige Reaktion aus[17].

Ähnlich wie die biologische Evolution zweckmäßige Anpassung dadurch hervorbringt, daß sie verschiedene Lebensformen erzeugt und quasi ausprobiert, welche im Kampf ums Dasein reüssieren, erzielt auch die *biologische Intelligenz Anpassungsleistungen*. Sie setzt verschiedene Verhaltensweisen ein und wertet die dabei gemachten Erfahrungen aus. Der Unterschied zur Evolution besteht aber darin, daß

16 J. v. UEXKÜLL: Umwelt und Innenwelt der Tiere. - Berlin 1909
17 N. TINBERGEN: The Study of Instinct. Oxford: Clarendon Press 1951. - Deutsch: Instinktlehre. Berlin: Parey 1952

Intelligenz für neue Erfahrungen keine derart großen Zeiträume benötigt, wie sie für die biologische Evolution erforderlich sind. Sie vergleicht vielmehr blitzschnell gespeicherte und neu eintreffende Informationen miteinander, leitet Erwartungen ab und bringt geeignet erscheinende Verhaltensweisen hervor. Erfolg und Mißerfolg bestimmen dabei dieses Verhalten und ermöglichen es dem Organismus, so gut wie möglich mit seinen Lebensaufgaben zurechtzukommen. Bei diesem Optimierungsprozeß spielt allerdings nicht nur das Ausmaß der erreichten Anpassung, sondern auch die dazu erforderliche Zeit eine wichtige Rolle.

Ein weiteres generelles Merkmal von Intelligenz ist die Fähigkeit zur *Voraussicht* oder *Erwartung*. Diese geistige Fähigkeit setzt bereits ein Mindestmaß an eigenem Bewußtsein voraus. Im Gegensatz zur Intelligenz besitzt die biologische Evolution weder Voraussicht noch Bewußtsein. Obwohl sie eine dem Phänomen Leben inhärente Zielgerichtetheit aufzuweisen scheint, können wir ihren Verlauf nicht voraussehen, höchstens im nachhinein erklären. Bei den niederen Wirbeltieren, wie Fischen, Amphibien und Reptilien, bestehen klare Input-Output-Relationen, die sich in angeborenen Verhaltensprogrammen äußern. Das Verhalten dieser Tiere ist äußerst stereotyp, es besteht vermutlich bloß so etwas wie ein «prähistorisches» Bewußtsein. Verdreht man beispielsweise einem Frosch das Auge um 180°, so schnappt er in die entgegengesetzte Richtung, wenn dieses Auge eine Fliege sieht. Höhere Wirbeltiere und der Mensch dagegen sind in der Lage, eine – etwa durch das Aufsetzen von Umkehrbrillen herbeigeführte – Umkehrung zu kompensieren. Die Fähigkeit, zwischen Input und Output eine interpretierbare Welt zu bilden, entwickelte sich teilweise erst bei den Vögeln, sicher aber bei den Säugern. Das Nervensystem begann, die von den verschiedenen Sinnesmodalitäten zugeführten Informationen zu koordinieren. Aus Reizmustern wurden «Objekte», die bei Transformationen von Raum und Zeit eine gewisse «Konstanz» oder «Invarianz» aufweisen. «Raum» und «Zeit» konnten dadurch wahrgenommen werden, es entstand «Bewußtsein». Das hochselektive Erkennen der situationsspezifischen Reizkonfigurationen während triebbefriedigenden Endhandlungen führte – zusammen mit anderen Faktoren wie Erwartung und Appetenzverhalten – zur Entstehung von *Emotionen* und zur laufenden emotionalen Bewertung der Sinneseindrük-

ke. Der Organismus erkennt instinktiv, was anzustreben und was zu
vermeiden, beziehungsweise gut und schlecht für seine Selbsterhal-
tung ist.

Beim Menschen erfolgte eine weitere Entwicklung, die zu der bereits
beschriebenen Spezialisierung der Hirnhemisphären führte. Die mit
der Sprache im Zusammenhang stehende Fähigkeit, *Begriffe* zu bilden
und *Denkoperationen* durchzuführen, gibt die Möglichkeit, Handlungs-
abläufe auch geistig durchzuexerzieren. Motorisches Verhalten ist dabei erst dann erforderlich, wenn man durch Einsicht das am zweckmä-
ßigsten erscheinende Verhalten ermittelt hat, womit sich Zeit und
Energie sparen läßt.

Für höhere Wirbeltiere und speziell für den Menschen wurden die
Informationsverarbeitungsfähigkeiten des Gehirns, insbesondere die
Intelligenz, zum entscheidenden Evolutionsfaktor. Mit fortschreitender Evolution war das Überleben nicht mehr nur an körperliche Stärke
gebunden, sondern auch an Intelligenz. Und abgesehen von der körperlichen Konstitution gelang dem die Ausnutzung seiner genetischen
Überlegenheit am besten, der sich intelligent verhielt.

Noch einmal vermochte sich die biologische Verhaltenskapazität
über das bereits Erreichte hinauszusteigern, indem intelligente Individuen sich gesellschaftlich organisierten. Das daraus resultierende *soziale System*, dessen Struktur wiederum am beobachtbaren Verhalten
erkennbar wird, steht jetzt auf einer neuen, der unmittelbar wirkenden Natur selbst übergeordneten Stufe. Soziale Systeme bleiben aber
mit dem biologischen System in einer ständigen Wechselbeziehung,
sind auf dieses angewiesen und müssen dessen Gesetzmäßigkeiten be-
folgen, um entstehen und fortbestehen zu können. Analog dazu stehen
Lebewesen über der unbelebten Natur, sind aber zu ihrer eigenen Existenz auf die Materie angewiesen und können deren Gesetzmäßigkeiten nicht umgehen.

III. MENSCHWERDUNG UND KULTURELLE EVOLUTION

Die *Entstehung des heutigen Menschen* aus einer Entwicklungslinie
der höheren Primaten kann man sich als einen zweistufigen Prozeß

vorstellen. Die erste Phase bestand aus einem ständig zunehmenden Größenwachstum des Gehirns (Abb. 9), die zweite ist durch eine noch stärkere Akzeleration gekennzeichnet. Die Gehirngröße hatte eine kritische Schwelle erreicht und löste durch Weitergabe von Erlerntem eine äußerst eindrückliche geistige und kulturelle Entfaltung aus, die die biologische Evolution mehr und mehr überlagerte.

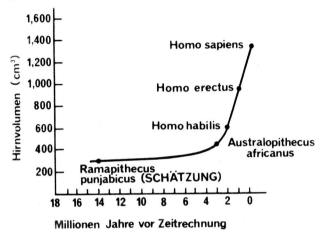

Abb. 9: Größenwachstum des Gehirns im Verlaufe der menschlichen Entwicklung (nach: PILBEAM [18])

1. Größenwachstum des Gehirns

Die stammesgeschichtliche Abspaltung der *menschlichen Entwicklungslinie* von den Uraffen erfolgte vor mindestens 10 Millionen Jahren. Zur Familie der Hominiden zu zählende Wesen verlegten damals ihren Lebensbereich nach und nach vom tropischen Urwald in die Savanne. Als erste uns bekannte Vorwesen betrachten viele Forscher die *Australopithecinen*. Zwei Arten dieser Gattung lebten rund 4 Millionen Jahre lang gleichzeitig nebeneinander, wobei im Verlaufe dieser sehr langen Zeitspanne offenbar nur geringfügige Veränderungen stattfanden. Das Hirngewicht der Australopithecinen war nicht größer als jenes der heutigen Menschenaffen, beim Schimpansen etwa 330 – 420

18 D. PILBEAM: The Ascent of Man: An Introduction to Human Evolution. - New York: Macmillan 1972

Gramm, beim Gorilla 400 – 500 Gramm. Zieht man jedoch ihr geringes Körpergewicht mit in Betracht, so standen die Australopitecinen schon deutlich höher als die heutigen Menschenaffen. Diese haben noch immer etwa dieselbe Hirngröße wie jene Uraffen, von denen sich die menschliche Entwicklungslinie abspaltete.

a) Evolution der Gattung Homo

Der erste Vertreter der Gattung Homo, der *Homo habilis*, erschien vor ungefähr 2 Millionen Jahren und hatte ein Hirngewicht von mindestens 600 Gramm. Er wurde vor 1 bis 0,5 Millionen Jahren vom *Homo erectus* abgelöst, dessen Hirngewicht bereits 1000 Gramm erreichte. Dieser Art folgten vor ungefähr 500 000 bis 250 000 Jahren die *Präneandertaler*, vor etwa 100 000 der *Neandertaler*. Er überlebte die letzte Eiszeit, verschwand aber vor 40 000 Jahren plötzlich wieder. Der Neandertaler wird wie seine Vorstufen bereits zur Art *Homo sapiens* gerechnet. Sein durchschnittliches Hirngewicht von 1550 Gramm lag sogar noch etwas höher als das des modernen Menschen.

Der bedeutendste Abschnitt in der Entwicklung des menschlichen Gehirns setzte erst nach der langen stabilen Periode der Australopithecinen ein. Bemerkenswert ist vor allem die gewaltige Zunahme der Hirnsubstanz, die zwischen dem Homo habilis und dem Neandertaler liegt und zudem noch innerhalb einer evolutionsgeschichtlich sehr kurzen Periode von rund einer Million Jahren erfolgte. Nie zuvor hatte in der ganzen biologischen Evolution eine derart rasche Umwandlung stattgefunden. Man muß deshalb annehmen, daß während dieser Zeit ein sehr starker Selektionsdruck herrschte. Die aufeinanderfolgenden, langen Eiszeiten zerstörten die lebensbegünstigenden ökologischen Nischen, in denen sich beispielsweise die Australopithecinen während verhältnismäßig langer Zeit halten konnten. Das Überleben hing jetzt von der Fähigkeit ab, vor allem den klimatischen Schwierigkeiten zu trotzen und sich an die neuen Umweltbedingungen anzupassen. Man begann, in engen und übervölkerten Unterkünften zu hausen, erfand die *Kleidung* und zähmte das *Feuer*. Die Bewältigung der harten Lebensbedingungen konnte nur durch intelligentes Planen und wirksame Kommunikation innerhalb der eng zusammenlebenden sozialen Gruppen gelingen. Es war somit notwendig, die Verständigung durch Gesten und Laute weiterzuentwickeln. Laute haben gegenüber Gesten den

Vorteil, daß sich Individuen, die miteinander Informationen austauschen, nicht gegenseitig sehen und betrachten müssen. Der nur in der Blickrichtung wirksame Gesichtssinn wird also nicht absorbiert, weshalb er, zusammen mit dem ein breiteres Umfeld erfassenden Gehör, zum Erkennen von Feinden eingesetzt werden kann. Die Verständigung durch Laute funktioniert zudem auch in der Dunkelheit und läßt die Hände frei, um beispielsweise Waffen zu tragen. Ferner ließ sich mit der Verfeinerung der stimmlichen Signale zunehmend mehr Information übermitteln. Durch Nennung von Namen für Dinge und Handlungen wurde die primitive, aus Rufen und Warnsignalen bestehende animalische Sprache umgeformt und weiterentwickelt, so daß einfache verbale Beschreibungen möglich wurden. Vorstellungen konnten jetzt durch Wortsymbole ausgedrückt werden. Dies führte zu einer verbesserten Verständigung und war von großem Wert für die Organisation und den sozialen Zusammenhalt des Stammes.

Der aufrechte Gang ermöglichte es, Dinge mit sich herumzutragen. Die aufrechtgehenden *Hominiden* verzehrten die gefundene oder erbeutete Nahrung nicht mehr an Ort und Stelle, wie es bei den anderen Säugern üblich ist, sondern brachten sie zu einer Art Lagerplatz, um sie unter die Gruppenmitglieder zu verteilen. Ein derartiges Teilen von erjagter oder gesammelter Nahrung kommt nur bei Hominiden vor und ist somit typisch für die menschliche Entwicklungslinie[19]. Außer dem Füttern der Jungtiere bei Vögeln und Säugern tritt das Teilen von erbeuteter Nahrung sonst nur noch in sehr begrenzten Ansätzen bei wilden Hunden auf, oder wenn Schimpansen kleine Tiere erjagen, deren Fleisch sie – im Gegensatz zu pflanzlicher Beute – mit ihrer Gruppenmitgliedern teilen. Beim Homo sapiens kam zur Beuteteilung schließlich noch eine eigentliche *Mahlzeitenzubereitung* hinzu.

b) Arbeitsteilung, Sprache und soziale Organisation

Die evolutionsgeschichtlich neue Art der Nahrungsbeschaffung führte zur *Arbeitsteilung* innerhalb der Gruppe, besonders zwischen den Geschlechtern. Die durch die Kinderbetreuung in ihrer Bewegungsfreiheit behinderten Frauen spezialisierten sich auf die Sammeltätigkeit und die Mahlzeitenzubereitung, während die Männer die Jagd

19 G. ISAAC: The food-sharing behavior of protohuman hominids. - Scientific American 238, April 1978, 90 – 108

und die Verteidigung der Gruppe übernahmen. Die Organisation de
Arbeitsteilung und der Nahrungsverteilung war aber nur durch gegenseitige Absprache möglich. Dadurch entstand wohl eine weitere Notwendigkeit für die Entstehung und Weiterentwicklung der sprachlichen Verständigung. Schließlich wurde die Sprache zum entscheidenden Band einer im Vergleich zu Tiergesellschaften sehr viel engeren
menschlichen Gemeinschaft.

Die *Sprache* verleiht dem Menschen seine Überlegenheit über die
Tiere. Sie eröffnet ihm die unbegrenzte Möglichkeit, Wortsymbole wie
Gegenstände zu behandeln und Objekte im Gedächtnis zu bewahren,
obgleich sie nicht mehr sichtbar sind. Der Mensch erlangt die Fähigkeit, sich der Sprache in zunehmender Verfeinerung und Vielseitigkeit
zum Ausdruck symbolischer oder abstrakter Denkvorgänge zu bedienen. Über diese Möglichkeiten verfügen alle Menschenrassen. Sie
alle besitzen ihre eigene, hochentwickelte und den jeweiligen Lebensbedingungen angepaßte Sprache, obgleich in anderer Hinsicht ihre
Kultur primitiv sein mag.

In der Evolution des Menschen spielten die Sprache sowie die eng
damit verbundenen Fähigkeiten zur Bildung von *Vorstellungen* und
Entwürfen eine überragende Rolle. Sie unterstützten das außerge-
wöhnlich rasche Größenwachstum der Hirnrinde. Allerdings gibt es
noch eine andere Erklärungsmöglichkeit, nämlich daß die Entwicklung
des Gehirns im Zusammenhang mit dem steigenden Bedarf an feiner
motorischer Kontrolle zur Konstruktion und zum Gebrauch von Werkzeugen stand. Zweifellos war dies mit ein entscheidender Faktor, besonders im Hinblick auf Vorstellungsvermögen und Planung, die zur
Erzielung guter Leistungen erforderlich sind. Jedoch ist zu bedenken,
daß in der menschlichen Hirnrinde die Sprachzentren bedeutend größer sind als jene Zentren, die der Bewegungskontrolle dienen.

Im Verlauf einer Million Jahre, von der Zeit des Homo habilis über
den Homo erectus bis zum Homo sapiens, bewirkten zahlreiche Selek-
tionsfaktoren eine zunehmende Größe und Leistungsfähigkeit des Gehirns. Die Geschichte vom Aufstieg und Erfolg der *Gehirnentwicklung*
legt den Gedanken an ein unbegrenzt weitergehendes Wachstum des
Gehirns nahe, doch während der letzten 250 000 Jahre ist nichts derartiges geschehen.

Vielleicht wären bei einer weiteren Vergrößerung des menschlichen Gehirns Schwierigkeiten bei der Geburt eingetreten, vielleicht aber bedeutet eine weitere Vergrößerung auch keine Leistungssteigerung mehr. Das gegenwärtige «Ende» der Evolutionsgeschichte besteht darin, daß wir als Menschen ein Gehirn geerbt haben, dessen durchschnittliches Gewicht etwa 1450 Gramm beträgt.

2. Selbstbewußtsein, Moral und Kultur

Aufgrund unserer Erfahrungen mit Haustieren sind wir geneigt, wenigstens den *höheren Säugetieren* eine Art Bewußtsein zuzuschreiben und sie als individuelle Lebewesen zu betrachten. Ein Hund kann beispielsweise herzzerreißend heulen, wenn sein Besitzer weg ist, und überschwengliche Zuneigung zeigen, wenn dieser wieder zurückkehrt. Tiere zeigen aber nur wenig oder überhaupt nichts, was darauf hindeuten könnte, daß sie sich selbst oder ein Selbst in anderen Tieren derselben Art erkennen und sich in sie einfühlen können. Wir sind vielleicht bestürzt darüber, wie wenig Mitgefühl Schimpansen oder Paviane für kranke oder verletzte Mitglieder ihrer Gruppe zeigen oder daß nichtmenschliche Primaten ihre Toten, ohne sie zu beachten, einfach liegenlassen. Ihre Verhaltensmuster machen uns deutlich, daß ihnen *Selbsterkenntnis* fehlt. Diese Fähigkeit trat erst im Verlauf der menschlichen Entwicklung auf.

Es gibt zwar Untersuchungen, die zu zeigen scheinen, daß *Menschenaffen* sich im Spiegel erkennen können[20]. Bringt man nämlich einem narkotisierten Schimpansen oder Orang-Utan oberhalb der Augen eine farbige Markierung an, die der Affe weder direkt sehen noch fühlen kann, so betastet und beobachtet er diese Markierung, wenn er nach dem Aufwachen vor einen Spiegel gesetzt wird. Dieser Versuch funktioniert aber nur mit Affen, die sich vorher ausgiebig an ihr Spiegelbild gewöhnt hatten. Das gezeigte Verhalten hat deshalb wohl kaum viel mit Selbsterkenntnis zu tun. Es ist eher eine Form von visueller Gewöhnung, wie sie auch beim Aufsetzen von Brillen eintritt, die das Gesehene auf den Kopf stellen (Umkehrbrillen) oder um einen be-

20 G. G. GALLUP jr.: Self-recognition in Primates. - American Psychologist 32 (1977) 329 – 338

stimmten Winkel abzulenken. Durch diese Gewöhnung an den Spiegel lernt der Affe bloß, das eigene Körperschema – über das alle höheren Tiere verfügen – auf sein Spiegelbild zu übertragen[21].

Das *menschliche Selbstbewußtsein* impliziert die Fähigkeit, sich auch in andere Individuen einzufühlen und dadurch, entgegen eigenen Bedürfnissen, auf andere Menschen Rücksicht zu nehmen. Das menschliche Einfühlungsvermögen ermöglicht den Aufbau von geistig fundierten zwischenmenschlichen Beziehungen, insbesondere auch echtes altruistisches Verhalten. Im Gegensatz zu den bei Tieren vorkommenden pseudoaltruistischen Verhaltensweisen, wie beispielsweise die Verhaltensleistungen, die Elterntiere bei der Brut und Aufzucht ihrer Jungen erbringen, oder der Heldentod der Arbeiterinnen-Bienen bei der Abwehr von Honigräubern, beinhaltet menschlicher Altruismus stets eine bewußt gefaßte Entscheidung, sich unter Inkaufnahme von Opfern für seinen Mitmenschen einzusetzen. Das Selbstbewußtsein und das dadurch bedingte Einfühlungsvermögen in den Mitmenschen bilden die Grundlage für die Entwicklung von *Moral* und *Sitte*, den geistigen Werten des Menschen.

Es ist eine verlockende Idee zu vermuten, die Entstehung des Selbstbewußtseins wiederhole sich bei der Entwicklung des heranwachsenden Kindes. Tatsächlich läßt sich das erwachende Selbstbewußtsein des Kleinkindes sehr schön beobachten, wenn es im Verlaufe seines zweiten Lebensjahres damit beginnt, Dinge selber tun zu wollen – sowohl Handlungen, die es bereits kann, als auch Tätigkeiten, die es erst zu lernen versucht – und heftig dagegen protestiert, wenn man ihm dabei helfen will. Dieser bemerkenswerte Drang, etwas selber machen zu können, erstreckt sich auf die verschiedensten Tätigkeiten und zeugt von umfassendem Interesse des Kleinkindes an seiner Umwelt. Affen dagegen zeigen keine Frustrationsreaktionen, wenn man ihnen beispielsweise beim Ergattern eines schwer zu erreichenden Leckerbissens hilft. Überdies äußern sie schon gar kein Interesse für Tätigkeiten, die über das Beschaffen von Futter oder das Erlangen von angenehmen sozialen Beziehungen hinausgehen.

Hinweise für ein Erwachen des menschlichen Selbstbewußtseins im Verlaufe der Stammesgeschichte geben uns die Beobachtungen über die Herstellung von *Werkzeugen* und das Aufkommen zeremonieller

---

21 Etwas Ähnliches passiert, wenn wir lernen, Bewegungen über unser Spiegelbild zu steuern, wie das beispielsweise beim Rasieren oder Kämmen der Fall ist.

Bestattungsbräuche. Archäologische Funde belegen, daß der *Neandertaler* bereits eine Selbstbewußtheit von der Art gehabt haben muß, wie wir sie heute besitzen, und daß er bezüglich anderer Mitglieder seiner Gemeinschaft das Gefühl kannte, daß sie ebensolche Lebewesen seien wie er selbst. Unsere Vorfahren vor rund 100 000 Jahren standen am Beginn einer «Humanität», die zum Ausgangspunkt der zweiten Phase der menschlichen Entwicklung wurde, am Beginn der *geistig-kulturellen Evolution.*

3. Unterschiede und Gemeinsamkeiten zwischen biologischer und kultureller Evolution

Zur *Kultur* gehört, was durch beabsichtigte körperliche und geistige Tätigkeit des Menschen geschaffen wird. Analog zur Eigendynamik von Tieren und Pflanzen als treibende Kraft der biologischen Evolution beruht auch kulturelle Tätigkeit nicht auf einem detaillierten Plan oder besitzt gar ein konkretes Endziel. In die kulturelle wie biologische Tätigkeit fließen *angeborene* und *erworbene* Verhaltensprogramme ein. Sämtliche im Verlaufe der stammesgeschichtlichen Entwicklung entstandenen Schichten des menschlichen Bewußtseins, die Jean GEBSER[22] als archaische, magische, mythische, mentale (rationale) und integrale Bewußtseinsstruktur beschrieb, leisten ihren Beitrag für die kulturelle Evolution. Der Ursprung der Kultur liegt allein im Menschen, ihr Ziel ist die Vollendung und Vervollkommnung der menschlichen Natur.

Das menschliche Bestreben, Kultur zu schaffen, entwickelt sich in jedem Individuum. Dabei beschreiten die individuellen Entwicklungen verschiedene Wege, erreichen unterschiedliche Niveaus. Die Gesamtheit aller individuellen Niveaus bestimmt die Kulturstufe eines Volkes. Gerichtet verlaufende Entwicklungsprozesse sind dabei typisch für die geistige Tätigkeit von Individuen, sie kennzeichnen den kulturellen Bereich.

Kreative Entfaltungsprozesse bestimmen nicht nur die biologische Vorgeschichte des Menschen. Innerhalb wesentlich kürzerer Zeiträu-

---

22 J. GEBSER: Ursprung und Gegenwart. Band I und II. - Stuttgart: Deutsche Verlagsanstalt 1949, 1953. - München: Deutscher Taschenbuch-Verlag 1973. - Schaffhausen: Novalis 1978

me sind sie in der Persönlichkeitsentwicklung jedes einzelnen Menschen sowie in der kulturellen und gesellschaftlichen Entwicklung der gesamten Menschheit wirksam. Man darf dabei davon ausgehen, daß es Eigenschaften und Gesetzmäßigkeiten gibt, die alle diese Entwicklungsprozesse auszeichnen. Dieser Umstand verleitet zahlreiche Naturwissenschaftler zur Annahme, die Gesetzmäßigkeiten der biologischen Evolution seien ausreichend, um auch die kulturelle Evolution vollständig erklären zu können. Konrad LORENZ beispielsweise schreibt: «daß der Gang der Historie, wie der der Phylogenese, nur von Zufall und Notwendigkeit gelenkt wird, ist eine Tatsache...»[23] Diese Meinung kann durchaus als wissenschaftliche Hypothese und brauchbare Diskussionsgrundlage – nicht jedoch als Tatsache – betrachtet werden. Würde die Hypothese zutreffen, so gäbe es keine richtigen kulturellen Leistungen, denn alles wäre ja reiner Zufall.

Neben den Alternativen *Zufall* – was nichts anderes als eine Bezeichnung für unbekannte Ursachen ist – und vorgegebener *Plan* besteht noch eine dritte Erklärungsmöglichkeit: Man kann den Verlauf und die Gesetzmäßigkeiten der kulturellen Evolution durch *spezifische Systemeigenschaften* erklären, die auf der Stufe der biologischen Evolution noch gar nicht vollständig vorhanden sind. Wir betrachten deshalb die *kulturelle Evolution* als hierarchisch übergeordneten Prozeß mit eigenen Gesetzmäßigkeiten, der allerdings durch seine biologische Basis geprägt wird und seinerseits wiederum die biologische Evolution beeinflußt. Die Unterschiede zwischen den beiden Evolutionsformen beruhen im wesentlichen auf den drei folgenden Faktoren, die bewirken, daß kulturelle Entwicklungen erfolgen:

1. Im *biologischen Bereich* ist nur die in den Genen gespeicherte Information vererbbar. Im *kulturellen Bereich* dagegen sind auch geistige Inhalte vererbbar, beispielsweise die durch Lernen gemachten Erfahrungen.

2. *Kulturelle Vererbung* ist nicht direkt an den Generationenwechsel gebunden und verfügt in Sprache und Schrift über äußerst wirkungsvolle Kommunikationsmittel.

3. Die Elemente der *biologischen Entwicklung* sind *Individuen*, jene der *kulturellen Evolution* dagegen *soziale Gruppen* oder *Gesellschaften*.

23 K. LORENZ: Die Rückseite des Spiegels, 238

Trotz dieser Unterschiede bestehen Analogien zwischen beiden Prozessen. Beide sind in dem Sinne zielgerichtet, als sie, sich selbst beschleunigend, nach Entfaltung sowie höherer Organisation und Ordnung streben. Auch kulturelle Entwicklungen verlaufen in gewissen Bahnen und finden ein Ende, wenn ihre Möglichkeiten erfüllt und erschöpft sind. Wie in der biologischen Evolution, so gibt es auch in der kulturellen Evolution ein ständiges Auf und Ab. Nicht jede neue Errungenschaft ist dabei mit *Fortschritt* gleichzusetzen. Dies gilt besonders für Technik und Wissenschaft. Obgleich gerade auf diesen Gebieten heute ein exponentielles Wachstum vorherrscht, stehen die nützlichen Errungenschaften häufig in keinem Verhältnis mehr zum Aufwand. Lediglich *Kunst* und *Literatur* sind von den Vorstellungen befreit, nach denen das Neue dem Bestehenden stets überlegen sein muß.

Die Grundbedingungen der biologischen Evolution – Variabilität, innere und äußere Selektion sowie Weitergabe des Bewährten – gelten auch für die kulturelle Evolution. *Variationen* in Form von zufälligen oder geplanten gesellschaftlichen Veränderungen sowie unvollkommene Weitergabe der Traditionen lieferten wohl zu allen Zeiten ein für den Entwicklungsprozeß ausreichendes Ausmaß an «Mutationen» und Probiermaterial. Die *Selektion* geschieht entsprechend der biologischen Entwicklung durch Erfolg und und Mißerfolg. Stämme und Völker mit wirtschaftlicher, technologischer oder militärischer Überlegenheit können andere, weniger erfolgreiche, verdrängen. Auch die Strukturen und Verhaltensnormen innerhalb der Gesellschaft unterliegen einem ständigen Optimierungsprozeß. Werkzeuge, Waffen und physische Umgebung greifen auf direkte Weise in das Selektionsgeschehen ein; der Vorteil von vollzogenen Innovationen ist – oft im Gegensatz zur biologischen Evolution – häufig schon unmittelbar erkennbar. Die geistigen Fähigkeiten des Menschen ermöglichen dabei die Einsparung großer Energieaufwendungen, indem ohne mühevolles Ausprobieren der Ablauf eines Vorganges durchdacht werden kann und so *Lernen durch Einsicht* zu einer bewußten Selektion führt. Dabei können wir, wie Karl POPPER[24] dies ausdrückt, Fortschritte erzielen und Fehler vermeiden, ohne uns selber durch die natürliche Selektion eliminieren zu lassen. Kulturelle Errungenschaften werden

---

24 K. R. POPPER: Objective Knowledge: An Evolutionary Approach. Oxford: Clarendon Press 1972. - Deutsch Objektive Erkenntnis. Hamburg: Hoffman & Campe 1973

schließlich durch Kommunikationssysteme und durch die Gedächtnisse der einzelnen Individuen weitergegeben. Erfolg wird zum Maßstab für das, was besonders nachahmenswert erscheint. Für die Bildung und Weitergabe von *Traditionen* über Generationen hinaus sorgen von der Gesellschaft gesteuerte Vorgänge, wie Sozialisation des Kindes durch Erziehung, Belohnung und Bestrafung, Identifizierung und Nachahmung, ideologische Indoktrination, Sprache und linguistische Bedeutungssysteme, gesellschaftliche Barrieren und anderes mehr. Diese Vorgänge bilden – zusätzlich zur weniger problematischen Weitergabe von technologischen und wissenschaftlichen Errungenschaften – ein für die kulturelle Evolution ausreichendes Bewahrungssystem und können soziale Organisationsstrukturen und Werte auch dann noch aufrechterhalten, wenn deren Sinn und Zweckmäßigkeit nicht mehr eingesehen wird bzw. gar nicht mehr vorhanden ist.

Der Verlauf der kulturellen Evolution kann noch viel weniger als der biologische Evolutionsverlauf durch einfache Ursache-Wirkung-Mechanismen erklärt werden. Er ist ein *Systemprozeß* mit komplex wirkenden Faktoren. Wirkketten mit positivem Feedback spielen eine entscheidende Rolle (Abb. 10): Die Erfindung eines einzelnen kann sich schlagartig ausbreiten und die Umwelt aller verändern. Es entstehen neue Möglichkeiten, die weitere Erfindungen erlauben. Das ständige Voranschreiten ermöglicht darüber hinaus, Ursachen und Wirkungen früherer Errungenschaften besser zu verstehen. Diese wiederum eröffnen der im Genpool anlagemäßig vorhandenen Intelligenz neue Betätigungsfelder, regen Lernfähigkeit und Innovationsfreude an und verbessern durch ständige Selektion das bereits Vorhandene, da die Intelligenteren neue Errungenschaften auch besser anwenden können. Die Verbreitung der Erbfaktoren im Genpool fördert die Entstehung genialer Erfindertypen, die wieder neue Erfindungen machen.[26]

Das gemeinsame Merkmal aller Formen kultureller Evolution besteht darin, daß sie von der physikalischen Umwelt zunehmend unabhängiger und von ihrer Eigendynamik getrieben und beherrscht werden. *Kulturelle Errungenschaften* wie Wirtschaft, Technik, Wissenschaft, Ethik, Religion, Tradition, Staats- und Gesellschaftsstrukturen

---

26 Die Selektion vererbbarer Intelligenz spielte allerdings lediglich in der Frühgeschichte des Menschen eine Rolle. Sie ist heute bedeutungslos, da nützliche Erfindungen sich auch ohne ihr Zutun rasch ausbreiten und einem großen Teil der Menschheit – nicht nur den geistigen Eliten des betreffenden Kulturkreises – zugute kommen.

können das Verhalten des Individuums ebenso zwingend oder in noch stärkerem Maße beeinflussen, als dies aufgrund biologischer Instinkte und Neigungen geschieht. Instinktives Verhalten kann durch Traditio-

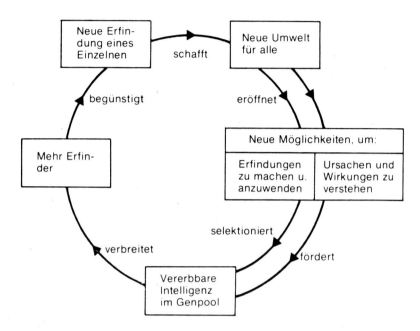

Abb. 10: Wirkungsmechanismen mit positivem Feedback, die die kulturelle Evolution vorantreiben (nach: DARLINGTON[25])

nen verstärkt oder auch korrigiert werden. Beispielsweise wird einerseits die angeborene Tendenz, nur für die eigene Sippe zu sorgen, in den meisten Gesellschaften unterstützt durch ein Erbrecht, das zwingend vorschreibt, man müsse seinen Nachkommen mindestens einen wesentlichen Teil seines Besitzes vermachen. Andererseits können etwa humanistische Traditionen mithelfen, den angeborenen Selbsterhaltungstrieb und Egoismus zu überwinden und wahre *Nächstenliebe* walten zu lassen.

Die *gesellschaftlichen Traditionen* sind nicht ein Ergebnis des Verstandes, sondern wie Instinkte Ergebnis und Erbe einer langen Entwicklung. *Traditionen* und *Instinkte* verdienen deshalb einen gewissen Respekt. Die Evolution hat sie gewissermaßen ausprobiert, da «Leben» ein kontinuierliches Experiment darstellt. Die Tatsache, daß biologische und kulturelle Verhaltensnormen und -neigungen bestehen oder bestanden, beweist, daß sie eine Funktion haben oder hatten. Aufgabe der Wissenschaft ist es, diese Funktionen aufzuzeigen und zu untersuchen, unter welchen Lebensbedingungen die betreffenden Verhaltensnormen und -neigungen notwendig und wirksam sind. Ihre Bewertung dagegen – wie übrigens auch die Auswahl der zu untersuchenden Phänomene – bleibt eine politische Frage; sie hängt von individuellen und gesellschaftlichen Zielsetzungen ab.

IV. BIOLOGISCHE UND KULTURELLE RAHMENBEDINGUNGEN MENSCHLICHEN DENKENS UND HANDELNS

Durch die stammesgeschichtliche Entwicklung erhielt die menschliche *Psyche* einen stufenweisen Aufbau. Das Vorhandensein von phylogenetisch alten Hirnstrukturen – also das Gehirn der Schlange oder des Krokodils im Menschen – wird von manchen Autoren als Anachronismus betrachtet[27], da dies einen ständigen Kampf zwischen unserer Einsicht und unseren Antrieben mit sich bringe. Die Auseinandersetzung mit dem Archaischen gibt unserem Erleben aber die notwendige *emotionale* Tönung und Spannung sowie den Dingen ihre komplexe Gestalt und individuelle Bedeutung. Sie wirkt leistungsanspornend und garantiert genügend Verhaltensvariabilität. Ein ausschließlich rational agierendes Wesen dagegen hätte, ähnlich wie ein Computer, einen sehr begrenzten Handlungsspielraum. Sein Leben wäre *steril* und *sinnlos*. Erst die persönlich erlebte emotionale Beziehung zur Welt verleiht unserem Tun und Lassen einen tieferen Sinn. Die verschiedenen Schichten der menschlichen Psyche stehen also nicht im Widerstreit zueinander, sondern ergänzen sich gegenseitig auf wertvolle Weise. Der Evolutionsprozeß hat auch hier das Neue dem Bestehenden überlagert und zu einem harmonischen Ganzen integriert.

Alle unsere *Sinneseindrücke* und *Erfahrungen*, die wir laufend machen, werden durch die verschiedenen Schichten der menschlichen Psyche bewertet. Vereinfacht ausgedrückt, läßt sich dieser Informa-

---

27 Siehe z. B.: H. von DITFURT: Der Geist fiel nicht vom Himmel: Die Evolution unseres Bewußtseins. - Hamburg: Hoffmann & Campe 1976

tionsverarbeitungsprozeß unterteilen in eine *emotionale, rationale* und *intuitive* Bewertung. Diese drei Systeme funktionieren nicht isoliert, sondern beeinflussen sich gegenseitig. Die *emotionale Bewertung* entscheidet instinktiv über gut und schlecht, und sie veranlaßt dadurch das Individuum, etwas anzustreben oder zu vermeiden. Belangloses dagegen wird entweder überhaupt nicht oder allenfalls emotionslos registriert. Neues weckt die Neugier, die eine emotional-triebhafte Komponente aufweist. Die durch Neugier ausgelöste Informationsverarbeitung klärt dann immer auch die subjektive Bedeutung ab. Die emotionale Bewertung ist dem *limbischen System* zuzuordnen. Sie ist verbunden mit der durch das Großhirn erbrachten rationalen und intuitiven Bewertung. Die *rationale* Bewertung läßt sich mit den Funktionen der linken Hirnhemisphäre umschreiben. Sie ist analytisch, zergliedernd und sucht nach Zusammenhängen zwischen Ursachen und Wirkungen in isolierten Teilbereichen. Die *intuitive* Bewertung läßt sich der rechten Hirnhemisphäre zuordnen. Sie erfolgt ganzheitlich, integrierend und berücksichtigt dabei viel Unbewußtes, wie angeborene Verhaltensneigungen, Gewohnheiten und gesellschaftliche Traditionen.

Unsere Hirnprozesse und Denkmuster lassen sich, wie etwa K. J. W. CRAIK[28], K. LORENZ[29] und R. RIEDL[30] postulieren, wenigstens teilweise als Abbild der Naturordnung betrachten, denn sie sind ein Produkt des biologischen Evolutionsprozesses. Eine Isomorphie von Natur- und Denkordnung ist aber nur zum Teil gegeben. *Menschliches Denken* und *Handeln* bringt auch Dinge hervor, wofür sich kein Gegenstück in der Natur finden läßt. Beispielsweise müssen wir die schmerzliche Erfahrung machen, daß wir sogar gegen die Natur gerichtete Dinge ausdenken und tun. Ebenso nur einen Teilaspekt erfaßt die Ansicht, unsere aus der Vergangenheit stammende Denkordnung passe nur in eine Welt von gestern, nicht aber in eine Welt von morgen. Durch seine kulturelle Evolution hat sich der Mensch tatsächlich eine Umwelt geschaffen, zu der gewisse biologische Verhaltensnormen gar nicht mehr passen, wie beispielsweise die Neigung, möglichst viel Süßes zu essen oder sich unbeschränkt zu vermehren[31]. Auch hat der zunehmend

28 K. J. W. CRAIK: The Nature of Explanation. - Cambridge, England: Cambridge University Press 1943
29 K. LORENZ: Die Rückseite des Spiegels
30 R. RIEDL: Biologie der Erkenntnis
31 Die Neigung, sich unbeschränkt zu vermehren, manifestiert sich heute nur noch in Ländern der Dritten Welt. In den industrialisierten Ländern dagegen folgte der Bevölkerungsexplosion bereits eine Bevölkerungsimplosion. Dieses Beispiel zeigt, wie auch bio-

schneller gewordene kulturelle Wandel zu vielen Schwierigkeiten und
Unsicherheiten geführt, die fast nicht mehr zu bewältigen sind. Wie
bei der Besprechung der Intelligenz- und Bewußtseinsfunktion bereits
dargelegt, besitzen wir die geistigen Fähigkeiten, auch mit neuen Situationen umgehen zu können. Der Besitz dieser Fähigkeiten verpflichtet
uns, sie auch einzusetzen. Die systemtheoretisch ausgerichtete Evolutionstheorie könnte uns dabei helfen, unsere Grenzen und Möglichkeiten besser zu erkennen und unsere weitere Entwicklung in geordneten
Bahnen zu halten. Zur Deckung des dazu erforderlichen Informations-
bedarfs müssen auf verschiedensten Systemebenen geeignete Indikatoren gesucht und entwickelt werden.

In der westlichen Industriegesellschaft haben heute sowohl die Individuen wie die Gesellschaft ein Überangebot an Verhaltens- und Ent-
wicklungsmöglichkeiten, von denen sich nur ein Bruchteil überhaupt
realisieren läßt. Das Problem liegt nicht beim Angebot, sondern bei
der *richtigen Selektion*. Eine einmal begonnene Entwicklung läßt sich
häufig nicht mehr rückgängig machen. Die Vergangenheit prägt stets
auch die Gegenwart und Zukunft. Viele Entwicklungen behindern sich
gegenseitig oder können sich sogar ausschließen und entwicklungsbe-
dingte Sachzwänge schränken häufig die Wahlmöglichkeiten ein.
Neues läßt sich nur dann einbauen, wenn es in die schon bestehenden
Muster hineinpaßt. Evolutive Prozesse brauchen deshalb eine gewisse
Kohärenz.

Jeder Mensch schafft sich also seine eigene Kanalisierung, der er
nicht entrinnen kann. Durch solche Sachzwänge sieht man sich häufig
in seiner persönlichen Freiheit eingeschränkt, und man ist dann fru-
striert. Derartige *Frustrationen* sind aber eine Folge falsch verstande-
ner Freiheit. *Freiheit* ist nicht mit unberechenbarem, an keine äußeren
Bedingungen geknüpftem Verhalten zu verwechseln. Nicht eine geringere, sondern eine höhere Bestimmtheit aufgrund der Erkenntnis von
größeren Zusammenhängen, aufgrund fernzielender Absichten und
Pläne, kennzeichnet freieres Verhalten[32]. Freiheit besteht im Evalu-
ieren von verschiedenen Möglichkeiten und kann sich gerade darin

logische Verhaltensnormen unter veränderten Umweltbedingungen ihre Wirksamkeit
verlieren können.

32 Vgl. z. B. H. H. KORNHUBER: Geist und Freiheit als biologische Probleme. In: R. A.
STAMM / H. ZEIER (Hrsg.): Lorenz und die Folgen. Bd. VI in: Die Psychologie des 20.
Jahrhunderts. - Zürich: Kindler Verlag 1978, 1122 – 1130

zeigen, aus der vorhandenen Auswahl die moralisch verantwortbaren Lösungen zu finden.

Freiheit kommt dadurch zustande, daß gewisse Grenzen gesetzt sind. Ähnlich wie man nicht alle Faktoren variieren kann, wenn man einen bestimmten Sachverhalt untersuchen will, sondern, quasi als Untersuchungsgerüst, gewisse Faktoren konstant halten muß, braucht es auch Konstanten im menschlichen Verhalten.

Leben ist immer Varianz innerhalb bestimmter Grenzen. Das Prinzip, durch Setzen gewisser Grenzen zu neuen Möglichkeiten zu gelangen, also Freiräume zu bewirken, findet man bereits auf physiologischer Ebene. Beispielsweise müssen Warmblüter ihre Körpertemperatur innerhalb gewisser Grenzen halten, um zu überleben. Dies erfordert eine höhere Stoffwechselleistung und bringt zahlreiche Sachzwänge. Für jene Säuger etwa, die im Verlaufe der Evolution wieder zu wasserlebenden Tieren wurden, wie beispielsweise der Walfisch, schloß die hohe Körpertemperatur die Möglichkeit aus, von der Lungenatmung zur evolutionsgeschichtlich älteren Kiemenatmung zurückzugehen. Kiemenatmung brächte nämlich einen zu hohen Wärmeverlust[33]. Die mit der konstanten Körpertemperatur verbundenen Nachteile werden aber durch neue Freiräume bei weitem aufgewogen, denn Warmblüter haben eine viel größere Unabhängigkeit von ihrer Umwelt als wechselwarme Tiere und bedeutend mehr Verhaltensmöglichkeiten. Grenzen mit dazwischen liegenden Freiräumen setzen auch biologische und kulturelle Verhaltensnormen. Beispielsweise verhindert das *Inzesttabu* die sexuelle Rivalität innerhalb der Familie und ermöglicht dadurch geordnetes Familienleben, eine wichtige Voraussetzung, daß Kinder gedeihen können.

Ähnliches gilt für *Wertsysteme*, die Individuum und Gesellschaft brauchen, um bestehen und sich entfalten zu können. Wertsysteme, denen nachgelebt wird, bringen die notwendige Geordnetheit und Stabilität in unser Verhalten. Zwar implizieren Wertsysteme immer auch Zwänge und Beschränkungen. Die Vorteile bezüglich Sicherheit, größerer Unabhängigkeit und Freiheit überwiegen aber, falls das betreffende Wertsystem eine genügende Kohärenz aufweist. Welches Wert-

---

33 G. P. WAGNER: Über die populationsgenetischen Grundlagen einer Systemtheorie der Evolution. In: J. A. OTT / G. P. WAGNER / F. M. WUKETITS (Hrsg.): Evolution, Ordnung und Erkenntnis. - Berlin, Hamburg: Verlag Paul Parey 1985, 97 – 111

system Individuum und Gesellschaft haben, ist weniger wichtig als die Notwendigkeit, daß es organisch gewachsen ist, zur Lebenssituation und Umwelt paßt und genügend Kohärenz aufweist. Pluralität von Werten ist möglich und für zukünftige Entwicklungen sogar notwendig, aber eben nur innerhalb bestimmter Grenzen. Wertsysteme brauchen auch eine gewisse Konstanz, ähnlich wie sich eine Sprache nicht zu schnell verändern darf, wenn man sich mit ihr noch verständigen will. Zu schneller *kultureller Wandel* dagegen führt zu ernsthaften gesellschaftlichen Problemen. Jede Gesellschaft braucht ein Minimum an gemeinsamer Kultur, damit sie funktionsfähig bleibt.

Das Individuum muß in das in einer Gesellschaft geltende Wertsystem hineinwachsen. Der Mensch benötigt nicht nur *körperliche und soziale Geborgenheit*, sondern auch *kulturelle Geborgenheit*. Analog wie wir in unseren ersten Lebensjahren eine feste Bezugsperson brauchen, die nach A. PORTMANN die Funktion eines sozialen Uterus übernimmt, brauchen wir auch einen kulturellen Uterus. Wir müssen in eine Kultur hineinwachsen, die genügend Kohärenz und Kontinuität aufweist. Um welche Kultur es sich dabei handelt, ist an sich egal, solange diese Voraussetzungen erfüllt sind. Nur wer mit einer Kultur verwurzelt ist und seine Herkunft respektiert, kann auch andere Menschen und Kulturen respektieren. Um von einer Kultur in eine andere zu wechseln, braucht es eine gewisse persönliche Reife. Unter solchen Voraussetzungen bringt kultureller Austausch großen gegenseitigen Nutzen. Zu große Mobilität dagegen, besonders wenn sie Kinder betrifft, bringt Entwurzelung und gesellschaftliche Probleme. Ständiger und starker Wechsel in der Zusammensetzung führt zur anonymen Gesellschaft, die Neigung zur gegenseitigen Hilfeleistung und insbesondere die Solidarität zwischen den Generationen geht verloren. Wie bereits dargelegt, gedeihen gegenseitige Hilfeleistung und Solidarität nur in längerfristig stabilen Gruppierungen, deren Individuen ihre gegenseitige Abhängigkeit täglich bewußt erleben.

Zusammen mit Instinkten, angenommenen Gewohnheiten und Traditionen können *individuelles Weltbild* und *Wertsystem* mithelfen, das Bewußtsein zu entlasten. Viele Alltagssituationen, die Probleme erzeugen könnten, werden automatisch bewältigt, und das Bewußtsein bleibt frei, sich wichtigeren Aufgaben zuzuwenden. Das individuelle Weltbild und Wertsystem gibt auch Handlungsanleitungen und Sicherheit für Situationen, die wir rational gar nicht mehr zu bewältigen vermögen. Sachverhalte, deren Komplexität die Modellbildungsfähigkeit unseres Bewußtseins überfordern, können wir nie vollständig erfassen. Wir brauchen deshalb vereinfachende Indikatoren, ähnlich wie die beschriebenen, biologisch relevanten Schlüsselreize bei der Hydra oder beim Stichlingmännchen. Vereinfachende Indikatoren ermöglichen es, daß wir mit unserer immer begrenzt bleibenden Gedächtnis- und Informationsverarbeitungskapazität auch Vorgänge in einer zunehmend komplexer werdenden Welt einigermaßen prognostizieren und verstehen können. Entscheidend dabei ist, daß einerseits die Tauglichkeit und der Geltungsbereich solcher Indikatoren laufend überprüft wird und man sich andererseits auf mehrere Indikatoren aus verschiedensten Bereichen und Systemebenen abstützt. Beispielsweise erfassen die Wirtschaftsindikatoren Bruttosozialprodukt und Produktivität nur einen sehr begrenzten Teil der Wirklichkeit. Das Bruttosozialprodukt etwa steigt auch, wenn sich die Arbeitswege verlängern, was sicher nicht die Lebensqualität erhöht. Der Faktor Produktivität mißt eindeutig die Effizienz bei der Herstellung landwirtschaftlicher und industrieller Produkte, eignet sich dagegen weniger für den Dienstleistungssektor, etwa zur Bewertung des *Bildungswesens* oder der Arbeit, die eine Hausfrau in der *Kindererziehung* leistet. Entscheidungen im Wirtschaftsleben sollten sich deshalb nicht nur auf solche Einzelindikatoren abstützen, sondern den menschlichen und gesellschaftlichen Gesamtbereich berücksichtigen. Die Entwicklung neuer Indikatoren drängt sich besonders in bisher vernachlässigten Bereichen auf, wie beispielsweise *Umweltbelastung* oder *Lebensqualität*.

Der Mensch kann niemals alle Wirkungen seines Tuns voraussehen. Deshalb führen große Umwälzungen immer zu unkontrollierbaren Zuständen. Die angemessene Strategie für den Umgang mit evolutiven Prozessen ist die der kleinen Schritte mit dauernden Kurskorrekturen. Diese Strategie verlangt ständiges Aktivsein, ständige Auseinandersetzung mit den vorhandenen Gegebenheiten. Damit können wir zwar nicht unbedingt die Welt verbessern, jedoch immerhin unsere weitere Entwicklung in einigermaßen gesicherten Bahnen halten.

Die Schwierigkeiten, mit evolutiven Prozessen umzugehen, könnten zur Ansicht verleiten, man sollte möglichst den Status quo erhalten. *Leben* ist aber ein ständig weiterschreitender Prozeß, der sich nicht aufhalten läßt. Da sich unsere Umwelt und Lebenssituation laufend ändert, müssen wir uns ständig mit neuen Gegebenheiten auseinandersetzen. Vor dieser Lebensaufgabe stehen alle Generationen. Welche Generation sie bisher am besten löste, wer also eine bessere Welt schuf, ist kaum zu entscheiden, denn jede Generation hat andere Situationen zu bewältigen.

Der *Mensch* ist das einzige Wesen, das sich selbst und somit auch den biologischen und kulturellen Evolutionsprozeß erkennen kann. Mit dieser Erkenntnisfähigkeit haben wir aber auch die *Verantwortung* für das weitere Schicksal der biologischen und kulturellen Evolution übernommen. Wir besitzen die geistigen Fähigkeiten, um nicht nur als Zuschauer, sondern als aktiv gestaltende Wesen an diesem Prozeß teilzunehmen. Es ist somit unsere Pflicht, diese Fähigkeiten zum Wohle unserer gesamten Mitwelt einzusetzen.

Der Mensch ist zwar das einzige Wesen, das sich selbst erkennen kann. Es ist aber auch Tatsache, daß der Mensch in seinen «intelligenten» Leistungen von Computern zuweilen übertroffen wird, die er selbst gebaut hat. Wird diese künstliche Intelligenz schließlich eine solche Verfeinerung erfahren, daß sie den Menschen in seinen psychischen und geistigen Tätigkeiten übertreffen bzw. ersetzen kann? Dieser Frage fühlt Helgi-Jón SCHWEIZER in den folgenden Ausführungen zur «Allgemeinen Funktionstheorie der Nervensysteme» buchstäblich auf den Nerv, so daß Grenzen und Möglichkeiten der künstlichen Intelligenz klar sichtbar werden.

HELGI-JÓN SCHWEIZER

EIN PARADIGMA NAMENS NESSI
Ausführungen zur Allgemeinen Funktionstheorie der Nervensysteme

I. EINLEITUNG

«I have no doubt that when we do mental arithmetics we are doing something well, but it is not arithmetics, and we seem far from understanding even one component of what that something is.»

Dies schrieb David MARR, ein hervorragender Artificial Intelligence-Forscher, in einem 1977 publizierten Artikel.[1]

Keine Frage, *Computer* können ausgezeichnet rechnen, weit besser als dies Menschen vermögen: diese ihre besondere Fähigkeit war es sogar, nach der sie ursprünglich benannt wurden.

Wenn ein Mensch und ein Rechner dieselbe Rechenaufgabe lösen, sind wir geneigt zu sagen, sie führten dieselbe Funktion aus. Zugleich aber ist uns irgendwie klar, daß im Menschen und im Rechner nicht dasselbe geschieht. Was aber ist gleich, was ist verschieden?

Die formale Aufgabenstellung, so möchte man vielleicht sagen, ist in beiden Fällen dieselbe. Was aber bedeutet «formal»? «Formal» bezeichnet eine Art der Beschreibung, und zwar eine, die vom Inhalt des Beschriebenen (was auch immer damit gemeint sein mag) zunächst einmal absieht. Die formale Darstellung benützt Zeichen, mit denen nach bestimmten Regeln verfahren wird, meist solche der Logik oder der Mathematik. Die Zeichen und die mit Hilfe von Verknüpfungsregeln

1 David MARR: Artificial Intelligence – A Personal View. - Artificial Intelligence 9 (1977) 37 – 48

gebildeten Aussagen werden interpretiert, indem man ihnen etwas zuordnet, das auch in einer anderen Sprache, z. B. der Alltagssprache, beschrieben ist.

Die formale Darstellung sei universell abstrakt, sagt man, weil sie auf allgemeine Elemente der erfahrenen Realität bezogen wird. Sie sei exakt, sagt man, weil sie keine Ausnahmen zuläßt.

Die formale Darstellung benutzt eine Sprache, eine formale Sprache. Sprachen aber sind Produkte menschlicher Geistestätigkeit, symbolische Abbildungen, geschaffen um der Kommunikation willen – auch jener mit sich selbst.

Es ist eine weitverbreitete Überzeugung, die formale Beschreibung sei, weil eindeutiger, klarer und exakter für die wissenschaftliche Kommunikation anzustreben.

Die Frage allerdings bleibt offen, wie weit diese Darstellungsweise reicht, ob in dieser Art letztlich alles beschreibbar ist, was für uns Menschen wichtig ist, was unser phylogenetisches Schicksal und unser individuelles Leben wesentlich bestimmt.

Und: Selbst wenn alles formal beschreibbar wäre, wäre es damit auch benützbar, gäbe es noch einen *Sinn*?

Die *formale Beschreibung* ist zwar eine besondere, aber eben nur *eine* Art der symbolischen Abbildung. Wie weit sie imstande ist, psychisches Geschehen bzw. das Verhalten bestimmter Systeme, die solches aufweisen sollen, zu beschreiben, das sei vorläufig dahingestellt.

Dieser Beitrag kann unter anderem auch als ein Versuch aufgefaßt werden, auf diese Frage eine Antwort zu geben. Am Ende jedenfalls erscheint es nicht so, als wäre die formale Methode sehr geeignet, um das, was sich psychisch und physisch im Gehirn abspielt – außer in gewissen, eher allgemeinen Aspekten und Voraussetzungen – zu beschreiben. Es bleibt vielmehr eine offene Frage, wie weitgehend eine Beschreibung überhaupt möglich ist.

Etwas anderes wird sich auch deutlich zeigen, nämlich, daß jene Vorgehensweise nicht sehr angemessen ist, bei der jeweils einzelne 'Funktionen', 'Leistungen' oder 'Module' eines Nervensystems losgelöst vom restlichen Systemgeschehen analysiert, formal dargestellt und in einem Modell nachvollzogen werden. Dies aber ist genau das, was heute in der Artificial-Intelligence-Forschung allgemein üblich ist. Eine Beschreibung dieser Art besagt zunächst nur, daß das betreffende

System etwas Bestimmtes leisten kann; darüber, was dabei im System geschieht, besagt diese Beschreibung wenig oder nichts.

Dieser Aufsatz handelt – wie ich hoffe, in einer leicht verständlichen Form – von dem Versuch, auf einem anderen Wege zu einem Verständnis der Vorgänge in *Nervensystemen* zu kommen. Es ist ein Weg vom Allgemeinen zum Besonderen. An seinem Anfang stand der Entwurf des Kernes einer Allgemeinen Funktionstheorie der Nervensysteme. Bei diesem Kern handelt es sich um eine mathematische Struktur, die einen theoretischen Automaten darstellt. Eine Klasse von Systemen also, der alle Nervensysteme aufgrund ihrer allgemeinen Funktionsgesetze angehören. Jede differenzierende Beschreibung einzelner Aspekte des Systemgeschehens erfolgt hier dicht vor dem Hintergrund des Gesamtsystems.

Es wird dabei allerdings zunehmend klarer, daß das Systemgeschehen in vieler, und zwar auch für das äußere Verhalten wesentlicher Hinsicht überhaupt nicht beschreibbar ist, d. h. es ist überhaupt nicht einfacher darzustellen als durch sich selbst.

Genau an dieser Stelle aber schiebt sich eine – wie ich meine, sehr wichtige – Einsicht in den Vordergrund: Wenngleich diese Systeme nur in Grenzen beschreibbar – oder besser faßbar – sind, etwas anderes sind sie durchaus: real herstellbar.

Die Wissenschaft von der *Künstlichen Intelligenz* gelangte in dem Maße in die freien Wasser wissenschaftlichen Fortschritts, in dem sie sich von der natürlichen Intelligenz lossagte und sich auf die formale Gleichheit einzelner Funktionen bzw. Leistungen bei Mensch und Maschine beschränkte. Dieses Credo der AI-Forscher wurde schon von Alan TURING[2] formuliert. Marvin MINSKI gab ihm später in dem Bekenntnis Ausdruck:

> «Ich habe lange gebraucht, um mich umzustellen vom Versuch zu verstehen, wie das Gehirn arbeitet, zum Verständnis dessen, was es tut.»[3]

2 Alan TURING: Computing Machinery and Intelligence (1950). In: FEIGENBAUM, E. A. & FELDMAN, J. (eds.): Computers and thought. - NY: McGraw-Hill 1963
Alan TURING: Intelligent Machinery. In: MELTZER, B. & MICHIE, D. (eds.): Machine Intelligence. - Edinburgh: Edinburgh Univ. Press 1969

3 Marvin MINSKI: «It took me a long time to switch from trying to understand how the brain works to understanding what it does.» – Zitiert nach McCURDOCK, P.: Machines who think. - San Francisco: W. H. Freeman & Co. 1979, 83

Hier, so scheint mir, sind ein paar kritische Fragen angebracht:
Was sind diese Funktionen, die man säuberlich voneinander und
vom System, das sie ausführt, getrennt analysieren kann?
Ist nicht eine Funktion ohne den Bezug zu einem bestimmten System schlicht eine Aufgabe, die von sehr vielen verschiedenen Systemen gelöst werden kann, ohne daß dieser Tatsache viel anderes über
das System zu entnehmen wäre, als daß es eben diese Aufgabe zu lösen
imstande ist?
Kann nicht etwas, das «äußerlich» als dieselbe Leistung zweier Systeme anmutet, im Inneren der Systeme auf gänzlich verschiedene Weise
zustandekommen, ja, kann nicht ein- und dieselbe Leistung von gänzlich verschiedenen Systemen erbracht werden?

Einer kritischen Betrachtung bedarf schließlich auch jener Isolie-
rungs- und Auswahlprozeß, durch den einzelne Funktionen bzw. Leistungen aus der Gesamtaktivität eines Systems – insbesondere natürlich des menschlichen Gehirns – herausgehoben werden.

Bislang gibt es nur eine Maschine bzw. einen Maschinentyp, nämlich den *digitalen Computer*, der, wenn auch nur im Ansatz, so doch etwas wie intelligentes Verhalten zeigen kann, also Funktionen ausführt,
die als kennzeichnend für das menschliche Gehirn angesehen werden.

Vielleicht ist dies der Grund, warum viele zu der Annahme neigen,
die beiden Systeme müßten in ihrer allgemeinen Funktionsweise eine
wie immer geartete Verwandtschaft aufweisen, so daß man, wenn man
eine Leistung des Gehirns so formuliert hat, daß sie ein Computer ausführen kann, auch etwas über das Gehirn gelernt hat.

Nicht wenige scheinen von den Intelligenzleistungen des Computers
so fasziniert zu sein, daß sie bereit sind, die Fülle von offensichtlichen
und gravierenden Unterschieden zwischen einer solchen Maschine
und dem Gehirn zu bagatellisieren oder gar zu ignorieren.

Computer, die logische Beweise führen, Schach spielen oder intelligente Auskunft erteilen, können zweifellos erfreuliche Produkte sein.
Sie sind dies – wie ein Wecker – umso mehr, je schwächer, gemessen
an unseren Anforderungen, unsere eigenen Leistungen auf dem betreffenden Gebiet sind.

Das Problem solcher Produkte liegt darin, daß es Leistungen des
menschlichen Gehirns sind, die erbracht oder sogar überboten werden
sollen. Daher ja auch der Name 'Künstliche Intelligenz'. Beim Versuch

aber, Leistungen des Gehirns zu kopieren, z. B. jene des Übersetzens eines fremdsprachlichen Textes, wird bald deutlich, daß die Vorstellung von der zu erbringenden Leistung zu oberflächlich, zu naiv ist, ja, daß man die betreffende natürliche Funktion, die künstlich nachgebaut werden soll, eigentlich gar nicht kennt, genauer gesagt, im funktionalen Kontext des natürlichen Systems überhaupt nicht ausmachen und isolieren kann.

Das Ergebnis solcher Versuche ist meist eine fadenscheinige Imitation, bestenfalls ein marktgerechtes Substitut einer menschlichen Leistung und ein mißbrauchter psychologischer Begriff, der allmählich seines humanen Inhaltes verlustig geht und zum Terminus technicus einer Softwarebranche degeneriert.

Nichts anderes droht bei jenem leichtfertigen Umgang, den die *AI-Community* bei so altehrwürdigen Begriffen der Psychologie wie Denken, Lernen, Bewußtsein, Intelligenz, Assoziation usw. an den Tag legt. Es besteht durchaus die Gefahr, daß die Künstliche-Intelligenz-Forschung eventuell auftauchenden 'humanistischen' Einwänden ausweicht, indem sie sich mit einer Art 'Hausmacherpsychologie' für den Eigenbedarf verselbständigt und letztlich eine weitere Stufe kommerziell orientierter, gehobener Softwaretechnologie wird, die mit dem menschlichen Gehirn nur noch Reklame macht.

Künstliche Intelligenz ohne einen engagierten und verpflichtenden Bezug zur natürlichen Intelligenz ist nicht nur ein in sich widersprüchliches Unterfangen, sondern vergibt auch eine wichtige Chance menschlicher Selbsterkenntnis.

II. DIE ALLGEMEINE FUNKTIONSTHEORIE DER NERVENSYSTEME (AFT)

Man kann entsprechend dem hier vorweg Gesagten zwei Auffassungen von der Aufgabe der AI-Forschung unterscheiden. Nach der einen, der gängigeren Auffassung sollen einzelne Leistungen bzw. Funktionen – speziell des menschlichen Gehirns – mit Hilfe des *Computers* nachvollzogen, wenn möglich übertroffen werden, egal wie.

Nach der anderen Auffassung sollte man versuchen, Leistungen des *Gehirns* so zu erbringen, wie das Gehirn bzw. das Nervensystem sie erbringt auch wenn dabei die erreichten Leistungen sehr bescheiden ausfallen. Entscheidend sind für das Vorgehen in diesem Falle ausschließlich heuristische Gesichtspunkte, während im ersten Fall auch Fragen des praktischen Einsatzes eine wichtige Rolle spielen.

Jenem AI-Forscher, der sich primär mit der Funktion des Nervensystems befaßt, – sei es von der neurophysiologischen oder von der psychologischen Warte –, jenem Forscher also, der nach dem Was , vor allem aber nach dem Wie fragt, stellt sich vorweg eine schwierige methodische Frage: Soll er jeweils für ein umgrenztes überschaubares 'Was' nach einem entsprechenden 'Wie' suchen oder ist die Isolierung einzelner Leistungen bzw. Funktionen (auch in peripheren Teilen des Nervensystems) ohne Kenntnis der zugrundeliegenden allgemeinen Funktionsprinzipien – des Funktionsganzen sozusagen – ein heuristisch zumindest zweifelhaftes Unterfangen?

Anders gesehen: Kann man sich von relativ einfachen Einzelfragen ausgehend, von der Peripherie her quasi, allmählich zum Zentrum, zu den allgemeinen Gesetzen vorarbeiten, oder muß man es – zumindest gelegentlich – auch mit einem beherzten Sprung in die Mitte versuchen, mit einem Entwurf aufs Ganze, um das System dann aus seinen allgemeinsten Fundamenten heraus zu entwickeln?

Die *Allgemeine Funktionstheorie der Nervensysteme (AFT)* ist das Ergebnis eines solchen Sprungversuches. In ihrem Kern, ihrem Zentrum sozusagen, besteht diese Theorie aus einer relativ einfachen mathematischen Struktur, der zwei intendierte Anwendungen zugedacht sind, nämlich eine *psychologische* und eine *neurophysiologische*.

Die mathematische Struktur beschreibt einen Automaten, der auch als Softwaremodell in einem herkömmlichen «general-purpose»-Computer (allgemein verwendbarer Computer) implementiert werden kann. (Das System erhielt den Namen NESSI, der als Akronym für NErven System SImulation steht.)

Seinem Wesen nach eignet sich der Theoriekern (die mathematische Struktur) allerdings weit besser zur Implementierung in einem sogenannten Zellularautomaten, was ja auch nicht überrascht, handelt es sich doch um die Simulation der Vorgänge in Nervensystemen und diese sind als Netzwerke weitgehend gleicher Einzelautomaten – eben als Zellularautomaten – recht zutreffend beschrieben.

Nachfolgend soll versucht werden, NESSI in ihren wesentlichen Grundzügen darzustellen. Ein Rat, der für das Verständnis dieser Ausführungen sehr nützlich sein kann, ist der, sich von bestimmten Erwartungen, von Anlehnungen an Bekanntes und scheinbar Selbstverständliches (vorübergehend) frei zu machen, etwa nach dem Leitsatz «NESSI ist ganz anders als man denkt.»

1. Die Sprachbarriere

Das wahrscheinlich größte Hindernis bei der Konzeption der Allgemeinen Funktionstheorie der Nervensysteme[4], von nun an «AFT» genannt, so erscheint es im nachhinein, war die *Sprache*, genauer das sich in ihren Begriffen manifestierende Vorwissen vom Geschehen in Nervensystemen bzw. vom psychischen Geschehen.

Die *Sprache* stellt sich im nachhinein als ein Zerrspiegel dar, der häufig trennt, was als eines zu sehen ist und amalgamiert, was besser getrennt wäre. Der gelegentlich hervorhebt, was keine grundsätzliche Bedeutung hat, Wichtiges dafür aber verstellt.

Das *Denken* steckt in der Sprache wie in einer starren Rüstung. Die Sprache gibt dem Denken Form und Stabilität, zugleich aber begrenzt sie empfindlich seine Bewegungsfreiheit. Gerade bei der Erforschung der subjektiven Sphäre, des psychischen Geschehens, wirkt die Sprache stark determinierend. Wir erleben uns geradezu so, wie es die Sprache vorschreibt.

Die meisten herkömmlichen «Theorien» der Psychologie sind Anstrengungen, die vorhandenen begrifflichen Bausteine neu zu ordnen und vereinzelt neugeschaffenen Begriffen mit Hilfe der alten und bekannten Begriffe Bedeutung zu verleihen.

Objektivierende Distanz läßt sich nur mit einem Ausstieg aus diesem dichten Geflecht multilateraler semantischer Beziehungen erreichen, diesem Netz schablonenhafter Vorurteile, das sowohl die Alltagssprache als auch unser Denken und die Wissenschaft von der Psyche durchsetzt. Ein solcher Ausstieg kann aber nicht teilweise, sozusagen lokal erfolgen, er muß, wenn schon, radikal und zur Gänze vollzogen werden. Wohin aber soll ein solcher Schritt führen? Ist es nicht ein Sprung in einen schweigenden Abgrund?

4 Helgi-Jón SCHWEIZER: Die Allgemeine Funktionstheorie der Nervensysteme, 1981

Im vorliegenden Fall war es ein Sprung in die formale mathematische Struktur des Kerns einer neuen Theorie, der AFT.

Im Zuge der Entwicklung und Anwendung des neuen Theoriegebäudes kann dann eine Neudefinition, oder besser gesagt, Neuinterpretation der in der Sprache vorgegebenen und in der Regel phänomenal durchaus adäquaten 'alten' Begriffe in Angriff genommen werden. Die explikatorische Potenz einer neuen psychologischen Theorie sollte nicht zuletzt gerade im phänomenalen Raum deutlich werden.

2. Die Zuordnungseinheit

Die vielleicht wichtigste, sicherlich aber für das Verständnis entscheidende Grundidee der AFT (und somit auch von NESSI) ist die, daß *Reize* und *Reaktionen*, oder besser Eingangs- und Ausgangssignale, nicht als voneinander getrennt aufzufassen sind.

Man muß sich hier der Verführung durch die Sprache und jenem von der Sprache mitgeprägten Selbstverständnis enziehen, das uns eine völlig andere, nämlich folgende Sichtweise nahelegt: Verhalten bestehe darin, bestimmte aus der Umwelt oder aus dem Körper einlangende Signale mit bestimmten geeigneten Reaktionen zu beantworten. Die Aufgabe des Nervensystems bestehe also darin, jeweils zu einem gegebenen *Reiz* (oder einer Reizkonstellation) eine möglichst adäquate Reaktion zu finden und zu setzen.

Da wohl kaum je ein einziger Reiz, vielmehr immer eine große Menge von Reizen gleichzeitig auf das Nervensystem einwirken, wird jeweils ein bestimmter Reiz bzw. eine bestimmte Reizkonstellation oder Reizfolge aus der Masse herausgehoben und beantwortet. (Wir sehen hier, der Einfachheit halber, von der Möglichkeit ab, daß eventuell an verschiedenen Stellen und auf verschiedenen Ebenen des Nervensystems mehrere solche Vorgänge gleichzeitig und graduell voneinander unabhängig ablaufen können.)

Das *Nervensystem* wählt also in einer bestimmten Situation aus einer Menge von Reizen (Reizkonstellationen, Reizfolgen) aktiv und nach eigenen Kriterien jene aus, mit deren Beantwortung es sich befaßt. Die Antwort erfolgt jeweils durch Auswahl einer bestimmten aus einer Menge von möglichen Reaktionen.

Die beiden Mengen, jene der *Reize* (der Eingangssignale) und jene der *Reaktionen* (der Ausgangssignale) werden somit vom aktiv vermittelnden Nervensystem in Verbindung gebracht, und zwar je nach Organisation und Zustand des Systems.

In der Wahl der Reaktion kann das System unterschiedliche Flexibilität zeigen: Während es manche Reize (Reizkonstellationen, Reizfolgen) mehr oder weniger immer in derselben Weise beantwortet, ändert es bei anderen seine Reaktion im Laufe der Zeit.

Ich behandle diese, wohl als klassisch paradigmatisch zu bezeichnende Vorstellung von der Funktionsweise der Nervensysteme deshalb hier so ausführlich, weil die *Allgemeine Funktionstheorie* an dieser Stelle ein ziemlich radikales Umdenken verlangt, und zwar zu einer Konstruktion, die auf den ersten Blick unserem unmittelbaren, naiven Selbsterleben so gar nicht zu entsprechen scheint.

Gemäß der AFT ist jedes mögliche Eingangssignal eines Nervensystems von vornherein und für die Dauer der Existenz des individuellen Systems fest mit einem bestimmten Ausgangssignal verbunden.

Es gibt während des individuellen Lebens eines Nervensystems prinzipiell keine Änderung der Zuordnung von möglichen Eingangs- und möglichen Ausgangssignalen. Jedes Eingangssignal ist unverrückbar mit einem bestimmten Ausgangssignal verknüpft, es bildet mit ihm eine sogenannte «Zuordnungseinheit». Die Zuordnungseinheit kann man auch als 'Verhaltenselement' auffassen, falls dies das Verständnis erleichtert.

In einer gegebenen Situation sucht das *Nervensystem* also nicht nach dem wichtigsten Reiz, um dann dazu eine möglichst geeignete Reaktion zu bestimmen, sondern es sucht nach dem jeweils geeignetsten Verhaltenselement, nach der geeignetsten Zuordnungseinheit in seinem Repertoire. Der Unterschied der beiden Auffassungen ist, so könnte man meinen, nicht allzu dramatisch. Allerdings, der Schein trügt: Hinter dieser unscheinbaren Abweichung von der traditionellen Sichtweise erstreckt sich eine theoretische Konstruktion, die der herkömmlichen Auffassung weitgehend diametral entgegensteht.

Der nächstliegende und meist auch erste Einwand gegen diese Grundannahme der AFT ist jener, damit ließe sich bestenfalls das Verhalten sehr einfacher Organismen erklären. Das System sei mit seinem angeborenen, unveränderlichen Vehaltensrepertoire zu keiner Form von Anpassung fähig, und darüber hinaus sei sein Verhalten vollständig von den Reizen abhängig, die jede Aktion des Systems auslösen und lenken.

Diese Kritik ist jedoch voreilig und erweist sich bei näherer Betrachtung als unzutreffend. Zu unterstreichen ist nichtsdestoweniger die Feststellung, daß sich mit Hilfe der AFT das Verhalten einfacher Organismen, die über ein Nervensystem verfügen, plausibel und einfach beschreiben läßt. Dies erscheint sogar als eine conditio sine qua non einer allgemeinen Funktionstheorie der Nervensysteme, die davon ausgeht, daß die Funktionsprinzipien aller Nervensysteme durchwegs dieselben sind und daß eine kontinuierliche Entwicklung der Funktionen aus den einfachsten Anfängen zu den höchsten, komplexesten Ausformungen stattgefunden hat. Diese Ansicht wird übrigens durch die gegenwärtige physiologische und anatomische Kenntnis von der Entwicklung der Nervensysteme voll unterstützt.

Wie aber entwickeln sich einfache Systeme mit einem selektiv ermittelten, durch Vererbung festgelegten kleinen Inventar an «Verhaltenselementen» zu komplexen, anpassungsfähigen Systemen?

Zunächst ganz einfach durch Vergrößerung des Verhaltensinventars, d. h. in ständig mehr spezifizierten Lebenssituationen steht eine für das Überleben des Individuums und / oder der Art besonders geeignete Verhaltensvariante bereit.

Man kann sich die Entstehung sehr komplexer Systeme auch durchaus nur auf diesem Wege vorstellen. Solche Systeme wären insofern auch anpassungsfähig, als sie für eine sehr große Anzahl von Situationen ein adäquates Verhalten bereit hätten.

Es ist klar, daß dies nicht jene Art von Anpassung ist, die wir Nervensystemen als besonderes Leistungsmerkmal zuschreiben, aber man sollte nicht übersehen, daß sich auch auf diese Weise ein hoher Grad an Verhaltensflexibilität entwickeln kann. Allerdings ein gravierender Nachteil kommt dabei zu tragen, nämlich daß sich solch vererbungsmäßig fixiertes Verhaltensinventar nur im evolutionären Zeitmaßstab verändern kann.

Es wird seitens der Allgemeinen Funktionstheorie der Nervensysteme davon ausgegangen, daß die *natürliche Entwicklung* dahin geht, die stammesgeschichtliche Erfahrung in zunehmendem Maße durch individuell gewonnene Erfahrung zu ergänzen. Das Wörtchen «ergänzen» steht hierbei für eine Vielfalt von Möglichkeiten des Zusammenwirkens von stammesgeschichtlicher und individueller Erfahrung, so könnte z. B. einmal «relativieren», einmal «erweitern» besser zutreffen.

Den Begriff «Lernen» an dieser Stelle einzuführen, (im Sinne eines «lernfähigen Systems») ist nicht ratsam, da sich «Lernen» später eher als Spezialfall der Verwertung individueller Erfahrung darstellt.

Bevor aber der vorteilhafte Einbezug von Erfahrungen aus der individuellen Existenzzeit (bzw. aus dem eigenen Leben) in die Verhaltensentscheidungen eines Systems besprochen werden kann, müssen noch einige grundlegende Feststellungen der AFT erläutert werden. Diese betreffen zunächst einmal die Eingangssignale des Systems, die Reize sozusagen.

3. Die Vielfalt der Signale

Die *Eingangssignale* eines Nervensystems werden vereinfachend als aus Impulsen bestehend aufgefaßt (vgl. Aktionspotentiale der Nervenzellen). Diese Impulse werden als *Elementarsignale* bezeichnet, sie können sich voneinander nur in zweierlei Hinsicht unterscheiden, nämlich hinsichtlich des *Ortes* ihres Eintreffens am System und hinsichtlich des *Zeitpunktes* ihres Eintreffens am System.

Mehrere solcher räumlich und / oder zeitlich verteilter Elementarsignale bilden ein *kombiniertes Signal* (eine räumliche (spatiale) und / oder zeitliche (temporale) Kombination), wenn sie als solche den «Reizanteil» einer Zuordnungseinheit darstellen, oder anders ausgedrückt, wenn dadurch eine Zuordnungseinheit definiert ist.

Verschiedenen Eingangssignalen kann zwar durchaus ein- und dasselbe *Ausgangssignal* zugeordnet sein, niemals aber kann ein Eingangssignal mit mehr als einem Ausgangssignal eine Zuordnungseinheit bilden.

In realen Systemen, davon ist auszugehen, ist die Größe der Kombinationen, also die Zahl der *Elementarsignale*, die sie maximal umfassen können, begrenzt. Die Begrenzung geschieht nach zwei Kriterien, nämlich der *räumlichen* und der *zeitlichen* Entfernung der Elementarsignale voneinander. Mit anderen Worten, Elementarsignale, die an zu weit voneinander entfernten Stellen am System eintreffen, oder die in einem zu großen zeitlichen Abstand aufeinanderfolgen, können im System nicht mehr als ein kombiniertes Signal wirksam werden.

Das Ganze verkompliziert sich in einem realen System (genauer: in der physiologischen Anwendung der Theorie) noch dadurch, daß die Signalkombinationen mittels einer «allmählich» verlaufenden raumzeitlichen Gewichtung aus dem Eingangssignalfluß isoliert werden, und daß Entfernung auf die funktionale Topologie des betreffenden Nervensystems zu beziehen ist: vereinfachend gesagt, vom Leitungsnetz des betreffenden Systems abhängt.

Die Ausgangssignale des Systems sind ebenfalls, wie die Eingangssignale als raum-zeitliches Impulsmuster vorzustellen.

Für ein Verständnis der AFT ist es sehr wichtig, sich die Vielfalt der Signale, insbesondere der Eingangssignale eines Systems vor Augen zu führen, denn davon hängt direkt die Zahl der Zuordnungseinheiten, oder anders gesehen, die Zustandsmannigfaltigkeit oder die Vielfalt der Verhaltensmöglichkeiten des Systems ab.

Die AFT geht davon aus, daß innerhalb der oben erwähnten Grenzen jede Teilmenge der Menge der möglichen Elementarsignale ein mögliches Signal darstellt. Die Anzahl möglicher Signale nimmt also bei Ausweitung der Grenzen explosionsartig zu und erreicht schon bei nur einigen hundert kombinierbaren Elementarsignalen Größenordnungen, die mit der Anzahl der Atome im Weltall vergleichbar sind. Diese sogenannte «kombinatorische Explosion», für AI-Praktiker eher eine Horrorvision, ist ein zentraler gedanklicher Baustein der AFT.

Das so gut wie unerschöpfliche Reservoir an Verhaltenselementen begründet die Effizienz und Anpassungsfähigkeit der in der AFT beschriebenen Systemfamilie. Es gilt 'nur' das jeweils für den Augenblick im Höchstmaß adäquate Verhaltenselement zu ermitteln und wirksam werden zu lassen.

Diese Ausführungen lassen unschwer erkennen, daß NESSI auf einem herkömmlichen, sequentiell arbeitenden Computer nur sehr unbefriedigend simuliert werden kann, d. h. sehr langsam oder nur anhand sehr kleiner Modelle. NESSI ist ihrem 'Wesen' nach ein Algorithmus, geeignet für parallele Informationsverarbeitung in einem Netzwerk aus vielen Automaten.

4. Die Aktivierung

Fassen wir das Gesagte grob zusammen, so erscheint ein *Nervensy-stem* – laut Kern der AFT – *als eine Menge von Paaren* (den sogenann-ten Zuordnungseinheiten) *bestehend aus jeweils einem Eingangs- und einem Ausgangssignal.* Eine dieser Zuordnungseinheiten bestimmt je-weils das Verhalten des Systems, nämlich jene, die unter den gegebe-nen Umständen für das Überleben des Systems die wahrscheinlich geeignetste ist. Wie aber wird diese eine Zuordnungseinheit im System ermittelt?

Als erstes, und dies bedarf wohl keiner Begründung, spielt dabei das jeweilige Eingangssignal bzw. das Geschehen in der Umwelt eine sehr wichtige Rolle. Wir gehen davon aus, daß Nervensysteme bzw. Orga-nismen wesentlich dadurch bestimmt sind, daß sie durch geeignete Reaktionen in der Umwelt als Art und Individuum überleben (zu über-leben trachten).

Aus der Umwelt langt zu einem Zeitpunkt in der Regel nicht nur ein Signal am Nervensystem ein, sondern, zumindest bei etwas entwickel-teren Lebewesen, jeweils eine große Menge von räumlichen und zeitli-chen Signalkombinationen. Die tatsächlichen Verhältnisse stark ver-einfachend, stellen wir uns die Menge der gerade wirksamen Eingangs-signale vor als die Vielfalt aller nur denkbaren Kombinationen aus den gerade anliegenden Elementarsignalen. Etwas anders ausgedrückt, die Menge der jeweils wirksamen Eingangssignale entspricht der Menge der Teilsignale bzw. 'Komponenten' einer besonderen Kombination, der größten nämlich, d. h. jener, die alle gerade wirksamen Elementar-signale umfaßt. (Die Menge der Komponenten einer Kombination ist gleich der Potenzmenge der in dieser Kombination zusammengefaßten Elementarsignale.)

Jede Komponente ist für sich genommen auch ein Eingangssignal und stellt mit einem zugeordneten Ausgangssignal eine Zuordnungs-einheit dar.

Jedes Eingangssignal wirkt, wenn es am System eintrifft, «aktivie-rend» auf seine Zuordnungseinheit, anders formuliert, es hebt deren «Aktualniveau» an, und zwar umso stärker, je größer das betref-fende Eingangssignal ist, d. h. je mehr Elementarsignale es umfaßt oder, so kann man es auch sehen, je mehr Information über die Außenwelt es trägt. (Die adäquate Reaktion eines Systems auf eine Reizkombination AB beinhaltet notwendigerweise die adäquate Reaktion auf den Reiz A und den Reiz B, ist also der Reaktion auf einen dieser Reize allein übergeordnet.)

Wir bezeichnen die Wirkung von aktuellen, also gerade ankommenden Eingangssignalen auf das System als «exogene Aktivierung», – schon ankündigend, daß es auch eine andere, nämlich aus dem System selbst kommende, «endogene Aktivierung» gibt. Im Unterschied zur exogenen Aktivierung betrifft sie alle Zuordnungseinheiten – nach Maßgabe der Größe ihres Eingangssignals – zwar zufällig schwankend, aber über die Zeit gemittelt gleich. Anders ausgedrückt, alle Zuordnungseinheiten, die ein gleich großes Eingangssignal haben, werden über die Zeit gemittelt gleich stark endogen aktiviert.

5. Die Relevanz

Die *Größe* der Eingangssignale allein kann nicht dafür entscheidend sein, wie sich ein System in einer gegebenen Situation verhält. «Richtiges Verhalten» in einer gegebenen Situation beinhaltet ja als entscheidendes Kriterium, daß dieses Verhalten die Überlebenschance der Art möglichst stark erhöht bzw. möglichst wenig mindert – und zwar im Vergleich mit allen Verhaltensvarianten, die dem System zur Verfügung stehen.

Es müssen sich also die Zuordnungseinheiten noch in einem weiteren Merkmal außer den beiden einander zugeordneten Signalen unterscheiden, einem Merkmal, das besagt, welche Zuordnungseinheit unter den gegebenen Aktivierungsbedingungen den anderen vorzuziehen ist; welches in einer gegebenen Umweltsituation das richtige Verhalten ist.

Dieses Merkmal ist Ergebnis evolutionärer Prozesse, es entspricht angeborener «stammesgeschichtlicher» Erfahrung. Das Eingangssignal entscheidet nur darüber, welche Zuordnungseinheiten exogene Aktivierung erfahren, welche von ihnen dann letztlich das Verhalten (das Ausgangssignal) bestimmt, das entscheidet diese, den Zuordnungseinheiten angeborenermaßen vorgegebene Eigenschaft, die *Relevanz* genannt wird. Sie spiegelt die 'biologische Bedeutsamkeit' des betreffenden Verhaltens wider, genauer gesagt, dessen relative biologische Vorteilhaftigkeit gegenüber anderen möglichen Verhaltensweisen in der gegebenen Situation.

Man kann sich dies bildhaft auch so vorstellen, als würden Zuordnungseinheiten mit besonders hoher biologischer Bedeutsamkeit bei exogener Aktivierung besonders stark ansprechen, sich aus der Masse der anderen Zuordnungseinheiten herausheben – und sich in der Bestimmung des Verhaltens, d. h. des Ausgangssignales durchsetzen.

Um sich später die dazugehörigen Vorgänge im Nervensystem besser vorstellen zu können, ist es von Vorteil, sich die Nicht-Linearität des Vorganges deutlich vor Augen zu führen: Eine Zuordnungseinheit setzt sich gegen alle Konkurrenz durch, auch wenn ihr Vorsprung noch so minimal ist, und dominiert (für den Moment) das zentralnervöse Geschehen. Was hier abläuft, ist ein Sortierprozeß (ein Alles-oder-Nichts-Prozeß also), dessen neurophysiologische Entsprechung man bei schwellenwertabhängigen Prozessen, z. B. der Generierung von Aktionspotentialen zu suchen hat.

Gesetzt den Fall, ein bestimmtes Signal aus der Umwelt sollte, gemäß stammesgeschichtlicher Erfahrung, unbedingt mit Vorrang beantwortet werden, da sich dies für das Überleben des Organismus als von entscheidender Bedeutung erwiesen hat. Die betreffende Zuordnungseinheit wäre dann von besonders hoher Relevanz, das 'richtige', weil häufig erfolgreiche, Ausgangssignal (die Reaktion) wäre angeborener Bestandteil der Zuordnungseinheit.

Wenn jenes Eingangssignal also tatsächlich (in einer Menge anderer Signale) am System eintrifft, so wird aus der Menge aller exogen aktivierten Zuordnungseinheiten gerade diese eine mit der größten Relevanz an die Spitze der Aktualordnung gehoben und definiert das Systemverhalten.

6. Die Reiteranz

Systeme, die nur in der bisher beschriebenen Weise organisiert sind, werden als *konstante Systeme* bezeichnet. Konstant, genau genommen, deshalb, weil die Relevanz ein konstanter, während der individuellen Existenzzeit nicht zu verändernder Wert ist. Die AFT geht davon aus, daß dies die ursprüngliche Form der Nervensystemorganisation ist, und daß sich die höheren Nervensysteme aus solchen Systemen allmählich entwickeln bzw. entwickelt haben – nämlich wie schon erwähnt, durch die Einbeziehung individueller Erfahrung in das Systemgeschehen.

Dies geschieht auf eine zunächst nahezu trivial einfach anmutende Weise, nämlich durch erfahrungsabhängige unterschiedliche Erhöhung jenes Wertes einzelner Zuordnungseinheiten, der als Relevanz vorgegeben ist. Noch einfacher: Je häufiger ein bestimmtes Signal am System eintrifft, umso größer ist ein Wert, der zur Relevanz der betreffenden Zuordnungseinheit dazukommt.

Die Relevanz erscheint nunmehr in solchen «variablen» Systemen als eine Art unveränderlicher Anteil (Sockelbetrag) einer Größe, die sich im Laufe des individuellen Lebens verändern kann.

Der jeweilige Gesamtwert dieser nunmehr variablen Größe wird, da er die 'Ansprechbarkeit' einer Zuordnungseinheit durch Aktivierung bestimmt, als *Responsivität* bezeichnet, der variable Anteil, der zur Relevanz dazukommt, erhielt, da er von der Häufigkeit des zugehörigen Eingangssignals abhängt, den Namen *Reiteranz*.

Eine Frage von recht grundlegender Bedeutung ist die, was genau in diesem Zusammenhang unter Häufigkeit zu verstehen ist. Kann es z. B. einfach ein Wert sein, der angibt, wie oft ein bestimmtes Signal seit der Geburt am System eingelangt ist?

So einfach ist es nicht, allerdings fällt mir eine Begründung, warum es nicht so ist, eher schwer und ich möchte dazu ein klein wenig ausholen.

Überleben als oberstes 'Ziel' eines individuellen Systems impliziert die Bevorzugung von Verhalten, das die zukünftige Existenz des Systems (als Art) möglichst wahrscheinlich macht.

Außer den aktuellen Eingangssignalen sind für ein System daher auch zukünftige Eingangssignale von Bedeutung, genauer gesagt, der Einbezug zukünftiger Eingangssignale in die aktuelle Verhaltensentscheidung.

Vergangene Signaleingänge sind nur dann von Bedeutung, wenn sie etwas über zukünftige Signaleingänge besagen, wenn also zwischen vergangenen und zukünftigen Eingangssignalen eines Organismus ein irgendwie gearteter Zusammenhang besteht.

Jene Systeme, welche die AFT beschreibt, erfassen einen solchen Zusammenhang, sofern er sich in der relativen Häufigkeit des Eintreffens der verschiedenen Eingangssignale ausdrückt, und zwar in dem Sinn, daß ein Signal, das in der Vergangenheit häufiger als ein anderes war, dies auch in der Zukunft sein wird. Die genaue Formulierung dieses Zusammenhanges geht noch etwas weiter und besagt, daß vor allem jene Eingangssignale, die in der unmittelbaren Vergangenheit relativ häufig waren, dies auch in der unmittelbaren Zukunft sein werden.

Diese Grundannahme findet ihren Ausdruck darin, daß die Ermittlung eines Reiteranzwertes mit einer zur Vergangenheit hin kurvilinear fallenden Gewichtung der über die Zeit hinweg erfaßten Häufigkeit des betreffenden Signals erfolgt. Solche Art der Häufigkeitserfassung zur Vorhersage von Ereignissen ist auch anderweitig bekannt unter der Bezeichnung «prediction by exponentially weighted moving averages» («Vorhersage anhand von exponentiell gewichteter, gleitender Mittelwertbildung»).[5]

So kompliziert, wie es sich anhört, ist es keineswegs, vielmehr handelt es sich hierbei um eines der einfachsten und aus biologischer Sicht plausibelsten Prediktionsverfahren. Im einfachsten Fall wird bei jedem Eintreffen eines bestimmten Signals der Reiteranzwert der betreffenden Zuordnungseinheit um einen Betrag angehoben, der umgekehrt proportional zum bereits vorhandenen Betrag ist. In den Pausen zwischen den Signalereignissen sinkt der Reiteranzwert, und zwar umso rascher, je höher er gerade ist.

Die Reiteranzwerte der einzelnen Zuordnungseinheiten sind zu jedem Zeitpunkt ein Schätzwert dafür, mit welcher relativen Wahrscheinlichkeit das zugehörige Eingangssignal in der unmittelbaren Zukunft am System eintrifft.

Jene Zuordnungseinheiten, die gerade einen besonders hohen Reiteranzwert aufweisen, enthalten also jene Eingangssignale, die mit einer besonders hohen Wahrscheinlichkeit unmittelbar darauffolgend am System ankommen werden, die sozusagen zu erwarten sind.

Was aber unmittelbar zu erwarten ist, hängt nicht nur von der Signalverteilung in der Vergangenheit ab, sondern auch davon, welches Signal bzw. welche Signalfolge unmittelbar zuvor eintraf. Bleiben sol-

5 R. G. BROWN: Statistical Forecasting. - Arthur D. Little, Inc., 1958
Peter R. WINTERS: Forecasting Sales by Exponentially Weighted Averages. - Management Science 6 (1960) 324 – 343;

che seriellen Abhängigkeiten unbeachtet? Mitnichten, hier kommen
die schon erwähnten Temporalkombinationen ins Spiel, deren unterschiedliche Häufigkeiten vom System ja auch als Reiteranzwerte gespeichert werden.

7. Die Teilaktivierung

Beim Einbezug zukünftiger Eingangssignale in die gegenwärtige Verhaltensentscheidung kommt schließlich noch etwas anderes sehr wesentlich ins Spiel. Es ist dies die einzige, bisher noch nicht dargestellte
Fundamentaleigenschaft der von der AFT beschriebenen Systemfamilie, die sogenannte *Teilaktivierung*.

Angenommen, ein kombiniertes Signal bestehend aus fünf Elemen-
tarsignalen treffe gerade am System ein. Exogen aktiviert wird bei die-
sem Ereignis zunächst einmal die zu diesem Eingangssignal gehörende
Zuordnungseinheit. Damit aber nicht genug, denn alle 25 möglichen
Teilmengen dieser fünf Elementarsignale bilden ja, jede für sich, ein
Eingangssignal, das gerade anliegt, also werden auch jene Zuordnungs-
einheiten exogen aktiviert, denen sie angehören. Diese Signale sind die
'Komponenten' oder 'Teilsignale', aus denen sich die volle, aus fünf
Elementarsignalen bestehende Signalkombination zusammensetzt.

Das ist es aber noch nicht, was man unter Teilaktivierung zu verstehen hat. Teilaktivierung bedeutet vielmehr, daß ein am System eintref-
fendes Signal auch solche Zuordnungseinheiten aktiviert, in denen das
Eingangssignal nur als Komponente enthalten ist. Man kann dies umgekehrt auch so sehen, daß eine Zuordnungseinheit auch dann eine
exogene Aktivierung erfährt, wenn nur ein Teil des zugehörigen Eingangssignals eintrifft. Dabei ist die Aktivierung umso stärker, je größer
dieser Teil ist.

Bei Temporalkombinationen verhält es sich so, daß, wenn ein Signal
eintrifft, alle sich in der Zeit nach 'vorne' und nach 'hinten' erstrecken-
den möglichen Kombinationen, die dieses Signal enthalten, teilakti-
viert werden. Bei gleicher Gesamtaktivierung erreichen jene Signalkombinationen bzw. Zuordnungseinheiten höheren Aktualordnungsrang, die erstens 'wichtiger' sind (höhere Relevanz) und zweitens in
der Vergangenheit häufiger waren (höhere Reiteranz), und in unmittel-

barer Zukunft also eher zu erwarten sind. Bei diesem Vorgang werden
jene Temporalkombinationen besonders stark in ihrem Aktualniveau
angehoben, die besonders häufig waren, also in der unmittelbaren Zukunft besonders wahrscheinlich sind. Das ganze System kann dementsprechend auch aufgefaßt werden als ein mehr oder weniger «vorein-
genommenes» Filter für raum-zeitliche Redundanz. Man könnte, etwas
locker, auch sagen, ein Filter für Regelmäßigkeiten im Fluß der Eingangssignale oder, wenn man so will, in der Umwelt.[6]

Es hat sich in der Simulationspraxis eingebürgert, Zuordnungseinheiten nach ihrem Eingangssignal in 'Familien' bzw. Clans einzuteilen.
Zuordnungseinheiten, deren Eingangssignale sich nur in einem Ele-
mentarsignal unterscheiden, werden danach als Verwandte ersten
Grades bezeichnet, solche, die sich in zweien unterscheiden, als Verwandte zweiten Grades, usw. Wir haben es hier mit etwas zu tun, das
später, bei der psychologischen Anwendung der Theorie eine zentrale
Rolle spielen wird, und zwar bei der Ausdeutung (Erklärung) des Begriffes *Ähnlichkeit*.

8. Einige zusammenfassende Gedanken

Letztlich entscheidet, wie schon gesagt wurde, nur das jeweilige Aktualniveau der Zuordnungseinheiten darüber, welche von ihnen zu einem gegebenen Moment tatsächlich das Verhalten des Systems bestimmt. Das ganze System kann als eine Sortiervorrichtung verstanden
werden, mit der einzigen Aufgabe, jeweils diese Zuordnungseinheit
schnellstmöglich zu ermitteln. Das Aktualniveau einer Zuordnungseinheit, um es kurz zusammenzufassen, resultiert aus deren momentaner
Aktivierung einerseits und ihrer jeweiligen Responsivität andererseits. Die Aktivierung setzt sich aus zwei Teilen zusammen, der zufälligen, endogenen Aktivierung und der (hoffentlich) nicht zufälligen, exogenen Aktivierung. Die Responsivität läßt sich ebenfalls in zwei Anteile aufspalten, einen konstanten Anteil, der als Relevanz bezeichnet

---

6 Donald MACKAY: Mindlike Behavior in Artefacts. - British J. for the Philosophy of
Science 2 (1951), 6
Donald MACKAY: The Epistemological Problem for Automata. In: SHANNON, C. &
McCARTHY, J. (eds.): Automata Studies. - Annals of Mathematical Studies 34, Princeton.
N. J., Princeton Univ. Press 1955

wird und der so etwas wie biologische, stammesgeschichtliche Erfahrung darstellt, sowie einen variablen Anteil, in dem sich individuelle Erfahrung niederschlägt.

Je nach systemtheoretischer und kombinatorischer Phantasie des Betrachters kann dieses Systemkonzept als extrem einfach oder extrem kompliziert erscheinen. Psychologen und Neurophysiologen neigen eher zu ersterer Auffassung, Informatiker eher zur letzteren.

Die Meinung des Informatikers geht dabei meist von der Vorstellung aus, daß ein System dieser Art mit Hilfe eines herkömmlichen sequentiell arbeitenden Computers (einer sogenannten *von Neumann-Maschine*) zu realisieren ist.

Implementierungen der von der AFT beschriebenen Systeme (Nerven-System-Simulation oder kurz NESSI genannt) sind in der Tat an üblichen Computern nur unter starken Einschränkungen durchführbar. Solche Maschinen erweisen sich für die Implementierung als grundsätzlich ungeeignet.

Weit günstiger, um nicht zu sagen natürlicher, gestalten sich die Verhältnisse, wenn eine andere Klasse von Automaten in Betracht gezogen wird, nämlich sogenannte Poly-Automaten.

Unter einem *Poly-Automaten* ist eine Menge untereinander kommunizierender Automaten zu verstehen, die parallel arbeiten und zusammen einen größeren Automaten bilden.[7] Etwas genauer gesagt, handelt es sich im gegebenen Fall um Zellularautomaten, die man sich hier vereinfachend als zwei- oder dreidimensionale Netze von miteinander kommunizierenden gleichartigen Einzelautomaten vorzustellen hat.

Verkomplizierend kommt im Falle von NESSI hinzu, daß diese Einzelautomaten zu einem gewissen Grade spontane, zufällige Aktivität aufweisen. Demgemäß ist auch das Verhalten der Gesamtautomaten indeterminiert. Anders formuliert: Das Verhalten von NESSI, d.h. eines Systems entsprechend der AFT der Nervensysteme, ist nur mit einer graduellen Genauigkeit und Sicherheit vorhersagbar. Es ist umso genauer vorhersagbar, je mehr Informationen über die unmittelbare Umwelt, die individuelle Vergangenheit und die 'angeborenen' Eigenschaften des Systems vorliegen. Nichtsdestoweniger bleibt auch ange-

---

7 Alvy Ray SMITH: Introduction to and Survey of Polyautomata Theory. In: LINDENMEYER, A. & ROZENBERG, G. (eds.): Automata, Languages and Development. - Amsterdam, Oxford, NY 1976, 405 – 422

sichts noch so vieler solcher Informationen immer ein Rest Unbe-
stimmtheit, der sich direkt aus der Wirksamkeit zufälliger Prozesse im
System ableitet.

Diese *zufälligen* Prozesse stellen zwar nur eine relativ schwache
Komponente im funktionalen Gefüge des Systems dar, als Zünglein an
der Waage aber können sie auch bei wichtigen, folgenschweren Entscheidungen den Ausschlag geben. Entscheidungen, die unter Umständen auch die zukünftige Entwicklung und das zukünftige Verhalten des
Systems maßgeblich bestimmen.

Man könnte hier auf die Frage eingehen, ob der Umstand, daß Handlungen nicht allein aus der Konstruktion des Systems und der mittelbar und unmittelbar auf das System einwirkenden Umwelt ableitbar
sind, sondern ein prinzipiell unbestimmbares Element enthalten, etwas mit Willensfreiheit zu tun hat. Die Diskussion würde zu weit ab in
philosophische Gefilde führen, dabei allerdings würde eines sehr deutlich werden, nämlich die zentrale Rolle des Zufallbegriffes in
der AFT. Das von der AFT beschriebene Systemgeschehen kann in ex-
tremer Vereinfachung überhaupt als ein einziger komplexer Filte-
rungsprozeß aufgefaßt werden, der dem Zweck dient, weniger Zufälliges von eher Zufälligem zu trennen, es zu akkumulieren und dem
Überdauern des Systems als Individuum und als Art nutzbar zu machen.

Das individuelle System erhält - um in diesem umrißhaften Bild zu
bleiben - aus der Phylogenese einen recht umfangreichen, für jede Ge-
legenheit mehr oder weniger vorsortierten Satz von Verhaltensweisen
als Ausdruck stammesgeschichtlich herausgefilteter nützlicher, weil
dem Überleben dienender, Gesetzmäßigkeit, (sprich Nichtzufälligkeit).

Dieser Satz von Verhaltenselementen kann vom individuellen System unter Ausnützung der besonderen Nichtzufälligkeiten seiner individuell erfahrenen Umwelt vorteilbringend weitersortiert werden.
Wo eine Entscheidung zwischen zwei oder mehreren Verhaltenselementen nach individuell oder stammesgeschichtlich erfaßter Gesetzmäßigkeit nicht möglich ist, entscheidet der Zufall über die Sortierung.

Ergebnis dieses Sortierungsprozesses ist allemal die Entscheidung
darüber, welches Verhaltenselement angesichts einer gerade gegebenen Umweltsituation tatsächlich zum Einsatz kommt.

III. DIE MODELLE

Eine Theorie setzt sich - nach der hier vertretenen strukturalistischen Auffassung von Theorien[8] – aus einem Kern und aus einer oder mehreren intendierten Anwendungen dieses Kerns zusammen. Der Kern besteht aus einer mathematischen Struktur, die im Falle der AFT einen abstrakten Automaten darstellt. Die intendierten Anwendungen der AFT beziehen sich auf die Physiologie, d.h. die von 'außen' betrachtete Funktion der Nervensysteme einerseits und die Psychologie, bzw. die von 'innen' betrachtete Funktion der Nervensysteme andererseits.

Der vom Theoriekern der AFT beschriebene Automat kann als Simulationsmodell eines Nervensystems – zumindest im Prinzip – mittels eines Computers realisiert werden. Bei dieser Feststellung kommt allerdings dem einschränkenden Beiklang des «im Prinzip» großes Gewicht zu. Wenn man nämlich herkömmliche Computer, egal welcher Größe und Geschwindigkeit in Betracht zieht, so sieht man sich gezwungen, das Modell gegenüber der Theorie extrem zu vereinfachen. Andernfalls würde das Modell bald so langsam, daß sich mehrere Forschergenerationen in der Beobachtung einer einzigen Verhaltenssequenz ablösen müßten.

Abhilfe ist hier nur möglich durch ein völlig anderes Hardwarekonzept, das dem von der Theorie beschriebenen System speziell angemessen ist. Dies soll heißen, daß eine adäquate, nicht vereinfachende Realisierung eines Systems gemäß der AFT nur mit Hilfe eines Maschinentyps möglich ist, der gänzlich anders konstruiert ist als ein herkömmlicher Computer. Das Augenmerk richtet sich dabei auf die schon beschriebenen Polyautomaten.

Probleme gibt es auch hier zur Genüge, nur sind sie anders gelagert als beim Modellbau am Computer. Bevor nämlich an die Implementierung eines bestimmten Modells gedacht werden kann, ist der Polyautomat an und für sich in den Griff zu bekommen, was leichter gesagt als getan ist.

---

8 Wolfgang STEGMÜLLER: Neue Wege der Wissenschaftsphilosophie. - Berlin, Heidelberg, NY: Springer 1980

Die nicht ganz unbegründete Hoffnung allerdings, die diese Arbeit beflügelt, ist, daß die Theorie einen Algorithmus angibt, der einer breiten Klasse von Polyautomaten sozusagen auf den Leib geschneidert ist. Darin drückt sich die Erwartung aus, daß die untersuchten, am Nervensystem angelehnten, Polyautomaten ganz allgemein, sozusagen ihrem Wesen nach, zu einem Verhalten tendieren, das der AFT entspricht. Verbunden damit ist auch die Erwartung, daß recht unterschiedliche Konstruktionsvarianten dieses Automatentyps das gesuchte Verhalten – zumindest im Ansatz – zeigen.

Man könnte etwas ironisch auch die Worte Marvin MINSKIS zur Charakterisierung der Situation entleihen: Die Forschungsbemühungen um den Polyautomaten sind von der Annahme getragen, daß die Aufgabe eines Systems, das, 'was es macht', ein Mittel ist, um herauszufinden, 'wie es dies macht'. Das, was der Polyautomat aber im gegebenen Fall macht, beschreibt die AFT.

1. NESSI I

Die Arbeit an Polyautomaten steht zur Zeit eindeutig im Mittelpunkt der Bemühungen um eine Modellkonstruktion entsprechend der AFT. Nichtsdestoweniger wurde ein erstes wichtiges Teilziel auf jenem anderen, zuvor erwähnten Wege – nämlich ein stark vereinfachtes Modell in einem herkömmlichen «general-purpose»-Computer (Mehrzweck-Computer) zu realisieren – erreicht. Vorläufiges Endprodukt dieser Arbeitsrichtung ist ein sehr variabel verwendbares und bequem handzuhabendes Simulationsprogramm mit dem Namen NESSI I.

NESSI I dient zur Untersuchung, vor allem aber zur Demonstration des vom Kern der AFT definierten Systemgeschehens. Insbesondere leistet NESSI I gute Dienste, wenn es darum geht, jene Aspekte des Systemgeschehens zu veranschaulichen, die zur Interpretation psychologischer Begriffe im Rahmen der AFT herangezogen werden.

2. Notwendige Vereinfachungen

Bei NESSI I wurde, um sie in einem annehmbaren Tempo auf einem Mehrzweck-Computer zum Laufen zu bringen, ziemlich radikal vorgegangen und so gut wie alles vereinfacht, was zu vereinfachen war und dies auch so weit vereinfacht wie nur irgendwie vertretbar.

Es wurde dabei auch versucht, die sequentielle Organisation und die digitale Arbeitsweise des Computers so weit als möglich im Sinne des Modells einzusetzen. So z. B. wird ein rein räumliches Eingangssignal von NESSI I als eine Reihe gesetzter und nicht gesetzter Bits in einem binären Wort des Rechners dargestellt. (Eine solche Reihe von «0» und «1» wird auch als Bitfolge bezeichnet.) Die gesetzten Bits (die «1») stellen die elementaren Eingangssignale dar, ihre Position in der Reihe entspricht dem Eingangsort am System. Alle elementaren Eingangssignale haben in den Kombinationen gleiches Gewicht.

Der gleichmäßigen räumlichen Rasterung, die sich aus der binären Darstellung des Eingangssignals ergibt, entspricht eine gleichmäßige zeitliche Rasterung, entsprechend der Taktung des Modells. Ein elementares Eingangssignal ist immer eindeutig einem bestimmten Ort in der Eingangsbitfolge und einem bestimmten Takt des Modellsystems zugeordnet.

Kombinierte Eingangssignale können sich – wie schon dargelegt wurde – aus elementaren Signalen zusammensetzen, die nicht nur an verschiedenen Stellen, sondern auch zu verschiedenen Zeitpunkten am System einlangen. Im Modell wurde diesem Umstand Rechnung getragen, indem Takt für Takt jeweils zwei aufeinanderfolgende räumliche Eingangssignale zusammengefaßt wurden. Jedes Eingangssignal von NESSI I kann somit aus elementaren Eingangssignalen bestehen, die sowohl an n verschiedenen Orten (bei einer Bitfolge der Länge n) wie zu zwei aufeinanderfolgenden Zeitpunkten am System einlangen.

3. Die Aktualordnung

Jedem Eingangssignal entspricht eine Zuordnungseinheit als 'Verhaltenselement' des Systems. Jede Zuordnungseinheit 'beinhaltet' das zugeordnete Ausgangssssignal und die beiden Werte, die die Responsivität bestimmen, den unveränderlichen Relevanzwert und den, vom Eingangsgeschehen abhängigen, Reiteranzwert. Bei einer Länge der räumlichen Eingangs-Bitfolge von n Bit ergeben sich $2^n - 1$ mögliche verschiedene Eingangssignale und ebensoviele Zuordnungseinheiten, für die in jedem Systemtakt die Aktualordnung berechnet wird. Das Ausgangssignal wird bestimmt von der Zuordnungseinheit mit dem jeweils höchsten Aktualniveau, also jener mit der höchsten Position in der Aktualordnung.

Da die Aktualordnung den aktuellen Systemzustand umfassend wiedergibt, wurde bei der Programmierung des Modells auf ihre Darstellung besonderes Gewicht gelegt. Die Aktualordnung sollte sowohl einer mittelbaren quantitativen Analyse als auch einer unmittelbaren qualitativen Inspektion leicht zugänglich sein.

Letzteres erfordert eine augenfällige und übersichtliche graphische Darstellung. Die Abbildungen 1 und 2 zeigen Beispiele, wie dieses Problem gelöst wurde. Die Bedeutung der Aktualordnung und ihrer Darstellung leuchtet insbesondere dann ein, wenn man bedenkt, daß es keine einfachere, allgemeingültige und vollständige Beschreibung des tatsächlichen Systemgeschehens gibt als die Wiedergabe der aufeinanderfolgenden Zustände der Aktualordnung.

Jede Zuordnungseinheit der *Aktualordnung* kann – zumindest im Prinzip – für das Verhalten des Systems im nächsten Moment entscheidend sein. Erhebliche Unterschiede allerdings bestehen in der Regel hinsichtlich der Wahrscheinlichkeit, mit der verschiedene Positionen der Aktualordnung bzw. die dort befindlichen Zuordnungseinheiten in jeweils unmittelbarer Zukunft verhaltensentscheidend werden.

Diese Wahrscheinlichkeit ist von zweierlei abhängig: Von der Verteilung der Responsivitätswerte auf die Zuordnungseinheiten und vom Aktivierungsgeschehen, d. h. von der endogenen und der exogenen Aktivierung.

4. Die endogene Aktivierung

Von der *endogenen Aktivierung* wird jede Zuordnungseinheit in jedem Takt in einem gänzlich zufällig variierenden Maße getroffen.

Über die Zeit hinweg gemittelt aber ist das Ausmaß, in dem jede Zuordnungseinheit auf diese Weise getroffen wird, gleich, so daß die Reiteranz als Maß der relativen Häufigkeit von Eingangssignalen von der endogenen Aktivierung unberührt bleibt und nur die Verteilung der Eingangssignale über die Zeit abbildet (wie die Theorie es ver-

langt). Die endogene Aktivierung kann man sich gewissermaßen als
eine autonome Instanz vorstellen, die systemintern Initiative in die
Verhaltensbestimmung einbringt.

Die Wirkung endogener Aktivierung im Systemgeschehen ist recht
vielfältig, und es lassen sich durchaus nicht alle Wirkungsaspekte explizit am Modell NESSI I aufzeigen. Dies beispielsweise gilt für die Rolle endogener Aktivierung als endogenes Komplement eines exogenen
Aktivierungsanteiles bei der Teilaktivierung einer Zuordnungseinheit.
Einige Wirkungsaspekte lassen sich nur ansatzweise im Modell abbilden, so z. B. die zentrale Rolle, die endogene Aktivierung bei jenem
Vorgang gezielter Selbstveränderung eines Systems spielt, der im Rahmen der Anwendung der AFT auf die Psychologie mit dem Begriff Denken in Verbindung gebracht wird. Wieder andere Wirkungsaspekte
hingegen lassen sich sehr gut am Modell demonstrieren, hierzu gehört
die endogene Bestimmung des Verhaltens in ambivalenten Situationen,
insbesondere aber in Situationen, die innerhalb gewisser Grenzen be-
liebiges Verhalten nahelegen, was z. B. beim Suchen der Fall ist. Für
den 'externen Beobachter', der nur die Verhaltensäußerungen des Systems zu Gesicht bekommt, ist die endogene Aktivierung verantwortlich für den spontanen Anteil im Systemverhalten, den Grad also, zu
dem Verhalten nicht direkt oder indirekt auf die Umwelt zurückzuführen ist.

Im Modell übernimmt ein 'Zufallszahlengenerator' des Computers
den Part des Zufalles bei der endogenen Aktivierung.

5. Die exogene Aktivierung

Die zweite 'große Unbekannte' im Systemgeschehen ist neben der
endogenen die *exogene Aktivierung* bzw. der Einfluß, dem das System

Abb. 1: «Schwarze NESSI». Zustandsdarstellung eines NESSI-Systems am Computer-
Bildschirm. Jeder Punkt in der schwarzen Figur repräsentiert ein Verhaltenselement,
eine sogenannte Zuordnungseinheit des Systems. Einzelne frei definierbare Elemente
können als Leuchtpunkt hervorgehoben werden.

Abb. 2: «Die Aktualordnung». Die Verhaltenselemente eines NESSI-Systems werden laufend in eine Rangordnung, die sogenannte Aktualordnung, sortiert, und zwar nach einem
Wert, der als Aktualniveau bezeichnet wird (ganz rechts). Dieser Wert setzt sich (siehe
Text) aus vier Teilgrößen zusammen: der Reiteranz (blau), der Relevanz (grün), der exogenen und der endogenen Aktivierung (dunkelrot und hellrot).

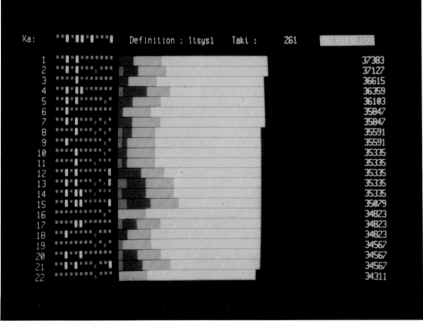

Abb. 1 und 2

von außen her ausgesetzt ist. (Es wäre sicher aufschlußreich, darüber zu spekulieren, warum endogene Aktivierung als von 'innen' kommend aufgefaßt wird: Kommt nicht letztlich auch die endogene, zufällige Aktivierung von irgendwoher in das System? Könnte es vielleicht sein, daß endogene Aktivierung und 'innen' in einem gewissen Sinne ein und dasselbe sind?)

Die exogene Aktivierung, so wird es auch im Modell dargestellt, ist eine unmittelbare Auswirkung der Signale, die am System eintreffen, und zwar von einer Instanz kommend, die *Umwelt* genannt wird. Diese Instanz zeichnet sich durch die Produktion mehr oder weniger geordneter Signalfolgen aus. In der Regel besteht auch ein gesetzmäßiger (statistischer) Zusammenhang zwischen den Ausgangssignalen bzw. dem Verhalten des Systems und den Signalen, die es aus der Umwelt empfängt.

Hinsichtlich dieses letztgenannten Gesichtspunktes läßt sich die Umwelt in zwei Instanzen (Umwelten) mit unterschiedlicher stochastischer Charakteristik aufteilen. Die eine wird als Körper, die andere als Umwelt im engeren Sinne bezeichnet.

Diese Zweiteilung wurde bei der Konstruktion des hier beschriebenen Simulationssystems berücksichtigt, so daß ein NESSI I-System mit zwei Eingangssignalquellen kommunizieren kann, denen unterschiedliche stochastische Eigenschaften zugewiesen werden können.

Im Gegensatz zur endogenen Aktivierung trifft die exogene Aktivierung die Zuordnungseinheiten des Systems – eine nicht-chaotische Umwelt vorausgesetzt – in ungleichem Maße und zwar auch über die Zeit hinweg. Manche Signale bzw. Signalkombinationen räumlicher und auch zeitlicher Art sind eben in der Eingangssignalmenge des Systems häufiger vertreten, andere seltener.

Es gibt Signale, die regelmäßig aufeinanderfolgen und solche, die keine derartige Beziehung zueinander haben. Manche Signale kommen häufiger gemeinsam am System an, andere lassen keinen Zusammenhang zwischen ihrem Aufscheinen am Systemeingang erkennen. All dies stellt sich dar in unterschiedlichen relativen Häufigkeiten von Signalkombinationen. Diese relativen Häufigkeiten werden vom System in Form der Reiteranz registriert und für zukünftige Verhaltensentscheidungen bereitgehalten.

Die *exogene Aktivierung* hat im Systemgeschehen also zweierlei Wirkung: Die erste ist eine aktuelle, durch die bestimmte Zuordnungs- einheiten – jene nämlich, die ganz oder teilweise mit dem gerade anlie- genden Eingangssignal übereinstimmen – im Aktualniveau angehoben werden. Dieser Vorgang spielt, wie wohl unschwer einzusehen ist, eine zentrale Rolle bei der Ausdeutung des Wahrnehmungsbegriffes im Rahmen der Allgemeinen Funktionstheorie der Nervensysteme.

Die zweite Wirkung exogener Aktivierung ist von längerfristiger Art: Durch die exogene Aktivierung wird die Reiteranz jener Zuordnungs- einheiten erhöht, deren Eingangssignal im aktuellen Eingangssignal enthalten ist. Je häufiger also ein bestimmtes Eingangssignal, umso hö- her ist die Reiteranz der entsprechenden Zuordnungseinheit. Nimmt die Häufigkeit eines Signales im Signalzustrom ab, so sinkt auch die Reiteranz der entsprechenden Zuordnungseinheit. Auf diese Weise wird Umweltredundanz bzw. Ordnung im Signalzufluß erfaßt und lau- fend als Erfahrung organisiert gespeichert.

Die Gesamtheit der für das Verhalten jeweils verfügbaren Erfahrun- gen kann als das 'Wissen' eines Systems aufgefaßt werden. Zu beden- ken ist dabei, daß die Erfassung der relativen Häufigkeiten – und damit das 'Wissen' – sich bevorzugt auf die unmittelbare Vergangenheit be- zieht.

Wissen in diesem Sinne verstanden, ist nicht vom System getrennt betrachtbar, es wird nicht in Form von Daten abgelegt, auf die das Sy- stem bei Bedarf zugreift. Wissen ist vielmehr eine ständige spezifische Veränderung der Systemfunktion selbst. Jede einzelne Erfahrung wird unmittelbar in das dynamische Gefüge des Systems integriert und sei- nen Zwecken untergeordnet.

All dies leistet auch das einfachste NESSI I-Modell, ja, es ist viel- leicht gar nicht einmal richtig, von einer Leistung zu sprechen, da wir es hier mit dem Funktionsprinzip des Systems selbst zu tun haben.

NESSI entwickelt sich, sie wird sozusagen durch ihre Umwelt ge- formt, wobei sie allerdings angeborene Bedingungen (insbesondere in Form von Relevanz) dieser Formung entgegenbringt. Man könnte sogar von Dressur oder gar Erziehung sprechen, wenn das Modell einer in absichtsvoller Weise angelegten und eventuell auch laufend modifi- zierten Umwelt ausgesetzt wird mit dem Ziel, bestimmte Verhaltens- charakteristika fest zu etablieren.

6. Die Umwelten

Die *Umwelt* bzw. die Umwelten stellen bei der Konstruktion des Simulationssystems ein Thema für sich dar. Zunächst wird von ihnen nichts weiter verlangt, als daß sie Signale produzieren, die von NESSI empfangen werden, und daß diese Signale mit einer bestimmten, frei wählbaren statistischen Ordnung, genauer gesagt, relativen Häufigkeit erzeugt werden.

Es sollte dabei auch möglich sein, die relative Häufigkeit der von einer Umwelt erzeugten Signale davon abhängig zu machen, welches Signal gerade zuvor von NESSI an die betreffende Umwelt abgegeben wurde, und es sollte eine Möglichkeit vorgesehen sein, daß NESSI über ihre Ausgangssignale verändernd auf die statistischen Eigenschaften der Umwelt einwirken kann; leger ausgedrückt also darauf, wie die Umwelt auf bestimmte Äußerungen von NESSI reagiert.

Während Zusammenhänge dieser Art uns Menschen in der Auseinandersetzung mit unserer realen Alltagswelt weitgehend selbstverständlich und unmittelbar einsichtig sind, tun wir uns sehr schwer, die entsprechenden Vorgänge in der Modell-Umwelt bei einem Simulationslauf beobachtend zu erfassen.

Um dem ein wenig abzuhelfen, wurde versucht, die aus Tabellenwerten (also Zahlen) bestehende Modellumwelt graphisch so abzubilden, daß sie der menschlichen Wahrnehmung möglichst leicht zugänglich ist.

Zu diesem Zwecke werden die Werte in der zweidimensionalen Matrix der Übergangswahrscheinlichkeiten systematisch durch Farben ersetzt, so daß sich das Zahlenfeld als ein farbiges Mosaik darstellt. (Ein Wert in der Matrix beschreibt die Wahrscheinlich, mit der ein bestimmtes «Umweltsignal» auf eine bestimmte Äußerung von NESSI folgt.)

In jenem Maße, in dem die jeweilige Fragestellung dem Untersucher des Modells bei der Gestaltung der Umwelt freie Hand läßt, kann er versuchen, die Wahrscheinlichkeitswerte so zu verteilen, daß sich ein Bild ergibt, das den Sehgewohnheiten des menschlichen Betrachters entgegenkommt. (So z. B. das Bild einer Landschaft mit Gebäuden wie in Abb. 3).

7. Die Beschreibung des Modellgeschehens

Trotz aller Anstrengungen, die unternommen wurden, um das Simulationsgeschehen auf vielen Bildschirmen zugleich transparent zu machen, hat der Beobachter nicht selten Schwierigkeiten, das, was er sieht, zu verstehen und zu beurteilen. Zu einem großen Teil liegt dies sicherlich an der Komplexität der Vorgänge sowie an ihrem nichtlinearen, stochastischen Charakter. Zu einem nicht unerheblichen anderen Teil aber liegt es auch am Fehlen geeigneter Kategorien und Konventionen für die Beschreibung des Geschehens.

Eine sehr naheliegende Lösung dieser Schwierigkeiten besteht darin, die im Rahmen der AFT interpretierten (genauer: rekonstruierten) Begriffe der Psychologie zur Beschreibung des Modellgeschehens zu verwenden.

Diese eher als qualitativ zu bezeichnende Darstellung der Vorgänge im Modell ist zwar einerseits sehr einleuchtend und für den psychologisch Interessierten aufschlußreich, wirkt aber andererseits bei dem umfassenden Einblick, den die Theorie gewährt, nicht erschöpfend. Ein wichtiger Schritt zur Erfassung weiterer Aspekte des Modellgeschehens, die sich zur Beschreibung eignen könnten, besteht in einer symbolstatistischen Analyse der Signalströme im Modell, sowie in einer informationstheoretischen Untersuchung der Übertragungseigenschaften von NESSI-Systemen. Dem Simulationspaket «NESSI I» ist ein Programm-Modul beigefügt, das diese Aufgabe übernimmt.

8. Die Systemaggregate

Besonders schwierig wird die Erfassung des Modellgeschehens, wenn zwei oder mehr NESSI-Systeme interagierend zu einem Aggregat vereint sind und so mit einer oder zwei Umwelten kommunizieren. (Das Simulationsprogramm NESSI I erlaubt beliebige Vernetzungen von bis zu acht Einzelsystemen.) In Abbildung 4 ist ein solches Aggregat wiedergegeben. Dabei handelt es sich allerdings um ein sehr kompliziertes *Aggregat*, das lediglich zur Demonstration der Leistungsfähigkeit des Programmes dient.

Die Teilsysteme dieses Aggregates können von unterschiedlicher Größe sein und unterschiedlich parametrisiert werden. Einzelne Eingangsleitungen eines Teilsystems können mit einer Gewichtung versehen werden, so daß sie zwei oder mehr parallelen, immer gleich aktiven Leitungen entsprechen. Jede Eingangsleitung kann zudem die Übertragung der Signale um zwei oder mehr Takte verzögern.

Die Untersuchung von NESSI-Aggregaten geht vorläufig in zwei Richtungen: zum einen stehen allgemeine Gesetze des Zusammenwirkens solcher Systeme zur Frage, zum anderen interessiert eine ganz bestimmte Systemkombination bestehend aus einem kleinen System hochgradiger Relevanzbestimmtheit und einem großen, weitestgehend reiteranzbestimmten System. Das kleine Teilsystem repräsentiert dabei *angeborene* (motivationale) Direktiven, d. h. stammesgeschichtliche Erfahrung. Das große Teilsystem stellt eine gewaltige Fülle von Verhaltensmöglichkeiten (Zuordnungseinheiten) dar, die im Zusammenwirken von *individueller Erfahrung* (Reiteranz) und 'wertendem' Einfluß des kleinen Systems (Relevanz) organisiert und eingesetzt werden.

Den Hintergrund bildet eines der Grundthemen der AFT, nämlich die Verbindung *stammesgeschichtlicher* und *individueller* Erfahrung zum Vorteil der Art und des Individuums.

IV. DIE ZWEI INTENDIERTEN ANWENDUNGEN DER AFT

Die AFT der Nervensysteme setzt sich, wie schon gesagt wurde, aus einem formalen Kern und zwei intendierten Anwendungen dieses Kerns zusammen.

Die eine Anwendung betrifft die *Physiologie* der Nervensysteme, die andere betrifft die *Psychologie*. Zwischen den Anwendungen bestehen vielfach Querverbindungen.

1. Neurophysiologie

Die Anwendung des Theoriekerns auf die *Neurophysiologie* nimmt ihren Weg über die zusätzliche Annahme, daß der Algorithmus, den der Theoriekern beschreibt, im Nervensystem in einem Polyautomaten implementiert ist. Zentrale Aufgabe bei der neurophysiologischen Anwendung der AFT ist es, diesen Automaten zu spezifizieren, die Vorgänge in ihm zu erfassen und auf die Aussagen der Theorie zu beziehen.

Bei den Bemühungen um eine schrittweise Annäherung an dieses Ziel spielen Bau und Studium von Modellen eine entscheidende Rolle.

Das erste Modell auf diesem vermutlich sehr langen Wege befindet sich bereits in der Entwicklung. Es wurde in möglichst enger Anlehnung an Fakten konzipiert, die über das Nervensystem bekannt sind. Vom technischen Standpunkt aus gesehen, mutet dieses Gebilde mit seinen unterschiedlichen Laufzeiten zwischen den Elementen, mit seiner enormen Verknüpfungsdichte und seinem stochastischen Verhalten recht exotisch und willkürlich an, allein es wird erwartet, daß es zwischen seinen Eingangs- und Ausgangssignalen eine Beziehung herstellt, die den besonderen Anforderungen der AFT entspricht. Eine irgendwie geartete Verwandtschaft mit dem Computer läßt sich kaum entdecken, sein Verhalten hat so gut wie nichts mit dem eines Computers gemein, nur es wird von ihm erwartet, daß sich in ihm eine raumzeitliche Ordnung etabliert, die den besonderen Anforderungen der AFT entspricht. Ein solcher Automat ist in seinem Verhalten nicht analytisch exakt nachvollziehbar, er entwickelt sich trotz gleicher äußerer Bedingungen praktisch nie zweimal gleich, soll aber in hohem Maße etwas aufweisen, das man «statistische Ordnung» nennen könnte.

Es ist hier noch zu früh, um von Ergebnissen zu sprechen, eines aber ist sicher, nämlich daß der in seinen Grundzügen recht einfache und plausible Ansatz der AFT die Diskussion um die Arbeitsweise der Nervensysteme bereichert. Alte Fragen wie z. B. nach der Lokalisation von 'Funktionen', nach der Verletzungsresistenz der Funktion von Nervensystemen oder etwa nach der Natur des Gedächtnisses können zumindest in einem neuen Kontext bzw. vor einem neuen theoretischen Hintergrund gestellt werden.

In jedem Fall empfiehlt es sich, solche Diskussionen, wenn möglich, anhand eines realen Modells zu führen, auch dann (und vor allem dann), wenn man nicht recht nachvollziehen kann, was in seinem Innern geschieht. (Eine detaillierte theoretische Behandlung der neurophysiologischen Anwendung des Theoriekerns ist in SCHWEIZER 1981 (vgl. Anm. 4) gegeben. Eine ausführliche mathematische, automatentheoretische Bearbeitung des Themas wurde von C. KEMPKE[9] 1983 vorgenommen.)

2. Psychologie

a) Allgemeine Probleme

Etwas einfacher als bei der neurophysiologischen Anwendung gestalten sich die Verhältnisse bei der *psychologischen* Anwendung des Theoriekerns, vielleicht auch schon deshalb, weil die AFT ursprünglich zur theoretischen Grundlegung der Psychologie und der Verhaltensphysiologie konzipiert wurde. Sie wurde, so könnte man es sehen, von dieser Anwendung her kommend, erdacht.

Im Falle der psychologischen Anwendung kann man sozusagen ohne weiteres zur Tat schreiten und versuchen, den grundlegenden Begriffsapparat der Psychologie im Rahmen der AFT auszudeuten, oder, um es etwas exakter zu formulieren, im Rahmen der AFT zu rekonstruieren.

Simulationssysteme in der Art von NESSI I sind dabei sehr nützlich, aber nicht in jedem Fall unbedingt erforderlich. Sie illustrieren und verdeutlichen, sie erleichtern die Arbeit, aber viele wichtige Parallelen zwischen psychischem Geschehen und dem von der AFT beschriebenen Systemgeschehen sind so offensichtlich, daß sie auch ohne Demonstration am Modell, 'ohne weiteres' könnte man also sagen, einleuchten.

Diese Aha-Erlebnisse dürfen aber nicht darüber hinwegtäuschen, daß die Aufgabe, solche Parallelen (Entsprechungen, Analogien) exakt

---

9 Christel KEMPKE: Netzwerke endlicher Automaten als Neuronale Verbände. - Diplomarbeit Univ. Dortmund 1983

auszuarbeiten und eindeutig zu formulieren, alles andere als einfach ist: Sowohl auf seiten der AFT und der zugehörigen Modellsysteme wie auf seiten der Psychologie sind bestimmte charakteristische Aspekte eines äußerst komplexen Vorganges klar auszumachen, anhand derer sich das Geschehen da und dort vergleichen läßt.

Auf psychologischer Seite liegen für einige solche Aspekte Begriffe vor, deren Bedeutung sich in einem dicht gewebten, aber leider auch sehr vieldeutigen Beziehungsnetz abzeichnet. Zu einem wesentlichen Teil handelt es sich bei diesen Beziehungen um symbolische Relationen, solche nämlich, die irgendwo als Aussagen vorliegen (z. B. in Lehrbüchern). Zu einem gewissen Teil aber handelt es sich auch um unmittelbar erlebte Beziehungen. Zwischen diesen beiden Teilen ist *Interdependenz* vorauszusetzen.

Auf seiten der AFT gibt es zunächst keinen solchen Begriffsapparat, der die dynamische Ordnung im System abbildet. Es gibt nur das sich nach seinen formalen Grundgesetzen, dem Zufall und den Gegebenheiten der Umwelt entwickelnde Systemgeschehen. Jene Aspekte dieses Systemgeschehens, die auf psychologische Begriffe bezogen werden sollen, müssen zumindest vorläufig etwas mühsam umgangssprachlich formuliert werden. (Versuche, die Beschreibung des Systemgeschehens durch exakte Definition besonderer Termini zu erleichtern, irritieren leider viele jener, die eigentlich angesprochen wären, aber ihr wissenschaftliches Betätigungsfeld mehr am Jargon als am Objekt erkennen. Die wenigen unumgänglichen Termini technici der AFT bilden erfahrungsgemäß nicht selten schon ein ernsthaftes Hemmnis, sich mit der Theorie auseinanderzusetzen.)

Neben dieser eben geschilderten Problematik bei der Anwendung der AFT auf die Psychologie gibt es eine zweite, die auf den ersten Blick vielleicht etwas harmloser erscheinen mag, es aber nicht ist.

Abb. 3: Bildschirmdarstellung einer stochastischen Umwelt des NESSI-I-Simulationssystems. Jede der 24 Bildzeilen entspricht einem Signal von NESSI, jede der 80 Spalten einem Signal an NESSI. Jede Schnittfläche von Zeile und Spalte ist mit einem (farbig codierten) Wert besetzt, der angibt, wie wahrscheinlich es ist, daß die Umwelt auf ein bestimmtes Signal von NESSI mit einem bestimmten Signal an NESSI antwortet.

Abb. 4: «Konfigurationsplan». Bildschirmdarstellung eines Aggregates aus 8 NESSI-Systemen, das mit zwei Umwelten unterschiedlicher stochastischer Charakteristik verbunden ist («Körperumwelt» und «Außenumwelt»). Die Teilsysteme des Aggregates können unterschiedlich groß, unterschiedlich parametrisiert und beliebig vernetzt sein.

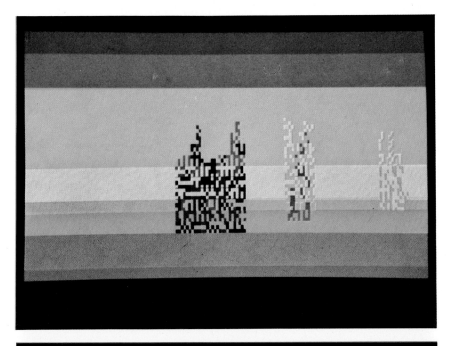

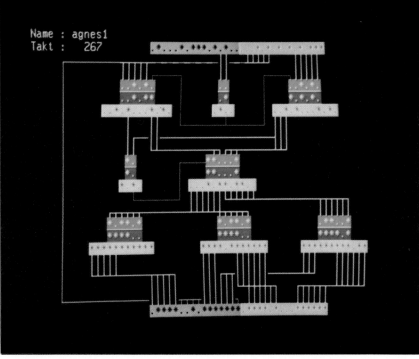

Abb. 3 und 4

Es geht um die Abgrenzung dessen, was als Psychologie im Rahmen der AFT eine Interpretation erfahren soll (genauer: was im Rahmen der AFT rekonstruiert werden soll).

Die AFT ist an ihrem Anspruch zu messen, das gesamte psychische Geschehen in seinen Grundzügen zu erklären. (Bedauerlicherweise wird 'Anspruch' häufig mit 'Anmaßung' verwechselt, derweil 'Aufgabe' eine treffendere Umschreibung wäre.)

Was aber sind diese Grundzüge? Welche sind die Grundbegriffe der Psychologie?

Einem allgemein akzeptierten theoretischen Fundament der gesamten Psychologie könnten die Grundbegriffe und Grundstrukturen entnommen werden, deren Rekonstruktion im Rahmen der AFT durchzuführen wäre. Eine solche vergleichbare, konkurrierende Theorie ist aber nicht in Sicht. Was vorliegt, ist lediglich ein vager allgemeiner Konsens hinsichtlich der grundlegenden Bedeutung gewisser Begriffe wie «Bewußtsein», «Gedächtnis», «Lernen», «Denken», «Motivation» usw., sowie hinsichtlich gewisser Verbindungen zwischen diesen Begriffen.

Im Gegenzug bestimmt aber auch die AFT bei ihrer Anwendung auf die Psychologie, was (aus ihrer Sicht) als grundlegend gelten kann und was nicht.

Die explikative Potenz und die heuristische Ergiebigkeit der AFT in ihrer Anwendung auf die Psychologie wird sich nicht zuletzt darin erweisen, wie weit sie imstande ist, die vorliegenden, bewährten, wenn auch unklaren Begriffe und Strukturen der Psychologie zu assimilieren und dabei überzeugend neu zu ordnen.

Der Entschluß eines Menschen, sich eine neue Theorie anzueignen, dürfte nicht unwesentlich davon abhängen, ob sie auch imstande ist, einleuchtende Antworten auf Fragen zu geben, die schon im vorliegenden Kontext formuliert wurden. Solche Fragen sind beispielsweise (um aus der Fülle dessen, was die AFT beantwortet, nur etwas auf's Geratewohl herauszugreifen): Welche Rolle spielen motivationale Faktoren bei der Wahrnehmung? Wie ist das Gedächtnis organisiert? Was sind Träume? ... usw.

Die AFT muß sich, um Hürden auf dem Weg zum 'Anwender' überwinden zu können, an die allgemein vorherrschenden Sicht- und Darstellungsweisen sowie die sich daraus ergebenden Fragen anpassen.

b) Versuch eines Überblicks

Wie kann nun hier in dieser kurzen Abhandlung eine Demonstration der Leistungsfähigkeit der AFT in ihrer Anwendung auf die Psychologie aussehen, wenn diese Leistungsfähigkeit doch sehr wesentlich vom Umfang dessen bestimmt wird, was sie zu erklären imstande
ist? Sie ist also von der Tatsache her bestimmt, daß sie so unterschiedliche Begriffe wie Denken, Bewußtsein, Motivation, Emotion, Assoziation, Lernen, Vergessen, Schlaf, Traum usw. einschließlich ihrer vielfältigen Interdependenz auf einen gemeinsamen Nenner zu bringen
vermag, ja, daß sich sogar Krankheitsbilder der Psyche, wie jenes der
Schizophrenie, im gestörten Verhalten jener Systeme, welche die
Theorie beschreibt, detailgenau wiederfinden.

Man könnte daran denken zur Demonstration ein Beispiel herauszugreifen, doch es würde sich schnell zeigen, daß das Herauslösen eines
Funktionsaspektes aus dem Gesamtzusammenhang mehr Fragen auf-
wirft als dabei beantwortet werden können. Was gibt es letzten Endes
für einen Sinn, etwas Unerklärtes mit etwas anderem Unerklärtem erklären zu wollen?

Man kann eine Demonstration auch so versuchen, daß man sich auf
einen allgemeinen Überblick beschränkt und Einzelheiten, seien sie
auch noch so wichtig, beiseite läßt. Die explikative Kraft der Theorie
wird dabei zwar nicht sehr deutlich, immerhin aber die Breite ihrer
Anwendung. Diese Vorgangsweise zeichnet in etwa auch jene Situation
nach, die für die «historisch» ersten Schritte in der Anwendung der
AFT auf die Psychologie kennzeichnend waren.

Diese Schritte bestanden keineswegs darin, daß nacheinander, säuberlich getrennt, einzelne Themen bzw. Begriffe behandelt wurden.
Die Anwendung der AFT entwickelte sich vielmehr so, daß eine erste
umrißhafte Gesamtanlage in der Auseinandersetzung mit dem vorliegenden Wissen, das sie ordnen und deuten sollte, allmählich an Struktur und Inhalt gewann.

An dieser umrißhaften Gesamtanlage werde ich mich im folgenden
ein wenig orientieren, wenn ich versuche, in wenigen Worten eine
Ahnung davon zu vermitteln, wie die Anwendung des Kerns der Allgemeinen Funktionstheorie auf die Psychologie aussieht.

c) Bewußtsein

Eine Feststellung von zentraler Bedeutung bei der Anwendung des Kerns der AFT auf die Psychologie betrifft die Ausdeutung des *Bewußtseinsbegriffes* im Rahmen des von der Theorie beschriebenen Systemgeschehens.

Hier in ganz wenigen Worten: Das *Bewußtsein* als Raum allen unmittelbar erlebten psychischen Geschehens wird 'parallelisiert' (dieser Terminus technicus kann notdürftig als 'gleichgesetzt' verstanden werden) mit der Spitze der Aktualordnung, insbesondere mit der aktuellen, im Systemgeschehen dominierenden Repräsentation der ranghöchsten Zuordnungseinheit.

Auf die vielen Wenn und Aber einzugehen, die hier quasi gleich um die Ecke liegen, würde den hier vorgegebenen Rahmen sprengen (Zu diskutieren wäre beispielsweise die Rolle jener Zuordnungseinheiten, die sich in unmittelbarer Spitzennähe befinden, die Verhältnisse in Systemaggregaten, Gewichtungsdifferenzen innerhalb von komplexen Signalkombinationen, die Frage also, ob alle Teile einer an der Spitze der Aktualordnung stehenden Signalkombination in gleichem Maße 'bewußt' sind ... usw.). Ein Hinweis allerdings dünkt mir auch bei aller gebotenen Kürze unerläßlich: Bewußtsein wird hier als fundamentale Eigenschaft jedes Nervensystems aufgefaßt. Das uns speziell interessierende menschliche Bewußtsein ist davon nur eine, wenn auch in vieler Hinsicht besondere, Variante.

d) Wahrnehmung

An der Spitze der Aktualordnung wechseln sich die Zuordnungseinheiten laufend ab. Eine sehr wichtige Rolle spielt dabei die exogene Aktivierung, indem sie bestimmte Zuordnungseinheiten im Aktualordnungsrang anhebt, solche nämlich, die in ihrem Eingangssignal ganz oder teilweise mit dem einlangenden Umweltsignal übereinstimmen. In der Regel gibt es davon sehr viele und es werden sich, bei gleicher Aktivierung, wiederum jene unter ihnen bevorzugt (d. h. weiter oben in der Aktualordnung) plazieren können, die sich durch besonders hohe Responsivität auszeichnen. Jene also, die sowohl hohe Relevanz als auch hohe Reiteranz aufweisen. In einem Systemaggregat, das entsprechend Prinzipien der AFT organisiert ist, sind unter den Zuordnungseinheiten an der Spitze der Aktualordnung vorwiegend solche vertreten, die sich aus zwei unterschiedlichen Komponenten zusammensetzen, einer hochgradig relevanzbestimmten, 'wertenden' Komponente und einer 'neutralen' Komponente. Diese Anteile entstammen unterschiedlichen Teilsystemen eines Aggregates. Die zugehörigen Eingangssignale zeichnen sich dadurch aus, daß sie relativ häufig gemeinsam oder knapp aufeinanderfolgend eintrafen.

Was hier so ruck-zuck beschrieben wird, ist nichts anderes als der Vorgang der *Wahrnehmung*: Eingangssignale rufen assoziativ, bedeutungs- und erwartungsgemäß bestimmte Inhalte ins Bewußtsein. Motivationale Faktoren und Erfahrungswerte nehmen Einfluß auf den Wahrnehmungsprozeß wie auf die jeweilige, damit interagierende Verhaltensentscheidung.

Unter bestimmten Umständen, nämlich bei reduziertem und / oder irrelevantem, exogenem Signalfluß, bestimmen, vermittels der endogenen Aktivierung, überwiegend interne Faktoren, was im Bewußtsein geschieht. Erfahrungsgemäße Zusammenhänge und motivationale Bedeutsamkeit der Erlebnisinhalte (d. h. Reiteranz und Relevanz der Zuordnungseinheiten) wirken weiterhin und gestalten, von der Zufälligkeit der endogenen Aktivierung nur graduell gestört, die Produktion der Erlebnissequenzen. Parallelen zu Traum oder Halluzination liegen hier auf der Hand. Bemühungen um eine präzise Parallelisierung dieser Begriffe machen allerdings rasch deutlich, daß erhebliche Differenzierungen erforderlich sind.

e) Gedächtnis

Ein System gemäß der AFT *besitzt* keinen Speicher, es *ist* ein sich selbst organisierender, dynamischer Speicher. (Diese Feststellung ist allerdings bei Aggregaten mit unterschiedlich 'variablen', d. h. reiteranzbestimmten Systemen zu relativieren.)

Wenn ein bislang seltenes Signal beginnt, häufig am System einzutreffen, so steigt allmählich die Reiteranz der zugehörigen Zuordnungseinheit, und zwar steigt sie bei gleichbleibender Signalfrequenz zunächst schnell und dann zunehmend langsamer.

Je höher die Reiteranz der Zuordnungseinheit ist, umso eher wird sie durch Aktivierung an die Spitze der Aktualordnung gehoben. Man könnte – sehr großzügig interpretierend – auch sagen: wird sie als Inhalt aus dem Gedächtnis ins Bewußtsein geholt.

Dafür aber, ob es einer Zuordnungseinheit gelingt, ihre Konkurreten auszustechen, ist beileibe nicht allein die *Reiteranz* verantwortlich. Wie schon dargestellt wurde, trägt (unter anderem) auch die *Relevanz* wesentlich dazu bei. Man könnte, wiederum mit einem Seitenblick auf die Psychologie, sagen: Ein Gedächtnisinhalt von geringerer motivationaler Bedeutsamkeit muß, ceteris paribus, einem von höherer Bedeutsamkeit beim Erinnern den Vortritt lassen.

Damit aber noch nicht genug, entscheidend dafür, was in der Aktualordnung nach oben kommt, ist nicht zuletzt auch die Aktivierung, und zwar insbesondere die exogene. Vor allem über die Teilaktivierung betrifft sie jeweils, d. h. bei jedem einlangenden Umweltsignal, eine gewaltige Menge von Zuordnungseinheiten. Die einen werden schwächer, die anderen stärker aktiviert, je nachdem wie weitgehend sie in ihrem Eingangssignal mit dem gerade aktuellen Umweltsignal übereinstimmen. Die psychologische Interpretation orientiert sich in diesem Falle am Begriff der Ähnlichkeit, und Ähnlichkeit ist unzweifelhaft ein Aspekt von zentraler Bedeutung beim Vorgang des Erinnerns.

Endogene Aktivierung und die *Größe des Eingangssignals* einer Zuordnungseinheit spielen letztlich auch noch eine Rolle im Konkurrenzkampf der Zuordnungseinheiten. Bei der Interpretation des Gedächtnisbegriffes im Rahmen der AFT allerdings stellen sie etwas weniger vordergründige Aspekte dar.

Sollte das von uns beobachtete Signal in der Häufigkeit seines Erscheinens plötzlich stark nachlassen oder gar überhaupt nicht mehr am Systemeingang aufscheinen, so sinkt die Reiteranz der zugehörigen Zuordnungseinheit, und zwar zunächst rapide, dann allmählich langsamer. Dementsprechend wird es 'schwieriger', diese Zuordnungseinheit an die Spitze zu hieven, d. h. als Gedächtnisinhalt zu erinnern. Es bedarf zunehmend mehr Teilaktivierung und es bedarf vor allem zunehmend mehr Zurückhaltung der Konkurrenz.

Die unterschiedliche Steilheit der abfallenden Reiteranzkurve erklärt auf recht einleuchtende Weise das Phänomen der verschiedenen Kurz-, Mittel- und Langzeitgedächtnisse. (Damit allerdings ist nicht gesagt, daß allen 'Kurvenabschnitten' auch derselbe physiologische Mechanismus zugrundeliegt.)

f) Einige psychologisch interessante Aspekte von Systemaggregaten

Man kann – und sei es auch mit Vorbehalten – sagen, daß die grundlegenden Begriffe, über die die Psychologie zur Beschreibung psychischen Geschehens verfügt, ihren Ursprung in der Selbsterfahrung des
Menschen haben. Jedenfalls beziehen sie sich in erster Linie auf das
Nervensystem des Menschen. Dieses aber ist beileibe kein einfaches
Nervensystem. Das Zentralnervensystem des Menschen ist ein äußerst
komplexes Systemaggregat bestehend aus sehr unterschiedlichen Teilsystemen, die aber alle – so wird angenommen – von jenem Typus sind,
den der Kern der AFT beschreibt. Es wird auch davon ausgegangen,
daß die Aggregate in ihrer Gesamtfunktion den Prinzipien der AFT entsprechen bzw. daß sich auch die Funktion von Aggregaten aus der
Theorie ableiten läßt. Nichtsdestoweniger eröffnet die Möglichkeit der
Aggregatbildung schier unbegrenzte Möglichkeiten der Funktionsdiffe-
renzierung.

Periphere, stark relevanzdeterminierte Subsysteme können in der
Afferenz die Aufgabe einer Signalfilterung übernehmen und den Da-
tenzustrom auf 'wichtige' (sinnvolle, nützliche) Merkmale begrenzen.
In der Efferenz können solche Systeme die Implementierung komplexer Steuersequenzen für motorische Aktionen durchführen.

Einzelne Subsysteme oder Verbände von Subsystemen können mehr
oder weniger autonom, genauer gesagt, mit einer nach Bedarf variierenden Unabhängigkeit von anderen Systemteilen bestimmte Aufgaben
wahrnehmen. Dabei können sie auch direkt, sozusagen über eigene Kanäle, mit der Umwelt kommunizieren. Wenn eine Aufgabe eines solchen Teilsystems dadurch gekennzeichnet ist, daß sie nur in geringem
Maße oder nur vorübergehend Umweltanpassung gemäß individueller
Erfahrung erfordert (was bei der Steuerung vieler Körper(-umwelt)-
funktionen der Fall ist), so liegt es nahe, dies im Sinne eines
'Automatismus' zu interpretieren.

'Alte', vorwiegend relevanzbestimmte Teilsysteme steuern bewer-
tend jene Anpassungsprozesse an die individuelle Umwelt, die in 'jüngeren', vorwiegend reiteranzbestimmten Systemteilen ablaufen. Anders gesehen, sie lenken die umweltabhängige Selbstorganisation von
zunächst weitgehend ungeordneten Teilsystemen, deren Haupttugend
es quasi ist, 'gut formbare Masse' bereitzustellen. Der Begriff des Ler-

nens aus der Psychologie läßt sich gut in diesem Rahmen parallelisieren, sofern man nicht vorzieht, ihn allgemein für jede Anpassung an die individuelle Umwelt zu verwenden.

Unter all den vielen Aspekten der Kommunikation eines Teilsystems mit anderen Teilsystemen oder mit der Umwelt (insbesondere der Körperumwelt) gibt es einen Aspekt, der aus psychologischer Sicht von besonderem Interesse ist:

Es geht um jenen Fall, daß bestimmte Ausgangssignale des Systems mit hoher Regelmäßigkeit jeweils ein bestimmtes Eingangssignal zur Folge haben. Einfacher ausgedrückt: Das System erhält auf bestimmte Ausgangssignale in etwa immer dieselbe 'Antwort'. Ein solcher Zusammenhang eröffnet dem System die Möglichkeit, mit sich selbst zu kommunizieren, d. h. auf sich selbst im Sinne einer Veränderung von Reiteranzwerten Einfluß zu nehmen. Dieser Vorgang wurde mit dem Begriff des Denkens in Verbindung gebracht, was sich als heuristisch sehr fruchtbar erwies. Allem voran deshalb, weil sich daraus ein Zugang zur Parallelisierung des Symbolbegriffes ergab mit der Möglichkeit, bei der Erfassung der Systemfunktion die symbolisch-semantische Ebene mit einzubeziehen.

g) Die Frage nach uns selbst

Zunächst einmal sind alle Begriffe der Psychologie aus der Sicht der AFT Symbolkonstruktionen, geschaffen im Zuge der Kommunikation der Systeme über sich selbst. Die AFT ist letztlich auch nichts anderes, sofern sie sich nicht – quasi in einem Akt ultimativer Beschreibung als ein konkretes Exemplar dessen manifestiert, was sie abbildet.

Wenn psychologische Begriffe im Rahmen der AFT interpretiert (parallelisiert) werden, so werden sie in Bezug gesetzt zu Aspekten eines bestimmten, nämlich des von der AFT beschriebenen Systemgeschehens. Diese Aspekte können von einer direkten Art sein, wie hier vorweg illustriert wurde, sie können aber auch von einer indirekten Art sein. In diesem Fall betreffen sie Symbolkonstruktionen, deren ein System sich bedient, um sich selbst zu beschreiben. Etwas vereinfacht ausgedrückt: Ist parallelisierend im einen Fall ein System zu beschreiben, so ist im andern Fall zu beschreiben, wie sich das System selbst beschreibt.

Das System aber, das der Bildung psychologischer Begriffe zugrundeliegt, ist nicht irgend eines, es ist das menschliche Nervensystem. Es sind letztlich wir selbst, wonach wir in der Psychologie fragen. In vielen Fällen führt der Versuch von der Psychologie kommend, einen bestimmten Begriff im Rahmen der AFT zu interpretieren, aus dem einfachen Grund nicht direkt zum Ziel, weil sich der Begriff gar nicht auf ein allgemeines, allen Nervensystemen gemeinsames Funktionsprinzip bezieht, sondern auf Besonderheiten eines bestimmten, nämlich des menschlichen, Nervensystems. Zu der großen wissenschaftlichen Unternehmung aber, deren es bedarf, um diese Besonderheiten zu erfassen und adäquat zu beschreiben, kann die AFT nur einen bcheidenen Beitrag leisten, indem sie den allgemeinen Hintergrund erstellt, vor dem sie sich die Eigentümlichkeiten einzelner Systemvarianten ausmachen lassen.

V. SCHLUSSBEMERKUNG

Am Schluß dieser etwas oberflächlichen, aber – wie ich hoffe – halbwegs bekömmlichen Darstellung eines eher komplizierten neuen Forschungsansatzes, möchte ich noch einige Worte zur Rolle solcher Unternehmungen in der heutigen Wissenschaft anfügen.

Es ist landauf, landab sehr viel die Rede von Theorien. Paradigmenwechsel und Theorienbildung. Gedeih und Verderb von Theorien sind Gegenstand vieler geistreicher Abhandlungen. Dabei allerdings bewegt man sich auch nur allzugern in den lichten Sphären der Theorie, weit entfernt von aller Unbill der Realität. Man beklagt akademisch lauthals das Los der Vertreter neuer Theorien, ist aber meist schnell zur Hand, einem unverhofft auftauchenden, realen Exemplar die Tür vor der Nase zuzuschlagen.

Ein wenig Gelassenheit tut hier not, ein wenig Freude an geistiger Bewegung, Kreativität und Phantasie. Es ist meine Überzeugung, daß jede Wissenschaft sich früher oder später totläuft, wenn sie nicht länger bereit ist, ihre grundlegenden Stand- und Gesichtspunkte ernsthaft und konsequent in Frage zu stellen, wenn sie nicht länger bereit ist, ihr

Denken auch von Grund auf einer Revision zu unterziehen, wenn sie nicht länger bereit ist, es mit einem anderen Paradigma zu versuchen – und Raum zu geben, um einen einmal gefundenen alternativen Ansatz so lange zu verfolgen, daß kompetent über seine Fruchtbarkeit entschieden werden kann.

Neue Denkansätze sollten nicht als eine Bedrohung, sondern als eine Bereicherung und Belebung der wissenschaftlichen Landschaft gesehen werden.

Dieses Bemühen um eine künstliche Nachahmung der Nervenfunktionen zum Zweck der Erstellung einer künstlichen Intelligenz hat wiederum das «Leib-Seele-Problem» in die Diskussion gebracht, zumal die psychosomatische Medizin bei den physiologischen Reaktionen, wie Wolfgang WESIACK ausführt, zusehends mit einer Vielfalt psychisch-geistiger Inhalte konfrontiert wird, die rein somatisch nicht deutbar sind.

WOLFGANG WESIACK

DAS LEIB-SEELE-PROBLEM AUS ÄRZTLICHER SICHT

Für die naive vorwissenschaftliche Erfahrung, für das Kind oder den Naturmenschen gibt es kein *Leib-Seele-Problem.* Der Mensch erfährt sich zunächst als ganzer, lebend-beseelter Leib, an dem weder eine Seele noch ein rein materieller Körper wahrgenommen wird. In diesem Stadium des unreflektierten Lebens und Erlebens ist der Mensch ein leibhaft lebend-erlebendes Wesen, das fühlt, denkt, empfindet und handelt. Auf seinem gegenwärtigen Zustand angesprochen, antwortet er: «Ich bin hungrig, durstig, müde, traurig» oder «Ich liebe, hasse, freue mich, arbeite oder ruhe mich aus.» Erst wenn dieses naive Leben und Erleben etwa durch Krankheit oder Verletzung gestört ist, wird uns auf unsere Frage plötzlich geantwortet: «Ich habe meine Hand verletzt, habe Schmerzen im Leib, kann meine Glieder nicht mehr bewegen.»

Es ist nicht schwer nachzuvollziehen, daß unser Körper im ungestörten Leib-Erleben anders erfahren wird als im gestörten. Im ersten Fall sind wir ein lebend-erlebender Leib, der zu unserem Selbst, unserem *Subjekt* wesenhaft dazugehört; im zweiten Fall haben wir gestörte Gliedmaßen, gestörte Organe und einen Körper, von dem wir uns spatiell distanzieren können und der *Objekt* unserer Beobachtungen und unserer Sorgen ist. Im Erleben des Schmerzes und der gestörten Funktion sind Subjekt- und Objekt-Erleben – oder wie man auch sagen kann – *innere* und *äußere Wahrnehmung* zwar noch miteinander verbunden, es wird aber deutlich, daß es sich um zwei grundsätzlich verschiedene Erlebens- und Wahrnehmungsweisen meines Körpers handelt.

Auch die *Sprache* macht hier einen feinen Unterschied. Während der subjektiv durch innere Wahrnehmung erlebte Körper als «Leib» bezeichnet wird, bezeichnen wir den objektiv durch äußere Wahrnehmung erfahrenen Leib als «Körper», eine Bezeichnung für fremde, ja selbst für tote Objekte (z. B. Himmelskörper).

In diesem unterschiedlichen Erleben unseres Leibes bzw. Körpers, einmal als lebend-erlebender Leib, dann wieder als äußerlich wahrnehmbarer und beobachtbarer Körper, erfahren wir zum erstenmal bewußt, das Leib-Seele-Problem.

I. ÄRZTLICHE PRAXIS UND GESCHICHTE DER MEDIZIN

Wie kommt es, so fragte und fragt noch immer der philosophisch und wissenschaftlich reflektierende Verstand, daß Materie lebt, fühlt und denkt, daß ich bin, handle und erlebe, daß *ich* mich als Subjekt einer Welt von Objekten gegenübersehe und meinen Körper einerseits als meinen Leib, dann aber wieder als von diesem Subjekt getrenntes Objekt, als meinen Körper, erlebe und ihn als Werkzeug benutze.

Wir sehen, das Leib-Seele-Problem ist vielschichtig und sehr kompliziert. Es ist ein im wörtlichen Sinne metaphysisches Problem und zählt nach Heinrich HEIMSOETH zu den sechs großen Themen der abendländischen Metaphysik. Es gehört aber auch, wie der berühmte Physiologe Emil Dubois RAYMOND vor 100 Jahren in seiner berühmten Akademierede in Berlin meinte, zu den transzendenten und somit prinzipiell unlösbaren Welträtseln, von denen er sein «ignoramus et ignorabimus» bekannte, d. h. zu deutsch: wir wissen es nicht und wir werden es niemals wissen. *Positivistisch* eingestellte Forscher deklarieren daher das Leib-Seele-Problem gern als Scheinproblem, aber so einfach läßt es sich nicht aus der Diskussion eliminieren. In der Anthropologie und in der Heilkunde, vor allem in der psychosomatischen Medizin kehrt es als Zentralproblem unabweisbar immer wieder.

1. Ärztliche Praxis

Wie ein Blick in die *Geschichte der Medizin* lehrt, ist der ärztlich-medizinische Aspekt des Leib-Seele-Problems stark von geistesgeschichtlichen Strömungen abhängig. Auch der Arzt geht als denkender und handelnder Mensch von vorgegebenen, nur allzu oft völlig unreflektiert und unkritisch übernommenen *weltanschaulichen* Positionen aus. Dementsprechend werden seine Diagnosen und Therapien stark davon beeinflußt. Ein auf dem Boden einer *materialistischen* Weltanschauung stehender Arzt wird seine Patienten anders beurteilen und behandeln als einer, der mehr *idealistisch-vitalistisch* ausgerichtet ist; ein *dualistisch* eingestellter anders als ein Arzt, der von einer *ganzheitlichen* psychosoamtischen Auffassung ausgeht. Trotzdem scheinen mir Ausgangspunkt und Konsequenz des Leib-Seele-Problems bei allen weltanschaulichen Abhängigkeiten für den Arzt etwas anderes zu sein als für den Philosophen.

Während sich dieser und der philosophische Anthropologe vor allem mit den grundsätzlichen – und natürlich auch metaphysischen – Fragen nach dem Wesen des Menschen beschäftigen, interessiert der Arzt sich in erster Linie für praktische Fragen und Konsequenzen seines Tuns. Er will einerseits verstehen, wie seine diagnostischen Beurteilungen zustande kommen und wie sicher sie sind, andererseits will er wissen, wann und wie er therapeutisch intervenieren muß und wie sich diese Interventionen auswirken. Bei diesem Bemühen stößt der Arzt sehr bald auf das Leib-Seele-Problem, denn er muß erkennen, daß seine Diagnosen, obwohl abhängig von Befunden (meist körperlichen Befunden), immer das Resultat eines geistig-abstrahierenden Interpretationsaktes sind. Ihm stellt sich bei jeder therapeutischen Intervention, gleichgültig, ob sie medikamentös, operativ, diäthetisch oder psychotherapeutisch ist, die Frage: «Wie wirkt sich diese Intervention auf das Befinden von Leben und Verhalten des Patienten, wie auf seine Körperfunktionen aus?» Darüber hinaus beschäftigt sich insbesondere die moderne psychosomatische Medizin mit den Bedingungen der gegenseitigen Abhängigkeit und der Wechselwirkung von körperlichen und seelischen Vorgängen, so daß dadurch zwangsläufig das Leib-Seele-Problem wieder ins Zentrum der ärztlichen Betrachtung rückt.

2. Geschichte der Medizin

Die Ärzte des *Altertums*, des *Mittelalters* und auch der *Neuzeit* bis ins 18. und beginnende 19. Jahrhundert hinein gingen im wesentlichen in ihren Leib-Seele-Vorstellungen sowohl von der *hypokratischen Phy-*

sislehre als auch von der *Pneumalehre* der griechischen Ärzteschulen aus. Der hypokratische Begriff der *Physis* umfaßt nicht nur Körper und Seele, sondern auch noch das dem beseelten Körper innewohnende Lebens- und Gestaltungsprinzip. Er ist also grundsätzlich ganzheitlich und vor-dualistisch. Unter *Pneuma*, später den *Lebensgeistern* (spiritus animales) stellt man sich einen fein-körperlichen, makroskopisch nicht wahrnehmbaren Seelenstoff vor, der die Vermittlung zwischen körperlichen und seelischen Vorgängen übernehmen sollte. Für die *ganzheitlich* denkenden *Hypokratiker* war die Vorstellung eines letztlich mikromateriellen *Seelenstoffes* noch kein Widerspruch in sich wie für uns moderne vorwiegend dualistisch denkende Menschen, denn eine ganzheitliche Vorstellung des Menschen drängt sich dem praktizierenden Arzt geradezu auf. Das soll aber nicht heißen, daß die enorme Verschärfung der dualistischen Leib-Seele- bzw. Körper-Geist-Vorstellung durch DESCARTES an der Medizin spurlos vorübergegangen wäre. Seit dieser Zeit haben wir nämlich in der Medizin einerseits *materialistische* Richtungen, die den Körper als komplizierte Maschine auffassen, und, im Gegensatz dazu, *vitalistische*, die sich den beseelten Leib nicht ohne ein immaterielles Lebens- und Gestaltungsprinzip, die *vis vitalis*, die *Lebenskraft* vorstellen konnten, nach der diese Richtungen dann ihren Namen haben.

Trotz dieser Differenzierung der Ärzte in «Materialisten» oder, genauer gesagt, in «Mechanisten» – denn hier stand die NEWTON'sche Mechanik Pate – einerseits und «Vitalisten» andererseits behielt durch die tägliche Erfahrung mit konkreten Patienten der hypokratische Physisbegriff bis in die erste Hälfte des vergangenen Jahrhunderts hinein seine Gültigkeit.

Erst durch den Siegeszug der *physikalischen* und *chemischen Methoden* erhielt der *materialistische* Standpunkt in der Medizin in der zweiten Hälfte des neunzehnten und der ersten des zwanzigsten Jahrhunderts den eindeutigen Vorrang. Diesem materialistischen Übergewicht, das durch die erfolgreiche naturwissenschaftliche Methodik hervorgerufen war, konnte die *Psychologie* zunächst nichts Vergleichbares entgegenstellen. Die naturwissenschaftliche Methodik okkupierte bald die ganze wissenschaftliche Medizin, der kartesianische Körper-Geist-Dualismus verschob sich aus den Richtungskämpfen der Medizin immer mehr in die Persönlichkeit des Arztes: Als wissenschaftlich erzogener Arzt war man mehr oder weniger «Materialist», als handelnder Arzt aber noch «Mensch», im besonderen Fall vielleicht «Künstler». Die unglückselige, aber nicht ganz unberechtigte Unterscheidung zwischen «Arzt» und «Mediziner» kam in dieser Epoche auf. In zunehmendem Maße aber werden uns heute diese dualistischen Positionen wieder fragwürdig.

II. THEORIEN

Ehe ich auf die vier wichtigsten, von der Medizin entwickelten *Theorien zur Leib-Seele-Problematik* eingehe, will ich kurz eine relativ leicht durchschaubare Begegnung zwischen Arzt und Patient schildern, um alles etwas anschaulicher zu gestalten.

Das Ordinationszimmer betritt erstmals eine etwa 50jährige kleine, recht dicke Frau – sie wog, bei einer Größe von 154 cm, 108 kg – und berichtet, daß sie in den letzten 14 Tagen nachts zweimal Anfälle von hochgradiger Atemnot bekommen habe, wobei sie fürchtete, sterben zu müssen. Nach den näheren Umständen befragt, in denen sie lebe, berichtet sie stockend und seufzend, daß sie seit ihrem 18. Lebensjahr in sehr schlechter Ehe mit einem Ausländer verheiratet sei, der sie vernachlässige und nächtelang wegbleibe. Der ältere ihrer beiden Söhne sei selbst verheiratet und lebe nicht mehr in ihrem Haus. Der erste Anfall von Atemnot und Todesangst sei aufgetreten, nachdem ihr ihr jüngster Sohn, ihr Liebling, am Abend zuvor erklärt habe, er habe die dauernden Streitereien im Elternhaus nun endlich satt und werde in den nächsten Tagen von daheim aus- und zu seiner Freundin ziehen. Indem sie das sagt, bricht sie in Tränen aus.

Sie berichtet dann weiter, daß sie immer auf der Schattenseite des Lebens gestanden habe und daß sich das Gefühl, nicht geliebt und abgelehnt zu werden, wie eine dicke Pechsträhne durch ihr ganzes Leben ziehe. In der Schule sei sie bereits, weil sie dicker als die anderen war, gehänselt und abgelehnt worden. Auch im Elternhaus habe sie keine Liebe und Zuneigung, sondern immer nur Ablehnung erfahren. Deshalb sei sie bereits mit 18 Jahren in die Ehe geflüchtet, wo sie wieder-

um auf Ablehnung gestoßen sei. Lediglich ihr jüngerer Sohn, der sie
jetzt verlassen habe, sei ein Lichtblick in ihrem Leben gewesen. Soweit
die wichtigsten Punkte aus dieser Lebensgeschichte.

Die internistische Untersuchung ergab außer dem erheblichen
Übergewicht eine Blutdruckerhöhung und eine mäßige Herzinsuffizienz mit einer leichten Erweiterung des linken Herzens. Auf Einzelheiten des diagnostischen und therapeutischen Vorgehens will und
kann ich hier nicht eingehen. Die pathogenetische Kette, d. h. die mut-
maßliche Entstehungsgeschichte des Krankheitsgeschehens ist jedoch
relativ leicht rekonstruierbar: Die Patientin fühlte sich, soweit sie zu-
rückdenken kann, immer ungeliebt und abgelehnt. Um den dadurch
hervorgerufenen Gefühlen der Niedergeschlagenheit, Bedrückung und
Verzweiflung zu entgehen, begann sie – ein oft beobachtetes Phänomen
– vermehrt zu essen. Und nun entwickelte sich erst recht ein Teufels-
kreis: Um die depressive Verstimmung abzuwehren, begann sie vermehrt zu essen. Dadurch wurde sie immer dicker. Je dicker sie wurde,
umso mehr stieß sie auf Ablehnung, wodurch sie zu weiterem Essen
flüchtete usw. Schließlich wurde das Mißverhältnis zwischen Körper-
masse und Herzkraft so groß, daß es zur Herzerweiterung und Blutdruckerhöhung und einer, wenn auch zum Zeitpunkt der Untersuchung noch nicht sehr hoch ausgeprägten, Herzinsuffizienz kommen
mußte.

Ich glaube, die geschilderte, hier stark verkürzt wiedergegebene
Krankengeschichte eignet sich recht gut dazu, den Zusammenhang und
die Wechselwirkung zwischen seelischen und körperlichen Phänomenen zu veranschaulichen. An dieser Krankengeschichte wollen wir
nun vier ärztliche Theorien des Leib-Seele-Problems messen.

1. Das Leib-Seele-Problem bei Karl E. Rothschuh

Karl ROTHSCHUH war Arzt, Physiologe, Medizinhistoriker und Me-
dizintheoretiker. Er hat in seiner Theorie des *Organismus* das Leib-
Seele-Problem behandelt.

Durch die Unterscheidung zwischen den *biotechnischen* und *bionomen* Betrachtungsweisen des Organismus glaubt ROTHSCHUH den alten Gegensatz zwischen *Mechanisten* und *Vitalisten* überwinden zu

können. Unter der biotechnischen Betrachtungsweise versteht ROTH-SCHUH die ausschließlich kausal-analytische Untersuchung der Organismen mit Hilfe physikalischer und chemischer Methoden, die zu dem Schluß berechtigen, daß sich das Geschehen im Organismus in strengen Kausalrelationen vollzieht, wenngleich sich ein solcher Schluß nie restlos verifizieren läßt.[1] Die kausal-analytische, biotechnische Untersuchung organischer Gebilde, die sich im Prinzip von der kausal-analytischen Untersuchung anorganischer Körper nicht unterscheidet, genügt aber nicht, um lebende Organismen zu verstehen. Zur Kausal-Analyse muß noch das *bionome Sinnverstehen* hinzukommen, um organisches Leben hinreichend erfassen zu können. *«Die in der Organisation objektiv verankerte Grundtendenz biologischer Systeme ist die Gerichtetheit aller Bau- und Betriebsglieder auf die Verwirklichung der Raum-Zeit-Gestaltung des Organismus.»*[2] Diese Gerichtetheit organischer Systeme bezieht sich nach ROTHSCHUH auf die Entfaltung der bionomen Ontogonese, den Vollzug der arttypischen Lebensweise, auf die Fortpflanzunghaltung, schließlich auf eine Tendenz zum geselligen Zusammenleben mit artgleichen Partnern.

In dieser bionomen Organisation ist *Seelisches* keine *substantielle Wesenheit*, sondern umfaßt die Gesamtheit des inneren Erlebens in mannigfacher Abstufung an Klarheit und Helligkeit. Die Seele wäre demnach *«kein Mitspieler und kein mitwirkender Faktor im neurophysiologischen Prozeß, der Verhalten bedingt, sondern bei aller Tatsächlichkeit und Realität ein hinzutretendes Phänomen, vielleicht die Innenansicht bestimmter organischer Prozesse.»*[3] Nur wenige Zusammenhänge sind nach ROTHSCHUH in der Biologie so eindeutig gesichert *«wie die Abhängigkeit des Seelischen von der zentralnervösen Funktion».*[4] Demnach wären die Affektlage, der Drang und die Triebspannung lediglich Erlebniskorrelate des Somatischen und sie rufen selbst nichts hervor.[5] ROTHSCHUH kommt deshalb zu dem Schluß: «daß wir augenscheinlich einer Selbsttäuschung unterliegen, wenn wir glauben, daß Affekte, Triebe, Stimmungen und Willensentschlüsse, also seelische Phänomene, jene allbekannten körperlichen 'Begleiterscheinungen'

1 K. E. ROTHSCHUH: Theorie des Organismus: Bios, Psyche, Pathos. - München: Urban & Schwarzenberg 1959, S. 59
2 Derselbe, ebenda, S. 87
3 Derselbe, ebenda, S. 151
4 Derselbe, ebenda, S. 163
5 Derselbe, ebenda, S. 168

hervorrufen, wie wir sie etwa in der Mimik des Gesichtes, in der physiologischen Arbeitsweise der inneren Organe als «Organresonanz» beobachten. Beides hat die gleiche Grundlage, nämlich die Aktivität zentralnervöser Apparate, die wir als Affekte und Triebe erleben, indem sie die Tätigkeit vegetativer Organe beeinflussen.»[6] ROTHSCHUH lehnt es ab, daß Seelisch-Immaterielles die organischen Prozessgefüge regeln und steuernd beeinflussen kann. Er ist der Überzeugung, daß alle Auswirkungen seelischer Erlebnisse auf den Körper, wie z. B. Stimmungen, Affekte, Vitalstrebungen, Triebe und Willenshandlungen, «Täuschungen unseres Urteils» seien.

Seine Leib-Seele-Theorie, die er als *Leben-Seele-Theorie* bezeichnet, um von vornherein keine dualistischen Vorstellungen aufkommen zu lassen, nennt ROTHSCHUH die *Lehre vom partiellen bionomen Parallelismus.* Partiell ist dieser Parallelismus deshalb, weil ROTHSCHUH der Überzeugung ist, daß nicht allen, sondern nur einigen bionomen zentralen Erregungsmustern seelisches Erleben in Gestalt von Wahrnehmungen, Vorstellungen, Erinnerungen, Willensakten und Urteilen parallel geht. Seelisches ist für ROTHSCHUH «*das innere Erleben somatisch-nervöser Vorgänge...* Seelisches hängt mit Körperlichem parallelistisch zusammen. *Eines wirkt nicht auf das andere.* Ihre Beziehung hat den Charakter von Zuordnung und Entsprechung.»[7] Dabei ist Seelisches ebenso wirklich wie Physisches, das seelische Erleben ist sogar – wie ROTHSCHUH meint – «die reifste und schönste Frucht am Baum des Lebens.» Aber das Seelische ist «*kein Glied* in der Kette physischer Vorgänge. Der psychische Zusammenhang von Motiv und Entscheidung oder Grund und Folge ist ein solcher des *Erlebens und nicht des Bewirkens.* Ein seelischer Vorgang ruft keinen anderen hervor, vielmehr vollzieht sich das ordnende Geschehen ausschließlich auf der Seite des Physisch-Organischen. Die Führung liegt auf der organischen Seite. Diese hat das Seelische als Entsprechung und zugeordnete Begleiterscheinung. *Seelisches ist keine causa effiziens, sondern eine qualitas accidens*»[8], also nichts, was etwas bewirkt, sondern etwas, was als Begleiterscheinung in Erscheinung tritt.

ROTHSCHUH hat Ideen und Vorstellungen über die Leib-Seele-Problematik in ein theoretisches Konzept gebracht, die heute, ausgespro-

6 Derselbe, ebenda, S. 169
7 Derselbe, ebenda, S. 194
8 Derselbe, ebenda, S. 195

chen oder unausgesprochen, die offizielle Medizin beherrschen. Die Realität des Seelischen wird zwar nicht geleugnet, – wie könnte man auch –, sie wird jedoch epiphänomenal abgefaßt, die nichts bewirkt. ROTHSCHUH vermag daher nicht zu erklären, wie Ideen, Vorstellungen, Wünsche und Willensimpulse in Leistungen künstlerischer, wissenschaftlicher, organisatorischer oder motorischer Art umgesetzt werden. Die Theorie des *Epiphänomenalismus* vermag nicht, ohne sehr gekünstelte Hilfskonstruktionen die Wechselwirkung zwischen Lebensschicksal – Abgelehntwerden – vermehrtem Essen – Dickwerden und vermehrtem Abgelehntwerden zu erklären. Noch schwerwiegender ist aber eine weitere Konsequenz dieser theoretischen Vorstellung: Wenn Seelisch-Geistiges nur die epiphänomenale Spiegelung organisch-materieller Prozesse ist, dann ist es nur konsequent, wenn sich die Medizin so gut wie ausschließlich mit dieser Seite des menschlichen Lebens beschäftigt. Die ganze Einseitigkeit und dadurch hervorgerufene Unzulänglichkeit der modernen Krankenversorgung ist die fast unvermeidliche Folge dieser theoretischen Vorstellungen.

2. Das Leib-Seele-Problem bei John C. Eccles

Im Gegensatz zu ROTHSCHUH, der einen leib-seelischen Parallelismus mit Führung der organischen Seite annimmt, bei der Seelisches nichts bewirkt, sondern nur eine Entsprechung und zugeordnete Begleiterscheinung des körperlichen Vorgangs darstellt, vertritt der australische Hirnforscher John ECCLES (geb. 1903), der für seine Untersuchungen und Entdeckungen über die bei der Reizung der Nervenzellmembranen ablaufenden Vorgänge 1963 den Nobelpreis für Medizin erhielt, einen streng *dualistischen* Standpunkt. ECCLES argumentiert gegen alle physikalistisch-deterministischen, parallelistischen und epiphänomenalistischen Abfassungen in Anlehnung an Karl POPPER, daß alle diese Auffassungen zu einer Reduktion ad absurdum führen müßten, denn rein physikalische Ursachen, einschließlich unserer physikalischen Umwelt, würden uns dann also veranlassen, zu meinen oder für wahr zu halten, was immer wir meinen und für wahr halten.[9] Er sieht dagegen das Bewußtsein als eine in sich selbst ge-

---

9 Nach: John C. ECCLES: Das Rätsel Mensch: Gifford Lectures an der Universität von Edinburgh 1977 – 78. – München: Reinhardt 1982, S. 209

gründete Seinsform an, eine Seinsform, die aus den vielfältigen Prozessen in der neuralen Apparatur der Hirnrinde jeweils das herausliest, was ihrer Aufmerksamkeit und jeweiligen Interessenslage entspricht, und die diese Auswahl auf eine Weise zusammenfaßt, welche die Einheit des bewußten Erlebens von einem Augenblick zum andern gewährleistet. Dieses Bewußtsein wirkt umgekehrt aber auch von sich aus selektiv auf den neuralen Apparat ein.[10] ECCLES vertritt die Auffassung, daß das Bewußtsein in die neuralen Vorgänge interpretierend und kontrollierend eingreift und daß zwischen Gehirn und Bewußtsein, bzw. zwischen Welt 1 und Welt 2 im Sinne von POPPER, eine «zweigleisige», d. h. wechselseitige Verbindung besteht. Hier muß angemerkt werden, daß Karl POPPER von einem Konzept der *Drei-Welten-Theorie* ausgeht. *Welt 1* ist nach POPPER die Welt der *materiellen Dinge*. *Welt 2* ist die Welt des *subjektiven Erlebens* und *Bewußtseins*. Unter *Welt 3* versteht POPPER die Welt der Sprache, Ideen, Kultur, die Welt der Religionen, der Kunst und der wissenschaftlichen Theorien. Nach POPPER stehen Welt 1, 2 und 3 in einer sehr komplizierten Wechselwirkung zueinander.[11]

Unter dem Sammelbegriff *Verbindungshirn* (liaison brain) faßt ECCLES jene Hirnregionen zusammen, in denen seiner Meinung nach eine Wechselwirkung zwischen Bewußtsein und Neocortex, also der Hirnrinde, stattfindet. Er stützt sich dabei auf die *Modul-Theorie* von SZENTÁGOTAI, der nachgewiesen hat, daß die Hirnrinde (Neocortex), die ja bekanntlich aus einer dichten Vernetzung von rund zehn Milliarden Neuronen (Nervenzellen) besteht, in sich durch funktionelle und strukturelle Zusammenfassungen verschiedenster Art untergliedert ist. In dieser Vernetzung hat SZENTÁGOTAI verschiedene kleinere Strukturen festgestellt, die etwa jeweils aus 10 000 Neuronen bestehen und die wir am besten mit Schaltkreisen vergleichen können, wie wir sie heute in Computern und komplizierten elektrischen Geräten vorfinden. Man nennt diese kleineren Funktionskreise des Gehirns, in denen die Informationen dauernd verarbeitet werden, *Module*.

In solchen Modulen findet eine ununterbrochene Informationsverarbeitung statt, die sich zum Teil in Form von neurophysiologischen Prozessen nachweisen läßt. Einige Module sind jedoch, nach ECCLES,

---

10 John C. ECCLES: John C. ECCLES: Das Rätsel Mensch, S. 222
11 Karl POPPER / John ECCLES: Das Ich und sein Gehirn. - München: Piper, 5. Aufl. 1985, S. 61 – 77

zum Bewußtsein hin *offen*. Das Bewußtsein vermag die Aktivität eines jeden Moduls des Verbindungshirns antastend zu erfassen und die Auswahl zu integrieren, die es dem ihm aus dem Verbindungshirn zufließenden gewaltigen Informationsstrom entnimmt, und sich von Augenblick zu Augenblick Erfahrungen aufzubauen. ECCLES nimmt an, daß das Bewußtsein seinen Einfluß durch geringfügige Modulationen an einigen Modulen – einigen hundert vielleicht – ausübt, wobei diese Module auch alle zusammen auf diese geringfügigen Äußerungen reagieren, und daß diese gemeinsame Reaktion dann durch Assoziationsfasern und Kommisurenbahnen weitergeleitet wird. Außerdem berücksichtigt das Bewußtsein dabei ständig die Reaktionen, die es selbst durch seinen Einfluß auslöst. Wesentlich ist dabei, daß Beziehungen zwischen Modulen und dem Bewußtsein auf Gegenseitigkeit beruhen, so daß das Bewußtsein sowohl als Auslöser als auch als Empfänger in Erscheinung tritt.[12]

Die *Vorstellung*, daß die Beziehungen zwischen dem Bewußtsein und den Modulen auf Gegenseitigkeit beruhen, ist für ECCLES in seiner dualistischen Argumentation sehr wichtig, denn das Bewußtsein kann während des Schlafes zwar etwas erleben, aber nicht von sich aus wirksam handeln, eine Lage, die exakt der von den *Parallelisten* wie auch der von den *Epiphänomenalisten* behaupteten angeblich normalen Situation des Bewußtseins entspricht. Der unbestreitbare Unterschied zwischen dem Bewußtseinszustand im Traum und dem im Wachen ist ein gewichtiges Gegenargument gegen die Theorie vom Parallelismus zwischen Hirn und Bewußtsein. Eine parallelistische Welt könnte nur eine Traumwelt sein.

Als konsequenter Dualist ist ECCLES Neokartesianer. Anstelle seiner Begriffe «Gehirn» und «Bewußtsein» können wir ohne Schwierigkeiten die Descart'schen Begriffe der «res extensa» und der «res cogitans» einsetzen. Die Übereinstimmung mit DESCARTES scheint sogar so weit zu gehen, daß er mit diesen nur ein bewußtes Seelenleben, eben das Bewußtsein als eine in sich selbst gegründete Seinsform anerkennt.[13]

ECCLES' Theorie steht im Einklang mit der christlichen Lehre von der Unsterblichkeit der Seele und vermag auch die seelisch-körperlichen Wechselwirkungen unserer Patientin recht gut verständlich zu

---

12 John C. ECCLES: Das Rätsel Mensch, S. 227 – 228
13 Nach J. C. ECCLES: Die Psyche des Menschen: Gifford Lectures an der Universität Edinburgh 1978 – 1979. - München: Reinhardt 1984, S. 15

machen. Sie stößt aber auf Widerspruch bei allen jenen Ärzten und
Naturforschern, die der Meinung sind, daß wir verbindliche Aussagen
über den Tod hinaus nicht machen können, und die sich das Wirken eines Geistes in der Maschine, d. h. einer unsterblichen Seele im Körper
nur schwer oder gar nicht vorstellen können.

3. Das Leib-Seele-Problem bei Viktor von Weizsäcker

Im Gegensatz zu den parallelistischen und dualistischen Lösungsversuchen wurde immer wieder der Versuch unternommen, den Leib-
Seele-Dualismus durch den Entwurf einer *Identitätstheorie* zu überbrücken und zu ersetzen. In erster Linie ist hier Viktor von WEIZSÄK-
KER (1886 – 1957) mit seiner *Gestaltkreislehre* (1940) zu nennen. Nach
von WEIZSÄCKER sind im biologischen Akt «Wahrnehmung und Bewegung untrennbar miteinander verbunden». Sie können einander vertreten und ersetzen, was zu einer quasi-quantitativen Gleichwertigkeit
führt, die er «das Prinzip der Äquivalenz» nennt.[14] Demnach wären
Leib (= Bewegung) und *Seele* (= Wahrnehmung) zwei Seiten des biologischen Aktes, die sich gegenseitig vertreten können. «Wenn ich den
Augapfel bewege und trotz der Verschiebung des Bildes auf der Retina
die Landschaft in Ruhe sehe, so vertritt diese Bewegung das ohne sie
unvermeidliche Bewegtsein der Umwelt. Es ist die innervierte Bewegung, durch welche wir beim Gehen, Springen, Reiten nicht nur das
Fallen verhindern, sondern auch das Erlebnis ersetzen, welches die
Dislokalisationen sonst an unseren Sinnesorganen in der Wahrnehmung bewirken.»[15]

Die beiden Seiten des biologischen Aktes, das *Wahrnehmen* und das
Bewegen, befinden sich nach dem Drehtürprinzip in gegenseitiger Verborgenheit. Nur jeweils eine Seite des biologischen Aktes vermag
ich bewußt zu erleben, die andere ist zwar immer mitenthalten, bleibt
jedoch verborgen. Wenn ich z. B. einen Vogel im Flug beobachte, nehme ich ihn und seine Ortsveränderung wahr, daß ich aber gleichzeitig
auch mich, etwa meine Augenmuskeln bewege, bleibt mir verborgen.
Wenn ich, umgekehrt, selbst eine Ortsveränderung vornehme, bleibt
mir die Wahrnehmung kleiner Unebenheiten des Weges, nach denen

---

14 V. von WEIZSÄCKER: Der Gestaltkreis, 3. Aufl., Stuttgart: Thieme 1947, S. 165
15 Derselbe, ebenda, S. 169

sich unwillkürlich meine Gangart richtet, verborgen. Das Drehtürprinzip der gegenseitigen Verborgenheit versucht in der Biologie-Analogie zur Mikrophysik etwas Ähnliches auszudrücken wie Werner HEISENBERG mit der *Unschärferelation*, derzufolge im subatomaren Bereich *Korpuskel* und *Welle* nicht gleichzeitig genau beschrieben werden können.

Viktor von WEIZSÄCKER gebührt zweifellos das Verdienst, daß er die Bedeutung des Subjektes für die moderne Medizin wiederentdeckt hat. Mit seinem Konzept des Drehtürprinzips, der gegenseitigen Verborgenheit von *Leib* und *Seele* entpuppt er sich aber doch letztlich als ein Dualist und weist damit die Heilkunde auf eine – wie ich meine – falsche und verhängnisvolle Bahn: *Körpermedizin* und *Psychotherapie* werden zu zwei getrennten Bereichen der Heilkunde. Bezogen auf unsere Patientin aber wird nur allzu deutlich, daß diese Patientin mit Aussicht auf Erfolg nur ein Arzt behandeln kann, der seelische und körperliche Phänomene zu integrieren vermag. Der nur organisch eingestellte Arzt wird nur allzu leicht die psychische und familiäre Problematik der Patientin nicht genügend gewichten und dadurch wahrscheinlich beim Versuch der Gewichtsreduzierung und Behandlung der Herzinsuffizienz scheitern. Umgekehrt wird der Nur-Psychotherapeut Gefahr laufen, eventuell bedrohliche Körperprozesse zu übersehen. Im Gegensatz dazu bietet uns m. E. Thure von UEXKÜLLs Konzept des Situationskreises einen theoretischen Rahmen, der uns ermöglicht, den ganzen Patienten zu erfassen und zu behandeln.

4. Das Leib-Seele-Problem bei Thure von Uexküll

«Die Frage, wie seelische und körperliche Vorgänge sich gegenseitig beeinflussen und verändern sollen, läßt sich weder mit physikalischen noch mit psychologischen Methoden beantworten. Beide Methoden sehen nur ihre Ausschnitte, sind aber außerstande, die Beziehungen zu erkennen, die zwischen beiden bestehen. Hier stoßen wir innerhalb der Medizin also auf ein philosophisches Problem. Es ist unlösbar, solange wir im Sinn der traditionellen Vorstellungen davon ausgehen, daß die Wirklichkeit aus psychischen und physikalischen Bestandteilen zusammengesetzt ist. Hier muß die Medizin die eiserne Ration von

Begriffen und Vorurteilen, die ihr die Schulphilosophie verkauft hat, über Bord werfen und ihre eigenen Lösungen suchen. Dazu ist aber die Besinnung auf die philosophische Ursituation nötig. Wir müssen uns darüber klar werden, daß sowohl die physikalischen wie die psychologischen Methoden nichts weiter sind als Versuche, uns in einer unbekannten und rätselhaften Welt zurechtzufinden. Beide Methoden machen Ausschnitte und deuten das, was sich in ihnen zeigt, aufgrund bestimmter, in der Methode festgelegter Voraussetzungen einmal als physikalisch-chemische Vorgänge und das andere Mal als psychologische Abläufe. Psychische und physische Faktoren, die sich dann als inkommensurable Gegensätze gegenüberstehen, sind also – das ist das Ergebnis dieser Besinnung – nicht schon von Anfang an in der Wirklichkeit enthalten. Beide entstehen vielmehr erst innerhalb der Ausschnitte, die wir für bestimmte Umgangsmöglichkeiten dort abgrenzen. *Wir* sind es, die den Gegensatz in die Natur hineintragen.»[16] Mit diesen Worten umriß der deutsche Arzt Thure von UEXKÜLL, Sohn des namhaften Biologen Jakob von UEXKÜLL, seine psychosomatische Modellvorstellung.

In den Mittelpunkt stellt von UEXKÜLL die Handlung, die er später zum *Situationskreis* erweiterte. Sein Vorstellung vom Organismus geht von Ludwig von BERTALANFYs *Systhemtheorie* aus und entwickelt sie weiter.

Mit dem Vorstellungsmodell der *Handlung*[17] meint UEXKÜLL etwas Ähnliches wie Viktor von WEIZSÄCKER mit dem *biologischen Akt*. In der Handlung sind Körperliches und Seelisches ursprünglich noch untrennbar miteinander verwoben und werden erst sekundär durch den methodisch-wissenschaftlichen Reduktionismus getrennt, wodurch dann das «unlösbare» Leib-Seele-Problem entsteht.

Die Theorie des *Situationskreises* stellt eine Fortführung der Umwelt- und Funktionskreislehre dar, die Jakob von UEXKÜLL (1864 – 1944) begründete und derzufolge jedes Lebewesen durch die Merk- und Wirkorgane mit seiner Umwelt zu einem Funktionskreis verwoben ist. Auch hier sind Seelisches und Körperliches in Form von *Bedeutungserteilung* (etwas als Nahrung erkennen) und *Bedeutungsverwertung* (etwas als Nahrung verwerten) noch völlig ungeschieden.

16 Thure von Uexküll: Grundfragen der psychosomatischen Medizin. - Reinbeck: Rowohlt 1963, S. 42
17 Derselbe, ebenda, S. 93

Beim Menschen erst wird der tierische Funktionskreis, der so gut wie ausschließlich nach angeborenen Programmen abläuft, durch persönliche Erfahrung zum Situationskreis mit einer je individuell interpretierten, «individuellen oder subjektiven Wirklichkeit».

Der Organismus wird in Anlehnung an Ludwig von BERTALANFFY als «aktives offenes» System bzw. als «pragmatisches», d. h. als handelndes System aufgefaßt, das beim Tier im Funktionskreis mit seiner Umwelt, beim Menschen im Situationskreis mit seiner individuellen Wirklichkeit verwoben ist und mit ihr ein *Suprasystem* bildet. Erst durch die Bildung dieser Suprasysteme wird der Organismus zum aktiven offenen bzw. handelnden System.

Während der *Embryonalentwicklung* wird der Organismus nach angeborenen Programmen durch fortschreitende Arbeitsteilung der Organsysteme zu immer stärkerer Mechanisierung gebracht. Bei der *Geburt* ist sein «Kompartiment» schon nahezu fertig entwickelt und bildet bis zu diesem Zeitpunkt ein fast noch geschlossenes System, das mit seiner Umgebung – abgesehen vom mütterlichen Organismus – noch kein Suprasystem bildet. Später finden wir diese relativ geschlossene, rein körperliche Form des System-Organismus nur noch im Schlaf und in der Bewußtlosigkeit wieder, wenn sich der Organismus aus seinen Umweltbeziehungen zurückzieht.

Als offenes System, das mit seiner Umwelt ein Suprasystem bildet, ist der Organismus aber durch die Notwendigkeit der Bedeutungsverteilung und Bedeutungsverwertung zur Ausbildung eines Informationssystems, nämlich des sogenannten «psychischen Apparates» gezwungen.

Im Gegensatz zum Tier läuft die menschliche Entwicklung aber nicht nur vorwiegend im Uterus, sondern zum Großteil *extra-uteril*, im sogenannten «Sozial-Uterus» ab. Dadurch gewinnen die erlernten Programme, neben den angeborenen Programmen, ihre große Bedeutung. Im Situationskreiskonzept werden nun die Objekte der Umwelt ständig interpretiert und gedeutet. Sie werden zum Bestandteil der individuellen Wirklichkeit. Das Informationssystem, das zum Zweck der Aufrechterhaltung des Suprasystems *Mensch-Umwelt*, d. h. des Situationskreises, nötig ist, nennt man seit Sigmund FREUD den «seelischen» bzw. «psychischen Apparat». Demnach können wir, nach UEXKÜLL am Menschen zwei verschiedene Subsysteme bzw. *Kompartimente* feststellen:

ein relativ *starres*, weitgehend mechanisiertes und ausgedehntes, nämlich den *Körper*, und ein noch weitgehend *variables* und flexibles, nämlich die *Seele* bzw. den psychischen Apparat.

Da Organismen hierarchisch strukturiert sind, entstehen System- bzw. Integrationsebenen verschiedener Komplexität, zwischen denen es keine kontinuierlichen Übergänge, sondern nur Bedeutungssprünge gibt, wie z. B. zwischen den anorganischen Systemen, dem System Pflanze, dem System Tier, dem System Mensch, und weiter den kulturellen Systemen Familie und Gesellschaft. Die jeweils komplexere – und wenn man so will – höhere Systemebene ist von der einfacheren und niedereren durch einen solchen *Bedeutungssprung* getrennt. Bei Tieren und Menschen können wir bei der Gegnüberstellung des Schlafzustandes mit dem Zustand des Wachens sowohl eine relativ geschlossene als auch eine relativ offene Systemform unterscheiden. Der Bedeutungssprung, der beim Umschlag von der relativ geschlossenen in die relativ offene Systemform erfolgt, enthält, nach Thure von UEXKÜLL die Lösung des Leib-Seele-Problems.

Unter *Bedeutungssprung* wird die Übersetzung von Vorgängen einer Integrationsebene in die einer anderen verstanden. Ich will dies für den Bereich des *Nahrungsbedarfes* auf der vegetativen, der animalischen und der spezifisch-menschlichen Stufe zu erläutern suchen. Die Zellen – dies wäre die vegetative Stufe – benötigen zum Leben bestimmte Stoffe: Kohlenhydrate, Fette, Eiweiß und Spurenelemente. Je nach Bedarf suchen sie diese Stoffe aus der Umgebung aufzunehmen (Beispiel: Pflanze) und nicht mehr Verwertbares abzugeben. Durch Bedeutungssprung entstehen aus diesen vegetativen Bedürfnissen der Zellen auf der animalischen Integrationsstufe die Affekte Hunger und Durst. Objekte der Umgebung erhalten nun einen anderen Bedeutungsgehalt, jenachdem, ob sich der Organismus im Zustand des Hungers oder der Sättigung befindet. Ein satter Löwe läßt die Antilope in Ruhe, während sie ein hungriger reißt.

Auf der nächsten, der spezifisch *menschlichen* Integrationsebene vollzieht sich wiederum ein Bedeutungssprung. Obwohl wir Hunger und Durst wie die Säugetiere wahrnehmen, vermögen wir doch die Bedürfnisse, die Befriedigung dieser Bedürfnisse aufzuschieben und zu modifizieren. Den animalischen Hunger modifizieren wir zum Appetit auf bestimmte, vielleicht besonders erlesene und gut zubereitete Speisen, und das Mahl wird uns zum Mittel, um mit bestimmten Leuten zusammenzutreffen und interessante Gespräche zu führen. Die jeweils komplexeren Integrationsstufen setzen die anderen voraus, sind aber durch Bedeutungssprünge von ihr getrennt.

Im Gegensatz zu parallelistischen oder dualistischen Konzepten, die uns schon von der Theorie her nahelegen, einen bestimmten Aspekt des *kranken Menschen* in den Vordergrund zu rücken und andere zu vernachlässigen, ermöglicht uns Thure von UEXKÜLLs Situationskreiskonzept, den kranken Menschen als leib-seelische Ganzheit zu erfassen. Das schließt natürlich nicht aus, daß auch wir uns bemühen, wo immer möglich, den Schwerpunkt des Krankheitsgeschehens auf eine Integrationsebene zu lokalisieren und dort vorrangig zu behandeln. Wir werden jedoch schon von der Theorie her gehalten, stets auch die anderen Integrationsebenen, immer jedoch die spezifisch menschliche, im Auge zu behalten, um so der Versuchung zu entgehen, etwa nur eine Veterinärmedizin für den Menschen zu praktizieren.

III. SCHLUSSBEMERKUNG

Kehren wir abschließend zu unserer Patientin zurück. Sie begegnet ihrem Arzt zunächst als *Person*, schildert ihre Beschwerden und läßt durchblicken, daß sie befürchtet, von einer eventuell zum Tode führenden Krankheit bedroht zu sein. Sie vollzieht bereits in ihrem Erleben eine erste künstliche Trennung zwischen körperlichem und seelischem Geschehen, indem sie zunächst vemutet – in Worte übersetzt – «nicht ich bin krank, sondern mein Herz ist krank!» Den Zusammenhang mit ihrer psychosozialen Situation kann sie erst später auf direktes Befragen des Arztes herstellen. Viele Patienten können das überhaupt nicht, was dann eine ganzheitliche Behandlung besonders erschwert, das sind aber spezifisch ärztlich-therapeutische Probleme. Der Arzt seinerseits macht durch die Schilderung der Patientin, den allgemeinen Eindruck und die erhobenen Befunde Wahrnehmungen, die er interpretieren muß. Er interpretiert mit Hilfe der erlernten Modellvorstellungen von Krankheiten und aufgrund seiner Erfahrung, die sich aber letztlich auch wieder an den gängigen Modellvorstellungen orientiert. Schließlich hat kein geringerer als Albert EINSTEIN einmal betont, daß es letztlich von unseren Theorien, also von unseren wissenschaftlichen Vorurteilen abhänge, was wir sehen und was wir beschreiben.

Der mit rein *organischen* Interpretationsmodellen arbeitende Arzt wird zwangsläufig dazu neigen, den psychodynamischen und psychosozialen Aspekt des Krankheitsgeschehens zu übersehen. Umgekehrt besteht für den nur mit psychologischen oder psychoanalytischen Modellvorstellungen arbeitenden Psychotherapeuten die Gefahr, die eventuell lebensbedrohlichen Organprozesse zu übersehen. Hier bietet uns – wie ich meine – das UEXKÜLL'sche *Situationskreiskonzept* einen theoretischen Rahmen an, der uns ermöglicht, sowohl der Patientin als Person gerecht zu werden als auch Detailuntersuchungen im organischen und psychosozialen Bereich vorzunehmen und doch stets die Gesamtperson nicht aus dem Auge zu verlieren. Es bleibt zu hoffen, daß die Diskussion um das *Leib-Seele-Problem*, das für eine allgemeine Theorie der Medizin, vor allem aber für die psychosomatische Medizin von großer Bedeutung ist, auch weiterhin nicht abreißt.

Diese Bedeutung des «Leib-Seele-Problems» für die Medizin findet auch in der analytischen Philosophie, wie Bernulf KANITSCHEIDER darlegt, immer mehr Beachtung, wobei neben den monistischen und dualistischen Standpunkten eine Konvergenz der beiden angestrebt wird.

Auf alle Fälle erhalten der einzelne Gegenstand und das Subjekt, wie Hermann LODDENKEMPER in seinen Ausführungen über das Bewußtsein hervorhebt, erst durch den selbstbewußten Geist des Bewußtseins Sinn und Bedeutung.

BERNULF KANITSCHEIDER

DAS LEIB-SEELE-PROBLEM IN DER ANALYTISCHEN PHILOSOPHIE

1. Charakter des Problems

Die heute wohl etablierte Richtung der *analytischen Philosophie*
gründet in der Bewegung des *Logischen Empirismus* des Wiener Kreises, die sich zur Aufgabe gesetzt hatte, die Philosophie auf ein methodisch klares Fundament zu stellen. Sie orientierte sich dabei an den erfolgreichen positiven Wissenschaften und versuchte, vor allem durch
das Instrument der Sprachanalyse eine Reinigung der philosophischen
Verfahrensweise zu erzielen, die unzweifelhaft den wissenschaftlichen
Charakter der Philosophie sichert.

Bei einer solchen Neuorientierung in bezug auf Methoden und Zielsetzungen einer Disziplin sind Radikalismen während des Ablösevor-
ganges unvermeidbar und so gelangte auch der Logische Empirismus
in seiner Frühzeit zu einer Auffassung, nach der ein Großteil der über-
kommenen traditionellen philosophischen Probleme prinzipiell unlösbare Scheinprobleme seien, die mit dem Verfahren der Sprachanalyse
nicht gelöst, sondern aufgelöst werden müssen.[1]

Es war vor allem die interne Kritik der empiristischen Wissenschaftstheorie, welche die ursprüngliche, radikale Position, wonach
klassische philosophische Fragen, wie das Universalienproblem, das
Realitätsproblem, die Existenzweise des Fremdseelischen, Pseudofra-
gen seien, nach und nach liberalisierte. Die Verifizierbarkeitsforderung wurde durch die nach empirischer Bestätigungsfähigkeit, die Forderung der Definierbarkeit aller empirischen Begriffe durch die nach
der indirekten empirischen Relevanz der nicht definierten theoretischen Terme ersetzt. Das bereitete den Boden vor, daß bestimmte klassische Probleme in transformierter Form auftauchen konnten. Derje-

1 R. CARNAP: Scheinprobleme der Philosophie. - Frankfurt 1966

nige Denker, der einerseits zuerst auf die Notwendigkeit einer toleranteren Fassung der empiristischen Forderungen hinwies, so z. B. den autonomen referentiellen Charakter von theoretischen Begriffen bekräftigte, der die rationale Verteidigungsfähigkeit (vindication) erkenntnistheoretischer Positionen wie des epistemologischen Realismus inaugurierte, dieser Mann, nämlich Herbert FEIGL, war auch dafür verantwortlich, daß das altehrwürdige *Leib-Seele-Problem* in die Klasse der philosophisch behandlungsfähigen Probleme wieder aufgenommen wurde.[2] Nach dem ursprünglichen Ansatz des Logischen Empirismus ist das Leib-Seele-Problem deshalb ein Scheinproblem, weil alle empirischen Begriffe auf eine einzige Begriffsform zu reduzieren sind, womit dann etwa eine dualistische Wechselwirkungstheorie gar nicht mehr formuliert werden kann. Hier gibt es allerdings noch mehrere Möglichkeiten, diese sprachliche Form zu konkretisieren. Die einzige Begriffsform kann phänomenalistischer Natur sein (alle Objektbegriffe sind logische Konstruktionen unmittelbarer Erlebnisgegebenheiten) oder behaviouristischer Art (alle Begriffe müssen logisch aus beobachtbaren Verhaltensweisen konstruiert werden).

Nur so erschien damals die *Intersubjektivität* der psychologischen Aussagen gewährleistet zu sein.

FEIGLs Kritik beider Positionen setzte an der involvierten Verifizierbarkeitsforderung an. Die Existenz eines Fremdseelischen muß gar nicht durch direkten Zugang geprüft werden, es gibt mannigfache Möglichkeiten der indirekten Stützung, ein Verfahren, das aus den hochrangigen naturwissenschaftlichen Theorien bekannt ist und sich dort bewährt hat.[3]

FEIGL war es auch, der die Verwendung einer *mentalistischen* Sprache, in der introspektive Aussagen vorkommen, wieder als unbedenklich einführte, eben mit der Begründung, daß die *Bedeutung* theoretischer Aussagen nicht mit den *Testverfahren* zu diesen Aussagen confundiert werden darf. Ein Satz über eine innere Wahrnehmung eines Individuums kann demnach bedeutungsvoll sein, obwohl der Test

2 H. FEIGL: The 'Mental' and the 'Physical'. - Minn. Stud. Phil. Sci. II. Minneapolis 1958, 370 – 497

3 Berücksichtig man die Entwicklung der Theorien im Bereich der exakten Naturwissenschaften in den letzten Jahren, so verstärkt sich jener Trend, wonach nur ein verschwindender Teil der Realität empirisch direkt zugänglich ist, wohingegen der überwiegende Teil des Bezugsbereiches hochrangiger Theorien einen erschlossenen Status besitzt (vgl. dazu M. BUNGE: Philosophy of Physics, Reidel / Dordrecht 1973).

nicht über den direkten Zugang zum seelischen Zustand erfolgt, sondern über Verhaltensbeobachtung oder neurophysiologische Analyse.

Das Auseinanderziehen von *Bedeutung* und *Test* (semantische Referenz und methodologische Kontrolle) war die wichtige Voraussetzung für die Wiedereinsetzung des *ontologischen* Bereiches des Mentalen.

FEIGL war es auch, der erkannte, daß das Leib-Seele-Problem aus 2 Komplexen von Fragen besteht, aus begriffsanalytischen und aus faktischen. Von der begrifflichen Seite her kann der Aufweis erfolgen, daß es 3 Zugangsweisen zum Verhältnis vom Körperlichen zum Seelischen gibt:

das *private Erlebnis*, das *Verhalten* und die *neurobiologische Untersuchung*.

Der *philosophische Teilkomplex* besteht darin, die logische Beziehung zwischen den 3 Sprachen zu untersuchen, in denen die 3 Zugangsarten ausgedrückt werden: der *mentalistischen*, der *behaviouristischen* und der *neurobiologischen* Sprache.

Den *faktischen Teilkomplex* des Leib-Seele-Problems drückt FEIGL in einer Hypothese aus, die er *Identitätstheorie* nennt:

Das Bezugsobjekt aller drei Sprachen ist ein und dasselbe. Alle drei Sprachen sind nicht aufeinander reduzierbar, deshalb handelt es sich nicht um eine logische Identität, sondern um eine *nomologisch kontingente Identitätsaussage* vom Typ «der Morgenstern = Abendstern», wobei beide Ausdrücke das gemeinsame Referenzobjekt, nämlich den Planeten Venus, besitzen. Das kontingente Element besteht nun darin, daß eine Welt widerspruchsfrei denkbar ist, in der Morgenstern und Abendstern durch 2 physikalische Körper repräsentiert werden.

Mit diesem Aufweis der 2-Komponentigkeit des Leib-Seele-Problems ist auch ein Forschungsauftrag verbunden, nämlich jetzt im Detail die Aussagen der behaviouristischen Makrotheorie und der physiologischen Mikrotheorie der neuronalen und molekularen Beschreibung, unter Einbeziehung der mentalistischen Berichte von Introspektionen, aufeinander abzubilden und konkret für die individuellen Erlebnisklassen die Entsprechungen zu finden.

Hier handelt es sich offensichtlich um ein Problem aus dem Bereich der *synthetischen Philosophie*. Logische Analyse und faktisches Wissen werden gebraucht, um ein Problem der synthetischen Philosophie zu lösen.[4]

FEIGL greift auch noch jenes scheinbare Paradoxon auf, das einer Identitätstheorie anzuhaften scheint, nämlich die anschauliche Unvorstellbarkeit, wie z. B. ein Schmerzerlebnis *identisch* mit dem Feuern einer bestimmten Neuronengruppe sein kann. Die Identität ist bei ihm ja wirklich ernst gemeint, es ist keine abgeschwächte Form, eine Parallelität oder eine Korrelation oder irgendeine Art der Entsprechung gemeint, sondern wirklich strenge Identität.

Seiner Auffassung nach kommt die Paradoxie nur dadurch zustande, daß man vorschnell bildhafte Vorstellungen mit den faktischen Aussagen der behaviouristischen und neurophysiologischen Sprache verbindet, wohingegen es wichtig ist, die psychischen Phänomene wegen der Unreduzierbarkeit der 3 Sprachen aufeinander innerhalb der behaviouristischen und neurobiologischen Theorie als unanschauliche theoretische Konstruktionen aufzufassen.

FEIGLs Position im Leib-Seele-Problem kann als *ontologisch neutraler Monismus* gekennzeichnet werden, er vertritt keinen Reduktionismus, weder der schärferen noch der milderen Art, und klammert eine ontologische Spezifikation des Referenzobjektes aus. In dieser Hinsicht gingen dann seine Nachfolger weiter.

2. Erklären und Wegerklären

Da gerade die letzte Paradoxie immer wieder von kritischer Seite her als Stolperstein für eine monistische Lösung des Leib-Seele-Problems angesehen wurde, setzten sich in der Folge eine Reihe von Analytikern mit diesem Problem auseinander. Allerdings machten sie zumeist stärkere Vorgaben, indem sie zwar wie FEIGL von einem erkenntnistheoretischen Realismus ausgingen, dann aber anders als FEIGL die physikalistische Voraussetzung verwendeten, wonach die Begriffe und Gesetzesaussagen der Physik im Prinzip (d. h. unter

---

4 Unter diesem Namen lassen sich jene Aktivitäten begreifen, die in Fortführung der Absicht der klassischen Naturphilosophie, aber mit dem Instrumentarium der modernen Wissenschaftstheorie philosophische Probleme mit deskriptiver Komponente behandeln. Zur Klärung dieses Begriffes vgl. B. KANITSCHEIDER: Zum Verhältnis von analytischer und synthetischer Philosophie, in: H. BERLINGER (Hrsg.): Perspektiven der Philosophie '85, Würzburg 1985. Die inhaltliche Ausfüllung eines Programmes der Synthetischen Philosophie kann in: B. KANITSCHEIDER (Hrsg.): Moderne Naturphilosophie, Würzburg 1984, gesehen werden.

Außerachtlassung von pragmatischen Anwendungsfragen, die im Komplexitätsgrad gründen) ausreichen, um alle Natur-Phänomene, von der Materiestruktur bis zu den seelischen Zuständen, zu verstehen. Sie dehnten gewissermaßen den cartesianischen physikalischen Monismus auch auf die *res cogitans* aus mit der heuristischen Idee: Warum soll diese winzige Ecke der Natur aus dem Gesamtkonzept ausgenommen werden?[5]

Fast alle Analytiker waren sich in der Folge einig, daß der *Behaviourismus* nicht als Methodologie, sondern als Lehre über die Natur des Bewußtseins verstanden, eine zu einfache Realisation des Physikalismus wäre.

Wenn der Besitz eines Bewußtseins nur darin besteht, daß ein Lebewesen sich in einer besonders raffinierten Weise verhält, ist der *Physikalismus* leicht zu realisieren. Die Physikalisten wie J. J. C. SMART und U. T. PLACE hatten aber die ehrgeizigere Absicht, eine physikalistische Konstruktion des Mentalen zu geben unter *Beibehaltung* innerer mentaler Zustände, Prozesse und Repräsentationen.

Für das Kommende spielt nun eine Unterscheidung eine wichtige Rolle: die zwischen der *Erklärung* eines Phänomens in Termen einer tieferen Ebene und dem *Wegerklären* eines Phänomens. Ein Beispiel auf einem unkontroversen Bereich kann dies verdeutlichen. Die raumzeitliche Beschreibung des mesokosmischen und megaphysikalischen Bereiches hat zu großem Erfolg in der cognitiven Orientierung geführt. Mit metrischen Hilfsmitteln (Uhren, Stäben, Theodoliten) können wir uns ausgezeichnet in der Welt der materiellen Körper zurechtfinden. Einige Befunde experimenteller Art und theoretische Konsequenzen fundamentaler Theorien liefern Hinweise, daß auf einer tieferen mikroskopischen Erklärungsebene *Raumzeit* sich auflöst[6] und durch Beschreibungselemente ersetzt werden muß, die in ihrem Zusammenwirken die raumzeitliche Organisation der Materie auf der makroskopischen Ebene hervorbringen (so z. B. die Twistor-Theorie von Roger PENROSE).

5 D. M. ARMSTRONG: Recent work on the relation of mind and brain, in: Contemporary philosophy. A new survey (ed. by Floistadt), vol 4. - Den Haag 1983, S. 45 – 79

6 Es gibt eine Reihe von theoretischen Argumenten, daß in der Größenordnung der Planck-Länge (10^{-33}cm) die Metrik und Topologie der Raumzeit Schwankungen unterworfen sind, so wie diese im Rahmen der Quantenelektrodynamik für das elektromagnetische Feld festgestellt wurde (vgl. dazu B. KANITSCHEIDER: Gibt es Grenzen der Naturbeschreibung in Raum und Zeit? In: H. BURGER (Hrsg.): Zeit, Natur und Mensch, Berlin 1985

Sollte sich diese Vermutung bestätigen, bedeutet das nicht, daß die Welt keine Raumzeitstruktur mehr besitzt, sondern nur, daß wir bisher noch nicht die tiefste Beschreibungsebene gefunden hatten; auch wenn sich Raumzeit als Wechselwirkungsphänomen nichtraumzeitlicher Prozesse entpuppt, behält sie doch ihren Status in dem Bereich, wo sie sich bisher bewährt hat. Eine Unterscheidung muß also gemacht werden zwischen «denying that a certain entity exists» («dem Leugnen der Existenz einer Klasse von Entitäten») und «giving an account of that entity in terms of other entities» («und der Erklärung dieser Entitäten mittels einer anderen Klasse von Objekten»).[7] Wenden wir das Beispiel auf den Leib-Seele-Komplex an, bedeutet dies, daß auch eine neurobiologische Beschreibung mentaler Phänomene nicht mit einer Elimination gleichzusetzen ist, sondern nur, daß die Charakterisierung der seelischen Qualitäten mit den mentalen Erlebniskategorien noch durch Einführung einer tieferen Beschreibungsebene ergänzt werden kann.

Wir können die Unterscheidung gleich für das Folgende anwenden:

U. T. PLACE machte seine Auffassung, wonach Empfindungen Gehirnprozesse sind, an einer Analogie klar, die ein Stück wohlbestätigter wissenschaftlicher Erkenntnis voraussetzt, nämlich die Identität des Blitzes mit der Bewegung von elektrischen Ladungen.[8] Durch keinen semantischen, begrifflichen oder logischen Trick kann der Blitz als Illusion enthüllt werden, dennoch ist es eine kontingente Tatsache, daß der Blitz aus bewegten Ladungen besteht. Dieser Analyse-Schritt beraubt den Blitz nicht seiner prima-facie-Qualität, sondern macht im Gegenteil das Zustandekommen dieser Qualität und ihre Gesetzlichkeit verständlich. Wiederum gilt: «What is not ultimate, may yet be real» («Was nicht ontologisch fundamental ist, kann doch real sein»).[9]

PLACE nimmt sich auch des von FEIGL bereits identifizierten Paradoxons an und lokalisiert das Haupthindernis der Identitätshypothese in dem, was er den *phänomenologischen Fehlschluß* nennt. Oft wird so argumentiert: Wenn ich ein grünes Nachbild habe, dann muß es eine

7 D. ARMSTRONG: Naturalism, Materialism, and First Philosophy, in: D. HENRICH (Hrsg.): Ist systematische Philosophie möglich? - Hegel-Studien, Beiheft 17, Bonn 1977, S. 411 – 425

8 U. T. PLACE: Is Consciousness a Brain Process? - Brit. Journ. Psych. 47 (1956), 44 – 50

9 D. ARMSTRONG: Naturalism, Materialism and First Philosophy, S. 412

grüne Entität geben (etwas Grünes) und für dieses Objekt ist doch kein Platz in der Ontologie der Physik.

Der Fehler liegt in der Verdinglichung des Nachbildes; wenn man nur die Tatsache der Existenz einer grün-Erfahrung verwendet und in eine ontisch neutrale Aussage faßt (topic-neutral), dann steht der Identifikation dieser Erfahrung als Gehirnprozeß nichts im Wege. Man muß sich jedoch klar sein, daß hiermit nur Grundsatzschwierigkeiten überwunden worden sind. Es ist gar nicht selbstverständlich und mit vielen begrifflichen Hindernissen belegt, das gegenstandsneutrale Reden über Wahrnehmungsphänomene auf alle mentalen Zustände auszudehnen, also auch Überzeugungen, Zielsetzungen und Absichten in die gleiche sprachliche Form zu bringen. Differenzen über die Ausführung der Details dieses Programms haben dann die weitere Diskussion auch innerhalb der Gruppe der Befürworter des Central State Theory-Standpunktes (CST) lebendig gehalten. [10]

3. Der eliminative Materialismus

Einer der immer wiederkehrenden Einwände gegen alle Identifizierungsansätze drückt aus, daß *Empfindungen* Eigenschaften zu besitzen scheinen, die Gehirnprozessen fehlen. Gerade von der phänemenologischen Seite wird dies als unüberwindliche Schwierigkeit angegeben. Wenn dieser anscheinenden Differenz etwas in der Wirklichkeit entspricht, folgt schon aus den Leibniz-Gesetz (2 Dinge sind nur identisch, wenn sie in allen Eigenschaften übereinstimmen), daß Empfindungen und Gehirnprozesse nicht identisch sein können.

Man entkommt natürlich der Aufgabe einer gegenstands-neutralen Fassung von mentalen Zuständen, kann aber doch den Physikalismus aufrechterhalten, wenn man einfach *leugnet*, daß es Empfindungen gibt, wenn man also behauptet, es gibt kein Bewußtsein, Bewußtseinszustände sind nicht etwa Teilklassen von Zuständen des ZNS, sondern in Wahrheit existiert nur das neuronale System allein. Auf den ersten Blick erscheint die Position grotesk, denn nichts ist doch evidenter als das Erleben selbst. Ist es nicht geradezu logisch widersprüchlich, einen Satz auszusprechen des Inhalts, daß ihm kein mentales Bezugsob-

---

10 D. ARMSTRONG: A Materialist Theory of the Mind. - London 1968

jekt entspricht? Wenn man die Argumente betrachtet, erscheint der Standpunkt nicht mehr ganz so irrsinnig. Man betrachte wiederum ein Beispiel. [11]

Vor der molekularkinetischen Theorie der Wärme glaubte man, für die Wärme sei eine bestimmte Substanz verantwortlich, nämlich der Wärmestoff. Mit dem Nachweis der Wärme als Bewegungsenergie der Moleküle verschwand der Stoff aus dem Bestand der physikalischen Ontologie, dennoch blieb natürlich das reale Phänomen, auf das man den Term Wärmestoff angewandt hatte, bestehen, nämlich die beweg-ten Moleküle.Obwohl also Molekülbewegung kein Wärmestoff ist, exi-stiert etwas, aber etwas anderes, was man damals fälschlich Wärme-stoff genannt hat. Ebenso kann man von Hexen sprechen. Wir wissen, daß keine Hexen existieren, dennoch gab es in der Vergangenheit eini-ge sonderbare Frauen, auf die der Terminus 'Hexen' angewendet wur-de. Natürlich waren sie keine Hexen, sie wurden nur fälschlich so ge-nannt.

Richard RORTY, ein Verfechter des Eliminationsstandpunktes zieht hier nun eine *Analogie*. «Es gibt keine mentalen Zustände» heißt nur, es gibt zwar Dinge, auf die der Term Empfindung oder Gefühl ange-wandt wird, aber dies sind tatsächlich Gehirnzustände, wir haben nur aufgrund einer Fehleinschätzung sie immer 'Empfindungen' ge-nannt. [12] Trotz der grundsätzlichen Verteidigungsfähigkeit des Eli-minationsstandpunktes war er auch den meisten analytischen Philoso-phen zu extrem und zu kontraintuitiv. Er bringt zwar auf einer Seite eine enorme Vereinfachung mit sich, da er nicht mehr auf die prima fa-cie sehr künstliche gegenstandsneutrale Fassung von Empfindungen angewiesen ist, muß sich aber dann doch den Einwand einer fehlenden materialen Adaequatheit seiner Rekonstruktion gefallen lassen. Gera-de in der analytischen Tradition, wo man doch gewohnt ist, den primä-ren empirischen Eindruck als fundamental und wesentlich anzusehen, erscheint der eliminative Standpunkt als fremd. Darüber hinaus, so werden wir sehen, zeigten sich Alternativen, die natürlicher waren und trotzdem im naturalistischen Rahmen blieben.

---

11 D. M. ARMSTRONG: Recent work on the relation of mind and brain, S. 52
12 R. RORTY: Mind-Body Identity, Privacy, and Categories. - Rev. Met. 19 (1965)
24 – 54

4. Der Dualismus

Bis vor kurzem hatte der historisch älteste Lösungsansatz des *Leib-Seele-Problems* in der analytischen Philosophie kaum mehr Vertreter. DESCARTES' Auffassung, daß das Bewußtsein des Menschen eine unausgedehnte Substanz sei, die auf geheimnisvolle Weise mit der ausgedehnten Substanz wechselwirkt, war von Gilbert RYLE zwar plakativ, aber sicher unzureichend als Mythos vom Geist in der Maschine kariert worden.[13].

Der *Dualismus*, das wurde immer auch von seinen Kritikern zugegeben, hat viel von einer prima facie-Plausibilität an sich. In philosophisch unreflektierten Augenblicken denkt man sicher zuerst einmal im Sinne einer kausalen Beziehung zwischen 2 Agenten, wenn man einen Schlag erhält und den Schmerz fühlt, oder ein Gedanke, der einem durch den Kopf schießt, sich in eine Bewegung der Lippen umsetzt.

Der *common sense-Dualismus*, der auch in unserer Altagssprache tief verankert ist − wir sprechen hier von dem Leib-Seele-Problem − enthält in sich sicher auch schon das Moment der Wechselwirkung, denn wir sprechen ja davon, wie eine körperliche Berührung eine Empfindung ausgelöst hat.

Der Alltagsverstand neigt also aus historischen und sprachlichen Gründen dazu, das Problem im Sinne eines dualistischen Interaktionismus zu formulieren, und der wissenschaftliche Dualismus, der diese Voraussetzung übernimmt, versucht dann die weiterführende Frage zu beantworten, *wie* und *wo* die Wechselwirkung der beiden Entitäten vonstatten geht. Beiden ist die Auffassung gemeinsam, daß körperliche Ereignisse im Gehirn existieren können, deren unmittelbare kausale Vorgänger nichtphysikalischer Natur sind.

In modernen Begriffen formuliert: Zu einem bestimmten Augenblick feuert eine neuronale C-Faser im Gehirn, aber die unmittelbare Ursache für dieses Feuern war nicht das Feuern einer anderen Faser, sondern lag in einer externen, nichtcerebralen Ursache. Hier haben wir eines der entscheidenden Momente für den Dissens, der diese Position hervorrief.

Davor ist aber noch ein sprachlicher Punkt zu erwähnen. Auch in der Alltagssprache scheint die dualistische Sprechweise eine Sonder-

---

13 G. RYLE: The Concept of Mind. - London 1949

stellung einzunehmen. Aus keiner anderen Situation wie etwa der Bewegung eines Körpers entstand die Frage, wie das Verhältnis von Bewegung und Körper zu denken sei; bei der Verdauungstätigkeit des Magens dachte man nie daran, wie die Beziehung der Verdauung zum Magen stünde, ganz selbstverständlich wurde die funktionale Sprechweise verwendet, bei der Bewegung eine Relation zwischen den Körpern und die Verdauung eine Aktivität des Magens ist. Nur im Fall der Leib-Seele-Wechselwirkung setzte sich auch im Alltag die substantivische Sprechweise durch, wonach Körper und Seele zwei Partner sind, die gemeinsame Unternehmungen starten.[14]

Wenn wir nun von diesen Alltagsüberlegungen zur wissenschaftlichen Form des *dualistischen Interaktionismus* übergehen, wie sie etwa von Karl POPPER und John ECCLES verteidigt wird, ist es zuerst notwendig, eine Zwischenüberlegung einzuschalten, zur Frage nämlich, wie man denn ontologische Meinungsverschiedenheiten überhaupt austragen kann. In den frühen Tagen des Logischen Empirismus hätte man überhaupt geleugnet, daß es hierbei um sinnvolle, rational entscheidbare Differenzen geht. Nach der großen Liberalisierungswelle in der wissenschaftlichen Philosophie unterschied man wieder klar zwischen dem *ontologischen, epistemologischen* und *methodologischen* Analysestandpunkt. Für die Entscheidung ontologischer Fragen muß die semantische Referenz einer faktischen Theorie herangezogen werden. Entscheidend ist dabei die minimale Zahl von Entitäten, die sich mit den semantischen Bezug einer bewährten faktischen Theorie vereinbaren läßt. Um ein Beispiel aus einem wenig vorbelasteten Bereich zu bringen: Die heute in der Physik erfolgreichen Theorien suggerieren die Existenz von 2 Arten von Entitäten: *Teilchen* und *Felder!* Materiebausteine wie Elektron, Proton, Neutron u.a.m. werden gebraucht, daneben aber auch die Kraftfelder, die mit diesen Teilchen die Strukturen aufbauen. Reduktionen in beiden Richtungen sind bis jetzt gescheitert, reine Raumzeit-Feldtheorien oder Teilchen-Theorien waren bis jetzt nicht durchführbar.[15] Deshalb kann man heute in der Physik davon sprechen: Die Minimalontologie ist dualistisch, beide Agenten werden gebraucht. Analog erfolgt die Auseinandersetzung zwischen Monisten und Dualisten beim Leib-Seele-Problem.

14 Vgl. dazu G. VOLLMER: Evolutionäre Erkenntnistheorie und das Leib-Seele-Problem, in: «Wie entsteht der Geist?» - Herrenalber Texte 23 (1980) 11 – 40
15 B. KANITSCHEIDER: Philosophie und moderne Physik. - Darmstadt 1979, 124 ff.

Bei Karl POPPERs Dualismus werden zur Rekonstruktion des Leib-Seele-Verhältnisses 2 Schichten seiner 3-stufigen Ontologie eingesetzt, nämlich die Welt 1 der Materie und die Welt 2 des Bewußtseins; die Welt 3 der Ideen als Produkt der Aktivität der Welt 2 wird nicht unmittelbar zur Klärung der Leib-Seele-Beziehung verwendet, stellt für POPPER aber eine starke Motivation dar, da alle Beziehungen zwischen Materie und Geist über die Welt des Bewußtseins laufen müssen. Auch werden in seiner Sichtweise mentale Prozesse erst eigentlich verständlich, wenn man die geistigen Gehalte, mit denen das Bewußtsein umgeht, berücksichtigt. Dennoch sollte man die beiden Problemkomplexe, den dualistischen Interaktionismus und die Konstitution der Welt 3, trennen.

Entscheidend ist nun die Frage der *Begründungslast*. Hier existiert eine klare Asymmetrie zwischen einer reichen und einer sparsamen Ontologie. Liegen zu einem bestimmten Zeitpunkt im wesentlichen *monistische* Erklärungsansätze vor, die die Leib-Seele-Wechselwirkung als Interaktionen des ZNS mit bestimmten seiner Untersysteme beschreiben, so ist es die Aufgabe des *Dualismus*, gute Gründe beizubringen, daß es Züge in dieser Wechselwirkung gibt, die *nicht* durch diese monistische Interaktion erfaßt werden können. Die Diskussion läuft in Einklang mit dieser Charakterisierung. Beiden Kontrahenten ist klar, daß es nicht erlaubt sein darf, die Ontologie beliebig zu erweitern, denn dann können unbegrenzt viele Gespenster-, Schatten- und Geister-Welten eingeführt werden.

POPPER selber formuliert das Kriterium:

«daß die Dinge, die wir für wirklich halten, imstande sein sollten, eine Wirkung auf jene Dinge auszuüben, die im ursprünglichen Sinn wirklich Dinge sind, also auf die materiellen Dinge von gewöhnlicher Größe. Ich glaube, daß wir Veränderungen in der gewöhnlichen Welt der körperlichen Dinge durch die kausalen Wirkungen von Dingen erklären, die wir hypothetisch als wirklich, als existierend annehmen.»[16]

Zwischen Monismus und Dualismus gibt es also die gemeinsame Ausgangsbasis, nämlich die unkontroverse Existenz der raumzeitlich

16 K. R. POPPER / J. ECCLES: «that the entities which we conjecture to be real should be able to exert a causal effect upon the prima facie real things; that is, upon material things of an ordinary size: that we can explain changes in the ordinary material world of things by the causal effects conjectured to be real.» - In: The self and its brain. - N. Y. 1977, S. 9; dt.: Das Ich und sein Gehirn, München / Zürich 1984, S. 28 f.

geordneten materiellen Welt; an ihr müssen sich Veränderungen, be-
obachtbare Effekte aufweisen lassen, die sich nicht durch Prozesse in
Welt 1 selbst, sondern nur durch Wirkungen aus der ontologisch autonomen Welt 2 erklären lassen. Dann liefert Welt 2 einen Erklärungs-
überschuß und die Verstärkung der erklärenden Kraft rechtfertigt ihre
Einführung. Auch in dieser Verfahrensfrage, wie ontologische Differenzen auszutragen sind, besteht wenig Dissens , wohl aber in der konkreten Durchführung. Ehe man die Unterschiedlichkeit der beiden
Standpunkte betont, ist noch eine Gemeinsamkeit zwischen POPPERs
Dualismus und dem CST-Ansatz[17] hervorzuheben, nämlich die *Wechselwirkung*. In bezug auf die Notwendigkeit der Verwendung von
Wechselwirkungen sind sich POPPER und z.B. ARMSTRONG völlig einig. Die *parallelistische* oder *epiphänomenalistische* Position, wonach
die *mentale Welt* zwar existiert, aber kausal völlig unfähig ist, irgend
etwas an der materialen Welt zu verändern, erklärt nichts und ist außerdem von Entwicklungsgedanken her unverständlich. Allerdings bedeutet Wechselwirkung in den beiden Kontexten etwas völlig Ver-
schiedenes.

Für den *Dualisten* werden neuronale Ereignisse mit mentalen «Ereignissen» gekoppelt, wobei die Träger der Prozesse aber völlig getrennten Bereichen entstammen und die Interaktion in einer speziellen Zone, bei ECCLES dem sogennannten «liaison brain», abläuft, beim
Monisten hingegen reagiert einfach das ZNS mit einer bestimmten
Klasse seiner Teilsysteme.

Der *Dualismus* braucht somit 2 Zustandsräume, einen Koppelungs-
bereich und spezielle Wechselwirkungsgesetze. Der Monist arbeitet
mit einem Zustandsraum und kann ohne eigene Interaktionszone mit
den normalen neurobiologischen Gesetzen auskommen.

Die unterschiedliche Verwendung von «Wechselwirkungen» in beiden Kontexten wird auch daran deutlich, daß bei der monistischen Hypothese bestimmte Unterscheidungen des dualistischen Ansatzes weg-
fallen. Dort wird gerne zwischen «upward causation», Veränderungen
des Bewußtseinszustandes durch physiologische Bedingungen, und
«downward causation», der Beeinflussung des körperlichen Vorganges
durch Willensakte, unterschieden. Im monistischen Zusammenhang

---

17 vgl. dazu B. KANITSCHEIDER: Karl Popper, Das Leib-Seele-Problem und das Europäische Forum Alpbach 1984. - Mensch, Natur, Gesellschaft 2 (1985) 1, 36 – 38

sind jedoch alle Wechselwirkungen «horizontal», neuronale Systeme wirken aufeinander oder auf andere Teilsysteme desselben Körpers, so z.B. das endokrine oder das kardiovaskuläre System.

Einer der strittigsten Punkte zwischen den beiden Positionen ist der Typ der von Dualisten postulierten Wechselwirkung. Diese ist ja gar nicht eine Wechselwirkung, wie sie zwischen den Welt 1-Entitäten bekannt ist. Wenn in Welt 1 Teilchen und Felder aufeinander wirken, wenn in der allgemeinen Realitivitätstheorie die Materiezustände die Krümmung der Raumzeit erzeugen, und diese wiederum die Bewegung der Teilchen steuert, so sind alle diese kausalen Vorgänge gesetzesartig bestimmt und kausale Einwirkungen können im Sinne von Energie- und Impulsübertragung als raumzeitliche Vorgänge interpretiert werden.

Auch bei einer Wechselwirkung zwischen einer masselosen unräumlichen «Stoffart» und der in der Raumzeit wohllokalisierten biologischen Materie muß, wenn die kausale Redeweise irgendeinen Sinn haben soll, eine Angabe über die Beeinflussung in beiden Richtungen gemacht werden können. Was spielt, so können wir fragen, wenn wir den Prozeß im Vergrößerungsglas betrachten, die analoge Rolle des Austauschteilchens (messenger particle) in Welt 1-Wechselwirkungen?

Energie- und Impulsflüsse, die innerhalb von Welt 1 den kausalen Zusammenhang herstellen, kommen dafür sicher nicht in Frage, aber irgendein Träger, der die Steuerung der Neuronen und den Informationstransfer zwischen der bewußten Substanz und dem Bio-System leistet, muß angebbar sein.

Die Schwierigkeit für den Dualisten, der mit 2 so heterogenen Substanzen arbeitet, besteht darin, daß wir nirgendwo in der Natur ein Vorbild haben, wie wir eine Beschreibung der kausalen Beeinflussung von Entitäten anzusetzen haben, die nicht einmal den raumzeitlichen Rahmen teilen. Überdies müßte es auch möglich sein, die Eigenschaften und inneren Gesetzlichkeiten der geistigen Substanz im wechselwirkungsfreien Zustand anzugeben. Wechselwirkung findet ja nicht immer statt, die Modulen, die Ansprechpartner des Selbstbewußtseins können auch geschlossen sein; dies ist im Schlaf oder beim Tod der Fall. Es ist charakteristisch, daß John ECCLES in seiner Charakterisierung des Selbstbewußtseins auf die Termologie von Welt 1 zurückgreift. Er spricht von «mental events», aber was sind Ereignisse ohne definierte Raumzeit-Mannigfaltigkeit? Welche Aktivitäten laufen im Selbstbewußtsein ab, abgesehen von der Wechselwirkung mit der linken Gehirnhälfte, wie wird, technisch gesprochen, der Zustandsraum des Bewußtseins aufgebaut?

Als Desiderat einer *Leib-Seele-Wechselwirkungstheorie* wird es auch immer betrachtet, daß die hochbewährten Erhaltungssätze innerhalb von Welt 1 nicht durchbrochen werden. Wenn der kausale Zusammenhang durch Übertrag irgendeiner Erhaltungsgröße (Energie, Impuls, Drehimpuls) bewerkstelligt würde, dann fehlt dieser Betrag in der innerweltlichen Bilanz.[18] Bei einer solchen Wechselwirkung könnte also Energie erzeugt oder vernichtet werden. Gewiß, Erhaltungssätze sind keine apriorischen Notwendigkeiten, aber das Defizit müßte kontrollierbar sein. Keinen Ausweg stellt es dar zu sagen, daß das Gehirn nur ein informationsverarbeitendes Gerät darstellt und daß dieser Vorgang keine Energie verbraucht. Jedes Signal, das Informationen überträgt, transportiert Energie, z.B. eine Welle oder eine elektrolytische Reaktion. Überdies ist das Gehirn sehr anspruchsvoll in energetischer Hinsicht, obwohl es nur 2% der Masse des Körpers umfaßt, absorbiert es 15% der Blutzufuhr und benötigt 20% des Sauerstoffs vom gesamten Verbrauch des Körpers.[19]

Überhaupt treten für den Dualisten die Probleme dort auf, wo die nichtnaturale Substanz mit der naturalen Materie in Kontakt tritt. Die Neurobiologie liefert starke Hinweise darauf, daß Ausfälle und Störungen der geistigen Funktionen eine zelluläre oder molekuläre Ursache haben. Die Möglichkeiten, ein bestimmtes reichhaltiges, emotionales Innenleben, eine bestimmte intellektuelle Kapazität zu erlangen, gründen in den Spezifika der vererbten DNS-Moleküle. Ebenso ist es bestätigt, daß hormonale Schwankungen und Stoffwechselveränderungen sich enorm auf die geistige Leistungsfähigkeit auswirken. Man weiß, wie die Zufuhr bestimmter Neurotransmittersubstanzen wie Endorphine und Enkephaline sich beim Betroffenen in einer deutlichen Variation der mentalen Zustände äußert.[20]

18 Ein Hinweis auf die Quantenmechanik leistet hier nichts, denn in dieser ist die Energieerhaltung wohl definiert.

19 M. BUNGE: The Mind-Body Problem. - N. Y. 1980, S. 17

20 Die physische Lokalisation von geistigen Aktivitäten ist in jüngster Zeit unter Verwendung des radioaktiven Isotops Xenon 133 verstärkt worden; noch tiefergehende Untersuchungen des lebenden Gehirns sind mit Hilfe der Technik der Positron-Emis-

Diese Befunde fügen sich gut in eine Hypothese, wonach mentale Prozesse Funktionen des ZNS sind, aber es ist schwierig, diese Ergebnisse der Neurochemie und Psychopharmakognosie in einem substantivistischen Dualismus einzubauen. Das gleibe gilt auch für die Frage, wie sich die Entwicklung des menschlichen Geistes vollzogen hat. In der monistischen Sehweise wachsen mit der Evolution des Gehirns langsam und stetig die mentalen Funktionen bzw. wenn man in die prähomine Vergangenheit zurückgeht, werden diese durch die Vorläufer dieser Fähigkeiten abgelöst.der Dualismus ist gezwungen, zwei verschiedene Evolutionssträge anzunehmen, die mit verschiedenen Mechanismen parallel eine passend justierte Entwicklung steuern, will er nicht das Selbstbewußtsein ganz von der Zeitabhängigkeit ausnehmen, es als primordial betrachten und dann die Wechselwirkung ab einem bestimmten willkürlich gewählten Zeitpunkt einschalten. In diesem Zusammenhang würde sich die Frage stellen, wie alt das Bewußtsein überhaupt ist, ob es möglicherweise auch schon vor der Existenz des Universums vorhanden war. Auch die jüngst bekannt gewordenen *brain-split-Experimente* zwingen den Dualismus zu einer besonderen Zusatzannahme, um der Konsequenz zu entkommen, daß ein chirurgischer Eingriff, ein räumlicher Schnitt eine Einwirkung auf das unräumliche Bewußtsein haben kann.

Bei Patienten, die wegen schwerer Epilepsie einer Operation unterzogen worden waren und denen die Verbindung zwischen den beiden Gehirnhälften, das *corpus callosum*, durchtrennt worden war, zeigten, wenn man sie experimentell untersuchte, alle Verhaltensweisen eines Lebewesens mit doppeltem Bewußtsein. Die Commisurotomie, das Durchteilen der Verbindung beider Hemisphären des Gehirns, kann zu Willenskonflikten zwischen beiden Gehirnhälften, die ja verschiedene Aufgaben haben, führen.[21]

Um der denkbaren ad hoc-Hypothese auszuweichen, daß in dem Moment, wo der Chirurg die Trennung vornimmt, auch das Selbstbewußtsein sich in einem eigenen Prozeß teilt, führt John ECCLES die Hypothese ein, daß das autonome Selbstbewußtsein nur an die linke Gehirnhälfte ankoppelt. Um die Einheit des Bewußtseins zu wahren, und nicht die mit der dualistischen Hypothese unvereinbare Annahme ma-

sions-Tomographie (PET) möglich geworden (vgl. dazu Ch. J. LUMSDEN / E. O. WILSON: Das Feuer des Prometheus, München 1984, 116)

chen zu müssen, daß ein Skalpell das ontologisch ja vom Gehirn getrennte Bewußtsein zerteilen kann, muß ECCLES die rechte Gehirnhälfte als ein materielles Verrechnungssystem betrachten und nun der linken Gehirnhälfte zugestehen, daß sie sich mit ihrer neuronalen Aktivität dem Selbstbewußtsein öffnet.

Der CST-Vertreter braucht die Zusatzhypothese nicht:
Wenn die Einheit des Bewußtseins eine strukturale Eigenschaft des
ZNS ist, muß man erwarten, daß sie bei einem gezielten chirurgischen
Eingriff verlorengeht, und das ist genau das, was man beobchtet.

Die Strategien beider Kontrahenten sind an den vorstehenden Beispielen schon klar geworden. Der *Monist* versucht mit seiner Minimalontologie so lange wie möglich das Auslangen zu finden; er ist, da er
alle Sätze der Wissenschaft für fallibel hält, grundsätzlich zu einer Revision der Ontologie bereit, aber so spät wie möglich. Der *Dualist* hält
den materialistischen Rahmen von vornherein für ontologisch zu arm
und versucht, stützende Evidenz aus Alltags- und wissenschaftlicher
Erfahrung anzuführen.

Zu den Befunden der Alltagserfahrung, die oft für die Annahme der
immateriellen Existenz des Bewußtseins angeführt werden, gehört der
private Charakter des Bewußtseins im Gegensatz zum öffentlichen Status der Materie. Die *immaterielle Existenzweise* des Bewußtseins
gründet danach in der besonderen Art, wie wir Subjektivität erleben;
diese sei nicht zu vergleichen mit der Art, wie wir die allen Lebewesen
in der gleichen Weise zugänglichen Zustände der Materie erfahren.

Dagegen wird von den CST-Vertretern eingewandt, daß wir uns hüten müssen, die mentalen Zustände, die in einer bestimmten Erfahrung
gegeben sind, als Entitäten zu behandeln; damit übersehen wir die
Möglichkeit, sie als Eigenschaften zu behandeln, Eigenschaften von
konkreten Objekten. Die Verschiedenheit von Erfahrungsweisen muß
also nicht ontologisch gedeutet werden, sie darf es sogar gar nicht,
wenn man die Transparenz der beiden Zugangsarten nicht trüben will.
Darüber hinaus ist der private Charakter der Subjektivität gar nicht so
privat, wie es auf den ersten Blick erscheint. Zum einen gibt es hier
den medizinischen Zugang, über chirurgische Eingriffe, elektrische
Stimulation, Drogen werden subjektive Parameter durch externe Maßnahmen kontrollierbar. Zum anderen existiert die Beobachtung des
Verhaltens, wozu auch das sprachliche Verhalten mit den introspekti-

ven Aussagen selbst gehört, das einen Zugang zur Privatsphäre der Subjektivität vermittelt. Im gewissen Sinne haben wir zur Subjektivität der mentalen Zustände einen besseren Zugang als zum Atomkern oder zum inneren Aufbau der Sonne.

In der Sichtweise des Monisten existiert nicht nur keine Mauer zwischen dem öffentlichen und dem privaten Aspekt des Bewußtseins, sondern es gibt sogar eine Verknüpfung zwischen den beiden externen Zugängen zum Bewußtsein (der Neurophysiologie und dem Verhalten) und der Introspektion. Schon 1952 hat Willard van ORMAN QUINE dies bestechend klar formuliert: «If repudiate mental entities as entities, there ceases to be an iron curtain between the private and the public; there remains only a smoke screen, a matter of varying degrees of privacy of events in the physical world.»[22]

Der *Monist* betrachtet das Phänomen der Subjektivität – sofern er nicht eliminativer Materialist ist – als einen Glücksfall der Natur, daß gerade das komplizierteste System im Universum zusätzlich zu den beiden anderen Informationskanälen einen Zugang besitzt, so daß man das System selbst befragen kann, um dann die Information aller 3 Kanäle zu einem konsistenten Bild zusammenzusetzen. Eine solche kohärente Beschreibung hängt aber nun gerade an der Nichtexistenz von solchen «nomological danglers», wie FEIGL sie genannt hat, also nomologischen Irrläufern wie mentalen Objekten.

Über das Problem, wie man die 3 Informationsarten in *einer* Sprache zusammenfügt, hatten wir schon bei der Übersetzungsfrage gesprochen. Die Behauptung der Nichtobjektivierbarkeit der Subjektivität wird oft in die Form gekleidet, daß es keine Übersetzungen von Termen der Wahrnehmungsqualität in Terme einer theoretischen Beschreibung neurophysiologischer Art gäbe, daß somit eine neurophysiologische Psychologie logisch unmöglich wäre. Es ist allerdings kein wirklich schlagendes Argument bekannt, daß nicht eines Tages Übersetzungsversprechen der folgenden Art eingelöst werden können:

Organismus b fühlt Freude der Art K $\stackrel{\mathrm{df}}{=}$, subcorticales System s und b feuert bei Reizung durch Ereignisse im benachbarten neuronalen System c nach dem Muster p.[23]

---

22 W. v. O. QUINE: On Mental Entities. - Proc. Am. Acad. Art & Science 80, 3 (1953) 203

23 M. BUNGE: The Mind-Body Problem, S. 13

Die spezielle Qualität K, die die Person introspektiv berichtet, wird dabei abgebildet auf die Relationalstruktur des Musters p.[24]

So wenig wie rein logische Einwände gebracht werden können, so geben jedoch heute alle Protagonisten des monistischen Standpunktes zu, daß hier nur ein Forschungsprogramm vorliegt. Die Monisten haben die Hauptaufgabe noch nicht gelöst, jene strukturellen Besonderheiten explizit zu machen, die den Unterschied zwischen Neuronenkomplexen *mit* Bewußtsein und anderen Neuronen-Aggregaten *ohne* psychische Qualitäten ausmachen. In dieser vorläufigen Situation kann man nur – vor allem von wissenschaftstheoretischer Seite – eine Abschätzung der heuristischen Situation vornehmen. Ein Hypothesenvergleich oder eine Beurteilung des Grades der Progressivität beider konkurrierenden Forschungsprogramme ist möglich. Welches von den beiden ist momentan mit den größeren Schwierigkeiten konfrontiert, welches ist vielversprechender? Dazu müssen wir einen Blick auf die Alternative werfen.

5. Emergentistischer Materialismus

Der *Dualismus* kann *einen* prima facie Vorteil für sich verbuchen, den wir noch nicht erwähnt haben, er paßt sich relativ gut dem an, was man die *Schichtverfassung der Natur* nennen kann. Die Natur begegnet uns nicht als homogener Block einer eingestaltigen Substanz, sondern als eine Hierarchie von Strukturen von der Größenordnung von Galaxiengruppen bis zu den Quarkkonfigurationen der Hadronen. Das menschliche Gehirn liegt als komplexes Gebilde etwa in der Mitte dieser extremen Größenordnungen. Analysen der Genese dieser Hierarchie ergeben, daß in einer Welt wie der unseren komplexe Strukturen aus einfacheren hervorgehen können, wenn man die Fähigkeit der Elemente eines Bereiches zur Kooperation und die Randbedingungen berücksichtigt. So steht der Dualismus wohl in Einklang mit dem *Ergebnis* der *Emergenz* und dem sichtbaren Schichtaufbau der Realität, aber er ist im Konflikt mit dem *Prozeß* der Emergenz, mit der Dynamik der

---

24 Zur Frage, wie ganzheitliche Qualitäten über Relationalstrukturen analytisch beschrieben werden, vgl. D. DÖRNER: Die Psychologie und das Problem der Einheit der Wissenschaften, in: B. KANITSCHEIDER (Hrsg.): Materie-Leben-Geist, zum Problem der Reduktion der Wissenschaften. Erfahrung und Denken, Bd. 56, Berlin 1979, S. 125

Entstehung. Ein *Substanz-Pluralismus* wird der Erscheinung der qualitativen Vielfalt der Welt gerecht, verbaut aber die Möglichkeit der dynamischen Erklärung.

Im *systemtheoretischen Ansatz* vermeidet man die schwer verständliche Emergenz von unräumlichen Substanzen aus der materiellen Welt; man gebraucht einen *Eigenschafts-Pluralismus*, hält aber an der stofflichen Einheit der Welt fest.

Damit erreicht man beides: Man vermeidet die Einseitigkeit eines eliminativen und reduktionistischen *Materialismus* wie auch des reduktiven *Spiritualismus*. Man kann ohne Sorge mit der qualitativen Vielfalt der Welt arbeiten, ohne auf das Rätsel zu stoßen, wie Sprünge in der substantialen Verfassung zu erklären sind.

In der Version des Pluralismus, wie sie M. BUNGE vorgelegt hat[25], werden in der Ontologie nur konkrete Objekte verwendet und doch sind nicht alle Dinge rein physikalischer Natur; die Erscheinung chemischer, biologischer und mentaler Ebenen ist keine Täuschung. Mentale Ereignisse – die hier wirklich Ereignisse sind im Gegensatz zu ECCLES' Annahme – sind emergente Züge einer großen Zahl kooperierender nichtmentaler biologischer Elemente.

Eine Nervenzelle fühlt, denkt, sieht und will nicht, aber 10^{10} gekoppelte Nervenzellen mit einer hochorganisierten Verschaltung bringen auf prinzipiell verstehbare Weise das überraschende Neue des *Psychischen* hervor.

Der *emergentistische psychoneurale Monismus* ist einen großen Schritt vom klassischen Materialismus entfernt, er kann eher als eine Rekonstruktion des Dualismus angesehen werden, unter Vermeidung der Schwierigkeiten, die durch die Wechselwirkung von kategorial völlig verschiedenen Substanzen erzeugt werden. Er ist realistisch in bezug auf mentale Qualitäten. *Mentale Zustände*, Ereignisse und Prozeßabläufe sind wirkliche Vorgänge in den ZNS höherer Vertebraten; sie sind emergent gegenüber den zellulären Bausteinen des Gehirns, und die psychosomatischen Phänomene sind Wechselwirkungen zwischen Untersystemen des Gehirns.

Die Fülle von heute bekannten psychophysischen Phänomenen bleibt nicht nur sinnvoll in diesem Ansatz, sondern sogar erklärbar; sie werden verständlich als reziproke Wirkungen zwischen den verschie-

25 M. BUNGE: The Mind-Body Problem. - N. Y. 1977, dt.: Das Leib-Seele-Problem, Tübingen 1984

denen Teilen ein und desselben Organismus, z. B. des cerebralen Cortex und des autonomen Nervensystems. Es kann z. B. sinnvoll formuliert werden, daß Liebe unser Denken färbt: Dies drückt sich dann in der Sprache des psychoneuralen Monismus so aus, daß die linke Hemisphäre des Gehirns die rechte beeinflußt und daß Sexualhormone auch auf jenes neurale System einwirken, das das Denken bewerkstelligt.[26] Es muß schon als ein besonderer Vorteil dieses «weichen» Monismus angesehen werden, daß er diese heute dauernd wachsende Phänomen-Klasse aufnehmen kann.

Die *Autonomie des Mentalen* kann man erreichen ohne Substantialisierung des Emergenzvorganges. Obwohl dieser Ansatz gegenwärtig nur in Form einer programmatischen Hypothese existiert, ist es schon erstaunlich, wie viele Schlüsselterme der mentalen Sprache sich mit der neurophysiologischen Ebene verbinden lassen. Aufmerksamkeit, Grade des Bewußtseins, freier Wille, Selbst, Person, alle diese Ausdrücke der philosophischen Sprache werden in der neuen Theorie rekonstruiert, weil hier eben die Überzeugung am Werk ist, daß nur eine Theorie das Leib-Seele-Problem lösen kann, die beide Seiten völlig ernst nimmt.

6. Zusammenfassung

Das *Leib-Seele-Problem* ist in der analytischen Philosophie präsent wie kaum je zuvor. Es wird von fast allen Seiten (mit Ausnahme vielleicht der orthodoxen Wittgenstein-Anhänger) als ein sinnvolles und im Prinzip lösbares, im Überschneidungsbereich von Philosophie und Neurobiologie angesiedeltes Problem angesehen. Zwei philosophische Lager kämpfen derzeit darum, den besten Lösungsansatz zu bieten: Ein *ontologischer dualistischer Interaktionismus* und ein Spektrum von verschieden radikalen *Monismen*. Die Argumentation ist heute noch offen, aber es sieht so aus, als ob sich in absehbarer Zeit eine Konvergenz der Standpunkte ergeben wird. Dualismus und Systemtheorie sind sich schon so weit entgegengekommen, daß eine einvernehmliche Lösung nicht ausgeschlossen erscheint.

26 M. BUNGE: Mind-Body Problem, S. 22

HERMANN LODDENKEMPER

PSYCHOLOGISCHE, NEUROBIOLOGISCHE UND WISSENSCHAFTSTHEORETISCHE ASPEKTE DES BEWUSSTSEINS

1. Einführung

Eine Fülle von Literatur beschäftigt sich heute mit Bewußtseins*veränderungen*, z. B. das Superlernen, doch nur wenige Forscher beschäftigen sich mit dem *Bewußtsein*. Ein Grund mag darin liegen, daß man Bewußtsein schlechthin als gegeben angenommen hat, das den einzelnen Wissenschaften vorgelagert ist.

Bisher gibt es keine allgemein anerkannte Definition von Bewußtsein. Die Schwierigkeiten der Abgrenzung von selbstbewußtem Geist und subjektivem Erleben können vielleicht heute im Lichte der Erkenntnisse aus Neurobiologie und Neurophysiologie usw. etwas besser gelöst werden.

Bei der Definition des Bewußtseins ist zunächst der Unterschied zur Bewußt*losigkeit* festzuhalten und die Tatsache, daß z. B. der «Schlaf» im allgemeinen Sprachgebrauch als bewußter Zustand angesetzt wird (wegen der aktiven Träume). Im Zustand der *Bewußtlosigkeit* ist nur noch der Zustand des Lebens vorgelagert, d. h. wir leben, ohne es zu wissen, ohne dessen bewußt zu sein. Der von Christian WOLFF eingeführte Begriff *Bewußtsein* ist weiterhin vom Begriff *Selbstbewußtsein* abzuheben, analog dem lateinischen con-sciencia = Begleitwissen, Wissen um, Mitwissen. Im Unterschied zum Selbstbewußtsein ist Bewußtsein ein bloßes «Haben von Gegenständen, Erlebnissen, Zuständen, ohne daß das Selbst als Reflektionspunkt» hervortritt. Es handelt sich also bei Bewußtsein und Selbstbewußtsein um *abstufbare, meßbare Zustände*, die Gesamtinhalte geistigen und seelischen Erlebens umfassen.

In der Dreistufigkeit

a) *Gedächtnis als Bewußtseinsprodukt aus Vergangenheit,*

b) Begreifen und Erfassen von Veränderungen als Gegenwartsschau,
c) Wissen von räumlichen und zeitlichen Erlebnissen mit Blick auf Zu-
kunft

wird Bewußtsein deutlich. Das ungelöste Problem der Intermittenz der
Bewußtseinsakte (punktueller Charakter) soll dabei besonders hervorgehoben werden. Die einzelnen Theorien des Bewußtseins, wie

- Bewußtsein als *persönlicher Gedankenstrom* - William JAMES [1]
- Bewußtsein als rein *experimentelles Phänomen* - J. L. SINGER [2,3]
- Bewußtsein als *Erfahrungsschatz* (Regeln usw.) - Charles TART [4]
- Bewußtsein als *Organisationssystem für Inhalte* - A. DEIKMAN [5]
- Bewußtsein als *Grundlage für Ziele und Wünsche* - E. W. SINNOTT [6]

stimmen darin überein, daß Bewußtsein persönlich ist und sich ständig wandelt.

Die Forscher versuchen, Grundlagen für Kontinuität des Individuums im Bewußtsein festzulegen. A. DEIKMANs Feststellungen, Bewußtsein sei universal, Inhalte des Bewußtseins seien jedoch individuell verschieden, klammert sich an das alte Dualismusproblem Körper – Geist. Die dualistisch mögliche Auffassung von Bewußtsein und
Leben schlechthin mag vielleicht auf die Schwierigkeiten verweisen,
die der menschliche Geist im Reflektionsniveau hat, um sich selbst zu
verstehen. Vielleicht könnte man DEIKMANs Auffassung einfach als
zwei Ebenen begrifflicher Strukturierung verstehen: als elementares
ursprüngliches Erleben, das sich polar äußert, mit elementaren Be-
wußtseinsaspekten durch die Sinne vermittelt bis hin zur Bedeutung
dieser Empfindung, und als Selektivität durch diverse Interessen, den
verschiedenen Qualitäten der Bewußtseinsinhalte über hemisphäri-

---

1 William JAMES: What is emotion? - Mind 4 (1884), 188 – 204
2 vgl. J. L. SINGER: Imagery and daydream methods in psychotherapy and behavior
modification. - New York: Academic Press 1974
3 vgl. J. L. SINGER: Navigating the stream of consciousness. - American Psychologist 30
(1975) 727 – 738
4 vgl. C. T. TART: States of consciousness and state-specific sciences, in: Ornstein, Robert (Ed.): The nature of human consciousness. - San Francisco: Freeman 1973
vgl. C. T. TART: Discrete states of consciousness, in: Lee ORNSTEIN / GALIN / DEIKMAN:
Symposiums on Consciousness (AAAS 1974), New York: Viking 1976
5 vgl. A. DEIKMAN: Bimodal consciousness, Archives of General Psychiatry 1971, 45,
481 – 489
vgl. A. DEIKMAN: The meaning of everything, in: Robert ORNSTEIN (Ed.): The natur of human consciousness, San Francisco: Freeman 1973
6 vgl. E. W. SINNOTT: The bridge of life. - New York: Simon and Schuster 1966

sche Modi der Verarbeitung (bimodales Bewußtsein)[7] mit dem selbstbewußten Geist als derzeitiger Krönung des Bewußtseins.

Wir müssen festhalten, daß *Bewußtsein* eine Basiseigenschaft jedes materiellen bzw. energetischen Systems ist, die auf dem ursprünglichen Niveau Reize und Informationen wahrnimmt und entsprechend reagiert. Das eigentliche *Selbstbewußtsein* ist jedoch oft ein schmerzhafter Rückkoppelungs-Lernprozeß, in dem wir mitten drin stecken, der Teil einer möglichen evolutionären Entwicklung ist, in dem wir selbst uns immer wieder als sinnvolle Einheit begreifen können und müssen. Bewußtsein ist also nicht hirnorganisch exakt festzulegen, die Struktur der Großhirnrinde ist wohl entscheidend für die Leistung des Gedächtnisses, Lernens, Denkens und der Sprache. Teile des Stirn-und Schläfenlappens lassen sich wohl als Einordnungssystem für zugehende Informationen bestimmen, auch als Vorgänge des Lernens, Planens, Handelns, Denkens.[8] Hinzu kommt die Kraft der *Vorstellung*, die bei Bewertung der Lebenssituation und der Modelle Intelligenz heißt, deren Betätigung das Denken ist. Es gibt wohl Teile des Gehirns, die Einfluß auf Bewußtheit und Bewußtseinsumfang haben (z. B. bei Rauschgift). Bewußtsein ist letztlich jedoch eine Qualität von Leben, die mit ihm immanent verbunden ist und die mit der Komplexität der Informationsverarbeitung als subjektive Repräsentation seiner Ich- und Außenbeziehungen einhergeht: Ein In-Bild der äußeren Dimension und des eigenverantwortlichen Geistes (Abb. 1).

2. Wissenschaftstheoretische Grundfragen

Wissenschaftstheoretisch zeigen sich bei der Beschreibung des Bewußtseins erhebliche Schwierigkeiten sowohl von seiten der Methoden wie von den Einzelwissenschaften.[9]

So ist die Betrachtungsweise des Bewußtseins nur von einer wissenschaftlichen Disziplin her eindeutig eine Überforderung. Aufgabe der

7 vgl. J. LEVY / C. TREVARTHEN / R. W. SPERRY: Perception of bilateral chimeric figures following hemispheric deconnexion. Brain 95, 61 – 78
vgl. J. LEVY-AGRESTI / R. W. SPERRY: Differential perceptual capacities in major and minor hemispheres. Proc. Natl. Acad. Sci. 61 (1968) 1151
8 vgl. MPG SPIEGEL: Aktuelle Informationen für Mitarbeiter und Freunde der Max-Planck-Gesellschaft, Heft 2 / 1984
9 H. STAUDINGER / W. BEHLER: Chance und Risiko der Gegenwart. - Paderborn 1976, 240 ff.

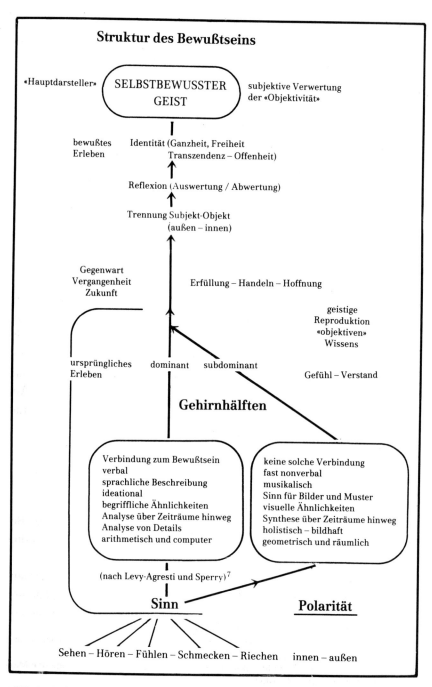

Struktur des Bewußtseins

«Hauptdarsteller»   SELBSTBEWUSSTER GEIST   subjektive Verwertung der «Objektivität»

bewußtes Erleben   Identität (Ganzheit, Freiheit Transzendenz – Offenheit)

Reflexion (Auswertung / Abwertung)

Trennung Subjekt-Objekt (außen – innen)

Gegenwart Vergangenheit Zukunft   Erfüllung – Handeln – Hoffnung

geistige Reproduktion «objektiven» Wissens

ursprüngliches Erleben   dominant   subdominant   Gefühl – Verstand

Gehirnhälften

Verbindung zum Bewußtsein verbal
sprachliche Beschreibung
ideational
begriffliche Ähnlichkeiten
Analyse über Zeiträume hinweg
Analyse von Details
arithmetisch und computer

keine solche Verbindung
fast nonverbal
musikalisch
Sinn für Bilder und Muster
visuelle Ähnlichkeiten
Synthese über Zeiträume hinweg
holistisch – bildhaft
geometrisch und räumlich

(nach Levy-Agresti und Sperry)[7]

Sinn   **Polarität**

Sehen – Hören – Fühlen – Schmecken – Riechen   innen – außen

Abb. 1

Wissenschaft kann nur eine kritische Betrachtung sein. Hinzu kommt die Tatsache, daß Bewußtsein als solches kaum abgrenzbar erscheint. Es geht hier nicht nur um die Menschheit zu allen Zeiten und an allen Orten, sondern auch um die materielle Welt, die Tierwelt und um die qualitativen Unterschiede, die darin deutlich werden, daß z. B. der Mensch in seinem Bewußtsein sich immer schon gefragt hat, wie weit er anderen Instanzen gegenüber für sein Handeln Rechenschaft ablegen muß. Eine Beschränkung der Frage um Bewußtsein nur auf Mensch und Tier wird einer Antwort Belanglosigkeit zuschreiben, zumal wesentliche Fragen wie *Sinn* und Aufweis *der Transzendenz* ausgeklammert werden.[10] Jede Aussage über das Bewußtsein ist eine Frage des Menschen nach sich selbst. Der Mensch ist damit nicht nur Subjekt, sondern auch Objekt der Fragestellung. Eine völlige Objektivierung ist schlechthin unmöglich. Bei der Frage des Bewußtseins schwingt also immer die unaufhebbare Subjektivität eines möglichen Bekenntnisses mit.[11] *Bewußtsein* ist einerseits Bedingung für jede Erfahrung, zugleich aber auch Bedingung für alle Erkenntnis überhaupt. Damit ist das Bewußtsein für uns die Zugangsweise zur Welt schlechthin. *Bewußtsein* ist somit eine *irrationale* Gegebenheit und ein irrationaler Gegensatz zur Außenwelt.[12]

3. Naturwissenschaftlich-geisteswissenschaftliche Denkweisen

Aufgrund dieser irrationalen Gegebenheit sind weder naturwissenschaftliche noch geisteswissenschaftliche Methoden in der Lage, *Bewußtsein* angemessen zu erfassen.

Naturwissenschaftliche Denkweise geht von «Objekten» aus und versucht, Erläuterungen zu geben mit Hilfe von Gesetzen auf der Basis von Prämissen, dem sog. deduktiv-nomologischen Schema. Hier ergibt

10 vgl. Jean CHARON: Der Geist der Materie. - Hamburg 1979
11 vgl. N. BOHR: Atomtheorie und Naturbeschreibung. - Berlin 1931, Kap. III, 62 ff.
vgl. W. PAULI: Die philosophische Bedeutung der Idee der Komplementarität, Experientia VI, Basel 1950, 72 ff.
vgl. PLATO, Rep. 597 E. und Tim. 29 C.
vgl. DUBOIS-REYMOND, Reden I, S. 131
vgl. TERULLIAN: De Testimonio animae I, 5 – 7
12 vgl. G. H. von WRIGHT: Erklären und Verstehen. - Frankfurt 1974
vgl. K. APEL: Die Erklären-Verstehen-Kontroverse in transzendental-pragmatischer Sicht. - Frankfurt 1979

sich das Problem, daß Bewußtsein nicht in dem Maße Objekt werden kann wie etwa eine chemische Substanz. *Geisteswissenschaftlich* wurde deswegen die Vorgehensweise geändert: Um ein Ziel zu erreichen, muß der Handelnde bestimmte Schritte tun, in der Erwartung, daß damit das Ziel erreicht wird. Damit wird keine kausal-analytische Erklärung in der Geisteswissenschaft angeboten, sondern ein *Verstehen*, ein zielbedingtes hermeneutisches Vorgehen. Dieser Polarität in der wissenschaftstheoretischen Auseinandersetzung entsprechen die Polaritäten im Erscheinungsbild des menschlichen Bewußtseins.[13]

Jede *Emotion*, jedes Gefühl besitzt einen Antipoden mit umgekehrtem Vorzeichen; beide bedingen sich gegenseitig. Zum Mut gehört die Angst, ohne Angst wäre uns Mut unbekannt, zur Liebe der Haß usw. Jeder dieser als sympathisch apostrophierten Gefühlswelten steht etwas Antipathisches gegenüber.[14]

4. Sinne als ursprüngliches Bewußtsein

Dieses *ursprüngliche Bewußtsein* wird uns aus den Sinnen übermittelt. Beginnen wir mit dem, was uns *visuell* vermittelt wird. Gegenstand, Netzhaut und Computer in der Sehrinde des Gehirns bestimmen das Bild, das unser Bewußtsein ausmacht. Bekanntlich wird ein Gegenstand sichtbar, wenn er eine bestimmte Art elektromagnetischer Wellen aussendet, die von der Netzhaut aufgenommen, in chemisch-elektrische Impulse umgewandelt und zu einem Bild verarbeitet werden. Im Bewußtsein haben wir ein Bild, tatsächlich aber gibt es nur Wellenlängen, keine Farben, kein Hell oder kein Dunkel. Das Bewußtsein liefert uns also eine Welt, die «Maya», Traum, ist, eine Vorstellung von einem Außen. Hier wird faßbar, daß Bewußtsein ein Hinweis sein kann, daß *wir* selbst Verursacher der Objekte der umgebenden Wirklichkeit sind. Die Schwächen der visuellen Aufnahmen sind allen bekannt, z. B. nicht mehr als 61 Informationen pro Sekunde oder keine sehr schnelle Bewegung (eine Kugel aus dem Revolver ist für uns unsichtbar). Der molekulare Bereich bleibt ohne technische Hilfsmittel unserem Bewußtsein verschlossen, er kann nur auf indirektem Wege vermittelt werden. Ebenso ist es bei der *Akustik*: Luftdruckschwankun-

13 vgl. W. KIRSCH: Die Handhabung von Entscheidungsproblemen. - München 1978
14 vgl. dazu STEINERs Waldorfpädagogik und die Anthroposophie

gen setzen sich per Welle fort, die Vielfalt der Töne (von der Tonfolge im Musikstück bis hin zum Zwitschern der Vögel) ist Interpretation unseres Bewußtseins, wobei besonders hohe und besonders tiefe Töne uns verschlossen bleiben. Ebenso unzulänglich sind die Feststellungen des Tastsinns, je nach Gefühlszustand und dem, was die anderen Sinne hergeben, interpretieren wir anders. Gerüche und Geschmack liefern uns ebenfalls Erfindungen unseres Bewußtseins, dessen Bewertung wir erfahren. *Damit ist unsere Wirklichkeit eine Projektion, deren Inhalt vom Beobachter und dessen Bewußtsein abhängt.*

Kognitive und *emotionale* Täuschungen entstehen offenbar als Interpretation des selbstbewußten Geistes, der diese Hirnaktivitäten frei bewertet. In der Sprache unserer Computer ausgedrückt ist Bewußtsein danach zunächst

a) eine automatische Fabrik, die die Grundlagen sammelt und diese nach vorgegebener Anweisung in eine Form bringt,

b) ein Kopiersystem, das die Anweisungen vervielfältigt und speichert.

Das sind die ersten beiden Stufen einer Computerentwicklung – hier als vorläufige Aussage zum Bewußtsein. [15]

5. Doppelnatur und Doppelstruktur des Bewußtseins

Das Phänomen Bewußtsein kann weiterhin *monistisch* oder *dualistisch-anthropisch* gefaßt werden. [16]

Der *monistische* Erklärungsansatz des Bewußtseins glaubt, alle Handlung sei kausal verknüpft, jedes Ziel, Denken usw. wird letztlich materialistisch gesehen und in einer kausalanalytischen Kette verknüpft beurteilt. Trotz Prinzipien menschlicher Freiheit, des menschlichen Denkens, nämlich, daß auch eine andere Entscheidung für diese Person möglich gewesen wäre, sind damit Bewußtseinsphänomene – ganz gleich welche Spielart angewandt wird – nicht lösbar. Eine freiheitliche Entscheidung im Bewußtsein des Menschen wird damit im

15 vgl. J. von NEUMANN: The Computer and the Brain. - New Haven, Conn. 1958

16 vgl. J. A. WHEELER: Genesis and observership, in: R. BUTTS / J. HINTIKKA (Eds.) :University of Western Ontario Series in the Philosophy of Science, Boston, Mass.: Reidel · 1977

B. CARTER: Large member coincidences and the anthropic principle in cosmology, in: M. S. LONGAIR (Ed.): Proceeding of extraordinary general assembly of International Astronomical Union (Krahan). - Boston: Reidel 1974

Sinne eines infiniten Regresses schließlich im Zusammenwirken bestimmter Neuronen gesehen. Das entspricht wissenschaftstheoretisch
den *naturwissenschaftlichen* Erklärungsmodellen.

Der *dualistische* Ansatz setzt letztlich einen *Körper* voraus, der die
Basis liefert, einen selbstbestimmenden *Geist*, der damit verknüpft ist
und Entscheidungen in Freiheit fällen und bewußt reflektieren kann.
Die Schnittstelle Bewußtsein zwischen Körper und Geist (Interface im
Sinne der Computertechnik), schon 1940 von C. S. SHERRINGTON[17]
postuliert, von den Neurophysiologen W. SPERRY 1969 und W. PEN-
FIELD 1975[18] präzisiert, wird 1978 bei J. C. ECCLES[19] und C.
POPPER[20] im Liaison-Hirn gefunden (Abb. 2).

In den Modulen der Großhirnrinde mit der säulenförmigen Grundstruktur sieht ECCLES dieses Liaison-Gehirn nachgewiesen, z. B. durch
das *Penfield-Experiment*[22], das *Kornhuber-Experiment* (1974)[23], das *Li-
bet-Experiment*[24].

Alle drei Experimente weisen nach, daß der *selbstbewußte Geist* in
der Lage ist, aus der Fülle der Möglichkeiten eine Möglichkeit heraus-
zuselektieren und Zeit sogar wie beim *Libet-* und *Kornhuber-Experiment* zu manipulieren. Der geistige Bewegungsentwurf wird in SMA einige Zeit vorher meßbar festgehalten. Die gespeicherten Informationen der Sinne werden also auf einer selektiven Grundlage festgehalten, die dem selbstbewußten Geist Auswahlmöglichkeiten zu jeweils
seiner Beurteilung anbietet. Damit schafft das *Liaison-Hirn* die für das
Bewußtsein notwendigen dynamischen Bedingungen. Die Sinne, die
uns ein Bild von der Welt um uns und unsere Beziehungen zur Welt
vermitteln, vergegenwärtigen uns auch die *inneren* Probleme, die
Nachrichten von Schmerz, Hunger, Durst, etc. Die eigentliche Umwandlung der codierten Informationen in Bilder ist heute noch nicht
restlos geklärt, sie ist jedoch ein Lernvorgang, wie Experimente beweisen. Nur das Bewußtsein schafft auf seiner höheren Stufe die Einheit
dieser Sinneswahrnehmung mit den *Gefühlen* und *Erinnerungen*.

17 vgl. C. S. SHERRINGTON: Man on his nature. - London 1940
18 W. PENFIELD: The mystery of the mind. - Princeton, N. J. 1975
19 John C. ECCLES: Das Rätsel Mensch. - München 1982
20 vgl. K. R. POPPER / John C. ECCLES: The self and its brain. - Berlin 1977
21 aus: John C. ECCLES: Die Psyche des Menschen. - München 1985, 31
22 W. PENFIELD: The mystery of the mind. - Princeton, N. J. 1975
23 H. H. KORNHUBER: Cerebral cortex, cerebellar and basal ganglia: A Putroduction
to their motor functions, in: F. O. SCHMITT / F. WARDEN (Eds.): The Neurosciences, the
third Study Program, Cambridge, Mass. 1974, 266 – 280
24 B. LIBEL: Electrical stimulation of cortex in human subjects and conscious sensory
aspects, in: IGGO (Ed.): Handbook of sensory physiology. - Berlin 1973

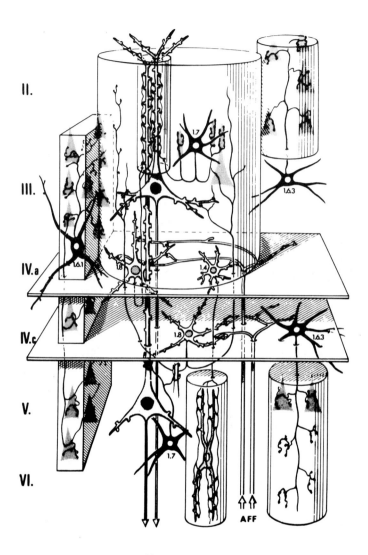

Abb. 2: Dreidimensionales Modell[21], das die verschiedenen Typen corticaler Neurone zeigt, einschließlich zweier Pyramidenzellen in den Schichten III und V mit apikalen Dendriten, die zur Schicht I aufsteigen, und Axonen, die aus dem Cortex hinausführen. Es sind zwei spezifische afferente Fasern abgebildet (AFF), die sich in Schicht IV reichlich verzweigen, um auf Sternzellen Synapsen zu bilden. Die mit 1.8 bezeichneten Zellen haben Axone, die nach oben projizieren und auf den apikalen Dendriten der Pyramidenzellen Synapsen vom Patronenfurttyp bilden. Die Zelle 1.4 ist eine neurogliforme Zelle mit einem Axon, das zu einer Martinotti-Zelle in Schicht VI absteigt, die ein zu Schicht I aufsteigendes Axon hat. Inhibitorische Neuronen sind *schwarz* eingezeichnet; sie können die Pyramidenzellen der benachbarten Säule hemmen.

ECCLES[25] sieht im Aufbau der Entwicklung der «Neuronenmaschine» mit dem Neandertaler die Möglichkeit des selbstbewußten Geistes. Die Doppelnatur des Bewußtseins muß also schon im Frühmenschen offenbar geworden sein: Werkzeugherstellung bei den frühen Hominiden setzt voraus, daß eine *Trennung der Materialien in Arbeitsmittel und zu bearbeitende Stoffe im Bewußtsein gegeben war.*[26] Damit wird die Außenwelt als ein Objekt angesehen, das differenziert verwendet werden kann. Einmal muß also ein objektives Bewußtsein vom Gegenstand der Außenwelt vorliegen, *andererseits muß eine subjektive Verwertung dieser Objektivität im Bewußtsein möglich sein, um die Handlungen zu erzeugen.* Dieser Subjekt-Objekt-Trennung muß eine Subjekt-Subjekt-Trennung vorausgegangen sein, bevor im Bewußtsein des Menschen eine Selbständigkeitserfahrung (heute Bedürfnisse des Subjekts genannt) gegenüber der Außenwelt erfolgen kann. Hier wird also eine Evolution des Bewußtseins postuliert, die in der *Subjekt-Subjekt-Trennung* eine Vorstufe der Erfahrung der Außenwelt darstellt. Bei einer Beschreibung unseres Bewußtseins ist es notwendig, eine Polarität zwischen objektiv Gegebenem und Beobachter festzuhalten. Andererseits ist keine strenge Trennung möglich, da beides Gedankeninhalte unseres Bewußtseins sind.[27]

Im Begriff des Bewußtseins haben wir also einen Schnitt zwischen Objekt und Subjekt vollzogen, dessen Schnitthöhe und Schnittstelle relativ willkürlich ist: Es wird also eine Komplexität zwischen Innen und Außen des Bewußtseins als Zweiheit vorgegeben, im Gegensatz zum indisch-hinduistischen Raum, wo alles Aussage des eigenen Subjekts als Maya (Traum, Täuschung, Illusion) angesehen wird.

6. Sinnerschließendes Bewußtsein

Die klassische Physik und Naturwissenschaft hat ihre Bewußtseinsentwicklung in mehreren Schüben verdeutlicht:[28]

Wissenschaftliche Untersuchungen beginnen und enden mit Erfahrungen. Unter dem Einfluß NEWTONs werden Theorien logisch aus der

25 John C. ECCLES: Das Rätsel Mensch, S. 144
26 vgl. Volker SCHURIG: Die Entstehung des Bewußtseins. - Frankfurt 1976
27 vgl. Niels BOHR: Atomtheorie und Naturbeschreibung. - Berlin 1931, 62
28 vgl. dazu Th. F. TORRANA: Theologische und wissenschaftliche Forschung, in: IBW-Journal 7 / 85, 5 ff.

Erfahrung abgeleitet. Wegen der notwendigen Meßbarkeit wurde im Zeitalter einer alles erklärenden und sich selbst genügenden Ratio die Mathematik zum Instrument der Ableitung der Begriffe und Erklärungen der Theorie. Damit war die Außenwelt des Bewußtseins streng deterministisch geformt, was eine Reduktion des Bewußtseins mit sich brachte. Dieser wirklichkeits- und bewußtseinseinsetzende Realismus war überholt, als Grundstrukturen der elektromagnetischen Wellen, des Lichtes, damit nicht mehr erklärt werden konnten.

Anknüpfend an J. Clerk MAXWELL führte A. EINSTEIN den Begriff des *dynamischen Feldes* ein, indem bewußtseinsmäßig Materie, Kraft und Feld eine Einheit bilden. Die NEWTONsche Idee, daß der unbegrenzte Raum unabhängig von unserem Bewußtsein existiere, war damit erledigt, denn dem empirischen Universum war Zeit und Raum inhärent. Mit der Anerkennung des Endlichen, doch nicht völlig aus sich verständlichen Universums war jede wissenschaftliche Erklärungsweise u. a. wegen der Meßprobleme in der Quantenmechanik illusorisch. Die Wissenschaft wurde den jeweiligen, aus dem Bewußtsein abgeleiteten Erfahrungsgrößen gegenüber flexibler, andererseits aber auch strenger dem erfahrenen Objekt gegenüber. Bewußtsein wurde verstanden als erfahrene Tatsache. Intuitives Erfassen der Objektstrukturen, um den Objekten die Chance zu geben, sich selbst in ihrer Verstehbarkeit zu interpretieren – das war Bewußtsein. Damit spielen bei der Beweisführung wissenschaftlicher Art in dem Bewußtsein die «fundamentalen Ideen» die wesentliche Rolle. So ist bei jeder Fragestellung im Grunde schon in der Fragestellung die Antwort enthalten.

Diese Grundüberzeugungen sind gleichzeitig auch unsere eigenen tiefsten *Bekenntnisse* gegenüber dem Objektiven aus uns selbst (vgl. EINSTEINs und HEISENBERGs Gedanken über Gott). Dieser letzten, in unserem Bewußtsein erzeugten Grundüberzeugung galt die Untersuchung der Wissenschaft. Damit war die naturwissenschaftliche Beweisführung der Schlußfolgerung ganz in die Nähe der geisteswissenschaftlichen gerückt.

Wissenschaft wurde bis an die Grenzen des Werdens aus dem Nichts vorgetrieben. Analog der Frage EINSTEINs, zu suchen, warum die Dinge so sind wie sie sind und nicht anders. Die Suche nach den letzten Elementen führt zur Problematik der Zeit und des Raums. Was ist diese Zeit? Die äußerst willkürliche Messung durch Cäsium-Atomuhren ist Teil unseres Bewußtseins, genau wie Geburt, Tod, Langlebigkeit. «Wir scheinen an unsere Armbanduhr mehr geklettet zu sein als diese an uns.» Die Zeit ist immer *unsere* Zeit, nicht die der umgebenden Natur. Auch das Empfinden der Zeit ist rein subjektiv (z. B. läuft sie nach dem Trinken von Bohnenkaffee schneller). Zeit wird langsamer, wenn sich wenig tut.[29] Schon werden Techniken angeboten, um den Zeitsinn im Bewußtsein zu ändern. Endorphine werden verstärkt bei Entspannung ausgeschüttet. Wiederholungen, z. B. Stricken, werden als heilsame Effekte der Zeitverlangsamung angepriesen. Das Zeitsyndrom gilt für sich schon als Hintergrund von möglichen Erkrankungen.

7. Mensch als Hauptdarsteller des Bewußtseins im freiheitlich-handelnden selbstbewußten Geist

Diese Zeit- und gleichermaßen Raumauffassung führt zu dem vertieften Hinweis auf Grundprinzipien des Bewußtseins und damit auch des Universums, der umgebenden objektiven Welt überhaupt. Bei der Suche nach den Grundprinzipien entwickelte J. A. WHEELER 1977[30] seine These vom Observership, d. h. von der *Existenz eines Beobachters*. Der Kreis wechselseitiger Abhängigkeiten wird zum Beobachter selbst zurückgeführt. Die frühere Darstellung der Naturwissenschaften, daß der Beobachter nur schaue, ohne einzugreifen, ist unhaltbar. Die Quantenmechanik lehrt, daß die Beobachtung z. B. von Elektronen unvorhersagbare Änderungen im Elektron hervorruft. Was man mißt, (Impuls oder Ort) verändert *unwiederholbar* das, was man beobachtet. Damit wird das beobachtende Bewußtsein zum Beteiligten, zum Darsteller. *Das Universum wird damit abhängig vom Bewußtsein des Messenden, des Forschers.* Bewußtsein ist also das notwendige Glied in der Kette, das erst dem Objekt Sinn verleihen kann. Ist damit mit dem teilnehmenden Beobachter im selbstbewußten Geiste des Bewußtseins-Observership die letzte Grundlage von Zeit und Raum gegeben? Die Entwicklung und Forschung führte von den Kristallen zu Molekülen, zu den Atomen, zum Teilchen, zu den Quarks, bis hin zur Zurückführung zum Menschen selbst, zum Bewußtsein. Mitbeteiligung des Be-

29 Larry DOSSEY: Die Medizin von Raum und Zeit. - Basel: Sphinx 1984
30 J. A. WHEELER: Genesis.
E. SCHRÖDINGER Mind and matter. - London 1958

wußtseins am Aufbau der Welt um uns, mit dem Hauptdarsteller, dem *selbstbewußten Geist*, dem kosmischen Drama, scheint die letzte Grundidee heutiger Wissenschaft zu sein. Damit bahnt sich eine neue Synthese von Wissen und Verstehen an – wie sie seinerzeit Thomas von AQUIN leistete, oder B. LOVELL 1977 postulierte. Das *anthropische Prinzip*[31] verknüpft damit die Schöpfung der evolutionären Vergangenheit – auch der persönlichen Vergangenheit des Bewußtseins, mit der Zukunft (Big- Bang, Crush): Erfüllung in Vergangenheit, Hoffnung in Zukunft, Handeln in Gegenwart. Bewußtsein ist als *Welt von innen* heraus zu sehen, als Bedingung für die Erkenntnis überhaupt, und für die Erkenntnis von Außenwelt – aber auch als Basis für Fühlen, Denken bis hin zur Weisheit, die den Beobachter zum Beteiligten und Hauptdarsteller werden läßt. Damit wären die vier Hauptkomponenten des Bewußtseins erstellt:

1. Die Sinneswahrnehmung polarer Art als Basis der Instruktion, der Ordnung Bild oder Sprache durch rechte oder linke Gehirnhälfte,
2. die Speicherung der Vergangenheitserfahrung,
3. die Kontrolle des Gedächtnisses und der Sinne,
4. die Anleitung und Entscheidung für die Handlung durch den freien, selbstbewußten Geist.[32]

Dieser *selbstbewußte Geist* beinhaltet den Kernpunkt unseres Bewußtseins, unserer Freiheit. Solange man die Informationen aus dem Sinne nur als Wirkungen faßt, die die Entscheidung auslösen, ist kein freier Spielraum vorhanden. Der *selbstbewußte Geist* im Bewußtsein hat die Chance, diese zur Kenntnis zu nehmen, zu verwerten, abzuwerten, ganz wie er will.

In diesem dualistischen Konzept des Bewußtseins kann der selbstbewußte Geist den Freiheitsbegriff deutlich konkret werden lassen. Er kann informationstheoretisch Störungen beseitigen bzw. auslösen. Dabei braucht die Ratio nicht alleinige Grundlage für die Entscheidung des selbstbewußten Geistes zu sein. Auch die emotionale Komponente kann von grundlegender Bedeutung sein. Dieser selbstbewußte Geist ist der, der uns das Gefühl dauerhafter Existenz von Unveränderlichkeit verleiht. Dieses Selbst ist unbegrenzt, es genügt sich selber. Voraussetzung dafür ist jedoch die Anerkenntnis, daß Naturgesetze als of-

31 vgl. dazu Anm. 16
32 Vgl. J. von NEUMANN: The Computer...

fene kontingente Arten der Ordnung beachtet werden[33], daß wir auf das hören, was uns in intuitiven Akten mit der objektiven uns umgebenden Wirklichkeit verbindet: auf das Mitgestaltertum, auf die Mitarbeit am Schöpfungsakt. CLERK, MAXWELL, EINSTEIN, POLANYI, HEISENBERG u. a. berufen sich immer wieder auf diese Verbindung unseres gestaltenden Bewußtseins mit der Wirklichkeit um uns. Sehen und Hören gewinnen hier eine neue Dimension. Beim Sehen liegt der Hauptakzent beim Beobachter, beim Aufnehmen durch Hören bei dem, was gehört wird, auch bei dem objektiv «Anderen», wodurch die Subjekt-Objekt-Trennung in der Kommunikation zeitweise aufgegeben werden kann. In diesem Dialog des Bewußtseins mit sich selbst und dem «Anderen» offenbart sich als Gesamtkonzeption des *anthropischen Prinzips* die *Verantwortlichkeit* aus der Freiheit und die Offenheit für die Ordnung als Chiffre. Bewußtsein als Chiffre für das Gesamtgefüge menschlichen Lebens zeigt den Menschen in umfassender Kommunikation mit allem Seienden, vergleichbar mit dem Modell einer Zwiebel[34], deren konzentrische Schalen bzw. Innenhäute, jede eine eigene – gekrümmt – zweidimensionale Erlebniswelt repräsentiert. Dieses Schalensystem soll gedeutet werden als ein System zunehmender Verinnerlichung, das im Schalenkern in Transzendenz einmündet. Der Punkt Null – so könnte man funktionstheoretisch sagen – springt in Punkt ∞um. Bewußtsein – Außenwelt, selbstbewußter Geist und Handeln, fließen ineinander. Alles Gewesene – könnte man philosophisch sagen – wird Sinnbild des Ganzen, so wie Nikolaus v. CUES hier die Lehre EINSTEINs vorher deutete: Kommunikatives Beieinandersein in umfassender hierarchisch-schalenförmig gegliederter Kommunikation allen Seienden. So zeigt sich das Bewußtsein, das damit ähnlich wie der Zwiebelkern auch Ort und Anlaß für Weiterverbreitung bzw. Entwicklung ist. Im Sinne dieses neuen Bewußtseins besteht der erste Schritt in der Wiedererweckung des Staunens eines Kindes, das wir wieder lernen müssen, um nicht alles gedanklich kognitiv vorwegzunehmen. Weiterhin sollten wir uns vielleicht manchmal hüten, alles analysieren und einordnen, benennen zu wollen. Die von uns im Bewußtsein schon visuell zurechtgefügte und -gelegte Umwelt sollten wir vielleicht oft etwas mehr auf uns wirken lassen, auf sie intuitiv hören,

---

33 vgl. Th. F. TORRANA: Theologische und wissenschaftliche Forschung.
34 vgl. Herbert STACHOWIAK: 60 Jahre Paderborner Studien 3 / 4 (1981), 114 / 115

um bewußt zu sein, des ganz «Anderen». Ein Hauptdarsteller im Drama des Lebens und unseres Lebens bleibt unser Bewußtsein. Das Drama unseres Lebens läuft nicht vor leeren Bänken ab.[35] Die Haltung dieses Bewußtseins hängt von den Informationen ab, die im Laufe des Lebens gespeichert werden und dessen Handlung von der freien Auswahl des selbstbewußten Geistes abhängt. Außerhalb des Bewußtseins, das der selbstbewußte Geist sich davon schafft, haben materiale Dinge kein Existieren. In der Kommunikation des Bewußtseins sind Denken und Fühlen eins.[36] Weisheit erscheint als folgerichtige Entwicklung des Dialogs mit dem selbstbewußten Geist.

---

35 vgl. E. SCHRÖDINGER: Mind and matter
36 vgl. Mikro-Universa CHARONS, Anm. 10

Der Dialog mit dem selbstbewußten Geist wird wesentlich von den Empfindungen und Gefühlen mitbestimmt und gestaltet, wie Josef A. KELLER aufzeigt.

JOSEF A. KELLER

GEFÜHLE ALS GRUNDELEMENTE DES PSYCHISCHEN

Im Jahre 1980 wurde auf dem Kongreß der Deutschen Gesellschaft für Psychologie in Zürich ein vielbeachtetes Referat mit dem bezeichnenden Titel «Wider die Vernachlässigung der Emotion in der Psychologie»[1] gehalten. Vor dem Hintergrund dieser eher ungünstig klingenden Beschreibung einer Situation, an der sich bis zum heutigen Tag wenig verändert hat, wollen wir im folgenden auf einige ausgewählte Einzelprobleme der Emotionspsychologie eingehen.

Im einzelnen handelt es sich dabei um

1. das Problem der *Definition* von Gefühl, Emotion, Affekt usw. und die Abgrenzung dieser Begriffe gegeneinander;

2. die Frage nach der *Funktion* von Gefühlen oder Emotionen, d. h. genauer die Frage, ob diese als sinn- und zweckvolle psychische Elemente oder aber als überflüssige, möglicherweise sogar eher hinderliche Epiphänomene menschlichen Erlebens und Verhaltens zu betrachten sind;

3. die Frage nach dem *Stand der Theorieentwicklung* der Emotionspsychologie unter besonderem Hinblick auf neuere kognitionspsychologische Ansätze;

4. die Frage nach dem *Standort* von Emotionen und Gefühlen im Gesamt menschlichen Erlebens und Verhaltens, insbesondere deren Zusammenhang mit Motivation und Verhalten; und schließlich und endlich

5. die Frage nach *Anwendungsmöglichkeiten* der Erkenntnisse der Emotionsforschung in der Praxis und im Alltag.

---

1 K. SCHERER: Wider die Vernachlässigung der Emotion in der Psychologie. In: W. MICHAELIS (Hrsg.): Bericht über den 32. Kongreß der Deutschen Gesellschaft für Psychologie in Zürich 1980. - Göttingen: Hogrefe 1981, S. 304 – 317

1. Zur Definition grundlegender Begriffe der Emotionspsychologie

Schon in der *Definition* der von ihr verwendeten Grundbegriffe tut sich die Emotionspsychologie äußerst schwer: Ganz gleich, ob nun von Gefühl, Stimmung, Gemüt(sbewegung oder -zustand) oder von Affekt die Rede ist, zumindest prima facie ist doch ein – wohl auf der Basis des Alltagsgebrauchs beruhender – allgemeiner Konsens über deren Sinn und Bedeutung vorhanden; dieser verliert sich jedoch schnell, wenn man vor die konkrete Aufgabe gestellt wird, die mit den einzelnen Begriffen bezeichneten Phänomene genauer zu beschreiben oder gar voneinander zu unterscheiden.

Eine gewisse Übereinstimmung hinsichtlich bestimmter Aspekte der aufgeführten emotionalen Phänomene scheint zwar zu existieren, insofern als man sich etwa unter einem «Affekt» ein besonders intensives, meist negatives Gefühl vorstellt, unter «Stimmung» hingegen eine längerdauernde, eher extensive emotionale Gesamtbefindlichkeit. «Gefühl» wiederum wird oft als die subjektive lust- oder unlustbetonte Erlebniskomponente der Emotion aufgefaßt. Insgesamt ist es aber doch so, daß die verschiedenen Begriffe äußerst divers, ja kontrovers gehandhabt werden, ein Dilemma, welches als deutliches Indiz für die unbefriedigende Situation der Emotionsforschung insgesamt gelten kann.

Die *Komplexität* von Gefühlen oder Emotionen wird deutlich, wenn man sich die ihnen von verschiedenen Autoren zugeschriebenen Charakteristika vor Augen führt. So werden sie etwa angesehen als

a) Erlebnisse mit *pathischem Charakter*, die den Menschen «überfallen» oder «überkommen», dener er mehr oder weniger passiv ausgeliefert ist;

b) Erlebnisse, die *spontan*, plötzlich, ungeplant, unwillkürlich auftreten und oft ebenso wieder verschwinden;

c) Erlebnisse mit besonderer *Subjektivität* und *Ichbeteiligung*; d. h. sie «berühren» den Betroffenen stärker als etwa rationale Überlegungen;

d) Erlebnisse, die den Charakter der *Lust-Unlust* oder Angenehmheit-Unangenehmheit besitzen;

e) Erlebnisse, die mit einer eher allgemeinen und unspezifischen *organismischen Aktivierung* oder Erregung zu tun haben;

f) Erlebnisse, die sich in *Ausdruck, Verhalten* und *körperlich-physiologischen Prozessen* äußern können;

g) Erlebnisse, die häufig einen *negativen Beigeschmack* haben, die als disruptiv oder störend empfunden werden und deren allzu deutliche Äußerung wohl gerade deshalb oft als inadäquat, nicht angemessen, nicht salonfähig gilt. Bemerkungen, die dies unterstreichen, sind etwa: «Man läßt sich nicht gehen!», «Man weint nicht in der Öffentlichkeit!» (Dies gilt vor allem für Männer!), «Man lacht nicht lauthals!» oder das oberste Gebot, das für viele gilt: «Cool bleiben!»

Eine *umfassende* (wissenschaftliche) *Definition* für «Emotion», die verschiedene der angegebenen Bestimmungsmerkmale abdeckt, sei im folgenden geboten: «Emotion ist ein komplexes Gefüge von Interaktionen zwischen subjektiven und objektiven Faktoren, vermittelt über neuralhormonale Systeme, welches a) affektive Erfahrungen, wie Gefühle der Erregung, der Lust-Unlust veranlassen kann, b) kognitive Prozesse, wie emotional relevante Wahrnehmungseffekte, Bewertungen, Etikettierungsprozesse hervorrufen kann, c) ausgedehnte physiologische Anpassungsprozesse an die erregenden Bedingungen aktivieren kann, und – nicht immer – expressiv, zielgerichtet und adaptiv ist.»[2]

Sehen wir uns die von den beiden Autoren postulierten Bestimmungsstücke etwas näher an, so sehen wir a) die *affektive* (Gefühls-) Komponente, die das subjektive (Lust-Unlust-) Erlebnis betrifft; b) die *kognitive* Komponente, die einen Bewertungsvorgang (positiv-negativ) einschließt; c) die *physiologische* Komponente, die der organismischen Anpassung an die Erregungsbedingungen gilt. Als beispielhaft sei hier etwa die sog. «Notfallreaktion» des Organismus bei extremen Streß- oder Angstsituationen genannt. Dabei wird der Sympathicus aktiviert, der in Verbindung mit den Hormonen des Nebennierenmarks für eine schnelle und kurzfristige Mobilisierung körperlicher Reserven sorgt, die den Organismus zu «fight or flight» (Kampf oder Flucht) befähigen;[3] d) die *verhaltensmäßige* Komponente, welche den Ausdruck betrifft und die Motivation des Handelns eines Individuums.

2 P. R. KLEININNA / A. M. KLEININNA: A categorized list of emotion definitions with suggestions for a consensual definition. - Motivation and Emotion 5 (1981) 4, S. 345 – 379

3 W. B. CANNON: Bodily changes in pain, hunger, fear, and rage. - New York: Appleton-Century-Crofts 1929

Wenn man sich, nach dem von mir hier in gebotener Kürze versuchten Aufweis der Komplexität emotionaler Phänomene und der Schwierigkeit ihrer Definition, vergegenwärtigt, daß das Suchen nach klaren Begriffsfassungen keineswegs nur ein relativ unnützes, akademisches Unterfangen darstellt, sondern weitreichende Konsequenzen beinhaltet, die von der Formulierung bestimmter Hypothesen bis zur (Neu-) Orientierung eines ganzen Forschungsbereiches reichen können, dann ist wohl jedem der Sinn und Zweck derartiger definitorischer Bemühungen unmittelbar einsichtig.

2. Die Funktion von Gefühlen oder Emotionen

Die Frage nach der *Funktion* von Gefühlen (oder Emotionen) ist eine der ältesten emotionspsychologisch relevanten Fragen überhaupt.

Seit der griechischen Antike dominierte ein «intellektualistisches» Emotionskonzept: Der Mensch wurde in erster Linie als *rational* sich entscheidendes und handelndes Wesen aufgefaßt. Die eigentliche Handlungsentscheidung beruht demnach auf einem Willensakt. Emotionen werden meist in der Vorphase des Willens angesiedelt oder als Begleitphänomene anderer psychischer Vorgänge und Funktionen (etwa der Motivation) aufgefaßt. Zudem herrschte die Vorstellung, Gefühle, Affekte oder Emotionen würden seelische Prozesse und Handlungen *beeinträchtigen*, indem sie zu vielerlei Störungen, Disruptionen und im Extremfall auch zu völligem Verlust eigener Handlungskontrolle führten.

Ziel pädagogischen Handelns konnte dementsprechend bestenfalls nur die Beherrschung oder intellektuell-willensmäßige Überformung der Gefühle sein, im – gar nicht so selten postulierten – «Ideal»-Fall sogar deren gänzliche Unterdrückung oder Ausrottung.

Die Erkenntnis, daß die Gefühle neben den Vorstellungen und dem Willen eine eigene selbständige Kategorie psychischer Tätigkeiten darstellen, setzte sich nur langsam durch, so etwa bei Nikolaus TETENS, Christian WOLFF und Immanuel KANT. Wilhelm WUNDT, der Pionier der modernen experimentellen Psychologie, unterschied zwei Klassen psychischer Elemente, nämlich Empfindungen und Gefühle, und widmete den Gefühlen und deren Analyse einen bedeutenden Anteil seiner wissenschaftlichen Arbeit.[4] Trotz dieser sich anbahnenden Anerkennung von Gefühl und Emotion als eigener und spezifischer Art psychischer Phänomene war es lange Zeit so – und dies dauert, wie die oben angeführte Situationsbeschreibung von K. SCHERER (1980) zeigt, auch heute noch an – , daß Gefühle und Emotionen in gewisser Weise ein Schattendasein innerhalb der wissenschaftlichen Psychologie führten und gegenüber klassischen Themenbereichen wie Wahrnehmung, Sprache oder Motivation etwas stiefmütterlich behandelt wurden bzw. noch werden. Und dies – das ist besonders bemerkenswert – ist der Fall, obwohl man inzwischen weiß, daß Gefühlen oder Emotionen eine ganze Reihe sehr bedeutsamer Funktionen für Erleben und Verhalten bei Mensch und Tier zukommt.

a) Antriebsfunktion

Als erstes wäre die *Antriebsfunktion* zu erwähnen, die Emotionen für Verhalten und Handlung ausüben. Vor allem sog. Erwartungsemotionen[5] oder affektive Antizipationen[6] etwa vom Typ «Hoffnung auf Erfolg» versus «Furcht vor Mißerfolg» scheinen äußerst relevant für intendierte Handlungen zu sein. Die praktisch unauflösbare Zusammengehörigkeit von Motivation und Emotion wird auch von vielen anderen Motivationsforschern immer wieder nachdrücklich betont.[7]

b) Ausdrucksfunktion

Die *Ausdrucksfunktion* von Emotionen und Gefühlen ist als zweites zu nennen. Gefühle (der Angst, der Freude, des Ärgers usw.) werden z. B. durch Mimik, Pantomimik, Laute, Sprache geäußert und erlauben es dem Individuum, damit zu zeigen: «So geht es mir momentan!» oder «So ist mir zumute!» Damit verbindet sich oft der Appell an die Umgebung «Versteh' mich doch!» oder «Hilf mir doch!» Die bei manchen Menschen ausgeprägte Unfähigkeit, Emotionen einerseits entweder überhaupt nicht oder wenn, dann nur inadäquat äußern zu können, ande-

---

4 W. WUNDT: Grundriß der Psychologie. - Leipzig: Wilhelm Engelmann 1896
5 H. HECKHAUSEN: Motivation und Handeln. - Berlin: Springer 1980, S. 547
6 B. WEINER: Human motivation. - New York: Holt, Rhinehart and Winston 1980
7 Vgl. hierzu J. A. KELLER: Grundlagen der Motivation. - München: Urban & Schwarzenberg 1981, S. 84 f., S. 142 f., S. 224 ff.

rerseits deren Manifestation bei anderen nicht erkennen oder deuten zu können, erweist sich – so besehen – als äußerst problematisch.

c) Soziale Funktion

Eine Funktion, die eng mit der eben genannten zu tun hat, aber wegen der ihr zukommenden Relevanz hier gesondert an dritter Stelle aufgeführt werden soll, ist die *soziale Funktion* (Kommunikationsfunktion) von Emotionen oder Gefühlen. Über den Ausdruck an die Umgebung gerichtet, vermittelt sie bestimmte auf andere Personen zielende *positive* oder *negative* Intentionen der Gesellung oder Zurückweisung, der Bestätigung und Anerkennung oder der Ablehnung, der Aggression, der Scheu und Zurückhaltung oder der Furcht.

d) Kognitive Bewertungsfunktion

Als vierte Funktion ist zu nennen eine *kognitive Bewertungsfunktion*, die Emotionen und Gefühlen insofern zukommt, als durch die von ihr bewirkte (positive oder negative) Erlebnistönung auch kognitive Erlebnisinhalte, Situationen etc. bewertet und klassifiziert werden und damit eine besondere Hervorhebung oder Hintanstellung erfahren. Letzteres ist besonders bedeutsam auch für das Behalten bzw. Wiedererinnern bestimmter Gedächtnisinhalte.

e) Physiologische Adaptationsfunktion

Die an fünfter Stelle zu nennende *physiologische Adaptationsfunktion* üben Emotionen aus, indem die sie mitkonstituierende, physiologische Komponente zur körperlich-motorischen Anpassung an emotional relevante Ereignisse oder Situationen beiträgt. Beispielhaft sei hierzu nochmals auf die sog. *«Notfallreaktion»* (CANNON) des Organismus verwiesen, die in extremen Belastungssituationen (Angst, Furcht, Streß) zu einer kurzfristigen und umfassenden physiologischen Mobilisierung vorhandener körperlicher Reserven führt, die den Organismus zu situationsadäquatem Handeln befähigt. Über das vegetative Nervensystem wird so u. a. eine Erhöhung der Herzschlagfrequenz, eine Ausschüttung von in der Leber gespeichertem Zucker, eine Konzentration der Blutversorgung auf das Gehirn und den Bewegungsapparat sowie eine verbesserte Blutgerinnung und Sauerstoffversorgung bewirkt.

f) Verstärkungsfunktion

Sechstens wäre anzuführen die *Verstärkungsfunktion* der Emotion, da die Verstärkung (reinforcement) von Verhalten höchstwahrscheinlich nicht nur – wie von manchen Behaviouristen[8] postuliert – durch Antriebsreduktion zustandekommt, sondern auch durch den nach einer Betätigung erlebten Erfolg oder Mißerfolg, welcher sich mit Gefühlen etwa des Stolzes oder der Scham verbindet. Der in der frühen Lernpsychologie verwendete Begriff des «satisfying state of affairs» (Befriedigungszustand)[9] bzw. die später postulierten antizipatorischen Emotionen (insbesondere Furcht und Hoffnung), die das schließliche Verhalten (Vermeidung oder Annäherung) vermitteln,[10] verweisen bereits auf die mögliche Verstärkerrolle von Emotionen.

g) Orientierungs- und Steuerungsfunktion

Eine siebtens zu erwähnende Orientierungs- und Steuerungsfunktion für das Handeln und Entscheiden eines Individuums haben Emotionen, Gefühle oder Stimmungen u. a. deshalb, weil sie das Verhalten in ganz spezifischer Art und Weise bestimmen können. Beispielsweise wird ein Mensch mit momentan vorherrschender depressiver Grundstimmung oder Angst kaum dazu neigen, sehr risikoreiche Entscheidungen zu treffen oder Handlungen auszuführen, während ein hochgestimmter und gutgelaunter Mensch viel eher dazu imstande ist.

h) Kompensationsfunktion

Schließlich sei achtens auf eine Art von *Kompensationsfunktion* von Emotionen für Informationsdefizite verwiesen.[11] Konfrontiert mit einer relativ unstrukturierten und komplexen Situation, die zudem schnelles Handeln erfordert, erfährt ein Individuum eine merkliche Zunahme an innerer Emotionalisierung, welche wiederum zu einer Reduzierung weiterer Informationsaufnahme und einem (Teil-) Verlust

8 C. L. HULL: Principles of behavior. - New York: Appleton-Century-Crofts 1943
9 E. L. THORNDIKE: Animal intelligence. - New York: Macmillan 1911
10 O. H. MOWRER: Learning theory and behavior. - New York: Wiley 1960
11 P. SIMONOV: Information theory of emotions. In: M. B. ARNOLD (Ed.): Feelings and emotions. - New York: Academic Press 1970, S. 145 – 149; K. OBUCHOWSKI: Orientierung und Emotion. - Berlin: VEB Deutscher Verlag der Wissenschaften 1982

der Strukturierungs- und Differenzierungsfähigkeit auf seiten der Person führt. Bestimmte Informationsausgleichungs-, -kategorisierungs und -nivellierungsprozesse schaffen dann den für die Handlungsinitiierung nötigen und hinreichenden kognitiven Hintergrund.

Diese Ausführungen über mögliche und empirisch einigermaßen gesicherte Funktionen von Emotionen unterstreichen eindrucksvoll die Notwendigkeit einer eingehenderen Beschäftigung mit dem Thema «Emotion und Gefühl» in der Psychologie und anderen Wissenschaften, insofern, als sie die Wichtigkeit von Emotionen für das gesamte Erleben und Verhalten belegen.

3. Die Entwicklung theoretischer Ansätze der Emotionspsychologie

Die Emotionsforschung vermag inzwischen auf eine große Zahl von Theorien zu verweisen, mit deren Hilfe mehr oder weniger umfassend, ausreichend und verständlich emotionale Phänomene erklärt werden.

Die Möglichkeit einer Klassifikation der verschiedenen Emotionstheorien ergibt sich meines Erachtens am ehesten, wenn man die einzelnen Ansätze hinsichtlich ihres Bezuges zu bzw. ihrer Verankerung in körperlich-physiologischen, motivationalen oder kognitiven Prozessen hinterfragt.

a) Körperlich-physiologische Prozesse

Als der ersten Sparte zugehörig wären etwa sog. periphere Emotionstheorien zu nennen,[12], die das subjektive Erleben von Emotionen als *Folge körperlicher* oder *vasomotorischer Prozesse* ansahen – bekannt ist in diesem Zusammenhang der vielzitierte Ausspruch: «Wir weinen nicht, weil wir traurig sind, sondern wir sind traurig, weil wir weinen». Es dürfte kaum verwunderlich sein, daß diese reichlich paradox anmutende Auffassung nicht nur bei Emotionsforschern sehr kontrovers diskutiert wurde. Trotz insgesamt eher widersprüchlicher empirischer Befunde, muß der Einfluß dieser Theorie auf die weitere Theorieentwicklung innerhalb der Emotionspsychologie als relativ groß erachtet werden.

---

12 W. JAMES: What ist an emotion? - Mind 19 (1884), S. 188 – 205; C. LANGE: Om Sinsbevaegelser. - Kopenhagen: Rasmussen 1885

Ebenfalls unter der ersten Rubrik zu nennen wären verschiedene *psycho-physiologische Emotionstheorien*.[13] Diese sehen Emotionen und deren Entstehung in der Funktion vor allem subkortikaler Zentren (Formatio reticularis, Hypothalamus) begründet. Ein eklatanter Mangel derartiger Ansätze besteht allerdings darin, daß keine Erklärung für die *Qualität* jeweils unterschiedlicher Emotionen angeboten wird, lediglich deren *Intensität* erfährt im Konzept der allgemeinen, von den genannten Mittel- und Stammhirnarealen ausgehenden psychophysischen Aktivierung oder Erregung eine angemessene Berücksichtigung. Damit entzieht sich allerdings ein wichtiger Aspekt dessen, was wir unter «Emotion» oder «Gefühl» verstehen, der notwendigen wissenschaftlichen Betrachtung und Analyse.

b) Motivationale Prozesse

In «*motivationalen*» *Emotionstheorien* spielen Begriffe wie Emotion oder Gefühl lediglich die Rolle von «Hilfskonstrukten». D. h., emotionale Phänomene werden lediglich wegen ihres möglichen Einwirkens auf die oder Zusammenwirkens mit der Motivation eines Individuums einer wissenschaftlichen Betrachtung gewürdigt. Damit werden Gefühle oder Emotionen als (relativ überflüssige) Begleiterscheinungen oder Anhängsel von Motivationsvorgängen angesehen, deren Funktion sich praktisch auf die emotionale Färbung einer bestimmten Motiv-Verhaltens-Sequenz beschränkt. So gilt etwa Furcht als emotionales Pendant der Fluchttendenz und Ärger korrespondiert als Emotion zu Streitsucht.[14] Insgesamt besehen muß jeder Versuch, Gefühle oder Emotionen in mehr oder weniger expliziter reduktionistischer Absicht unter dem Begriff «Motivation» zu subsumieren, als kurzsichtig beurteilt werden, weil damit ganz spezifische Aspekte emotionaler Phänomene aus dem Blick geraten und kaum mehr – wenn überhaupt – Berücksichtigung erfahren. Nur die Analyse von Gefühl und Emotion als Phänomene sui generis – wenn auch in teils engem Zusammehang mit motivationalen und kognitiven Prozessen stehend – kann als wissenschaftlich befriedigender Zugang angesehen werden.

---

13 Dazu zählen etwa die von D. B. LINDSLEY / E. DUFFY / H. SCHLOSBERG / R. B. MALMO und D. O. HEBB. Siehe hierzu auch: J. A. KELLER: Grundlagen der Motivation, S. 212 ff.
14 W. McDOUGALL: An introduction to social psychology. - London: Methuen 1908

c) Kognitive Prozesse

Neuerdings machen Emotionstheorien von sich reden, die meist als «*kognitiv*» apostrophiert werden. Diese Etikettierung verdienen diese Ansätze deswegen, weil ihnen zufolge Emotionen durchweg als Epiphänomene (oder Folgeerscheinungen) irgendwelcher kognitiver Prozesse (Wahrnehmungen, Vergleiche, Bewertungen) gelten. Die derzeit meistdiskutierte kognitive Emotionstheorie stammt in ihrem Grundansatz von S. SCHACHTER und J. E. SINGER [15] und besagt, daß Emotionen durch das Zusammenspiel von zwei Größen entstehen, nämlich die unspezifische physiologische Erregung und die einer Situation anhaftenden emotionalen Reize. Erstere bestimmt die Intensität oder Stärke, letztere die Qualität der Emotion (Angst, Freude, Trauer usw.). Konkret sieht das so aus, daß ein Individuum seine (physiologische) Erregung bemerkt und dafür nach einer (kognitiven) Erklärung oder Bewertung sucht, welche es schließlich der Situation entnimmt (Abb. 1).

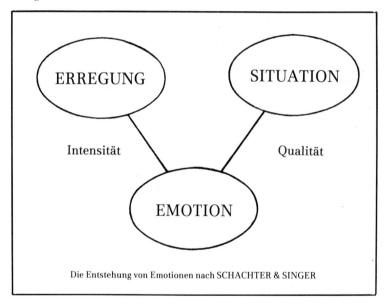

Die Entstehung von Emotionen nach SCHACHTER & SINGER

Abb. 1

15 S. SCHACHTER / J. E. SINGER: Cognitive, social, and psychological determinants of emotional state. - Psychological Review 69 (1962), S. 379 – 399
16 Sog.YERKES-DODSON-Gesetz. Siehe hierzu: J. A. KELLER: Grundlagen der Motivation, S. 214 ff.

Die Theorie besagt, daß eine – unwissentlich für die Versuchsperson – beispielsweise durch Koffeineinnahme oder eine Adrenalininjektion erzeugte physiologische Erregung in der Person zur Suche nach einer Erklärung dieser Erregung führt und je nachdem, ob nun die Person z. B. einen lustigen oder traurigen Film sieht, jeweils korrespondent Freude oder Traurigkeit auf seiten der Person kogniziert wird.

So plausibel das Postulat von einem Zusammenspiel innerer Erregung und äußerer Situation beim Zustandekommen einer Emotion klingt, wohl ein Grund für die weite Verbreitung dieser Theorie, so schwierig ist es, diese empirisch zu belegen. In den meisten Fällen liefert zudem das Ereignis oder die Situation, welche die allgemeine Erregung auslöst, gleichzeitig auch die entsprechende Bewertungskognition. D. h. die allgemeine unspezifische Erregung und die hinzutretende Kognition sind so eng miteinander verbunden, daß es in der Regel schwerfallen dürfte, beide auseinanderzuhalten und zu trennen. Genau dies aber wäre für eine konsequente empirische Testung der Theorie vorauszusetzen.

Trotz dieser gleichsam theorieinhärenten Problematik eines adäquaten empirischen Testens kommt diesem wie anderen inhaltlich ähnlichen Ansätzen das unstrittige Verdienst zu, auf die große Bedeutung von *Kognitionen* für das Erleben von Emotionen und deren Auswirkung auf das Verhalten hingewiesen zu haben.

4. Zum Einfluß von Emotionen auf menschliches Erleben und Verhalten: Zwei Beispiele

Die Frage, welche Rolle Emotionen oder Gefühle im Gesamt menschlichen *Erlebens* und *Verhaltens* einnehmen, wurde in meinen bisherigen Ausführungen schon verschiedentlich angesprochen. Im folgenden soll aufgezeigt werden, wie Emotionen mit bestimmten Erlebens- und Verhaltensweisen zu tun haben.

Da es natürlich völlig unmöglich ist, auf alle inzwischen bekannten Zusammenhänge zwischen Emotion und Erleben oder Verhalten einzugehen, soll hier exemplarisch auf zwei empirisch relativ gut gesicherte Annahmen näher verwiesen werden. Die erste bezieht sich auf den Zusammenhang zwischen allgemeiner Aktivierung und Leistung, die zweite auf die Beziehung zwischen allgemeiner Aktivierung, Angst und Neugierverhalten. Da die allgemeine Aktivierung eines Organismus, wie es ja auch die oben erwähnte SCHACHTER & SINGER-Theorie postuliert, ein integraler Bestandteil von Emotionen ist, haben die hier aufgezeigten Ergebnisse psychologischer Forschung einen unmittelbaren Bezug zum Thema Emotion und Gefühl.

a) Psychophysische Aktivierung und Leistung

Als erstes sei verwiesen auf die Beziehung zwischen allgemeiner *psychophysischer Aktivierung und Leistung.* Diese Beziehung ist inzwischen häufig empirisch untersucht worden und fand in der Regel eine eidrucksvolle Bestätigung. Sie stellt sich dar als kurvilineare Beziehung und wird als umgekehrt-U-förmige Funktion bezeichnet. D. h., daß nicht einfach jeweils höhere Aktivierungsgrade mit höherer Leistung einhergehen – daraus würde eine lineare Beziehung resultieren –, sondern daß die maximale Leistungseffizienz bei einem mittleren Aktivierungsausmaß auftritt. Vergegenwärtigen wir uns nun, daß bei einem Individuum Aktivierung nicht nur auf künstlichem Wege erzeugt werden kann, z. B. durch eine Adrenalininjektion, durch Koffeineinnahme, durch ein gewisses Ausmaß an Lärm oder durch eine Streßinduktion (etwa wenn jemandem angekündigt wird: «Sie sollen in zehn Minuten eine Rede vor der Gruppe halten!»), sondern daß eine solche Aktivierung praktisch bei jeder die Person bewegenden Emotion anzutreffen ist, dann sehen wir unmittelbar, daß mittlere Aktivierungsgrade und damit beste Leistungsvoraussetzungen bei *jeder* Emotion zu erwarten sind, vorausgesetzt, diese hat weder extrem geringe noch extrem hohe Aktivierung im Gefolge. Letzteres heißt, daß z. B. *mittlere Grade* von Angst, Ärger, Freude oder Streß als Basis maximaler Leistungseffizienz angesehen werden können.

Der Vollständigkeit halber sei noch erwähnt, daß das bisher Gesagte das Grundgerüst einer Theorie darstellt, die durch verschiedene empirische Ergebnisse in der Folgezeit weiter verfeinert werden konnte. So fand man etwa, daß der für die Vollbringung einer bestimmten Leistung günstige Aktivierungsgrad auch mit der Schwierigkeit der zu erbringenden Leistung oder der zu erledigenden Aufgabe zusammenhängt.[16] D. h., daß für schwierige Aufgaben (etwa schwierige

mathematische Probleme) schon geringere Aktivierungsniveaus
hinreichen, während für leichtere Aufgaben (etwa Maschineschrei-
ben) höhere Aktivierungsniveaus erforderlich sind.

b) Aktivierung und Neugierverhalten

Als zweites sei verwiesen auf den Zusammenhang zwischen Aktivierung und Neugierverhalten. Neugierverhalten (oder Explorationsverhalten, wie es in der Psychologie oft genannt wird) richtet sich auf alle
Objekte mit geringerem Bekanntheitsgrad, wobei unter Objekten
manchmal auch Subjekte, also etwa fremde Personen verstanden werden können. D. h. unter Neugierverhalten wird sowohl das sog. episte-
mische Verhalten des Erwachsenen, das auf Wissenserwerb abzielt,
subsumiert, als auch das eigenartige Verhalten von Kleinkindern gegenüber (mehr oder weniger) fremden Personen, das sich zwischen zu-
traulicher Annäherung und scheuer Zurückhaltung (sog. «Fremdeln»)
bewegt.

Das allgemeine Ablaufschema für Neugier- oder Explorationsverhalten zeigt Abb. 2. Aus diesem Schema ergibt sich, daß Neugierverhalten
zyklisch verläuft, sich von *Langeweile* zu *Neugier,* zu *neugierinduzieren-
dem Explorationsverhalten* und zu einem *Sättigungszustand* entwickelt,
wobei letzterer praktisch wieder zu *Langeweile* usw., also einer Wiederholung des Gesamtprozesses überleitet.

Diesem Ablauf von bestimmten Gefühlen, Motiven und Verhaltensweisen korrespondiert

a) ein *variierender Bekanntheitsgrad* der entsprechenden Umreize (die
von dem jeweiligen neugiererweckenden Objekt ausgehen) und
b) ein *variierender Grund* an innerorganismischer psychophysiologi-
scher Erregung oder Aktivierung.

Um nun zu unserer speziellen Frage nach dem Zusammenhang von
Aktivierung und Neugierverhalten zurückzukommen, noch einige Vor-
bemerkungen. Wenn man – wie eben ausgeführt – davon ausgehen
kann, daß ein *optimales Aktivierungsniveau* bei einem *mittleren Ausmaß an Neuigkeit* des zu explorierenden Objekts zu erwarten ist, dann
kann man davon ausgehen, daß es vor allem unter dieser Bedingung zu
Annäherungs- und damit Explorationsverhalten kommt. Übersteigt der

---

16 Sog. YERKES-DODSON-Gesetz. Siehe hierzu: J. A. KELLER: Grundlagen der Motivation, S. 214 ff.

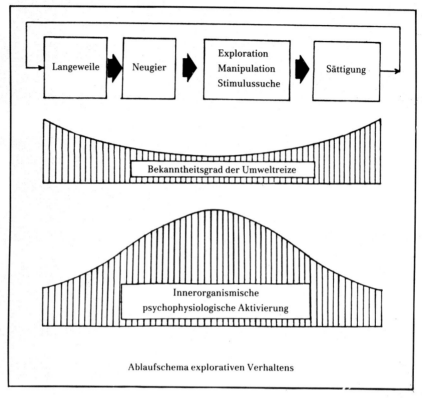

Abb. 2

Neuigkeitsgrad eines Objekts jedoch ein bestimmtes, noch tolerierbares Ausmaß, dann wird das geschätzte Risiko (der Befassung mit diesem Objekt) zu groß, die Angst steigt extrem an, es setzt Rückzugsverhalten ein, das Objekt wird gemieden.[17] Dieser postulierte Zusammenhang zeigt, daß zwischen einem bestimmten Verhalten (hier: Neugierverhalten) und einer bestimmten Emotion (hier: Angst) eine eigenartige, komplizierte Interaktion besteht, die sich nur unter Berücksichtigung des jeweiligen situativen Umfeldes (also der Reizbekanntheit) und des aktuellen, innerhalb der Person vorherrschenden Erregungs- oder Aktivierungszustandes verstehen läßt.

17 M. ZUCKERMAN: Sensation seeking and anxiety, traits and states, as determinants of behavior in novel situations. In: I. G. SARASON / C. D. SPIELBERGER (Eds.): Stress and anxiety, vol 3. - Washington: Hemisphere 1976, S. 141 – 170

5. Praktische Anwendbarkeit von Erkenntnissen der Emotionsforschung

Eine Frage, die möglicherweise auf besonderes Interesse stoßen wird, ist die nach der Anwendbarkeit der Erkenntnisse der Emotionsforschung in Praxis und Alltag.

Ich möchte diese Frage beantworten, indem ich versuche, verschiedene Möglichkeiten zur Beeinflussung von Emotionen aufzuzeigen.

In der Regel handelt es sich hierbei um Versuche, eher «negative» Gefühle oder Emotionen (wie z. B. Angst) zu bewältigen oder zu beseitigen, obwohl man sich durchaus auch sinnvolle therapeutische Maßnahmen oder Bemühungen anderer Art (wie etwa Meditation) vorstellen kann, die zu einer subjektiv erlebbaren Steigerung und einem längeren Andauern «positiver» Emotionen (wie z. B. Freude) führen.

Am Anfang der Frage nach einer möglichen Beeinflussung von Emotionen stehen meist Aussagen der Art:

«Mir ist die Kehle wie zugeschnürt, wenn ich vor anderen etwas sagen soll!» oder: «Mir klopft das Herz bis zum Halse, wenn ich einem Mädchen (bzw. einem Jungen) gegenüberstehe!» oder: «Ich sitze im Flugzeug und habe schweißnasse Hände!» oder: «Ich bereue es hinterher meist, wenn ich ausfallend oder wütend war!» oder: «Ich kann es einfach nicht ausdrücken, daß ich ihn mag (oder die Variante: Daß ich ihn nicht mag!»).

In sämtlichen der genannten Fälle geht es um den Umgang mit und den Ausdruck von Emotionen. Personen, die solche Klagen vorbringen, haben bestimmte Ziele: Sie möchten, daß ihre Angst verschwindet, daß sie lernen, ihre Emotionen oder Gefühle adäquat auszudrükken, daß ihr Selbstwertgefühl und Selbstvertrauen gesteigert wird, oder ganz allgemein ausgedrückt: Daß es ihnen gelingt, mit sich selbst und mit ihrer Umgebung zurechtzukommen. Bei den unternommenen Lösungsversuchen zur Beseitigung der angegebenen Probleme sind *ungünstige* von *effektiven* Bemühungen zu unterscheiden:[18]

a) Unzureichende Lösungsversuche

Als ungünstig und längerfristig gesehen auch als ineffektiv wären etwa der Konsum von *Alkohol* und *Drogen* zu nennen. Auch eine er-

[18] Die verschiedenen Vorschläge sind weitgehend entnommen aus: F. T. RÖTZER / D. ZIMMER: Beeinflussung von Emotionen. In: H. A. EULER / H. MANDL (Hrsg.): Emotionspsychologie. - München: Urban & Schwarzenberg 1983, S. 306 – 313

höhte Selbstbeobachtung hinsichtlich negativer Ereignisse kann eher zur Steigerung derselben führen. Überhöhte Zielvorstellungen (z. B. nie mehr Angst haben wollen), langandauernder Nichtausdruck von Emotionen (Ärger), um andere nicht zu vergrämen, Flucht in Arbeit oder Streben nach Status und Anerkennung als Kompensation für (die eigentlich viel mehr gewünschte) Zuneigung von seiten anderer Personen sind ebenfalls als weitestgehend unzureichende Lösungsversuche zu nennen.

b) Effektive Lösungsversuche

Effektive Lösungsversuche wären hingegen

a) auf der *somatisch-körperlichen* Ebene: Entspannungsverfahren, Fitness-Trainingsprogramme, Einsatz von Biofeedback-Techniken;
b) auf der *kognitiven* Ebene: bewußtes und intensives Erleben von Emotionen und der beteiligten Gedanken und Selbstgespräche, Akzeptanz negativer Gefühle, kognitive Neueinschätzung der auslösenden Situation («Angst ist hier völlig unbegründet!»), Neubewertung der Konsequenzen («Ich muß es auch mal verkraften, abgelehnt zu werden!») oder Veränderung der Selbstbewertung («Ich muß nicht perfekt sein!»; «Es müssen mich nicht alle gern haben!»);
c) auf der *Verhaltensebene*: Einübung der neuen oder veränderten Verhaltensweisen (statt bisheriger Flucht, Annäherung, statt Meiden, Durchstehen usw.). Nur so können neue Erfahrungen gemacht werden, aufgrund derer schließlich alte Emotionen eliminiert und neue etabliert werden.

c) Angstverarbeitung

Eine (eher kognitive) Theorie der Angstverarbeitung stammt von R. S. LAZARUS und Mitarbeitern.[19] Angst ist demnach eine Emotion, die sich zu einer als bedrohlich eingeschätzten und nicht angemessen bewältigbaren Situation ergibt.

Im einzelnen kann man sich den Prozeß der Angstentstehung und -bewältigung so vorstellen: Aufgrund bestimmter situationaler Gefah-

---

19 R. S. LAZARUS: Psychological stress and the coping process. - New York: McGraw-Hill 1966; R. S. LAZARUS / J. R. AVERILL: Emotion and cognition: With special reference to anxiety. In: C. D. SPIELBERGER (Ed.): Anxiety: Current trends in theory and research, vol 2. - New York: Academic Press 1972, S. 242 – 283

renreize und einer möglicherweise vorhandenen individuellen Prädis-
oposition («Ängstlichkeit») resultiert auf seiten der Person ein erster
Bewertungsvorgang («primary appraisal»), in dem es um die Abwägung
der Bedrohlichkeit der Situation geht. In einem zweiten Schritt
(«secondary appraisal») stellt sich dann das Individuum die Frage, ob
ihm selbst irgendwelche Fertigkeiten oder Maßnahmen verfügbar
sind, die es ihm ermöglichen, der Gefahr zu entweichen oder zumindest größeren Schaden für sich zu verhüten.

Entsprechend der vorangegangenen Bewertungen sehen nun die
Angstbewältigungsarten («coping») des Individuums aus: Je nach subjektiver Aussicht auf Erfolg oder Mißerfolg resultieren entweder Angriff oder Flucht oder aber bestimmte innerpsychische Prozesse, die
eine Art kognitiver Verarbeitungsmechanismen darstellen. Ein wichtiger kognitiver Copingprozeß ist beispielsweise die Veränderung der
subjektiven Aufmerksamkeit. Dies kann einerseits durch eine Konzentration auf die bedrohlichen und eventuell schädlichen Aspekte der Situation, andererseits durch eine eher abwehrende Wegwendung von
eben diesen Aspekten geschehen; in beiden Fällen ergibt sich eine Reduktion der (angsterzeugenden) Mehrdeutigkeit der betreffenden Situation.

Am Ende des gesamten von LAZARUS et al. postulierten Angstentste-
hungs- und -bewältigungsprozesses steht eine erneute Bewertung der
Situation («reappraisal»), die je nach Art und Effektivität der ergfolgten
Bewältigungsreaktion des Individuums im positiven Fall – also bei völ-
liger Angstbeseitigung – zum Abschluß der gesamten Sequenz, im negativen Fall – d. h. bei noch existenter Angst – zu einer Wiederholung
derselben führt.[20]

Der rezeptartige Charakter der oben genannten Einflußmöglichkei-
ten zur Veränderung von Gefühlen darf allerdings – das muß zum
Schluß noch hinzugefügt werden – nicht darüber hinwegtäuschen, daß
diese Techniken meist Teil umfangreicher psychotherapeutischer Vorgehensweisen (etwa verhaltenstherapeutischer oder gesprächsthera-
peutischer Provenienz) sind und isoliert angewandt nur eingeschränkten Nutzen versprechen.

20 Zur Weiterentwicklung der LAZARUS-Theorie siehe: R. S. LAZARUS / A. KAN-
NER / S. FOLKMAN: Emotions: A cognitive-phenomenological analysis. In: R. PLUT-
CHIK / H. KELLERMAN (Eds.): Theories of emotion. - New York: Academic Press 1980, S.
189 – 217

Gleichzeitig verdeutlichen aber diese Ausführungen – die nicht nur aus wissenschaftlichen (therapeutischen) Quellen schöpfen, sondern auch ein Gutteil an Alltagserfahrung enthalten, daß sich für Emotionsforschung insgesamt bedeutsame Fortschritte erzielen ließen, wenn sich die oft zur sterilen Abkapselung neigende Wissenschaft bei der Formulierung der von ihr zu untersuchenden Hypothesen mehr auf die Erkenntnisse der Alltagspsychologie stützen würde. Daß der sog. «Mann auf der Straße», wie ihn der Wissenschaftler oft etwa geringschätzig zu nennen beliebt, einen reichen Fundus an emotionalen Erfahrungen und Erlebnissen besitzt, daran besteht, nach allem was wir wissen, nicht der geringste Zweifel. Was – wenn nicht unbegreifliche Arroganz und Überheblichkeit – hindert uns eigentlich daran, ihn einfach einmal zu fragen?

Dieser Einfluß der Gefühle auf Denken und Handeln zeigt sich besonders deutlich im Hypnosezustand bei Ableitung der Gehirnströme im EEG, wie Claus Heinrich BICK aus jahrelanger Forschung unter Beweis stellt.

CLAUS HEINRICH BICK

DER EINFLUSS DES FÜHLENS AUF ERINNERN, DENKEN UND HANDELN IM HYPNOSEZUSTAND BEI ABLEITUNG DER HIRNSTRÖME IM EEG

War die Hypnose bisher eher im esoterischen Bereich angesiedelt, sprich in den Geheimwissenschaften, Lehren und Schriften, die nur für einen Kreis von Eingeweihten bestimmt waren, denen etwas Mysteriöses und Magisches anhaftet, denen das Meß- und Wägbare, das jederzeit Nachvollziehbare der Naturwissenschaften mangelt, so liegen nach neuesten Erkenntnissen zwingende Gründe dafür vor, sie künftig mit naturwissenschaftlichen Überlegungen und Mitteln anzugehen.

1. Geschichte

Die Hypnose war bis vor kurzem für viele das, was schon J. M. CHARCOT in seinen Formulierungen zum Ausdruck brachte, nämlich: «etwas Mysteriöses, etwas unfaßbar Unbekanntes».[1] Und LANGEN schrieb noch in der dritten Auflage seines Buches «*Kompendium der medizinischen Hypnose*»: «... weil man noch immer nicht weiß, was Hypnose überhaupt ist».[2] In H. J. EYSENCKs «*Grenzen der Erkenntnis Von Sinn und Unsinn der Psychologie*» steht in diesem Zusammenhang: «Nur wenige Themen in der gesamten Menschheitsgeschichte haben zu so viel Ungereimtheiten, Mißverständnissen und falschen Voraussetzungen Anlaß gegeben. Von allem Anfang an waren die Untersuchungen, die sich mit der Hypnose beschäftigten, mit phantastischen Ideen, wie dem tierischen Magnetismus, dem Einfluß der Gestirne und ähnlichem Humbug verknüpft.»[3] Auch Leon CHERTOCK vertritt in seinem

[1] Jean Martin CHARCOT / Paul RICHTER: Contribution à l'étude de l'hypnotisme chez les Hysteriques. - A. Delahaye e Le Cromier 1881

[2] D. LANGEN: Kompendium der medizinischen Hypnose. - Basel: S. Karger 1972, 1

[3] Hans J. EYSENCK: Grenzen der Erkenntnis, Von Sinn und Unsinn der Psychologie. - München: Goldmann 1957 / 58, S. 23

Buch «*Hypnose*»[4] die Ansicht, daß seit CHARCOTs Vermutungen in dieser Hinsicht nunmehr bereits 80 Jahre verstrichen seien und wir nach wie vor nichts über die eigentliche Natur der Hypnose wüßten. Alle darüber aufgestellten Theorien lieferten nur Teilerklärungen und es fehle sogar an objektiven Kriterien zum Beweis dafür, daß ein Patient tatsächlich unter Hypnose stehe. Für ihn ist die Hypnose ein labiles, flüchtiges, ungreifbares und doch existentes Phänomen. Alfred KATZENSTEIN meint dazu in «*Suggestion und Hypnose in der psychotherapeutischen Praxis*»: «... aber trotz der praktischen Erfolge der Hypnose, der ständigen Verbesserung therapeutischer Einzelmöglichkeiten dank differenzierter Indikationsstellung und erhöhter Effektivität sind bis in die Gegenwart hinein viele Fragen über das Wesen der Hypnose ungeklärt. Sicher ist nur, daß vielfältige kulturelle und individuelle Faktoren die jeweiligen Verhaltensweisen hypnotisierter Patienten bestimmten.»[5]

Historische Vergleiche haben z. B. gezeigt, daß über die individuellen Unterschiede hinweg das Verhalten der hypnotisierten Patienten weitgehend den jeweiligen Vorstellungen ihrer Hypnotherapeuten entspricht. So erlebte Franz A. MESMER[6] bei seinen Patienten furchterregende Konvulsionen, wohingegen J. LIÉGEOIS[7] und A. LIÉBEAULT[8] es mit ruhigen und fügsamen Patienten zu tun hatten. CHARCOT glaubt, daß hypnotisierte Patienten Hysteriker seien, die nervöse Störungen in großen dramatisch-spektakulären Ausbrüchen demonstrierten. Er erlebte tatsächlich solche Auftritte, während J. BABINSKI[9], der solche Krisen nicht für echt hielt, auch wirklich nie derartige Szenen bei seinen Patienten sah.

Selbst heute noch herrscht in der öffentlichen Meinung zum Thema «Hypnose» größte Verwirrung vor. Hierzu möchte ich nur sagen, daß alle eben beschriebenen Phänomene und viele andere in unserer Kli-

4 L. CHERTOCK: Geist und Psyche, Hypnose. - München: Kindler Verlag 1973, S. 11

5 Alfred KATZENSTEIN: Suggestion und Hypnose in der psychotherapeutischen Praxis. - Jena: Gustav Fischer Verlag 1978, S. 44

6 F. A. MESMER: Memoire sur la decouverte du magnetisme animal. - Genf / Paris: Didot 1779

7 J. LIÉGEOIS: De la suggestion e du somnambulisme dans leurs rapports avec la jurisprudence e la médicine légale. - Paris 1889

8 A. A. LIÉBEAULT: Pour constater la réalité du Magnetisme. Confession d'un hypnotiseur.Extériorisation de la force neurique ou fluide mangnetique. - 2. Aufl. Libr. du magnétisme, Paris 1883

9 M. Joseph BABINSKI: Contribution à l'études des troubles mentaux dans l'hémiplégie organique cerebrale (anasognosie)». - Rev. Neurol. 27 (1914) S. 845

nik beobachtet wurden, ohne daß wir uns in irgendeiner Form auf eine der zitierten Meinungen festlegten. Wir sehen hieraus nur, wie schillernd die Vielseitigkeit hypnotischer Phänomene und die daraus resultierenden Gefahren einer vielseitigen Erklärung sind. Der Bogen spannt sich von der etwas mysteriösen Persönlichkeit des Franz Anton MESMER (1734 – 1815) über seinen Schüler Marquis DEPUYSEGUIR[10], über James BRAID[11], der den Begriff *Neurohypnose* gleich Nervenschlaf prägte, über CHARCOT, LIEBAULT, Prof. Hippolyte-Marie BERNHEIM[12] und die Schule von *Nancy*, S. FREUD[13], Oskar VOGT[14], A. MOLL[15], M. NONNE[16], I. H. SCHULTZ[17], G. R. HEYER[18], H. BICK sen.[19], A. VÖLGYESI[20], P. I. BUL[21], I. HORVAI[22], L. R. WOLBERG[23] und M. H. ERICKSON[24] bis herauf in die Gegenwart. Stets hat man sich bemüht, dem Wesen der Hypnose auf die Spur zu kommen. Bereits seit den Anfängen der modernen Hypnose beobachteten Forscher wie BERNHEIM und Anhänger der Schule von *Nancy* gewisse Ungereimtheiten im hypnotischen Verhalten und sie fragten sich, inwieweit das Verhalten der Hypnotisierten überhaupt echt sei. Begriffe wie Suggestion, Einbildung, Gehorsam, Kooperation, Gefälligkeitshaltung u. a. wurden ange-

10 F. A. MESMER: Mesmerismus oder System der Wechselwirkungen, Theorie und Anwendung des tierischen Magnetismus als die allgemeine Heilkunde zur Erhaltung der Menschen. - Berlin: Nikolai 1814

11 J. BRAID: Der Hypnotismus. - Berlin 1882

12 H. BERNHEIM: Die Suggestion und ihre Heilwirkung. - Leipzig / Wien: Deuticke 1888

13 S. FREUD: Gesammelte Werke. - London: Imago Publishing Co. 1947 ff.

14 O. VOGT: Die direkte psychologische Experimentalmethode in hypnotischen Bewußtseinszuständen. - Leipzig: Barth 1897

15 A. MOLL: Der Hypnotismus, mit Einschluß der Psychotherapie und der Hauptpunkte des Okkultismus. - Berlin: Kornfeld 1924, 5. Aufl.

16 Max NONNE, Gesellschaft Deutscher Nervenärzte, Münchener Tagung, Nervenheilkunde, Bd. 56

17 J. H. SCHULTZ: Schichtenbildung im hypnotischen Selbstbeobachten. - Mschr. Psychiat. Neurol. 49 (1921) 137 – 143; Das autogene Training. - Stuttgart: Thieme 1966, 12. Aufl. (1. Aufl. 1932); Zur Problematik der hypnotischen Leukotomie. - Z. Psychother. med. Psychol. 4 (1954) 150 – 162

18 Gustav R. HEYER: Praktische Seelenheilkunde: Eine Einführung in die Psychotherapie für Ärzte und Studierende, 1935

19 H. BICK: Hypnose in der Medizin und ihre Wellentheorie. - München: Lehmann 1967

20 A. VÖLGYESI: Hypnosetherapie und Psychosomatische Probleme. - Hippokrates Verlag 1950

21 P. I. BUL: Hypnose in der Klinik für innere Krankheiten. - Leningrad 1968

22 Ivan HORVAI: Hypnosa v Lèkaȑstvì. - Prag 1959

23 Lewis R. WOLBERG: Hypnoanalysis, 1964

24 Milton H. ERICKSON: Hypnoseinduktion – Psychotherapeutische Anwendung – Beispiele. - München: Pfeiffer Verlag 1978

führt, um dieses Verhalten zu erklären. Auf zwei Extreme soll hier noch eingegangen werden: die PAWLOW'sche Theorie und die psychoanalytische Theorie.

Die PAWLOW'*sche Theorie* baute ihre Hypnosetheorie auf einem Experiment mit einem Hund auf, den man an einen Trompetenton als Futtersignal gewöhnt hatte. Wenn der Hund schlief, wachte er zum Fressen nur bei eben diesem Trompetenton auf und blieb anderen Geräuschen gegenüber, selbst lauteren, unempfindlich. So entwickelte die PAWLOW'sche Schule ihre Theorie von der Hypnose, die als partieller Schlaf angesehen wurde. Wir halten diese Theorie für nicht ganz abwegig, da wir auch in unserem Institut besondere Wachheitsphasen im Hypnosezustand registrieren konnten.[25]

Das andere Extrem ist die *psychoanalytische Theorie.* Hier sei besonders S. FERENCI[26], ein Schüler FREUDs, erwähnt, der die Hypnose als eine Reaktivierung des Ödipuskomplexes sah, unter Einbeziehung des «Liebe»- und «Angst»-Aspektes. Daher existierten für ihn auch zwei Arten von Hypnose: eine auf der Liebe basierende *Mutterhypnose* und eine auf der Angst basierende *Vaterhypnose.* Unserer Meinung nach neigte FERENCI dazu, seine Beobachtungen von Gefühlen überzubewerten. Aber seine Theorie an sich ist, wie wir später sehen werden, nicht völlig von der Hand zu weisen. Die nachfolgende Begriffsdefinition stammt aus dem «*Lehrbuch der Hypnose*» von B. STOKVIS, neu herausgebrachtvon Uwe STOCKSMEIER: «Hypnose ist ein durch affektive Faktoren hervorgerufener Zustand einer oftmals geringen Senkung des zuvor eingeengten Bewußtseins, bei dem eine Regression der Gehirnfunktionen der Persönlichkeit (Denken, Fühlen, Wollen) sowie der körperlichen Funktion eintritt. Die Einsicht in die reale Situation geht dagegen höchst selten verloren. Die Reaktionsweise bleibt dem Hypnotisierten in der Hypnose fast immer bewußt.»[27]

Auch diese Theorie ist nicht ganz abwegig und geht einer näheren Erklärung entgegen.

Selbst ich muß mich dazu bekennen, mich noch in meinem Buch «*Neurohypnose – Skalpell der Seele*» (1983) zur Hypnose wie folgt geäu-

25 T. P. PAWLOW: Sämtliche Werke, I – VI. - Berlin 1954 – 1955
26 S. FERENCI: Thalassa: A Theory of Genitality. - New York: Psychoanalytic Quarterly 1938
27 Bertold STOKVIS / U. STOCKSMEIER: Lehrbuch der Hypnose. Eine Anleitung für Ärzte und Studierende. - Basel / New York: Karger 1984, S. 1

ßert zu haben: «Hypnose... ist nichts anderes als ein Bewußtseinszustand, der nicht nur eine tiefe Entspannung darstellt, sondern auch gleichzeitig ein veränderter Bewußtseinszustand ist. Dieser Bewußtseinszustand unterscheidet sich vom normalen Bewußtseinszustand unseres täglichen Lebens in seiner objektiven Beurteilung, d. h. das subjektive Empfinden wird erst in der Aktion der Hypnotisierten oder durch Suggestion des Therapeuten objektiviert.»[28] War die Hypnose zu diesem Zeitpunkt für mich nur ein veränderter Bewußtseinszustand, wobei die Ursache des veränderten Bewußtseinszustandes im Grunde noch unbekannt war, so bin ich heute der Auffassung, daß wir einen wesentlichen Schritt weitergekommen sind.

2. Hypnose und Gehirnströme

Heute meine ich, Hypnose ist nicht nur ein veränderter Bewußtseinszustand, sondern der Zustand, in dem es zu einem erheblichen Wechsel der Gehirndominanz von der einen zur anderen Seite kommt, da wir bei der Fourier-Analyse nicht nur diesen Wechsel der Spektren im Hirnstrombild bei den *Delta-*, den *Theta-* und den *Alpha-*, teilweise aber auch bei den *Betawellen* beobachten können. Und zusätzlich finden wir noch einen Zustand, bei dem der Arousal (der Weckeffekt) im EEG ausbleibt. D. h., wir beobachten eine besondere Art von Vigilanz. Seit längerer Zeit können wir Gehirnströme messen. Wir sind so in der Lage, eine EEG-Aufzeichnung zu machen, die uns die elektrischen Aktivitäten unseres Gehirns anzeigt. Die elektrischen Kontakte, an verschiedenen Stellen unserer Kopfhaut befestigt, übertragen uns die durchschnittliche elektrische Aktivität der Millionen von Neuronen im Bereich des jeweiligen Kontaktes auf unser EEG-Aufzeichnungsgerät, was diese elektrischen Aktivitäten sichtbar umsetzt und auf Papier ausdruckt. Ist dies noch heute ein relativ grobes Raster, so lassen sich doch gewisse Muster beobachten: So sehen wir z. B. den elektrischen Sturm eines *epileptischen* Anfalls oder wir erkennen einen Wachzustand, ja, wir erkennen verschiedene Wachheitsgrade. Wir erkennen den Schlafzustand. Die verschiedenen Wachheitszustände nennt man

28 Claus H. BICK: Neurohypnose, Skalpell der Seele. - Frankfurt: Ullstein Verlag 1983, 32

auch *Vigilanz*. Laut Prof. E. DAVID, mit dem wir sehr eng zusammenar-
beiten und der sich als Physiologe mit dem Thema Hypnose schon intensiv auseinandergesetzt hat, stellt Hypnose einen anderen Vigilanz-
zustand dar, als wir das vom normalen Wachheitszustand her kennen.
Zu diesem Zeitpunkt glaubten E. DAVID und auch Prof. J. KUGLER[29]
aus München an die besondere Bedeutung des Alpharhythmus, d. h.
der Alpha-Wellen im Hirnstrombild zwischen 8 und 13 Hertz und die
damit verbundene Vigilanz. Ich habe in meinem Buch «*Neurohypnose*»
auch den veränderten Bewußtseinszustand so zu definieren versucht:
«Die Befunde verschiedener Labors scheinen dahingehend übereinzu-
stimmen, daß die Gehirnwellen von Menschen im Hypnosezustand
vorwiegend Alpha-Wellen (von 8 bis 13 Hertz) sind. Sie zeigen uns in
den Kurven der Gehirnstromableitung des EEG Ruhe, Entspannung
und erhöhtes Bewußtsein.»[30] Den Theta- und Deltawellen im EEG hat
man im Zusammenhang mit Untersuchungen im Hypnosezustand keine weitere Bedeutung zugemessen. Von den sehr langsamen Deltawellen (3 Schwingungen pro sec.), wo sich eine Welle über rund 2 sec. erstreckt, weiß man, daß sie im entspannten Wachzustand ein kritisches
abnormes Phänomen im Rahmen von verschiedenen zerebralen Störungen (z. B. Tumore, epileptische Zustandsbilder) darstellen, sofern
entzündliche Prozesse auftreten. Normal dagegen ist ihr Erscheinen
bei gesunden Erwachsenen im Schlaf, wo sie während der tiefen
Schlafstadien beobachtet werden. Dies zeigt an, daß sie als Indikatoren
einer verringerten kortikalen Aktivität aufgefaßt werden dürfen. Sie
sind Ausdruck extrem niedriger Aktivierungsniveaus. Bei unseren
Untersuchungen an 22 Patienten waren sie, ebenso wie die Thetawellen, insofern auffallend, als sie insbesondere beim Rechtshänder eine
deutliche Verlagerung der Gehirnaktivität von der linken zur rechten
Gehirnhälfte mit Einleitung des Hypnosezustandes anzeigten. Zu den
Thetawellen, deren Frequenzen zwischen 4 und 7 pro sec liegen, ist zu
sagen, daß sie bei Kindern dominierende Grundaktivität darstellen
und beim normalen Erwachsenen, wenn überhaupt, nur als ganz niedrige Wellen vorkommen. Im Zustand der Ermüdung dagegen oder in
weniger tiefen Schlafstadien treten sie gleichfalls infolge verminderter
Aktiviertheit auf. Wie bereits erwähnt, ist die Registrierung der elek-

29 J. KUGLER / E. DAVID: Vigilanz. - Basel: Editiones Roche 1984
30 C. H. BICK: Neurohypnose, Skalpell der Seele, S. 32

trischen Aktivität des Gehirns eine objektive Methode, die u. a. auch generelle Aussagen über die Wachheitszustände des Hypnosezustandes ergibt. So haben wir uns im letzten Jahr mit der Erforschung der Frequenzanalyse, der hirnelektrischen Aktivität, der Summe evozierter Potentiale und der Muskelaktivitäten im Myogramm beschäftigt. Nach dem Vorbild von J. KUGLER und E. DAVID bedienen auch wir uns der Fourier-Analyse als mathematische Analyse unseres EEG's zum Gewinn unserer Leistungsspektren.

a) Meßvorgänge

Zum besseren Verständnis sei eine kurze Beschreibung unseres Aufbaues gegeben: Unsere technischen Anordnungen sind so angelegt, daß die Hirnströme über das EEG zum Rechner geleitet werden, der für uns auch die Fourier-Analyse nach einem vorgegebenen Programm durchführt, so daß wir die Entwicklung der einzelnen Spektren, die von 1 – 26 Hertz aufgespalten sind, deutlich mitverfolgen können. Gleichzeitig läßt sich vom Bildschirm die Muskelspannung ablesen. Das Ergebnis wird schließlich durch einen Drucker festgehalten. Der Rechner ist so programmiert, daß er 5 EEG-Signale / sec speichert und anschließend auswertet. D. h., der Rechner nimmt die Kurve in Form von Stützzellen auf: diese Aufnahme wird während der Entwicklung des Spektrums auch auf dem Computerschirm ersichtlich. Die Schwingungen wertet er in Form einer sogenannten Fourier-Analyse aus, d. h. er liefert Frequenzspektren, und zwar zuerst das Spektrum der *linken* Seite und anschließend das entsprechende der *rechten* Seite. Er wertet alle Schritte im Abstand von 1 sec aus – insgesamt werden 5 Schritte benötigt, bis der gesamte Frequenzbereich aufgenommen und durchgerechnet ist – und bildet das arithmetische Mittel. Wie man im Rechner sehen kann, glättet sich so die Kurve und liefert schließlich das Ergebnis in Form eines fertigen Spektrums. Nach Abschluß der Fourier-Analyse ist das jeweilige Ergebnis in einem übersichtlichen Balkendiagramm auf dem Bildschirm sichtbar. Die breiten Balken sind jeweils doppelgipfelig, die Höhe des rechten Anteils jedes Balkens ist ein Maß für den Anteil der jeweiligen Frequenz des Gesamtspektrums über der linken Gehirnhälfte. Die Höhe des linken Anteils ist ein Maß für den Anteil der jeweiligen Frequenz über der rechten Gehirnhälfte. Der letzte Balken stellt das *Myogramm* dar. Die Höhe des Balkens ist ein

Anteil der jeweiligen Frequenz. Die Probanden der ersten Versuchs-
gruppe waren Patienten mittleren Alters aus unserer Klinik; davon waren 10 männlichen und 10 weiblichen Geschlechts. Unsere Versuchsanordnung war so aufgebaut, daß wir zunächst bei allen Patienten ein
Spektrum der elektrischen Gehirnwellen im normalen Bewußtseinszustand, d. h. im Wachzustand vor Einleitung der Hypnose, schrieben.
Die Ableitung erfolgte vom rechten und linken Hinterkopf (Okziput
rechts und links) zu den beiden Ohrläppchen (Mastuit rechts und
links). Im Wachzustand bot sich uns ein Spektrum im Bereich der
Alpha-Wellen etwa bei 9 – 10 Hertz, dann ein weiteres im Bereich der
langsameren Wellen etwa von 1 – 2 Hertz, weniger Betawellen bei geschlossenen Augen. Unmittelbar nach Einleitung der Hypnose schrieben wir das nächste Spektrum und beobachteten die Entwicklung der
Spektren in bezug auf ihre Frequenzveränderungen. Ein weiteres
Spektrum, ca. 25 min nach Einleitung der Hypnose, zeigte typische
Veränderungen: Alphasäulen dispergierten zunehmend, Betawellen
flachten ab und Thetawellen stiegen langsam an. Gleichzeitig untersuchten wir die evozierten Potentiale in Hypnose. Zur Erzeugung der
evozierten Potentiale bedienten wir uns einerseits eines Lichtreizes,
der in unkontrollierter Folge von einem kleinen Lichtgenerator aus in
Form von Blitzen auf das Auge bzw. das Gesicht des Probanden auf-
trifft, und andererseits eines akustischen Reizes, den wir aber aufgrund seiner geringen Effizienz bald wieder fallen ließen. Vor der Hyp-
nose-Einleitung zeichneten wir unser erstes evoziertes Potential aus,
das durch Lichtblitze hervorgerufen wurde. Die Auflösung der entsprechenden Sinnesreize war durch einen Computerschirm gesteuert.
Ca. 25 min nach Einleitung der Hypnose beobachteten wir dann auch
die individiuelle Reizantwort auf evozierte Potentiale: Die im Experiment gegebenen Reize ließen Veränderungen im EEG-Ablauf erkennen, die sich normalerweise als evozierte Potentiale darstellten. Diese
waren jedoch in der Hypnose durch Suggestionen beeinflußbar. Sie ließen sich z. B. durch suggerierte starke Blitze vergrößern oder durch
die Suggestion «ganz wenig Licht» bzw. «Sie empfinden jetzt Dunkelheit» verkleinern. Es ist bemerkenswert, daß auch andere Reaktionen
eintreten konnten, die nahezu paradoxe Formen annahmen, z. B. wenn
vom Probanden mit dem Blitz (Blitz, der in der Natur mit Donner verbunden vorkommt) auch noch andere negative Erlebnisse assoziiert
wurden.

Die *Muskelspannung*, die von Anfang an neben dem Leistungsspektrum der Gehirnwellen in Form eines schmalen Balkens auf dem Computerschirm dargestellt wurde, zeigte nach Einleitung der Hypnose zusehends eine Abnahme, die ihr Minimum in einem guten Hypnosezustand 25 min nach Einleitung der Hypnose erreicht. Ab diesem Zeitpunkt sahen wir in unserem Spektrum relativ viele höhere Thetawellen, ganz wenig Beta- und langsamere Alphawellen, d. h. die hohen Anfangswellen der Alphawellen von 9 bis 10 Hertz hatten sich aufgelöst und wurden immer breiter, wobei ihr Gesamtquantum blieb. Alphawellen dispergierten also. Im Bereich der Thetawellen beobachteten wir schon kurz nach Einleitung des Hypnosezustandes einen auffallenden Anstieg und ein Verschwinden der Betawellen. Im nachfolgenden Spektrum sahen wir einen starken Thetawellenanteil, wobei Alphawellen nicht ganz verschwunden waren und ihr Maximum bei 9 und 10 Hertz lag. Betawellen dagegen waren sehr flach. Unsere Patienten befanden sich offensichtlich in einem veränderten Bewußtseinszustand, also in einer veränderten Vigilanz, d. h. in einer anderen Art, einer anderen Qualität der Vigilanz als uns bisher bekannt.

b) Rechts-Links-Verlagerung

Im Verlauf unseres Experiments beobachteten wir immer wieder eine *Rechts-Links-Verlagerung* bzw. Links-Rechts-Verlagerung der Leistungsspektrumsgipfel. Die Spektren zeigen im Vergleich zwischen links und rechts charakteristische Veränderungen. Dabei ist auffallend, daß die prozentuale Verteilung der Balkengipfel, die ja bekannterweise doppelgipfelig sind, im rechten Anteil des Gipfels vor der Hypnose im Bereich der Thetawellen bei 48 % lag, während der linke Gipfel mit 47 % ausgezeichnet ist. Diese Gipfel im Thetawellenbereich von 48 % verändern sich mit Einleitung der Hypnose auf 34 % und schließlich 25 min nach Einleitung der Hypnose auf 27 % über dem rechten Balkengipfel. Dagegen sind die linken Balkengipfel kurz nach Einleitung der Hypnose von 47 % auf 57 % anteilweise angestiegen und 25 min nach Einleitung der Hypnose auf 65 %. D. h., wir haben eine regelrechte Verschiebung der Frequenz des Gesamtspektrums von der linken zur rechten Gehirnhälfte, also eine Verschiebung der Aktivitäten vom Rationalen zum Emotionalen. Im Bereich der Alphawellen beobachten wir über der linken Hemisphäre, d. h. über der rationalen Gehirnhälfte, zunächst 50 % des gesamten Frequenzspektrums, die sich aber schon mit Einleitung der Hypnose auf 42 % reduzierten und schließlich 25 min nach Einleitung der Hypnose bei 30 % lagen. Der linke Gipfel unserer Alphawellen entwickelte sich dagegen genau umgekehrt. Er steigt von 44 % im normalen Wachheitszustand über 52 % sofort nach Einleitung der Hypnose auf 63 % an. Auch bei den Betawellen beobachteten wir eine ähnliche Entwicklung, die wir hier jedoch aus Zeitgründen und auch wegen der für unsere Untersuchung nicht wesentlichen Bedeutung vernachlässigen dürfen.

Zusammenfassend können wir sagen, daß wir im EEG im Hypnosezustand eine Frequenzgipfelverschiebung von der *linken* zur *rechten* Gehirnhälfte, vom Rationalen zum Emotionalen, d. h. eine andere *Qualität von Vigilanz*, beobachtet haben. Dies gilt insbesondere für Rechtshänder. Hierbei zeigt sich ein starker dispergierender Anteil von Thetawellen bei dispergierten Alphawellen und ein sehr geringer Anteil von Betawellen, bei dem der sogenannte Arousal- oder Weckeffekt ausbleibt.

Unsere Untersuchungen haben gezeigt, daß die *Thetawellen* im Hypnosezustand auf der linken Gehirnhälfte abnehmen und auf der rechten Gehirnhälfte zunehmen und dies scheint sogar ein meßbares Zeichen der Hypnose zu sein. Wir können also sagen, daß unter Hypnose Veränderungen in der Aktivitätsverteilung zwischen der linken und der rechten Gehirnhälfte auftreten.

c) Das Gefühl

Habe ich eingangs von einer Dominanzverschiebung von der einen zur anderen Gehirnhälfte gesprochen, so kommen wir jetzt zur Aktivitätsverteilung, die im Grunde genommen das Gleiche darstellt. Bei all unseren Bemühungen, den Hypnosezustand wissenschaftlich zu erforschen und aufzuklären, kam uns der Zufall zu Hilfe, indem einer unserer Mitarbeiter versehentlich eine Brechschale auf den Steinboden fallen ließ und bei dem Probanden, der sich im Hypnosezustand befand, sonderbarerweise der Weckeffekt ausblieb, der sich bei den üblichen bekannten Wachheitszuständen (Vigilanzen) automatisch einstellt. Diese Beobachtung hat sich in letzter Zeit des öfteren bestätigt. Bei den eben geschilderten Untersuchungen kam mir dann noch ein weiterer Gedanke. Ich erinnere mich an meine hypnoanalytischen Untersuchungen und der von mir damals oft gebrauchten Frage: Wo führte Sie jetzt Ihr Gefühl hin? – und gleichzeitig dachte ich an die Arbeiten von Roger W. SPERRY[31]. Bekanntlich erhielt SPERRY 1981 den Nobelpreis für seine intensiven Forschungen über die Dominanz der rechten und linken Hemisphäre, was die Spezialisierung des linken und vor allem des rechten Gehirns (Sitz der Emotionen) auf bestimmte Fähigkeiten, in bezug auf den Ablauf der Gedanken, hinwies. Dies paßte genau zu unseren Beobachtungen. In der Hynose zeigte sich nämlich die rechte Gehirnhälfte besonders stark angesprochen, womit sich die Frage stellte: Warum geht das alles über das Gefühl? Auch berichten mir meine Patienten, aber auch Probanden anderer Experimente – und das geht bis zur Untersuchung Krimineller – vorwiegend von visuellen Darstellungen. Man erhält also über das visuelle Gedächtnis Zugriff zu verschütteten Informationen, die im emotionalen Gedächtnisbereich liegen.

d) Das eingeengte Bewußtsein

So erklären sich die von mir immer wieder beobachteten Reaktionen in der Hypnose, insbesondere auch während der Hypnoanalyse. Was ist nun unter «eingeengt» zu verstehen? Ich möchte hierzu nur eine Formulierung von STOKVIS zitieren: «Hypnose ist ein durch affektive Faktoren hervorgerufener Zustand einer Senkung des zuvor eingeengten Bewußtseins.»[32] Zur bisher ungelösten Frage, was unter «eingeengtem Bewußtsein» zu verstehen sei, zitierte ich in meinem Buch L. GALEAZZI: «Tatsächlich kann man sagen, ihrem Wesen nach bedeutet die Hypnose eine Einengung des Bewußtseins durch Außenreizverarmung und Rapport zum Arzt bei gleichzeitiger Bewußtseinserweiterung durch erhöhte Fähigkeit zur Erinnerung und zur Konzentration.»[33] GALEAZZI hatte ganz richtig beobachtet, ihm fehlte nur noch die mittlerweile von uns erarbeitete wissenschaftliche Erklärung dafür. Nach unserem jetzigen Wissensstand ist die *Einengung des Bewußtseins* in der Norm einer Verminderung der Aktivitäten auf der linken Hemisphäre gleichzusetzen. Das bedeutet gleichzeitig den teilweisen Ver-

---

31 Roger W. SPERRY: Hemisphere deconnection and unity in conscious awareness. - American Psychologist 1968; Karl R. POPPER / John ECCLES: Das Ich und sein Gehirn. - München: Piper Verlag 1982

32 B. STOCKVIS / U. STOCKSMEIER: Lehrbuch der Hypnose;

33 L. GALEAZZI: Interaktion während der Hypnose, 1980

lust des normalen Bewußtseinszustandes. Die von GALEAZZI erwähnte Bewußtseinserweiterung durch erhöhte Fähigkeit zur Einengung ist mit einem erheblichen und sichtbaren Anstieg der Aktivitäten auf der rechten Hemisphäre verbunden, die ja der Hauptsitz der globalen Erinnerung und Erfahrung ist. In diesem Zusammenhang sei noch einmal an ein entscheidendes Experiment in den sechziger Jahren erinnert, das W. SPERRY mit seinen Studenten M. GAZZANIGA und J. LEWI[34] an Patienten mit voneinander getrennten Gehirnhälften vornahmen. Dabei gelang es, die Denkfähigkeit der beiden chirurgisch getrennten Hälften des menschlichen Gehirns zu prüfen und es stellte sich heraus, daß jede Gehirnhälfte ihren eigenen Ablauf bewußter Gedanken und ihr eigenes Gedächtnis hat und – was noch wichtiger ist – daß die Denkweisen der beiden Seiten des Gehirns fundamental verschieden sind. Während das *linke Gehirn* in *Worten denkt, denkt* das *rechte Gehirn* unmittelbar in *sensorischen Bildern*. Beide Hälften des Gehirns existieren also in einer Art Partnerschaft, in der das linke Gehirn sich mit der Sprache und dem logischen Denken befaßt, während das rechte Gehirn eine ganz andere Leistung erbringt, die schwer in Worte zu fassen ist. Indem es z. B. in Bildern denkt anstatt in Worte zu fassen, kann das rechte Gehirn ein Gesicht in der Menge erkennen oder die Teile eines Puzzlespiels zusammensetzen – Aufgaben, die vom linken Gehirn undenkbar sind. Scheinbare Einengung in der Hypnose bedeutet also nichts anderes als eine weitgehende Ausschaltung der linken Gehirnhälfte, wie auch aus der Darstellung der Aktivitäten im Spektrum deutlich hervorgeht, wobei sich die Aktivitäten immer mehr auf die rechte Gehirnhälfte verlagern.

3. Hypnoanalyse

Wie wir bisher gesehen haben, erfordert die Hypnoseforschung intensive Kenntnisse von Gehirn und Gehirnforschung. Andererseits bietet die Hypnose auch hier, wie schon so oft, vor allem in der Psychologie, einen besonderen Zugang zur Gehirnforschung. So interessieren uns von nun an nicht nur die Hypnose- und Gehirnforschung – und

---

34 M. S. GAZZANIGA / J. E. LeDOUX: The Integrated Mind. - New York: Plenum Press 1977

hier besonders die Dominanzen von rechtem und linkem Gehirn –,
sondern auch, welche Möglichkeiten sich durch die Hypnose eröffnen,
um eine Steuerung der Dominanzen im Hypnosezustand vorzunehmen.

Die von dem Psychologen Endel TULVING[35] beschriebenen Untersu-
chungsergebnisse zu Gedächtniserinnerungen des zustandsbedingten
Erinnerns und seiner Abrufreize zeigen hierbei ähnliche Vorgänge,
wie wir sie von unseren hypnoanalytischen Verfahren her kennen.

Wir führen unsere Patienten *suggestiv* in eine dem ursprünglichen
Erlebnis entsprechende Situation, das kann ein *Gefühl* oder auch eine
ganze *Szene* sein. Zur Verringerung von Vergessenheitsprozessen eignen sich nach TULVING am besten die sogenannten «Abrufreize». Sie
tragen dazu bei, daß das *ursprüngliche Ereignis*, d. h. die ursprüngliche
Erfahrung oder der Kontext, in dem das Ereignis bzw. die Erfahrung
stattgefunden hat, wieder hergestellt wird. Das gilt offenbar auch für
den inneren Zustand einer Person: Was in einem betrunkenen Zustand
erlebt wird, wird auch in betrunkenem Zustand am besten wiedererinnert. Dieses Phänomen veranschaulicht auf amüsante Weise der *Chap-
lin-Film «City-Lights» (Lichter der Großstadt)*. In diesem Film bewahrt
Charly einen betrunkenen Millionär vor dem Selbstmord. Grund genug, daß sich die beiden anfreunden. Doch als der Millionär *Charly*
wiedertrifft, erkennt er ihn nicht. Als er aber wieder einmal über den
Durst trinkt und Charly sieht, entdeckt er in ihm den lang vermißten
Freund und nimmt ihn mit zu sich nach Hause. Als er am nächsten Tag
nüchtern erwacht, hat er längst vergessen, daß *Charly* sein Gast ist,
und er läßt ihn durch seinen Butler hinauswerfen. Diesen Prozeß des
zustandsbedingten Erinnerns hat man nicht nur im Alkohol- und Dro-
genbereich nachgewiesen. G. BOWER von der *Stanford-University* benutzt das Hypnoseverfahren, um Menschen traurig oder glücklich zu
machen.[36] Dabei forderte BOWER sie auf, sich ein Erlebnis vorzustellen, bei dem sie entweder todtraurig oder überglücklich gewesen waren. In einem dieser beiden Zustände lernten sie nun Listen von Wörtern, an die sie sich später erinnerten. Bei einem dieser Experimente
wurden 78 % der Wörter wiedererinnert, wenn die Gefühlslage zum

35 Endel TULVING: Cue-dependent forgetting. - American Scientist 1974; E. TUL-
VING / J. PSOTKA: Retroactive inhibition in free recall: Inaccessibility of information
available in the memory store. - Journal of Experimental Psychology 1971
36 Gordon BOWER: Erinnern in Hypnoseverfahren, Stanford University 1978

Zeitpunkt des Erinnerns die gleiche war wie im ersten Lernzustand, hingegen nur 47 %, wenn die beiden Gefühlszustände voneinander verschieden waren. Diese Beobachtungen entsprechen auch unseren Ergebnissen. Erinnern wir uns nur an die evozierten Potentiale. Verband sich mit den suggerierten Lichtblitzen von Donner und Gewitter, die wir zur Verstärkung des subjektiven Empfindens des Lichtblitzes als Vorstellungsbild einsetzten, beim Probanden ein anderes Erlebnis mit einem ähnlichen Lärm, wie z. B. der Explosion von Bomben und Granaten, so hatten diese Erlebnissituationen bei unseren evozierten Potentialen den Vorrang und die Patienten weigerten sich entweder, dem Vorstellungsbild eines schweren Gewitters zu folgen oder sie wurden jetzt von ihren schweren Kriegserlebnissen beherrscht und fingen auf Fragen an, hiervon zu berichten.

a) Dominanzsteuerung

Durch unsere Experimentierfreudigkeit stießen wir auf ein weites Feld. Zunächst versuchten wir, unsere Untersuchungsmethoden zu verbessern und legten gleichzeitig bei unseren bisherigen Ergebnissen noch strengere Bemessungsmaßstäbe an. So hat auch die Auswertungsmethode nach KUBICKY (Berlin), dessen EEG-Auswertung zur Zeit als eine der strengsten Verfahren gilt, keine erheblichen Abweichungen erbracht. Wir konnten jetzt aber auch unsere Probanden im Hypnosezustand ganz bewußt in ihrer *Dominanz* steuern. Stellten wir z. B. einem Probanden im Hypnosezustand eine mathematisch-logische Frage, so erwies sich deutlich, daß es zu einer Abnahme der *Rechtsdominanz* und einer Zunahme der *Linksdominanz* im Hypnosezustand kam. Somit hatten wir einen Schlüssel zum Denken und Fühlen in der Hand. Andererseits waren wir auch in der Lage, die Dominanz eines Probanden durch eine emotionale Provokation völlig auf die rechte Seite zu verlegen, beim Rechtshänder wohlgemerkt. Man brauchte ihn nur auf ein persönliches Problem anzusprechen, beispielsweise: «Wie geht es Ihrer armen Mutter, die sie so lieb hatten und die so lieb zu ihnen war und so gut? Sie ist doch jetzt so schwer krank!» oder ähnliches. Sprachen wir also in der Hypnose das *Gefühl* des Probanden an, dann waren wir in der Lage, die Aktivitäten beim Rechtshänder auf die rechte Seite zu verlegen. Forderten wir ihn dagegen kurze Zeit danach auf, sich mit einem logischen, mathematischen oder rechtlichen Pro-

blem auseinanderzusetzen, dann konnte man ganz deutlich das Über-
schwenken der Gehirnaktivitäten auf die linke Seite erkennen. Diese
Steuerung der Aktivitäten bei entsprechender verbaler oder emotionaler Provokation führten wir bei einer ganzen Reihe von Probanden
bzw. Patienten mit sichtbarem Erfolg durch. Dabei stellten wir auch
fest: Bei 15 % der Probanden funktionierte es nicht, bei Linkshändern
zeigte sich oft eine umgekehrte Reaktion. Diese Beobachtungen entsprechen den 1972 von D. GALIN und R. ORNSTEIN[37] im Medical Center der California University vorgenommenen EEG-Aufzeichnungen
von den Signalen der linken und rechten Seite des Gehirns, während
die Versuchsperson verbale oder globale Aufgaben durchführte. Das
Ergebnis war die Bestätigung dafür, daß Gesunde dazu neigen, mit der
einen oder anderen Seite des Gehirns zu denken. Wenn die Versuchsperson eine *verbale* Aufgabe erledigt, ist der *Alpharhythmus* auf der
linken Seite vermindert, bleibt aber auf der rechten Seite unverändert.
Das rechte Gehirn ist also weitgehend untätig, während das linke das
Problem bearbeitet. *Globale* Aufgaben brachten die entgegengesetzten
Ergebnisse und zeigten damit, daß in diesem Fall das rechte Gehirn
beansprucht ist. Wie bereits erwähnt, obliegt dem linken Gehirn das
Verbale, Logisch-Denkende, Mathematische und dem rechten Gehirn
das Emotionale, das Gefühl, das räumlich erfassende Globale. So bestand die Aufgabe für das linke Gehirn bei diesem Experiment darin,
Tatsachen aus einem Zeitungsartikel niederzuschreiben, den die Versuchsperson gerade gelesen hatte. Und Aufgabe des rechten Gehirns
war es, ein gerade dem *Gedächtnis* eingeprägtes Muster aus 16 vielfar-
bigen Blöcken zu konstruieren. Das Experiment wurde nur an 6 gesunden Versuchspersonen durchgeführt. Obwohl alle Testpersonen eine
Veränderung in der geistigen Aktivität der linken und rechten Seite in
der entsprechenden Richtung aufwiesen, ergaben sich doch erhebliche
Abweichungen. So zeigte Nr. 2 z. B. die geringste Veränderung (23 %).
Das deutet wahrscheinlich auf die Tendenz hin, beide Hemisphären
zusammen für alle Arten von Aufgaben einzusetzen. Die Versuchsperson Nr. 1 zeigte eine derart starke Veränderung im Alphaverhältnis,
daß es schon fast unglaublich war. Dieses hohe Alphaverhältnis ist ein
Zeichen dafür, daß der Proband in hohem Maße die eine oder andere

---

37 D. GALIN / R. ORNSTEIN: Individual Differences in Cognitive Style - I. Reflective
Eye-Movements, Neuropsychologia 12 (1974)

Hemisphäre benutzt, je nachdem welche für das Problem am geeignetsten ist. Bei einer Tätigkeit, wo die eine Hemisphäre stark aktiviert und die andere untätig ist, ist die untätige in hohem Grade unaufmerksam.

Erinnern wir uns an dieser Stelle noch einmal an die für die Hypnose so charakteristische, oft erwähnte *Einengung des Bewußtseins*: Es kann die eine Hemisphäre etwas lernen, während die andere nichts aufnimmt. Darum tun wir uns auch so schwer, anderen uns betreffende Gefühle und Probleme zu erklären, weil das in den Aufgabenbereich des rechten Gehirns fällt und somit nicht verbal gelernt werden kann. Unser verbales Gehirn weiß nicht wie die Aufgabe ausgeführt wird, weil es nicht aufgepaßt hat. Im Gegensatz zu dem eben erwähnten Versuch erlaube ich mir nochmals darauf hinzuweisen, daß es sich hier nur um 6 Versuchspersonen handelte und schon bei dieser geringen Anzahl von Probanden ein hoher Unsicherheitsfaktor zu verzeichnen ist. Trotzdem sei darauf hingewiesen, daß im Ansatz die Beobachtungen von D. GALIN und R. ORNSTEIN mit den unseren in vielerlei Hinsicht verglichen werden können. Gehen wir davon aus, daß die rechte Seite des Gehirns ihren eigenen separaten Gedankenablauf und keine Wortvorstellung hat. Obgleich diese nichtverbalen Gedanken ein wesentlicher Bestandteil unserer Persönlichkeit und unserer Fähigkeiten sind, werden sie weiterhin ignoriert und mißverstanden, weil sie sich so schwer in Worte übersetzen lassen. So wissen wir, daß die *rechte Hälfte unseres Gehirns* in der Lage ist, unsere Handlungen zu bestimmen, Probleme zu lösen, sich an Dinge zu erinnern und Emotionen zu empfinden. Sie stellt quasi einen eigenen selbständigen Denkapparat dar und ist doch partnerschaftlich mit der *linken Gehirnhälfte* verbunden, die in der Lage ist, das in der rechten Gehirnhälfte Gedachte zu verbalisieren, logisch zu denken, eine Art Kontrollapparat aufzubauen und damit quasi die Herrschaft über das Bewußtsein zu übernehmen. Kommen wir noch einmal auf unsere Beobachtung zurück, daß mit Einleitung der Hypnose beim Rechtshänder die Aktivität sich deutlich auf die rechte Gehirnhälfte verlagert, so wird uns klar, warum wir den Hypnosezustand nicht nur als einen besonderen Zustand definieren können, sondern auch Zugriff bekommen auf die Schatzkammer bzw. Mördergrube, in der all unsere positiven und negativen Lebenserfahrungen und auch weiter zurückliegende (Geburt, Schwangerschaft), vielleicht sogar die unserer Vorfahren, die wir dann als unser Kollektives Unbewußtes bezeichnen könnten, gespeichert sind. Es sind genau die Informationen, die unsere Patienten und Probanden im Zustand der Hypnose, insbesondere visuell, reproduzieren. So gewähren uns die *hypnoanalytischen Verfahren*, unter denen im weitesten Sinne die Reproduktion aller erlebten, möglicherweise auch ererbten Erfahrungen zu verstehen ist, einen tiefen Einblick nicht nur in unser Unterbewußtsein, sondern auch in unser Unbewußtes, deren Sitz nach wie vor in unserem Gehirn liegt. Allen voran sei hier die Revivifikation erwähnt. Damit beginnt sich der Kreis zu schließen: *Hypnose* oder Gehirnforschung, ohne Kenntnisse über die Dominanzen unserer Gehirnhemisphären erscheint mir schon jetzt undenkbar. Ebenso kann der Hypnosezustand für die Gehirnforschung an sich und das Verständnis für die Dominanzen der Hemisphären von größter Bedeutung sein. So haben wir bei unseren weiteren Untersuchungen auch eine Reihe ausgefallener Beobachtungen machen können, wie ich noch darlegen werde.

b) Links- und Rechtshänder

Wir beobachteten auch Abweichungen von der von uns bisher aufgestellten Norm, die uns zunächst vor ein Rätsel stellten. So machte uns die *Linkshändigkeit*, die zunächst bei der großen Zahl der Rechtshänder kaum auffiel, eines Tages viel Kopfzerbrechen. Der Zufall hatte uns einen Linkshänder in unser Institut gespielt, ohne daß wir das rechtzeitig erfahren hatten. Alle unsere bisherigen Beobachtungen verliefen jetzt ganz eindeutig entgegengesetzt. Das fing schon bei der Einleitung an und selbst durch eine emotionale Provokation ließ sich die Aktivität bei diesem Patienten nicht auf die rechte Seite verlagern, umgekehrt stieg die Aktivität auf der linken Seite umso mehr an. Hatte ich mich noch zuvor mit meinem Mitarbeiter über die Dringlichkeit der Untersuchung bei einem Linkshänder unterhalten, so hatte ich ihn schon vor mir, ohne es zu wissen. Das total pervertierte Bild auf unseren Bildschirm- und Papieraufzeichnungen veranlaßte mich, an den Patienten die Frage zu stellen: «Sind Sie Linkshänder?», die er ganz spontan positiv beantwortete.

Eine Patientin, die unter sehr schweren Kopfschmerzen litt und *Rechtshänderin* war, zeigte nach Einleitung der Hypnose eine relativ schwache Aktivität auf der rechten Gehirnhälfte. Auf die Frage, womit sie sich denn so intensiv beschäftige – dies konnten wir anhand der relativ hohen Aktivität auf der linken Seite deutlich erkennen – antwortete sie, sie müsse ihre Schmerzen kontrollieren, könne und wolle nicht loslassen und im übrigen fühle sie schon seit Jahren nichts mehr, ihre Gefühle seien abgetötet. Als wir die Patientin im Hypnosezustand aufforderten, jetzt ihren Körper zu fühlen und zu lieben, und damit, d. h. mit dem Fühlen, in ihren Zehenspitzen anzufangen, gab sie nach einer gewissen Zeit nicht nur ein Gefühl zu, sondern wir konnten auch eine deutliche Zunahme der Aktivität auf der rechten Gehirnhälfte beobachten. Auch dieses Beispiel zeigt, welche Möglichkeiten sich in der Hypnosetherapie eröffnen, wenn wir unser therapeutisches Vorgehen in der Hypnose unter den modernsten Aspekten der Gehirnforschung durchführen.

c) Zwangsneurose

Ein weiterer Fall, den wir erst kürzlich nach erneuter Verbesserung unserer Versuchsbedingungen und Auswertungen beobachten konnten: Eine schwerkranke *Zwangsneurotikerin* mit Waschzwang, die sich in unserer Klinik den Spitznamen «die Waschfrau» eingehandelt hatte, zeigte folgende Symptomatik: Sie erklärte, sie müsse sich und alles, was mit ihr in Berührung kam, waschen. Auf die Frage «warum?» erklärte sie, sie sei als 20-jähriges Mädchen von einem schmutzigen Mann im Kaufhaus morgens um 7.00 Uhr behindert worden. Seither müsse sie sich ständig waschen. In der Exploration war noch zu erfahren, daß sie auch als junges Mädchen im Wald, der nahe der elterlichen Wohnung lag, scheinbar von einem Mann erschreckt wurde. Hier kam jedoch sofort der Vater, der diese mißliebige Gestalt vertrieb. Im Verlauf ihrer Hypnoanalyse kristallisierte sich immer mehr heraus, daß nicht der ekelhafte Mann – wie sie ihn nannte – Ursache ihres Waschzwangs war, sondern ein Konflikt, der sich in ihrer Kindheit, insbesondere in der Schulzeit, zwischen dem Vater und ihren Schulkameradinnen entspann. Sie war ein verwöhntes Kind, immer außerordentlich schön und gepflegt angezogen, mit gepflegtem Haar; so gefiel sie dem Vater und genoß seine Liebe und Zuneigung. In der Schule jedoch wurde sie von ihren Klassenkameradinnen in dieser Art abgelehnt und verspottet. Diese trugen alle nur zottelige Jeans und hatten zottelige Haare, so daß auch sie beschloß, es ihren Klassenkameradinnen gleichzutun, und so beschaffte sie sich von ihrem Taschengeld eine ähnliche bohémehafte Kleidung, vernachlässigte ihre Haare und tat es ihren Kameradinnen im Aussehen gleich. Jetzt wurde sie zwar von diesen eher akzeptiert, aber der Vater wandte sich von ihr ab und entzog ihr auch Liebe und Zuneigung. In diesem Konflikt fing sie an, immer mehr zu waschen und zu putzen und sich zu reinigen, um wieder auf sich aufmerksam zu machen. Liebe und Zuneigung des Vaters blieben ihr jedoch versagt. In der Hypnoanalyse konnten wir ganz deutlich über längere Zeit die gesamte Aktivität auf der rechten Gehirnhälfte beobachten, nachdem ich ihr regelrecht an den Kopf warf, der Vater wäre die Ursache ihres Waschzwanges. Um ganz sicher zu sein, ließen wir sie jetzt eine rechtliche Situation erklären und eine mathematische Aufgabe lösen, die die volle Aktivität ihrer linken Gehirnhälfte erforderte. Wie erwartet, ging die Aktivität mit einer ganz kurzen Verzögerung auf die linke Seite über. Sprachen wir sie jedoch dann auf den Vater an, – und ich erklärte ihr in der Hypnose, daß die Ursache ihres Zwanges seine verlorene Aufmerksamkeit sei und sie das jetzt akzeptieren müsse, denn wir hätten es sogar auf dem Bildschirm deutlich sehen können, – wollte sie zunächst diese Ursache ihrer Zwangsneurose nur langsam akzeptieren. Es war uns jedoch tatsächlich gelungen, dank der vollkommenen Kontrolle über die Gehirndominanzen auf geradezu kriminalistische Art die Ursachen der Beschwerden der Patientin aufzudecken und sie zu überführen. In diesem Falle ist nur noch abschließend zu sagen, daß es wenige Tage nach diesem Behandlungsverfahren weitere erhebliche Aggressionen und innere Kämpfe zwischen Akzeptieren und Nichtakzeptieren der Ursachen der Beschwerden gab und daß es danach zu einer sichtbaren Heilungserscheinung kam. Die Aggressionen, wie auch der Waschzwang, verschwanden. In meiner 15-jährigen Erfahrung mit Zwangsneurosen war dies mein sichtbar schnellster Erfolg.

4. Denken in Worten und Bildern

Die Dominanzen, verteilt auf rechte und linke Hemisphäre, wohlgemerkt beim Rechtshänder, lassen somit das *linke Gehirn* als Spezialist für Sprache und nicht nur für Worte erkennen, sondern es sticht auch

bei logischen Sequenzen, die Schritt für Schritt ablaufen und die die
Basis für Sprache darstellen, hervor. Dagegen denkt das *rechte Gehirn*
in Bildern. Es hat einen ungeheuren Vorteil beim Erkennen und Behandeln von Komplexen und visuellen Strukturen. So konnte beim gesunden Menschen durch Messung der elektrischen Spannung (EEG)
an jeder Gehirnhälfte die Spannung beim linken Gehirn niedriger gesehen werden.[38] Während der Tests führten die Versuchspersonen jeweils verschiedene Aufgaben durch, einmal den Mosaiktest am rechten Gehirn, ein anderes Mal das Schreiben von Sätzen.

a) Die Hörinformation

Aber auch der *zweigleisige Gehörtest* zum Nachweis der Rechts-
Links-Unterschiede beim Gesunden zeigt: wenn von beiden Ohren
gleichzeitig verschiedene Worte gehört werden, neigt der Rechtshänder dazu, die auf der rechten Seite gehörten Worte wiederzugeben und
die auf der linken Seite zu ignorieren. Wird der gleiche Test unter Benutzung von Musik oder natürlichen Geräuschen gemacht, kehren sich
die Verhältnisse um. Auch hier erweist sich das rechte Gehirn besser
im Erkennen von Dingen, die schwer in Worte zu fassen sind. Mit diesen Dominanzen im rechten und linken Gehirn in bezug auf Musik und
Sprache beschäftigt sich auch sehr intensiv der japanische Wissenschaftler Prof. T. TSUNODA[39], der eine ganz eigene Forschungsmethode entwickelt hat. Er trainiert seine Probanden eine gewisse Zeit in der
Form, daß sie zunächst das sogenannte «Fingertapping», das leichte
Antasten einer Art von Morsegerät, dessen Impulse später zur Aufzeichnung gelangen, üben müssen. Dabei werden dem Patienten / Probanden über Kopfhörer Töne, bzw. wird ihm Musik ins Ohr eingespielt. Bei diesem zweigeteilten Hörtest werden zwei verschiedene
Musikpassagen in die Ohren der Patienten / Probanden übermittelt.
Der Experimentator versucht nun herauszufinden, welche Arten von

38 Thomas R. BLAKESLEE: Das rechte Gehirn. - Freiburg: Aurum Verlag 1982; K. THO-
MAS: Praxis der Selbsthypnose des Autogenen Trainings. - Georg Thieme Verlag 1981
39 T. TSUNODA: Tsunoda's Method: A New Objective Testing Method available for the
Orientation of the Dominant Cerebral Hemisphere towards various Sounds and its Clinical Use. - Ind. J. Otol. Vol. XVIII, Nr. 3, 1966; Cerebral Hemisphere Dominance Test
and Localization of Speech. - The Journal of Auditory Research 1971; The Difference of
the Cerebral Dominance of Vowel Sounds Among Different Languages. - The Journal of
Auditory Research 1971; Functional Differences Between Right- and Left-Cerebral Hemispheres Detected by the Key-Tapping Method. - Brain and Language 1975; A Switching
Mechanism in the Human Brain. - Japanese edition of Scientific American 1985

Melodien von den Versuchspersonen besser erfaßt oder erkannt werden. Es ist bekannt, daß bei einem solchen Zustand des Hörens zwischen dem rechten und linken Ohr die Hörinformation vom linken Ohr in das linke Cerebrum, also über Kreuz ankommt. Dadurch daß man herausfindet, welche Melodie die Testperson besser erkennt, kann so eine dominierende zerebrale Hemisphäre ermittelt werden. Diese zweigeteilte Hörmethode ermöglicht die Verwendung von Wort und Silbentönen als Testinformation. Im Falle von Melodien zeigen normale Untersuchungspersonen die Dominanz des rechten Gehirns gegenüber dem linken. Die von TSUNODA zusehends verfeinerte Methode ermöglicht die Anwendung einer Vielzahl verschiedener Töne oder Laute und auch eine genaue Messung wechselnder Gehirnaktionen, also Antworten des Gehirns. Nach TSUNODA gibt es einen äußerst genauen Schaltmechanismus im Gehirn, welcher automatisch die Hörinformation von den Ohren zur rechten und linken Gehirnhälfte sortiert und verteilt. Dieser Schaltmechanismus, so nimmt TSUNODA an, besteht in einem Zustand vor der Trennung der Hörnervbahnen in den rechten und linken Gehirngängen. Man glaubt, daß er im unterbewußten Niveau tätig ist. Neuere Studien haben ergeben, daß dieser Schaltmechanismus besonders auf niedrige Frequenztöne von 40 / 60 Hertz anspricht. Der wichtigste Zweck für den Menschen ist wahrscheinlich die Kommunikation mit anderen Menschen auf dem Weg der Sprache. Menschen stehen normalereweise in einem Zweiwegekommunikationsprozeß, nämlich Zuhören und Sprechen. Nichtsprechen macht den Kommunikationsprozeß zu einem Einwegigen, nämlich nur Zuhören. TSUNODA spricht in diesem Zusammenhang vom verschiedenen Ansprechen der rechten und linken Gehirnhälfte in bezug auf Zuhören und Sprechen von einer Feedbackschleife. Er stellte fest: Wenn dieses Feedback ihre Stimme um 0,2 sec verzögert, zeigt die Person Schwierigkeiten, ihre normale oder die Kette ihrer normalen Sprache aufrechtzuerhalten. Der gleiche Effekt eines verzögerten Hörfeedbacks wird beobachtet, wenn die Sprache ersetzt wird durch das Tippen einer Taste mit einem Finger. Auch hier beginnen die Finger der Versuchsperson zu stottern und schaffen es nicht mehr, den regelmäßigen Tipprhythmus einzuhalten.

TSUNODA hat eine neue experimentelle Anordnung gefunden, die aus einem Bandgerät oder einem Oszillator besteht, einem Verzögerungskreis in einem Zweikanalstereokopfhörer und einer elektronisch verbundenen Taste bzw. angeschlossenen Taste. Die Versuchsperson, die in einem bequemen Stuhl ruht, wird angewiesen, die Taste nach einem vorgeschriebenen regelmäßigen Rhythmus zu tippen; wenn der Finger die Taste berührt, wird das Bandgerät oder der Oszillator für 0,05 oder 0,07 sec eingeschaltet und sendet eine Rückmeldung (Feedback) in Form eines Tones oder Rückmeldungssignals zu einem Ohr und gleichzeitig mit dem Antippen der Taste zum anderen Ohr nach einer Verzögerung von 0,15 bis 0,4 sec, welche durch einen Verzögerungskreis bewirkt wird. Das Verzögerungsintervall für maximal verzögerte Hörfeedbackwirkung ist bei den einzelnen Menschen unterschiedlich. Die Versuchsperson wird angewiesen, ihre Aufmerksamkeit auf das gleichzeitige Feedback zu richten und das verzögerte Feedback zu vernachlässigen, d. h. zu ignorieren, damit der regelmäßige Tipprhythmus aufrechterhalten bleibt. Sobald aber die Intensität des verzögerten Feedbacks stufenweise erhöht wird, während das gleichzeitige gleichlaufende Feedback konstant bleibt, beginnt seine normale ordnungsgemäße Tippleistung zu versagen.

Nach den Tests werden die Leistungen der beiden Ohren verglichen. Denjenigen, der dem verzögerten Feedback größeren Widerstand entgegengebracht hat, betrachtet man als dominierend.

Da die Hörinformation – wenn beide Ohren sich in einem Konkurrenzzustand befinden – vom Ohr kreuzweise, also über Kreuz, an die gegenüberliegende Seite des Cerebrums übermittelt wird, wird angenommen, daß die Dominanz des linken Ohres die Dominanz der rechten Hemisphäre andeutet und umgekehrt.

Auch TSUNODA spricht jetzt von einer Dominanz der rechten und linken Hemisphäre.

b) Kulturelle Unterschiede

Interessant ist in diesem Zusammenhang die von TSUNODA gemachte Beobachtung eines Unterschiedes zwischen den Bewohnern Japans und denen des Westens. TSUNODA hat bei der Anwendung dieser Tastentippmethode die Antwort der getesteten Gehirne auf eine große Vielzahl von Tönen und Lauten untersucht: die umfassendsten Töne oder Laute westlicher Musikinstrumente (Violine, Flöte, usw.), japanischer Musikinstrumente (Bambusflöte), das Plätschern eines Stromes, das Brechen von Wellen, das Zirpen von Insekten, die emotionellen menschlichen Töne wie beispielsweise Lachen, Jauchzen, verbale Töne wie z. B. Vokale und Konsonanten. Bei japanischen Versuchspersonen wurde eine Dominanz des linken Gehirns für lange Vokale (Naturlaute, Tierlaute, laute traditionelle japanische Musikinstrumente) gefunden; die Dominanz des rechten Gehirns erwies sich bei Tönen westlicher Musikinstrumente reinen Tönen, weißen Tönen oder weißen Geräuschen.

Andererseits wurde bei *westlichen* Versuchspersonen eine Dominanz des linken Gehirns beobachtet für Silben, einschließlich der Konsonanten, und für Worte, die Konsonanten enthalten und eine Dominanz des rechten Gehirns darstellen.

Wenn komplizierte Töne verwendet wurden, ergab sich bei *japanischen* Testpersonen eine Dominanz des rechten Gehirns für alle harmonischen Komplextöne, deren Tonbestandteile in harmonischer Beziehung zueinanderstehen. Ihre Frequenzen gleichen also dem Mehrfachen der Vielzahl der Frequenzen davon.

Bei westlichen Versuchspersonen jedoch war die Seite der Gehirndominanz für unharmonisch zusammengesetzte Töne nicht klar erkennbar, obwohl alle harmonischen Töne sich im Dominanzbereich des rechten Gehirns befanden.

Ein Mitarbeiter TSUNODAs untersuchte die von ihm gefundenen cerebralen Dominanzen nach der EEG-Topographiemethode, welche die Frequenzen der Gehirnwellen in verschiedenen Teilen des Gehirns in unterschiedliche Farben auf dem Monitor zeigte. Die Ergebnisse stimmten vollkommen mit den Beobachtungen nach TSUNODAs Methode überein.

5. Schlußbemerkung

SPERRY hat uns die Richtung gewiesen. Unsere Aufgabe ist es nun, Mittel und Wege zu finden, um die Zusammenhänge unserer Gehirnfunktionen in bezug auf unser Fühlen, Erinnern, Denken und Handeln – also das, was unsere Persönlichkeit ausmacht – besser zu erfassen und zu verstehen.

Zum Verständnis dessen, was unsere Persönlichkeit ausmacht, gehört vor allem eine fundierte Kenntnis von Motiv und Motivation des menschlichen Verhaltens, wie Josef A. KELLER ausführt.

Dabei ist mit in Rechnung zu nehmen, daß Motiv und Motivation menschlichen Verhaltens auch durch «paranormale Erfahrungen» beeinflußt werden können, worauf Alex SCHNEIDER in seinem Beitrag über «Telepathie, Hellsehen und Präkognition» hinweist.

JOSEF A. KELLER

MOTIVATION UND MENSCHLICHES VERHALTEN

Für die jeden einzelnen Menschen und – unter teilweise etwas anderer Perspektive – auch den Psychologen interessierende Frage nach den *Motiven* bzw. der Motivation menschlichen Handelns bietet sich in aller Regel keine einfache und schon gar nicht elegante Antwort. Obwohl Begriffe wie *«Motiv»* oder *«Motivation»* sich zu weitverbreiteten und vielgehörten Modeworten entwickelt haben – man könnte fast sagen, derzeit «in» sind –, korrespondiert eher selten entsprechendes, über das Alltagsverständnis hinausgehendes Wissen mit deren Verwendung.

Während sich nun allerdings die wissenschaftliche Motivationsforschung mit vielerlei Problemen theoretischer wie empirischer Art konfrontiert sieht, – ein nicht unbedeutender Grund für den in mancher Hinsicht unbefriedigenden Entwicklungsstand dieser Disziplin –, ist im Alltagsleben und -handeln bei praktisch jedem Menschen eine weitgehend zur Gewohnheit gewordene Tendenz zu beobachten, dem eigenen Handeln und dem anderer Menschen spontan und kaum reflektiert, aber individuell durchaus plausibel irgendwelche Motive (*»Beweggründe»*), Auslöser oder Ursachen zuzuschreiben, ein Vorgang, den man in der wissenschaftlichen Psychologie als *»Attribuieren»* bezeichnet.

Im allgemeinen geht das etwa nach dem folgenden Schema vor sich: Eine bestimmte Person nimmt ein bestimmtes Ereignis oder eine bestimmte Situation wahr und sucht nach möglichen «Anlässen» (Auslösern, Bedingungen, Ursachen), die ihr deren Existenz oder Zustandekommen verständlich machen. An einigen Beispielen läßt sich dieser Sachverhalt verdeutlichen: Einem Kind, das in der Schule versagt, wird von anderen oft Faulheit oder mangelnder Leistungswille vorgeworfen. Der Schüler selbst sieht seine mangelhafte Leistung hingegen

möglicherweise in der besonderen Schwierigkeit der zu bewältigenden
Aufgabe oder aber gar in der gegen ihn gerichteten ausgeprägten Ab-
neigung des Lehrers begründet. Eheleute, die kurz vor der Scheidung
stehen, geben als mögliche Gründe für ihr Zerwürfnis die Streitsucht
des (jeweils anderen) Partners oder ihre divergierenden Interessen
und unterschiedlichen Bedürfnisse an. Einem Angeklagten vor Gericht
wird als (Haupt- oder Mit-) Voraussetzung der von ihm begangenen
Straftat im günstigen Fall eine mehr oder minder belegbare Milieu-
schädigung zugebilligt, im schlimmeren Fall – dies gilt etwa vor allem
für bestimmte Kapitalverbrechen oder Wiederholungsdelikte – ist man
eher geneigt, ihm (angeborene) kriminelle Tendenzen zuzuschreiben.
Mitarbeiter, die im Betrieb durch häufige Abwesenheit auffallen, sind
nach Meinung mancher Vorgesetzter oder Kollegen Leute, die einfach
«krankfeiern», die ausgesprochen leistungsunwillig sind und die notwendige Identifikation mit dem Betrieb und dessen Belangen vermissen lassen.

Schon aus diesen aufgezeigten Beispielen ergeben sich bei genauem
Hinsehen mindestens sechs motivationsrelevante Problembereiche,
mit denen wir uns im folgenden etwas eingehender befassen wollen. Es
sind dies im einzelnen:

1. Die wichtige Unterscheidung zwischen *Motiv* und *Motivation*. In unseren Beispielen angesprochen durch den Hinweis auf einesteils individuelle (zeitlich relativ stabile und situational unabhängige) Disposi-
tionen (= Motive), die menschliches Verhalten leiten, und auf ande-
renteils die Gesamtkonstellation aktuell wirksamer Person- und Situa-
tionsfaktoren, durch deren integratives Zusammenwirken menschliches Handeln bestimmt wird.

2. Die Frage nach *Angeborenheit* oder *Erworbenheit* menschlicher Motive und die damit in engem Zusammenhang stehenden spezielleren
Fragen nach (Möglichkeiten) der Entwicklung von Motiven im menschlichen Lebenslauf. In den aufgeführten Beispielen wurden unter-
schiedslos sowohl eher angeborene als auch eher erworbene Motive
als Determinanten individuellen Verhaltens herangezogen.

3. Die Frage nach dem Vorhandensein *individueller Motivhierarchien*
und deren Implikation, wie etwa der unterschiedlichen Verhaltens-
wirksamkeit zentraler oder peripherer Motive, oder der Auswirkung
von Motiv- oder Motivationskonflikten. Diesbezügliche Fragen resul-

tieren aus den o.g. Beispielen, wenn man sich vergegenwärtigt, daß –
entgegen der durch ein in psychologischen Arbeiten überwiegend an-
zutreffendes Einzelmotiv – Einzelverhaltensweise – Untersuchungsde-
sign suggerierten Auffassung von der Isolierbarkeit und Analysierbar-
keit einzelner Erlebens- und Verhaltensaspekte – menschliches Sein
und Handeln immer nur als Ganzes unter Einbezug der gesamten Situation verstanden werden kann.[1]

Letzteres würde einen Forschungsansatz bedingen, der menschliches Handeln als determiniert durch eine ganze Reihe individueller,
mehr oder minder bedeutsamer (miteinander konkurrierender, möglicherweise auch einander widerstrebender) Motive und verschiedener
situativer Einflüsse, sozialer Rollen, Normen usw. begreift und sich
um entsprechende adäquate Untersuchungsmethoden bemüht.

4. Die Frage, inwieweit man ein Individuum als eher *geschoben* von (inneren) Motiven, Trieben und Instinkten oder *gezogen* von (äußeren)
Anreizen betrachtet – eine Differenzierung, die sich ebenfalls (wenn
auch nicht direkt) aus den in o.g. Beispielen verwendeten motivationalen Erklärungsbegriffen ableiten läßt. Im Zusammenhang damit stellt
sich dann auch die Frage nach der Rolle des von internen und externen Kräften motivierten Individuums, das als *rational* sich entscheidend und *intentional* handelnd postuliert wird.

5. Weiterhin interessant ist die Frage, inwieweit *Motivzuschreibungen*
oder *-attribuierungen* der in den Beispielen genannten Art selbst motivationale Relevanz zukommt.

6. Schließlich und endlich ist zu fragen, ob und gegebenenfalls welche
Möglichkeiten bestehen, um *Veränderungen* in der Motivierung von
Personen zu bewirken.

1. Zur Notwendigkeit der Unterscheidung von «Motiv» und «Motivation»

Das Bemühen um die oben bereits angedeutete unterschiedliche Be-
griffsfassung von *Motiv* und *Motivation* kann keinesfalls nur als akade-

---

1 Dies ist ganz im Sinne der modernen Psychologie, und zwar spätestens seit K. LE-
WIN's in den 30er Jahren entwickelten «Topologischen Psychologie» (vgl. K. LEWIN:
Grundlagen der topologischen Psychologie. - Bern: Huber 1969)

mische Streitfrage betrachtet werden, sondern stellt ein in verschiede-
nerlei Hinsicht relevantes und auch folgenhaftes Unternehmen dar:

Die Differenzierung zwischen *Motiv* als einer personspezifischen
Disposition, d. h. einer zeitlich relativ konstanten und weitgehend si-
tuationsunabhängigen Erlebens- und Verhaltenstendenz oder
-orientierung, und *Motivation* als einem aktuellen Prozeß, bewirkt
durch einen Komplex verschiedener Organismus- und Umweltvaria-
blen, deren Funktion in einer allgemeinen Aktivierung und spezifischen Orientierung von Erleben und Verhalten besteht[2], trägt nicht
nur zu definitorischer Klarheit in einem durch vage oder gar wider-
sprüchliche begriffliche Festlegungen gekennzeichneten Forschungs-
gebiet und damit zur besseren Verständigung zwischen dem in irgendeiner Hinsicht mit diesem beschäftigten Personen bei, sondern wirkt
auch im Sinne einer Barriere gegen eine vereinseitigende Sicht des Ge-
samtphänomens «Motivation». Es ist müßig, alle Bestrebungen innerhalb der Motivationsforschung anzuführen, die darauf abzielten, «Motivation» als etwas zu betrachten, das sich allein aus Strebungen, Trieb-
kräften oder Instinkten des Individuums konstituiert. Sämtlichen dieser Bestrebungen lag (und liegt) ein Forschungsparadigma zugrunde,
wie es Abb. 1 zeigt.

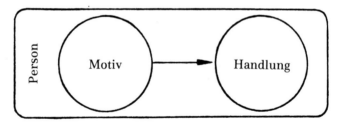

Abb. 1   PARADIGMA 1

Derart reduktionistische Standpunkte dürften wohl ein für allemal
der Vergangenheit angehören. Sämtliche neueren Ansätze der Motivationspsychologie bemühen sich um eine umfassende Berücksichtigung
und Erforschung verschiedenster möglicher Determinanten des Handelns eines Individuums, ob sie nun der Person selbst (wie Motive,
Triebe, Instinkte, Erwartungen, Emotionen, Absichten, Pläne, Ziel-

2 J. A. KELLER: Grundlagen der Motivation. - München: Urban & Schwarzenberg 1981,
S. 24

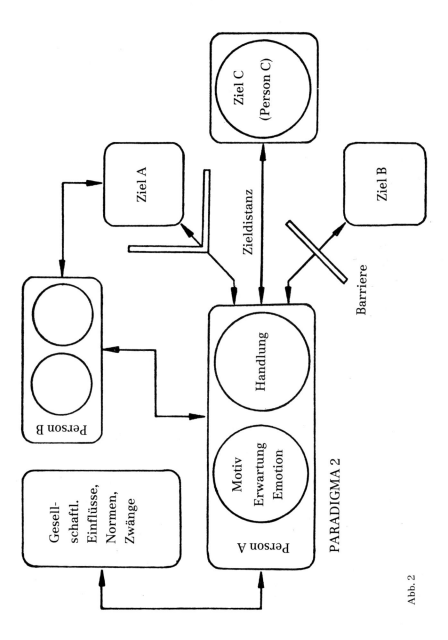

Abb. 2

und Wertvorstellungen, Einstellungen) oder aber deren Umwelt (spezifische Anreize, quantitative und qualitative Merkmale möglicher Zielobjekte, vermeintliche oder reale Einwirkungen von seiten anderer

Personen, allgemeiner situativer Kontext, Erleichterungen oder Er-
schwernisse der Zielerreichung, Zielalternativen etc.) entstammen.
Diesen Ansätzen entspricht ein Forschungsparadigma, wie es in Abb. 2
dargestellt ist.

2. Zum Thema «Angeborenheit» oder «Erworbenheit» menschlicher Motive

Die uralte Kontroverse um das Thema *Angeborenheit* versus *Erworbenheit* erstreckt sich auch auf die Frage, ob die motivationalen Kräfte,
die ein Individuum antreiben und steuern, eher als *ererbt* oder eher als
erlernt anzusehen sind. Traditionellerweise werden erstere als «primär», letztere als «sekundär» bezeichnet. Gleichzeitig verbindet sich
mit dieser Begriffsfestlegung die Vorstellung, daß als angeboren oder
ererbt vor allem Triebe und Instinkte, als durch Erfahrung erworben
(oder erlernt) sonstige Motive oder Strebungen (wie Leistungs-,
Macht-, oder Affiliationstendenz) gelten können, wobei *angeborene
Motivkräfte* eine klare biologisch-physiologische Basis und Funktion
haben, während für erlernte Motive eine solche nicht oder nur indirekt auszumachen ist. Wie problematisch allerdings derartige Diffe-
renzierungsversuche sind, mag allein der Hinweis auf den *Sexualtrieb*
und das *Sexualverhalten* des Menschen verdeutlichen, welche offensichtlich durch Erfahrung und Lernen ganz entscheidend modifiziert
werden können.[3]

Daß zudem selbst angeborene, motivationale Erlebens- und Verhaltensdeterminanten keineswegs Schicksal und ein für allemal fixierte,
zeitlich konstante Einflußfaktoren darstellen, zeigen neuere – leider
noch viel zu seltene – entwicklungspsychologisch orientierte Forschungen zur Veränderung und Wandlung von Interessen und Motiven im Verlauf des menschlichen Lebens. Einigermaßen gut untersucht ist lediglich die Entwicklung der *Leistungsmotivation* für die Al-
tersspanne 3 – 13 Jahre.[4] D. h., daß Annahmen über mögliche Motiva-
tionsentwicklungen etwa im Erwachsenenalter nicht oder nur unzureichend empirisch abgesichert sind.

3 Vgl. hierzu G. SCHMIDT: Sexuelle Motivation und Kontrolle. In: E. SCHORSCH / G.
SCHMIDT (Hrsg.): Ergebnisse zur Sexualforschung. - Frankfurt / M.: Ullstein 1976, S.
30 – 47

Trotz des zugegebenermaßen immensen Aufwandes wäre es m. E. durchaus sinnvoll, in methodisch einwandfreien Untersuchungen – wenn irgend möglich am besten in Längsschnittuntersuchungen – der Motivations- und Motiventwicklung während des gesamten Lebenslaufs nachzugehen. Bisher müssen diesbezügliche Auffassungen – Charlotte BÜHLER etwa meinte, es ließe sich eine Abfolge postulieren, die von bloßer Bedürfnisbefriedigung, über selbstbeschränkende Anpassung zu schöpferischer Expansion und schließlich zum Streben nach Aufrechterhaltung innerer Ordnung reicht – als wenn auch durchaus plausibel anmutend, so doch weitgehend spekulativ bezeichnet werden.[5]

Der *Motivationsforschung* der nächsten Jahrzehnte stellt sich damit die bedeutsame Aufgabe, bestimmten grundlegenden Entwicklungsprinzipien, wie etwa «Differenzierung» einerseits und «Integration» andererseits, auch für den Bereich menschlicher Motiventwicklung nachzuspüren. Mögliche Resultate solcher Untersuchungen würden sicherlich – wie sich das zumindest ansatzweise für das Thema Leistungsmotivation bereits abzeichnet – eine außerordentliche Bereicherung unseres Wissens über menschliche Motivation bedeuten.

Derzeit befindet sich die Motivationsforschung – wie jeder Motivationsforscher mit Bedauern konstatieren muß – in einem Stadium, welches es (noch) nicht gestattet, eine auch nur einigermaßen sichere Antwort auf die Frage nach dem «motivationalen roten Faden», der sich durch das Leben vieler Menschen zieht, zu geben; dabei wird natürlich stillschweigend vorausgesetzt, daß das die Gegenposition prägende Bild vom Menschen, der mit eher zufällig bestimmten Objekten oder Ereignissen konfrontiert wird und dann in seinem Verhalten bloßen sach- oder situationsimmanenten Zwängen (oder Logiken) folgt, nicht zutrifft oder zumindest ergänzungsbedürftig erscheint. Die in motivationspsychologischer Hinsicht so relevante Frage nach der Entstehung und Aufrechterhaltung individueller *Lebensleitlinien* oder *-pläne*[6] läßt sich bislang, wenn überhaupt, dann nur vage beantworten. Und doch wären die eigentlichen motivational bedeutsamen Fragen, die nach der

4 Vgl. H. HECKHAUSEN: Motivation und Handeln. - Berlin: Springer 1980, S. 641 ff.

5 Ch. BÜHLER: Theoretical observations about life's basic tendencies. - American Journal of Psychotherapy 13 (1959) 561 – 581

6 Alfred ADLER's Begriff des «Lebensstils» meint etwas durchaus Vergleichbares (vgl. z. B. A. ADLER: Der Sinn des Lebens. - Wien: Passer 1933

Herausbildung von Grund- und Leitmotiven, nach der bei manchen Menschen zu beobachtenden Verzettelung in vielerlei Bedürfnisse, Motive und Absichten, die zudem oft auch gar nicht zum Tragen kommen, d. h. sich nicht in entsprechendes Handeln umsetzen. Das wären etwa jene Personen, die man in der psychologischen Terminologie als *lageorientiert* von den *handlungsorientierten* unterscheidet[7], von denen man statt eines energischen *Ich will* oft nur ein kraftloses *Ich möchte eigentlich ganz gern* vernimmt. Und schließlich stellt sich auch die Frage nach den Entwicklungsbedingungen anscheinend *gänzlich unmotivierter* Individuen, die sich im weithin grassierenden Jugendjargon selbst als jene apostrophierten, die «Null Bock auf gar nix» haben, eine Gruppierung, die, wenn man annehmen darf, daß Sprache Äußerung innerer Zustände darstellt, eher im Zunehmen begriffen sein dürfte.

3. Zur Bedeutung individueller Motivhierarchien

Die Frage nach *individuellen Motivhierarchien* und die damit verbundene Frage nach der eher zentralen oder eher peripheren Rolle, die bestimmten Motiven für das Handeln einer Person zukommt, steht im Mittelpunkt jeder eingehenden Motivanalyse. Die wohl bekannteste Vorstellung einer Hierarchie menschlicher Motive stammt von A. H. MASLOW[8] und zeigt eine stufenartige Abfolge von verschiedenen Bedürfnissen, die menschliches Verhalten bestimmen können.

Zuunterst stehen dabei die *physiologischen Grundbedürfnisse*, deren Befriedigung für jeden Menschen (über-)lebensnotwendig ist. Auf den nächsten Stufen folgen das Bedürfnis nach *Sicherheit*, das Bedürfnis nach *Zugehörigkeit* und *Liebe* und das Bedürfnis nach *Anerkennung* und *Geltung*. Im Idealfall erreicht das Individuum die oberste Stufe, die der *Selbstverwirklichung* oder Selbstaktualisierung, ein Ereignis, das nach MASLOW allerdings nur einer elitären Minderheit von ungefähr fünf Prozent der Bevölkerung zuteil wird. Das Streben nach Ver-

---

7 J. KUHL: Handlungs- und Lageorientierung als Vermittler zwischen Intention und Handeln. In: W. HACKER / W. VOLPERT / M. v. CRANACH (Hrsg.): Kognitive und motivationale Aspekte der Handlung. - Bern: Huber 1982, S. 76 – 95

8 A. H. MASLOW: Motivation and Personality. - New York: Harper & Row 1954 (second edition 1970)

wirklichung des Selbst – welches übrigens nicht, wie man fälschlicherweise vermuten könnte, als eine Art rücksichtsloser Egotrip miszuverstehen ist – wird dabei zum zentralen Charakterzug menschlichen Handelns, dem sich sämtliche anderen Bedürfnisse unterordnen.

a) Selbstverwirklichung

Während die vier ersten Bedürfnisarten nach MASLOW als «Defizitmotivation» gelten, womit ausgedrückt wird, daß sie einem eher *homöostatischen* Wirkungsmechanismus des Ausgleichs auftretender Mangelerscheinungen gehorchen, wird Selbstaktualisierung oder -verwirklichung als «Wachstumsmotivation» bezeichnet und damit in Abhebung von allen anderen Bedürfnissen für eine Strebungsart gehalten, deren Ziel weit über eine einfache Fristung des Lebens hinausgeht und die Suche nach höchster menschlicher Vervollkommnung beinhaltet.

An einzelnen Komponenten beinhaltet *«Selbstaktualisierung»* die folgenden:[9]

1. Unvoreingenommene und unverzerrte *Realitätssicht* und stabile *Realitätsverankerung* eigenen Handelns;
2. *Selbstakzeptanz*, positive Sicht von Mitmensch und Natur;
3. *Spontaneität*, Einfachheit und Natürlichkeit im Verhalten;
4. *Problemzentriertheit* (statt Ichzentriertheit);
5. Bedürfnis nach *Privatheit* (statt Betriebsamkeit);
6. *Persönliche Autonomie* und *Unabhängigkeit*;
7. *Frische* und *Reichtum des Erlebens*;
8. *Mystische* und *ekstatische Erfahrungen*;
9. *Gemeinschaftsgefühl*;
10. Tiefe *interpersonale Bindungen* und *Beziehungen*;
11. *Demokratischer Charakter*;
12. Fähigkeit zu *klarer Unterscheidung*;
13. Sinn für *Humor*;
14. *Kreativität*;
15. *Unangepaßtheit* an eine spezifische *Kultur* oder bestimmte *Konventionen*;
16. Teilweise menschliche *Unvollkommenheit*;
17. *Wertorientierung*;

9 Derselbe, ebenda

18. *Auflösung scheinbarer Gegensätze* und *Widersprüche.*

Wie die aufgeführten Bestimmungsstücke zeigen, ist das Selbstak-
tualisierungskonzept psychologisch äußerst anspruchsvoll und komplex. Die sich daraus ergebenden Schwierigkeiten, Selbstaktualisierung zu diagnostizieren oder gar einen Test zu deren adäquater Erfassung zu konstruieren, dürften jedem unmittalbar einleuchten, obwohl
es selbstverständlich auch hierfür an diversen Versuchen keineswegs
fehlt.[10]

b) Satisfaktion und Frustration

In motivationspsychologischer Hinsicht besonders interessant ist
eine die MASLOW'sche Bedürfnis- oder Motivhierarchiekonzeption
vervollständigende sog. *Satisfaktions-Frustrationshypothese,* derzufolge
a) eine jeweils höhere Motivart nur erreicht werden kann, wenn sämtliche tieferliegenden Bedürfnisse befriedigt sind, und b) bei Nichtbe-
friedigung eines schon erreichten Motivniveaus ein Rückfall zur
nächstniedrigeren Stufe erfolgt.

Diese Annahme entbehrt zwar nicht einer gewissen Plausibilität und
scheint auch – zumindest auf den ersten Blick – verbreiteter menschlicher Erfahrung zu entsprechen, entpuppt sich dann aber bei näherem
Zusehen als bezogen auf ein – wenn überhaupt, dann – keineswegs allgemein gültiges Phänomen.

So ist es zwar einerseits hinreichend bekannt, daß Menschen etwa
bei mangelnder Befriedigung primärer physiologischer Bedürfnisse
eher höherrangige Zielvorstellungen hintanstellen, andererseits kennt
man aber auch den gar nicht so seltenen Fall der Selbstverwirklichung
von Individuen unter Bedingungen extremster Frustration und Ent-
behrung selbst lebensnotwendigster Güter. Man denke etwa an Menschen, die auf der Basis hochgradig internalisierter religiöser oder politischer Wert- und Normvorstellungen selbst in einer Extremsituation
wie Konzentrationslager, Gefangenschaft oder Verbannung höchster
Vervollkommnung fähig waren.

Problematisch an MASLOW's Vorstellungen muß dem Motivationspsychologen zudem die angenommene Harmonie des Übergangs von

---

10 E. H. BOTTENBERG / J. A. KELLER: Beitrag zur empirischen Erfassung von Selbst-
Aktualisierung. - Zeitschrift für Klinische Psychologie und Psychotherapie 23 (1975)
21 – 53; E. L. SHOSTROM: An inventory for the measurement of self-actualization. -
Educational and Psychological Measurement 24 (1964) 207 – 218

einer zur anderen Bedürfnisstufe erscheinen, ein Wechsel, der sich scheinbar ohne jeden Bruch vollzieht, sowie die postulierte Automatizität der Stufenabfolge.[11] Gegen diese Annahme spricht die vielfach apostrophierte Konflikthaftigkeit der Motivierung menschlichen Handelns, die häufig eher den Anschein eines zugrundeliegenden Kampfes verschiedener Motive erweckt und mit der einfachen Regelhaftigkeit der MASLOW'schen Bedürfnishierarchie, die z. B. auch eine eindeutige Präpotenz eines Bedürfnisses zu einer bestimmten Zeit favorisiert, kaum etwas gemein hat, und das Faktum des Verharrens gar nicht so weniger Menschen auf dem Niveau der Befriedigung der «niedrigen» (defizitären) Bedürfnisse. Das bedeutet konkret, daß bei vielen Menschen statt des erwarteten Fortschreitens zur Stufe der Selbstverwirklichung eine maßlose Übersteigerung und damit Pervertierung der Grundbedürfnisse zu beobachten ist, die gipfelt in einer fortdauernden und unmäßigen Verfeinerung des privaten Lebensgenusses, in sinnloser und unbegrenzter Anhäufung unnützer materieller Güter, in nichtendenwollender ängstlicher Selbstbespiegelung und stereotypem Kreisen allen Denkens und Tuns um angebliche Gefährdungen der eigenen Lebens- und Statussicherung.

Bei diesen offenkundigen Problemen der MASLOW'schen Motivationstheorie muß deren relativ breite Akzeptanz und Beliebtheit vor allem in der Klinischen Psychologie sowie der Arbeits-, Betriebs- und Organisationspsychologie einigermaßen Verwunderung hervorrufen. Vom Stand seiner empirischen Absicherung her verdient der Ansatz MASLOW's zumindest bis jetzt keinesfalls die ihm oft zugesprochene wissenschaftliche Bedeutung.

4. Der Freiheitsraum des Individuums zwischen äußeren Anreizen und inneren Motiven

In der Frage, ob man sich Motivation eher als *Schub-* oder als *Zugkraft* vorzustellen hat, ob man sich den Menschen entweder als eher

---

11 Ein Abrücken von dieser Position findet sich erst relativ spät (vgl. A. H. MASLOW: A theory of metamotivation: The biological rooting of the value-life. - Journal of Humanistic Psychology 7 (1967) 93 – 127

getrieben durch ihm eigene Triebe, Bedürfnisse oder Motive oder als
eher angezogen durch ihm fremde Anreize oder Angebote denken sollte – eine Frage, die man nach den Ergebnissen der Motivationsforschung sicher eher mit einem «Sowohl-Als auch» als mit einem «Entweder-Oder» beantworten muß – ist implizit auch die Frage nach dem persönlichen Freiheits- oder Spielraum des Menschen enthalten.

Auch wenn diese Frage auf den ersten Blick nur für den Philosophen
oder Theologen von Belang zu sein scheint, so erweist sie sich doch bei
näherem Zusehen auch als relevant für den Psychologen, impliziert sie
doch die Diskussion um die Autonomie oder Heteronomie menschlichen Handelns und menschlicher Entscheidung oder anders, d. h. «motivational» ausgedrückt, die Frage nach der Möglichkeit der Selbstbe-
hauptung gegenüber einerseits der Macht eigener Triebe, Instinkte
oder Bedürfnisse und andererseits gegenüber dem Zugriff von außen
kommender Anreize, Angebote oder Attraktionen.

a) Das Bild vom Menschen

Mit dieser Frage stößt der Motivationspsychologe möglicherweise an
die Grenzen seines Fachs, zumindest soweit als er dieses als empirische oder gar experimentelle Disziplin versteht. Und trotzdem sind
derartige metapsychologische oder philosophische Probleme, in denen
es auch und im besonderen um die Frage nach dem *Bild vom Menschen*
geht, welches als meist unreflektierte Selbstverständlichkeit durchaus
auch das konkrete Denken und Handeln des nach klassischer Manier
verfahrenden Experimentalpsychologen beeinflußt, von großer Bedeutsamkeit. Es kann allerdings kaum verwundern, daß in einer Wissenschaft, die sich ihren Gegenstand vor allem nach dem Kriterium
seiner Operationalisierbarkeit oder Untersuchbarkeit aussucht und
deren Fragestellungen nur allzu offensichtlich die Existenz eines ein-
gespielten und breiter Anerkennung sicheren Methodeninventars ver-
raten, derartige Probleme meist ausgeklammert bleiben.

b) Determinismus oder Willensfreiheit

Insgesamt dürfte die (hier angesprochene) Frage nach *Determinis-
mus* oder *Willensfreiheit* empirisch kaum zu beantworten sein und damit den Psychologen qua Empiriker nur am Rande interessieren. Und

doch sollte nicht in Vergessenheit geraten, daß die Vorstellung vom Menschen einerseits als Objekt innerer und äußerer Kräfte oder andererseits als immerfort rational sich entscheidendem, wählendem und wollendem Subjekt einflußreiche Richtungen der modernen Psychologie zumindest implizit beherrscht. So verbinden sich etwa *behavioristische* oder *reduktionistische* Ansätze innerhalb der Psychologie eng mit deterministischen Anschauungen, neuere kognitive Motivationsmodelle fußen auf einem Menschenbild, welches die freie Entscheidung und Wahlmöglichkeit zwischen verschiedenen Alternativen propagiert, wobei jedoch zugestandenermaßen diese gedankliche Konstruktion keineswegs durchgängig und konsequent verfolgt wird.[12]

Heute zeigt sich die Psychologie weithin als eine Wissenschaft, in der sich – nahezu alle unbehelligt von derartigen, als philosophisch und damit spekulativ verfemten, eher grundsätzlichen Überlegungen – der Forscher auf die exakte empirische Analyse eng umschriebener Hypothesen konzentriert und im übrigen von der erkenntnismäßigen Voraussetzungslosigkeit seiner wissenschaftlichen Bemühungen ausgeht. Wie leicht und schnell er damit in Gefahr kommt, an ideologische Grenzen zu stoßen oder gar diese zu überschreiten, entzieht sich häufig seinem Bemerken.[13]

Oft hat es den Anschein, als vergesse der Psychologe – vor allem jener, der dazu neigt, die Psychologie als naturwissenschaftliche Disziplin zu betrachten – daß man es dem Physiker oder Chemiker, vielleicht wegen des offensichtlichen Erfolgs seiner Arbeit, noch nachsehen mag, wenn er sich über mögliche philosophische Voraussetzungen seiner Forschung kaum Gedanken macht, dies dem Psychologen, der solche Erfolge nicht vorzuweisen hat, zu verzeihen jedoch nicht gewillt ist.

5. Attribuierung und Motivation

Wenn man davon ausgehen kann, daß nicht die objektive Realität das Handeln des Menschen bestimmt, sondern das, was er von dieser

---

12 Vgl. etwa die verschiedenen «Erwartungs-Wert-Theorien der Motivation» (J. A. KELLER: Grundlagen der Motivation, S. 279 ff.; H. HECKHAUSEN: Motivation und Handeln
13 W. J. REVERS: Ideologische Horizonte der Psychologie. - München: Pustet 1962

meint oder denkt, ist es nicht überraschend, daß die *Ursache-Wirkungs-* *-Attribuierungen* oder *-schlußfolgerungen*, die Individuen für ihr eigenes Handeln und das ihrer Umwelt vornehmen, auch in der Motivationspsychologie neuerdings größtes Interesse finden.

Um es an einem Beispiel zu verdeutlichen: Für jemanden, der daran glaubt, daß die Sterne sein Schicksal bestimmen, sind astrologische Prognosen einflußreiche Verhaltensdeterminanten. D. h. konkret, daß für einen anderen möglicherweise dessen Verhaltensweisen und deren Motive unverstehbar und nicht nachvollziehbar erscheinen müssen, einfach weil er von dieser Horoskopgläubigkeit nicht weiß.

a) Externales und internales Attribuieren

Für die Person selbst, die ihr Handeln, ihre Erfolge und Mißerfolge *external attribuiert*, d. h. auf den Einfluß äußerer Faktoren (etwa anderer Personen, der Gesellschaft, des Schicksals oder bestimmter Umstände) zurückführt, erscheint das eigene Verhalten großenteils unsteuerbar, nicht vorhersehbar, unkontrollierbar, außerhalb der eigenen Verantwortung und des eigenen Entscheidungsvermögens liegend. Das derart attribuierende Individuum ist zum Abwarten und zur Passivität verurteilt. Demgegenüber erlebt die *internal attribuierende* Person, die ihr Handeln, Erfolg wie Mißerfolg, auf das eigene Wirken und Vermögen bezieht, ihr eigenes Verhalten als steuer- und kontrollierbar und damit auch als weitgehend vorhersehbar. Ihre Devise lautet somit Zupacken, Handeln, Aktivsein.

Es verwundert folglich kaum, wenn unter diesen Voraussetzungen auch empirisch relativ durchgängig gezeigt werden konnte, daß *internales Attribuieren* mit einer ganzen Reihe als eher positiv bewerteter Erlebens- und Verhaltensweisen korreliert, wohingegen *externales Attribuieren* mit als eher negativ geltenden Aspekten des Erlebens und Verhaltens zusammenhängt. In der folgenden – keineswegs vollständigen – Übersicht sei dies nochmals verdeutlicht:[14]
Eine positive Beziehung resultiert zwischen *internalem Attribuieren* und

– Selbstvertrauen
– Selbstkontrolle
– Steuerung und Kontrolle der Umwelt

14 Vgl. J. A. KELLER: Grundlagen der Motivation

– Psychosoziale Anpassung
– Selbstverantwortlichkeit
– Soziale Unabhängigkeit (Autonomie)
– Leistungsmotivation und -verhalten
– Fähigkeit zum Belohnungsaufschub
– Erfahrung elterlicher Wärme und Beständigkeit von Verstärkung in der Beziehung.

Externales Attribuieren weist einen positiven Zusammenhang auf mit Variablen wie

– Angst
– Aggressivität
– Soziales Mißtrauen
– Risikoverhalten
– Konformität
– Niedriger sozioökonomischer Status bzw. Zugehörigkeit zu sozialen Minoritäten
– Dogmatismus
– Overprotection (Überbehütung von Kindern in der Erziehung)

b) Auswirkungen

Die Auswirkungen der Suche nach und Zuschreibung von bestimmten Ursachen (oder Bedingungen) für Verhalten auf das (weitere) Handeln eines Individuums seien an einem Beispiel verdeutlicht:

Angenommen, eine Person X wird auf der Straße ziemlich schmerzhaft von einer ihr bekannten Person Y angestoßen. Abgesehen von der Wahrnehmung dieses Geschehens und dem empfundenen Schmerz wird X sich gleich fragen, ob Y das absichtlich gemacht hat oder ob das Ganze eher unabsichtlich geschah. Die Frage nach der Intention oder Absicht des «Verursachers» hängt ab von der Überlegung von X, ob das Ereignis eher durch Gründe zu erklären ist, die in der Person oder in der diese umgebenden Situation oder Umwelt liegen. Ersteres würde heißen, daß sich möglicherweise bei Y auch eine gewisse, vielleicht schon längere Zeit vorhandene Antipathie gegenüber Y ausmachen läßt, letzteres würde auf ein eher zufälliges Zusammentreffen verschiedener ungünstiger Umstände hinweisen, an denen Y selbst völlig unschuldig ist, so etwa ein im Weg liegender Stein, über den Y stolperte.

Entsprechend der von X vorgenommenen Ursachenattribuierung ergeben sich die folgenden Implikationen für deren künftiges Verhalten
gegenüber Y:

a) Im Falle einer umwelt- oder situationsbezogenen Attribuierung ergibt sich für X keine Veranlassung, seine Einstellung oder sein Verhalten gegen Y zu verändern.

b) Bei einer Attribuierung auf eine von Y zu verantwortende (vielleicht
sogar absichtsvolle) Geschehensverursachung wird X – möglicherweise auch erst nach weiteren Erfahrungen und Attribuierungen ähnlicher Art im Umgang mit Y – seine Einstellung und sein Verhalten Y gegenüber etwa dahingehend ändern, daß er diesem nun im Vergleich zu
früher eher reserviert, mißtrauisch oder feindselig entgegentritt oder
gar überhaupt vermeidet, ihm zu begegnen.

Selbstverständlich ist es dabei völlig irrelevant, ob die von X getätigten Ursachenattribuierungen auch «richtig» sind oder «stimmen». Entscheidend für die weitere Haltung von X gegenüber Y ist allein der subjektive Eindruck, den X bei den jeweiligen Interaktionen mit Y gewinnt.

6. Möglichkeiten der Motivierung von Individuen

Zum Schluß geht es um die Frage nach *Anwendungsmöglichkeiten*
dessen, was Motivationsforschung im Laufe der Zeit erbracht hat. Genauer gesagt, soll kurz aufgezeigt werden, wie man zu einer Veränderung von Motiven bei einem Individuum kommen kann, es geht also
um Möglichkeiten der Motivierung. Neuerdings spricht man auch von
sog. Motivationstrainings. Derartige Trainings werden geplant und
durchgeführt, um bereits existierende Motive zu steigern oder zu verändern oder um nicht vorhandene Motive aufzubauen.[15]

a) *Kognitive Einflußnahmen*

Im Mittelpunkt solcher Motivationstrainings stehen vorwiegend *kognitiv* orientierte Versuche der Einflußnahme auf verschiedene als

---

15 Zu diesem Thema siehe J. A. KELLER: Planung und Durchführung theoriegeleiteter
Motivationstrainings – Möglichkeiten und Grenzen. In: H.-P. TROLLDENIER / B. MEISS-
NER (Hrsg.): Texte zur Schulpsychologie und Bildungsberatung, Bd. 4. - Braunschweig:
Westermann-Pedersen 1983, S. 158 – 162

wichtig erachtete Motivationskomponenten oder -faktoren. Von zentraler Bedeutung ist dabei in den bisher durchgeführten Trainings – die durchwegs eine Beeinflussung der Leistungsmotivation anzielten – die Veränderung individuumspezifischer dispositioneller Kausalattribuierungstendenzen. In direktem Anschluß an die im vorangegangenen Kapitel getätigten Überlegungen wäre als besonders fatal und daher veränderungsbedürftig etwa die bei manchen selbstunsicheren Personen anzutreffende Tendenz anzusehen, eigene Erfolge in der Regel external (etwa mit dem Hinweis auf Glück, vermeintliches Wohlwollen anderer Menschen, Leichtigkeit der bewältigten Aufgabe), eigene Mißerfolge dagegen internal (durch den Verweis auf eigene Unfähigkeit oder Mangel an Motivation) zu attribuieren.

b) Anspruchsniveau

Ein weiterer wichtiger Bestandteil solcher Motivationstrainings muß sein, das Individuum dazu zu bringen, sich ein realistisches Anspruchsniveau zuzulegen und sich damit Ziele zu setzen, die bei entsprechendem Aufwand noch erreichbar sind. Dadurch werden die bei einer inadäquaten, zu hohen Zielsetzung praktisch vorprogrammierten Mißerfolge vermieden und einer auf lange Sicht zu erwartenden Selbstwertgefühlsänderung hin zum Negativen wird vorgebeugt.

Aber auch Unterforderungen lassen sich damit umgehen. Das Prinzip der kleinen Schritte ist für diese Trainingskomponente, wie für die meisten anderen auch, von ganz eminenter Wichtigkeit. D. h., daß vor Erreichung umfassender Oberziele eine Reihe leichter zu bewältigender und konkreter Subziele vorgegeben werden.

Speziell bei *Motivationstrainings* von Kindern und Jugendlichen sollten folgende Schritte einbezogen werden:
– Bei vorhandener *intrinsischer Motivation* (Interesse an der Sache selbst) sollte in jedem Fall auf *extrinsische* (zusätzliche) Belohnungen (oder Verstärkungen) verzichtet werden, weil ansonsten eine Art Korrumpierungseffekt der intrinsischen Motivation zu erwarten ist. D. h. das Kind verliert sein sachbezogenes Interesse und tut dasselbe, was es bisher freiwillig tat, nur noch für entsprechende Belohnungen.[16]
– Bei Einsatz von *Belohnungen* sollte ebenfalls das Prinzip der kleinen Schritte berücksichtigt werden. D. h. die Belohnung sollte langsam und

16 Vgl. H. HECKHAUSEN: Motivation und Handeln, S. 613 ff.

allmählich gesteigert werden, nicht aber zu schnell, weil man sich
sonst häufig selbst der Möglichkeit weiterer Belohnung beraubt.
– Schließlich sollten mit den Kindern *Entscheidungen* und *Verhaltensweisen* eingeübt werden, die der Möglichkeit eines (längerfristigen) Belohnungsaufschubs Rechnung tragen.[17] D. h. Kinder sollten
lernen, sich damit abzufinden, erst nach längeren Verhaltenssequenzen belohnt zu werden. Wenn man sich vergegenwärtigt, daß nur bei
einem Erlernen dieser Fähigkeit eine Planung und Verwirklichung
auch langfristiger (Ober-)Ziele von seiten der Kinder stattfinden kann,
dann zeigt sich die praktische Bedeutung dieses Vorschlags. Man konnte übrigens empirisch nachweisen, daß diese Fähigkeit zum Belohnungsaufschub bei Kindern aus der sog. sozialen Unterschicht geringer ausgeprägt ist als bei Kindern der sog. sozialen Mittelschicht. Dieses Ergebnis wird u. a. auch als Erklärung dafür herangezogen, daß bei
ersteren die Tendenz zum Besuch weiterführender Schulen – welcher
mit dem Planen langfristiger Ziele und mit dem Verzicht auf baldige
Verdienstmöglichkeiten zu tun hat – seltener anzutreffen ist.[18]

Die hier kurz skizzierte Suche nach einer praktischen Anwendung
ihrer wissenschaftlichen Ergebnisse stellt für die moderne Motivationspsychologie eine nicht zu unterschätzende Aufgabe dar. Zu deren
Bewältigung könnte sich eine Erweiterung des Repertoires an Untersuchungshypothesen durch Hereinnahme bisher nicht berücksichtigter
und daher noch weitgehend spekulativer Annahmen als durchaus
nützlich erweisen. Es scheint fast, als bedürfe es heute mehr denn je
der Ergänzung der inzwischen weitgehend obligatorischen und anerkannten exakten Methodik in der Planung, Durchführung und Auswertung empirischer Untersuchungen durch die in der Vergangenheit
häufig etwas abfällig bewertete und vernachlässigte *Phantasie* und
Kreativität des Forschers in der Hypothesenbildung und Theorieentwicklung.

Sollte es den Motivationspsychologen gelingen, den genannten Aufgaben und Forderungen auch nur einigermaßen gerecht zu werden,
dann dürfte ihr Forschungsbereich auch für künftige Generationen
kaum an Attraktivität verlieren.

17 Zum Thema «Belohnungsaufschub» siehe W. MISCHEL: Processes in delay of gratification. In: L. BERKOWITZ (Ed.): Advances in Experimental Social Psychology, vol 7. -
New York: Academic Press 1974, 249 – 292

18 G. KASAKOS: Zeitperspektive, Planungsverhalten und Sozialisation. - München: Juventa 1971

ALEX SCHNEIDER

TELEPATHIE, HELLSEHEN UND PRÄKOGNITION

Aus allen Kulturkreisen hat man zu allen Zeiten paranormale Erscheinungen überliefert. Ihre Bewertung war stark von den geltenden Anschauungen gefärbt. Bis zur Renaissance wurden sie allgemein als selbstverständlich und keines Beweises bedürftig angenommen. Hexenglaube, Reformation, Rationalismus und schließlich die Erfolge der Naturwissenschaft des letzten Jahrhunderts haben in gewissen Kreisen zur gänzlichen Leugnung der meisten Formen paranormaler Erfahrung geführt. Selbst wohldokumentierte Erscheinungen vermochten bis zur Mitte dieses Jahrhunderts weder die Gelehrten noch die öffentliche Meinung von ihrer Tatsächlichkeit zu überzeugen.

Eine beachtliche Zahl von Forschern hat sich trotzdem in den letzten 150 Jahren mit paranormalen Phänomenen befaßt, nicht ohne den schärfsten Angriffen der Gegnerschaft, die besonders in Deutschland fast die gesamte Gelehrtenwelt umfaßte, ausgesetzt zu sein. Ihre Arbeiten wurden nicht beachtet und sind auch heute selbst parapsychologisch Interessierten kaum bekannt.

R. TISCHNER[1], von dem eine Geschichte der Parapsychologie stammt, schrieb nach dem Zweiten Weltkrieg: «... man könnte fast zu der Vermutung kommen, daß wir nunmehr in das zweite Stadium der Anerkennung eingetreten sind, indem man vom Bestreiten und Wegerklären nunmehr in die «Zone des Schweigens», des Totschweigens fortgeschritten ist.»[2]

Mittlerweile sind *Telepathie*, *Hellsehen* und *Präkognition* zu alltäglichen Begriffen geworden. Es ist allerdings fraglich, ob sie mit dem übereinstimmen, was die wissenschaftliche Parapsychologie darunter versteht. Eine knappe, allgemein verständlich gehaltene Übersicht über Begriffe und Probleme soll klärend wirken. Sie ist als sachliche

---

1 Rudolf TISCHNER: Geschichte der Parapsychologie. - Tittmoning: Pustet 1960, 363 S.
2 Derselbe, ebenda, S. 335

Grundlage für interdisziplinäre Gespräche gedacht, in die heute notwendigerweise auch diese psychischen Funktionen miteinbezogen
werden müssen. Die knappe Zusammenfassung ist ein Grundgerüst,
das auch offene Fragen enthält, einige – vom streng wissenschaftlichen
Standpunkt aus unzulässige – Vereinfachungen bedingt und eine ausführliche Diskussion der angedeuteten *Einzelprobleme* nicht zuläßt.

Nur wenige, besonders wichtige oder vermutlich weniger bekannte
Aussagen sind mit Literaturstellen belegt, ein bei längst durchdisku-
tierten Phänomenen wohl angemessenes Verfahren.[3] Herrn W. P.
Mulacz[4], Wien, danke ich für seine wertvollen Anregungen zur Ausarbeitung dieses Beitrages.

I. DIE AUSSERSINNLICHE ERFAHRUNG

Unter *ASE* versteht man *das Erfassen von fremd-psychischen Vorgängen bzw. objektiven Situationen in Gegenwart oder Zukunft ohne Verwendung der Sinneskanäle.* Dieser von R. TISCHNER[5] eingeführte Ausdruck ersetzt nun allmählich die von S. PAGENSTECHER[6] gebrauchte,
allgemein bekannt gewordene Bezeichnung «Außersinnliche Wahrnehmung» (ASW, dem das englische «extra-sensory perception», ESP, entspricht). Da die in Rede stehenden Vorgänge oft gar keinen Wahrneh-
mungscharakter besitzen, – TISCHNER spricht vom «Haben» seelischer
Inhalte, W. H. C. TENHAEFF spricht davon, daß der Telepath «innert»,

3 Hans BENDER: Unser sechster Sinn. - Stuttgart: DVA 1971; H. BENDER: Parapsychologie. Entwicklungen, Ergebnisse, Probleme. - Darmstadt: Wiss. Buchges. 1966, 5. Aufl.
1980; Heinz C. BERENDT: Parapsychologie. - Stuttgart: Kohlhammer 1974, Urban TB
Band 143; G. CONDRAU (Hrsg.): Psychologie der Kultur (Bd. 15 von Kindlers Psychologie
des 20. Jh.). - Weinheim / Basel: Beltz 1982; Hans DRIESCH: Parapsychologie. - München:
Kindler TB, Band 2030; Gebhard FREI: Probleme der Parapsychologie. - 3. Aufl., Innsbruck: Resch Verlag 1985; J. Gaither PRATT: Psi-Forschung heute. - Freiburg: Aurum
1976; J. B. RHINE / J. G. PRATT: Parapsychologie. - Bern / München: Francke 1962; Wilh.
H. C. TENHAEFF: Hellsehen und Telepathie. - Gütersloh: Bertelsmann Verlag 1964;

4 Wilh. Peter MULACZ: Lexika und Wörterbücher der Parapsychologie. Eine Übersicht
deutschsprachiger Werke. - Zeitschr. f. Paraps. u. Grenzgeb. der Psych. 21 (1979) 3 / 4, S.
237 – 246

5 R. TISCHNER: Ergebnisse okkulter Forschung. - Stuttgart: DVA 1950; Neuauflage in
reprographischem Nachdruck, Darmstadt: Wiss. Buchgemeinschaft 1976

6 Gustav PAGENSTECHER: Außersinnliche Wahrnehmung. - Halle: Marhold 1924

wessen sich sein Partner er-innert, – und es sich dabei vielfach um Gefühle, Ahnungen sowie in manchen Fällen um spontanes Wissen handelt, soll ein korrekter Oberbegriff das unzutreffende Wort «Wahrnehmung» ersetzen.

Andere, ebenfalls vorgeschlagene Begriffe, wie etwa «Paragnosie»
(TENHAEFF) oder der in der vorliegenden Arbeit bevorzugte Ausdruck
«Paranormale Erfahrung», PE (RESCH), vermochten sich allgemein
nicht durchzusetzen.

Für die ersten wissenschaftlichen Abklärungen erwies sich eine
Aufteilung in Telepathie, Hellsehen und Präkognition als geeignet.
(Abb. 1)

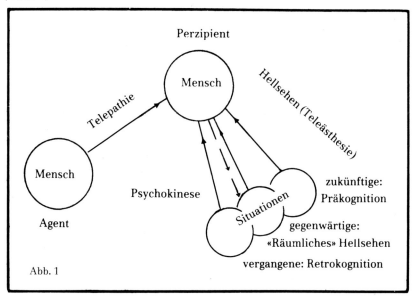

Abb. 1

Wenn sich diese drei Spielarten nicht unterscheiden lassen (z. B. im
Spontanfall oder in einem nicht genügend «trennscharfen» Experi-
ment) bzw. wenn es sich um Mischformen handelt, spricht man von
«Allgemeiner Außersinnlicher Erfahrung» – AASE (in gleicher Weise
AASW bzw. General Extra-Sensory Perception – GESP).

1. Telepathie

Seit F. W. H. MYERS (1883)[7] versteht man unter *Telepathie* (gr.
Kunstwort «Fernfühlen») *eine Erfahrung psychischer Inhalte anderer*

Personen ohne Vermittlung durch die uns bekannten Sinne. Begriffe wie Gedankenlesen, Gedankenübertragung usw. und die damit verbundenen Vorstellungen sind ungeeignet. Sie setzen bereits bestimmte Übertragungsmodelle voraus, voreilige, unnötige, von der physikalischen Informationsübermittlung kopierte Hypothesen, die sich als unzweckmäßig erwiesen haben, wie sich noch zeigen wird. Zudem werden nicht in erster Linie «Gedanken» vermittelt. Der Perzipient teilt *Stimmungen, Bilder, Eindrücke,* eher Funktionen der *rechten* Gehirnhälfte, aber auch unbewußte Inhalte mit dem «Agenten». Die Erfahrung kann sehr vage sein und damit bei der bewußten Artikulation zu einer Quelle verschiedenster Mißverständnisse werden. Sie kann aber auch ganz oder teilweise unbewußt bleiben und zu mehr oder weniger starken unbewußt gesteuerten Reaktionen führen.

Als Arbeitsmodell kann man zwischen einem *Primärprozeß,* der eigentlichen Informations-«übertragung» – wie immer sich dann die Verbindung zwischen den beiden Versuchspersonen herausstellt – und einem *Sekundärprozeß,* der Bewußtwerdung der Information beim Perzipienten unterscheiden. Der Perzipient ist es, der Erfahrungen zuläßt bzw. auswählt, sodaß er in vielen Fällen als der aktivere Teil des Vorganges erscheint. Es ist fraglich, wie weit es über bestimmte Versuchsanordnungen hinaus sinnvoll ist, zwischen *gamma-* und *kappa-Telepathie* zu unterscheiden. Bei *gamma-Telepathie* stellt sich der Perzipient auf das Aufnehmen der Information ein («*Gedankenlesen*»), während bei *kappa-Telepathie* der Agent eine Beeinflussung des Perzipienten anstrebt (u. a. «*Mentalsuggestion*»). Der Perzipient ist aber, zumindest in Experimentalanordnungen, *stets* in irgendeiner Form in Aufnahmebereitschaft!

Es bleibt abzuklären, welches Gewicht der *primäre* gegenüber dem *sekundären* Prozeß hat. Anfänglich schienen die gesuchten Gesetzmäßigkeiten für das Zustandekommen der Informationsübertragung fast nur im Primärprozeß zu liegen, was sich im Suchen von Übertragungsmodellen niederschlug. Einerseits wird es immer schwieriger, für ihn brauchbare Modelle zu finden, andererseits könnte es sein, daß der Primärkontakt natürlicherweise schon so stark ist, daß in den meisten Fällen der Sekundärprozeß, der Rückgriff auf vorhandenes psychisches Potential, entscheidend ist.

7 Frederic William Henry MYERS (1843–1901), Philosoph und Altphilologe, war Gründungsmitglied der engl. Soc. for Psychical Research, ein prominenter Forscher. Zahlreiche Veröffentlichungen.

2. Hellsehen

Unter *Hellsehen* (Telästhesie) wird die *Erfahrung von Sachverhalten über nicht physikalische Informationskanäle* verstanden. Bei Experimenten mit Karten oder analogen Anordnungen läßt sich die hier zu stellende Bedingung, daß kein psychischer Agent (für telepathische Übertragung) vorhanden ist, leicht verwirklichen. Bei Alltagsfällen und gewissen experimentellen Anordnungen, wenn das hellsichtig zu erfahrende Bild anderen Personen bekannt ist, läßt sich nicht ausschließen, daß auch eine Verbindung mit der *Psyche* eines um die Situation Wissenden mitspielte, eventuell auch nur den Vorgang einleitete.

Es stellt sich heute das methodische Problem, ob es noch sinnvoll ist, die Unterscheidung beizubehalten. Vieles scheint darauf hinzuweisen, daß *Telepathie* und *Hellsehen* zwei unterschiedlich anfallende Ausprägungen des *gleichen* Urphänomens sind.

Die *Induktion* der paranormalen Erfahrung mittels eines Gegenstandes, die sog. *Psychoskopie* (ev. -metrie)[8], beides nicht glücklich gewählte Ausdrücke, kennt man nicht nur in bezug auf objektive Tatbestände, besonders der ferneren Vergangenheit, sondern auch für telepathische Kontakte.

Verschiedene Autoren (u. a. H. BENDER) verstehen unter Hellsehen nur das Erfassen *gegenwärtiger* Situationen, während bei anderen (u. a. W. H. C. TENHAEFF), wie in unserem Sinne, mit Hellsehen ein Oberbegriff gemeint ist, der die zeitlich verschobenen Phänomene mit einschließt. Würde man als *Oberbegriff* den von MYERS vorgeschlagenen Ausdruck Telästhesie verwenden, so wäre damit gleichzeitig der einzige deutschsprachige Begriff eliminiert.

Man könnte auch hier, ähnlich wie bei der Telepathie, Überlegungen zu Primär- und Sekundärprozessen anstellen.

---

8 Der Ausdruck *Psychometrie*, im Sinne der Parapsychologie verwendet, wurde 1843 durch J. Rhodes BUCHANAN geprägt, der damit ein «Durchmessen» transzendentaler Bereiche meinte. R. TISCHNER änderte ihn 1926 in *Psychoskopie*. Man ist sich allerdings uneinig, welche spezifischen ASE-Leistungen durch Psychoskopie möglich sind, welche Anforderungen an einen Induktor zu stellen sind und, ob es sich nicht doch um ein von «normaler» ASE getrenntes Naturphänomen handle (Imprägnationshypothesen).

3. Präkognition

Der Begriff *Zeit* hat sich durch die Ergebnisse moderner Physik und der Tiefenpsychologie, besonders JUNG'scher Richtung, soweit gewandelt, daß man bereit ist, ein mögliches Erfahren von *echt* Vergangenem oder gar Zukünftigem in Erwägung zu ziehen. *Unechte* Rückschau, retardierte Telepathie bzw. Pseudoretrokognition treten besonders häufig auf: Das Unbewußte der Versuchsperson *registriert* zwar im Zeitpunkt des Geschehens, muß aber «günstige Umstände abwarten», um sich dem Wachbewußtsein mitzuteilen.

Die *Präkognition* ist ein außerordentlich vielschichtiges Phänomen. Gewisse *Spontanfälle* (Voraussehen eines Flugzeugabsturzes) könnten pseudopräkognitiv gedeutet werden, allerdings unter der sehr fragwürdigen Annahme einer äußerst präzisen paranormalen Erfahrung der *Gegenwart* (gewisse kleine Defekte, Disposition der Piloten, usw.) und einer enormen Kombinationsfähigkeit des Unbewußten, die späteren exakten Folgen vorauszusehen.

Echte Präkognition läßt sich bei Experimenten mit Computern praktisch von dieser Art Pseudopräkognition, aber nicht vollständig von allfälliger, wenn auch unwahrscheinlicher Psychokinese (Beeinflussung einer Situation außerhalb der bekannten physikalischen Gesetzlichkeit, siehe Abb.1) trennen. Das heißt, es würde dem Probanden gelingen, den Computer psychokinetisch in Richtung seiner «Vorhersage» zu beeinflussen. Der Schritt zu primitiv-magischem Denken, wo das Verhalten der Stämme mit ihrem das Schicksal korrigierenden Schamanen für *alle* zukünftigen Naturereignisse, samt den astronomischen verantwortlich war, wäre dann sehr klein!

Wird ein Präkognitionsexperiment mit Computern und einer *Gruppe* von Versuchspersonen durchgeführt, so reduziert sich die Möglichkeit einer psychokinetischen Beeinflussung auf ein Minimum wegen der kompensatorischen Wirkung der einzelnen Teilnehmer, es sei denn, man nimmt an, daß ein (telepathisch) unbewußter Konsens wirksam wird, wie man das bei motorischen Automatismen feststellen kann.

Ein *Alltagsfall* kann auch *pseudopräkognitiv* sein, wenn dem beteiligten Personenkreis die Möglichkeit gegeben ist, in das vorausgesehene Schicksal mit «normalen» Mitteln einzugreifen. Ereignisse werden kaum *bewußt* angestrebt, wenn sie etwa schicksalsnegativ sind, doch kennt das Unbewußte perfide Möglichkeiten, um auch auf derartige Situationen, selbst unter telepathischer Vermittlung, hinzuwirken. Auch psychokinetische Kanäle können für den Erfüllungszwang in Frage kommen. Man kann den Erfüllungszwang zwar *verringern*, indem man die Informationen von den Betroffenen fernhält, aber nie gänzlich ausschließen.

Alltagsfälle, wie sie u. a. von BENDER[9] oder TENHAEFF[10] berichtet werden, könnten Mischungen von echter Präkognition und Pseudopräkognition sein, mehr oder weniger trennbar durch die ausführliche Analyse des Einzelfalles.

Es dürfte sehr schwierig sein, *sinnvolle Experimente* zu planen, aus denen hochsignifikante Resultate zu erwarten sind. Dazu müßte man erst mehr Gesetzmäßigkeiten kennen. Ein Vorauswissen ist nur möglich, wenn die Zukunft *nicht* zufällig ist. Aber unsere Vorstellungen darüber, wie Gegenwärtiges und Zukünftiges miteinander verknüpft sind und in welcher Art und Weise dann schließlich die Zukunft festgelegt ist, sind noch recht unklar.

Beim *Eintreffen* von Voraussagen stellt sich daher die Frage, wie weit die erwähnten pseudopräkognitiven Erklärungen hinreichen. Umgekehrt müßte für das *Nichteintreffen* einer Vorhersage nicht unbedingt ein Versagen des Sensitiven die Ursache sein. Von mehreren in Frage kommenden zukünftigen Szenarien ging aus verschiedenen Gründen nicht das vorausgesehene, sondern ein anderes in Erfüllung. Das soll eine Bestätigung dafür sein, daß es Fälle von Präkognition gibt bzw. daß mit einer gewissen statistisch gesicherten Wahrscheinlichkeit[11] jedermann Fähigkeiten zur Vorausschau hat. Es wäre wichtig zu wissen, wie weit und in welcher Form sich die Zukunft voraussehen läßt und mit welcher Bewußtseinseinstellung und in welchem Maße sie sich ggf. verändern läßt.

Die Präkognition stellt also eine fast unüberwindbare Herausforderung an das Alltagsdenken und die wissenschaftlichen Weltvorstellun-

9 Christine MYLIUS: Traumjournal. Experimente mit der Zukunft. - H. BENDER (Hrsg.), Frankfurt: Fischer Bücherei 1737, 1976, sowie in weiteren Veröffentlichungen von Hans Bender, spez. H. BENDER: Zukunftsvisionen, Kriegsprophezeiungen, Sterbeerlebnisse. - München: Piper 1983

10 Wilh. H. C. TENHAEFF: Der Blick in die Zukunft. - Berlin: Universitas 1976

11 Die grundlegenden Arbeiten von Douglas DEAN sind zusammen mit Hinweisen anderer Berichterstatter durch zwei Wissenschaftsjournalisten zusammengestellt: Sheila OSTRANDER / Lynn SCHROEDER: Vorauswissen mit psi. - Neue Schweizer Bibl. 1974

gen. Diese Herausforderung ist so groß, daß die Möglichkeit von Prä-
kognitionen immer wieder abgelehnt wurde. So lassen namhafte Forscher, auch der Parapsychologie (wie R. ARMADOU)[12] praktisch nur
die Möglichkeit einer Pseudopräkognition offen. Ein Universum, das
Präkognition zuläßt, muß merkwürdig strukturiert sein!

4. Fernmutungen, Gesichte und «Jenseitskontakte»

Neben *Telepathie, Hellsehen* und *Präkognition* fallen in den Bereich
der Außersinnlichen Erfahrung noch eine Reihe von Begebenheiten,
die wissenschaftlich nur schwer zugänglich sind bzw. nicht berücksichtigt werden. So ist beim Sehen von *sinnlich unzugänglichen* Situationen nicht nur die Informationsgewinnung paranormal, sondern *das
Objekt selbst* ist naturwissenschaftlich nicht voll definiert. Zum Beispiel befaßt sich die *Radiästhesie* mit Objekten, die zur Zeit nur unvollständig oder umstritten mit physikalischen Mitteln nachgewiesen werden können. Der Pendler oder Rutengänger ist für die Parapsychologie
im ersten Ansatz ein Hellseher, der seine Aussagen über den psychomotorischen Automatismus gewisser Muskelreaktionen macht.
(Selbstverständlich kompliziert sich das Radiästhesieproblem – wie bei
allen praktischen Problemen der Paranormologie – bei seiner näheren
Betrachtung).

Bei *geopathischen* Aussagen ist nur ein Teil durch, teils sehr aufwen-
dige, Bohrungen physikalisch mehr oder weniger nachweisbar. Der andere Teil bezieht sich auf keinen physikalisch erkennbaren Hintergrund, soll aber doch für das menschliche Wohlbefinden bedeutungsvoll sein.

Es werden häufig aber auch paranormale Informationen vermittelt,
die nichts mit Situationen der bekannten Welt zu tun haben. In *Träu-
men, ekstatischen Zuständen, außerkörperlichen Erfahrungen*, unter
dem Einfluß halluzinogener Drogen oder gewisser «schamanisti-
scher» Techniken verzerren sich *Raum* und *Zeit* und werden durch
unirdische Formen bereichert. Man kann u. a. versuchen, die Gesichte
mit den uns gegebenen Möglichkeiten bildlich darzustellen, allerdings
ohne dabei subjektiven Eindrücken voll gerecht zu werden. Dies ist oftmals die Thematik der *medialen Malerei*.

12 R. AMADOU: Das Zwischenreich, S. 377 – 396

Seher wie E. SWEDENBORG, H. P. BLAVATSKY, R. STEINER, M. HEIN-DEL und andere (seien es auch «nur» Offenbarungsmedien von Zirkeln mit geringer Ausstrahlung) schildern ebenfalls «jenseitige» Welten.

Die Wissenschaft distanziert sich davon, nicht etwa weil sie heute die prinzipielle Möglichkeit anderer Seinsformen ablehnt, sondern, weil es sehr schwierig ist, diese Schilderungen zu sichten und zu vergleichen. Wirre Phantasien von geltungsbedürftigen Mythomanen sowie die abkapselnde Sektenbildung um bedeutendere Seher erschweren vergleichende Analysen.

Nachdem Telepathie, die hintergründige psychische Verbindung zwischen Menschen, nachgewiesen ist, muß geklärt werden, welche Rolle der *physische Körper* dabei spielt. Sollte jenen Spekulationen recht gegeben werden können, die ihm nur eine unbedeutende sekundäre Rolle beimessen, so kann mit Recht die Frage gestellt werden, ob die Formen, die den physischen Tod (allenfalls) überleben, telepathische Wirkungen auf lebende Menschen ausüben könnten. Behauptet der *Spiritist* zu Recht, Kontakt mit dem *Jenseits* zu besitzen?

Es bestehen die gleichen methodologischen Schwierigkeiten wie beim Hellsehen nichtphysischer Situationen. Das *spiritistische Problem* ist aber noch zusätzlich von stärkeren emotionalen und weltanschaulichen Faktoren (Leben nach dem Tode) belastet, so daß die junge Wissenschaft Parapsychologie nicht gescholten werden darf, wenn sie sich äußerst vorsichtig an dieses Problem, das auch von ihr als eines der wichtigsten erachtet wird, herantastet.[13–15]

Ähnlich stellt sich das hier nicht weiter diskutierte Phänomen der (telepathischen?) Kontakte mit sogenannten UFOnauten und einer Reihe anderer Bezeichnungen.[16]

II. FORSCHUNGSANSÄTZE

Was die eigentliche wissenschaftliche Forschung von *Telepathie, Hellsehen* und *Präkognition* betrifft, so fanden die vielen sorgfältig ge-

13 Wilh. H. C. TENHAEFF: Kontakte mit dem Jenseits? - Berlin: Universitas 1973
14 Wilh. P. MULACZ: Der sogenannte wissenschaftliche Spiritismus als parapsychologisches Problem. In: Oskar SCHATZ (Hrsg.): Parapsychologie. Ein Handbuch. - Graz: Styria 1976, S. 187–283; A. RESCH (Hrsg.): Fortleben nach dem Tode. - 3. Aufl., Innsbruck: Resch 1986

sammelten Berichte keine Beachtung, weil die Forschung teilweise nicht den Mustern der Empirie der Naturwissenschaften entsprach. Zusätzlich war es auch schwierig, in den komplexen Spontanfällen Gesetzmäßigkeiten und Verbindungen zu bekanntem Wissen zu erkennen. Vor allem aber entsprachen die Resultate nicht dem, was man zu jener Zeit, «die noch nicht reif war», von der Natur erwartete. Beobachtete oder behauptete Phänomene sind sonst eine gern akzeptierte Herausforderung an die Wissenschaft, die Hintergründe und Gesetzmäßigkeit zu klären, besonders dann, wenn sie derart im Kreuzfeuer der Meinungen stehen und sie für unser Weltverständnis bedeutungsvoll sein könnten. Dem gern zitierten Ausspruch A. SCHOPENHAUERs ist man allerdings erst in den letzten Jahrzehnten – und dies nur zögernd – nachgekommen: «Die in Rede stehenden Phänomene aber sind, wenigstens vom philosophischen Standpunkt aus, unter allen Tatsachen, welche die gesamte Erfahrung uns darbietet, ohne allen Vergleich, die wichtigsten; daher sich mit ihnen gründlich bekanntzumachen die Pflicht eines jeden Gelehrten ist».[17]

1. Qualitative Experimente

Erste Experimente hierzu gab es schon *vor* den Dreißiger Jahren. So wurden bestimmte Bilder von einer Versuchsperson telepathisch einer anderen übermittelt.

Die Resultate schienen damals zuwenig quantifizierbar, um gegen die Zufallshypothese oder andere «natürliche» Erklärungen bestehen zu können. Diese auch heute noch, oder wieder, durchgeführten «qualitativen» Experimente sind durchaus einer quantitativen Auswertung zugänglich. Man kann beispielsweise die Aussagen durch eine genügende Anzahl unabhängiger Beurteiler bewerten, ein Verfahren, das auf anderen Gebieten der Naturwissenschaft, auch in der Psychologie, üblich ist und war. Man hatte damals zuwenig Vertrauen in diese Methode. Bei einzelnen Experimenten ist allerdings die Art der Durchführung zu kritisieren!

15 W. P. MULACZ: Die Problematik medialer Phänomene. Basler psi-Tage. - Kongreßdienst / Basler Mustermesse 1985 (Manuskript)

16 Siehe die einzelnen Begriffe in den unter Anm. 3 angeführten Lexika

17 Arthur SCHOPENHAUER: Parapsychologische Schriften (Sammlung Klosterberg) - Basel / Stuttgart: Schwabe 1961, S. 149

Die leicht mißverständliche Bezeichnung «qualitativ» besagt, daß *nicht einzelne Aspekte* an einer Großzahl von Versuchen geprüft werden sollen. Man will vielmehr aus einer *umfassenden* Analyse eines *Einzelfalles* über die komplexe Dynamik des ablaufenden psychologischen Prozesses Aufschlüsse gewinnen. Verfechter dieser Forschungsmethodik behaupten, daß nur so gewisse Eigenschaften überhaupt sichtbar werden.

Sie sind auch der Auffassung, daß die Phänomene nicht isoliert werden können, sondern daß zur ganzen komplizierten und individuellen psychischen Struktur des Menschen auch die bisher zuwenig erforschten sogenannten paranormalen Erscheinungen gehören.

2. Erwartende Beobachtung

Erwartende Beobachtung ist in unserem Zusammenhang die experimentelle Einstellung, daß der Versuchsperson nicht ein bestimmtes Zielobjekt vorgeschrieben wird. Sie kann frei Eindrücke aus paranormaler Erfahrung wiedergeben. Man versucht sie, soweit möglich, besonders mit Hilfe von Gegenständen oder Hinweisen (Induktoren) «psychometrisch» auf ein bestimmtes Thema zu lenken. Man hat den Vorteil lebendigere, eindrücklichere Aussagen zu erhalten, aber den Nachteil der heikleren Auswertung.

Es gibt gelegentlich Phänomene, die (unter gesicherten Versuchsbedingungen) derart *unwahrscheinlich* sind, daß der kritische Beobachter die *Zufallshypothese* ohne nähere Abklärung *verwerfen darf*. Umgekehrt ist der Gefahr oberflächlichen Experimentierens schon so mancher erlegen: Geblendet durch einige gute Treffer nimmt man bei längerer Versuchsdauer eine unzulässige positive Auswahl der Resultate vor, ohne gewisse statistische Auswertungen auch nur in Erwägung zu ziehen. Andererseits ist es vom psychologischen Standpunkt aus richtig, bei qualitativen Experimenten diejenigen Aussagen weiterzuverfolgen, bei denen man, in offensichtlichem Gegensatz zu anderen, paranormale Inhalte vermutet.

Die Komplexität dieser Methode schreckt vor ihrer Anwendung ab! Dazu nur noch zwei Bemerkungen: Wie soll man eine Aussage bewerten, die die genaue Lage einer vermißten Person angibt, wenn die dort

gefundene Leiche jedoch eine *andere* ist,[18] bzw. die Leistung eines Ra-
diästhesisten, der in einem großen Schneefeld die Lage eines kostbaren Ringes angibt, genau dort, wo aber ein *anderer* Ring gefunden
wird?[19]

Die *Persönlichkeitsstruktur* des *Sensitiven* färbt die Aussage: Ursprünglich interessante Psi-Informationen können durch unbewußte
Ausschmückungen so entstellt werden, daß der Versuchsleiter sie
kaum weiterverwerten kann. Andererseits kann sie die Qualität verbessern. Gerard CROISET beispielsweise, der als Junge beinahe ertrank, fand vor allem vermißte Menschen in ähnlicher Situation.

3. Statistisch auswertbare Labortests

Nachdem Ch. RICHET bereits frühzeitig (1884 forderte er die statistische Untersuchung parapsychologischer Phänomene) die Wahrschein-
lichkeitsrechnung und damit die statistische Methode in die Parapsychologie eingeführt hatte, brachten dann schließlich die Laborexperimente, unter strengsten, den Naturwissenschaften entsprechenden Bedingungen mit mathematisch-statistischen Auswertungen, von J. B.
RHINE 1934 durchgeführt, eine Wende: Die Parapsychologie war «wissenschaftlich» geworden. Die Versuchspersonen hatten beispielsweise
aus einem Kartenspiel, bei dem nur fünf verschiedene einfache Symbole vorkamen, hundertmal eine Karte zu ziehen und zu sagen, welches
Symbol die verdeckte Karte enthalte. Die wahrscheinlichste Zufallserwartung sind zwanzig (ein Fünftel) Treffer. Dreißig oder mehr Treffer
wären zufälligerweise im Mittel nur bei etwa jedem achtzigsten Experiment zu erwarten. Man hat damit mit mathematischen Mitteln eine
Hilfe, um zur Entscheidung zu kommen, ob eine Gesetzmäßigkeit anstelle des Zufalls wirksam ist. Nach Ausschluß *pseudo*paranormaler
Gesetzmäßigkeiten (an denen sich die Gegner festklammerten) kann,
zahlenmäßig belegt, die Fähigkeit zur außersinnlichen Wahrnehmung
(in unserem Beispiel Hellsehen) attestiert werden. Seitdem elektroni-
sche Hilfsmittel für Symbolwahl und Resultatverarbeitung beigezogen

18 Heinz BERENDT: Fehlerquellen und Irrtümer bei paranormalen Aussagen. Basler
psi-Tage 84. - Basler Mustermesse 1984 (Manuskript). Der Aufsatz vermittelt ein gutes
Bild über die Problematik der Beurteilung qualitativer Experimente.
19 H. BENDER: Umgang mit dem Okkulten. - Freiburg: Aurum 1984, S. 91

werden, sind «natürliche» Erklärungen der Abweichung von der Zufallserwartung zunehmend unmöglich.

U. a. erwies sich die Verwendung von zuverlässig arbeitenden Zufallsgeneratoren anstelle der von Hand gemischten Kartenspiele notwendig, weil von Gegnern eine pseudoparanormale Gesetzmäßigkeit vermutet wurde, indem nicht zufällige Kartenfolgen eine gewisse Übereinstimmung mit bestimmten Nennmustern der Versuchsperson haben konnten.

Es war sehr selten, daß man den wissenschaftlich arbeitenden Parapsychologen mit Berechtigung unsorgfältiges Experimentieren oder gar Betrügerein vorwerfen konnte, obwohl solches von Kritikern immer wieder behauptet und von inkompetenten Gegnern als Gerücht verbreitet wurde und wird.

Wenn Kritiker auch hin und wieder Schwachstellen oder kleine Fehler in Arbeiten von Parapsychologen entdecken, so sind gerade sie es, die heute in ihrem Bemühen, damit die Existenz der Phänomene wegzudiskutieren, unglaubwürdig wirken.

RHINE hatte anfänglich das Glück, Probanden gefunden zu haben, die sehr signifikante Ergebnisse brachten. Spätere und von anderen Forschern durchgeführte Experimente, besonders an einer großen Zahl *beliebiger* VP, brachten oftmals nur sehr geringe oder keine Abweichungen von der Zufallserwartung.

Diese Art Experimente sind für die Probanden meist ermüdend und nicht sehr motivierend. Das affektive Feld bricht in sich zusammen, die Leistungen sinken während der Testserien und die Fähigkeiten bauen sich eher ab anstatt auf.

Diese Ermüdung der Probanden ist zwar einerseits aus verschiedenen Gründen unerwünscht, doch zeigt der Absinkungseffekt (decline effect) während einer Testserie einen typischen, psychologisch bedingten Verlauf. Damit hat man eine weitere Bestätigung für das Auftreten eines echten paranormalen Vorganges. Irgendwelche Artefakte zeigten *andere* Gesetzmäßigkeiten. Die Kurve ist zudem für Hellsehexperimente mit gegenwärtigen Zielobjekten U-förmig, während sie bei Präkognitionsexperimenten nach D. DEAN eine gebrochene Flügelkurve ist[20] – eine Möglichkeit zur Unterscheidung beider Funktionen?

---

20 Douglas DEAN in Journal of Paraps. Bd. 34, Dez. 1970, S. 3 – 6

Es wurde bei den qualitativen Experimenten auf das Problem der
Auswahl der positiv verlaufenen Experimente hingewiesen. Was dort
bei umsichtigem Vorgehen erlaubt, ja notwendig sein kann, scheint
nach Erachten der meisten Forscher hier methodenwidrig zu sein. Wo
lägen exakt definierte Grenzen für eine Auswahl? Nicht immer ist man
dieser Forderung nachgekommen. Publizierte Signifikanzen dürften
darum da und dort in Wahrheit tiefer liegen.

4. Nutzen und Begrenztheit der statistisch
auswertbaren Laborexperimente

Experimente dieser Art sind hier, wie in der Naturwissenschaft, Iso-
lationen von Einzelaspekten. Das Resultat ist nur eine Antwort auf
eine spezielle vom Experimentator erdachte und gestellte Frage. Es besteht die Gefahr, durch die Einengung des Blickwinkels die eigentliche,
komplexe, nicht zerstückelbare Naturwirklichkeit aus den Augen zu
verlieren. (Die exakten Wissenschaften wurden mehr zur Basis von
Technologien als von Erkenntnissen).

Durch die positiv verlaufenen Laborexperimente wurden aber die
bis dahin mit Vorsicht genossenen Spontanphänomene aufgewertet, so
daß schon J. G. PRATT, ein bekannter Mitarbeiter RHINES, fordern
konnte:

«Die Betonung des experimentellen Ansatzes in der Parapsychologie hat die
Tatsache, daß diese Forschungsrichtung in dem Bemühen begann, sich mit von
Ereignissen des täglichen Lebens gestellten Fragen auseinanderzusetzen, ein
wenig in den Hintergrund gedrängt. Das Aufdecken der Bedeutung paranormaler Erlebnisse, wie sie unser tägliches Leben beeinflussen, ist noch immer das
primäre, wenn auch ferne Ziel der Parapsychologie. So erfolgreich die Labora-
toriumsforschung auch gewesen ist, sie hat doch keine schnellen und einfachen Antworten auf alle die von den parapsychologischen Erlebnissen gestellten Fragen gebracht. Folglich hatten die Parapsychologen in neuerer Zeit den
Wunsch, die Berichte über Spontanphänomene noch einmal und genauer in
Augenschein zu nehmen. Diese rätselhaften Erscheinungen sind noch immer
der Prüfstein, an dem sich die Relevanz der experimentellen Forschung messen muß.

Die Parapsychologen haben nun erkannt, daß es viele Phänomene aus dem
täglichen Leben gibt, die nicht ins Laboratorium gebracht werden können.»[21]

21 J. G. PRATT: psi-Forschung heute, S. 17

Auch U. TIMM, ein Vertreter der europäischen wissenschaftlichen Parapsychologie, faßt klar zusammen:

«Da auch die streng wissenschaftliche Untersuchung parapsychischer Spontanfälle mit unvermeidlichen Unsicherheitsfaktoren belastet ist, kann der in 3.1.1 erwähnte Existenznachweis für Psi-Phänomene in überzeugender Weise nur durch die *experimentelle Parapsychologie* geführt werden. Ist dieser Nachweis einmal erfolgt, so läßt sich daraus immerhin die Echtheit eines gewissen Prozentsatzes von Fallberichten folgern, aber keineswegs aller, so daß die Unsicherheit über den Einzelfall erhalten bleibt.»[22]

Die RHINE'schen Experimente und die Vielzahl der anschließenden sorgfältigen Arbeiten zur Abklärung von Einzelproblemen waren die notwendige Basis für das Verständnis und die wissenschaftliche Anerkennung der vorher so umstrittenen Phänomene. Die Parapsychologen sind sich zwar darüber einig, daß die Forschung neue Wege gehen muß, aber die Richtung ist noch unbestimmt.

Als einziges Beispiel für neuere umfassendere Verfahren seien die *Fernwahrnehmungsexperimente* (remote viewing) der vorerst am Stanford Research Institute arbeitenden Physiker H. PUTHOFF und R. TARG[23] und des Psychologen HARARY[24] erwähnt. Zwischen zwei Versuchspersonen, die keinerlei auffällige psi-Begabungen zu haben brauchen, wird vereinbart, daß die eine zu einem bestimmten Zeitpunkt an einem beiden vorläufig unbekannten Ziel sein werde, während die andere im «Labor» ihre Eindrücke wiedergebe. Nach Verlassen des Labors wählt ein Zufallsgenerator für die wegfahrende den Zielort. Sie hält sich dort ohne bestimmte Einstellung auf, während ein «Interviewer», der natürlich den Zielort ebenfalls nicht kennt, die andere Person zur Wiedergabe verschiedenartigster Eindrücke ermuntert. Unabhängige Beurteiler haben nachher festzustellen, auf welches der oft zahlreichen Zielobjekte die Beschreibung zutrifft. Das Verfahren liefert hochsignifikante Resultate. Es wurde auch für Präkognitionsexperimente eingesetzt: Die Versuchsperson hat den Ort, eventuell den Gegenstand zu schildern, bevor der Zufallsgenerator das Zielobjekt ausgewählt hat.

22 Ulrich TIMM: Was wissen wir wirklich über psi? - Zeitschr. f. Paraps. u. Grenzgebiete der Psych. 24 (1982) 1 / 2, S. 117

23 Russel TARG / Harold PUTHOFF: Jeder hat den 6. Sinn. - Köln: Kiepenheuer / Witsch 1977

24 R. TARG / Keith HARARY: The Mind Race. - New York: Villard 1984

III. FUNKTIONSMODELLE

1. Mangelnde und mangelhafte Modelle

Man hat bis heute für die *paranormale Erfahrung* keine zweckmäßigen, an die übrige naturwissenschaftliche Erfahrung angelehnten Funktionsmodelle. Die psi-Phänomene sind mit der klassischen Physik, durch die unser Alltagsdenken doch weithin geprägt ist, *prinzipiell unvereinbar*. Die *moderne* Physik sieht außer einigen zu erwähnenden Ansätzen noch keine Beschreibungsmöglichkeiten. Hingegen stehen, eine entsprechende Interpretation vorausgesetzt, die psi-Phänomene nicht in einem *prinzipiellen* Widerspruch zu ihr. Da die naiv voreilige Frage: «Wie ist Telepathie und Hellsehen überhaupt möglich?» nicht beantwortet werden kann, war und ist deren Ablehnung a priori ohne Prüfung der Tatsachen keine Seltenheit. Mehr oder weniger kompetente Forscher warten zudem leider mit teilweise gänzlich unbrauchbaren, meist pseudophysikalischen Erklärungen auf. Die mehrheitlichen lächerlichen Ansätze verderben Keime wohlwollenden Interesses von seiten der Naturwissenschafter. Fixierungen auf grundlos übernommene Vorstellungen aus den Naturwissenschaften hemmen noch heute den Fortschritt!

2. Energiestrahlungshypothese

Besonderer Beliebtheit erfreuen sich die *Energiestrahlungshypothesen*. Spätestens seit den Untersuchungen WASSILIEWs[25] müßte es vergeblich erscheinen, nach einer Informationsübertragung durch eine Trägerenergie im naturwissenschaftlichen Sinne zu suchen. WASSILIEW hat experimentell bewiesen, daß elektromagnetische Energiestrahlungen dafür nicht in Frage kommen und andere bekannte sehr unwahrscheinlich sind.

Leider bleibt WASSILIEW beim Schluß, daß es sich bei den telepathischen «Übertragungen» um einen *energetischen* Vorgang mit allerdings noch unbekannten Faktoren handeln müsse.

25 Leonid WASSILIEW: Experimentelle Untersuchungen der Mentalsuggestion. -
Bern / München: Francke 1965

Eine Energiestrahlungshypothese gibt aber, worauf bereits TISCH-NER hingewiesen hatte, für praktisch alle Feststellungen, wie Distanz-unabhängigkeit paranormaler Kontakte, das Erreichen ganz bestimm-ter Personen, der Art und Weise der organischen Aussendung und Wiederverarbeitung der Signale, usw., keine Antwort. Sie versagt bei der (häufigeren) telepathischen «Korrespondenzübertragung»: B sieht da beispielsweise den *sterbenden* A, die «Nachricht», meist symbolhaft verzerrt. Bei Identitätsübertragung müßte der *mitleidende* B die *Umge-bung* von A sehen. Ferner ist sie für das von Telepathie kaum zu tren-nende Hellsehen, besonders zukünftiger Ereignisse, kaum zu gebrau-chen.

Es ist nochmals zu betonen, daß die Versuchspersonen, besonders Sensitive bei erwartender Beobachtung, *gemischt* telepathische und hellsichtige Resultate, auch in ihrer zeitlichen Verschiebung, ohne er-kennbaren qualitativen und erlebnismäßigen Unterschied liefern.

Sensitive, besonders *Pendler* und *Rutengänger*, haben gelegentlich Empfindungen, die sie als Energieflüsse, analog Wärmeströmungen, deuten. So wie paranormale Kontakte Gesichtshalluzinationen auslö-sen können, sind auch derartige Empfindungshalluzinationen möglich. Die Empfindungen der Sensitiven dürfen nicht als Nachweis für bisher unentdeckte Energieströme gelten. Modelle mit hypothetischen Ener-gieströmen mögen in eingeschränkten Gebieten, wie der «Geisthei-lung» und ggf. der Radiästhesie Hilfen sein. Da sie aber im übrigen praktisch keine Gesetzmäßigkeiten beschreiben und neue Wege der Forschung versperren, sollte man tunlichst auf sie verzichten.

3. Akausale und synchronistische Ereignisse

Bereits SCHOPENHAUER hatte, wahrscheinlich nebst anderen Zeit-genossen, deutlich erkannt, daß allgemein eine Kausalerklärung mit Aussendung einer Information als Ursache und zeitlich späterem Emp-fang als Wirkung, den Phänomenen nicht gerecht werden könnte:

«..., daß außer der regelrechten Art, Veränderungen in der Welt hervorzu-bringen, mittels des Kausalnexus der Körper, es noch eine andere, von jener ganz verschiedene Art geben müsse, die gar nicht auf dem Kausalnexus beru-he; (...) daß es außer der äußern, den nexum (Verknüpfung) physicum begrün-denden Verbindung zwischen den Erscheinungen dieser Welt, noch eine an-

dere, durch das Wesen an sich aller Dinge gehende, geben müsse, gleichsam
eine unterirdische Verbindung, vermöge welcher, von *einem* Punkt der Erscheinung aus, unmittelbar auf jeden andern gewirkt werden könne, durch einen nexum metaphysicum; daß demnach ein Wirken auf die Dinge von innen,
statt des gewöhnlichen von außen, ein Wirken der Erscheinung auf die Erscheinung, vermöge des Wesens an sich, welches in allen Erscheinungen eines
und dasselbe ist, möglich sein müsse;»[26]

Unser Alltagsdenken ist heute durch ein Kausaldenken in horizontalen Seinsschichten geprägt. Ein Vorgang im Physischen muß seine Ursache in derselben Ebene des Physischen haben. Damit fällt es uns
schwer, akausale Phänomene zu akzeptieren.

Aber auch nach C. G. JUNG besteht heute die einzige sichere Aussage über die parapsychologischen Erscheinungen darin, daß sie syn-
chronistisch seien. Das ist ein spezieller Fall von Akausalität, eines allgemeinen, ursachelosen *Angeordnetseins*. Bei synchronistischen Phänomenen besteht eine *sinngemäße* Koinzidenz zwischen einem (zwei)
psychischen Zustand (Zuständen) und einem objektiven, äußeren, unter Umständen noch gar nicht vorhandenen, zukünftigen Ereignis, wobei zwischen ihnen *kein kausales* Verhältnis besteht, ja nicht einmal
denkbar ist (und ein Zufall ausgeschlossen werden kann).[27]

4. Akausalität und Naturwissenschaft

Der *Naturwissenschafter* weiß heute, im Gegensatz zum letzten
Jahrhundert – , daß er mit seinen Modellen nur gewissen Natur*aspekte*, unter zwar wohldefinierten, aber (damit) eingeschränkten Bedingungen beschreibt. Seine jetzigen Modelle sind, wie erwähnt, für die
Beschreibung paranormaler Erfahrungen nicht geeignet: diese sind in
ihnen akausale bzw. synchronistische Ereignisse.

In der modernen Physik stellt man ebenfalls akausale Phänomene
fest, wie z. B. den Ablauf eines *einzelnen* Elementarteilchenprozesses.
Der Physiker ist aber in der glücklichen Lage, dennoch einige Gesetzmäßigkeiten formulieren zu können, z. B. das auszuschließen, was
nicht geschehen kann, oder er kann über eine Vielzahl von gleicharti-

26 A. SCHOPENHAUER: Parapsychologische Schriften, S. 38
27 C. G. JUNG beschreibt den Begriff der Synchronizität an vielen Stellen seiner Werke, vor allem in «Synchronizität als Prinzip akausaler Zusammenhänge» in: C. G.
JUNG / W. PAULI: Naturerklärung und Psyche. - Zürich: Rascher 1952

gen Ereignissen statistische Aussagen machen. Ferner kann er beweisen, daß in den jetzigen Rahmenmodellen die Vorgänge akausal sein *müssen*.

Der Physiker ist darum mit diesem Grundproblem der Parapsychologie besser vertraut als manche, die sich mit dem Gebiet direkt beschäftigen. Er ist darum an den Entwicklungen der Parapsychologie interessiert und ihren Problemen gegenüber aufgeschlossen. Bevor aber eine Annäherung der beiden Wissenschaften erfolgen kann, muß die Parapsychologie einen gewissen Forschungsrückstand aufholen, der u. a. auch nur darin besteht, zweckmäßigere Vorstellungen über die *psychischen* Abläufe zu entwickeln.

In der Parapsychologie muß jeder neu hinzukommende Interpret darauf aufmerksam gemacht werden, keine Kausalerklärungen (oder wenn, dann in *wesentlich* erweiterten Weltvorstellungen) zu versuchen. JUNG warnt vor dem Versuch, in den synchronistischen Phänomenen archetypische *Verursachungen* des Unbewußten zu sehen: «... der Archetypus ist die durch Introspektion erkennbare Form des apriorischen psychischen Angeordnetseins. Gesellt sich dazu ein äußerer synchronistischer Vorgang, so folgt er derselben Grundzeichnung. Gibt es sie (=ursachelose Ereignisse) aber, so müssen wir sie als Schöpfungsakte ansprechen, im Sinn einer creatio continua, einesteils von jeher, teils sporadisch sich wiederholenden Angeordnetseins, das aus keinerlei feststellbaren Antezedentien abgeleitet werden kann...»[28]

5. Allverbundenheit als Seinshintergrund?

Die Phänomene verlangen, daß die *Psyche* in irgendeiner Form transpersonal ist, in ihren «Tiefen» psychoid, kollektiv (JUNG) oder auf das Du bzw. auf sinnlich unerreichbare Situationen ausgeweitet (TENHAEFF).

Unserem heutigen Alltagsbewußtsein ist es fremd, sich in irgendeiner Seinsschicht mit den anderen Menschen, ja der ganzen Natur verbunden zu fühlen. Eigene paranormale Erfahrung wird darum unterdrückt, wegrationalisiert oder nicht beachtet. In der Physik wird je-

28 C. G. JUNG / W. PAULI: Naturerklärung, S. 104 u. 106, zitiert nach Marie-Louise v. FRANZ: Ein Beitrag zur Diskussion der Synchronizitätshypothese C. G. JUNGs, in: E. BAUER / W. v. LUCADOU (Hrsg.): Spektrum der Parapsychologie. - Freiburg: Aurum 1983, S. 100

doch seit dem *Einstein-Podolsky-Rosen-Paradoxon* das allgemeine akausal-gesetzmäßige Angeordnetsein der gesamten Schöpfung in Erwägung gezogen! (Derartigen Überlegungen, die längst nicht ausgereift sind, vermag selbst der mathematisch Gebildete nur schwer zu folgen. Eine vage Idee des hier Angedeuteten vermittelt das populäre Buch von Bob TOBEN[29].)

Moderne oder wiederentdeckte Selbsterfahrungstechniken, eng im Zusammenhang mit den rasch aufkommenden Transpersonalen Psychologien[30–31] sollen das erwähnte Abgeschlossenheitsgefühl überwinden, der Ausübende empfindet eine gewisse Ausdehnung, das sich in einem konkreten Verbundenheitsgefühl mit anderen Menschen oder der Natur äußert.[32] Paranormale Informationen sind dabei häufig!

Die Schilderung Sensitiver verstärkt die Annahme derartiger Modelle. TENHAEFF zitiert Heinrich ZSCHOKKE, der öfters sein eigenes Lebenspanorama und jenes anderer ablaufen sah:

«..., daß dann ihr bisheriges Leben mit vielen kleinen Einzelheiten darin (oft aber auch nur diese oder jene Szene daraus) traumhaft und doch klar an mir vorüberging, und zwar ganz unwillkürlich und im Zeitraum weniger Minuten. Dabei ist es mir, als wäre ich in das Bild des fremden Lebens so völlig versunken, daß ich zuletzt weder das Gesicht des Unbekannten, in welchem ich absichtslos deutlich sehe, noch die Stimme des Sprechenden verständlich höre.»[33]

Noch deutlicher ist das «Innern» des medial begabten Fürsorgers im folgenden Bericht TENHAEFFs:

«Eines Tages – so schrieb mir einmal ein Fürsorger – kam ein etwa neunjähriger Junge aus Zaandam mit seinen Eltern zu mir. Der Kleine saß mir gegenüber, antwortet brav auf meine Fragen, stockte dann aber plötzlich. Ich ergriff seine linke Hand, ohne eigentlich zu wissen warum, und sah in meiner Vorstellung, *so, als ob ich es zuvor gesehen hätte und mich jetzt erinnerte*, das Kind auf seine Haustür zugehen, die Klappe des Briefkästchens öffnen und ein lichtgraues Kuvert herausnehmen. Dann sah ich in meiner Erinnerung – das heißt, es konnte keine Erinnerung sein, denn ich sah den Kleinen zum erstenmal und war nie in Zaandam gewesen, *aber die Art und Weise, wie ich das Geschehene in-*

---

29 Bob TOBEN: Raum-Zeit und erweitertes Bewußtsein. - Essen: Synthesis 1980, mit zahlr. Abb.

30 Charles TART: Transpersonale Psychologie. - Olten: Walther 1978

31 CAPRA / GROF / MASLOW / TART / WILBER: Psychologie in der Wende. - Bern: Scherz 1985

32 W. C. TENHAEFF: Hellsehen und Telepathie

33 Derselbe, ebenda, S. 25

nerlich sah, ist mit einer Erinnerung zu vergleichen – , wie der Junge durch den Gang lief, wobei er durch eine Glastür, deren Angeln durch ein federndes Scharnier vor und zurück bewegt wurden, gehen mußte. Dann kommt der Kleine zu einer anderen Tür... [34]

Man vergleiche auch nochmals eine Aussage SCHOPENHAUERs:

«..., daß die Scheidewände der Individuation und Sonderung, so fest sie auch seien, doch gelegentlich eine Kommunikation, gleichsam hinter den Kulissen, oder wie ein heimliches Spielen unterm Tisch, zulassen könnten; und daß, wie es, im somnambulen Hellsehen, eine Aufhebung der individuellen Isolation der *Erkenntnis* gibt, es auch eine Aufhebung der individuellen Isolation des Willens geben könne.»[35]

Dieses *kollektive* Unbewußte, so präzisiert JUNG, ist ein neutrales Stück Natur, ein transpersonales Angeordnetsein, unseren Wünschen unzugänglich. Es wird nicht in ihm ein telepathischer Kontakt «bewirkt», sondern alles Wahrnehmen findet im Unbewußten sozusagen wie in einer Person statt.[36]

Wahrnehmen bedeutet das Umsetzen von vorbegrifflichem Allwissen aus dem transzendenten Welthintergrund in raumzeitliche Alltagsvorstellungen.

Dieser stufenweise Aufbau des raumzeitlich klaren Bildes aus verschiedenartigsten Eindrücken wird bei qualitativen Experimenten immer wieder erlebt. Oftmals läßt aber die Vorbegrifflichkeit der Grundinformation verschiedene Ausdeutungen des Bewußtseins zu, was bekanntlich des öfteren zu Fehldeutungen führt.

Die *psi-Information* muß uns also nicht erst über einen *äußeren* Kanal erreichen, sondern wir haben sie bereits in uns. Die Möglichkeiten, die Verbindung aktiv zu beeinflussen, sind dem Agenten damit nicht genommen. Er liefert nach wie vor – eventuell auch durch sein spezielles Verhalten – die vom Perzipienten zu erfassende Information. Die zu klärende Frage ist, ob und wie weit jede *beliebige* Information für uns greifbar ist, wie «nahe» diese unserem Bewußtsein liegt. Psi-Informationen beeinflussen aber, wie andere unbewußte Inhalte, unser Handeln! Diese aus gewissen Richtungen der Psychologie auf die paranormale Erfahrung übertragenen Vorstellungen müßten allerdings erst durch entsprechende Abklärungen innerhalb der parapsy-

---

34 Derselbe, ebenda, S. 33
35 A. SCHOPENHAUER: Parapsychologische Schriften, S. 38
36 L. v. FRANZ: Synchronizitätshypothese, S. 101

chologischen Forschung erhärtet werden. J. MISCHO warnt: «Auch
ein noch so überzeugender Nachweis für eine 'Produktion' von ASW
erlaubt keine «Hochrechnung» für eine Omnipotenzfunktion von ASW
oder persönliche Weltbilder.»[37]

6. Die weltanschauliche Bedeutung

Das Hauptverdienst der bisherigen Forschung ist es, klar formuliert
zu haben, was psi *nicht* ist und wie es *nicht* funktioniert. *Energiestrahlungshypothesen* konnten beispielsweise durch theoretische Argumente (TISCHNER u. a.) und Experimente (WASSILIEW u. a.) widerlegt werden. Die Idee der *Akausalität* parapsychologischer Erscheinungen ist
eine weitere Form der Verneinung, meint sie doch, daß es *zwecklos*
sei, *überhaupt* noch Kausalerklärungen zu suchen. Ein eigentliches
Funktionsmodell ist sie nicht.

Diese Erkenntnis verlangt, daß man größte Zurückhaltung in der
Aufstellung von Funktionsmodellen zu üben hat. Die Gefahr ist groß,
daß die Zweckmäßigkeit von solchen Modellen gering ist, weil sie jeweils nur einer sehr beschränkten Auswahl von Erfahrungstatsachen
gerecht werden können. Damit lassen sich mit ihnen – wie es sich bisher immer zeigte – nur wenige Abläufe vorhersagen. Wenn die moderne Physik in den nächsten Jahren ihr Gerüst erst einmal klarer definiert haben wird, so ergibt sich eine Reihe weiterer Grundbedingungen, die die Modelle zu erfüllen haben, damit es überhaupt sinnvoll ist,
sich damit auseinanderzusetzen (z. B. die vielen Theorien mit mehrdi-
mensionalen Räumen aller Art). Es wurden darum nur diese «negativen» Aussagen gemacht und auf jede Darstellung irgendwelcher, vielleicht erfolgversprechender Beschreibungsformen wurde verzichtet.
V. NOORDEN[38] hatte 1968 rund 30 Hypothesen zusammengestellt. Inzwischen müßte diese an sich schon beachtliche Liste durch weitere
Theorien ergänzt werden. Das Buch von J. WHITE und St. KRIPPNER[39]
über «Lebensenergien und die Physik paranormaler Phänomene» enthält einige neuere Modelle.

37 Johannes MISCHO: Außersinnliche Wahrnehmung. Methoden, Ergebnisse, Probleme, in: E. BAUER / W. v. LUCADOU (Hrsg.): psi – was verbirgt sich dahinter? - Freiburg:
Herder 1984, S. 35

38 Hans v. NOORDEN: Theorien der außersinnlichen Wahrnehmung. - Zschr. f. Paraps.
u. Grenzgeb. d. Psych. 11 (1968) 1, S. 44 – 85

Die große *weltanschauliche* Bedeutung dieser «negativen» Aussagen kann nur angedeutet werden: Sie haben gezeigt, daß die Weltbilder der Naturwissenschaft des vorigen Jahrhunderts (und des allgemeinen Denkens von heute) sehr unvollständig und damit dringend erweiterungsbedürftig sind.

IV. FAKTOREN FÜR DAS AUFTRETEN PARANORMALER ERFAHRUNG

1. Psi-Signale als ein Teil der Informationen aus dem Unbewußten

Unser Bewußtsein ist dauernd mit der Informationsverarbeitung beschäftigt. Sinneseindrücke werden verknüpft mit Gedankenassoziationen und Einfällen aus mehr oder weniger tiefen Schichten des Unbewußten. Dazu gehört auch das Wissen über Personen und Dinge, das nicht über «normale» Kommunikation entstanden ist. Es dürfte aber ohne entsprechende Übung nur in Ausnahmefällen als psi-Information erkannt werden.

Die *psi-Information* ist somit, nachrichtentechnisch gesprochen, ein schwaches, eher schwer erkennbares Nutzsignal, das sich kaum vom «Geräuschhintergrund» abhebt.

Man hat bisher zu wenig Richtlinien entwickelt, um das psi-Signal stärker aus dem Geräuschpegel abzuheben und als solches zu identifizieren. Es lag und liegt vielleicht heute noch an diesem Mangel in Experimentiertechnik, daß die Resultate nicht so signifikant sind wie erwartet.

Wie lassen sich die aus dem Unbewußten aufsteigenden Informationen besser als brauchbare Information (Telepathie und Hellsehen) und unbewußte Störsignale (besonders auch damit assoziierte Inhalte des persönlichen Unbewußten, Zufügungen und Verdrehungen des Nutzsignals) auseinanderhalten?

39 John WHITE / Stanley KRIPPNER (Hrsg.): Future Science, Garden City. - New York: Doubleday 1977

a) *Verbesserung des Nutzsignals*

Einerseits kann man versuchen, das Nutzsignal zu erhöhen. Beim begabten Sensitiven, bei starken und besonders bei negativ empfundenen Affekten ist das natürlicherweise der Fall. Die Pädagogik, es durch Übung in *jeder* Situation zu erhöhen, ist noch in den Anfängen. Die Frage, wie man seine medialen Fähigkeiten ausbilden könne, läßt sich bisher noch nicht hinreichend beantworten.

Seit jeher vermochten Signale aus dem Unbewußten aufgrund von Praktiken, wie psychomotorischen Automatismen, sogenannten «Steigrohren des Unbewußten», besser in das Bewußtsein zu dringen. Mit Buchstabentafeln, Pendel, Glas, Tischrücken, automatischer Schrift, Sprechen in Trance, usw. fördert man Inhalte des Unbewußten, die sonst nicht als direktes Wissen, Halluzination, usw., bewußt würden. Durch derartige eingeübte und gebahnte Kanäle wird der Sekundärprozeß der Bewußtwerdung der psi-Information erleichtert. Gerade hier muß man jedoch ausdrücklich warnen, nicht jede derart aus dem Unbewußten geförderte Information als *paranormal* zu betrachten!

Mit Hilfe von *Psychoelektronik*, z. B. Messung der Gehirnströme (EEG) oder der Blutfülle in den Fingerkuppen (Plethysmographen) kann man feststellen, wann, besonders affektbesetzte, Primärprozesse stattfinden, ohne daß der Sekundärvorgang der Versuchsperson bewußt zu werden braucht. Man hat eine Verbesserung des Nutzsignals, allerdings nur für eine Ja-Nein-Entscheidung und nicht für eine differenziertere Informationsübertragung. Man muß sich fragen, ob die moderne Elektronik nicht bereits heute die Mittel für eine effizientere und differenziertere Registrierung unbewußter Inhalte zur Verfügung hätte! Angebotene, in ihrer Funktion meist unverständliche Geräte haben jedoch bisher bei weitem nicht die Erfolge gezeigt, wie marktschreierisch (im besten Fall durch tatsächliche Ersterfolge des jedoch medial begabten «Erfinders» ausgewiesen) angekündigt wurde.

Schließlich wird das Nutzsignal sicherer erkannt, wenn es, wie in der Nachrichtentechnik bei schlechten Leitungen üblich, wiederholt wird – einer Technik, der man sich bei Versuchen zum praktischen Einsatz telepathischer Informationsübermittlung bedient.

b) Verringerung des Störgeräusches

Andererseits wird man zur deutlicheren Abhebung der Signale aus dem Unbewußten den Geräuschpegel zu erniedrigen versuchen. Schöpferische Ideen und psi-Informationen werden im allgemeinen vom Bewußtsein erst zugelassen, wenn der Alltagsstreß abgebaut ist. Sie erreichen uns in der «schöpferischen Pause», in Entspannung bei Reduktion der Bewußtseinstätigkeit, einem «abaissement du niveau mental» (JANET), wenn die hemmende Funktion des Gehirns (BERGSON) gegen Reizüberflutung von außen wie auch gegen eine Überschwemmung von Eindrücken aus dem Unbewußten abgebaut ist.

Neben den drei traditionellen *Hauptbewußtseinszuständen* (Wachbewußtsein, Schlaftraum, traumloser Schlaf) kennt und untersucht man die zahlreichen «*veränderten Bewußtseinszustände*» («AlteredStates of Consciousness» = ASC), wie *hypnogoger* und *hypnopomper* Zustand (schläfrig, auf dem Weg zum Einschlafen, bzw. schlaftrunken, nach dem Erwachen), dann aber besonders die *hypnoiden* Zustände, wie durch autogenes Training, Meditation, sensorische Deprivation[40] (Abschirmungen, beispielsweise in Ganzfeldexperimenten oder Samadhi-Tank), sensorisches Bombardement[41] (starke, gezielte Reizüberflutung), usw. hervorgerufen, bis zu Trance bzw. Hypnose.

Der erinnerte Traum ist eine «natürliche» Basis für psi-Informationen,[42], im Experiment besonders zu erkennen während der mehrmals pro Nacht auftretenden Phase der raschen Augapfelbewegung (Rapid Eye Movement, REM).

In der *physiologischen Entsprechung* müssen die beiden Gehirnhälften richtig «gestimmt» sein. Produktionen des Unbewußten bzw. «Dämpfung des Geräuschpegels» können somit auch medikamentös hervorgerufen werden.[43]

Die Hirnaktivität kann auch durch *Biofeedback-Techniken* beeinflußt werden. Im einfachsten Falle versucht der an einen Encephalo-

---

40 Charles HONORTON: psi and Internal Attention States, in: Benjamin WOLMAN (Hrsg.): Handbook of Parapsychology. - New York: Reinhold 1977, S. 435 – 472; eine empfehlenswerte Übersicht über Experimente mit einigen veränderten Bewußtseinszuständen

41 Adolf DITTRICH: Aetiologie – unabhängige Strukturen veränderter Wachbewußtseinszustände. - Stuttgart: Enke 1985

42 Wilh. P. MULACZ: Die Bedeutung der Träume in der Parapsychologie, in: K. E. SCHILLER (Hrsg.): Träume sind mehr als Schäume. - Linz: Veritas 1976, S. 26 – 49

43 Charles T. TART: Drug-Induced States of Consciousness, in: B. WOLMAN (Hrsg.): Handbook of Parapsychology, S. 500 – 525

graphen angeschlossene Proband die höherfrequenten Schwingungen («Beta-Wellen») seines Gehirns zu dämpfen und langsamere Schwingungen («Alpha- bzw. Theta-Wellen») stärker werden zu lassen. Durch rhythmische Signale, etwa Lichtblitze mit bestimmten Frequenzen (Stroboskope), können ebenfalls veränderte Bewußtseinszustände erreicht werden. Die Forschung dürfte hier in den nächsten Jahren entscheidende Fortschritte zeigen.

Das sind erst Voraussetzungen für ein Bewußtwerden von psi-Information. Wunsch, Sinn oder Aufgabe des Sensitiven ist es aber, Zugriff zu einer *bestimmten* Information zu finden. Stünde jede beliebige Information *prinzipiell* zur Verfügung? Sind es die Persönlichkeitsstrukturen, auch im gruppendynamischen Zusammenwirken, oder Schutzfunktionen des Ichs, die letztlich die (oftmals spärliche) Auslese bewirken?

2. Bekannte, die psi-Produktion beeinflussende Effekte

Die Forschung hat eine Reihe psi-fördernder und -beeinträchtigender Einflüsse untersucht. Teils handelt es sich dabei um praxisbezogene Folgerungen aus obigen Modellen, teils um Aussagen über die Einflüsse von Persönlichkeitsstrukturen. A. RESCH[44] unterteilt sie in seiner umfassenden Übersicht in *intersubjektive Einflüsse, Persönlichkeitsvariable, Verhaltensmuster* und *innerseelische Zustände.*

Es ist sehr wichtig, daß man die *intersubjektiven Einflüsse* richtig würdigt. Paranormale Erfahrung, besonders Telepathie, ist weniger ein Individualproblem als ein gruppendynamisches. Neben den Sender-Empfänger-Effekten spielen noch weitere gruppendynamische Faktoren eine Rolle (DEAN)[45] Ferner ist hervorzuheben, daß man vor allem auf Dinge reagiert, die das körperliche und seelische Gleichgewicht *gefährden.* Schon SOKRATES hat in seiner Verteidigungsrede bekannt, daß sich etwas Göttliches und Dämonisches in ihm vernehmen lasse. «Eine Stimme läßt sich vernehmen, die mich, wenn sie vernehmbar wird, stets vor dem warnt, was ich zu tun im Begriff bin. Treibt mich aber nie an.»[46]

44 Andreas RESCH: Telepathie und Hellsehen. Basler psi-Tage 84. - Grenzgebiete der Wissenschaft 34 (1985) 2, S. 8 – 12
45 S. OSTRANDER / L. SCHROEDER: Vorauswissen mit psi, S. 83

Auch SCHOPENHAUER sieht in *Wahrträumen* eine *Korrekturmöglichkeit* für einen Verhaltens*fehler*, besonders in gesundheitlicher Hinsicht. BENDER berichtet von einer Auswertung von Fällen aus Leserzuschriften an eine Zeitung, daß 82 % affektnegativ, 10 % affektpositiv, der Rest indifferent oder banal waren.[47] Ferner berichtet er von einer großen Stichprobenzahl, bei der das Thema Tod mit 45 %, Krankheit und Lebensgefahr mit 20 % und verschiedene negative Themen mit 26 % vertreten waren.[48] MISCHO nennt 90 %, 84 % und 82 % für affektnegative Spontanfälle, untersucht durch RHINE (1954), SANNWALD (1959 / 60) bzw. HANEFELD (1970).[49]

Die somatischen Bedingungen für das Auftreten paranormaler Erfahrung können, wie oben erwähnt, durch bestimmte Drogen, bei Spontanfällen u. a. auch durch Anästhetika oder *irgendwelche* Medikamente, geschaffen werden. Neben schweren psychischen Krisen, sind *auch physische* wie Unfall, schwere Krankheit (Nahtoderlebnisse!) oder – provokativ – Fasten und andere Askeseübungen Auslöser für, eventuell bleibende, «Hellsichtigkeit».

3. Anpassungen der Experimentiertechnik

Die Experimente der RHINE'schen Schule lieferten die ersten Nachweise der Tatsächlichkeit *paranormaler Erfahrung* und einiger grundlegender Gesetzmäßigkeiten. Man kann heute nicht mehr daran zweifeln, daß jedermann mehr oder weniger über die Fähigkeit paranormaler Erfahrung verfügt. Bei beliebigen Versuchspersonen weichen die Resultate aber oft nur wenig von der Zufallserwartung ab. Die oben gemachten Überlegungen verlangten eine Verfeinerung der Experimentiertechnik. Die Resultate wurden besser bei herabgesetzter *Bewußtseinstätigkeit*, wie Meditation, Hypnose, Traum, Ganzfeldstimulation usw.[50]

46 Nach R. TISCHNER: Geschichte der Parapsychologie, S. 6
47 H. BENDER: Unser 6. Sinn, S. 8
48 H. BENDER: Umgang mit dem Okkulten, S. 18
49 J. MISCHO: Außersinnliche Wahrnehmung, S. 21
50 s. z. B. Tabellen in Ch. HONORTON: Psi and internal attention states, insbesondere S. 466

Von MISCHO stammen bivariante Experimente über die Rolle *überdauernder Persönlichkeitszüge* und *überdauernder Einstellungen.*[51] Sie
sind eine Fortsetzung der 1943 von G. SCHMEIDLER und in der Nach-
folge von anderen Forschern durchgeführten Experimente mit einer
Großzahl von Versuchspersonen: Die Ergebnisse wurden signifikan-
ter, wenn man die Versuchspersonen in zwei Gruppen, nämlich in
Gläubige (Schafe) und *Ungläubige* (Böcke) aufteilte.[52] Es ist aber fraglich, ob man mit diesen Methoden nicht an Grenzen stoßen wird. (Eine
eingehendere Darstellung der sehr vielseitigen Forschung findet man
unter anderem im Handbook of Parapsychology[53] oder in der knappen,
klaren Bestandsaufnahme von U. TIMM).[54] Es ist denkbar, daß man
auch in Zukunft bei der statistischen Auswertung einer Großzahl von
Experimenten nicht mehr höhere Abweichungen von der Zufallstref-
fererwartung erwarten kann, weil die hintergründigen Bedingungen
während eines Experiments nicht konstant gehalten werden können.
So werden trotz des Festhaltens von Persönlichkeitsvariablen doch
noch so viele andere im Wesen des «akausalen Angeordnetseins» lie-
gende «Variable» bei großer Probenzahl für einen Ausgleich von individuellen Abweichungen sorgen. Vielleicht müßte man doch in *einzelnen*
Experimenten – also zurück zum «qualitativen» Experiment! – möglichst viele psychologische Zusammenhänge zu erfassen versuchen.
Zumindest wird die Parapsychologie immer wieder durch die Psychologie, besonders JUNG'scher Schule, an eine Anpassung ihrer Methodik an heutige Erkenntnisse gemahnt: «... scheinen gerade manche Parapsychologen mit dieser seiner (JUNG's) neuen Denkweise Schwierigkeiten zu haben. Das kommt m. E. daher, daß sich viele Parapsychologen heute besonders intensiv bemühen, die Parapsychologie mit «har-

51 J. MISCHO / Werner WITTMANN: Ein multivariantes ASW-Experiment. - Zschr. f.
Parapsychologie und Grenzgeb. d. Psych. 22 (1980) 1 / 2, S. 23 – 50; 23 (1981) 1, S.
27 – 57; 23 (1981) 2, S. 95 – 112
52 J. MISCHO: Zum Stand der sheep-goat-Forschung – Eine kritische Übersicht. -
Zschr. f. Parapsychologie u. Grenzgeb. d. Psych. 21 (1979) 1, S. 1 – 22; daselbst die Origi-
nalliteratur von G. SCHMEIDLER. Eine Übersichtstabelle befindet sich auch in J. MISCHO: ASW
(Außersinnliche Wahrnehmung), 51, S. 36
53 Benjamin WOLMAN (Hrsg.): Handbook of Parapsychology. - New York: Reinhold
1977, Spez. Part II: Research Methods in Parapsychology, und Part III: Perception,
Communication, and Parapsychology, mit Beiträgen von Louisa RHINE, D. S.
BURDICK / E. F. KELLY, S. SCHMEIDLER, J. B. RHINE, J. PALMER, J. C. CARPENTER und R.
A. WHITE
54 Ulrich TIMM: Was wissen wir wirklich über psi-Phänomene? Ein kritisches Resü-
mee. - Zschr. f. Parapsych. u. Grenzgeb. d. Psych. 24 (1982) 1 / 2, S. 110 – 128

ten» wissenschaftlichen Methoden, d. i. mit Hilfe quantitativer Methoden und des kausalen Denkens zu begründen und akzeptabel zu machen, während JUNG's Hypothese gerade eine Kehrtwendung weg vom bisherigen, allein als «wissenschaftlich» geltenden Denken vorschlägt».[55]

Louise von FRANZ zitiert und präzisiert u. a. auch Vorschläge JUNG's, die obwohl ihrer Ansicht nach erfolgversprechend, bisher merkwürdigerweise noch nie ausgeführt wurden.[56]

Auch der erfahrene TENHAEFF bemerkt, «daß die Erkenntnisse, die uns die RHINE'sche quantitative (statistische) Forschungsmethode zu gewinnen erlaubt, in ihrem Gehalt weit hinter dem zurückbleibt, was an Einsichten durch die qualitative Methode erzielt werden kann.»[57]

Es gibt Versuchsbedingungen, die aussagekräftiger zu sein scheinen und bei denen die Resultate der einzelnen Versuchspersonen mit der Zeit besser anstatt, wie bisher oftmals, schlechter werden.

TARG[58] sieht beispielsweise in der Technik, daß die Vp unter einigen (meist fünf) ihr *bekannten* Motiven das Zielobjekt zu identifizieren hatte, den großen Nachteil, daß das unbewußte oder bewußte Abwägen der gegebenen Möglichkeiten bereits den «Geräuschpegel» so anhebt, daß das unbewußte Wissen des Richtigen sich daraus nicht abzuheben vermag. Kennt man das paranormal zu erfahrende Objekt *nicht*, so hat man umgekehrt den Vorteil, bekannte Motive als Geräuschbestandteile zu erkennen und abzulehnen.

V. ZIELE EMPIRISCHER FORSCHUNG

1. Gesetzmäßigkeiten innerhalb des Forschungsgebietes

Die Forschung wird sich weiterhin bemühen, *Gesetzmäßigkeiten* innerhalb des Bereiches paranormaler Erfahrung immer klarer und ge-

---

55 L. v. FRANZ: Synchronizitätshypothese, S. 94
56 Dieselbe, ebenda, S. 101
57 Wilhelm H. C. TENHAEFF: Zur Persönlichkeitsstruktur der Paragnosten, in: Oskar SCHATZ (Hrsg.): Parapsychologie. - Graz: Styria 1976, S. 109 – 132, S. 132
58 siehe Anm. 23 – 24

nauer zu formulieren. Dabei ist es sehr wenig, was man bisher abklären konnte, im Vergleich mit dem Katalog von offenen Problemen. Um als induktive Forschung glaubwürdig bestehen zu können, darf sie sich von den allzu lauten Vorschlägen zu mutigeren Hypothesen nicht verleiten lassen. Solange es nicht Hypothesen gibt, die deduktiv leicht mit Forschungsversuchen bestätigt oder verworfen werden können, sind sie für eine empirische Wissenschaft sinnlos. Sie dürfen vor allem aber den für die paranormale Erfahrung *grundlegenden* Tatbeständen sowie den gesicherten Gesetzen der Naturwissenschaft nicht *widersprechen*, wie das oftmals der Fall war. Das heißt nicht, daß es unerlaubt wäre, Vermutungen mutig auszusprechen, die durch die wissenschaftlichen Ergebnisse vorläufig nicht gestützt werden können. Sie sind aber klar als Einfälle, Gedanken, Vermutungen und subjektive Eindrücke zu bezeichnen.

2. Unterstützungen durch die moderne Physik

Die *Physik* sucht heute nach neuen Weltvorstellungen, um ihre Ergebnisse geeignet beschreiben zu können. Es scheint, daß diese geeignet sind, gewisse Aspekte paranormaler Erfahrung mit beschreiben zu können. Es sind einige Physiker, vor allem B. HEIM[59], mit derartigen neuen Theorien beschäftigt. Man darf in den nächsten Jahren konkretere und vor allem allgemeinverständliche Aussagen erwarten. Eine weitere Stütze ist die Hypothese der morphogenetischen Felder, die Forschungen des Biologen R. SHELDRAKE.[60, 61]

Eine Absicherung in den exakten Naturwissenschaften gäbe natürlich der Erforschung der paranormalen Erfahrung klare Ziele und verstärktes Gewicht.

59 Burkhard HEIM: Elementarstrukturen der Materie 1, 2. Aufl. in Vorbereitung Elementarstrukturen der Materie 2. Einheitliche strukturelle Quantenfeldtheorie der Materie und Gravitation, Innsbruck: Resch 1984; B. HEIM / W. DRÖSCHER: Einführung in Burkhard Heim – Elementarstrrukturen der Materie mit Begriffs- und Formelregister, Innsbruck: Resch 1985; ein leichter verständlicher Zugang zur HEIM'schen Theorie, spez. im Zusammenhang mit paranormaler Erfahrung findet sich in: Ernst SENKOWSKI: Die Beschreibung der Paraphänomene im Rahmen der Heim'schen Allgemeinen Feldtheorie. Basel, Kongreßdienst Schweizer Mustermesse 1983. - Grenzgebiete der Wissenschaft 33 (1984) 2 / 3, S. 94 – 116 u. S. 147 – 169

60 Rupert SHELDRAKE: Das schöpferische Universum. - München: Meyster 1983

61 A. RESCH: Die Theorie des morphogenetischen Feldes, in: Grenzgebiete der Wissenschaft 34 (1985) 2, S. 132 – 150 (eine Zusammenfassung des Buches von SHELDRAKE)

3. Ausblick

Da das grundlegende Verständnis der *Telepathie* und des *Hellsehens*, besonders aber der zeitverschobenen *Präkognition* nur über recht ungewohnte Gedankengänge gefunden werden kann, ist das immer noch übliche Zurückschrecken von intensiv breiter Erforschung verständlich. Die methodologische Unsicherheit, die zu jedem Neuland der Forschung gehört (Atomforschung des letzten Jahrhunderts), muß aber gerade durch attraktive Konzepte und Einsatz größerer Forschungsmittel überwunden werden.

Mit dem sauberen Herausschälen von Gesetzmäßigkeiten wird sich die *paranormale Erfahrung* von den bisher in verschiedenster Hinsicht hinderlichen unsinnigen Theorien und zu frühen, unzweckmäßigen, teilweise betrügerischen Praktiken befreien können, und die weltanschauliche und wahre praktische Bedeutung wird ersichtlich werden.

VI. DIE PRAKTISCHE VERWERTUNG PARANORMALER ERFAHRUNG

1. Alltägliche Wirkung

Es wird meist übersehen, daß wir bereits in irgendeiner Form, ohne ein bewußtes Hinzutun, in einer untergründigen Beziehung mit unserer Umwelt stehen. Es bestehen noch zu wenige Untersuchungen, wie weit sie unser Handeln beeinflußt. Man dürfte ihre Wirkung aber im allgemeinen eher unterschätzen als überschätzen. Es sind Faktoren, die die Lebensqualität des einzelnen und die Dynamik von Gruppen beeinflussen, vielmals, ohne als solche erkannt zu werden. Sie können, negativ wirkend, die psychische Stabilität oder das soziale Gleichgewicht stören. Sie sind aber auch Quellen der Inspiration oder die Ursache einer angenehmen, dynamischen oder schöpferischen Atmosphäre in der Familie und in Gruppen des Berufes, der Pädagogik, usw.

Dieses dauernde, unbewußte Wirken *paranormaler Erfahrungen* hat größere praktische Bedeutung als die vereinzelten, augenfälligen, bewußt gewordenen telepathisch-hellsichtigen Kontakte. DEAN[62] hat beispielsweise nachgewiesen, daß erfolgreiche Manager größere psi-Fähigkeiten als mittelmäßige haben. Meist ist ihnen das nicht bewußt. Sie handeln nicht aufgrund von konkreten paranormal erfahrenen Informationen, sondern sie entscheiden in Kleinigkeiten «intuitiv» richtig.

2. Das Bewußtmachen der psi-Information

Es stellt sich nicht die Frage, ob man im Alltag mit psi-Informationen zu tun haben will oder nicht, sondern ob man dem natürlichen Geschehen den Lauf lassen will oder ob das Bewußtsein lernen soll, mit diesen speziellen Inhalten des Unbewußten umzugehen, d. h. sie zuzulassen, zu wollen und zu integrieren oder sie (wirkungsvoll!) abzulehnen. Es geht um die bekannte Tatsache, daß unbewußte Inhalte – hier speziell die psi-Informationen – für das Bewußtsein eine Bereicherung, aber auch eine Gefahr sind. Können wir uns beispielsweise böswilligen Einflüssen anderer öffnen? Diese Möglichkeit, die tief im Volksglauben wurzelt, ist nicht ganz unbegründet.[63] Immer wieder trifft man Menschen, die behaupten, sie würden telepathisch verfolgt, geplagt, ja, in den Wahnsinn getrieben. Es ist schwierig zu entscheiden,, wie *weit* es möglich ist, das Wohlbefinden eines Mitmenschen zu beeinflussen bzw. es durch die Gruppe beeinflußt ist. Hingegen kennt man Fälle, wo bei bereits geistig gestörten Menschen telepathisch übertragene Inhalte auftauchen. Die Auseinandersetzung mit den praktischen Bedeutungen von psi-Informationen ist also vorerst ein gewichtiges psychohygienisches Problem! Immer wieder führen auch unbefugte Experimente zu schweren psychischen Krisen. Die unangemessene Auseinandersetzung kann gefährlich sein! (Mediumistische Psychosen[64])

62 Siehe Anm. 11
63 Wenn man mit dem Inhalt des folgenden Buches auch nur teilweise einig gehen kann, so gewinnt man doch die Überzeugung, daß negative psi-Bindungen doch eine mehr oder weniger große Rolle spielen müssen und daß man im allgemeinen im Verhalten ihnen gegenüber ratlos ist; Dion FORTUNE: Selbstverteidigung mit psi-Methoden der Verteidigung gegen psi-Angriffe. - Interlaken: Ausata 1981

3. Verwertung der psi-Information im praktischen Alltag

Man besucht heute gerne Kurse, die die Potentiale des Unbewußten und damit natürlich auch *gewisse* psi-Fähigkeiten für die bessere Meisterung der Alltagsprobleme aktivieren. Das dürfte, von Ausnahmen abgesehen, eine wünschenswerte Hebung der Lebensqualität zur Folge haben. Darüber hinaus wünschen heute sehr viele Personen *eigene* Fähigkeiten so weit auszubilden, um nachher in der Lage zu sein, bestimmte *komplexere* psi-Informationen bewußt zu erleben und wiederzugeben. Die Popularisierung der Parapsychologie führte aber auch zu einer starken Nachfrage nach ausgebildeten *Sensitiven*, besonders auf dem Gebiet der psychologischen Beratung – mediale Lebenshilfe, Grenzgebiete der Heilkunde und am Rande auch für wirtschaftliche Zwecke. Tabus der Gesellschaft und Ratschläge der Kirche hatten früher eigene Praktiken, wie das Auftreten der beruflichen «Hellseher», auf ein unbedeutendes Maß zurückgehalten. Den mit der heutigen Nachfragesteigerung zusammenhängenden Problemen steht man leider etwas ratlos gegenüber. Die Warnung der Parapsychologen, daß man die Vorgänge noch zu wenig untersucht hätte, um sie bereits praktisch verwerten zu können, wird kaum beachtet.

Die *Qualität* und *Zuverlässigkeit* derartiger paranormaler Erfahrung ist für den Anwender meist kaum abwägbar. Es ist vorsichtig anzunehmen, daß der Sensitive nicht in der Lage ist zu unterscheiden, ob ein Eindruck eine belanglose Phantasie seines persönlichen Unbewußten, eine telepathische Abzapfung seines «Klienten» oder aber, was beispielsweise die verlangte Leistung gewesen wäre, die Schilderung eines objektiven Tatbestandes sei. Man muß die Person schon sehr gut kennen, um sicher zu sein, daß ihr nicht (allzu viele) derartige Verwechslungen passieren. Man darf nie aus der nachgeprüften Richtigkeit *einer* Aussage auf die unbedingte Richtigkeit weiterer (im Moment nicht nachprüfbarer) Informationen schließen!

Sehr oft sind psi-Informationen zwar richtig, aber sie helfen nicht zur Lösung des gestellten Problems. Man erhält zwar richtige Informa-

---

64 H. BENDER: Mediumistische Psychosen. Ein Beitrag zur Pathologie spiritistischer Praktiken. - Zschr. f. Parapsych. u. Grenzgeb. d. Psych. 2 (1959), S. 173 – 201

tionen, was vom wissenschaftlichen Standpunkt aus wichtig ist, aber nicht die *gewünschten* Informationen, die den Einsatz des Sensitiven rechtfertigen.

Die Aussagen von Sensitiven sowie natürlich eigene «merkwürdige» Erfahrungen soll man mit rationalen Mitteln prüfen, vielleicht enthalten sie wirklich wichtige psi-Informationen, die unter Umständen zur Lösung praktischer Probleme beitragen können. Hingegen darf man sie nicht unbesehen als solche nehmen!

Wenn nicht durch kompetente Fachleute Ausbildungsmöglichkeiten von medialen Fähigkeiten sowie Beurteilungskriterien geschaffen werden, füllt sich die «Marktlücke» mit Minderwertigem. Unbegabte, schlecht ausgebildete, unkritische und betrügerische Personen bemächtigen sich der Szene.

Die *Parapsychologie* ist selbstverständlich über die psychohygienischen und sozialen Folgen besorgt. Sie hat jedoch nur die Mittel, den Fluß einigermaßen einzudämmen, um größere Landschäden, auch am Ansehen der jungen Wissenschaft zu verhindern.

VII. ZUSAMMENFASSUNG

An der Existenz *paranormaler Erfahrung* kann heute nach der Aufarbeitung des umfangreichen *qualitativen* Materials und der *statistischen* Auswertung der unzähligen Laborexperimente nicht mehr gezweifelt werden. Die hier festgestellte, aber noch wenig erforschte Vernetzung der Individuen unter sich und mit der ganzen Natur hat nicht nur eine bisher unbeachtete soziologische Bedeutung. Sie dürfte ein entscheidender Markstein in dem sich derzeit in großer Wandlung befindlichen Weltbild werden.

Diese Tatsache der paranormalen Erfahrung wirft heute in Zusammenhang mit den modernen Kenntnissen, vor allem aus Physik, Biologie, Psychologie und Soziologie, immer mehr Fragen auf, die ein Verständnis von Welt und Mensch nahelegen, das über die reine Sinneswahrnehmung hinausreicht, wie Franz MOSER darlegt.

FRANZ MOSER

WISSENSCHAFTSTHEORETISCHE KONSEQUENZEN DER ERFORSCHUNG AUSSERNORMALER PSYCHISCHER PHÄNOMENE

«Wer ernsthaft die Wahrheit der Dinge ergründen
will, darf sich keiner einzelnen Wissenschaft
verschreiben, denn alle Teile der Wissenschaft
stehen im Verbund wechselseitiger Abhängigkeit.»

Descartes

I. PROBLEMSTELLUNG

Es gibt zahlreiche Anzeichen dafür, daß sich unsere Gesellschaft in einer tiefgreifenden *Krise* befindet. Ihren Ausgang nimmt diese einerseits in den Wissenschaften, zum anderen in den offensichtlichen und teilweise nachteiligen Auswirkungen unseres technisch-wirtschaftlichen Tuns. Versucht man den Ursachen der Krise nachzuspüren, so wird man auf die weltanschauliche Basis, aus der heraus persönliches und gesellschaftliches Handeln erfolgt, stoßen. Auf diese Weise ergibt sich, daß die derzeitige Krise der Gesellschaft, der Politik, der Wissenschaft, letztlich auf eine Krise unseres *Weltbildes* und der daraus abgeleiteten *ethischen* Vorstellungen zurückzuführen ist.

Aus den neuesten Erkenntnissen der Wissenschaft, vor allem aus der Erforschung außernormaler psychischer Phänomene, aber auch aus der Physik, Biologie, Mathematik und Wissenschaftstheorie ergibt sich ein kohärentes Bild von etwas Neuem, das sich um die Begriffe *Psyche* und *Geist* anordnet, daß sich daraus die Hoffnung ableiten läßt, die derzeitige Krise überwinden zu können. Dabei spielen die *parapsychologischen* Phänomene eine wichtige Rolle.

Die Frage, die hier behandelt werden soll, ist: Was bedeuten die Phänomene der *Psychokinese*, der *Telepathie* für uns – heute?

Es gibt Menschen, die meinen, es handle sich bei solchen Phänomenen um unwissenschaftliche Seltsamkeiten von keinerlei Bedeutung. Sie sind bereit, solche Phänomene zu ignorieren oder lehnen es ab, darüber ernsthaft nachzudenken.

Bis vor wenigen Jahren war die Mehrzahl der Wissenschaftler diesem Standpunkt zugeneigt. In den letzten Jahren hat sich aber die Situation geändert. Einerseits weil die in bezug auf diese Phänomene angestellten Versuche – vor allem an verschiedenen amerikanischen Elite-Universitäten – nicht mehr ignorierbar sind, andererseits weil aus anderen Wissenschaftsgebieten ähnliche Rätsel auftauchten bzw. neue Einsichten sich ergaben, die uns in eine Situation der Ratlosigkeit (Aporie) bringen. Nun weiß man aus der Wissenschaftstheorie, daß die Ursache eines Paradigmenwandels eben solche Aporie-Situationen sind, in denen Rätsel und Anomalien aufbrechen, die mit Hilfe des vorherrschenden Paradigmas nicht erklärbar sind.

Man weiß aus der Wissenschaftstheorie auch, daß der Übergang zu einem neuen Paradigma erfolgt, wenn neben der «normalen» Wissenschaft sich eine «außernormale» Wissenschaft bildet, die Ausgangspunkt für eine wissenschaftliche Revolution wird. Das Ergebnis dieser Revolution ist ein neues Paradigma.

Es wird nun in diesem Beitrag die These aufgestellt, daß die *außernormalen psychischen Phänomene* – vor allem der *Psychokinese* und *Telepathie*, weil sie in ihrer Art am besten untersucht sind – eine Schlüsselfunktion in der uns bevorstehenden wissenschaftlichen Revolution einnehmen.

Diese *wissenschaftliche Revolution* ist bereits im Gange. Sie umfaßt neben der Psychologie vor allem die Physik und die Biologie, aber auch Gebiete wie die Mathematik und Logik.

Eine derart weitgehende wissenschaftliche Revolution hat es in den letzten 500 Jahren nicht gegeben. Wir befinden uns also in einer Situation, die der «Kopernikanischen Wende» gleicht. Man könnte sie «EINSTEIN'sche Wende» nennen.

Nun war auch die «Kopernikanische Wende» keine Sache der Astronomen oder der Physik allein.[1] Wie eine ausgedehnte Forschung ge-

---

1 Kurt HÜBNER: Kritik der wissenschaftlichen Vernunft. - Alber Verlag 1978, S.81

zeigt hat, ist damit der gesamte Umbruch der Renaissance gemeint. Ähnlich ist es auch heute. Es zeigt sich, daß infolge der im Gange befindlichen wissenschaftlichen Revolution die gesamte bislang geltende Physik und Kosmologie geradezu auf den Kopf gestellt erscheinen werden.

Eine derartige Wende in dem wissenschaftlichen Weltbild kann aber von seinem Einfluß und den Auswirkungen auf das allgemeine Denken und die gesellschaftlichen und politischen Verhältnisse nicht losgelöst gesehen werden. So überraschend es sein mag – eine Änderung des physikalischen Weltbildes, der *Kosmologie*, bewirkt eine Änderung unserer Einstellung zur Welt – also der *Politik* im weitesten Sinne – und damit in weiterer Folge auch unserer *Moral* und *Ethik*.

So ist es der Zweck dieser Arbeit aufzuzeigen, wie – aufgrund der außernormalen psychischen Phänomene in der Zusammenschau mit den neuen Vorstellungen in der Physik, Biologie, Mathematik und Logik – ein neues wissenschaftliches Paradigma am Entstehen ist und welche Konsequenzen sich daraus ergeben.

Um es vorwegzunehmen, sind es folgende Themen, die dabei zugrunde liegen:

1. Die außernormalen psychischen Phänomene sind Indikatoren für ein grundlegendes Mißverständnis in dem derzeit vorherrschenden mechanistischen Weltbild.

2. Nimmt man diese Phänomen ernst – und integriert die Ergebnisse mit den anderen Wissenschaften – vor allem Physik, Biologie und Mathematik – so muß man das derzeit vorherrschende mechanistische Weltbild als veraltet ansehen und ein neues nicht-mechanistisches Weltbild akzeptieren.

3. Es wird behauptet, daß die eigentlichen Ursachen der allgemeinen Weltkrise – in Wirtschaft, Wissenschaft, Politik, in Ethik und Moral – nicht auf exogene Bedingungen zurückzuführen sind, sondern daß diese Krise aufgrund eines inadäquaten Weltbildes entstand. Dieses inadäquate Paradigma ist die Ursache dafür, daß wir in allen Bereichen – trotz der unbestreitbar großen Erfolge von Wissenschaft, Technik und Wirtschaft – derzeit sozusagen «auf dem Holzweg» sind.

4. Die Akzeptanz eines neuen wissenschaftlichen Weltbildes könnte einerseits eine neue Synthese von Wissen und Glauben, andererseits eine neue Ethik bewirken.

Daraus ergibt sich die Hoffnung auch zu einer Lösung der bestehenden Krise: sowohl der in den Wissenschaften aufgetretenen Rätsel und Anomalien aufgrund eines neuen nichtmechanistischen Paradigmas, als auch der gesellschaftlichen Probleme aufgrund eines neuen Weltbildes.

Man könnten meinen, daß dieses Programm zu weitreichend und daher utopisch sei. Die Geschichte hat aber gezeigt, welche wesentlichen Folgen wissenschaftliche Revolutionen auf die Gesellschaft hatten.

II. DIE SITUATION DER GEGENWART

Wie können wir für uns selbst oder wie kann eine Gesellschaft die Situation, in der sie sich befindet, möglichst objektiv abschätzen? Wir könnten auch fragen: Wie wirklich ist die Wirklichkeit?

Die Antwort, die uns die Psychologen und Wissenschaftstheoretiker auf diese Frage geben, ist wenig ermutigend. Paul WATZLAWICK schreibt im Vorwort zu seinem Buch «Die erfundene Wirklichkeit – Wie wissen wir, was wir zu wissen glauben?»: «Es handelt davon, was ... in unseren Tagen immer mehr an Bedeutung gewinnt, nämlich von der Einsicht, daß jede Wirklichkeit in unmittelbarstem Sinne die *Konstruktion* derer ist, die diese Wirklichkeit zu entdecken und erforschen *glauben*. Anders ausgedrückt: Das vermeintlich *Gefundene* ist ein *Erfundenes*, dessen Erfinder sich des Aktes seiner Erfindung nicht bewußt ist, sondern sie als etwas von ihm Unabhängiges zu entdecken vermeint und zur Grundlage seines «Wissens» und daher auch seines Handelns macht.»[2]

Selbst wenn diese konstruktivistische Sicht nicht unangefochten ist, so deckt sie sich doch weitgehend mit der erkenntnistheoretischen Position der kritischen Rationalisten[3], so daß wir sagen können: Wir schaffen uns immer unsere Vorstellungen von der Realität selbst. Jedes Weltbild ist also eine vorläufige Sicht, das jederzeit, aufgrund besserer Einsicht oder Erfahrung, erneuert werden kann.

2 Paul WATZLAWICK: Die erfundene Wirklichkeit: Wie wissen wir, was wir zu wissen glauben. Beiträge zum Konstruktivismus. - Piper 1981, S. 9
3 vgl. K. POPPER: Logik der Forschung. - Tübingen: J. C. B. Mohr 1976

Angesichts dieser Erkenntnis sollte man meinen, daß zumindest die Wissenschaftler selbst sich für diese Möglichkeit eines Erkenntiswandels offen zeigen sollten. Die Wissenschaftstheorie bzw. die Wissenschaftsgeschichte belehren uns eines Besseren. Sie zeigt uns, daß selbst und vor allem die Wissenschaftler keineswegs bereit sind, von ihren Theorien und Paradigmen Abschied zu nehmen, falls sich diese als überholt erweisen. Im Gegenteil, Thomas S. KUHN[4] und andere Wissenschaftshistoriker[5] konnten zeigen, daß die Wissenschaftler mit irrationaler Vehemenz an den bestehenden Theorien und am bestehenden Weltbild festhalten. Man muß aber auch einsehen, daß ein solches Festhalten am Bestehenden zum Teil eine Notwendigkeit darstellt. Unverantwortlich wäre es, frühzeitig – also ohne gesicherte Basis für eine neue Theorie – eine alte, bewährte Theorie aufzugeben. Das aber genau ist heute unser Problem, das Problem der gegenwärtigen Krise. Wir befinden uns nämlich – das wird hier behauptet – inmitten einer Krise des wissenschaftlichen und des gesellschaftlichen Weltbildes. Das alte, herkömmliche Weltbild bewährt sich nicht mehr, es ist obsolet, es ist inadäquat geworden. Aber wo ist das neue? Wo zeigen sich die Richtlinien, nach denen ein neues, adäquateres Weltbild aufzubauen wäre? Und stimmt es überhaupt, daß unser derzeitiges Weltbild überholt ist? Welche Anzeichen gibt es dafür? Wie können wir beurteilen, ob es sich «nur» um eine «Steuerungskrise» handelt – wie das behauptet wird – oder ob wir inmitten einer «Zielkrise» stehen?[6]

Der Einzelne kann im Falle einer persönlichen Krise sich Rat bei einem oder mehreren Ärzten oder Psychotherapeuten holen. Auf wen aber hört eine Gesellschaft? Wo sind die Autoritäten, die in einer solchen Situation Gewicht haben? Es scheint notwendig zu versuchen, die größeren Zusammenhänge zu sehen, will man auf diese Frage eine einigermaßen befriedigende Antwort erhalten. Im folgenden werden daher einige Arbeiten von Autoritäten angeführt, welche die derzeitige Zeitsituation charakterisieren können.

4 Thomas S. KUHN: Die Struktur wissenschaftlicher Revolutionen. - Suhrkamp Taschenbuch Wissenschaft 1976

5 vgl. etwa Paul FEYERABEND: Wider den Methodenzwang. Skizzen einer anarchischen Erkenntnistheorie. - Suhrkamp Verlag 1977

6 Hermann LÜBBE: Legitimitätswandel der Wissenschaft. In: F. MOSER (Hrsg.): Neue Funktionen von Wissenschaft und Technik in den 80er Jahren. Beiträge zur Technik- und Wissenschaftsdiskussion. - Wien: Verlag des Verbandes der wissenschaftlichen Gesellschaften Österreichs 1981

1. Die historisch-soziologische Sicht

Blickt man in die Geschichte zurück, so scheinen sich bestimmte Entwicklungen mit einer Unausweichlichkeit zu vollziehen. Allen Warnungen zum Trotz, allen Aufrufen und Appellen zuwider, entwickeln sich geschichtliche Gegebenheiten – man denke etwa an die Zeit vor der Französischen Revolution – mit einer unheimlichen «Gesetzmäßigkeit». Der Grund für solche scheinbar unausweichlichen Entwicklungen ist nicht schwierig anzugeben: er liegt im selbstgeschaffenen Denken, im selbstgeschaffenen Weltbild, das eine gegebene Gesellschaft nicht aufgeben kann. Dem Historiker sind diese Entwicklungen bekannt. Zwar kennt die Geschichte keine Wiederholung von Situationen, doch kann man aus dem Zusammentreffen von bestimmten Zuständen in einer anderen Kultur auf die eigene Situation Rückschlüsse ziehen.

So schreibt der englische Historiker Michael GRANT am Ende seines Buches «Das Römische Reich am Wendepunkt – Die Zeit von Mark Aurel bis Konstantin»: «Können wir aus all diesen Ereignissen irgendeine Lehre oder Warnung für uns selbst ableiten? Das Studium einer bemerkenswerten Geschichtsperiode ist zwar auch dann noch lohnend und interessant, wenn es nicht unmittelbar Licht auf die eigene Zeit wirft, doch kann auch das der Fall sein, und es gibt gute Gründe für die Annahme, daß die Jahre, die in diesem Buch dargestellt wurden, für unsere Zeit nur zu relevant sind.»[7]

Woraus folgen würde, daß wir uns nach Ansicht dieses Historikers an einem «Wendepunkt» befinden würden. Denken andere Wissenschaftler auch so?

Die zyklische Struktur der Geschichte, am besten bekannt geworden durch Oswald SPENGLERs «Der Untergang des Abendlandes»[8], scheint, trotz des Mißtrauens, das man diesem Werk und seinem Autor entgegenbringt, unter den Historikern eine anerkannte Tatsache zu sein.

Arnold J. TOYNBEE analysierte aus historischer Sicht wohl am eingehendsten diese Kultur-Entwicklungen und die Situation unserer Zeit. Auch er kam zu dem Schluß, daß sich unsere «Kultur am Scheidewege»

7 Michael GRANT: Das römische Reich am Wendepunkt – Die Zeit von Marc Aurel bis Konstantin. - München: C. H. Beck Verlag 1972, S. 301
8 Oswald SPENGLER: Der Untergang des Abendlandes. Umrisse einer Morphologie der Weltgeschichte. - DTV Verlag 1975

befinde[9] und diese Menschheit, wenn sie auf der Welt eine Zukunft habe, diese nur im Schoße der *höheren Religionen* und nicht in der Technik finden könnte. So spricht er von der Notwendigkeit einer geistigen und sittlichen Erneuerung des Westens und einer Hinwendung zu einer welteinheitlichen Kultur. Ähnliche Analysen stammen von Ortega y GASSET[10] und dem bedeutenden Soziologen der Harvard Universität Pitirim SOROKIN.[11] Letzterer analysiert mit großer Klarheit und Tiefe die Ursachen für einen Kulturwandel und kommt am Ende seiner umfangreichen Arbeiten bereits im Jahre 1957 über die Situation unserer Zeit zu folgendem Schluß: «The most urgent need of our time is the man who can controll himself and his lusts, who is compassionate to all his fellow men, who can see and seek for the eternal values of culture and society, and who deeply feels his unique responsibility in this universe.»[12] – «Was wir in der heutigen Zeit am notwendigsten brauchen, ist der Mensch, der imstande ist, sich und seine Triebe im Zaum zu halten, der ein Herz hat für seine Mitmenschen, dem die ewigen Werte von Kultur und Gesellschaft noch etwas bedeuten und der sich seiner einzigartigen Verantwortlichkeit auf dieser Welt zutiefst bewußt ist.» – Und weiter: «This control – gemeint ist die Selbstkontrolle, von der oben die Rede war – is impossible without a system of absolute or universal and perennial values.» – «Diese Kontrolle ist unmöglich ohne ein System absoluter oder universaler und beständiger Werte.» – Das heißt also: ohne eine neue Ethik gibt es keinen neuen Anfang.

SOROKIN gibt uns mit dieser Analyse den Kernpunkt des Problems an, vor dem wir stehen und das es zu diskutieren gilt.

9 Arnold J. TOYNEBEE: Kultur am Scheideweg. - Wien / Zürich: Europa Verlag 1949

10 Jose ORTEGA Y GASSETT: Der Aufstand der Massen. - Rowohlt 1962

11 Pitirim A. SOROKIN, geb. in Rußland ca. 1880; verwaist mit 10 Jahren, erhielt keinen Unterricht und konnte mit 11 Jahren weder lesen noch schreiben. Studierte schließlich Psychologie, wurde vom Zaren-Regime bereits verhaftet und eingekerkert. Nach der Revolution einer der Begründer des Bauern Soviets, der jedoch von den Kommunisten verboten wurde. 1918 von den Kommunisten wieder verhaftet und zum Tode verurteilt, auf Befehl Lenins jedoch begnadigt, konnte er seine Arbeit an der Universität von St. Petersburg wieder aufnehmen. Dort wurde er 1920 Begründer und erster Professor der Abteilung für Soziologie. 1922 neuerlich verhaftet und aus Rußland ausgewiesen. 1923 Auswanderung nach USA, dort ca. 1930 Gründer und erster Professor an der Soziologie-Fakultät der Universität Harvard. Zahlreiche wissenschaftliche Auszeichnungen. Gestorben 1960.

12 P. A. SOROKIN: Social and Cultural Dynamics. - Boston: Porter Sargent Publ. 1957, p. 628

2. Die ökologisch-ökonomische Sicht

Nach den Aussagen der Fachwissenschaftler befindet sich die Wirtschaftspolitik und die Wirtschaftswissenschaft in einer weltweiten Krise.[13] Die Hauptursache für das fatale Auseinanderdriften der ökonomischen Denkschulen und die daraus resultierende Unsicherheit und Ratlosigkeit sieht man in dem pathologisch zu verstehenden Wunsch nach totaler Sicherheit in einer Welt, die – nach den Aussagen dieser Fachwissenschaftler – von zunehmender Unsicherheit gekennzeichnet ist.[14] Aber eben diese Unsicherheit zeigt uns auch auf dem Gebiet der Ökonomie die geistige Krise an, die den wirtschaftlichen Problemen zugrunde liegt.

Dabei ist unbestritten, daß unsere Gesellschaft seit einigen Jahrzehnten in erschreckend zunehmendem Maße über ihre ökonomischen Verhältnisse lebt und daß dies schon relativ bald zu einer ökologischen Katastrophe für die gegenwärtige Zivilisation bzw. für die Menschheit überhaupt führen kann.[15] Unbestritten ist ebenso, daß diese in der uns bekannten Weltgeschichte einmalige Entwicklung kausal mit dem marktwirtschaftlich-kapitalistischen System zusammenhängt und mittels des Konkurrenzmechanismus auf die anderen zeitgenössischen Wirtschaftssysteme übertragen worden ist.[16] Unbestritten ist ferner, daß die «Durchbrecherstrategie» – also eine weitere Verschuldung der Staaten auf Kosten zukünftiger Generationen, um die gegenwärtige ökonomisch-ökologische Krise abzuwenden – als Hauptstrategie nicht in Frage kommt.[17] Technischer Fortschritt kann in unserer Situation eine Hilfe- und Erleichterungsfunktion im Rahmen anderer Strategien spielen, nicht mehr.

Beunruhigend und gefährlich aber erscheint das, was Adam SCHAFF, ein polnischer Philosoph und Mitglied des Club of Rome, in bezug auf die auf uns zukommende Entwicklung und zukommenden Entwicklungsfolgen von Computer- und Automatisierungstechnik, schreibt:

13 Lester C. THUROW: Professor für Ökonomie am Massachussetts Institute of Technology (MIT) in dem Buch: Gefährliche Strömungen. Wirtschaftspolitik in der Krise. - Frankfurt: Campus Verlag 1984

14 Henner KLEINEWEFERS: Reformen für Wirtschaft und Gesellschaft. Utopien, Konzepte, Realitäten. - Frankfurt: Campus Verlag 1985, S. 329 / 332

15 Derselbe, ebenda

16 Derselbe, ebenda

17 Derselbe, ebenda

«Die Beruhigung der öffentlichen Meinung und der interessierten Industrie- und Dienstleistungsbranchen, die den offensichtlichen Tatsachen kraß widerspricht, ist gesellschaftlich schädlich. Nur eine heute schon angebahnte prophylaktische Tätigkeit und die Vorbereitung weiterreichender Maßnahmen können das drohende Unheil abwenden: Für eine solche Tätigkeit muß die Gesellschaft mobilisiert werden anstatt sie durch verlogene, beruhigende Prognosen zu demobilisieren.»[18]

Ähnliche Warnungen vor den Folgen einer Arbeitsplatzvernichtung durch Computer und Automatisierung kommen aus den Kreisen der katholischen Sozialdenker[19] und Wirtschaftswissenschaftler[20].

Und welche Möglichkeiten sehen die Wirtschaftswissenschaftler über ihre Theorie hinaus zur echten Lösung dieser Probleme? Explizit oder implizit geht man davon aus, daß nur eine grundlegende Änderung der Präferenzen und Verhaltensweisen der Menschen in Zukunft eine stabile Gesellschaft garantieren würde.[21] Wie aber diese Änderung zustandegebracht werden könnte, wie also der «neue Mensch» geschaffen werden kann, wird im allgemeinen nicht gesagt. Man ist sich aber auch – wenn man realistisch denkt, einig, daß in der auf uns zukommenden «Übergangsgesellschaft» die Prämisse ungefähr gleichbleibenden Lebensstandards kaum einzuhalten sein wird.[22]

3. Die moralisch – ethische Sicht

In einer Arbeit mit dem Titel «Alternative Werte – Ethische Faktoren der Planung einer Welt von Morgen» schreibt der deutsche Philosoph Walter ZIMMERLI: «Nun besteht das Grundproblem unserer Zeit unter anderem gerade darin, daß der einzige Konsens, der gesellschaftlich existiert, beinhaltet, daß kein Wertkonsens besteht.[23]

18 Adam SCHAFF: Wohin führt der Weg? - Europa Verlag: Informations-Serie des Club of Rome, S. 32

19 Herwig BÜCHELE / Lieselotte WOHLGENANNT: Grundeinkommen ohne Arbeit. Auf dem Wege zu einer kommunikativen Gesellschaft. - Europa Verlag 1985

20 Klaus HAEFNER: Mensch und Computer im Jahre 2000. Ökonomie und Politik für eine human computerisierte Gesellschaft. - Birkhäuser Verlag 1984

21 Henner KLEINEWEFERS: Reformen für Wirtschaft und Gesellschaft; vgl. Anm. 14

22 Derselbe, ebenda

23 Walther ZIMMERLI: Alternative Werte – Ethische Faktoren der Planung einer Welt von morgen. In: Wandlung von Verantwortung und Werten in unserer Zeit. - Deutsche UNESCO-Kommission, Bonn: Verlag Dokumentation Saur KG 1983, S. 82

Diese Feststellung hat positive und negative Aspekte. Als positiv
kann gesehen werden, daß unsere Gesellschaften wegen oder trotz eines fehlenden Wertkonsenses ein relativ großes Maß an Toleranz zeigen. Der negative Aspekt zeigt sich bei den Problemen der Durchsetzung politischer oder gesellschaftlicher Ziele. Der größte gemeinsame
Nenner der Meinungen ist so gering geworden, daß man die eigentlichen Probleme offensichtlich nicht mehr bewältigen kann. Das gilt für
die Wirtschaftspolitik[24], die Ökologie-Politik und für unzählige andere
Bereiche in denen es um Werte und Wertvorstellungen geht.

Welche Wertvorstellungen sind aber heute vorherrschend? Aus welchem Denken haben sich diese entwickelt? Wie denkt man «offiziell»
über Moral? Ein Beispiel: Im Lehrbuch für Philosophie für österreichische Allgemeinbildende Höhere Schulen wird folgende Definition für
Moral gegeben:
«Optimale Begehrungsbefriedigung und optimales Funktionieren der
Gesellschaft sind also zwei oberste Ziele, die jeder einsichtige
Mensch auf Grund seiner *Triebstruktur* wollen muß. Und jeder muß
auf Grund der Einsicht in die Zweckmäßigkeit dieser Ziele auch erkennen, daß eine Selbstbeschränkung notwendig ist, damit die Gesellschaft optimal funktionieren kann und auch er selbst den größtmögli-
chen Vorteil bei der Befriedigung seiner Triebe und Wünsche hat.»[25]

Wie kommt man zu einer solchen Definition von Moral? Im selben
Buch wird der österreichische Philosoph Viktor KRAFT, Mitglied des
«Wiener Kreises» der Neopositivisten, zitiert:
«Die Normen der Moral ergeben sich daraus, daß alle Menschen das
Ziel haben, ihre Begehren zu befriedigen.»[26]

Und wie kamen die Mitglieder des «Wiener Kreises» zu diesen Aussagen? In einer Arbeit von Rudolf CARNAP / Hans HAHN / Otto NEU-
RATH heißt es:
«Die wissenschaftliche Weltauffassung kennt keine unlösbaren Rätsel.
Die Klärung der traditionellen philosophischen Probleme führt dazu,
daß sie teils als Scheinprobleme entlarvt, teils in empirische Probleme
umgewandelt und damit dem Urteil der Erfahrungswissenschaft unterstellt werden.»[27]

24 vgl. Helmut SCHMIDT: Ratlos am nationalen Tellerrand. - Die Zeit, Nr. 37, 6. Sept.
1985, S. 10
25 Alois REUTTERER: Philosophie. Lehrbuch an österreichischen AHS mit Bescheid
vom 20. Jänner 1977 des Bundesministeriums für Unterricht und Kunst als für den
Unterrichtsgebrauch geeignet erklärt. - Wien: Deuticke 1977, S. 290 / 297
26 Derselbe, ebenda

Es ging also um die «Überwindung der Metaphysik durch die logische Analyse der Sprache»[28] und um die Aufdeckung von metaphysischen «Scheinproblemen in der Philosophie»[29], wobei versucht werden sollte, wie Rudolf CARNAP es vorhatte, den «Logischen Aufbau der Welt«[30] darzulegen.

Otto NEURATH, auch ein Mitglied des «Wiener Kreises», schreibt dann: «So steht auf der einen Seite die wissenschaftliche Weltauffassung mit ihrem Hinweis auf die Begrenztheit und Gebundenheit menschlichen Denkens, auf der anderen Seite aber vermittelt sie das stolze und dabei doch sich beschränkende Selbstbewußtsein, die wir im Satze des Protagoras finden, *daß der Mensch das Maß aller Dinge sei.*»[31]

Diese Ansichten der Philosophen des *Neopositivismus* fand eine weite Verbreitung in der «Analytischen Philosophie» der Gegenwart und führte zu einer allgemeinen Abwertung der Ethik, die auch in dem Ausspruch von Ludwig WITTGENSTEIN, man müßte «mit all dem Geschwätz über Ethik – ob es eine Erkenntnis gäbe, ob es Werte gäbe, ob sich das Gute definieren lasse, etc. – ein Ende machen»[32] ihren Ausdruck fand.

Die Infragestellung der *Ethik* durch WITTGENSTEIN erfolgte sicher teilweise zurecht. Wir sind nämlich an einem Punkt in der Geschichte angelangt, wo es notwendig ist, dem kritisch denkenden Menschen möglichst eindeutige Antworten auf die Fragen zu geben. Gibt es absolute Werte, gibt es eine absolute Ethik oder gibt es diese nicht? Diese Frage stellt WITTGENSTEIN und er stellt sie – in unser aller Namen – zu Recht.

Diese Infragestellung der Ethik führte ihn im weiteren dazu, daß man von einer «Aporie der Ethik als Wissenschaft» sprechen konnte,[33]

27 Rudolf CARNAP / Hans HAHN / Otto NEURATH: Wissenschaftliche Weltauffassung – Der Wiener Kreis. In: H. SCHLEICHERT: Logischer Empirismus – Der Wiener Kreis. - München: W. Fink Verlag 1975, S. 207

28 Rudolf CARNAP: Überwindung der Metaphysik durch logische Analyse der Sprache. In: H. SCHLEICHERT: Logischer Empirismus, S. 149

29 Rudolf CARNAP: Scheinprobleme der Philosophie. - Suhrkamp 1976

30 Rudolg CARNAP: Der logische Aufbau der Welt. Scheinprobleme in der Philosophie. - Hamburg: Felix Meiner Verlag 1962

31 Otto NEURATH: Wege der wissenschaftlichen Weltauffassung. In: H. SCHLEICHERT: Logischer Empirismus, S. 39

32 Ludwig WITTGENSTEIN und der Wiener Kreis. Gespräche aufgezeichnet von F. WAISMANN. Schriften 3. - Suhrkamp, S. 68 / 69

33 Niklas LUHMANN / Stephen H. PFÜRTNER: Theorietechnik und Moral. - Suhrkamp, S.185

die mit der Krise der Moral auf der Ebene des Verhaltens und der Einstellung im privaten und öffentlichen Bereich korrespondiert. Eine wissenschaftliche Untermauerung dieser kritischen Ansichten über Ethik und Moral wurde u.a. auch durch die *Biologie* beigebracht. Der französische Nobelpreisträger Jaques MONOD schreibt am Ende seines Buches «Zufall und Notwendigkeit – Philosophische Fragen der modernen Biologie» über die «Ethik der Erkenntnis», die aus den wissenschaftlichen Erkenntnissen über die Entstehung des Lebens resultiere: «Der Alte Bund ist zerbrochen; der Mensch weiß endlich, daß er in der teilnahmslosen Unermeßlichkeit des Universums allein ist, aus der er zufällig hervortrat. Nicht nur sein Los, auch seine Pflicht steht nirgends geschrieben. Es ist an ihm, zwischen dem Reich und der Finsternis zu wählen.»[34]

Es ist nicht unwichtig auch den Unterschied zwischen Ethik in der Theorie und Praxis zu betonen. So hat es zu allen Zeiten sehr hochstehende Ethik-Positionen gegeben, während das moralische Verhalten der diese Positionen vertretenden Personen möglicherweise anfechtbar schien und umgekehrt – Personen, die scheinbar anfechtbare EthikPositionen vertreten, können moralisch hochstehendes Benehmen zeigen. Man muß sich in dieser Beziehung eben fragen: Was nennt man «hochstehend», was nennt man «anfechtbar»? Man sollte vielleicht eher von «Wissenden» und «Unwissenden» sprechen als von «Gut» und «Böse», wobei als «Wissende» jene zu bezeichnen wären, die glauben bestimmte «Spielregeln» – oder Gesetze – eines Weltverständnisses besser erfaßt zu haben. Diese Erfassung der «Spielregeln» kann intuitiv aber auch rational erfolgen. Immer aber kann man annehmen, daß in der Geschichte bis heute die Vorausdenkenden – Philosophen, Wissenschaftler und religiöse Menschen – vom unbedingten Glauben an die Richtigkeit ihres Denkens und Tuns überzeugt waren und sind. Es gäbe nach dieser Ansicht keine guten und bösen, keine richtigen und falschen Ansichten – nur mehr oder weniger einsichtige und unterschiedliche. Die möglichen Auswirkungen solcher unterschiedlicher ethischer Ansichten auf eine Gesellschaft – unabhängig also von der moralischen Qualität der Person, die diese vertritt – sind von größter Bedeutung, da sie für den Zustand der Gesellschaft und ihre Entwicklung von grundlegender Bedeutung sind. Das Vorstehende an einem

34 Jaques MONOD: Zufall und Notwendigkeit. Philosophische Probleme der modernen Biologie. - Piper Verlag 1971, S. 219

Beispiel erläutert: Es gibt Menschen, die sich stark konfessionell binden aber in ihren Handlungen eine tiefere Religiösität vermissen lassen und andere, die sich keiner Konfession zuwenden, in ihrem Tun
aber menschenfreundlich wirken. Wo ist dann also das «Gute» und das
«weniger Gute» und wer soll das beurteilen? Als Fazit folgt hieraus:Je-
des moralische Handeln ist strikt persönlich zu sehen oder wie Karl
RAHNER formulierte: «Für alle anderen hoffe ich, um mich fürchte
ich».

4. Die wissenschaftstheoretische Sicht

«Brauchen wir eine andere Wissenschaft? – wurde in den letzten
Jahren öfters als Frage laut. In einem Beitrag «Anatomie der Wissenschaft – Zur Frage einer anderen Wissenschaft» sagte der deutsche So-
ziologe Friedrich H. TENBRUCK bei den Salzburger Humanismusge-
sprächen im Jahre 1981: «Jede Wissenschaft kommt dann auch an ihr
Ende, wenn ihre Erkenntnisse nur noch richtig, aber nicht mehr wissenswert sind.»[35] Und: «Ob etwas wissenswert ist oder nicht, läßt sich
jedoch wissenschaftlich nicht beweisen; es ist eine Wertfrage.»[36]

Das ist sicher eine sehr provokante Aussage zu einem Zeitpunkt, wo
ein Großteil der Gesellschaft von den Errungenschaften von Wissenschaft und Technik persönlich profitiert. Es wird aber hier in Frage gestellt, ob das, was die Wissenschaft mit einem so enormen Einsatz an
finanziellem und geistigem Aufwand betreibt, heute noch zielführend
ist. Hier scheiden sich eben auch die Geister: die einen meinen noch
mehr herkömmliche Wissenschaft und Technik seien nötig, um uns
aus der Krise zu helfen, die anderen meinen, eine ganz andere Wissenschaft sei nötig. Das ist eben wie TENBRUCK sagt: eine *Wertfrage.*

Auf die Ethik eingehend, meint TENBRUCK dann: «Wir hören seit
langem, die Ethik habe nicht Schritt gehalten mit dem Fortschritt.
Wohl wahr! Aber der Fehler liegt doch tiefer, und selbst die Ethik bedarf,   um   nicht   fehlzugehen,   eines   treffenden   Bildes   der
Wirklichkeit.»[37]

35 Friedrich H. TENBRUCK in: O. SCHATZ (Hrsg.): Salzburger Humanismus Gespräche.
- Styria Verlag, S. 89 – 99
36 Derselbe, ebenda
37 Derselbe, ebenda

TENBRUCK spricht hier aus, was als eine der Thesen dieser Arbeit zugrunde liegt, nämlich die Behauptung, das derzeit *mechanistische Weltbild* sei inadäquat, d.h. der Wirklichkeit nicht angepaßt und habe eine Ethik zur Folge, die uns die Probleme beschere, mit denen wir heute nicht zurechtkommen.

Aber wie denken andere Wissenschaftstheoretiker über die heutige Wissenschaft? Das Wissen von der Wissenschaft ist relativ neu – die Wissenschaftstheorie ist eine junge Wissenschaft. Deshalb hat auch die Wissenschaft selbst von der «Wissenschaftstheorie», bis jetzt, leider zuwenig Kenntnis genommen, denn sonst würde man wohl selbstkritischer vorgehen als dies derzeit zumeist der Fall ist.

Eine sehr harte Analyse – die aber doch zutreffend scheint – faßt der amerikanische Wissenschaftstheoretiker Larry LAUDAN, Professor an der Universität Pittsburgh, in dem Buch «Progress and its Problems» wie folgt zusammen: «Versuche zu zeigen, daß die Methoden der Wissenschaft garantieren würden, diese bringe wahres, wahrscheinliches oder gut bestätigtes Wissen hervor – Versuche, die von der Zeit des *Aristoteles* bis heute angestellt wurden – sind ganz allgemein fehlgeschlagen, so daß man die bestimmte Vermutung aussprechen muß, daß wissenschaftliche Theorien weder wahr, noch wahrscheinlich, noch fortschrittlich, noch gut bestätigtes Wissen darstellen.»[38]

Das mag manche, die sich nicht bereits früher mit wissenschaftstheoretischen Problemen beschäftigt haben, als eine übertriebene Darstellung erscheinen. Sie wird aber von vielen ausgezeichneten Wissenschaftlern, wie z. B. den Nobelpreisträgern John ECCLES[39] und Peter MEDAWAR[40] und auch anderen Philosophen bestätigt. So schreibt LAUDAN weiter: «Einige Wissenschaftshistoriker und Wissenschaftstheoretiker, z. B. Thomas *Kuhn* und Paul *Feyerabend* argumentieren, daß nicht nur die Entscheidung zwischen konkurrierenden wissenschaftlichen Theorien irrational waren, sondern daß die Wahl zwischen wissenschaftlichen Theorien von der Sache her irrational sein muß»[41] Und abschließend führt LAUDAN aus: «Alle Glaubenssysteme,

38 Larry LAUDAN: Progress and its Problems. Towards a Theory of Scientific Growth. - London and Henley: Routledge and Kegan Paul 1977, S. 23
39 John ECCLES: The World of Objective Knowledge. In: The Philosophy of Karl POPPER. - The Library of Living Philosophers, Paul A. SCHILPP, p. 349 – 370
40 Peter MEDAWAR: Hypothesis and Imagination. In: The Philosophy of Karl POPPER (vgl. Ref. 31), p. 274 – 290
41 Larry LAUDAN: Progress and its Problems

einschließlich der Wissenschaft, kann man als Dogmen und Ideologien ansehen, zwischen denen eine objektive, rationale Unterscheidung unmöglich ist.»[42]

So zeigen sich uns also auf den verschiedensten Gebieten ähnliche Ansichten, die unser bisheriges Weltbild grundsätzlich in Frage stellen (wobei hier nur eine geringe Auswahl von Meinungen dieser Art gebracht werden konnte).

Die Zweifel an der Richtigkeit des bestehenden Weltbildes, wie sie sich in den vorgehenden Ausführungen darstellten, werden nun durch neue Erkenntnisse in den Naturwissenschaften – der *Physik*, der *Biologie* und der *Psychologie* – bestärkt. In dieser Beziehung spielen die Erkenntnisse der Parapsychologie eine Schlüsselrolle. Auf diese wird im folgenden eingegangen.

III. DIE EXPERIMENTELLE BASIS DER ERFORSCHUNG AUSSERNORMALER PSYCHISCHER PHÄNOMENE

1. Problematik und Bedeutung der Versuche

Seit den dreißiger Jahren, in denen J. B. RHINE an der Duke University mit der Erforschung außernormaler psychischer Phänomene begann, sind diese umstritten. Die Schwierigkeiten, die sich bei der wissenschaftlichen Behandlung dieser Phänomene ergeben, betreffen die Reproduzierbarkeit der Versuche, die intersubjektive Prüfbarkeit und bei den Versuchen zur *Psychokinese* die Notwendigkeit der Durchführung einer großen Anzahl von Versuchen, bei welchen mit größter Genauigkeit geringste Abweichungen zu messen sind. Schließlich ist die Frage relevant, ob diese Versuche mit «sensitiven Personen» durchzuführen seien oder ob jeder normale Mensch als Versuchsperson geeignet sei.

Die lange Diskussion um die wissenschaftliche Anerkennung parapsychologischer Versuche – insbesondere von Psychokinese und Telepathie – scheint nun zugunsten dieser Phänomene abgeschlossen zu

---

42 Derselbe, ebenda

sein. Den Durchbruch in dieser Beziehung erzielten vor allem amerikanische Elite-Universitäten, die in wissenschaftlich eindeutiger Weise das Vorhandensein dieser Phänomene zeigen konnten. Die Anerkennung dieser Ergebnisse ging so weit, daß sich ein Ausschuß des
amerikanischen Repräsentantenhauses mit diesen Problemen beschäftigte.

Im Bericht dieses Ausschusses zum Problem Forschungsförderung
der «Physik des Bewußtseins» vom Juni 1981 heißt es: «Kürzlich
durchgeführte Versuche deuten an, daß eine «Interconnectiveness»
(Verbindung) zwischen dem menschlichen Geist mit anderen sowie mit
Materie existiert, und der menschliche Geist Information unabhängig
vom Ort und von der Zeit aufnehmen kann.» Und weiter: «... eine allgemeine Anerkennung dieser Verbindungsmöglichkeit zwischen ver-
schiedenem menschlichem Bewußtsein könnte weitreichende soziale
und politische Bedeutung für diese Nation und die Welt haben.»[43]

Die Anerkennung des Vorhandenseins dieser Phänomene scheint
damit also gegeben zu sein. Die militärischen und technischen Anwendungsmöglichkeiten werden sowohl im Westen als auch im Osten bereits mit großer Intensität verfolgt.[44] Welche Bedeutung können diese
nun aber für unser Weltbild haben?

Es wurde mehrfach bereits erwähnt, daß diesen Phänomenen eine
Schlüsselrolle in dem bevorstehenden Weltbildwandel zukommen
könnte. Sie könnten· sozusagen ein «experimentum crucis» für ein
neues Weltbild darstellen.

Nun lehnt die heutige Wissenschaftstheorie aus verschiedenen
Gründen die Möglichkeit eines «experimentum crucis» zum Beweis einer neuen Theorie oder eines neuen Paradigmas ab. Es scheint jedoch,
daß die Argumente gegen ein «experimentum crucis» zu eng gefaßt
sind. So schreibt Wolfgang STEGMÜLLER[45], der ähnliche Argumente
bringt wie Carl G. HEMPEL: «Die Entscheidung zwischen den konkurrierenden Theorien kann nicht aufgrund eines experimentum crucis
erfolgen. Denn dazu müßte es so etwas wie neutrale Beobachtung geben, welche die Rolle des Schiedsrichters übernehmen könnte. Wegen

43 zitiert in: Robert G. JAHN: The Persistent Paradox of Psychic Phenomena. An
Engineering Perspective. - Prooceeding of the IEEE, vol. 70, No. 2, February 1982, p. 165

44 Ernst MECKELBURG: Geheimwaffe PSI. Psychotronik. PSI-Energien und psycho-
physikalische Kriegswaffen in Ost und West. - Scherz 1984

45 Wolfgang STEGMÜLLER: Hauptströmungen der Gegenwartsphilosophie, Bd. II. -
Kröner, S. 503

der Theoriebeladenheit aller unserer Erfahrungen sind jedoch derartige neutrale Beobachtungen eine ebensolche, Philosophiegehirnen entsprungene Fiktion wie die angeblich intersubjektive Wissenschaftssprache.»[46]

Man richtet sich also – zu Recht – in der Frage des experimentum crucis auf konkurrierende Theorien, die einer theoriebeladenen Messung unterliegen. Die Experimente zur Psychokinese und Telepathie scheinen aber diesem Kriterium der Theoriebeladenheit der Beobachtung nicht zu unterliegen, könnten daher also sehr wohl als ein «experimentum crucis» angesehen werden.

2. Die Ergebnisse der Arbeiten an der Universität Princeton

Die Arbeiten an der *Universität in Princeton* sind jüngeren Datums. Sie stellen jedoch aufgrund ihrer wissenschaftlichen Qualität und wegen der hohen Qualität des wissenschaftlichen Rufes dieser Universität Erkenntnisse von größter Bedeutung dar. Die Versuche werden an der School of Engineering, Professor Robert G. JAHN, seit ca. sieben Jahren durchgeführt. Im folgenden wird eine kurze Zusammenfassung der Ergebnisse der Versuche zur Psychokinese und Telepathie gebracht.

a) Versuche zur Psychokinese

Die Versuche zur *Psychokinese*[47] mit drei verschiedenen Typen von mechanischen Zufallsgeneratoren durchgeführt, und zwar

– zwei elektronischen Zufallsgeneratoren
– einem mechanischen Zufallsgenerator

In allen Fällen wird durch die Versuchsperson versucht, die normalerweise entstehende GAUSS'sche Wahrscheinlichkeitsverteilung – die einem Naturgesetz entspricht – zu höheren oder niedrigeren Werten zu verändern. Ausnahmslos waren die Versuchspersonen Studenten

---

46 Carl G. HEMPEL: Philosophie der Naturwissenschaften. - DTV 1977 (2. Aufl.), S. 40

47 Robert G. JAHN / Brenda DUNNE: On the Quantum Mechanics of Consciousness with the Application to Anomalous Phenomena. - Princeton Engineering Anomalies Research Laboratory, Princeton University, Report PEAR 83005.1, Dec. 1983

48 Robert G. JAHN et al.: Precognitive Remote Perception.- Princeton Engineering Anomalies Research Laboratory, Princeton University, School of Engineering; Technical Note PEAR 83003, August 1983

ohne besondere psychische Fähigkeiten. An beiden Apparaten wurden insgesamt ca. 700 000 Versuche mit 40 Versuchspersonen durchgeführt. Die Wahrscheinlichkeit einer rein zufälligen Abweichung der gefundenen Art ist äußerst gering (10^{-4}). Die Messung und Auswertung der Versuche erfolgte vollautomatisch auf statistischer Basis. Einige typische Ergebnisse zeigt Abb. 1 in Form der Abweichung von der GAUSS'schen Wahrscheinlichkeitsverteilung.

b) Versuche zur Telepathie

Die Versuche zur *Telepathie*[48] wurden wieder mit freiwilligen Versuchspersonen (Studenten) durchgeführt, wobei der eine als «Sender» der andere als «Empfänger» agiert. Es werden *Prä-* und *Retro-Kognition* getestet. Die Zeitabstände betrugen −50 bis +150 Stunden (vgl. Abb. 2), die räumliche Distanz zwischen «Sender» und «Empfänger» bis zu 6000 Meilen (vgl. Abb. 3). Die Auswerung erfolgt über eine wörtliche Beschreibung der Szene und mittels Fragebogen, der 30 Fragen beinhaltet, die statistisch ausgewertet wurden. (Beschreibung der Szene: Innen/Außen; Bäume; Fahrzeuge; Lärm; Laut/Leise, etc.). Das zu beschreibende Ziel wurde von der Versuchsleitung mit dem «Sender» entweder vorher vereinbart oder konnte von diesem freiwillig gewählt werden. Es wurden ca. 300 Versuche durchgeführt. Die Wahrscheinlichkeit einer rein zufälligen Übereinstimmung der Beschreibungen ist astronomisch klein (10^{-11} bis 10^{-17}; abhängig von der Auswertungsmethode). Die Auswertung aller Ergebnisse zeigt Abb. 4 in Form der Abweichung von der Wahrscheinlichkeitskurve.

3. Ergebnisse der Arbeiten an anderen Universitäten

Es ist kaum möglich und nicht beabsichtigt, hier eine vollkommene Übersicht über die Versuche, die zum Beweis von außernormalen psychischen Phänomenen dienen können, zu geben. Dazu muß auf die Fachliteratur verwiesen werden.[49, 50, 51]

49 J. B. RHINE / J. G. PRATT: Parapsychology. Frontier Science of the Mind. - Springfield: Charles C. Thomas, 5. Aufl. 1974

50 Benjamin B. WOLMAN: Handbook of Parapsychology. - Van Nostrand Rheinhold 1977

51 Stanley KRIPPNER: Advances in Parapsychological Research Psychokinesis. - New York: Plenum Press 1984

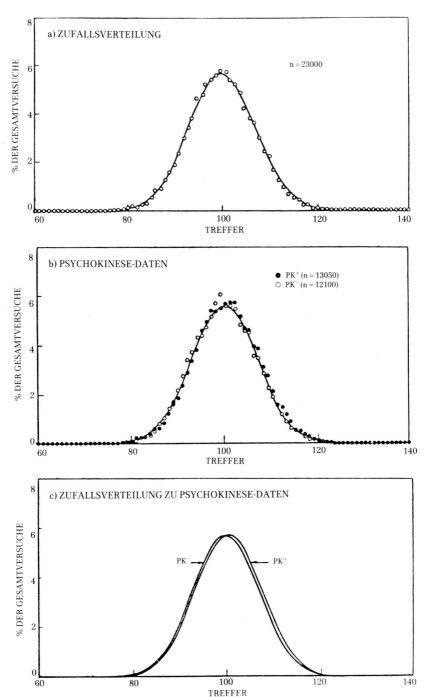

Abb. 1: Typische Resultate Psychokinese

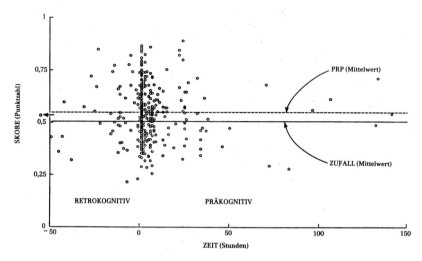

Abb. 2: Ergebnisse Präkognition – Zeitabstände

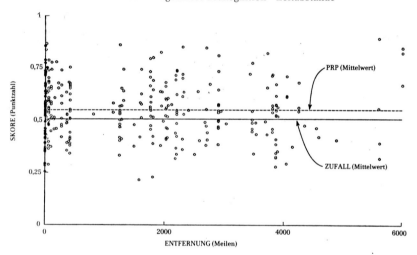

Abb. 3: Ergebnisse Präkognition – räumliche Distanz

Es soll hier aber auf eine Konferenz von Physikern, Psychologen und Philosophen hingewiesen werden, die im Jahre 1979 in *Cordoba*, Spanien, stattfand. Bei dieser Konferenz, die sich mit dem Thema «Wissenschaft und Bewußtsein» [52] beschäftigte, wurde unter anderem von Prof. Richard D. MATTUCK von der Universität Kopenhagen auf ver-

[52] Michel CAZENAVE: Science and Consciousness. Two views of the Universe. - Pergamon Press 1984

schiedene hervorragende Forscherpersönlichkeiten und Institutionen verwiesen, deren Ergebnisse der Parapsychologie zum Durchbruch und zur Anerkennung verholfen haben. Es sind dies:

1. Russell TARG und Harald PUTHOFF vom Stanford Research International Institute: Versuche zur Psychokinese und Telepathie. [53, 54, 55, 56]

2. Dr. H. SCHMIDT, Direktor der «Mind Science Foundation», San Antonio, Texas: Versuche zur Psychokinese mittels Zufallsgeneratoren.[57]

3. Prof. J. B. HASTED vom Experimental Physics Laboratory am Birk-

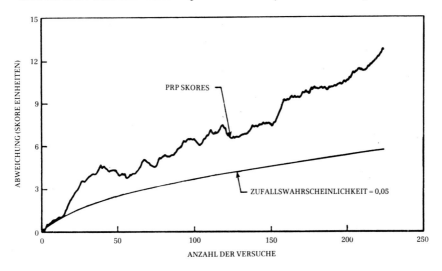

Abb. 4: Auswertung der Präkognitionsversuche, PRP = Precognitive Remote Perception

53 H. PUTHOFF / R. TARG / E. MAY: Experimental Psi Research: Implications for Physics. In: R. JAHN (Ed.): The Role of Consciousness in the Physical World. - Washington, D. C.: Amer. Assoc. for the Advancement of Science Press 1980

54 H. PUTHOFF / R. TARG: A Perceptual Channel for Information Transfer over Kilometer Distances: Historical Perspective and Recent Research. - Proc. IEEE, Vol. 64, p. 329 – 354, March 1976

55 R. TARG / H. PUTHOFF: Information Transfer Under Conditions of Sensory Shielding. - Nature, Vol. 251, p. 602 – 607, Oct. 1974. See also additional material in C. TART / H. PUTHOFF / R. TARG: Information Transmission in Remote Viewing Experiments. - Nature, Vol. 284, p. 191, March 1980

56 H. PUTHOFF / R. TARG: Physics, Entropy and Psychokinesis. - Proc. 23rd Annual International Conference. Quantum Physics and Parapsychology. - New York: Parapsychology Foundation 1975

57 H. SCHMIDT: Instrumentation in the Parapsychology Laboratory in New Directions. In: J. BELOFF (Hrsg.): Parapsychology. - Metuchen / New Jersey: Scare Crow Press 1975, p. 13

beck College, Universität von London: Versuche zur Psychokinese –
Metallbiegen auf Distanz mit Kindern.[58]
4. Prof. Richard D. MATTUCK: Orsted Laboratorium der Universität
Kopenhagen: Versuche zur Psychokinese mit einem klinischen
Thermometer.[59]

4. Theoretische Ansätze zur Erklärung außernormaler psychischer Phänomene

Theoretische Ansätze stammen insbesondere von theoretischen Physikern und Elektroingenieuren. Auch hier kann es nicht die Absicht sein, Vollständigkeit der Arbeiten auf diesem Gebiet zu bringen. Vielmehr soll andeutungsweise auf die verschiedenen Ansätze zur Erklärung dieser Phänomene hingewiesen werden.

a) Die quantenmechanische Theorie von R. G. JAHN, Princeton

Ausgehend von der SCHRÖDINGER'schen Wellengleichung werden in Analogie zu den «Wahrscheinlichkeitswellen der Materie» «Wahrscheinlichkeitswellen des Bewußtseins» postuliert und die Konsequenzen dieser Annahme verfolgt. Es zeigt sich, daß sowohl Psychokinese als auch Telepathie damit eine qualitative Erklärung finden können. Wesentlicher Ausgangspunkt der Theorie ist die Annahme «Alles Sein ist Bewußtsein», d. h. alles Sein basiert auf Energiezuständen.[60]

b) Quantitatives Modell der Geist / Materie-Interaktion

In der Interaktion auf Basis der Informationstheorie von Richard D. MATTUCK[61] werden quantitative Abschätzungen der Kräfte, die psychokinetische Effekte bewirken können, angegeben, die auf einer von

---

58 J. B. HASTED: Physical Aspects of Paranormal Metal Bending. - J. Soc. for Psychical Research, 49, 583 (1977)

59 R. D. MATTUCK: Probable Psychokinetic Effects Produced in a Clinical Thermometer. - J. Psychoenergetic Systems 2, 31 (1977)

60 R. G. JAHN / Brenda DUNNE: On the Quantum Mechanics of Consciousness . - Princeton, Dec. 1983

61 Richard D. MATTUCK: A Quantum Mechanical Theory of the Interaction between Consciousness and Matter. In: Michel CAZENAVE: Science and Consciousness. - Pergamon Press 1984, S. 49 – 65

WALKER[62] angegebenen Grundbeziehung der Interaktion von Geist und Materie basieren.

c) Multidimensionaler Formalismus

Multidimensionale Formalismen zur Erklärung von parapsychischen Phänomenen und physikalischen Paradoxen stammen u. a. von Elisabeth RAUSCHER[63], Professor für Physik, J. F. Kennedy Universität, Berkeley, Kalifornien.

Weitere Ansätze sind von Burkhard HEIM vorgebracht und ausführlich diskutiert worden.[64]

IV. DIE GEGENWÄRTGE REVOLUTION IN DEN WISSENSCHAFTEN

Die Ergebnisse der Parapsychologie allein würden einen bevorstehenden Paradigmawechsel in den Wissenschaften wohl andeuten können, nicht aber in dem Maße bestätigen wie dies der Fall wäre, wenn auch andere Wissenschaftsdisziplinen die Zeichen eines solchen Wechsels deutlich machten. Diese Zeichen, die sich nach KUHN[65] in den üblichen Rätseln und Aporien darstellen, sind also wesentliche Kriterien, aber auch wesentliche Beiträge zur Gestaltung des neuen Weltbildes. Denn, was im alten Weltbild als Rätsel auftritt, kann ein ganz wesentlicher Schlüssel zum Verständnis einer neuen Situation werden, ebenso wie dies ja auch im Alltag der Fall ist. Es soll daher im folgenden versucht werden, anhand einiger wichtiger Beispiele die wesentlichen Umwälzungen in einigen wichtigen Wissenschaftsdisziplinen aufzuzeigen, aus denen heraus dann ein neues Weltbild entwickelt werden kann. Dieses Vornehmen kann jedoch hier nur in groben Ansätzen aufgezeigt werden.

62 E. H. WALKER: The Quantum Theory of PSI-Phenomena. - Psychoenergetic Systems, 3 (1979)

63 Elisabeth RAUSCHER in: M. CAZENAVE: Science and Consciousness. Vgl. Ref. 40, S. 46 / 47

64 Burkhard HEIM: Der kosmische Erlebnisraum des Menschen. In: A. RESCH (Hrsg.): IMAGO MUNDI Band 5. - Innsbruck: Resch Verlag 1975, S. 13 – 59

65 Thomas S. KUHN: Die Struktur wissenschaftlicher Revolutionen. - Suhrkamp

1. Logik und Mathematik

Westliche Philosophie und Wissenschaft sind durch die ganze Neuzeit wesentlich von *Logik* und *Mathematik* beeinflußt gewesen. Dieser Einfluß geht so weit, daß man aufklärerisches Denken identisch mit rationalem und logischem Denken setzen könnte. Den ganz wesentlich positiven Einfluß, den diese Entwicklung auf die Überwindung mittelalterlichen Aberglaubens und Irrationalismen hatte, ist ebenso unbestreitbar wie der positive Einfluß auf die Entwicklung der Wissenschaften durch deren weitgehende Mathematisierung. Gleichermaßen aber scheint es heute notwendig, auf die Grenzen sogenannten «logischen Denkens» hinzuweisen, weil dieses, wie sich heute überdeutlich zeigt, ein ebenso großes Extrem darstellt wie die Situation aus der heraus es entstand.

Die Bemühungen der Mathematiker am Ende des 19. und am Beginn des 20. Jahrhunderts zu zeigen, daß die *Mathematik* sowohl vollständig wäre – d. h. mit einem endlichen System von Schlußregeln sämtliche Folgerungen aus vorgelegten Prämissen der Reihe nach herzuleiten wären – als auch widerspruchsfrei sei (das Programm von David HILBERT) wurde durch den jungen österreichischen Mathematiker Kurt GÖDEL (1906 – 1958) im Jahre 1931 grundsätzlich in Frage gestellt.[66, 67] Er konnte zeigen, daß es grundsätzlich unmöglich ist, ein *allgemeines mathematisches Verfahren* anzugeben, das es gestatten würde, zwischen den in bestimmten Theorien beweisbaren und nicht-beweisbaren Theoremen zu unterscheiden. Die Folgerungen aus diesem GÖDEL'schen Theorem sind sehr weitreichend und heute teilweise noch nicht absehbar[68], sowohl für die Mathematik als auch für die Philosophie[69] und vor allem die Erkenntnistheorie. Für unsere Überlegungen hier scheint aber folgendes Ergebnis der GÖDEL'schen Arbeiten wesentlich: Nahmen die Philosophen des Wiener Kreises – vor allem Rudolf CARNAP in seinem Werk «Der logische Aufbau der Welt» – und in deren Folge der größte Teil der Wissenschaftler und der Intellektuel-

---

66 Kurt GÖDEL: Über formal unentscheidbare Sätze der Principia Mathematica und verwandter Systeme I. - Monatshefte für Mathematik und Physik 38 (1931), S. 173 – 198

67 Mathematik I, Fischer Lexikon. - Fischer, S. 234 / 235

68 Ernest NAGEL / James R. NEWMAN: Der Gödel'sche Beweis. - Oldenburg 1964, vgl. S. 96 – 99

69 International Congress of Logic, Methodology and Philosophy of Science. - Salzburg, Austria: Special Program – Symposium «Life and Work of Kurt Gödel», 11. – 16. Juli 1983

len an, eine «wissenschaftliche Weltauffassung»[70], in der die «Durchlo-gisierung aller Gedankengänge»[71] grundlegend sei, könne alle Fragen der Wissenschaft, Wirtschaft, Gesellschaft und Politik lösen (Wissen-schaftsgläubigkeit), so kann man die GÖDEL'schen Theoreme als eben dasjenige Moment sehen, das diese Ansicht grundsätzlich in Frage stellt. Wenn sich nämlich nicht einmal eine vollständige Definition der mathematischen oder logischen «Wahrheit» erreichen läßt, wie sollte dann mit mathematisch-wissenschaftlichen oder logischen Folgerun-gen den allgemein menschlichen und gesellschaftlichen Problemen nachzuspüren sein, was ja noch heute in Psychologie, Soziologie und Politik teilweise versucht wird. Die GÖDEL'schen Theoreme zeigen, daß «die Quellen des menschlichen Intellekts bisher nicht vollständig formalisiert wurden»[72] – bzw. nicht formalisierbar sind – «und dies auch in Zukunft nicht möglich sein wird.»[73]

In diese Richtung gingen auch die Arbeiten eines der größten Mathe-matikers unserer Zeit, des Holländers Luitzen Egbertung Jan BROU-WER (1881 – 1966), des Begründers des sogenannten *Intuitionismus* in der Mathematik. BROUWER, der große Mathematiker, vertraute der Logik nicht. Schon 1908 schrieb er über «The Unreliability of the Log-ical Principles»[74] und er lehnte – zum Schrecken manchen Logiker – den «Satz vom ausgeschlossenen Dritten» in seiner Anwendbarkeit auf nicht abgeschlossene menschliche Gesamtheiten als logisch nicht halt-bar ab, da es Situationen geben kann, wo eine Entscheidung, ob A oder Nicht-A wahr sei, nach bestimmten Regeln in endlich vielen Schritten nicht herbeizuführen ist. BROUWER schließt die erwähnte Arbeit mit den vielsagenden Sätzen, in denen ein Großteil seiner Ansichten zu-sammengefaßt ist:

«In der Weisheit gibt es keine Logik. Die Wissenschaften führen uns oft zum richtigen Ergebnis, aber man darf nicht annehmen, daß dies auch eintritt, wenn man den Vorgang unendlich oft wiederholt. In der

70 vgl. dazu Otto NEURATH: Wege der wissenschaftlichen Weltauffassung. In: H. SCHLEICHERT: Logischer Empirismus des Wiener Kreises. - Wilhelm Fink Verlag 1975, S. 20

71 vgl. dazu Otto NEURATH: Wege der wissenschaftlichen Weltauffassung. In: H. SCHLEICHERT: Logischer Empirismus des Wiener Kreises. - Wilhelm Fink Verlag 1975, S. 32

72 Ernest NAGEL / James R. NEWMAN: Der Gödel'sche Beweis. - Oldenburg 1964, S. 99

73 Derselbe, ebenda

74 L. E. J. BROUWER: Collected Works, Bd. I, Philosophy and Foundations of Mathe-matics; Ed. A. HEYTING. - Amsterdam / Oxford: North-Holl. Publ. Comp. 1975

Mathematik ist es unsicher, ob die ganze Logik zulässig ist und es ist unsicher, ob das Problem der Zulässigkeit entscheidbar ist.»[75]

Welche Schlußfolgerungen ergeben sich hieraus. Mit Hilfe der Mathematik wird uns deutlich, daß in allen Naturwissenschaften gesetzmäßige, regelmäßige erkenn- und erfaßbare Verhältnisse auffindbar sind. In diesem Sinne ist die Welt nach Maß und Zahl geordnet.

Wir sehen aber auch – und ebenfalls mit Hilfe von Mathematik und Logik und auch in den neu aufkommenden Systemwissenschaften[76] – daß wir an bestimmte Grenzen der Erkennbarkeit stoßen bzw. daß die Welt nicht mit Hilfe von mathematischen und logischen Prinzipien völlig erfaßbar ist. Dies soll keinesfalls bedeuten, daß es eine «unüberschreitbare Grenze» für den menschlichen Verstand gibt, aber sehr wohl, daß diese Grenze immer nur hinausgeschoben werden kann. Das gibt im Vergleich zur beschriebenen «Wissenschaftsgläubigkeit» eine vollkommen andere Einstellung zur Realität.

Zum weiteren eröffnen sich aber auf diese Weise neue Zugänge zu anderen Zusammenhängen, z. B. zu der Einsicht, daß die *binäre Logik*, das heißt: es gibt nur A oder Nicht-A, kein Drittes – eine Ansicht, die weitgehend in unserem Denken noch vorherrscht – eine sehr beschränkte Sicht der Dinge gibt. Nach Auffassung Wolfgang STEGMÜLLER's werden die dreiwertigen Logiken – zu denen auch die Quantenlogik zählt – in Zukunft eine größere Rolle in unserem Sprachgebrauch spielen.[77] Hierher gehört auch die außerordentlich bedeutsame Logik des *Buddhismus*, die über eine Stufenfolge von logischen Operationen (Dialektik) zur richtigen Einsicht führt. Von NAGARJUNA (125 v. Chr.) stammt die Lehre von den *zwei Wahrheiten*, wobei niedere und höhere Wahrheiten unterschieden werden, die als Gegensatzpaar genommen, nach Gewinnung eines höheren Blickpunktes, eine neue Wahrheit ergeben können.[78] Eine derartige Einstellung scheint z. B. auch für die hier besprochenen Probleme eines Paradigmenwechsels mit dem Problem der Akzeptanz von bisher unbegreiflichen Phänomenen von Bedeutung.

75 Derselbe, ebenda
76 H. RITTEL: On the Planning Crisis: Systems Analysis of the First and Second Generations. - Bedriftøkonomen Nr. 8, 1972, S. 390 – 396
77 Wolfgang STEGMÜLLER: Wissenschaftliche Erklärung und Begründung. Probleme und Resultate der Wissenschaftstheorie und Analytischen Philosophie, 2 Bde. - Berlin: Springer 1974
78 Hans Joachim STÖRIG: Kleine Weltgeschichte der Philosophie. - Kohlhammer 1970, S. 33

2. Physik

Große wissenschaftliche Revolutionen verändern ein bestehendes Weltbild von Grund auf. Sie stellen es sozusagen auf den Kopf. Eine derartige grundsätzliche Vorstellungsänderung vollzieht sich derzeit auf dem Gebiete der *Physik*.

Im mechanistisch-materialistischen Paradigma der Physik wird die Welt als zusammengesetzt aus undurchdringbaren, festen, ausgedehnten und wohldefinierten Körpern angesehen.[79] Dieses Weltbild ist heute noch zum größten Teil bestimmend für die Wissenschaften selbst – so sind z. B. die Wirtschaftstheorien, die Medizin, die Soziologie usw. wesentlich von mechanistischen Vorstellungen beeinflußt – als auch für die sich daraus ableitenden gesellschaftlichen Vorstellungen über Sinn und Zweck des Lebens und sozialen Tuns.

Übersieht man die derzeit bekannten Ergebnisse der Physik, so muß man einen krassen Gegensatz zwischen diesem noch gelebten und den bereits bekannten neuen Vorstellungen über das Weltgefüge feststellen. Sicher ist, daß jede dieser Vorstellungen nur ein «Modell der Wirklichkeit» sein und nicht die Wirklichkeit selbst darstellen kann. Aber ebenso sicher ist, daß es zum Überleben des Einzelnen wie der Gesellschaft als Ganzes unbedingt notwendig ist, ein möglichst adäquates Weltbild zu verfolgen, da ansonsten die Gefahr besteht, falsch zu handeln.

a) Alles Sein ist Energie

Mit den Vorstellungen der Relativitäts- und Quantentheorie wird die Welt als eine Energie-Welt gesehen. Nach der berühmten EINSTEIN'schen Beziehung $E = mc^2$ ist Masse, also Materie, eine Energieform. Alles Sein läßt sich so letztlich auf die «Ursubstanz» Energie zurückführen. Diese Sicht wurde auch – in ähnlicher Form – von A. EINSTEIN selbst vertreten. John A. WHEELER, ein Schüler EINSTEINs schreibt: «*Einstein* hielt stets an einer prophetischen Vision, jenseits seiner Ar-

---

[79] Aloys WENZL: Einsteins Theory of Relativity. Viewed from the standpoint of critical Realism and ist Significance for Philosophy. In: A. EINSTEIN: Philosopher-Scientist; P. A. SCHILPP, p. 581 – 606

beiten und seiner Schriften fest: in der Welt gibt es nichts, außer dem gekrümmten leeren Raum. Geometrie ein wenig gebogen hier, beschreibt Gravitation. Ein bißchen anders gewellt dort, stellt sie alle Eigenschaften einer elektromagnetischen Welle dar. Wieder woanders erregt, zeigt sich das magische Material, Raum genannt, als Teilchen. Nichts Fremdes und «Physikalisches» ist im Raum eingebettet. Alles was ist, ist aus der Geometrie heraus gestaltet. Das ist *Einsteins* Vision.»[80]

Also: Geometrie und Energie – als gestaltende Kraft – stellen alle bekannten Erscheinungen der Welt dar, auch das Leben, wie noch dargelegt wird.

b) Beobachter-Partizipation

Man spricht neben der relativistischen «Revolution» heute ebenso von einer «Quanten-Revolution»[81] und meint das Auf-den-Kopf-stellen der Vorstellungen über das, was Materie darstellt. Eine der wesentlichsten Aussagen der Grundbeziehung der Quantenmechanik – der sogenannten SCHRÖDINGER'schen Zustandsgleichung – ist, daß diese keine «Materie-Teilchen» definiert, sondern nur die Wahrscheinlichkeit angibt, mit welcher ein solches Teilchen bei Beobachtung gefunden werden kann, d. h. mit anderen Worten: ist keine Beobachter-Funktion gegeben, kann man auch keine Aussage über einen möglichen Ort, wo das Teilchen zu finden sei, machen. John A. WHEELER formuliert das so: «Das Universum ist ein selbstangeregter, selbstorganisierender Kreislauf, währenddessen Entwicklung, mit der Zeit Beobachter-Partizipation entsteht. Diese Beobachter-Partizipation – und nur diese – läßt wieder das entstehen, was wir «fühlbare Realität» des Universums nennen.»[82]

Wie gesagt, das wesentliche ist: der *Beobachter*, also sowohl der experimentierende Physiker als auch jeder unbewußt die Welt erlebende Mensch ist zu jeder Zeit Teil des beobachteten Systems.

---

80 John A. WHEELER: Einsteins Vision. - Berlin / New York: Springer 1968, S. 52
81 Claude COHEN-TANNOUDJI: Quantum Mechanics, vol. I
82 John A. WHEELER: Frontiers of Time. In: Proceed. of the International School of Physics «ENRICO FERMI», Problems in the Foundations of Physics. - Amsterdam: North-Holland Publ. Comp. 1979, p. 405

c) Gibt es Teilchen? Was ist Materie?

Bisher wurden von den Physikern ca. 230 Elementarteilchen gefunden. Die Zahl dieser «Elementarteilchen» erhöht sich je nach Aufwand und Größe der Apparate, mit denen man die «Materie zertrümmert». Das hat einige Physiker die Frage aufwerfen lassen, ob es überhaupt Teilchen gäbe. Von dem Mathematiker-Philosophen Alfred North WHITEHEAD (1861 – 1941) – zusammen mit Bertrand RUSSELL, Autor der berühmten «Principia Mathematica» – wurde schon in den 20er Jahren nicht mehr von Teilchen, sondern von «event-particles», Prozeß-Teilchen, gesprochen. WHITEHEAD schrieb: «The world we know is a continuous stream of occurrence which we can discriminate into finite events forming, by their overlappings and containings of each other and separations, a spatio-temporal structure.»[83] («Die Welt, die wir kennen, ist ein unaufhörlicher Fluß von Ereignissen, von endlichen Energieteilchen, die durch gegenseitiges Überlappen, Ineinander-Aufgehen und Voneinander-Abspalten ein raumzeitliches Gefüge bilden.»)

Das ist eine auch heute noch – oder gerade heute – höchst aktuelle Vorstellung über die Struktur der Welt. Es erübrigt sich beinahe zu erwähnen, daß WHITEHEAD in einem weiteren Sinne einen dynamischen Energie- oder Geist-Monismus vertrat[84], der Ähnlichkeiten mit buddhistischen Vorstellungen zeigt und auch in die derzeitige Weltbild-Neukonzeption miteingebracht werden wird.

Ähnliche Vorstellungen werden heute vor allem von Geoffrey CHEW, Professor für Physik in Berkeley und seinem Schüler, dem österreichischen Physiker Fritjof CAPRA vertreten.

Nach CHEW's «Bootstrap-Theorie»[85] gibt es keine Teilchen, sondern nur sih überlappende Energievorgänge, die sich uns als Teilchen darstellen. CAPRA formuliert: «Das ganze Universum erscheint als dynamisches Gewebe von untrennbaren Energiestrukturen.»[86]

83 A. N. WHITEHEAD: Concept of Nature. - Cambridge University Press 1920, reprinted 1971, p. 173

84 A. N. WHITEHEAD: Process and Reality. - New York: The Free Press 1978

85 G. CHEW: The Bootstrap Idea and the Foundations of Quantum Theory. In: Ted BASTIAN (Ed.): Quantum Theory and Beyond. - Cambridge University Press 1971, p. 141 – 145

86 F. CAPRA: Der kosmische Reigen. Physik und östliche Mystik – ein zeitgemäßes Weltbild. O. W. BARTH 1981, S. 80

d) Was ist Zeit?

Bereits im Jahre 1927 ersann EINSTEIN ein Gedankenexperiment, das für die Physiker unlösbar schien. 1935 wurde das Problem dann von EINSTEIN, PODOLSKY, ROSEN erneut aufgenommen, blieb aber ein Paradoxon. Heute werden diese beiden Paradoxa heftiger denn je diskutiert, weil sie grundlegend für eine Einstellungsänderung zu den Fragen nach *Raum, Zeit* und *Kausalität* sein könnten. Es ging in den Gedankenexperimenten, die inzwischen experimentell überprüft sind, um Fragen der relativistischen Quantenmechanik – zu komplex, um sie hier auch nur andeutungsweise zu behandeln.[87] Die Konsequenzen dieser Paradoxa erläutert der Direktor des Französischen Nationalen Forschungslaboratorien Costa de BEAUREGARD auf einer Konferenz unter Teilnahme hervorragender Physiker, Psychologen und Philosophen in Cordoba im Jahre 1979 wie folgt: «Wenn wir unsere Augen offen halten und weder die Relativitäts- noch die Quantentheorie über Bord werfen wollen, bleibt nur die eine Möglichkeit das Konzept der Kausalität, wie es sich aus der makroskopischen Realität ergibt, aufzugeben...., denn Vergangenheit, Zukunft und Gegenwart existieren gleichzeitig.»[88]

Daraus folgt wieder nach BEAUREGARD: «daß der Beobachter auch ein aktiv Handelnder ist und das, was die Parapsychologen «Psychokinese» nennen, als logisch akzeptiert werden muß. Auch «Präkognition» muß logisch akzeptiert werden, wenn die Zukunft im Jetzt existiert... ...»[89]

Zu ähnlichen Erkenntnissen kam auch C. G. JUNG, der hierfür den Begriff der «Synchronizität» prägte.

Somit schließt sich also eine sehr bedeutende Kette von experimentellen und theoretischen Arbeiten einerseits auf der Mikroebene der Physik, andererseits auf der Makroebene der Parapsychologie. Das Resultat ist ein neues Weltbild, in welchem die Konzepte von Materie, Raum, Zeit und Kausalität als «auf den Kopf gestellt» gesehen werden müssen.

---

87 M. CAZENAVE: Science and Consciousness. - Pergamon Press
88 Olivier Costa de BEAUREGARD: Cosmos and Consciousness. In: M. CAZENAVE: Science and Consciousness. - Pergamon Press, p. 33 – 48
89 Derselbe, ebenda

3. Bio- und Systemwissenschaften

Biologie, Psychologie, Anthropologie und andere Bio-Wissenschaften waren lange von dem reduktionistischen Ansatz der mechanistischen Wissenschaften, der auf Rene DESCARTES zurückgeht, in ihrer Entfaltung beeinträchtigt. In seinen «Discours de la Méthode» aus dem Jahre 1637 gibt DESCARTES als zweite Grundregel zur Lösung von Problemen an: «Teile das komplexe Problem in so viele Teile als notwendig ist, um diese einer Lösung zuführen zu können.»[90]

Dieser einfache Hinweis hat sich im Laufe der Zeit zu dem – man könnte sagen – «Grundgesetz» des *Reduktionismus* entwickelt.

350 Jahre lang haben sich die Wissenschaften diesem Anspruch unterworfen. Erst mit einer Generation von «organistischen Biologen», zu denen J. H. WOODGER, J. B. S. HALDANE, Lloyd MORGAN, L. v. BERTALANFFY zu zählen sind, begann die alt-neue Einsicht Platz zu ergreifen, daß «das Ganze mehr ist als seine Teile». Aus dieser Entwicklung der Biologie in den Jahren um 1920 ging dann das *System-Denken* hervor, das ein anti-reduktionistisches Programm vertritt. Es war eine Reaktion auf das Versagen reduktionistischen Denkens vor komplexen und stark vernetzten Problemen, wie sich diese in den Biowissenschaften, aber auch in der Theorie komplexer Systeme ergeben. Heute haben sich daraus neue Ansätze in den Biowissenschaften sowie in der Kybernetik und den Systemwissenschaften entwickelt. Letztere geht – im weitesten Sinne – davon aus, daß das Universum aus vielen Ganzheiten besteht, die hierarchisch geordnet durch Prozesse der Kommunikation und Kontrolle verbunden sind.[91]

Welche Fragen sind nun im Zusammenhang mit der Behandlung unseres Themas von Interesse? Es sind zwei: *Wie entstand Leben? Wie entstand Bewußtsein?*

Damit sind die Grundfragen der Evolution des Lebens und des Geistes angesprochen. Diese Fragen zu behandeln ist notwendig, wenn man die Möglichkeiten von Psychokinese und Präkognition einigermaßen verstehen will, denn in beiden Fällen steht das «Bewußtsein» oder der *Geist* an zentraler Stelle. Ist der Geist ein Epiphänomen der Mate-

---

90 Rene DESCARTES: Discourse on Method and the Meditations. - Penguin Classics 1968, p. 41
91 Hans Joachim STÖRIG: Kleine Weltgeschichte der Philosophie

rie, wie die Materialisten behaupten oder was sonst? Wie kann Geist entstehen, was war zuerst: der Geist oder die Materie? Dies ist «die große Grundfrage aller Philosophie», wie F. ENGELS das bezeichnet hat. ENGELS schreibt: «Die große Grundfrage aller, speziell neuerer Philosophie ist die nach dem Verhältnis von Denken und Sein... Die Frage nach dem Verhältnis des Denkens zum Sein, des Geistes zur Natur, die höchste Frage der gesamten Philosophie... die übrigens auch in der Scholastik des Mittelalters ihre große Rolle gespielt, die Frage: Was ist das Ursprüngliche, der Geist oder die Natur?»[92]

Und ENGELS leitet daraus die gegensätzlichen Anschauungen der Idealisten und der Materialisten ab.

Was aber kann man aufgrund des Wissensstandes von heute zu der Entstehung von Leben und Bewußtsein sagen?

Die *mechanistische* Auffassung, die in klarster Form von dem französischen Biologen und Nobelpreisträger Jaques MONOD (1910 – 1976) formuliert wurde, hat er selbst auf die einfache Formel gebracht: «Zufall und Notwendigkeit»[93]. Damit wird die Entstehung des Lebens und der Arten auf rein zufällige Vorgänge zurückgeführt. Ursprung der jähen, unvorhergesehenen und mikroskopisch kleinen «Mutationen» oder Erbänderungen, aus denen neue Erscheinungen auch im makroskopischen Bereich hervorgehen, sei der Zufall. Erst durch die natürliche Auslese (Überleben der Fittesten) werden diese Zufallsprodukte zu «Treffern». Liegen diese «Treffer» in ihrer Struktur aber fest, dann erhalten und vermehren sie sich auch mit der Konstanz und Notwendigkeit, die ihnen durch den einmal programmierten «genetischen Code» verliehen wird. Das ist die Essenz dieser Anschauung.

Demgegenüber setzt sich heute immer mehr die Ansicht von der «Selbstorganisation der Systeme» durch. Demnach wäre Evolution klar zielgerichtet und sehr wahrscheinlich durchgehend zwangsläufig. Leben wäre eine Eigenschaft der Materie. Woher stammen diese Ansichten? Aus den verschiedensten Wissenschaften, vor allem aber natürlich aus der Biologie selbst und den Systemwissenschaften, die sich, wie schon erwähnt, aus diesem ganzheitlichen Denken entwickelt haben.[94]

92 F. ENGELS zitiert in: Gustav A. WETTER: Sowjetideologie heute. - Fischer 1962, S. 25

93 Jaques MONOD: Zufall und Notwendigkeit. Philosophische Fragen der modernen Biologie. - Piper 1970

94 P. B. CHECKLAND: Rethinking a Systems Approach. - Journal of Applied Systems Analysis, vol. 8, 1981, p. 3 – 13

a) Was ist Leben?

Eine der Fragen, welche die Wissenschaft in diesem Zusammenhang beschäftigte, war: Wie kann es zur Ausbildung von komplexeren Systemen – also Systemen mit größerem Ordnungsgrad – aus Systemen mit niedrigerem Ordnungsgrad kommen? Also: Wie kann «Ordnung aus Unordnung» entstehen, wenn doch einer der Hauptsätze der Thermodynamik – der sogenannte *Entropiesatz* – fordert, daß alle geschlossenen Systeme sich in Richtung zu größerer Unordnung bewegen sollten.

Es war ein theoretischer Physiker, Erwin SCHRÖDINGER, der sich zuerst, bereits 1944, mit dieser Frage beschäftigte und zu dem Schluß kam, daß es – um das Verhalten von lebender Substanz zu erklären – einen «neuen Mechanismus», der «Ordnung aus Ordnung» schafft, geben müsse.[95] Heute scheint die Frage der Entstehung von *Leben*, wenn man so will, aus wissenschaftlicher Sicht «geklärt». Man sagt: «Leben ist eine Eigenschaft der Materie». Wesentlich aber zu dieser «Erklärung» war die Erkenntnis des Prinzips der «Selbstorganisation der Materie» und des Prinzips von PRIGOGINE-GLANSDORFF, das auch die thermodynamische Erklärung für die Entstehung von «Ordnung aus Ordnung» gab.[96]

Manfred EIGEN schreibt am Ende seiner Nobelpreis-Arbeit über «Selforganisation of Matter and the Evolution of Biological Macromolecules»: «Das für die Evolution lebender Systeme charakteristische Selektionsverhalten tritt bereits auf der Stufe der Nukleinsäuren und Proteine als eine, speziellen Reaktionssystemen inhärente Materieneigenschaft in Erscheinung.»[97]

Gleichzeitig wird auf die Gesetzmäßigkeit dieser evolutionären Entwicklung hingewiesen. Das bestätigt auch der Biologe Carsten BRESCH: «Evolution ist klar zielgerichtet und sehr wahrscheinlich durchgehend zwangsläufig.»[98] Ist Leben also eine Eigenschaft der Materie? E. SCHRÖDINGER schreibt: «Das Leben scheint ein geordnetes und gesetzmäßiges Verhalten der Materie zu sein, das nicht ausschließlich auf ih-

---

95 E. SCHRÖDINGER: Was ist Leben? Die lebende Zelle mit den Augen des Physikers betrachtet. Bern: A. Francke, S. 114

96 I. PRIGOGINE / Isabelle STENGERS: Dialog mit der Natur. Neue Wege wissenschaftlichen Denkens. - Piper 1980

97 M. EIGEN: Selforganisation of Matter and the Evolution of Biological Macromolecules. - Die Naturwissenschaften, 58 (1971) 10, S. 465 – 523

98 C. BRESCH: Zwischenstufe Leben. Evolution ohne Ziel? - Piper 1978

rer Tendenz, aus Ordnung in Unordnung überzugehen, beruht, sondern zum Teil auf einer bestehenden Ordnung, die aufrecht erhalten
bleibt.»[99]

Heute können wir weitergehen und fragen: Und was ist Materie?
Man könnte sagen: Die Grundsubstanz «Energie» wird zu «Materie», indem sie sich in die Form eines geordneten Musters begibt. F. CAPRA
spricht von der Materie als einem «Netz von Energievorgängen» bzw.
von einem «dynamischen Gewebe von untrennbaren Energiestrukturen».[100] Auf allen Ebenen finden wir also dasselbe Bild – alles ist Energie – als Muster, Energie in Informationsstruktur.

Was aber ist eigentlich Information?

C. F. von WEIZSÄCKER schreibt: «Masse ist Information... Energie ist
Information».[101] Gemeint ist wohl eine ähnliche Aussage wie die eben
formulierte. Carsten BRESCH weist als Biologe auf die große Bedeutung
des Begriffes der Information hin. Er schreibt: «Der Begriff *Information* ist für die Evolution sicher von ebenso großer, wenn nicht noch
größerer Bedeutung als der der Energie... In der Biologie hat es sich
eingebürgert, das Erbgut eines Organismus als dessen «genetische» Information zu bezeichnen. Dabei geht es offenbar, ähnlich wie bei dem
«Sinn» einer sprachlichen Aussage, um die Möglichkeit, daß solche «Information» eine Wirkung ausüben kann. Da auch Muster Wirkungen
ausüben können, wenn sie mit anderen Mustern in Beziehung treten,
sind offenbar auch die Begriffe «Muster» und «Information» eng verwandt, wenn nicht sogar identisch. Jedenfalls ist Information nur als
Muster denkbar.»[102] So können wir also die Frage nach dem Leben
nach dem heutigen Stand der Wissenschaften beantworten: *Leben* ist
ein durch dynamische Selbstorganisation entstandener Strukturzu-
stand der Energie mit Informationsgraden auf verschieden hohen Niveaus, entsprechend der Komplexität des betrachteten Systems. Oder
einfacher: Leben ist «Energie + Information».

b) Was ist Bewußtsein?

C. F. von WEIZSÄCKER schreibt: «Bewußtsein und Materie sind verschiedene Aspekte derselben Wirklichkeit.»[103]

99 F. SCHRÖDINGER: Was ist Leben? S. 97, 285
100 F. CAPRA: Kosmischer Reigen, S. 80
101 C. F. v. WEIZSÄCKER: Die Einheit der Natur. - DTV 1974, S. 363
102 C. BRESCH: Evolution – Fragen der Energie und Information. - Erdöl / Erdgas 94
(1978) 10, s. 349 – 356

C. F. von WEIZSÄCKER schreibt: «Bewußtsein und Materie sind verschiedene Aspekte derselben Wirklichkeit.»[103]

In unserer Ausdrucksweise könnte man sagen: Bewußtsein ist ebenfalls «Energie + Information», aber eben von einem höheren Organisationsgrad. Teilhard de CHARDIN sagt: «Wir haben uns die Erkenntnis zu eigen gemacht, daß die Evolution ein Aufstieg zum Bewußtsein ist.»[104]

Dieser «Aufstieg zum Bewußtsein» scheint einerseits das große Rätsel, andererseits die große Aufgabe der Menschheit zu sein. Richard M. RESTAK, ein Neurobiologe, schreibt: «Die Entwicklung des Hirns vollzieht sich in Stufen, wobei die Gesamtsumme immer etwas größer ist als die Summe der Teile. Die Psychobiologen können uns nicht genau sagen, wann das Bewußtsein zuerst in Erscheinung tritt.»[105]

Aber sicher ist, daß auch das Bewußtsein mit Energie in Beziehung zu bringen ist, wie es das EEG (Elektroenzephalogramm) und die verschiedenen meßbaren Bewußtseinszustände deutlich machen.[106]

So kommen wir also zu dem wichtigen Schluß, den Teilhard de CHARDIN schon 1959 andeutete: «Zwischen den beiden Energien des Körpers und der Seele eine enge Verbindung zu schaffen: dieses Problem versucht die Wissenschaft vorläufig zu ignorieren. Dabei kann es in der Welt letzten Endes nur eine einzige wirksame Energie geben. Irgend etwas läßt ohne Zweifel stoffliche und geistige Energie aneinander haften und einander fortsetzen.»[107]

Damit aber sind wir an dem Punkt angelangt, wo wir einerseits die Evolution von der Materie zu den Lebewesen und von diesen zum menschlichen Bewußtsein, wenn nicht vollkommen verstehen, so doch zumindest qualitativ erfassen, andererseits die parapsychischen Phänomene in unser Verstehen einbinden können. So schreibt der österreichische Naturwissenschaftler-Philosoph Erich JANTSCH: «Wir stehen am Beginn einer neuen großen Synthese. Nicht die Entsprechung statischer Strukturen ist ihr Inhalt, sondern der Zusammenhang von Selbstorganisations-Dynamik – von Geist – auf vielen Ebenen. Es wird möglich, Evolution als komplexes, aber ganzheitliches dynamisches

103 C. F. v. WEIZSÄCKER: Die Einheit der Natur, S. 315
104 P. Teilhard de CHARDIN: Der Mensch im Kosmos. - C. H. Beck 1969, S. 266
105 Richard M. RESTAK: Geist, Gehirn und Psyche. Psychobiologie: Die letzte Herausforderung. - Umschau 1979, S. 391
106 Kenneth R. PELLETIER: Toward a Science of Consciousness. - Delta Book 1978
107 P. Teilhard de CHARDIN: Mensch im Kosmos, S. 52 / 53

Phänomen einer universalen Entfaltung von Ordnung zu sehen, die
sich in vielen Aspekten manifestiert, als Materie und Energie, Information und Komplexität, Bewußtsein und Selbstreflexion. Es ist nicht
mehr nötig, eine eigene Lebenskraft (wie *Bergsons* «élan vital» oder
den «prana» des Hinduismus) anzunehmen, die von den physikalischen
Kräften getrennt wäre. Naturgeschichte, unter Einschluß der Men-
schengeschichte, kann als Geschichte der Organisation von Materie
und Energie verstanden werden. Sie kann aber auch als Organisation
von Information in Komplexität aufgefaßt werden. Vor allem aber
kann sie als Evolution von Bewußtsein – das heißt von Autonomie und
Emanzipation – und von Geist aufgefaßt werden. Geist erscheint nun
als Selbstorganisations-Dynamik auf vielen Ebenen, als eine Dynamik,
die selbst evoluiert. In dieser Hinsicht ist Naturgeschichte immer auch
Geistesgeschichte. Selbsttranszendenz, die Evolution evolutionärer
Prozesse, ist geistige Evolution. Sie spielt sich nicht im Vakuum ab,
sondern manifestiert sich in der Selbsorganisation materieller, energetischer und informationeller Prozesse. Damit wird jener Dualismus
zwischen Geist und Materie aufgehoben, der das westliche Denken in
seinen Hauptströmungen mehr als zwei Jahrtausende lang geprägt
hat.» [108]

Zum anderen läßt sich, wie bereits erwähnt, mit dieser Hypothese:
«Alles Sein ist Energie + Information» auch eine qualitative Erklärung
für Psychokinese und Telepathie geben, wie dies Robert G. JAHN aus-
formuliert: «Der Unterschied zwischen lebenden und nicht-lebenden
Systemen oder Systemen, welche «Bewußtsein» haben oder nicht, wird
immer diffuser, wenn man entweder von der biologischen Seite kommt
(z. B. Viren, DNA, Plasmide, usw.) oder von der physikalischen Seite (z.
B. künstliche Intelligenz, selbstreproduzierende Systeme, usw.). Die
ursprüngliche fundamentale Annahme dieses Modells – die Realität
würde nur erstellt durch die Interaktion eines «Bewußtseins» mit seiner Umgebung – muß formal nicht nur auf das Bewußtsein lebender
Systeme beschränkt bleiben. ... Daher kann in unserem Bewußtseins-
Begriff jedes funktionierende System, das Information aus seiner Um-

---

108 Erich JANTSCH: Die Selbstorganisation des Universums. Vom Urknall zum
menschlichen Geist. - Hanser 1979, S. 411

gebung aufzunehmen und zu verwenden imstande ist oder Information an diese abzugeben vermag, als «Bewußtsein» angesprochen werden.»[109]

Damit spricht JAHN aus, was bereits früher formuliert wurde: Alles Sein ist *Bewußtsein*.

Eine schematische Darstellung der Wechselwirkungen eines «Bewußtseins» mit seiner Umwelt nach R. G. JAHN[110] wird in Abb. 5 gegeben.

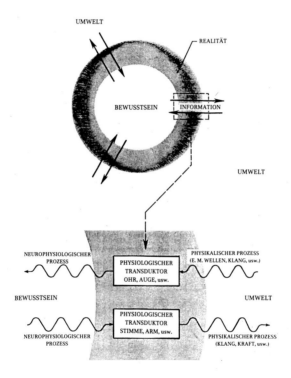

Abb. 5: Schematische Darstellung der Wechselwirkung Bewußtsein / Umwelt

109 R. G. JAHN / B. DUNNE: On the Quantum Mechanics of Consciousness. - Princeton Report, Dec. 1983, p. 47 – 48

110 R. G. JAHN / B. DUNNE: On the Quantum Mechanics of Consciousness. - Princeton, Dec. 1983, p. 2 (Abb. 1)

V. WISSENSCHAFTSTHEORETISCHE KONSEQUENZEN –
DAS NEUE WELTBILD

Faßt man die gegebenen Informationen über die «Revolution» in den Wissenschaften und die Phänomene der Parapsychologie zu einem Ganzen zusammen, so kann man meinen: Wir befinden uns in der Anfangsphase eines Paradigmenwechsels, dessen Auswirkungen bereits spürbar werden. In einer derartigen Situation herrschen Verwirrung, Unsicherheit, Ratlosigkeit – um nicht zu sagen, Chaos – vor. Es ist daher von besonderer Bedeutung, auch positive Zielvorstellungen in einer solchen Situation zu formulieren, damit jene, die sich angesprochen fühlen, sich nach diesen Zielvorstellungen ausrichten können.

Das neue Weltbild, das sich aus den Ergebnissen der Wissenschaften zusammenstellen läßt, kann man in der Form von vier grundlegenden Konzepten zusammenstellen. Diese sind:

1. das Konzept eines Energie-Monismus
2. das Konzept von Zahl / Ordnung und Harmonie
3. das Konzept einer All-Einheit
4. das Konzept eines permanenten Bewußtseins.

Jeder Versuch einer Formulierung einer so umfassenden Struktur, wie es ein *Weltbild* ist, muß Mängel aufweisen. Das ist daher auch für die hier vorliegenden «Konzepte» der Fall. Trotz dieser Mängel lassen sich aus diesen Grundannahmen folgerichtig andere Aspekte eines neuen Paradigmas und Handlungsmaximen ableiten, so daß der Versuch, diese Grundannahmen zu formulieren, gewagt werden soll. Zu betonen ist, daß diese Konzepte auf Basis von wissenschaftlichen Ergebnissen erstellt sind, wobei aus dieser Basis heraus auch eine das Gesellschaftliche erfassende Struktur entsteht, wie dies ja auch im Falle des mechanistischen Paradigmas der Fall ist. Diese «Konzepte» sind also als Arbeitshypothesen für eine neue Weltsicht zu betrachten.

Karl POPPER gibt in seinem zusammen mit John ECCLES herausgegebenen Buch «The Self and its Brain» folgende Kriterien für einen Paradigmenwechsel, die auch in diesem Falle gültig sein müssen: «What we demand of a new hypothesis before allowing it to replace an earlier one is this: 1. It must solve the problems which its predecessor solved at least as well as did its predecessor. 2. It should allow the deduction of predictions which do not follow from the older theory; preferably predictions which contradict the old theory, that is to say crucial experiments. If a new theory satisfies (1) and (2), then it represents possible progress. The progress will be actual, if the crucial experiment decides in favour of the new theory.»[111] («Bevor eine neue Hypothese an die Stelle einer früheren treten kann, müssen folgende Voraussetzungen erfüllt sein: 1. Sie muß die Probleme, die ihre Vorgängerin gelöst hat, mindestens genauso gut lösen können wie diese. 2. Sie sollte die Ableitung von Vorhersagen ermöglichen, denen nicht die alte Theorie zugrunde liegt – vorzugsweise Vorhersagen, die der alten Theorie widersprechen, d. h. entscheidende Experimente. Wenn diese beiden Bedingungen erfüllt sind, dann bedeutet die neue Theorie einen möglichen Fortschritt, und wenn das entscheidende Exeriment zugunsten der neuen Theorie ausfällt, wird es echten Fortschritt geben.»)

Es wird also tatsächlich darum gehen zu sehen, ob das neue Paradigma bessere Problemlösungs-Kapazität besitzt als das bestehende, d. h. ob es für die Lösung der bestehenden Probleme adäquater ist.

1. Das Konzept eines Energie-Monismus

Wir stehen – nicht erst heute, sondern seit eh und je – vor dem Problem, gewisse unerklärliche Phänomene «übersinnlicher» oder anderer Art in unsere biologische Realität zu integrieren. Diese Integration, bzw. seit der Aufklärung «Nicht-Integration», scheint für die Schaffung eines «gesunden» persönlichen und auch gesellschaftlichen Organismus von grundlegender Bedeutung. Parapsychologie einerseits und Quantenmechanik andererseits stellen uns vor die Frage: Was ist Materie? Was ist Zeit? Gibt es Kausalität? usw. Wir stehen vor scheinbar unlösbaren, paradoxen Situationen.

Folgende Vorstellung könnte dieser scheinbar paradoxen Situation zugrunde gelegt werden:

Wir leben an der «Grenzfläche» zweier Welten, die «gleichzeitig» existieren und die einander durchdringen. Auf der einen Seite gibt es die «biologische Wirklichkeit», in der gilt

111 Karl POPPER / John C. ECCLES: The Self and its Brain. An Argument for Interactionism. - Springer International 1977, p. 148 / 149

Biologische Wirklichkeit $\neq$ f (Zeit, Raum, Kausalität)

auf der anderen Seite eine «Energie-Realität», für die gilt

Energie-Realität $\gtrsim$ f (Zeit, Raum, Kausalität).

Der Mensch wäre demnach, wie schon der Dichter sagt, «Wanderer in zwei Welten». Beide Welten haben als Grundsubstanz die Energie, einmal in Form von Materie, zum andern in der Form von Bewußtsein, Selbstbewußtsein und Geist. Geist könnte demnach einerseits auf der menschlichen Ebene als selbstbewußte Energiestruktur erscheinen, andererseits könnten auf höheren Ebenen überbewußte Energiestrukturen auftreten, die sich ebenfalls nach dem Selbstorganisationsprinzip entwickeln.

Alles Sein wäre demnach Energiestruktur. In diesem Sein – so kann man annehmen – liegen die Gesetze der Struktur und der Struktur-Entwicklung (Evolution) usw. inherent begründet. Es sind «Eigenschaften» dieses Seins. Dieses Sein ist «Alles-was-da-ist».

Aus diesem «Alles-was-da-ist» gehen die Seinsstrukturen in hierarchischer Ordnung: Mineral, Pflanze, Tier, Mensch usw. hervor, wie das auch die Systemtheorie annimmt.

Solche und ähnliche Gedanken wurden von verschiedenen Forschern, vor allem Physikern, vorgebracht. Einer der bedeutendsten Beiträge stammt sicherlich von Teilhard de CHARDIN[112], andere von den Physikern David BOHM[113], Fritjof CAPRA[114], Amary de RIENCOURT[115] und Gary ZUKAV[116].

2. Das Konzept von Zahl / Ordnung und Harmonie

«Das Gewebe der Welt besteht aus Zufall und Notwendigkeit» sagt GOETHE und das gilt auch noch heute. BRESCH schreibt:

«Der Zufall ist als Hintergrund aller Evolution ebenso unbestreitbar

112 P. Teilhard de CHARDIN: Mensch im Kosmos
113 David BOHM: Wholeness and the Implicate Order. - ARK Paperbacks 1980
114 Fritjof CAPRA: The Tao of Physics. - Fontana Collins 1975
115 Armaury de RIENCOURT: The Eye of Shiva. Eastern Mysticism and Science. - Conder Book, Souvenia Press 1980
116 Gary ZUKAV: The Dancing Wuli Masters. An Overwiew of the New Physics. - Flamingo / Fontana 1979

wie die Erkenntnis, daß Selektion ein Sieb darstellt ... Gemeinsam gestalten so Zufall und Notwendigkeit die Entwicklung der Welt.»[117]

Wo bleiben dann aber, Zahl, Ordnung und Harmonie? Besteht hier
nicht ein Widerspruch? Immer ist es sowohl der Blickwinkel, der uns
eine Situation veranschaulicht als auch die Teil- oder Ganzheitlichkeit
der Sicht, die bestimmt, was besser oder weniger gut dem entspricht,
was man «Realität» nennt.BRESCH schreibt weiter: «Die Evolution des
Universums beruht auf dessen kosmischen Anfangsbedingungen und
den darin gegebenen Eigenschaften der Materie. Durch sie wird eine
Fülle von Zufallsereignissen zu einem Netzwerk in bestimmter Richtung verwoben. Die so entstehenden Muster wirken auf andere Materie und führen fortschreitend bisher Unabhängiges zu neuer Verflech-
tung und immer wirkungsstärkerer Struktur. Vom Chaos zu einem intellektuellen intergalaktischen Übermuster weist der Pfeil dieser Entwicklung, deren winziger Teil ein jeder von uns ist.»

Die Sprache der Wissenschaftler ist scheinbar trocken, aber sie
kann nicht verleugnen, wovon sie spricht. So auch hier. In diesen Worten finden wir die wissenschaftlich unterkühlte Aussage von Ordnung
und Harmonie.

Aber auch bei anderen Wissenschaftlern finden wir den Bezug auf
Ordnung. So z. B. bei SCHRÖDINGER. Er schreibt: «Es gibt ja tatsächlich Phänomene, deren hervorstechendste Merkmale sichtlich unmittelbar auf dem Prinzip «Ordnung aus Ordnung» beruhen und offenbar
nichts mit statistischer oder molekularer Unordnung zu tun haben. Die
Ordnung des Sonnensystems, die Bewegung der Planeten, bleibt während einer fast unbegrenzten Zeit erhalten.»[118]

Ähnlich schreibt auch Werner HEISENBERG:
«Daß diese Grundstrukturen unmittelbar mit der großen Ordnung
der Welt im ganzen zusammenhängen, kann wohl kaum bestritten werden. Es bleibt aber uns überlassen, ob wir nur einen engen, rational erfaßbaren Ausschnitt aus diesem großen Zusammenhang ergreifen
wollen.»[119]

Es mag im ersten Anblick nicht so wesentlich scheinen, ob wir in einer Welt von «Zufall und Notwendigkeit» oder von «Zahl / Ordnung

117 Carsten BRESCH: Zwischenstufe Leben, S. 284
118 E. SCHRÖDINGER: Was ist Leben? S. 115
119 W. HEISENBERG: Schritte über Grenzen. Gesammelte Reden und Aufsätze. - Piper
1973, S. 261

und Harmonie» leben. Wenn man aber die Konsequenzen aus der jeweiligen Sicht zieht, so steht auf der einen Seite die «Ethik der Erkenntnis», wie sie von Jaques MONOD formuliert wurde, und auf der anderen eine «neue Ethik» auf ebenso wissenschaftlicher Basis, die dieser aber diametral entgegengesetzt ist. Auf der einen Seite steht letzten Endes folgerichtig der Mensch als das Maß aller Dinge, auf der anderen Seite – das «Alles-was-da-ist»-Gesetz.

Es ist aber interessant festzuhalten, daß in den letzten Jahren dieser Gegensatz von Ordnung und Unordnung von den verschiedenen Seiten her immer mehr betont wird. So hat der Naturwissenschaftler-Philosoph Adolf HÜBNER in vielen seiner Arbeiten immer wieder auf die «natürliche Ordnung» hingewiesen.[120] HÜBNER versucht mathematisch-harmonische Ordnungszusammenhänge im Mikrobereich deutlich zu machen. Er schreibt: «Eine Welt ist eine Welt genau dann, wenn alle ihre Weisen einer Ordnung unterstehen.»[121]

Auch von seiten der Architekten wird neuerdings wieder auf die Proportionen und Harmoniebeziehungen in Kunst und Architektur der Griechen oder der Gotik verwiesen, dem Bemühen der Menschen entsprechend der gesetzmäßigen Harmonie auch in ihrem Tun Ausdruck zu verleihen.[122, 123]

3. Das Konzept einer All-Einheit

Akzeptiert man die moderne Physik, insbesondere die Quantenmechanik und vor allem deren praktische bzw. philosophische Konsequenzen, so wird man geradezu «gezwungen», das Konzept einer «All-Einheit», d.h. der direkten Verbundenheit aller Wesen und allen Seins, also Natur, Pflanzen, Tierwelt und Menschheit, anzunehmen. Aber was heißt «gezwungen»?

Immer schon und auch heute steht man vor dem Problem, die Einstellung eines naiven Realismus bzw. selbst eines kritischen Realismus

120 A. HÜBNER: Die natürliche Ordnung. In Vorbereitung.
121 A. HÜBNER: Ist eine Ordnung a priori der Welt gegeben? In: A. RESCH: Psyche und Geist. Fühlen, Denken und Weisheit. - Innsbruck: Resch Verlag 1986, S. 341 – 357
122 Paul v. NAREDI-RAINER: Architektur und Harmonie. Zahl, Maß und Proportion in der abendländischen Baukunst. - DuMont 1984
123 György DOCZI: Die Kraft der Grenzen. Proportionen und Harmonie in Natur, Kunst und Architektur

mit einem «metaphysischen» Realismus – wie er etwa aus der Quantenmechanik folgt – verbinden zu wollen. Das fällt schwer, denn entweder
fehlt der Glaube, das annehmen zu können, was diejenigen sagen, die
«wissen», oder es ist notwendig selbst zu erfahren. Aber letzteres
dauert – es ist sozusagen ein Schulungsweg.

Die Physiker – jedenfalls diejenigen, die sich intensiv mit Quantenmechanik und deren Konsequenzen beschäftigen – aber sind sich einig. Auf der erwähnten Konferenz in *Cordoba* diskutierten Physiker,
Psychologen und Philosophen das Problem der *All-Einheit*. Aus den
Berichten über diese Konferenz entnimmt man z.B. die Meinung des
Psychologen Karl PRIBRAM: «To go on speaking of ourselves, of others,
of the external world, etc., as independent entities implies a completely
outmoded attitude. It is the positivist attitude which for more than a
century now has been the cause of a loss of consciousness.»[124] («Von
uns selbst, von den anderen, von der Außenwelt als unabhängigen
Ganzheiten zu sprechen, impliziert eine total überholte Einstellung. Es
ist genau die positivistische Haltung, der wir nun schon seit mehr als
einem Jahrhundert einen Bewußtseinsverlust zu verdanken haben.»)

Und David BOHM, der englische Physiker, sagte: «The real problem
is that you are placing yourself outside the process, as an observer. But
that is an abstract position. In fact, if you conceive that we also are processes, manifestations of the same implicate order, you will realize between ourselves that you can no longer establish any difference between yourself and stones.»[125] («Das eigentliche Problem ist, daß wir
unser Ich außerhalb des Ganzen stellen, in die Position des Beobachters drängen. Diese Position aber ist abstrakt. Wenn wir nämlich begreifen, daß auch wir Teil dieses Ganzen sind, sozusagen Ausdruck
derselben komplexen Ordnung, werden wir erkennen, daß zwischen
uns und bloßen Steinen kein Unterschied besteht.»)

Die Physiker sagen uns also, daß fortdauernd Beobachter-Partizi-
pation besteht, d.h. daß wir jederzeit Teil der Umwelt sind und in der
Art eines Hologramms jeder Teil des Universums ein Teil unserer
Energiestruktur ist und umgekehrt. Dieser Zusammenhang wurde
1964 von dem Physiker J.S. BELL postuliert und wird seitdem als *Bell's-
Theorem* bezeichnet.[126]

124 M. CAZENAVE (Hrsg.): Science and Consciousness. - Pergamon Press, p. 343
125 Derselbe, ebenda, p. 242
126 Gary ZUKAV: The Dancing Wuli Masters, p. 298

4. Das Konzept eines permanenten Bewußtseins

Das Prinzip der *Erhaltung der Energie*, d. h. der Erkenntnis, daß bei keinem physikalischen, chemischen oder biologischen Vorgang Energie verloren gehen kann, ist eines der Grundgesetze der Naturwissenschaften, das, nachdem es erst relativ spät [127] erkannt wurde, die Entwicklung der Naturwissenschaften ganz wesentlich förderte. Wenn nun Bewußtsein, wie früher festgestellt, eine Form von Energie darstellt, so scheint es unumgänglich, auch auf diese Energieform den Energieerhaltungssatz anzuwenden. Für den Prozeß des Todes eines Lebewesens ergeben sich nun aus dieser Sicht zwei Möglichkeiten bezüglich der Bewußtseinsenergie:

1. Diese kann beim Tode dissipieren, d. h. sich mit der Energie der Umwelt vereinigen, sozusagen von dieser aufgenommen werden.
2. Diese kann – falls eine genügend hohe Energiekonzentration vorhanden ist, d. h. eine kritische Größe dieser Energie überschritten wurde – als selbständige Energiestruktur weiterexistieren.

Wenn auch diese Anschauungen derzeit sehr hypothetisch erscheinen mögen, sind sie weder unwissenschaftliche noch unlogische Denkvorstellungen (Hypothesen). Die erste Möglichkeit würde eher für weniger entwickelte Wesen (z.B. Tiere), die zweite für höher entwickelte Wesen – wie den Menschen – in Frage kommen.

VI. PRAKTISCHE KONSEQUENZEN / ETHIK UND MORAL

Die Entwicklung der Menschheit und deren Geschichte scheint keine kontinuierliche zu sein, sondern eher in Entwicklungsschüben vor sich zu gehen. [128] Trotzdem hat man den Eindruck, daß vieles, wenn

---

127 Das Gesetz der Erhaltung der Energie wurde erst 1847 von H. von HELMHOLTZ formuliert, nachdem J. R. MAYER (1842) und J. P. JOULE (1843 – 1878) die Äquivalenz von Wärme und mechanischer Arbeit erbracht hatten.
128 W. STEGMÜLLER: Die Evolution des Wissens. Hauptströmungen der Gegenwartsphilosophie, Bd. II. - Kröner 1975

nicht alles, was für diese Entwicklung maßgeblich zu sein scheint, bereits zu irgendeinem Zeitpunkt von irgendeiner Person gesagt, gedacht oder niedergeschrieben wurde. So scheint auch, daß die durch die modernen Wissenschaften des 20. Jahrhunderts hervorgerufene geistige Revolution Wissen und Erkenntnisse aufs neue zutage fördert, die längere oder kürzere Zeit in Vergessenheit geraten waren. Wie aber in der Entwicklung des Individuums, so kann auch die Gesellschaft Erkenntnis nur in dem Maße aufnehmen als sie diese «erfährt». Erfahren aber kann man nur das, was durch Entwicklungsvorgänge deutlich wird. Daher ist der Entwicklungsweg der Geschichte – wie F. W. HEGEL sagt – immer der richtige.

Es würde zu weit führen, alle Bezüge von heute zu früheren geschichtlichen Perioden oder geschichtlichen Geistesströmungen aufzuzeigen. Es wird aber notwendig sein, die wesentlichsten Bezüge zu früheren Geistesströmungen ähnlicher oder gleicher Art zu erwähnen. Im großen und ganzen handelt es sich um alle dem philosophischen Idealismus verpflichteten oder nahestehenden Geistesströmungen. Diese beginnen im Westen bei den *Vorsokratikern*, insbesondere bei HERAKLIT und EMPEDOKLES, sowie den *Pythagoräeren*.[129] Die weitere Entwicklung führt zu PLATO, PLOTIN und den NEUPLATONIKERN und von dort – mit einem weiten Sprung und in vielen Verästelungen – in den Beginn der Neuzeit, wo diese Ideen um das Jahr 1480, also ebenfalls einer Umbruchzeit, in der Akademie von Florenz der Medici Fuß fassen. Der *deutsche Idealismus* und die *Romantik* führen diesen Strom in die Gegenwart, wo es nun abzuwarten gilt, inwieweit und in welcher Form diese Gedanken wieder aufgenommen werden.

Die derzeitige geistige Situation im Westen wird wesentlich ebenfalls beeinflußt von östlichen Denkern vor allem *indischer* und auch *chinesischer* Philosophie. Es scheint, daß die nächste Zeit eine geistige Synthese auf globaler Ebene bringen könnte.

Soweit man das aber heute überblicken kann, sind es zwei Arten von praktischen Auswirkungen, die ein Paradigmenwechsel von einem *mechanistisch-dualistischen* zu einem *energiebezogenen, monistischen Weltbild* haben könnte:

1. eine neue Synthese von Wissen und Glauben
2. eine «neue» Ethik

129 vgl. dazu CAPELLE: Die Vorsokratiker. - Kröner 1968

1. Die Möglichkeiten einer neuen Synthese von Wissen und Glauben

Die Möglichkeit der Überprüfung, ob eine Synthese gegeben ist und wie sie erfolgen kann, läßt sich zumindest auf drei Arten erzielen:

1. Durch die Überprüfung der Methodologie in den verschiedenen Bereichen. Ist eine analoge Arbeits-Methode gegeben, kann die Qualität der Aussagen und Erkenntnisse nicht grundsätzlich verschieden sein.

2. Durch die Überprüfung des historischen Prozesses, der These, Antithese und Synthese umfassen kann. In großen Zügen könnte man sehr vereinfacht mittelalterliches Denken als These, die Aufklärung und Neuzeit als Antithese und das was kommt als Synthese auffassen.

3. Durch die vergleichende Prüfung der Aussagen und Erkenntnisse.

Nimmt man die Grundaussagen der Naturwissenschaften, wie diese etwa in den vier Grundkonzepten formuliert wurden, und vergleicht diese mit religiösen oder philosophischen Erkenntnissen, so kann man weitgehende Übereinstimmung finden. Das mag überraschend sein, weil man gewohnt ist, *Wissenschaft* und *Religion* als zwei verschiedene Seiten menschlichen Seins zu sehen. Diese Sicht scheint so eingeprägt, daß man übersehen kann, wie sehr Wissenschaft und Religion in ihrer Methodologie eigentlich übereinstimmen. In beiden Fällen treten intuitive und empirische Erkenntnisschritte auf. Man vergleiche dazu etwa die Ausführunge von K. POPPER in seiner «Logik der Forschung»[130] mit dem, was Ernst BENZ über das Verhalten visionären Bewußtseins aussagt. In beiden Fällen ist der Ausgangspunkt für die Erkenntnis eine Intuition, die empirisch-logisch überprüft wird. E. BENZ schreibt: «Eine theoretische Selbstauslegung der religiösen Erfahrung ist im Wesen der Religion selbst begründet. Jede echte religiöse Erfahrung drängt von sich aus, sich intellektuell zu verdeutlichen. Gerade das außergewöhnliche seelische Erleben regt den Empfänger solcher Erlebnisse aufs stärkste an, den ungewöhnlichen Vorgang rational zu rekonstruieren...»[131]

Der Unterschied zwischen dem Glauben an etwas, was rational scheint oder was «irrational» scheint, ist – wie die Wissenschaftstheo-

---

130 K. POPPER: Logik der Forschung. - Tübingen: J. C. B. MOHR 1953
131 E. BENZ: Die Vision. Erfahrungsformen und Bilderwelt. - Klett 1969, S. 89

retiker wissen – nicht gegeben. K. POPPER: «Ein Mensch, der sich für die Rationalität entscheidet, entscheidet sich für den irrationalen Glauben an die Vernunft.»[132] Hier hat die Wissenschaftstheorie – wie auch schon in Kap. II.4 zu zeigen versucht wurde – sicher eine Bresche in die aufklärerische Polemik seit VOLTAIRE geschlagen.

Wie vergleichen sich nun die vier Grundkonzepte eines neuen wissenschaftlichen Paradigmas, wie diese formuliert wurden, mit religiösen Aussagen. Ist eine Synthese von wissenschaftlichen und religiösen Aussagen über die Welt – aus heutiger Sicht möglich? Wichtig bei einem derartigen Vergleich ist die Sprache, die Nomenklatur. Viele religiöse Begriffe sind mit Vorstellungen belegt, die in verschiedenen Personen verschiedene Reaktionen hervorrufen. Es scheint daher wichtig, derartige Vergleiche möglichst «wertfrei» zu machen.

a) Das Konzept eines Energie-Monismus

In der *Bhagavad Gita* heißt es: «Die Wirklichkeit existiert nicht. Das Unwirkliche ist ewig. Das wissen diejenigen, die die Wahrheit kennen.» Und in (9 / 4): «Das ganze sichtbare Universum stammt aus dem unsichtbaren Sein.»[133]

Helmuth von GLASENAPP, der Indologe, schreibt dazu: «Es – d. h. das «Alles-was-da-ist» – entspricht dem Brahma der älteren Upanischaden insofern, als es einerseits die Ursubstanz der Welt, andererseits aber auch das unpersönliche Geistige ist, über welches die Erlösungssuchenden meditieren und in welches sie bei der Erlösung eingehen.» Und: «Gott ist also die materielle Ursache und Grundlage von allem, was ist... »[134]

Man würde also hier «Energie + Information» als Bewußtsein oder Geist auffassen können und in dem «Alles-was-da-ist»–Begriff die Einheit des Seins sehen können. Im Johannes-Evangelium heißt es: «Gott ist Geist».» (Joh 4 / 24)

Und im *Tao te Ching* heißt es: «Beide – das Namenlose und das Benannte – der Geist und die Materie – sind dasselbe. Sie unterscheiden sich nur im Namen, wenn sie entstehen. Weil sie dasselbe sind – ohne dasselbe zu sein – nennt man sie ein Mysterium.»[135]

132 K. POPPER: Conjectures and Refutations. The growth of scientific knowledge. - Basic Books, New York 1963
133 The Bhagavad Gita. - Penguin Classics, p. 49
134 H. v. GLASENAPP: Die Philosophie der Inder. - 3. Aufl., Kröner 1974, S. 172 / 173
135 LAO-TSU: Tao Te Ching. - Penguin Classics, Book I, I, p.57

b) Das Konzept von Zahl / Ordnung / Harmonie

Bei diesem Konzept könnte man davon ausgehen, daß sowohl die *Naturgesetze*, die uns teilweise bekannt sind, als auch Gesetze einer *Energie-Bewußtseins-Welt*, die uns nicht bzw. nur sehr unvollkommen bekannt sind, einem System von *Zahl / Ordnung und Harmonie* – also einem alles beherrschenden Universalgesetz des Seins – folgen. Diese Annahme könnte als Arbeitshypothese genommen werden. Daraus würde folgen, daß wir aus der religiösen Überlieferung Hinweise für geistige «Gesetzmäßigkeiten» erhalten haben, denen wir «nolens volens» unterliegen.

Eine Nicht-Beachtung eines dieser geistigen «Gesetze» könnte kurzfristig ohne weiteres möglich sein, auf die Dauer jedoch Schädigungen irgendwelcher Art – in der Form von Krankheit, Schwierigkeiten im Zusammenleben usw. – mit sich bringen.

Im Buch der Weisheit heißt es (11 / 20): «Doch alles hast Du nach Maß, Zahl und Gewicht geordnet.»

Alle Äußerungen der Religionen laufen auf eben dieses «Gesetz» hinaus, das durch Zahl, Ordnung und Harmonie zu charakterisieren ist. Die sprachliche Ausdrucksform der Harmonie kann man auch mit «Liebe» bezeichnen. In allen Hochreligionen findet sich diese Basis.

c) Das Konzept einer All-Einheit

Der buddhistische Philosoph Junjiro TAKAKUSU schreibt in einem Vergleich der Philosophien von Ost und West über das Prinzip der *All-Einheit*: «The Universe, or all things, is the dynamic manifestation of Thusness. All things are mutually permeating without any hindrance to one another.»[136] («Das Universum, alles was in ihm ist, ist der lebendige Ausdruck der All-Einheit. Alles ist von allem abhängig, wird von allem durchdrungen, ohne Hindernis.»)

Es ist überraschend, wie sehr sich diese religiös-philosophischen Aussagen mit den Aussagen decken, die von Physikern über das Sein aus der Sicht der Quantenmechanik gemacht werden. Darauf hat ja vor allem Fritjof CAPRA in seinem Buch «The Tao of Phyics» hingewiesen.[137]

---

136 J. TAKAKUSU: Buddhism as Philosophy of Thusness. In: Philosophy – East and West. - East / West Philosophers Conference Hawai 1939, Ed. Charles MOORE, Liraries Press 1944

Es könnten hier, wie auch bei den anderen Konzepten, unzählige Stellen angeführt werden, die ähnliche Aussagen betreffen. Hier nur einige Beispiele: «Der Kosmos ist eine Einheit; geschaffen, nicht-geschaffen, vereinigt, getrennt, sterblich, nicht-sterblich.»[138] Oder: «Und dann werdet ihr wissen, daß Ich im Vater bin und Er in Mir und Ich in euch.» (Joh 14.20)

d) Das Konzept eines selbstgeschaffenen, permanenten Bewußtseins

Derselbe Junjiro TAKAKUSU schreibt dazu: «According to Buddhist thought, human beings and all living things are self-created or self-creating.» Und: «The death of a living being is not the end, at once another life begins to go through a similar process of birth and death; and thus to repeat the round of life over and over again. Thus a living being, when regarded in relation to time, forms an endless continuum.»[139] («Nach buddhistischer Auffassung sind alle Menschen, alle Lebewesen, selbstgeschaffen bzw. selbstschaffend.» Und: «Der Tod eines Lebewesens bedeutet nicht unwiderrufliches Ende. Plötzlich beginnt ein neues Leben, mit einem ähnlichen Zyklus von Geburt und Tod. So mündet Leben immer wieder in Leben und bildet, im Verhältnis zur Zeit gesehen, ein endloses Kontinuum.»)

Die Hinduisten sagen: «Du bist was du denkst.» – «Jedes Lebewesen bestimmt seine eigene Natur, seinen eigenen Entwicklungszustand.»

Und in Joh 12,25 heißt es: «Wer das Leben liebt, wird es verlieren, wer es gering achtet, wird es zu ewigem Leben gewinnen.»

Aus der Sicht des hier gegebenen wissenschaftlichen Weltbildverständnisses könnte man dieses Wort wie folgt deuten: Wer das Leben in seiner animalischen Form liebt, wird es verlieren, weil er zu wenig Bewußtseins (= Geist) -Energie schafft, um die notwendige kritische Größe der Bewußtseinsenergiekonzentration zu schaffen, die eine Fortexistenz in der Energie-Realität ermöglicht. Wer das Leben in seiner animalischen Form gering achtet und sich mehr der Schaffung von Bewußtseinsenergie widmet – auf welche Weise auch immer – ermöglicht einen Fortbestand in der Energie-Realität. Interessant ist festzuhalten, daß in dieser Aussage keine Wertung enthalten ist. Es

---

137 F. CAPRA: The Tao of Physics
138 -W. CAPELLE (Hrsg.): Die Vorsokratiker, S. 131
139 Juniro TAKAKUSU: Buddhism as Philosophy of Thusness. In: Philosophy – East and West. - Charles MOORE, Libraries Press 1944, p. 75

wird nicht gesagt: das eine ist gut, das andere ist nicht gut. Es wird einfach ein Gesetz der Energie-Realität festgestellt. Jeder ist frei, diese
Gesetze zu beachten oder zu negieren. Aber ein Gesetz zeitigt eben
auch unabänderliche Folgen.

Mit diesem Vergleich der vier Konzepte auf Basis wissenschaftlicher
und religiöser Aussagen sollte der Versuch gemacht werden zu zeigen,
daß sich eben den methodologischen Ähnlichkeiten und der historischen zur Synthese zielenden Entwicklung auch die Aussagen ähnlich
sind und oftmals – wie auch F. CAPRA feststellt – überraschend
gleichen.[140] Es wäre eine Seltsamkeit der Geschichte, wenn die Trennung von Wissen und Glauben, von Wissenschaft und Theologie, die
um das Jahr 1300 von seiten der Theologie vorgenommen wurde, um
diese vor dem Ansturm der aufkommenden Wissenschaft zu «retten»,
heute, 700 Jahre später, von der Wissenschaft aufgehoben würde. Es
war Wilhelm von OCCAM (1290 – 1349), der die Lehre von der «doppelten Wahrheit» aufstellte und damit das Band zwischen Wissen und
Glauben für lange Zeit durchschnitt. Damit kam auch das Gespräch
zwischen den beiden Bereichen zum Verstummen – ein Zwiespalt, der
seitdem unsere ganze Kultur durchschneidet.[141]

2. Grundzüge einer «neuen» Ethik

Jede *Ethik* beruht auf einer philosophischen Weltbild-Vorstellung
über Sinn und Zweck des Daseins, der Evolution, über Anfang und
Ende. Ohne ethische Vorstellungen – gleich welcher Art – ist es nicht
möglich sinnvoll zu leben. Die Ethik, die sich aus den Vorstellungen
der modernen Wissenschaften, insbesondere der Quantentheorie, ableiten läßt, ist nicht grundsätzlich neu. Es ist im weitesten Sinne eine
Ehtik, die auf die Lehren einer Naturphilosophie, einer «Einheit der
Natur», einer «philosophia-perennis», aus neuer wissenschaftlicher
Sicht, zurückkommt.

Albert EINSTEIN hat das formuliert, was vielleicht das tiefste Wesen
echter Religiosität ausmacht und was vor und nach ihm so viele individuelle Geistesgrößen – von J.NEWTON, W.LEIBNITZ und B. SPINOZA

---

140 F. CAPRA: The Tao of Physics
141 H. J. STÖRIG: Kleine Welt-Geschichte der Philosophie. - Kohlhammer 1970, S. 186

bis A. SCHOPENHAUER und C. G. JUNG, von PLATO und PLOTIN bis A. N. WHITEHEAD immer wieder fanden. Er sagt: «Das tiefste und erhabenste Gefühl, dessen wir fähig sind, ist das Erlebnis des Mystischen. Aus ihm keimt alle Wissenschaft. Wem dieses Gefühl fremd ist, wer sich nicht mehr wundern und in Ehrfurcht verlieren kann, der ist bereits tot. Das Wissen darum, daß das Unerforschliche wirklich existiert und daß es sich als höchste Wahrheit und strahlende Schönheit offenbart, wovon wir nur eine dumpfe Ahnung haben können – dieses Wissen und die Ahnung sind der Kern aller wahren Religionen. In diesem Sinne, und in diesem Sinne allein, zähle ich mich zu den echt religiösen Menschen.»[142]

Die «neue» Ethik ist also eine spirituell-religiöse auf wissenschaftlicher Basis, wobei aber nicht die positivistisch-mechanistische Wissenschaft gemeint ist, sondern eine postmechanistische. Das wesentliche der «neuen» Ethik und der Ewigen Philosophie faßt Ken WILBER in dem bedeutenden Buch «Halbzeit der Evolution» wie folgt zuammen: «Es ist wahr, daß es irgendeine Art von Unendlichem, irgendeine Art von absoluter Gottheit gibt. Man darf sie sich aber nicht als kollosales Wesen, als liebenden Vater oder einen außerhalb seiner Schöpfung, den Dingen, Ereignissen und den Menschen stehenden großen Schöpfer vorstellen. Am besten stellt man sie sich metaphorisch als Urgrund, das Sosein oder die Voraussetzung aller Dinge und Geschehnisse vor. Die Gottheit ist nicht ein von allen endlichen Dingen getrenntes großes Ding, sondern eher die Realität, das Sosein oder der Urgrund der Dinge.»[143]

Eine wichtige Aufgabe jeder Art von Religionsreform wird es sein, mit den negativ besetzten Begriffen einer vergehenden Geschichtsperiode aufzuräumen, die für moderne Menschen vielleicht nicht mehr annehmbar sind. So könnte es einer kommenden Generation leichter fallen, nicht mehr eine vermenschlichte Größe, sondern den von Ken WILBER unbeschriebenen «Ursprung» oder ein Universal-Gesetz anzunehmen, das dem «Alles-was-da-ist» entspricht, oder wie Meister ECKEHART es formulierte: «Du sollst ihn lieben, wie er ist, ein Nicht-Gott, ein Nicht-Geist, eine Nicht-Person, ein Nicht-Bild, mehr noch: wie ein

142 A. EINSTEIN zitiert in Ken WILBER: Halbzeit der Evolution, S. 17
143 Ken WILBER: Halbzeit der Evolution. Der Mensch auf dem Weg vom animalischen zum kosmischen Bewußtsein. Eine interdisziplinäre Darstellung der Entwicklung des menschlichen Geistes. - Scherz Verlag 1984

lauteres, reines, klares Eines ist, abgesondert von aller Zweiheit.»[144]

So wurde dieses Eine in der Geschichte mit den verschiedensten Namen umschrieben: das Gute, das Schöne, das Brahman, das Tao, der Urgrund, Gott usw. Es ist zu hoffen, daß sich eine kommende Generation diesen Vorstellungen, die eine Anthropomorphisierung strikt vermeiden, wieder zuwenden kann

Es ist aber auch zu betonen, daß die Vorstellung «göttlicher Wesen» einen Teil dieser Ethik ausmacht. Die Entstehung solcher Wesen erfolgt nach demselben Selbstorganisationsprinzip wie es bereits für die verschiedenen Lebenswogen beschrieben wurde, so daß kein gedanklicher Bruch in der Vorstellung über den Evolutionsprozeß eintritt. Auf diese Weise kann man dann zwischen dem «Alles-was-da-ist», dem Universal-Gesetz, und den sich innerhalb dieses Gesetzes evolutionär entwickelnden Lebenswogen unterscheiden, die sich über den Menschen hinaus in «göttliche», d.h. übermenschliche Sphären, in denen eine reine Energie-Bewußtseinsexistenz gegeben ist, verlieren.

Diese «neue Ethik» verfolgt auch nicht das Ziel herkömmlicher Religionen, «erlöst zu werden». Eine Religion für Bittsteller, die von Schmerzen, Leiden, Übel, letzten Endes sogar vom Tod «erlöst» zu werden hoffen, ist es nicht. Die Ethik der Ewigen Philosophie ist etwas völlig anderes als das Verlangen nach Erlösung. Da sie das Absolute als integrale Ganzheit beschreibt, ist es nicht das Ziel erlöst zu werden, sondern jene Ganzheit zu entdecken, die das Eine darstellt und sich dadurch als Teil der Ganzheit zu erfahren.

A. EINSTEIN bezeichnet dies als Beseitigung der «optischen Täuschung», daß wir separate, vom Ganzen getrennte Individuen seien. Im Gegenteil, nach dem Konzept der «All-Einheit» und der «Beobachter-Partizipation» ist das auch wissenschaftlich begründbar. A. EINSTEIN schreibt: «Ein menschliches Wesen ist ein Teil des Ganzen, das wir «Universum» nennen, ein in Raum und Zeit begrenzter Teil. Es erfährt sich selbst, Seine Gedanken und Gefühle als etwas von allem anderen Getrenntes – eine Art optischer Täuschung seines Bewußtseins. Diese Täuschung ist für uns eine Art Gefängnis, das uns auf unser persönliches Verlangen und unsere Zuneigung für einige wenige und nahestehende Personen beschränkt. Unsere Aufgabe muß es sein, uns aus diesem Gefängnis zu befreien.»[145]

145 A. EINSTEIN zitiert in Ken WILBER: Halbzeit der Evolution, S. 20

Diese «Befreiung aus dem Gefängnis unseres Denkens» ist die Aufgabe der nächsten Zukunft. Nur daraus kann sich ein Sinneswandel der Gesellschaft und die Lösung auch der ökologisch-ökonomischen Probleme ergeben.

Diese «Befreiung» wird aber auch ein Um- und Neudenken bei allen religiösen Institutionen erfordern. Das Verhältnis dieser Ewigen Philosophie – die Basis einer «neuen Ethik» – zur Natur, einschließlich dem Pflanzen- und Tierreich, ist nämlich ein ganz anderes als es heute von diesen Institutionen noch gesehen wird. Die aufkommenden Tierschutz- und Vegetarismusbewegungen sind nur ein Ausdruck für dieses in der Gesellschaft wachsende Gefühl echter Religiosität. Hierher gehört auch ein neues Verständnis für Gut und Böse, für Schuld und Sühne, für Tod und Wiedergeburt. Alle diese Fragen sind mit dem herkömmlichen, mittelalterlichen Religionsverständnis für den modernen Menschen nicht akzeptabel, weil es zuviele logische Widersprüche gibt, die man durch einfaches «Glauben müssen» zu überbrücken versuchte. Die Ewige Philosophie kennt wohl das Undenkbare, das Unergründliche – aber alles, was logisch und intuitiv erfaßbar zu machen ist, soll auch versucht werden gedanklich-intuitiv zu ergründen.

Es kann heute nicht mehr Aufgabe sein – wie es aus pädagogischen Gründen z.B. im Mittelalter noch akzeptabel war – schwer verständliche Situationen durch Dogmen und Vorschriften annehmlich zu machen.

Auch hier, wie überall, ist eine neue Freiheit des Denkens und Glaubens auf Basis von Toleranz vonnöten. Die amerikanische Schriftstellerin Marilyn FERGUSON gibt in ihrem Buch «The Aquarian Conspiracy» eine ausgezeichnete Analyse dieser spirituellen Revolution. Alles läuft darauf hinaus, daß ein Teil der Menschen zu persönlichen spirituellen Erfahrungen drängt, ungebunden durch irgendwelche Organisationen. Umfragen in den USA ergaben einen überwältigenden Skeptizismus gegenüber organisierten Religionen.[146]

Gleichzeitig ist es aber notwendig zu betonen, daß eine größere persönliche Freiheit auch größere Verantwortung und Gefahren mit sich bringt. Der spirituelle Weg ist keineswegs ungefährlich, er ist gleich einem Weg «auf einem Rasiermesser, auf des Messers Schneide», wie es

---

146 Marilyn FERGUSON: The Aquarian Conspiracy Personal and Social Transformation in the 1980's. - London: Routledge and Kegan Paul 1981

schon in der *Katha Upanishad* heißt. Fanatismus, das passive, unkritische Folgen falscher Lehrer, psychische Zusammenbrüche usw. sind ein Teil dieser Gefahren auf diesen Wegen. Aber ohne Risiko, ohne Gefahr ist kein neues Erleben möglich. So stehen wir also an der Grenze zu diesen für einen größeren Teil der Menschheit «neuen» Erlebnisbereichen. Es ist aber beruhigend zu wissen, daß es auf diesem Weg, in allen Religionen, die spirituellen Lehrer gibt, ob es nun die *Sufi's*, im Islam, die *Yogi's* im Hinduismus, die Weisen im Buddhismus oder Taoismus oder die Heiligen der Christenheit und hier insbesondere die Mystiker wie Meister ECKEHART, die Heilige THERESA von Avila, JOHANNES vom Kreuz, ANGELA von Foligno, Pater PIO oder Teilhard de CHARDIN sind. Man wird auf diese Menschen, auf deren Anweisungen zurückgreifen müssen, um diese Wege einigermaßen sicher beschreiten zu können.

VII. SCHLUSSFOLGERUNGEN

Die vorgehende Analyse zeigt den bestimmenden Einfluß der Wissenschaft auf die geistige Situation unserer Zeit. Insbesondere haben dabei parapsychologische Phänomene eine Schlüsselfunktion, weil sie uns eine Dimension des Seins andeuten, der wir fremd gegenüberstehen. Diese Phänomene zeigen uns, daß die Welt nicht so ist, wie wir glauben oder glauben wollen, daß sie ist. Die Zeit eines naiven Realismus, der glauben will, die Welt sei so, wie die Sinne sie uns zeigen, ist endgültig vorbei. Der Gehirn-Wissenschaftler Karl PRIBRAM formuliert das so: «Es ist nicht so, daß die Welt der Erscheinungen falsch wäre. Aber wenn wir durch diese Erscheinungen durchdringen und die Welt wie ein holografisches System sehen, ergibt das eine ganz andere Realität, die jetzt Erscheinungen erklären kann, die bis heute wissenschaftlich unerklärlich waren: paranormale Phänomene, Synchronizitäten usw. Es wird wohl eine Weile dauern, bis die Menschen sich an diese neue Sicht gewöhnen werden, nämlich festzustellen, daß es eine Realität gibt, die anders ist als die Welt der Erscheinungen.» [147]

147 K. PRIBRAM zitiert in M. FERGUSON: The Aquarian Conspiracy, p. 373

Hier also liegen die Aufgaben und die Herausforderung für diese und für die kommenden Generationen und, wie bereits erwähnt, aber auch die Gefahren. Auf diese soll zuletzt nochmals ausdrücklich hingewiesen werden.

Jede Art von *Erkenntnis*, ob es wissenschaftliche, technische oder parapsychische sei, ist an sich wertfrei, d.h. sie kann in «beliebiger» Weise verwendet werden. «Beliebig» umschreibt hier die ethischen Vorstellungen, aus denen heraus praktisches Handeln, des Einzelnen oder der Gesellschaft, erfolgt. Daraus folgt, daß auf jeder Entwicklungsstufe die moralische Kraft ausschlaggebend für unser Handeln ist und sein wird. Daraus folgt aber weiter, daß wir – leider – nicht hoffen können, eine neue spirituelle Weltanschauung und die damit verbundenen spirituellen Kräfte würden an sich schon die Probleme der Welt lösen. Im Gegenteil! Die Gefahren werden noch größer.

Wir sorgen uns heute über die moralischen Schwächen unserer Zeit, die sich im Rüstungswettlauf und anderen Problemen kundtun. So schwerwiegend diese Probleme heute sind, so wollen wir uns bewußt sein, daß die Zeit, die auf uns zukommt, uns noch vor größere Probleme stellen wird. Gemeint sind die parapsychischen Kräfte, über die jeder von uns in größerem oder geringerem Maße verfügt und die man sich durch Schulung aneignen kann. Mit Hilfe solcher Kräfte, seit alters her bekannt, ist es möglich, Nutzen oder Schaden zu bewirken. Die moralische Herausforderung, die sich dabei stellt, ist ungleich größer als die heutige, weil sie einerseits ins Persönliche geht und andererseits sich beinahe unkontrollierbar in der Masse verliert. Aus diesem Grunde würde es also vonnöten sein, auf die ethische Verfassung der Gesellschaft und des Einzelnen zu achten.

Dieser Umbruch, von dem hier die Rede ist, vollzieht sich sichtbar nicht nur auf dem Gebiete der Wissenschaft, sondern auch in der Kunst und in der Musik. PLATON hat bereits darauf verwiesen: «Wenn die Musik sich ändert, ändert sich das Denken der Menschen»[148]. Es ist daher interessant, die neuen Entwicklungen auch in der *Musik* zu verfolgen, wobei insbesondere die Zwölfton-Musik des Wiener Komponisten Josef Matthias HAUER (1883-1959) eine ganz bedeutende, derzeit kaum beachtete, Stellung einnimmt[149]. Dasselbe gilt für die *Male-*

148 PLATON: Der Staat, 4. Buch, 424 – 426
149 W. SZMOLYAN / J. M. HAUER: Wien: Verlag Elisabeth Lafite; Österr. Bundesverlag 1965

rei. Auch hier ist ein Umbruch zu sehen, der sich interessanterweise an den philosophischen Ansichten HAUERs orientiert und aus dieser Sicht heraus werden Kunstwerke geschaffen werden, die dem Konzept von «Zahl, Ordnung und Harmonie» entsprechen.

So zeigen sich also in unserer Zeit die Elemente einer neuen Epoche, die alle Bereiche unseres Seins erfassen und eine völlige Umgestaltung unseres politisch-sozialen und kulturellen Lebensraumes bewirken werden. Umgestaltungen jedoch sind dynamische Entwicklungen. Je starrer die persönliche oder gesellschaftliche Struktur gegeben ist, desto drastischer muß sich eine Dynamik im System auswirken. Das gilt für alle Bereiche unseres Seins – die politischen und religiösen Strukturen und auch unsere persönliche. In solchen Umbrüchen scheint es wichtig, auf die Toleranz in den Beziehungen zwischen dem *Alten* und dem *Neuen* zu verweisen. Nur diese kann die Härte der dynamischen Entwicklng mildern.

Ein Wandel in der Sicht von Welt und Mensch kann nur durch einen Wandel des Bewußtseins erfolgen, der nach Walter A. FRANK bereits einsetzt bzw. unumgänglich ist.

WALTER A. FRANK

WELTBILD IM WANDEL – WANDEL DES BEWUSSTSEINS

1. Die Jahrhundertwende und ihre Folgen

In der Wende vom 19. zum 20. Jahrhundert ereignete sich in der *Physik* ein entscheidender Einbruch in das bis dahin gültige Weltbild. Max PLANCK[1] hatte bei der Untersuchung der Schwarzkörper-Strahlung die überraschende Entdeckung gemacht, daß elektromagnetische Wellen nicht kontinuierlich auftreten wie bis dahin als selbstverständlich angenommen, sondern in *diskreten Quanten* (1899) und Albert EINSTEIN hatte diesen vermuteten 'Sonderfall' als allgemeine Naturkonstante in seine Spezielle Relativitätstheorie übernommen (1905). Von der Öffentlichkeit kaum beachtet, war damit aber ein grundlegend neuer Ansatz zum Verständnis der Welt entstanden, der das bis dahin als absolut gültig betrachtete Weltbild (Paradigma) GALILEI-NEWTON-DESCARTscher Prägung zu einem Sonderfall degradierte, gültig nur für den Bereich mittlerer Dimensionen. Mit der Formel $E = mc^2$ hatte EINSTEIN auch gleich noch das Dogma von der grundsätzlichen Verschiedenheit von Materie und Energie gestürzt – die Bombe von Hiroshima sollte ihn später nur allzudeutlich bestätigen.

a) Biologie

Auch in der *Biologie* tat sich in den zwanziger Jahren Seltsames mit William McDOUGALLs Laborratten und Hans DRIESCHs Seeigeleiern, doch diese Funde verschwanden schnell in den untersten Schubladen, paßten sie doch so schlecht ins alleingültige DARWINsche Evolutionsschema. EINSTEINs[2] Theorien machten zwar weiterhin Furore, aber

1 Max PLANCK: Physikalische Abhandlungen und Vorträge, 3 Bde., Braunschweig 1958; Die Welt der neuen Physik, Göttingen 1947

2 Albert EINSTEIN: Mein Weltbild, Ney York 1938; Die Grundlage der Allgemeinen Relativitätstheorie, Berlin 1920; Albert EINSTEIN / L. INFELD: The Evolution of Physics, Cambridge; Albert EINSTEIN / B. PODOLSKI / N. ROSEN: Can Quantum-Mechanical Description of Physical Reality Be Considered Complete? - Phys. Review 47 (1935)

ins öffentliche Bewußtsein traten die daraus folgenden Konsequenzen kaum; es war eine Diskussion unter Experten. Es mußte erst ein Zweiter Weltkrieg kommen, und vor allem die Entdeckung der zunehmenden Umweltverseuchung in den siebziger und achtziger Jahren, ehe Ansätze zu einem Umdenken auch in breiteren Kreisen der Öffentlichkeit bemerkbar wurden. Und gleichzeitig tat sich auch in den Wissenschaften einiges: Fritz A. POPP[3] fand eine ultra-niederfrequente Zell-Kommunikation, Ilja PRIGOGINE[4] *Dissipative Strukturen* in chemischen Lösungen, Sir John ECCLES[5] *nicht-physikalische* Nervenfunktionen, Karl PRIBRAM[6] eine *holografische Programmierung* des Gehirns, Francisco VARELA[7] die *Autopoiese* lebender Systeme und Rupert SHELDRAKE[8] schließlich entdeckte die *Morphogenetischen Felder* wieder, die bereits in den zwanziger Jahren zur Erklärung der Ergebnisse McDOUGALLs[9] und DRIESCHs[10] postuliert worden waren. Ja, jetzt entstanden sogar innerhalb der klassischen akademischen Landschaft ganz neue Disziplinen, wie *Kybernetik*[11], *Systemtheorie*[12], *Synergetik*[13] und *Ökologie*[14], und die bis dahin verachtete *Parapsychologie* bzw. *Parawissenschaft*[15] eroberte sich einige Universitäts-Institute, vor allem in den USA.[16]

3 Fritz-A. POPP: Biologie des Lichts, Berlin 1984

4 Ilya PRIGOGINE: From Being to Becoming, San Francisco 1980

5 Sir John ECCLES: The Neurophysiological Basis of Mind, London 1953; Sir John ECCLES / Sir Karl POPPER: The Self and Its Brain, Berlin 1977

6 Karl PRIBRAM: Languages of the Brain, New York 1971

7 Francisco VARELA: Principles of Biological Autonomy, New York 1979

8 Rupert SHELDRAKE: A New Science of Life, London 1981

9 William McDOUGALL: An experiment for the testing of the hypothesis of Lamarck, 3 Folgen, British Journal of Psychology 17, 20, 28, London 1927 / 30 / 38

10 Hans DRIESCH: Mind and Body, London 1929; Geschichte des Vitalismus, Leipzig 1922

11 Norbert WIENER: Kybernetik, Düsseldorf 1969

12 F. HÄNDLE / St. JENSEN (Hrsg.): Systemtheorie, München 1974

13 Hermann HAKEN: Synergetics, Berlin 1977; Erfolgsgeheimnisse der Natur, Stuttgart 1981

14 Theodore ROSZAK: The Making of a Counter Culture, New York, 1969; Peter RUSSELL: Die erwachende Erde, München 1984

15 Itzhak BENTOV: Stalking the Wild Pendulum, New York 1977; John B. HASTED: Speculations about the relation between psychic phenomena and physics, Psychoenergetic Systems 3, London 1978; Stuart HOLROYD: PSI and the Consciousness Explosion, London 1977; Guy L. PLAYFAIR: The Indefinite Boundary, London 1976; PSI-Phänomene, Freiburg 1976; Alfred STELTER: PSI-Heilung, München 1984; John TAYLOR: Superminds, London 1975;

16 Edward MITCHELL: Psychic Exploration, New York 1971

b) Öffentlichkeit

Parallel zu den neuen Ansätzen in den Wissenschaften tat sich auch in der *Öffentlichkeit* einiges. Durch die sich zuspitzende Umweltkrise wurden die Widersprüche zwischen wirtschaftlich-technologischem Handeln und dem humanen Recht auf Leben in einem ungestörten natürlichen Gleichgewicht, also einer gesunden Umwelt, als Schattenseite der Industriegesellschaft offenkundig. Es erwachte der Selbsterhaltungstrieb der Gattung Mensch und damit ein geschärftes Umweltbewußtsein; Gründungen umweltspezifischer Organisationen waren die Folge, mit dem schließlichen Einzug der Grünen in eine Reihe von Parlamenten, einschließlich des Europäischen. Jetzt erst dämmerte es den verantwortlichen Politikern, daß ihre Strategie, nur von Legislaturperiode zu Legislaturperiode zu planen, ihnen selber bald das Wasser abgraben würde. Plötzlich fingen auch die großen Parteien an, das in der Bevölkerung ständig weiterwachsende Umweltgewissen ernst zu nehmen. Aber es krankt ja nicht nur die *Außenwelt* in unseren Landen, um die *Innenwelt* einer Vielzahl von Menschen sieht es nicht viel besser aus, nachdem ein schrankenloser Materialismus alle 'höheren' Werte zu hohlen Phrasen entwertet hatte, wie sie Politikern bei Sonntagsreden als Sprechblasen aus den Mündern quollen. Die sogenannte 'Basis' aber hatte wieder einmal ihre eigentlichen Bedürfnisse früher erkannt. Und wie die aussehen, ist nicht zuletzt am Buchmarkt abzulesen, der in einer 'freien' Wirtschaftsgesellschaft ja vom Umsatz, also dem Bedarf abhängig ist. Neue Verlage, ausschließlich auf 'esoterische', 'okkulte', parawissenschaftliche, spirituelle und ähnliche einschlägige Titel ausgerichtet, sprossen dutzendweise aus dem Boden und auf der Frankfurter Buchmesse 1984 wurden alleine an 'spirituellen' Titeln über 5000 deutschsprachige angeboten – neue, wohlgemerkt, innerhalb eines Jahres! Da mochte selbst der bis dato intellektuell-materialistische Rowohlt-Verlag nicht mehr auf das Geschäft verzichten und richtete eine Taschenbuch-Reihe «Transformation» ein.

c) Physik

Und in der Physik, bei der ja alles das angefangen hat, gibt es inzwischen etliche Theorien,[17] die für sich in Anspruch nehmen,

---

17 Hans G. KÜSSNER: Grundlagen einer einheitlichen Theorie der physikalischen Teilchen und Felder, Göttingen 1976

nun endlich auch das ganze Weltall zu umfassen und alle Erscheinungen der Gesamtwirklichkeit. Sie alle, soweit sie wirklichen Fortschritt
versprechen, gründen sich auf ein ganzheitliches Weltbild, das in letzter Konsequenz eine geistige Natur alles Seienden nahelegt. Sprachen
die *Quantenphysiker* der dreißiger und vierziger Jahre noch von «zu-
sammenbrechenden Wahrscheinlichkeitswellen», wenn sie die materielle Wirklichkeit beschreiben wollten, dann heißt es heute: «Ein Tanz
ohne Tänzer» (David FINKELSTEIN[18], Universität Georgia), oder: «Es
könnte sein, daß Geist und Materie ein und dasselbe sind» (Herwig
SCHOPPER[19], CERN bei Genf). So kann denn auch Burkhard HEIM[20] in
seiner 6-dimensionalen Einheitlichen Metronen-Quantenfeld-Theorie
nicht nur alle uns bis heute bekannten Erscheinungen erklären, sondern es bleibt auch noch Platz für weitere, noch gar nicht entdeckte.
Und David BOHM[21] (Universität London) nannte sein Hauptwerk
«Wholeness and the Implicate Order» (Ganzheit und die implizite Ordnung), in dem er die Grundlagen für eine neue Art physikalischer
Theorien entwirft. Sein Weltentwurf ist nach vorne offen für eine Weiterentwicklung in immer fein-'stofflichere' Größenordnungen des Al-
lerkleinsten, obwohl schon heute in den Annalen der Physik von
'Fester Materie' nicht mehr die Rede sein kann, da sich alles 'Atomare'
in Quasi-Partikel (Quarks) und Schwingung aufgelöst hat – einen Tanz
ohne Tänzer...

d) Das Numinose

Fast sollte man meinen, die Physik sei an allem schuld, aber das
wäre zu vordergründig. Auch die Physik spiegelt ja nur wieder, was als
Trend sich schon länger anbahnte. Denn um die Mitte des vorigen
Jahrhunderts brach das *Numinose* in die Welt des Materialismus ein,
der um eben diese Zeit seinem theoretischen und realen Höhepunkt
zustrebte. Während eine materialistisch-mechanistisch begründete
Wissenschaft glaubte, nunmehr das gesamte All mit allen seinen Naturgesetzen erfassen und erklären zu können, meldeten sich aus dem –

---

18 D. FINKELSTEIN: Past-Future Asymmetry of the Gravitational Field of a Point Particle, Physical Review 110 (1958)
19 Herwig SCHOPPER: Zitiert in: R. WOKOMIR / J.-J. DAETWYLER: Quarkstadt, OMNI 5
(1984)
20 Burkhard HEIM: Elementarstrukturen der Materie I / II, Innsbruck 1984 / 86
21 David BOHM: Wholeness and the Implicate Order, London 1980

angeblich nicht existierenden – Jenseits die 'Geister' selber zu Wort. Dem akademischen Wissenschaftsestablishment verschlug es die Sprache, und es hat sie bis heute nicht wiedergefunden. Hervorragende Einzelwissenschaftler aber nahmen die Herausforderung an und gründeten Gesellschaften für 'Psychische' Forschung, von den lieben Kollegen als 'Spleen' ansonsten ganz intelligenter Forscher verlacht. Wie so oft im Leben, erwies sich dieses schnelle Lachen als verfrüht. Inzwischen gibt es über ein Dutzend Universitätsinstitute, vor allem in den USA, und unzählige private Institutionen, die den sogenannten *Psi-Phänomenen* ihre wissenschaftliche Aufmerksamkeit widmen, und Zehntausende 'Medien', Heiler und esoterische Lehrer verbreiten PSI-Wissen und Können im Volke. Buchstäblich Zehntausende auch nahmen mittlerweile an Metallbiege-Parties teil und die Zahl derer, die bloßen Fußes über 700° glühende Kohlen schritten, geht nun auch schon in die Tausende (der Autor eingeschlossen).

Und wozu das Ganze? Sicherlich nicht zum Vergnügen. Allen ernsthaften Veranstaltungen solcher Art liegt die erklärte Absicht zugrunde, durch die eigene Erfahrung des eigentlich 'Unmöglichen' die Grenzen des geläufigen Alltagsbewußtseins zu überschreiten und zu erkennen, welche Möglichkeiten unser Geist birgt, wenn man ihn über die Materie erhebt. Es sind die Initiationsriten einer anbrechenden Neuen Zeit, die sich da in Seminaren und Workshops abspielen. Es sind die Eintrittskarten in ein Neues Zeitalter, das seinen Schein bereits vorauswirft. Und dies ist ein Schimmer der Hoffnung am eigentlich recht düsteren Horizont einer Welt, die an den fatalen Nebenwirkungen einer bloß *materiell* bestimmten Überflußgesellschaft zugrundezugehen droht.

«Wo aber Gefahr ist, wächst das Rettende auch.» (HÖLDERLIN)
«Wo die Not am größten, ist auch Gott am nächsten.» (VOLKSMUND und BERTOLD BRECHT)[22]
«Die Katharsis bringt die Wende zur Heilung.» (FREUD).

Und so sind denn auch die von einer neuen Inquisition der 'Sekten-Pfarrer' verfolgten 'Jugendsekten' und verwandte Erscheinungen in einem etwas anderen Licht zu sehen, als sie der Öffentlichkeit in der Regel dargestellt werden. Sie füllen nämlich genau die Lücken aus, die

22 Bertold BRECHT: Die Dreigroschen-Oper

eine sinnleere Konsumgesellschaft und ihre weithin geistentleerten
Kirchen hinterlassen haben. So unterschiedlich sie in ihrem Herkom-
men, ihren Formen und Paradigmen auch sein mögen, es ist ihnen eines gemein: Sie denken und handeln aus einer ganzheitlich-spiri-
tuellen Weltsicht. Geistiger Urgrund und ganzheitliches Funktionsprinzip sind aber exakt die elementaren Aspekte auch des sich inzwischen herausschälenden neuen wissenschaftlichen Weltbildes. Aus
welch unterschiedlichen, ja entgegengesetzten Ecken die neuen Tendenzen auch herstammen mögen, ihre Zielrichtungen streben ganz offenkundig einem gemeinsamen Mittelpunkt zu: einer geistigen Erneuerung des Menschen und seiner Einstellung zu sich selbst und seiner
Umwelt, deren untrennbares Teil er ja ist, was nun zunehmend auch
erkannt wird.

2. Der Neue Mensch

Vielleicht schon zu oft wurde der «Neue Mensch» postuliert, nur hat
er bisher doch ganz schön auf sich warten lassen.

Schon das frühe Christentum hoffte ihn hervorzubringen – und was
ist daraus geworden? Renaissance und Aufklärung versuchten es erneut – und was ist daraus geworden? Die französische und die amerikanische Revolution wagten es wieder – und was ist daraus geworden?
Dann kam schließlich Karl MARX[23] mit seinem Kommunismus – und
was ist daraus geworden? Auch die Nationalsozialisten erhoben diesen
Anspruch – und was ist daraus geworden?

Ist der Mensch immer so gewesen, wie er halt nun einmal ist, und
sind alle Bemühungen, ihn zu ändern, vergeblich? Ist er ein geborener
Egoist und wird er das immer bleiben? – Das mag so aussehen, wenn
wir von unserer Geschichte aus urteilen, soweit wir sie überschauen
können. Aber ist das die einzig mögliche menschliche Geschichte?

Es gab – und gibt noch in Resten – Völker und Kulturen mit davon
abweichenden Weltbildern und Verhaltensnormen. Und sie sind Menschen wie wir gewesen und sind es noch. Wir sollten also die Scheu-
klappen ablegen, uns gewohnte Zustände seien die allgemein und allein gültigen. Ja, selbst in unseren Breiten gab es Zeiten, in denen der

---

23 Karl MARX: Das Kommunistische Manifest, London 1848

Geist über dem Bauch und Ethik über Umsatz rangierten. Hätte es sonst zum Beispiel Kreuzzüge geben können (so fragwürdig ihr Ziel auch sein mochte)? Und haben sich nicht auch bei uns Menschen für ihren Glauben hinschlachten lassen, noch in unserem Jahrhundert? Gibt es tatsächlich keinen anderen Menschen als den, den uns Trivial-Darwinismus und Kommerzherrschaft bescherten?

Der Mensch lebt aus seinem *Bewußtsein*. Es existiert nichts für uns, außer was in unserem Bewußtsein existiert. Und selbst die Welt da draußen, die es ja auch noch gibt, kommt für uns erst in Erscheinung mit dem Augenblick, in dem sie in unser Bewußtsein tritt. Von unentdeckten Planeten haben wir nicht die geringste Ahnung, ehe wir nicht auf ihre Spuren stoßen. Unser Bewußtsein ist die Pforte, durch welche die Welt zu uns eintritt, und alleine unser Bewußtsein. Selbst unsere Sinne nützen uns nichts, solange unser Bewußtsein die von ihnen aufgefangenen Reize nicht verarbeitet. Nun hat sich aber inzwischen selbst bis in die Wissenschaften herumgesprochen, daß diese unsere Welt vermutlich ein Gewebe aus ganzheitlichen Zusammenhängen ist, die untrennbar wechselseitig verbunden sind. Das ergibt sich schon aus dem berühmten *Einstein-Podolski-Rosen-Paradox*: Zwei Teilchen (z. B. Photonen), die gleichzeitig aus derselben Quelle freiwerden, dürfen nicht alle Eigenschaften teilen. Fliegen sie etwa in entgegengesetzter Richtung auseinander und hat das rechte einen Rechtsspin (Drehrichtung), so muß das linke ausnahmslos einen Linksspin haben. Drehe ich aber eines der Photonen um, so wechselt augenblicklich auch das andere Teilchen seinen Spin, damit es wieder entgegengesetzt rotiert als das andere (Abb. 1). Das Prinzip ist inzwischen experimentell erhärtet und mathematisch 'gelöst' (*Bell-Theorem*).[24] Es besagt aber nichts anderes, als daß auch Teilchen telepathische bzw. hellseherische Fähigkeiten haben müssen – oder aber, daß in der Tat eine elementare wechselseitige Beziehung besteht unter allen Erscheinungen und Ereignissen, die im gesamten Kosmos vorkommen. Die Menschen sind nun wohl auch ein Teil dieses Kosmos, das gilt also auch für sie. Der uns so als selbstverständlich vertraute blanke Egoismus entpuppt sich damit aber als die kolossalste Dummheit, die Menschen sich je geleistet haben. Die schon von *Buddha* als Illusion entlarvte Ichhaftigkeit (Anatta-Lehre) erweist sich bei näherem Besehen als probate Methode, sich ins

24 J. S. BELL: CERN-Report 1964, Genf 1964

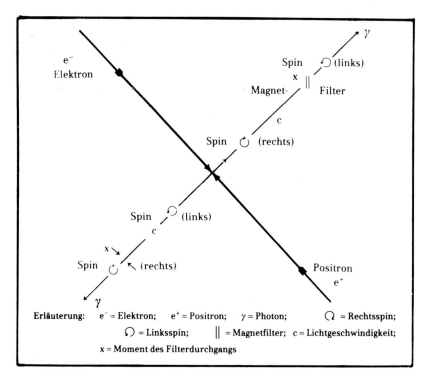

Erläuterung: e⁻ = Elektron;   e⁺ = Positron;   γ = Photon;   ↻ = Rechtsspin;
↺ = Linksspin;   ‖ = Magnetfilter;   c = Lichtgeschwindigkeit;
x = Moment des Filterdurchgangs

Abb. 1: Ein *Elektron* (e⁻) und ein *Positron* (e⁺) stoßen zusammen und lösen sich explosionsartig in Energie auf, die in Form von zwei Licht-Quanten (Photonen, γ) mit Lichtgeschwindigkeit (c) in entgegengesetzter Richtung auseinanderfliegen. Nach dem PAULI-
Prinzip dürfen die beiden Photonen nicht alle Eigenschaften teilen. Hat das rechte Photon einen Rechts-Spin (Drall, Drehrichtung), so muß das linke einen Links-Spin haben.
Drehe ich nun den Spin eines der beiden Photonen mittels eines Magnet-Filters um, so
ändert sich *gleichzeitig* auch der Spin des anderen Photons, obwohl doch nach der Relativitätstheorie keine Information sich schneller ausbreiten kann als das Licht, ein vom um-
gedrehten Photon ausgesandtes Signal also niemals das andere Photon erreichen kann.
Nach David BOHM ist dieses Experiment der Nachweis einer ganzheitlich-wechselsei-
tigen Verbundenheit aller Ereignisse im Weltall, was der Mathematiker BELL mittels
hochkomplexer Matrizen nachvollziehen konnte.

In neueren Publikationen wird gelegentlich eingewandt, die Pauli-Ausschließung gelte
nur für Teilchen mit halbzahligen Spin, z. B. Elektronen. Das hat jedoch für die *prinzipielle* Erklärung des Phänomens keine Bedeutung, für die Photonen sich besser anbieten,
da sie sich ja immer mit Lichtgeschwindigkeit (c) bewegen, bei ihnen ein Informationsaustausch nach der Relativitätstheorie also in jedem Falle ausgeschlossen ist, nach der
auch Informationen sich im äußersten Falle nur mit Lichtgeschwindigkeit bewegen können, so daß Information von dem einen das andere Photon nie erreichen könnte. Elektronen dagegen können nie ganz Licht-Geschwindigkeit erreichen, so daß es komplizierter
wäre, die Unmöglichkeit des Informationsaustausches modellhaft nachzuweisen. Gerade
darum aber ging es EINSTEIN, als er dieses Gedankenexperiment vorschlug. Wir verweisen ferner auf das bekannte ASPECT-Experiment!

eigene Fleisch zu schneiden – nur fehlt uns bislang das rechte Bewußtsein, dies auch zu erkennen – und wenn es einmal erkannt wird, das nötige Bewußtsein, etwas daran zu ändern. Und wieder einmal stellt sich heraus: Bewußtsein ist eben alles!

3. Wandel des Bewußtseins

Wer einmal eine *spirituelle Heilung* erfahren hat, ist hinterher nicht mehr derselbe, der er vorher war, und selbst wenn es nichts geholfen hat, haben viele nachher eine andere Einstellung zu ihrer Krankheit. Wer einmal erlebt hat, wie nur anhand seiner Vorstellung zwischen seinen Fingern ein Löffelstiel weich wurde, so daß er ihn um seine Achse wickeln konnte, der hat hinterher nicht mehr dieselbe Vorstellung von Geist und Materie wie vorher. Er hat erlebt, daß Materie keineswegs alles ist, und schon gar nicht das Allesbeherrschende. Und wer schließlich über glühende Kohlen lief, ohne sich zu verbrennen, der weiß hinterher, daß er auch noch andere 'völlig unmögliche' Dinge bewirken kann, und zwar nur mit seinem Bewußtsein. – Alleine dafür gibt es heute diese Phänomene und ihre steigende Verbreitung!

«Die Philosophen haben bisher die Welt nur interpretiert. Es kommt aber darauf an, sie zu verändern!» (Karl MARX, Kommunistisches Manifest).

Daß diese Welt und unser Umgang mit ihr der Veränderung bedarf, ist heute kaum noch bestreitbar. Wie kam sie in den Zustand, der ihre Veränderung so notwendig erscheinen läßt? Durch unser *Handeln*. Woher wird unser Handeln bestimmt? Aus unserem Bewußtsein. Was muß sich also zuerst ändern, wenn sich an unserem Handeln etwas ändern soll? Unser Bewußtsein. – *Bewußtsein* und *Sein*, was ist primär? – Diese Fragestellung ist so leider veraltet, denn Bewußtsein und Sein sind selbstverständlich untrennbar wechselseitig verbunden, wie die beiden Teilchen im EPR-Paradox: ändere ich eines von beiden, ändert sich unvermeidlich auch das andere. – Ein Widerspruch zum oben Gesagten? Keineswegs! Wie David BOHM uns schlagend nachweist, müssen wir aufhören die Welt und ihre Wirklichkeit mit einer Logik zu betrachten, die nur in Gegensatzpaaren denkt. Bemüht sich also die kleine Außenseiter-Minderheit der Esoterik-Lehrer, Löffelbieger und

Feuerläufer vergebens? Mitnichten! Und jeder, der weiterhin zu ihnen stößt, verändert bereits die Gesamtsituation. Denn, wie wir aus der Atomphysik gelernt haben, genügt es schon, die 'kritische Masse' zu erreichen – eine qualifizierte Minderheit also – um eine Kettenreaktion nach dem Schneeball-Prinzip in Gang zu setzen. Denn jeder dieser wenigen Einzelnen ist ja Teil der größeren ganzen Gesellschaft und Menschheit. Mit der Veränderung in seinem Bewußtsein ändert er das Sein des Ganzen. Und dafür liefert dann auch noch ein moderner *Biologe* den wissenschaftlichen Nachweis, nämlich Rupert SHELDRAKE mit seiner *'Morphischen Resonanz'* als Agens der formbildenden Felder, die dann die Gesamtheit einer Spezies erreichen. Und der Physiker David BOHM meint das Gleiche, wenn er von *'Rheomodus'* und *'Holomovement'* spricht.

«Wenn in Peking ein Schmetterling mit den Flügeln schlägt, dann ändert sich in Amerika das Wetter!» (Hermann HAKEN, Vater der Synergetik, 1985 in einem Rundfunkinterview).
«Wenn eine Feder zur Erde fällt, erzittert das ganze Weltall!» (LAO-TSÜ[25], 6. Jahrhundert v. Chr. in 'Tao-te Ching').

Unsere Generation lebt in einer interessanten Zeit. Ob es denen, die sich 'Oben' wähnen, gefällt oder nicht: diese Welt verändert sich nun grundlegend. Und zum erstenmal, soweit wir menschliche Geschichte überblicken können, sehen wir nicht nur die Richtung, wir können sie sogar aktiv mitbestimmen. Und auch das dafür nötige, richtige Bewußtsein ist in Ansätzen schon am Werke.

4. Auf der Suche nach Gott!?

– Und wohin soll das alles führen?
   Aus der Schizophrenie einer gespaltenen Wirklichkeit, für die Religion, Philosophie und Wissenschaft eine jeweils ganz andere Interpretation anbieten, hin zu einer neuen Ganzheit alles Seienden und zu einem Bewußtsein, weit genug, dies auch zu erfassen und zu gestalten. Wie sagte einst schon Sören KIERKEGAARD:[26] «Es gibt zwei Wege sich

25 LAO-TSÜ: Tao-Te-Ching (Übers. v. Lau, Debon und Ular), div. Ausg.
   26 Sören KIERKEGAARD: Entweder-Oder, Kopenhagen 1843; Philosophische Bissen, dto. 1844

selber zum Narren zu halten: Indem man glaubt, was nicht ist, und indem man nicht glaubt, was ist!» – Eine neue Wissenschaft sieht sich da in der Mitte: Sie sucht zu ergründen, was ist, wie es ist und warum es so ist, wie es ist. Und unbesehen dogmatisch gesetzter Schranken längst verkarsteter Wissenschaftsbürokratien soll nun wieder gelten, daß *Wissenschaft* ist, was *Wissen schafft*. Grundlegend neues Wissen und grenzüberschreitend. Thomas KUHN[27] und Paul FEYERABEND[28] leiteten auch wissenschaftstheoretisch diesen Paradigmenwechsel ein.

Die *Philosophie*, soweit sie diesen Namen noch verdient, wurde in den letzten Jahrzehnten von *Physikern* geschrieben. Aber mit dem Mathematiker Alfred N. WHITEHEAD[29], dem Psychologen Gregory BATESON[30] und schließlich Hans JONAS'[31] «Ende des Materialismus» kam auch in die 'Königin der Wissenschaften' wieder weiterführende Bewegung.

a) Religionen

Lebhaft dagegen ging es in den organisierten *Religionen* zu. Da wurde gegenüber anderen Konfessionen geöffnet und wieder etwas weiter zugemacht, Gott zur 'Formel' abstrahiert und schließlich theologisch ganz hinauskomplimentiert, die Kirchensprache abgeschafft und doch wieder zugelassen, Musik aus den Diskos in die Kirchen geholt, ohne jedoch die dazugehörende Jugend mitzuziehen, bis am Ende die Losung «Zurück zum Bewährten» als letzter Strohhalm blieb. Die Kirchen füllten sich trotzdem nicht. Anderwärts gar glaubte man, sich Rückfälle ins finstere Mittelalter und die damit einhergehende Tyrannei leisten zu können und leistet sie sich noch. Neben den 'offiziellen', etablierten Religions-Monopolen aber erwachte immer stärker bei vielen Menschen das Bedürfnis nach echter re-ligio, nach Sinnerfüllung und Gotteserfahrung. Und neben all den vielen Religionen wurde die Frage laut nach der einen, allem Gottes-Suchen zugrundeliegenden, Allen gemeinsamen Religion, lassen sich doch die Aussagen der Heiligen Schriften so gut wie aller Glaubensrichtungen auf die gleichen Grund-

27 Thomas S. KUHN: The Structure of Scientific Revolution, Chicago 1962
28 Paul FEYERABEND: Wider den Methodenzwang, Frankfurt 1976
29 A. N. WHITEHEAD: The Concept of Nature, New York 1922; Process and Reality, New York 1929
30 Gregory BATESON: Ökologie des Geistes, Frankfurt 1981
31 Hans JONAS: Zwischen Nichts und Ewigkeit / Das Ende des Materialismus, 1963

nenner reduzieren: Den Verdacht, daß diese Welt in all ihrer wunderbaren Fülle eben doch kein bloßes Produkt aus «Zufall und Notwendigkeit ist (Jacques MONOD)[32]; daß die sie so vollendet regelnden Prinzipien nicht alleine aus einem 'Urknall' zu verstehen sind; und daß das Ganze danach aussieht, als wirke da eine unvorstellbar perfekte Intelligenz aus dem Hintergrund. Wenn dem aber so ist, dann kann es nicht gleichgültig sein, wie wir uns dieser Welt und den ihr innewohnenden Lebewesen gegenüber benehmen. Und zwar im Grundsätzlichen, und nicht nach von Religions-Inhabern jeweils aus gesellschaftlichen Umständen verkündeten, menschlich-allzumenschlichen Normen, die ihre Herkunft aus macht-egoistischen Urgründen oft nur schwer verleugnen können. Gerade bei uns im Westen blüht nun eine vorher nie und nirgendwo gekannte Vielfalt religiöser Lebensführung auf, die Formen exotischer Herkunft mühe- und nahtlos miteinbezieht. Ist diese Vielfalt eine weitere Aufsplitterung und als solche zu beklagen? Wohl kaum. Sie zeigt doch zu welchem Reichtum religiöses Leben fähig ist, wird es nicht von starrer Organisation eingeengt und erdrückt von der Machtgewichtigkeit hochgeschichteter Hierarchien. Und schon gibt es ein *Forum für Universale Religion*, das sich der Wiederzusammenführung aller Religionen unter Beibehaltung aller formalen Unterschiede verschrieben hat. – Gibt es eine Instanz, die dieses großartige Weltall geschaffen hat und unterhält, dann kann diese Gottheit, oder wie immer man sie nennen will, nicht mit all den kleinlichen menschlichen Eigenschaften und Bedürfnissen geschlagen sein, mit denen die etablierten Religionen sie so gerne ausstatten. Dieser Gott ist entweder der Gott aller Geschöpfe, oder gar keiner, sondern eine Erfindung menschlicher Unzulänglichkeit. Entspringt dieser Gott aber nicht nur einem menschlichen Bedürfnis nach Selbstbestätigung, sondern ist er denknotwendig zur Erklärung des Weltalls wie es sich uns darstellt, dann müßte er doch eigentlich so langsam auch in der Wissenschaft wiederentdeckt werden...

b) Gott

In der Tat, dafür mehren sich die Anzeichen. Nicht nur Altmeister der Physik wie PLANCK, EINSTEIN, HEISENBERG[33] und andere hat-

32 Jacques MONOD: Le hazard et la nécessité, Paris 1970
33 Werner HEISENBERG: Das Naturbild in der Physik, Hamburg 1955; Die physikali-

ten den Mut das offen zuzugeben. In der Molekularbiologie kam man darauf, daß das Leben auf dieser Erde nicht so einfach entstanden sein kann, wie die Epigonen DARWINs glaubten und immer noch glauben. Nach dem heutigen Stand unseres Wissens genügt es eben nicht, ein paar Aminosäuren zu synthetisieren und dann zu warten, bis sie sich selber zu den unvergleichlich komplexeren Proteinen zusammengefunden haben, die erst 'Leben' ermöglichen.[34] – Es wäre ein 'Warten auf Godot'...

> «Man stelle sich vor, auf einem riesigen Abfallplatz sammelt sich eine Menge Schrott an; dann kommt ein Tornado, der wirbelt alles gründlich durcheinander und wenn er weiterzieht, steht dort ein voll funktionsfähiger Jumbo-Jet. – Das ist etwa die Wahrscheinlichkeit, daß das Leben auf dieser Erde durch Zufall entstanden ist!» (Stanislav GROF)

Selbst ein Physiker wie Burkhard HEIM braucht ein zugrundeliegendes Urprinzip intelligenterer Art, um alle beobachtbaren Phänomene unter einen Hut zu bekommen. Diese schöne neue Welt einer neuen Wissenschaft ist eben nicht so mechanistisch simpel, wie die MONODs sie gerne hätten, sondern verrät eine allem zugrundeliegende geistige Instanz.

Und damit schließt sich der Kreis.

Da ist einerseits diese schöne Welt von menschlicher Kurzsichtigkeit und Raffgier an den Rand des Abgrunds gewirtschaftet worden, in materieller wie geistiger Hinsicht. – Warum hat ein sogenannter Gott das wohl zugelassen? Weil er seinem selbsternannten Ebenbild den freien Willen zugestand. Da scheint es aber andererseits auch so etwas wie einen höheren Plan zu geben, in dem derselben Menschheit auch die Chance eingeräumt ist, selber wieder die Dinge in Ordnung zu bringen. Nicht erzwungenermaßen, sondern aus freiem Willen. Um den freien Willen zu gebrauchen, hat der Mensch sein Bewußtsein. Und eben das wächst nun zur rechten Zeit, um noch Schlimmeres verhindern zu können, und zwar aus eigener Einsicht und in eigenem Bemühen.

Wie es weitergehen wird, liegt nun alleine an uns.

schen Prinzipien der Quantentheorie, Leipzig 1942; Physics and Beyond, London 1971; Der Teil und das Ganze, München 1969

c) Das neue Bewußtsein

Geht die Zersplitterung partikularistischen, egoistischen, reduktionistischen Denkens und Handelns so weiter, wird unsere schöne Welt in den Abgrund torkeln. Gelingt es denen, die schon erkannt haben, worum es geht, ihre Einsicht an möglichst viele andere weiterzureichen, dann wächst die Chance der Erneuerung und der Evolution wird ein Quantensprung zu einer reiferen Menschheit möglich. Der Weg ist schon vorgezeichnet: Das neue Bewußtsein wird einem neuen Paradigma entsprechen, und umgekehrt. Es wird die Einzelzüge des Großen Ganzen wieder zusammen sehen, so daß Wissenschaft, Philosophie und Religion zum Beispiel wieder in einem einheitlichen Weltbild zusammenfinden zum Wohl der ganzen Schöpfung, einschließlich des Menschen als Mitgeschöpf.

Ist das wirklich so ganz unmöglich?

Es ist sicher nicht ganz unmöglich. Aber ist es auch wahrscheinlich, daß diesmal die Menschheit sich dazu aufrafft, den Wandel nicht nur zu wollen, sondern auch zu schaffen, und zwar dadurch, daß genügend einzelne bei sich selber damit anfangen? War es nicht schon zu oft so in der Geschichte, daß Protagonisten, die aufstanden und die Veränderung zum Besseren forderten, zwar begeistert gefeiert wurden, dann aber bald mit wenigen Gefolgsleuten alleine dastanden, während die Massen weiter ihren Gewohnheiten und Lüsten frönten?

Es kann sein, daß es wieder so kommt! Es kann auch sein, daß es diesmal *anders* kommt!

Denn: noch nie in der menschlichen Geschichte war die Situation wie jetzt!

Noch nie haben die Zeichen der Umweltzerstörung sich so schnell und so unübersehbar gezeigt. Noch nie war das angesammelte militärische Vernichtungspotential auch nur vergleichsweise so allumfassend und total – und so leicht zu gebrauchen. Aber noch nie auch hatte *das Bewußtsein* dieser Tatsachen so viele erfaßt und in so kurzer Zeit! Möchten die Wirtschaftler und Politiker, Soziologen und Journalisten, – die am wenigsten vom neuen Geist erfaßten Gruppen –, auch auf die «Goldenen Zwanziger Jahre» verweisen, in denen mit Jugendbewegung, Rudolf STEINER, Spiritistischen Salons und dem Erblühen neuer Sekten eine gewisse Um- und Aufbruchstimmung Mode war, die dann aber sehr schnell im braunen Sumpf versank. Doch die Hoffnung des

Establishments, dies wäre nun nur eine Neuauflage jener 'Stimmung', täuscht sich gewaltig. Zwar haben die *Grünen* sie erst das Fürchten gelehrt und sich dann selber zu Papiertigern entmannt in ihrer Zersplitterung und den endlosen inneren Streitigkeiten um Ideologie. Aber die Grünen sind ja nur Vorhut einer sehr viel weitläufigeren Bewegung, die längst in breitesten Schichten der Bevölkerung wächst, und kaum feststellbar, da weithin unorganisiert. Ihr Wachsen ist nicht gesteuert, es ist organisch, aus Einzelnen zu Paaren, Grüppchen, Gruppen, die sich dann erst zu organisieren beginnen. Eine unübersehbare Zahl von Vereinen, Instituten, Zentren, Aktionsgemeinschaften, Meditationshäusern, Freundeskreisen, usw. gibt es schon und fast jeden Tag entstehen neue. Workshops zu 'alternativen' und 'spirituellen' Themen sind weithin ausgebucht, und fast alle versprechen genau das, worauf es nun ankommt: Bewußtseins-Erfahrung und Bewußtseins-Erweiterung!

Sicher, das sind immer noch relativ kleine Minderheiten, und weitverstreute. Aber die Fäden des Pilzgeflechts im Boden sind ja auch eine verschwindende Minderheit unter all den Myriaden Wurzeln und Bodenbakterien. Aber sie sind diejenigen, die am stärksten wachsen. Über kurz oder lang haben sie ein ganzes Areal durchzogen. Und irgendwann, wenn die Zeit reif ist, sprießen die Pilze aus dem Boden, durchbrechen unaufhaltsam selbst starre Asphaltdecken städtischer Bürgersteige, die weißen Köpfe der Champignons, entfalten sich und breiten ihre Sporen über weitere Flächen aus.

Es ist das schnelle Wachstum eines aufwachenden Bewußtseins, das Hoffnung gibt. Eine vergleichbare Erscheinung ist bisher unbekannt in der Geschichte. Unorganisiert, von unten, aus dem Boden der Menschheit kommt diese neue Bewegung. Es ist ein Wachstum aus fruchtbaren Schichten, genau entgegengesetzt dem «Wachstum, Wachstum über alles», das unsere Wirtschaftsstrategen uns immer wieder vorbeten, und das ja eine der Ursachen für die zunehmende Umweltzerstörung ist. Denn *materielles* Wachstum ist unlösbar auch an wachsende *Entropie* gekoppelt, und dieses Naturgesetz haben viele der uns Bestimmenden und Regierenden noch nicht begriffen, zu unser aller und der Welt Schaden. Längst wird es ihnen aber schon von unten her beigebracht: Jetzt müssen sie mögliche Umweltfolgen in ihre Überlegungen miteinbeziehen, zumindest in ihren Reden. Um auf Dauer glaubhaft zu sein, werden sie bald ein wenig mehr tun müssen. Auch sie werden anfangen müssen, sich zu fragen, ob denn das Bewußtsein, mit dem sie bisher dachten und handelten, wohl ganz das optimale gewesen sei. Wollen sie die kommenden Jahre überstehen, in denen ja auch unten das Bewußtsein weiter wachsen wird, dann müßten sie bald zur Kenntnis nehmen, was da im Volke vor sich geht. Denn jeder der immer noch wenigen Erwachten und Erwachenden hat ja ein Umfeld, das er mitbeeinflußt. Es müßten also gar nicht *alle* begreifen, worum es geht; eine qualifizierte Minderheit, die wächst, erreicht irgendwann die Schwelle des «hundertsten Affen», und dann ist die morphogenetische Feldstärke ausreichend, um auch auf andere Gruppen der Gattung homo sapiens überzuspringen, auch ohne unmittelbare Verbindung! Und es geschieht, was aus der Atomphysik so wohlbekannt ist: Die Kettenreaktion breitet sich *selbsttätig* weiter aus. Es braucht ja gar nicht jeder zu begreifen, worum es eigentlich geht. Es genügt vollauf, wenn es bei einer gewissen Zahl Mode wird, so zu denken und zu handeln. Dann bekommt dieses Denken und Handeln nämlich normative Züge, und die Anderen machen ganz alleine mit!

Haben wir aber noch genügend Zeit, bis der Bewußtseinswandel weit genug um sich gegriffen hat? Gehen wir nicht bereits viel zu nahe am Abgrund, um noch auf das Aufwachen größerer Massen warten zu können?

5. Ernst und Hoffnung

In der Tat, die Zeit wird knapp, und knapper von Tag zu Tag. 15 bis 20 Jahre gaben die UNO-Studien des Jahres 1980 der Menschheit noch auf diesem Planeten, wenn sie ihren eigenen Lebensraum weiterhin so vergiftet und zerstört – ohne zusätzliche Katastrophen irgendwelcher Art, wohlgemerkt, nur durch Weitermachen wie bisher! Das ist verdammt wenig, zumal von dieser Frist ja schon wieder etliche Jahre verstrichen sind. Die warnenden Stimmen von 600 international anerkannten Wissenschaftlern verschwanden damals schnell in der Schublade, wollte man die Leute – und die Welt – doch nicht erschrecken, sondern mit 'neuem Optimismus' regieren. Und schnell folgte auch ein gewisser Rückschwung in alte gewohnte Bequemlichkeiten bei vielen.

Aber bei vielen anderen blieb nicht nur das Gewissen wach, es verstärkte sich gerade durch diesen provozierenden Rückschwung. Licht und Schatten sind immer zusammen da, und auch der Schatten hat mitunter seine Funktion. Zum Beispiel, daß manche sich aufgefordert fühlen, nur umso gründlicher hineinzuleuchten. Und Licht ist immer noch stärker als selbst der tiefste Schatten – es genügt da manchmal ein Streichholz.

Sind wir dann aber noch allzuweit von dem Punkt entfernt, da die Einsicht in die Notwendigkeiten eines anderen Umgangs mit uns selber und unserer Umwelt das öffentliche Bewußtsein entfacht? – Ein Blick in Zeitungen und Fernsehnachrichten genügt, um zu sehen, daß es so schlecht darum gar nicht mehr steht. Vergleicht man dann noch, welchen Stellenwert diese Themen vor fünf Jahren noch hatten, nämlich fast keinen, dann kann man das Wachstum erkennen und seine Schnelligkeit und Zunahme, und die Dinge sehen gar nicht mehr so schattig aus. Es ist ja nicht entscheidend, wie groß das Verhältnis von Licht und Schatten gerade ist, es ist viel entscheidender, was *zunimmt*, das Licht oder der Schatten, um zu erkennen, ob wir auf den Abend eines alten oder den Morgen eines neuen Tages zugehen. Nimmt man den Büchermarkt noch hinzu – und der ist ein besserer Maßstab der *tatsächlichen* öffentlichen Meinung, als die veröffentlichte 'offizielle' in den Medien – dann sieht die Lage noch deutlich besser aus.

Die Entwicklung des Wandels hat also zwar schon merkbare Ausmaße erreicht, noch nicht aber die kritische Masse. Sie wird sie auch nicht von selber erreichen, sondern nur durch unser Zutun. Soll sie die ganze Gesellschaft erfassen – und nur dann wird sie wirksam – dann gibt es noch viel zu tun. *Wir* sind die Gesellschaft, fangen wir also bei *uns* an. Aber wir sind ja auch nicht allein. Wir wissen uns *gemeinsam* mit den Kräften des Wandels. Sie sind lebendig in vielen. Und sie wachsen immer noch weiter. Reihen wir uns also ein in den Strom des Lebens, leben wir mit, gestalten wir mit, die Herrschaft der toten Materie und ihrer maschinenhaften Mechanismen abzubauen und Platz zu schaffen für lebendiges Wachsen, das ja immer ein Wachsen *außen und innen* ist!

Erstarrung ist bei Organismen ein Symptom für Krankheit und Tod. Eine im Mechanischen erstarrte *materialistische Weltsicht* ist die Krankheit der westlichen Gesellschaft, und sie hat uns dem kollektiven

Tod schon verdammt nahegebracht (Reaktorunfall in Tschernobyl 1986). Da sie im Bewußtsein ihren Sitz hat, ist sie besonders schwer zu behandeln. Weil aber das Bewußtsein letztlich die Gesundheit wie die Krankheit steuert, ist auch die Heilung nur über das Bewußtsein zu bewirken.

> «Fallschirme und das menschliche Bewußtsein haben eines gemeinsam: sie sind umso besser, je weiter sie sich öffnen... » (Joacquin CUNANAN als frischgewählter Präsident einer philippinischen Geistheilervereinigung bei seiner Antrittsrede 1973)

Wie weit offen unser Bewußtsein ist, liegt bekanntlich alleine an uns selber. Und auch, wie weit wir bereit sind, es weiter zu öffnen. Schließlich geht es uns ähnlich wie Hamlet; wir müssen uns entscheiden: «Sein oder Nichtsein, das ist hier die Frage!» (William SHAKESPEARE)

Das ist auch die Frage dessen, der stürzt. Wird sich sein Fallschirm weit genug öffnen? Das liegt vor allem daran, wie er ihn bedient. – Längst fällt auch unsere Gesellschaft, ob wir es merken oder nicht. Versichern wir uns unseres Fallschirms! Unser Bewußtsein ist der beste Fallschirm, den wir uns im Laufe der Evolution erworben haben. Öffnen wir ihn weit genug, um ihn aus dem Nachtschatten in das Licht lenken zu können. Schon sind wir in der Dämmerzone und es hängt nun von uns ab, wohin wir unser Schicksal steuern. Bequemer ist es, uns ins Dunkel fallen zu lassen. Aber dort lauert der Tod:

> «Der Endkampf zwischen den Mächten der Finsternis und den Kräften des Lichts ist in vollem Gange, und die Mächte der Finsternis sollten wissen, daß sie ihn verlieren werden...» (Robert MULLER, Vizegeneralsekretär der Vereinten Nationen bei der Welt-Friedenskonferenz in Mount Abu, Rajasthan, Indien 1983).

Ein solcher Wandel des Bewußtseins kann jedoch nur dann die gewünschten Früchte bringen, wenn er der Ordnung entspricht, die a priori der Welt gegeben ist, wie Adolf HÜBNER darlegt: «Wenn man in der Logik einen Trick anwendet, wen kann man tricken außer sich selbst?»

ADOLF HÜBNER

IST EINE ORDNUNG A PRIORI DER WELT GEGEBEN, UND WENN JA, (WIE) KÖNNEN WIR IHRER ANSICHTIG WERDEN?

Die *physikalische Evolution* des Kosmos insgesamt wie auch die Evolution von Lebendigem auf dieser Erde sind Tatsachen. Sie sind Evidenzen der Wirklichkeit, die zu bezweifeln schlicht unvernünftig wäre.

Hinzu kommt, daß in dieser Welt, in diesem Kosmos, in diesem Universum sich Prozesse des Entstehens, des Bestehens und des Vergehens in je eigener Bestimmtheit vollziehen. In dieser Welt – ich beschränke diesen Ausdruck nicht auf unsere Erde, sondern meine stets die gesamte gegebene physikalische Realität – ist alles und jedes in Bewegung. Auch dieses «In-Bewegung-Sein» aller Weisen des realen Seins der Welt ist eine Evidenz, die sinnvoll nicht bezweifelt werden kann. Das «In-Bewegung-Sein» der Welt beinhaltet

a) ein «In-Bewegung-Sein» von Seinsweisen aller Art durch sich in Permanenz wiederholende Vorgänge, und es beinhaltet

b) ein sich entwickelndes – evolutives – «In-Bewegung-Sein» der Welt insgesamt, wie auch ein «In-evolutiver-Bewegung-Sein» von unbelebten und belebten Systemen bestimmter Organisation.

In Ansehung der Realität der Welt läßt sich also zusammenfassend sagen:

1) die Welt besitzt die Eigenschaft der Bestimmtheit – ist also in keinem Falle eine vage Welt, und

2) die Welt besitzt die Eigenschaft der Bewegtheit – ist also in keinem Falle eine statische Welt.

Hieraus folgt zunächst die Feststellung «ließe sich die Sache 'Welt' ihrer Bewegtheit in Bestimmtheit entkleiden, wäre sie nicht mehr eine Sache 'Welt' – und es folgt die Frage «weiß die Welt um diese ihre (be-

wegte) Bestimmtheit in einem Zustande eines allgemeinen Weltbe-
wußtseins – oder aber weiß sie um das, 'was sie wesentlich ausmacht'
nicht '(selbst-)bewußt'?»

Unabhängig von der Frage, ob die Welt sich im Zustande des bewußten oder unbewußten Selbstverständnissen ihrer gesetzmäßig gegebenen Beschaffenheit befindet, erhebt sich die Frage, «wie – auf welchen
Grundlagen – kann 'Weltselbstverständnis' zustandekommen, woraus
kann 'Verständnis der gesetzmäßigen Zusammenhänge von Welt' bestehen?»

In einem essentiellen Zusammenhange mit dieser Frage ist hier unmittelbar festzuhalten, daß es eine Tatsache – ein objektiver Sachverhalt dieser Welt – ist, daß es die Welt geschafft hat, sich über ihre vernunftbegabte Kreation «Mensch» die Möglichkeit zu eröffnen, zu einem
Verständnisse ihrer selbst in einer prinzipiellen Weise zu gelangen.
Diese Aussage wäre im Sinne begrifflicher Richtigkeit nur dann nicht
argumentativ – also polemisch – , wenn sich sagen ließe, der Mensch
sei *nicht* eines der Evolutionsprodukte *der* sich entwickelnd verwirkli-
chenden Welt. Es ist offenkundig, daß der Begriff «physikalische Evolution» einem *Selbstvollzuge der Welt* gleichkommt, und das heißt, vom
Verhalten der Welt *nicht* lösbar ist. Vom Standpunkte eines einheitlichen, konsequenten Verhaltens von Welt muß gefragt werden, ob es
zulässig und statthaft sein kann, von der biologischen Evolution *nicht*
als Selbstvollzug der Welt zu sprechen, und ihr also eine *Selbständigkeit zuzusprechen*, die sie *von* einem Verhalten *der* Welt zu einem Verhalten *in* der Welt macht. Nur dann, wenn biologische Evolution als
ein Verhalten *in* der Welt gesehen werden kann, ist ein Einklang *ihrer*
Mechanismenhaftigkeit *mit* der Mechanismenhaftigkeit der physikalischen Evolution im Sinne einer fortsetztenden Ausweitung und Er-
streckung *der* der Welt zugrundeliegenden dynamisch-gesetzmäßigen
Ordnungshaftigkeit *nicht* erforderlich.

Nur für den Fall, daß es im Sinne sprachlich-begrifflicher Richtigkeit
statthaft ist, im Zusammenhange mit der biologischen Evolution von einem Verhalten *zu sprechen*, dem in seinem Vollzuge *Eigenständigkeit*
zukommt, ist die Einführung von *eigenen* Evolutionsgesetzen *neben*
den Naturgesetzen *zulässig und* auch *vonnöten*. Der biologischen Evolution eigene Gesetze wären solche, deren Charakter (schon in forma-

lem Sinne) gänzlich verschieden vom Charakter der Naturgesetze ist, wie sie uns in der Beschreibung von Prozessen der unbelebten und belebten Natur begegnen.

1. Die Frage nach der Sicherheit unseres Wissens und die Autorität der begrifflichen Logik

«Die Philosophie ist keine der Naturwissenschaften.» [1]

«Der Zweck der Philosophie ist die logische Klärung der Gedanken.»

«Die Philosophie ist keine Lehre, sondern eine Tätigkeit. Ein philosophisches Werk besteht wesentlich aus Erläuterungen.»

«Das Resultat der Philosophie sind nicht 'philosophische Sätze', sondern das Klarwerden von Sätzen.»

«Die Philosophie soll die Gedanken, die sonst, gleichsam, trübe und verschwommen sind, klar machen und scharf abgrenzen.» [2]

...«Denn die Klarheit, die wir anstreben, ist allerdings eine *vollkommene*. Aber das heißt nur, daß die philosophischen Probleme *vollkommen* verschwinden sollen.» [3]

«Die Darwinsche Theorie hat mit der Philosophie nicht mehr zu schaffen als irgendeine andere Hypothese der Naturwissenschaft.» [4]

«Alle Philosophie ist 'Sprachkritik'. (Allerdings nicht im Sinne Mauthners.)» [5]

Das Ziel einer *sprachlich-begrifflichen Analyse* in der Form einer sprachlichen Kritik einer wissenschaftlichen Hypothese kann nicht sein, diese Hypothese nur wahrscheinlicher oder unwahrscheinlicher erscheinen zu lassen, sondern es muß – wenn von begrifflicher *Logik* gesprochen werden kann – ein eindeutiges Resultat der Form erzielbar sein: «diese oder jene in bezug auf *die* gegenständliche Realität dieser Welt ausdrücklich artikulierte Aussage ist dann nicht aufrechtzuerhalten, wenn wir WITTGENSTEINs These der wesentlichen Bi-Polarität aller äußerbaren Sätze akzeptieren. In seinen «Notes on Logic» aus dem Jahre 1913 drückt er das klar so aus: «Jeder Satz ist wesentlich wahr –

1 Ludwig WITTGENSTEIN: Tractatus logico-philosophicus (TLP) 4.111 - Frankfurt am Main: edition suhrkamp 12

2 Derselbe, ebenda, TLP 4.112

3 Derselbe, ebenda, PU § 133

4 Derselbe, ebenda, TLP 4.1122

5 Derselbe, ebenda, TLP 4.0031

falsch.» Dieser Wittgensteinsche Gedanke bildet die Grundlage der –
heute in der «scientific community» weitgehend anerkannten – Popperschen These «der Unmöglichkeit eines sicheren Wissens. Alles Wissen
und alle Einsichten, zu denen wir gelangen können, sind im Sinne des
Popperschen Fallibilismus und *Falsifikationismus* jedenfalls vorläufig,
provisorisch und bleiben auf Dauer einer Falsifizierung durch nachfolgende Erkenntnisgewinne (insbesondere im Zusammenhang mit einem
«Paradigmenwechsel» in den Wissenschaften) ausgesetzt. Dieser so begründete «Wahrheitsrelativismus» und «Erkenntnissubjektivismus» erscheint uns äußerst bedenklich, gerade wegen seiner vernünftig er-
scheinenden «Plausibilität». Die Gefahr, die wir sehen, ist die folgende:
aus der Voraussetzung der Unmöglichkeit eines sicheren Wissens
kann abgeleitet werden, daß auch eine begriffslogische Kritik an einer
wissenschaftlichen Theorie zu keinem sicheren Wissen führen kann,
und das will besagen, daß sich eine begriffslogisch eindeutig falsifizier-
te Theorie weiterhin als nicht widerlegt betrachten kann. Und das
heißt nicht weniger als «eine begrifflich unsinnige wissenschaftliche
Hypothese kann trotz erwiesener Unsinnigkeit weiterhin ihre Rolle in
der Wissenschaft spielen.»

Wir wollen hier eine kleine historische Exkursion einschieben:
WITTGENSTEIN räumt ein: «Wenn man nicht die allgemeinste Satzform
angeben könnte, dann müßte der Moment kommen, wo wir plötzlich
eine neue Erfahrung machen, sozusagen eine logische.»[6]. Nach WITT-
GENSTEIN ist die allgemeinste Satzform: «Es verhält sich so und so.»[7]
Wir waren hingegen der Auffassung, daß der allgemeinste Satz, der
sich sagen läßt, das Bestehen des speziellen Falles «Welt» in Rechnung
zu stellen hat, da er ja in dieser Welt ausgesprochen wird.

WITTGENSTEIN selbst hat die Unvollkommenheit seines Gedanken-
ganges gefühlt, denn er schreibt: «Meine Theorie bringt nämlich eigentlich *nicht* (Hervorhebung: H.) heraus, daß der Satz zwei Pole haben *muß*.» (Hervorhebung: W.) – «Ich müßte nämlich jetzt in der Redeweise dieser Theorie einen Ausdruck dafür finden, *wieviel ein Satz
sagt. – Aber wie ist dies Maß Vielsagendheit zu finden? – Man könnte
wohl sagen: Der* Satz sagt am meisten, aus welchem am meisten folgt.»

---

6 L. WITTGENSTEIN: Tagebücher, 9.7. In: Ludwig Wittgenstein, Schriften 1. - Frankfurt
am Main: Suhrkamp Verlag 1969
    7 Derselbe, TLP 4.5

Am gleichen Tage notiert er: «Das große Problem, um welches sich alles dreht, was ich schreibe, ist: Ist a priori *eine* (Hervorhebung: H.)
Ordnung in der Welt, und wenn ja, worin besteht sie?»[8]

Unser Bestreben ging in der Folge dahin, jenen unbezweifelbar
(nur-) wahren Satz mit dem nur einmal möglichen größten Maß an
Vielsagendheit in bezug auf die Existenz des speziellen Falles «diese
Welt» ausfindig zu machen.

Ehe wir uns der sprachlogischen Kritik einer erklärenden wissenschaftlichen Hypothese zuwenden können, bleibt uns also die Aufgabe,
den Autoritätsanspruch der sprachlich-begrifflichen Logik zu begründen. Und hier zeigt sich, daß die Beurteilung des Wahrheitsgehaltes einer erklärend-hypothetischen Aussage von der Existenz eines a priori
wahren, hinsichtlich des bestehenden Falles «Welt» durch Meistsa-
gendheit in einmaliger Weise ausgezeichneten, Satzes abhängig gemacht werden muß. Existiert ein solcher Satz nicht, so ist die Möglichkeit einer Entscheidung über den Wahrheitsgehalt von Sätzen, die
sprachstrukturell wesentlich wahr oder falsch sein können, in der Tat
nicht gegeben. Und damit ist auch bereits gesagt, daß sich die Wahrheit
jenes ausgezeichneten meistsagenden Satzes ausschließlich aus seiner
sprachlichen Struktur ergeben muß. Nur wenn *dies* der Fall ist, kann
von einer Logik rein sprachlichen Charakters die Rede sein. Existiert
aber jener, aufgrund seiner sprachlichen Struktur wahrheitsmaßgebli-
che Satz, so läßt sich sagen, daß die Entscheidung über die Richtigkeit
oder Falschheit aller möglichen Welterklärungen durch einen Vergleich mit ihm – und also innerhalb der Sprache – getroffen werden
kann.

2. Eine Welt ist eine Welt genau dann, wenn
alle ihre Weisen zu sein, einer Ordnung (einer Logik) unterstehen

«Die Logik der Welt, die die Sätze der Logik in den Tautologien zeigen, zeigt die Mathematik in den Gleichungen.»[9]

»Wir benützen die mathematischen Sätze *nur*, um aus Sätzen, die
nicht der Mathematik (sondern der Sprache [Ergänzung: H.]) angehö-

8 Derselbe, TGB, 1. 6. 1915
9 Derselbe, TLP 6.22

ren, auf andere zu schließen, welche gleichfalls nicht der Mathematik angehören.»[10]

«Sein, das verstanden werden kann, ist Sprache.»[11]

Unter Berücksichtigung der Gegebenheit der Welt ist der allgemeinste Satz nicht «es verhält sich so und so», sondern der allgemeinste Satz muß lauten «eine Welt (ein Sein) ist eine Welt (ein Sein) genau dann, wenn alle ihre (seine) Weisen zu sein – ihre (seine) Sachverhalte – einer Ordnung, einer Logik, gehorchen.»

Zur Erläuterung dieses Satzes läßt sich anführen: *Zwei oder mehrere Ordnungen (Logiken) in einer Welt wären einander widersprechende Ordnungen (Logiken) und eine solche Welt ist daher logisch unmöglich.* Wie es nur eine logische Notwendigkeit gibt, kann es auch nur logische Möglichkeit und logische Unmöglichkeit geben.

Der unter Berücksichtigung der Existenz der Welt allgemeinste Satz bezieht seine Ausgezeichnetheit zum Einen aus der sprachlich-begrifflichen Logik, und zwar sprachstrukturell, da es uns diese Struktur nicht gestattet, von *den* Logiken oder *den* Ordnungen *einer* Sache zu sprechen, und er bezieht seine Ausgezeichnetheit zum Anderen aus der Existenz von «Welt», die in ihrer logischen Eigenschaftlichkeit in zugleich einfachster und umfassendster Weise durch ihn erfaßt wird. Seine in bezug auf Erkenntnisgewinn synthetische Potenz besteht (u. a.) darin, daß eine jede welterklärend-hypothetische Aussage als reine Sprachlichkeit, die sie ist – zunächst und *vor allem* mit ihm in Einklang stehen muß.

Und das bedeutet, daß eine jede welterklärende Hypothese, noch ehe sie das Anbot ihrer erfahrungsmäßigen (empirischen) Prüfbarkeit machen kann, *ihre sprachlich-begriffliche Richtigkeit nachzuweisen hat.* Macht eine welterklärende Hypothese das Anbot ihrer empirischen Überprüfbarkeit ohne im Einklange mit dem (unter der Voraussetzung von Weltgegebenheit) allgemeinsten Satze zu stehen, so muß sich zeigen, daß für diese Hypothese empirische Prüfbarkeit gar nicht gegeben ist. Was aber mit der Wirklichkeit bezüglich seiner Richtigkeit nicht verglichen werden kann, ist metaphysische Spekulation oder – anders ausgedrückt – bloße schöpferische Phantasie, die nichtsdestoweni-

10 Derselbe, TLP 6.211
11 Hans-Georg GADAMER: Gesammelte Werke, Band 1 und 2: Wahrheit und Methode, 450 - Tübingen: J. C. B. Mohr Verlag 1986

ger sehr fruchtbar sein kann. («Ist ein falscher Gedanke nur einmal kühn und klar ausgedrückt, so ist damit schon viel gewonnen.»[12])

Ist empirische Prüfbarkeit für eine welterklärende Hypothese in Wahrheit gar nicht gegeben – und wird andererseits von der sprachlogisch gegebenen Falsifizierbarkeit dieser Theorie kein Gebrauch gemacht, so kann sie eine *lange* Zeit in Gebrauch stehen und «erklären», was sie nicht zu erklären vermag. («So, es kann ein Schlüssel für ewig da liegen, wohin ihn der Meister gelegt hat, und nie verwendet werden, das Schloß aufzusperren, dafür der Meister ihn geschmiedet hat.»[13])

Wie aber, so muß gefragt werden, kann die Ordnungshaftigkeit der Welt beschaffen sein? Hier zeigt uns die Ansehung der Welt, daß die Grundlage der Ordnung der Welt in reiner Zahlenmäßigkeit besteht. Die Evidenz ihrer Zahlenmäßigkeit gibt die Welt (zunächst) dadurch zu erkennen, daß sie «inertiale», d. h. immer gleiche Zahlenverhältnisse zur Schau stellt. So etwa das Verhältnis der Masse des Kernbausteines «Proton» zur (elementaren) Masse des Elektrons und so auch das dimensionslose Zahlenverhältnis der naturkonstanten Größe «Alpha». Betrachten wir das Zahlenverhältnis m_p / m_e, so läßt sich *sagen*, daß die Masse des Protons ein rein zahlenmäßig logischer Nachfolger des Energiezustandes «Elektron» *ist*. Ist nur *eine* Zahlenmäßigkeit denkbar, (die wir dekadisch oder n-adisch *fassen* können), so folgt bereits hier, daß die Welt, wie wir sie kennen, nicht eine Welt unter anderen möglichen Welten ist, sondern daß sie *die einzig mögliche Welt* ist. Da wir in der Sprache sagen «das Proton ist notwendigerweise ein numerischer Nachfolger des Elektrons», so zeigt sich, daß das sprachlich-begriffliche Verständnis ein Aspekt (eine Seite) neben dem numerisch-mathematischen Aspekt der logisch-gesetzmäßigen Ordnungshaftigkeit der Welt ist. Da wir zunächst erkennen müssen, daß der physikalische Sachverhalt «m_p / m_e» ein immer gleiches – weil rein zahlenmäßig gegebenes – Verhältnis repräsentiert, aufgrund dessen wir zu schließen vermögen, daß das Proton ein zahlenmäßig-logischer Nachfolger des Elektrons ist, besitzt die sprachlich-begriffliche Logik das erkenntnismäßige Primat über die mathematische Logik. Ehe wir an den *mathematischen* Beweis der *zahlenmäßig* zur Schau gestellten Nachfolgesituation des Protons gegenüber dem Elektron gehen können, muß uns

12 L. WITTGENSTEIN: Vermischte Bemerkungen (VB), 143 - Frankfurt am Main: Bibliothek Suhrkamp 1977
13 Derselbe, VB 105

sprachlich bewußt geworden sein, *daß* diese Nachfolgesituation besteht.

(Einschiebend wollen wir hier anmerken, daß, *da* die Ordnungshaftigkeit der Welt *numerisch*-logisch gegeben ist und *nicht «mathematisch-berechnend»*, Weltverstehen nicht im Auffinden einer «Weltformel» bestehen kann, die uns gestattet, die Welt «zu berechnen», sondern Weltverständnis kann vielmehr nur im Auffinden der Arbeitsweise eines fundamentalen *Zahlencodes* bestehen, der, auf eine mit ihm gegebene *einmalige* Weise, weltkonstituierend tätig ist.)

Die Ausschließlichkeit des Begreifens «weltgemäßer» inertialer Zahlenverhältnisse als durch numerisch-mathematisch-logische – und daher zeitlose – Vorgänge bedingter Vorläufer-Nachfolger Verhältnisse hat zur Konsequenz, daß alle innerweltlich denkbaren erkennenden Subjekte ihrer logischen Form nach völlig gleichwertig sein müssen.

Insofern als die Welt ihre numerisch-mathematische-logische Beschaffenheit zu erkennen gibt, die *ihrerseits* sprachlich-begrifflich *verstanden* werden kann, kann von einer *Vernunft* der Natur, kann von einem weltvenünftigen Selbstvollzuge der Welt die Rede sein. Es kann gesagt werden: die Welt befindet sich zu jeder Zeit im Zustande eines sprachlich-begrifflichen, wie auch im Zustande eines numerisch-mathematischen *Selbstverständnisses.* Dies können wir auch so ausdrücken, daß wir sagen: ein bewußt oder unbewußt gedachtes «Es denkt in der Welt» ist eine unbezweifelbare – weil evidente – Eigenschaft dieser Welt.

Was die logische Form von Erkenntnis und Verständnis angeht, so kann zwischen *erkennenden* (verstehenden) Subjekten, handle es sich nun um ein individuelles, kreatürliches oder aber um ein nicht individuelles allgemeines erkennendes Subjekt, nicht etwa eine bloß teilweise (partielle) Isomorphie bestehen, sondern es muß stets eine *vollkommene* Isomorphie bestehen. «Daß die (sprachlich-begriffliche: Ergänzung: H.) Logik a priori ist, besteht darin, daß nicht unlogisch gedacht werden *kann.*[14]. Wenn man hier einwenden möchte, daß sprachlich-begriffliches Denken und mathematisch-logisches Denken unvergleichbar seien, so übersieht man, daß sprachlich-begriffliche Richtigkeit bestimmter Aussagen die Grundlage dafür abgibt, daß Mathematik sinnvoll betrieben werden kann. Ist das «Soll-Resultat» eines mathema-

---

14 Derselbe, TLP 5.4731

tisch-logischen Vorganges nicht bekannt, so kann, wiewohl der Logik des Vorganges voll entsprochen wurde, ein irrtümliches Resultat nicht durch sein bloßes Ansehen als irrtümlich erkannt werden. Es bedarf einer sorgfältigen neuerlichen Durchsicht des Rechenvorganges, um eine Fehlerhaftigkeit erkennen zu können. Nur eine höhere *Sorgfalt* ist für die Einsicht in die Fehlerhaftigkeit eines sprachlich-begrifflichen Denkvorganges erforderlich. (Eine geringere Eindeutigkeit der Fehlerhaftigkeit begrifflich-sprachlicher Denkvorgänge kann in der Gegenüberstellung mit mathematisch-logischen Vorgängen ebenfalls nur als gradueller Unterschied bezeichnet werden; allerdings ist die Versuchung, in der Alltäglichkeit der Sprachbenutzung «einen Trick anzuwenden», größer als in der Nichtalltäglichkeit, «der Strenge», des Vollzuges von Rechenvorgängen. Doch wie auch immer: «wenn man in der Logik einen Trick anwendet, wen kann man tricken, *außer sich selbst?*»[15]

Insofern als der reine *religiöse* Standpunkt, sich lediglich als Entlassung seines erkennnismäßigen und verstehensmäßigen Charakters aus einem *bewußt* angenommenen Selbstverständnisse der Welt versteht, kann er keineswegs als naiv bezeichnet werden. Dies umso weniger, als er nicht nur in keinem Widerspruche zum allgemeinsten Satze steht, sondern auch der dort ausgesprochenen ordnungshaften Übereinstimmung aller Weisen der Welt (ebenbildmäßig) Rechnung trägt. Ausgeschlossen durch diesen Satz ist lediglich – nichtsdestotrotz aber definitiv – daß eine Weise dieser Welt (welcher Art auch immer) dieser Welt *nicht gemäß*, also ihr nicht nur graduell-unvollkommen gemäß, sondern auch qualitativ-unvollkommen gemäß, und das heißt «zur Welt *nicht passend*» sein kann. Der menschliche Geist kann im Vergleich zur Vernunft der Natur wohl unvollkommen sein, aber er kann nicht im Verlaufe der stammesgeschichtlichen Entwicklung eine von der Natur abweichende «andersartige» logische Form gewonnen haben.

Naiv aufgrund seines *welterklärerischen* Charakters kann nur das konfessionell-theologische Beiwerk des Religiösen sein, ebenso wie der Darwinismus naiv sein kann, soweit er ein *erklärerisches Unterfangen* ist.

Was aber das wechselseitige Verhältnis von *religiöser* und *materialistisch-atheistischer* «Weltanschauung» anlangt, so stehen diese sich

15 Derselbe, VB 53

nur insofern entgegen, als die erstere von einer bewußten Ordnungshaftigkeit der Welt ausgeht, die letztere aber nicht umhin kann, in gleicher Weise von dem logisch-ordnungshaften Charakter der Welt auszugehen, wobei sie jedoch einen unbewußten Selbstvollzug «der Wirklichkeit» unterstellt. (Anzumerken ist hier wohl, daß der Glaube, daß
mit der Widerlegung – oder mit dem Aufgeben – der These einer Entwicklung über Versuch und Irrtum zugleich der religiöse Standpunkt
über den materialistischen Standpunkt obgesiegt habe, ins Leere läuft,
da es nur um die Frage gehen kann, ob die evolutive Selbstverwirklichung der Welt am Leitfaden ihrer (logischen) Gesetzmäßigkeit «ab-
sichtlich-bewußt *gebunden*» oder aber «unabsichtlich-mechanisch *gebunden*» erfolgt.)

Unmittelbar ableitbar aus unserem allgemeinsten Satze ist, daß jedweder chaotische, und damit auch jedweder willkürliche, Zustand der
Welt «von ihrem Anfange bis zu ihrem Ende» ausgeschlossen ist. «In
der Ausdrucksweise HERTZ's könnte man sagen: Nur *gesetzmäßige* Zusammenhänge sind *denkbar*.»[16] Es kann keine Welt ohne ihre Gesetzmäßigkeit geben. Gesetzmäßigkeit ist nichts, was der Welt (im Nachhinein) hinzugefügt oder ihr (im Nachhinein) fortgenommen werden
könnte. Ist die Gesetzmäßigkeit der Welt eine zahlencodemäßige, so
müßte sie ihrer Codemäßigkeit beraubt werden, um willkürliches Walten in ihr möglich zu machen. Was immer, wann auch immer, sich gesetzmäßig evolutiv verwirklicht, agiert in seiner Selbstverwirklichung
(so es nicht *gestört* wird) stets irrtumsfrei. Das muß für die biologische
Evolution der Welt in gleicher Weise gelten wie für ihre physikalische
Evolution. Die Ordnung der Welt ist, verglichen mit vom Menschen
herstellbaren Ordnungen, überlegen und absolut dadurch, daß sie ihren Leitfaden enthält und diesen Leitfaden *nicht* axiomatisch aufgebürdet erhalten *kann*. Nur einer *axiomatisch*-willkürlich «hergestellten»
Ordnung kann *mit* ihrer Axiomatik zugleich auch ihre Ordnungshaftigkeit willkürlich wieder genommen werden.

Die Verwendung des Begriffes «Chaos» ist *nur* im Zusammenhange
mit einer *axiomatisch erstellten* Ordnung *nicht* unsinnig!

In einer aus sich selbst heraus ordnungshaften Ordnung kann von
chaotischen Zuständen unter keinen Umständen die Rede sein. Ist
Chaos aber in einer aus sich selbst heraus ordnungshaften Welt un-

---

16 Derselbe, TLP 6.361

möglich, so ist auch *jedes* Walten von Willkür, das die Möglichkeit chaotischer Zustände aus *logischen* Gründen zur Voraussetzung hat, *im Selbstvollzuge* dieser Welt unmöglich! Nur in einer bereits «human» gewordenen Welt können willkürliche Erstellungen und Aufhebungen von (bezüglich «Weltordnung» sekundären) Ordnungen erfolgen. Und nur wo Willkür möglich ist, können auch *Irrtümer* geschehen. «Ich kenne mich nicht (mehr) aus» als Beschreibung eines gesetzlos werdenden, in's Chaos führenden Seinszustandes ist kein Satz, der in einen nichtaxiomatisch ordnungshaften Welt gesagt werden könnte.

3. Was Teil der Welt ist, ist ihr gemäß

Was immer in dieser Welt entsteht, besteht, vergeht, gehört der *Ordnung* der Welt an und ist also zu jeder Zeit der Welt *gemäß*.

Läßt sich die Weltgemäßheit physikalischer Sachverhalte vernünftigerweise nicht anzweifeln, so kann der Augenschein des Entstehens und Bestehens von nicht weltgemäßen biologischen Sachverhalten, in der Form von Mißgeburten, zum Anlasse genommen werden, die Weltgemäßheit biologischer Produkte der Evolution der Welt *generell* anzuzweifeln. Historisch gesehen war es der *Darwinismus*, der das Auftreten von nicht weltgemäßen – nicht «weltvernünftigen» – Einzelfällen in der biologischen Evolution, also das Auftreten von Mißgeburten, zum Anlasse genommen hat, dem Geschehen «biologische Evolution» einen, wenn auch mäßigen, Grad von *Weltunabhängigkeit* zuzusprechen, der immerhin ausreichend sei, dem Lebendigen die Freiheit zu geben, sich zur Mannigfaltigkeit von Arten des Lebendigen zu vereinzeln. Zugleich wird die Freiheit eines individuell Lebendigen im Prozesse seiner *Reduplikation* von Weltgemäßheit *irrtümlich* abweichen zu können, zur *ersten* Voraussetzung der Möglichkeit einer innerartlichen Höherentwicklung erklärt. «Die natürliche Zuchtwahl kann die Entwicklung einer Tierart in bestimmter Richtung nur dann verursachen, wenn eine ständige *ungerichtete* Veränderung des Erbgutes ihr das Material zur gerichteten Auslese liefert.[17] Ein Fehler in der Reduplikation führt fast immer zum Tode der mit ihm behafteten Nachkommen, aber hie

---

17 Konrad LORENZ: Darwin hat recht gesehen, Reihe Opuscula aus Wissenschaft und Dichtung, N. 20. - Pfullingen: Neske Verlag 1965, S. 67

und da – die Genetiker schätzen die Häufigkeit eines solchen Falles auf 10^{-8} – führt er zu einer Veränderung des Gesamtorganismus, die diesem zum Vorteile gereicht, indem sie in irgendeine Kerbe der belebten und unbelebten Umwelt *paßt*.»[18]

Das Material einer sprachanalytischen Untersuchung sind Sätze, die *gesagt* worden sind. In den soeben zitierten Aussagen wird gesagt, daß in der Welt Zustände von Weltungemäßheit grundlos oder nicht grundlos (im gegenständlichen Falle hervorgerufen durch «Umweltbedingungen») möglich sind. Besehen wir zunächst die nicht grundlosen Zustände von Weltungemäßheit im Informationssystem *des* Erbcodes des Lebendigen, so wird klar, daß es sich um verursachte Zustände der *Gestörtheit* eines *grundsätzlich Weltgemäßen* handelt. Zitat: «Am Anfange alles Lebens steht tatsächlich ein System, das Information enthält und durch Selbstverdoppelung weitergeben kann.»[19]

Gehen wir *vor* den im vorstehenden ausgesprochenen, also *postulierten*, Anfangspunkt des Lebendigen zurück, so läßt sich das Zustandekommen des fundamentalen Informationssystems des Lebendigen selbst, nur als *nicht* erklärbares, evolutives «So-und-nicht-anders-Verhalten» *der* Welt in der *ihr gemäßen* Weise verstehen, es sei denn, man will es grundhaft als verursachten *Zustand der Gestörtheit* der bis dahin *gänzlich* nichtbiologischen Welt verstehen. Gestört werden in der Form von Weltungemäßwerden kann nur, was sich im Zustande von weltgemäßer Störbarkeit befindet. Erklärt man das Informationssystem des Lebendigen zu einem nicht weltgemäßen Gestörtheitszustand der nichtbiologischen physikalischen Welt, so ist es *logisch* unmöglich, diesem Zustande Störbarkeit als Möglichkeit eines Geschehens, das von Weltgemäßheit zu Weltungemäßheit führt, zuzusprechen!

Somit läßt sich in einer logisch-argumentativ nicht widerlegbaren Weise feststellen: Die Entwicklung der Welt zu lebendigen Weisen ihres Seins ist ein nicht weiter erklärbares Verhalten *der* Welt, und es ist nicht ein Verhalten *in* der Welt. Was aber ein Verhalten *der* Welt ist, ist selbstredend ein *weltgemäßes* Verhalten.

Da es Leben in der Welt gibt, kann die *Tendenz* der Welt, Lebendiges hervorzubringen, logisch nicht – und das heißt: in keiner Weise – in

18 Derselbe, ebenda, S. 68
19 Derselbe, ebenda, S. 68

Abrede gestellt werden! Dies ist, was eine vernunftbegabte Kreatur dieser Welt demütig zur Kenntnis zu nehmen *hat*.

Da die Entwicklung des Lebens ein Verhalten *der* Welt ist, muß jede Art des Verhaltens eines jeden lebendig Gewordenen selbst – Ungestörtheit vorausgesetzt – ein weltgemäßes Verhalten sein. Ist das Verhalten eines jeden Lebendigen weltgemäß, so muß es einerseits *von seinem Anfange an* weltgemäß sein und es muß andererseits im Rahmen seiner «Auseinandersetzung» mit Welt ein *ohne weiteres verstehendes* Verhalten sein.

Nur wenn Leben als ein *in* der Welt bestehendes, nicht Weltgemäßes – und das heißt als ein Weltfremdes – angesehen werden *könnte*, wäre es möglich und notwendig, daß es sich der Welt gegenüber *anpassend* und – was sein «Benehmen» in der Welt anlangt – erfahrungsmäßig *erlernend anpassend* verhält. Dem Begriff *Benehmen* ist eigen, daß sein Bezugspunkt das Allgemeine (Nichtindividuelle) des Benehmensmilieus ist. Kann von einem *anpassenden Erlernen* die Rede sein, so kann sich dieses *nur* auf das Nichtallgemeine, also *auf etwas beziehen, was den Charakter einer Individualität im Benehmensmilieu* besitzen kann.

Was das physiologische Verhalten eines lebendigen Individuums angeht, so ist evident, daß es sich, wo immer ein Individuum seinen Platz in der Kette der stammesgeschichtlichen Entwicklung auch haben mag, stets im Zustande seines Selbstverständnisses befindet. «Die Physiologie sorgt unter allen Umständen (die mit Leben überhaupt vereinbar sind) für sich selbst.» Ein Virus braucht sich um das Funktionieren seiner Physiologie ebensowenig zu kümmern, wie wir uns um unsere Physiologie zu kümmern brauchen. Nur wenn das physiologische Geschehen *in* der Welt und nicht ein sich a priori richtig vollziehendes Geschehen *der* Welt wäre, müßte es sein richtiges (irrtumsfreies) Ablaufen a posteriori erlernen.

Was aber, so muß gefragt werden, wäre als erfahrungsgemäße Grundlage, eines «Sich-verstehen-Lernens» der Physiologie auch nur denkbar? Da nichts denkbar ist, was der Physiologie als «Erfahrungssubstrat» für ihr Richtigwerden dienen könnte, entzieht sich die Richtigkeit des physiologischen Geschehens jeder material-mechanistischen Erklärung: seine Weltgemäßheit kann nur zur Kenntnis genommen werden.

Nur für das *extern-physiologische Geschehen* eines lebenden Individuums besteht in Form von «Umwelt» ein materiales Erfahrungssubstrat, das dazu verleiten kann, Erlernensvorgänge für ein weltgemäßes Benehmen zu postulieren. Auch hier ist es die Aufgabe der begrifflichen Analyse, nachzuweisen, daß Sätze die zugunsten einer Rollenfunktion von Erlernen für das richtige, und d. h. umweltgemäße natürliche Benehmen des Lebendigen vorgebracht werden, begriffslogisch nicht haltbar sind.

Rupert RIEDL schreibt unter der Überschrift «Verdrahtung durch Versuch und Irrtum»: Erweist sich zum Beispiel die Koinzidenz der Nachricht von einem Widerstand an der Zellenspitze eines Pantoffeltieres mit dem Folgebefehl, der das Rückwärtsschlagen der Wimpern auslöst, als stets erfolgreich, so werden jene Individuen, deren Mutationen diese Koinzidenz zufällig fest verdrahteten, einen hohen Selektionsvorteil besitzen und ihre Bauanleitung schnell verbreiten.»[20]

Die erste Frage, die sich hier begriffslogisch aufdrängt, ist: «In welcher *weltungemäßen* Art und Weise haben sich die Vorläufer eines durch Erlernen *weltgemäß* klug gewordenen Pantoffeltierchens ihrem Umweltmilieu gegenüber benommen?» In welcher Weise kann das Selektionskollektiv (dem das kluge Tierchen entstammt) der *Dummheit anheimgegeben* gewesen sein? Das Anheimgegebensein an die Dummheit der Vorläuferschaft eines «gelernten» Pantoffeltierchens ist nur in einer *höchst vagen* Weise beschreibbar.

Was aber im Gewande einer wissenschaftlichen Erklärung in Bestimmtheit auftritt und doch nicht klar und bestimmt zu sagen vermag, ob die Voraussetzungen der Möglichkeit von Erklärbarkeit im gegenständlichen Falle überhaupt vorliegen, kann *Resultatmäßigkeit* – und sei es auch nur in der Form einer erklärenden Hypothese – gar nicht für sich beanspruchen. Erklärungen auf der Grundlage sprachlicher Vagheit der Voraussetzungen von Erklärung können *sinnvoll* gar nicht vorgebracht werden.

Der zweite Schritt in der Widerlegung der Möglichkeit eines a posteriori erlernbaren umweltgemäßen Grundverhaltens ist der folgende: Jede Art eines Erlernens hat das Vorhandensein einer *erlernensfähigen* Sensibilität, eines des Lernens fähigen Gefühles, zur Vorausset-

---

20 Rupert RIEDL: Biologie der Erkenntnis, Die stammesgeschichtlichen Grundlagen der Vernunft. - Berlin / Hamburg: Verlag Paul Parey 1980, S. 43

zung. Die sprachlich-begrifflich faßbare Grundlage einer des Lernens
fähigen Sensibilität, die in der Lage ist, vom Vorliegen einer bestimmten Umweltgegebenheit Kenntnis zu nehmen, ist mindestens ein Zustand von Gefühlsmäßigkeit, dem eigen ist, *eine jede* für den Organismus bedeutsame Außerordentlichkeit des Milieus auf der Grundlage
von Abweichungen von *milieugefühlsmäßiger Neutralität* festzustellen.
«Empfindungen von Angenehmheit und Unangenehmheit (von Milieu
und Nichtmilieu (Milieugrenze)), sind *nur* auf der Grundlage des Bestehens eines neutralen Milieugefühls *möglich* – und sie sind *nicht* auf
der Grundlage eines «gefühlsmäßigen *Nichts*» möglich. Existiert Gefühl
überhaupt, so muß es a priori *jedwedes*, in dieser Welt für es *denkbare*
Angenehme von jedwedem für es Unangenehme allein auf der Grundlage seiner *bloßen Existenz* zu unterscheiden vermögen. Ein bezüglich
Angenehmheit / Unangenehmheit *leeres* Gefühl ist begriffslogisch ab-
surd. Die Apriorität der Funktion eines Gefühles mit dem Begriffsin-
halte «angenehm / unangenehm» ist experimentell bereits dann in einfachster Weise beweisbar, wenn auch nur reaktive Bewegungsfähigkeit
gegeben ist.

Jedweder künstlich hergestellte, für ein Gefühl unangenehmer Stoff,
muß bei einem Kontakt mit diesem Gefühle zu einer «phobischen» Bewegung des Trägers des Gefühles führen. Die Unangenehmheit eines
Stoffes muß bereits aus Gründen begrifflicher Richtigkeit a priori als
solche verstanden werden können. Die Empfindung «angenehm / unangenehm» ist *sprachlich-begriffliche Weltstruktur*. «Welt, die verstanden werden kann, ist *Sprache*.» Welt, die sich weltgemäß verhält, versteht sich in sprachlich-begrifflicher Richtigkeit, unabhängig von der
Existenz sprachbegabter Kreaturen.

Festzuhalten bleibt, daß das von uns soeben begriffslogisch falsifi-
zierte Beispiel «via Lernvorgang verständig gewordenes Pantoffeltierchen» als ein besonders *sinnfälliges* Beispiel dafür angeboten wurde,
daß *jedes* Verstehen und somit auch «das Verstehen der menschlichen
Vernunft» ein a posteriori (auf dem Wege von Versuch und Irrtum mit
nachfolgender Selektion) erlerntes Verstehen sei. Daraus wird die
schwerwiegende Konsequenz gezogen, daß ein objektiv-richtiges Verstehen der Gesetzmäßigkeiten, denen diese Welt untersteht, weder
teilweise noch im Ganzen möglich ist. Zwar bestünde eine teilweise
Übereinstimmung (Isomorphie) zwischen menschlichem Denken und

der Struktur der Wirklichkeit, doch sei diese «naturgemäß» nicht ausreichend, die erfahrungsgemäß nicht gegebenen Gesetzmäßigkeiten
der Welt zu verstehen. Nichtsdestogweniger ist man, mit Konrad LO-
RENZ gesprochen, «von der natürlichen Erklärbarkeit der Evolution
überzeugt»,[21] wiewohl die Gesetze, nach denen sie sich vollzieht (trotz
ständiger gegenteiliger Behauptungen von seiten der *Neodarwinisten*,
tatsächlich *nicht* sichtbar sind. Hier muß zunächst gefragt werden:
Wie kann man sicher sein, daß der Satz 'alles muß seine natrürliche
Erklärung haben' gerade in jenen Bereich des menschlichen Weltver-
stehens fällt, der mit der Welt übereinstimmt und wir durch die
scheinhafte Plausibilität mechanistischer Erklärung nicht einfach ge-
narrt werden? Welt, die *verstanden* werden kann, kann a priori *nicht*
erklärt werden.

Wenn wir versuchen, die axiomatische Logik des Schachspielens,
also seine Regeln, durch bloßes Ansehen des Schachbrettes und der
Schachfiguren zu erklären, wird uns bald klar werden, daß wir wohl
ein spielbares Spiel *erfinden* können, nicht aber *das* Spiel, das sein Erfinder Schach genannt hat. Es ist ein Ding der Unmöglichkeit, die Gedanken eines beliebigen Schöpfers durch allgemeine Überlegungen,
also a priori, zu *erraten*. Wer die Logik der stets einheitlichen Gesetzmäßigkeit einer speziellen Sache, z. B. der Sache «Welt» verstehen will,
muß die speziellen Sachverhalte dieser Sache und ihre Abläufe konkret in Rechnung stellen. In bezug auf eine *spezielle* Sache bloß *allgemeine* Überlegungen können in keinem Falle zu einer verbindlichen
Kenntnis der speziell vorliegenden Verhältnisse führen. Die Logik einer Sache muß am Anfange dieser Sache am einfachsten sein. Kennt
man die Logik einer Sache nicht in ihren Anfängen, so ist jedes Erklären eines fortgeschrittenen komplexen Zustandes bloße – und zwar
metaphysische – Spekulation. Betrachten wir die zahlenmäßig konkret
gegebenen Sachverhalte am Anfange der Sache «Welt», so wird klar,
daß diese zueinander in begrifflich-logischer und mathematisch-logi-
scher Korrespondenz stehen müssen, in einer Korrespondenz, der zufolge wir der logischen Korrespondenz aller Seinsweisen dieser Welt,
den menschlichen Verstand eingeschlossen, *verstehend* ansichtig werden können.

---

21 K. LORENZ: Darwin hat recht gesehen, S. 24

LITERATUR

A. HÜBNER: Die Logik als Eigengesetzlichkeit des Seins. - Kirchberg / Wechsel: Selbstverlag 1979; Die Logik als Zustandhaftigkeit der Welt, Kirchberg 1978; On the Logic of Being, in: International Logic Review 23 / 24, Bologna, Via Belmerolo 3, 1981; The Natural Order, in: ILR 28, Bologna 1983; On the Agreement of Human Mind and the Reason of Nature, in: Akten des 9. Internationalen Wittgenstein Symposiums, Wien: Hölder-Pichler-Temsky 1985; Das Sein und seine Logik – Einige grundlegende Ergebnisse sprachanalytischer Naturforschung, in: Wiener Tierärztliche Monatsschrift 6 / 7 (1982) 8 u. 9

Zahlreiche jüngere deutschsprachige Arbeiten des Autors sind über das Dokumentationszentrum für österreichische Philosophie, 8043 Graz, Senggstr. 18, erhältlich.

K. WUCHTERL / A. HÜBNER: Wittgenstein, rowohlts monographien. - Reinbeck b. Hamburg: Rowohlt Taschenbuch Verlag, 3. Aufl. 1984

Die Evidenz dieser Ordnung erlebt der beschauliche Betrachter in den vielfältigen Signaturen des Logos in der Schöpfung, wie Caroline SCHÜT-ZINGER aufzeigt.

Dieses Verständnis für die Harmonik in der Natur muß vor allem dem menschlichen Lebensvollzug entgegengebracht werden, soll er Qualität und Effektivität aufweisen, wie Johannes C. BRENGELMANN in seinem Beitrag über Strukturen der positiven Lebensgestaltung ausführt.

CAROLINE SCHÜTZINGER

EVIDENZ-ERLEBNIS:
OFFENBARE GEHEIMNISSE DER NATUR
oder
SIGNATUREN DES LOGOS IN DER SCHÖPFUNG

Evidenz, Erlebnis, sind im Alltag gebräuchliche Worte geworden. Ihrem Inhalt nach bedeuten sie aber je Einmaliges, das im Augenblick nicht erschöpft werden kann. Gewohnheit jedoch läßt uns am Schein, an den Erscheinungen, an Evidenz haften und eilig darüber hinweggehen.

Auch mit den Geheimnissen der Natur, wenngleich sie uns anmuten mögen wie Wunder, geht es so: Gewohnheit läßt sie dem Menschen alltäglich, werktäglich erscheinen.

Diese Abgegriffenheit liegt aber nicht am Wahrnehmbaren, am Objekt. Sie ist psychisch verankert im Übersättigtsein, im Überschwemmtsein des Wahrnehmenden, liegt also am Subjekt des Erkenntnisprozesses. Neuigkeiten, Sinneseindrücke überfluten uns heute so, daß man dem echten Schauen, Anschauen, Beschauen entflieht. Doch gerade heute, in dieser Zeit fast ungehemmten Fortschritts, riskantester Techniken, unzähliger Apparate und Geräte, makro- und mikroskopischer Schaumethoden, wäre ein Verweilen, ein Einsinken, ein Durchdrungenwerden von den Geheimnissen der Natur leichter möglich als je zuvor. Es wäre bereichernd und notwendig.

Das Thema will nun ein Verweilen bei den *Wundern* der Natur anbieten, will Staunen verursachen über Geheimnisse, Wunder, Gesetze der Natur, die seit Millionen von Jahren obwalten im Reich der Schöpfung:

22 «Der Herr hat mich geschaffen als Anfang seiner Wege,
    vor seinen Werken in der Urzeit;
23 vor aller Zeit wurde ich gebildet,
    am Anbeginn, vor dem Anfang der Erde.

24 Als die Urmeere noch nicht waren, wurde ich geboren,
    als es die Quellen noch nicht gab, die wasserreichen.

25 Ehe die Berge eingesenkt wurden,
    vor den Hügeln wurde ich geboren.

26 Noch hatte er die Erde nicht gemacht und die Fluren
    und alle Schollen des Festlands.

27 Als er den Himmel baute, war ich dabei,
    als er den Erdkreis abmaß über den Wassern,

28 als er droben die Wolken befestigte,
    und Quellen strömen ließ aus dem Urmeer,

29 als er dem Meer seine Grenze setzte,
    damit die Wasser nicht seinen Rand überschritten,

30 als er die Grundfesten der Erde legte,

    da war ich als seine Vertraute bei ihm. (Sprüche, 8, 22 – 30)

Damit möchte wieder die Ur-Haltung menschlichen Denkens angeregt werden: Das *Wundern*, das *Staunen*, das *Fragen*. Eine knappe
Synopsis möchte, trotz «aller Erscheinungen Flucht» *Merk*-Würdigkeiten unserer alltäglichen Begegnungen mit den Dingen aufzeigen:
– Wir sollen ergriffen werden davon, daß unser Wandeln auf Erden
ein Wandeln auf *Edelsteinen* ist, heute sichtbar gemacht und bewiesen durch Dünnschliffe und Analyse von Steinen.
– Wir erwägen die Tatsache des *Einmittungsprinzips* (das Mandala)
in allen Reichen der Natur.
– Wir erwägen die *mathematische Exaktheit* von Anordnungen im
Atom, in Pflanzen, in genetischen Folgen von Tieren, denn «die mathematischen Wissenschaften sind der Meisterbaum, den der
Mensch für sein Verständnis des Weltalls erdacht hat.» (Le
Corbusier)[1]

Anhand solcher Tatsachen verstehen wir dann wohl auch die
Verwunderung von Meister Eckehardt in seiner Frage: «Ist uns
denn Gott noch nicht Welt geworden?»

Und wir können umgekehrt fragen ohne pantheistische Neigung:
«Ist uns denn Welt noch nicht Gott geworden?»[2]

---

1 LE CORBUSIER nach: N. HAGENMEIER: Der Goldene Schnitt. - Garching: Mossverlag 1926, S. 31
2 Vgl. auch Claude BRUAIRE: Die Aufgabe, Gott zu denken. - Freiburg: Herder
1973

1. Steine

Durch die Geschichte aller Generationen der Menschheit und ihrer Kulturen zieht sich die Affinität für das Bleibende, das *Unveränderliche*.[3] So haben wir z. B. noch heute die *Pyramiden* der Ägypter, die *Marmorbauten* der Griechen, die *Granitquadern* der Römer – und aus gleichen Zeitabschnitten die *Megalithdenkmäler* der Iren, Schotten, Engländer, Normannen, die sogenannten *Menhire* und *Dolmen*.[4] Es mutet an, als wollte der vergängliche Mensch, die rationale Eintagsfliege, gegen die Erfahrung und Wahrheit des Vergehens Monumente des Ewigen setzen durch solche Steinkulturen und Denkmäler.

Was nun ist *Stein*? – Generell formuliert bezeichnet man damit einen «natürlich entstandenen Körper, der aus vielen Mineralien der gleichen oder auch aus verschiedenen Arten besteht, eine meßbare Größe nach Ausdehnung und Gewicht (Abb. 1).» Dabei kann die Beschaffenheit fein- oder grobkörnig sein. In den Augen der Kenner kann so ein Stein nach Beschaffenheit und Vorkommen mehr oder weniger wertvoll sein. Aber ohne Rücksicht auf Form, Größe und Wert bleibt dieses Gebilde aber «Gestein».[5] Für detaillierte Information gibt es heute nach Forschung, Analysen etc., Bibliotheken mit verifizierten Resultaten für Petrologie und Petrographie. Hier aber interessiert mehr wie Stein in Geschichte, Interpretation und Symbolkraft genommen wird.

Neuzeitliche Forschung und Technik haben Methoden, durch welche ins Innere eines Steines geschaut werden kann. Es zeigt sich dem erstaunten Beschauer, daß auch ganz gewöhnliche Steine

---

3 Robert LAY: Die Ketzer. - München: Langen-Müller 1981, S. 252: «Teilhard de Chardin fühlte sich schon als kleiner Junge von der Materie angezogen. Er fand im Schuppen seines Vaters Eisenstücke: einen Granatsplitter, eine Pflugschraube. Pierre fing an, diese Dinge zu verstecken und «anzubeten» als Bleibendes, Unvergängliches, Unveränderliches. Bald aber entdeckte er, daß «Eisen rostet», also nicht unvergänglich war. So wandte sich der Sechsjährige einigen Steinen zu auf seiner Suche nach Bleibendem, Unvergänglichem inmitten aller Vergänglichkeit.» Vgl. auch F. TEICHMANN: Der Mensch und sein Tempel, Stuttgart: Urachhaus 1983, S. 15: «... Die Neigung des Ägypters zum Ewigen spiegelt sich in seiner Liebe zum Stein, im starren Festhalten am ... Unvergänglichen... »

4 F. TEICHMANN: Der Mensch und sein Tempel, S. 26: «Menhire...» Die durchschnittliche Menhire (men = Stein, hir = lang) haben eine Höhe von 2 – 4, die größten bis zu 10 Meter. «Dolmen...» S. 86: «Steine als Kammern, als Tempel...»

5 HOCHLEITNER: Gesteine Kompaß. - Gräfe-Unzer-Verlag, o. J., S. 1

eine Zusammensetzung aufweisen, die in vielen Fällen zeigt, daß der Mensch buchstäblich auf der Erdkruste auf Edelsteinen wandelt. Die Dünnschliffe von Steinen zeigen, daß edelstes Gestein in Spuren oder Stükken in ganz gewöhnlichen Steinen vorkommt (Abb. 2). Zum Beispiel:

– in *Basalt* ist Labradorit, Pyroxen, Magnetit, Olivin, etc.;
– *Gneis* zeigt Glimmer, Magnetit, Zirkon, Turmalin;
– *Granat* hat Spinell. Graphit, Olivin;
– *Graphit* umschließt u. U. sogar Diamant.

Diese Liste läßt sich durch alle Steinarten fortsetzen.[6]

Dünnschliffe, mittels welcher die geheimnisvollen Tiefen der Steine aufgedeckt werden, sind nichts anderes als planparallele Plättchen von einigen Hundertstel Millimeter Dicke. Diese Plättchen werden auf einen Objektträger aufgekittet und mit Glas bedeckt. Unter dem Mikroskop zeigen sich dann Inhalt, Zusammensetzung, Farbe, Form, Schönheit – das «Innenleben» des oft verächtlich gestoßenen Steines. So lassen sich dann auch kristallographische Messungen durchführen und quantitative wie qualitative Mineralbestände feststellen.[7] Bei oberflächlicher Annäherung erscheint der Stein für den Menschen leblos, unbeweglich, schwer, dicht, ohne Inhalt und außerhalb lebendiger Wirkungsvorgänge. Aber vom Gestein haben wir auf Erden den Großteil chemischer Verbindungen. Die Gesteinskruste der Erde ist das *Nährbeet der Pflanzen*, die Quelle der Ernährung von Tier und Mensch. Wer sich in die Kräfte und Heilkräfte der Steine besonders vertiefen will, greife zu den mittelalterlichen *Lapidaria*[8], in denen Anweisungen aus dem fernen Osten und solche von Griechen und Römern gesammelt vorliegen. Jakob von MAERLANT führt da auch eine spezielle Liste von 65 heilkräftigen Steinen auf. Neu herausgegeben wurde jetzt auch das Steinebuch der Hl. Hildegard von BINGEN.[9]

Auch *Meteoriten* werden heutzutage genauestens untersucht. Dadurch kommt der Mensch zu neuen Spekulationen über seinen Ur-

6 Annibale MOTTANA / R. CRESPI / G. LIBORIO: Der große BLV-Mineralienführer. - München: BLV, 1982, 2. Aufl., S. 430, 432, 488, 562, 598, usw.

7 Dieselben, ebenda, S. 51, 427

8 Nellie UYLDERT: Verborgene Kräfte der Edelsteine. - München: Hugendubel 1983, S. 65 – 67

9 G. HERTZKA / W. STREHLOW: Die Edelsteinmedizin der Hildegard von Bingen. - Freiburg: Bauer 1984, S. 76

sprung. Prof. PONNEPERUMA von der Universität von Maryland, USA, analysierte z. B. den *Murchison-Meteoriten* von Viktoria, Australien, der am 28. September 1969 gefunden wurde. Es ergab sich eine Zusammensetzung aus Cytosin, Adenin, Thymin, Guanin, Uracit, also von Elementen, die auch Hydrogen, Kohlenstoff, Nitrogen und Oxigen bilden, Elemente der Aminosäuren und damit evtl. Verbindungen von Eiweiß – und somit auch von menschlichen Genen. So schließt man, Leben könnte aus solchen Verbindungen sowohl auf Erden als auch sonstwo im Universum entstanden sein.[10]

Denkende Vorfahren haben gerade auch den Stein besonders betrachtet. Für PARACELSUS ist der Stein Symbol des Menschen, *Anthropos*[11]. C. G. JUNG nimmt Stein = Lapis als «Deus absconditus in materia» und ebenfalls für Anthropos. IRENÄUS spricht von lapis = Mensch als vom Ackerboden genommen: Adama = aus Lehm. Dazu auch hinweisend und erahnend das englische «adamant», das steinharte, legendäre Mineral, später sogar identifiziert als Diamant und als «Richtung gebender Stein».[12] Richard REITZENSTEIN stellt fest, daß die Lehre vom Stein als Anthropos – Mensch aus Lehm – die älteste und allgemeinste Offenbarung bzw. Kern aller Mysterien ist.[13]

In der *Hl. Schrift* ist Lapis, Stein, Symbol für *Christus*, den Eckstein, den die Bauleute verworfen haben.[14] Man vergleiche nur die Stellen des Neuen Testaments, die auf «Christus, Stein» sich beziehen in Matthäus, Lukas, im Epheser Brief. Man erinnere sich auch an die Berufung Petri, den Fels, auf dem der Herr seine Kirche bauen will.[15]

In anderen alten und mittelalterlichen Schriften ist Stein betrachtet als «chthonischer Gottmensch» – irdischer, auf Erden lebender Gottmensch, ja, der Erde angehörender Gottmensch. Ferner wird Stein interpretiert als «nous, Geistmensch», als Anthropos

---

10 Robert HAAG: Meteorites: Stone Meteorites. - Arizona: Tuscon 1984, S. IV
11 A. RIBI: «Zum schöpferischen Prozeß bei C. G. Jung...», in: Analytische Psychologie 13 (1983), S. 210 – 213
12 Derselbe, ebenda, S. 210, 211
13 Derselbe, ebenda, S. 211
14 Cruden's Complete Concordance: «New Testament». - Grand Rapids, Mich.: Zondervan Publ. House 1978: Math 21,42; Luk 4,3; 20,17; Eph 2,20
15 Neues Testament. - Stuttgart: Deutsche Bibelgesellschaft, 1982: Math 16,18 usw.

Theou (Mensch Gottes) – schon gemäß der Schrift – als «Adam – Mensch aus Ackererde» und damit also Mikrokosmos im Makrokosmos.

Hier sei besonders auf die Untersuchungen von Ing. R. RAAB verwiesen, der viele, verschiedenartigste «Tröpfchen», und gerade solche aus Erde, Lehm, belauert hat und weiter belauert. Dabei entdeckt RAAB immer neue Zusammenhänge, Zusammenwirkungen und Gesetze (Abb. 3).[16]

Es scheint also durchaus gerechtfertigt zu sein, dem «Stein» wiederum erhöhte Aufmerksamkeit zuzuwenden – in sein «Innenleben» einzudringen und gerechtfertigterweise den «Stein» Schale des Geistes zu nennen.

Max PLANCK soll auf einer Gelehrten-Konferenz in Florenz gesagt haben: «... Es gibt keine Materie an sich. Alle Materie entsteht und besteht nur durch eine Kraft, welche die Atomteilchen in Schwingungen bringt und sie zum winzigsten Sonnensystem des Atoms zusammenhält. Da es im ganzen Weltall aber weder eine intelligente noch eine ewige Kraft gibt, ... so müssen wir hinter dieser Kraft einen bewußten intelligenten Geist annehmen. Dieser Geist ist Urgrund aller Materie... So sehen wir,... daß es gerade das Winzigste und Unsichtbare ist, das die Wahrheit wieder aus dem Grab materialistischen Stoffwahns heraufführt und die Welt verwandelt...»[17] Von solcher Beschauung wird klar, was schon PLATON ausgesprochen und in Beziehung gebracht hat und was wir auch anwenden dürfen auf Stein, Lehm, Erde, Mensch: «Alles wird mit Notwendigkeit dasselbe, und da es dasselbe wird, bildet es ein Einziges.»[18]

2. Einmittungsprinzip: Mandala

Johannes beginnt seine Frohbotschaft mit dem Prolog:

Am Anbeginn war das Wort.

Das Wort war bei Gott. Das Wort war Gott.

16 Richard RAAB: Intuition – eine Quelle schöpferischer Menschen, Grenzgebiete der Wissenschaft 32 (1983) 3, Innsbruck: Resch Verlag, 167 – 190

17 W. MACHALETT: Rückschau des Forschungskreises W. Machalett, 1985, S. 50

18 Derselbe, ebenda

Abb. 1: Steine

Abb. 2: Steindünnschliff

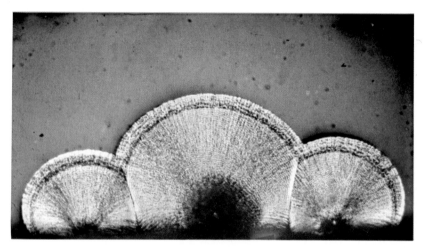

Abb. 3: Vitamin «C» – Tröpfchenaufnahme von R. Raab

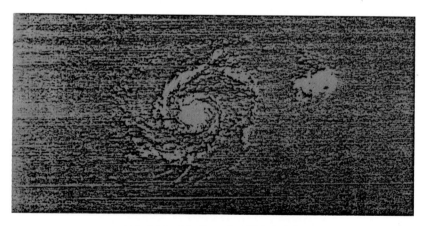

Abb. 4: Mandala-Form der Wirbelwinde

Alles ist durch das Wort geworden.
Nichts, was geworden ist, wurde ohne das Wort. (Joh 1, 1 – 4)

Dieses Logoslied des Urchristentums bezieht alles – Vielfalt und Ganzheit des Kosmos, aller Räume aller Zeit auf *Einen*. Dieser *Eine* ist die *Mitte allen Seins!*

Wenn man betrachtend hineinschaut in dieses Sein, dann merkt man, daß in diesem Sein ein Zeichen gegeben ist, ein Symbol. Aus der Erfahrung des Seins sind ja auch alle menschlichen Symbole geboren.

Was ist nun gemeint mit Symbol? Gemäß PLATON bedeutet «Symbolon» das Zusammenfassende, hier wohl auch das göttlich-bildlich Gegenwärtige. Demgegenüber kennt der Grieche auch «Diabolon», den Gegensatz zu Symbolon, dessen Sinn das Teilende, das Zersplitternde, Entzweite, Gegenspielende ist. «Symbolon» ist also Sinnbild, Zeichen, das in freier Zuordnung, ja sogar nach Willkür, einen Bedeutungsbereich vertritt.

Wie nun bereits oben im Logoslied des Johannes vom Wort, vom *Logos* gesprochen wird und hingewiesen ist auf den *Einen*, durch den alles geworden ist, so können wir auch von dem EINEN *Signaturen* in der Schöpfung suchen. Es ist dieser EINE sozusagen die Mitte allen Seins, die Mitte alles Geschaffenen. Der EINE aber ist zugleich der Zusammenfassende, der Gegenwärtige, der seine Signatur im Einmittungsprinzip oder im Symbol der Mitte gibt und – wenn aufmerksam beobachtet – sehen wir dieses Mittensymbol in allen Ebenen der Natur.

Die Menschheit in Ost und West und durch alle Generationen hat beispielhafte Symbole der Mitte oder von Zentren in den Dingen der Natur und des Kosmos (Abb. 4). Wir können sie entdecken in den Milchstraßen im All und in Winzigkeit im Atom; wir finden Zentren in der Zelle, in Sperm und Ovum. Der Mittelpunkt steht als Urquell für unerschöpfliche Kraft, aus dem alle Samen wachsen, alle Zellen ihre Funktion betätigen. Und wie im Kleinsten, so verhält es sich auch mit den Gegebenheiten im Größten. Es gibt also sozusagen nicht nur ein Organisches «Einmittungsprinzip» oder Gesetz, sondern auch universal ein kosmisches, zentrierendes Gesetz, mit dessen Hilfe wahrnehmbare Formen, Strukturen, Gestalten, Bewegungen entstehen und wodurch die Umwandlungsprozesse in allen Dingen und «Wahr-Gegebenheiten» gelenkt werden. Man möchte sagen: Dadurch entsteht aus Chaos Ordnung, ja Kosmos. Anschaulich begegnet uns Mitte tagtäglich: In der *Diatome* (der einzelligen Alge), im Samen, in der Blume (Abb. 5 – 6), im Kristall, im

Abb. 5: Mandala-Form des Löwenzahns: «Der Samen streuende Löwenzahn formt aus seiner goldenen Mandalablüte diese Mandala-Streuform. Seine Samen reisen mit dem Wind, gleiten an feinsten Sommerfäden wie Fallschirmspringer in die Weite und streuen so die Leben bergenden Keime aus.»[19]

Stern, im Auge (Pupille – Abb. 7), im Ohr, in der Bewegung, im Schall. Wir können darin unsere kosmische Gemeinschaft, unsere Einheit mit dem Universum feststellen bzw. wenigstens erahnen und damit die Verbundenheit (gleichsam wie Logoi – ewige Idee nach PLATON) mit dem Logos.

a) Östliche Denk- und Religionssysteme

Östliche Denk- und Religionssysteme drückten solche Erkenntnis aus ihren Beobachtungen aus als *Mandala*. *Mandala* stand dann als Symbol für:

1. Kreis, Kugel, Oval mit Zentrum, Eigestalt;
2. Rad, Bewegung, All;
3. Blume, Sternformen, Sonne in vier-, acht-, zwölf- und mehrstrahliger Gegebenheit;
4. rotierendes Schaufelrad, Svastika, Hakenkreuz;
5. Uroboros, der ums Zentrum geschlungenen Schlange; des

19 A. FEININGER: Nature and Art. - New York: Dover Publication 1983, S. 80 f.

Fisches; – man kann hier auch denken an die der germanischen Sage angehörende «Midgard-Schlange», die den Erdball umschlingt.

Abb. 6: Mandala-Form der Queen Anne's Spitze:
«Dem Geometer glich ich, der die Weise des Zirkelmaßes sucht. –
Er sucht und findet den Grundsatz nicht und sieht nicht Gang und Gleise.
Wie ich das Bildnis, das der Kreis umwindet, betrachtend stand
und forschte, wie's den Ringen, dem Raum des Binnenringes sich verbindet
denn dazu reichten nicht die eignen Schwingen. Dann aber fuhr,
daß nichts verhüllt mir bliebe, durch mich ein Blitz – und ließ auch dies gelingen.
Die Schau verlosch. Jedoch im Allgetriebe riß mich mein Aufwärtsdrang –
wie folgt ich gerne – ins gleichgeschwungne Rad der großen Liebe,
die da die Sonne rollt und Stern bei Sterne.» (Dante: Paradiso, XXXIII)

Carl Gustav JUNG brachte Mandala aus dem Osten ins Gespräch im Westen. Er deutete Mandala innerhalb seiner psychologischen Theorie als Bewegungsrad um: die Keimmitte des *Selbst.* – Jedoch war bzw. ist Mandala auch als grundlegendes Symbol schon vorhanden in der *alchimistischen* Tradition des Westens und als Kunstform durch die Jahrhunderte. Heute aber zeigen uns die Naturforscher (bewußt oder unbewußt) dieses Mittenprinzip oder das «Mandala» ausgedrückt im Verborgensten und gleichzeitig im Offenbar-

Abb. 7: Mandala-Form menschlichen Sehens:

«Das Wissen der alten Seher resultierte von der direkten Wahrnehmung der Wirklichkeit. Sie «sahen» sozusagen die Wahrheit. «Durch Informations-Ansammlung sammelten sich die Analysedaten an. Bald zeigte sich das Bedürfnis einer Synopsis. Diese resultiert dann im Einordnen der Daten oder durch Zentrierung. Damit entstand das «Erkenntnis-Mandala» bzw. Mandala der Erkenntnis, welches zur Gedächtnisstütze wurde.

Die biophysische Natur des Mandala ist folgendermaßen definiert worden: Der Mechanismus des Mandala kann aus der Neurophysiologie des Auges verstanden werden... So wie das Mandala eine Zeichnung von der Struktur des Auges ist..., so entspricht der Mittelpunkt des Mandala dem «blinden Fleck». Da der «blinde Fleck» der Ausgang aus dem Auge zum Sehzentrum des Gehirns ist, so geht man, wenn man durch den Mittelpunkt hinausgeht, in das Gehirn hinein.

So ist das Mandala Werkzeug, um die durch Sehen wahrnehmbaren Erscheinungen der Vielfalt der Realität einzusammeln und zu einem Zentrum im Innern hinzuführen.»[20]

sten (Abb. 8). Gerade die feinstentwickelten Apparate und Geräte der Technik machen uns Mandalas sichtbar (Abb. 9).

Das Wort *Mandala* im Sanskrit meint nichts anderes als Kreis, Zirkel im *Hinduismus* und *Buddhismus*. In diesen Weltanschauungen wird Mandala als symbolisches Diagramm zum Durchführen heiliger Riten, heiliger Wirklichkeitsauffassung und als Instrument der Meditation gebraucht. «Mandala» bedeutet aber eigentlich eine Darstellung oder Symbolisation des ganzen Universums, hat also kosmische Sinngrundlage, ist eine geweihte Sphäre, die zum Empfang der Gottheit dienen soll oder als Sammelpunkt universaler Kräfte und Mächte.

20 José u. Miriam ARGUELLES: Das große Mandalabuch: Mandala in Aktion. - Freiburg: Aurum 1975, S. 24

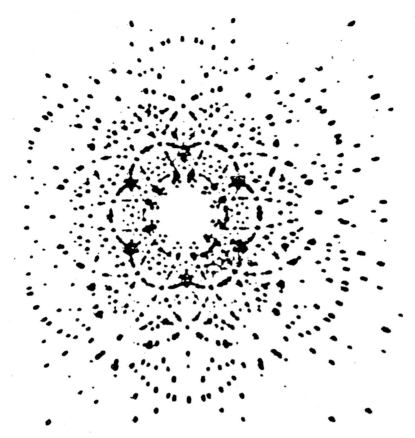

Abb. 9: Mandala-Form des Röntgenstrahlenmusters von BERYLL

Der Mensch als kleines Universum tritt in das Mandala geistig ein, da es ja Symbol des Makrokosmos ist und auf das Zentrum weist.

b) Mandala – Das Rad

Vision des *Ezechiel* vom Thronwagen Gottes (Ez. 1):

4 Ich sah: Ein Sturmwind kam von Norden, eine große Wolke mit flackerndem Feuer, umgeben von einem hellen Schein. Aus dem Feuer strahlte es wie glänzendes Gold:

5 Mitten darin erschien etwas wie vier Lebewesen. Und das war ihre Gestalt: Sie sahen aus wie Menschen.

15 Ich schaute auf die Lebewesen: Neben jedem der vier sah ich ein Rad auf dem Boden.

16 Die Räder sahen aus, als seien sie aus glitzerndem Edelstein aus Tarschisch gemacht. Alle vier Räder hatten die gleiche Gestalt. Sie waren so gemacht, daß es aussah, als laufe ein Rad mitten im andern.

18 Ihre Felgen waren so hoch, daß ich erschrak; sie waren voll Augen, ringsum bei allen vier Rädern.

19 Gingen die Lebewesen, dann liefen die Räder an ihrer Seite mit. Hoben sich die Lebewesen vom Boden, dann hoben sich auch die Räder.

20 Sie liefen, wohin der Geist sie trieb. Die Räder hoben sich zugleich mit ihnen; denn der Geist der Lebewesen war in den Rädern.

«Der Geist der Wesen wäre in den Rädern»… das ist symbolhaft angedeutet, daß Jahwe nicht mehr fixiert ist an den Tempel, sondern seine übersteigende Transzendenz wird klar durch «Geist in den Rädern», d. h. Gottes Allgegenwart, seine Omnipotenz ist bei allen Geschöpfen.

Die Räder scheinen sich ineinander zu schieben zu einer *Kugel*, d. h. zu einem *Ganzen* mit einer leuchtenden *Mitte*, einer *Mitte*, aus der alles kommt, alles hervorgeht, denn

Im Anbeginn war das Wort –

Alles ist durch das Wort geworden.

So ist das *Rad*, das *Mandala* – eine Schöpfungsoffenbarung, die überall die *Mitte* andeutet, deren Grenze aber nirgendwo ist.

3. Mathematische Gesetze – Schönheit

Die großen antiken Zivilisationen *Babylon, Ägypten, Griechenland*, Rom, brachten mehr oder minder auch eine Grundlage für *Mathematik*. Besonders Babylon war das Urland der numerischen, algebraischen und geometrischen Methoden, mindestens seit der Hammurabischen Dynastie ca. 1700 v. Chr. Im 6. Jahrhundert löste Persien Babylon ab. Auch EUKLID von Alexandrien weist die mathematischen Proportionen auf, basierend auf den «Platonischen Elementen», aus denen die Welt zusammengefügt scheint. PLATO selbst bewegte sich in den

Gedankengängen des PYTHAGORAS und PLATOs Nachfolger bauten darauf weiter.[21] Durch alle Jahrhunderte faszinierte Mathematik die Menschen, die nach Maßen, Proportionen, Verhältnissen aller Größen suchten, z. B. Punkt (Mittelpunkt!), gerade, gebogene Linie, Kreis, Drei-, Vier- und Vieleck.

Die *Araber* in Europa und Nordafrika beschäftigten sich besonders eingehend mit Mathematik. So sandte im 12. Jahrhundert der reiche Kaufmann und Konsul von Pisa Guilelmo *Bonacci* seinen Sohn *Leonardo* in die Schule der Araber. Dort lehrte man die indisch-arabischen Zahlzeichen von 9 – 1 zu 0 im Gegensatz zu den üblichen römischen Buchstaben. Leonardo führte dann auch in seiner Heimat die arabischen Zahlzeichen ein – nicht ohne Anfeindung. Er zeigte auch eine Zahlengesetzmäßigkeit, verwandt dem «Goldenen Schnitt», die nach ihm *«Fibonacci-Serien»* heißt. Leonardo von Pisa, kurz «Filius des Bonacci = FIBONACCI» genannt (1170 – 1240) wurde der bekannteste Mathematiker seiner Zeit. 1202 brachte er sein *Buch des Abakus* (Liber Abaci) heraus, in dem er auch seine Freude über die neun indo-arabischen Zeichen darlegte. Nur ganz wenige Intellektuelle seiner Zeit wußten um diese. FIBONACCIs Ruf drang sogar vor bis zu Kaiser *Friedrich II.* Am Hofe wünschte man ein Beispiel von FIBONACCIs Rechenkunst. Man fragte: «Wieviele Hasen hat man, – wenn im Januar eines Jahres ein Pärchen ein zweites hervorbringt, dieses dann weiter eines im Februar und folgend jedes Pärchen monatlich weiter zeugt, – am Ende des Jahres?» FIBONACCI entdeckte bei dieser Berechnung seine bekannte Zahlenserie,[22] die Folge der Zahlen 1, 1, 2, 3, 5, 8, 13...., wobei jedes Glied gleich den Summen der beiden vorangehenden Glieder ist.

Im 19. Jahrhundert wandten Wissenschaftler, besonders E. LUCAS, die Fibonacci-Serie in den Bereichen der Natur an und fanden sie brauchbar in der Genealogie von Hasen, Drohnen, in den Spiralen von Sonnenblumen, Tannenzapfen, Ananas, Schnecken- und Muschelhäusern, in der Anordnung von Zweig- und Blattknospen (Phyllotaxis), Hornringen von Tieren usw. 1962 gründete man in Californien eine «Fibonacci-Gesellschaft» zum Austausch von Ideen und Forschungsergebnissen.[23] In Kalifornien erscheint auch eine Fibonacci-Zeitschrift, die diesen Zwecken dienen soll.

21 Encyclopaedia Britannica, Macropaedia X. - Chicago 1984, S. 817
22 H. E. HUNTLEY: The Divine Proportion. - New York: Dover Publ. 1970, S. 158
23 Encyclopaedia Britannica: Macropaedia

Im folgenden werden einige Beispiele von diesen Naturgesetzlichkeiten gegeben, deren Unveränderlichkeit seit Millionen von Jahren gegeben ist, die aufmerksame, beobachtende Menschen unvergeßlich beeindrucken kann durch Regelmäßigkeit und ihre Schönheit.[24]

a) Hypothetische Entwicklung eines Elektrons in einem Atom

Die in Abb. 10 dargestellten Brüche, gebildet aus Fibonacci-Zahlen, veranschaulichen die Proportionen von Atomen im jeweiligen Zustand innerhalb des Zeitablaufs. Die Zahlen der möglichen verschiedenen Zustände eines Elektrons in der Fibonacci-Sequenz sind folgende: 1, 2, 3, 5, 8, 13, 21, 34, 55, 89, usw. (die jeweils folgende ist immer die Summe der beiden vorhergehenden Zahlen!)

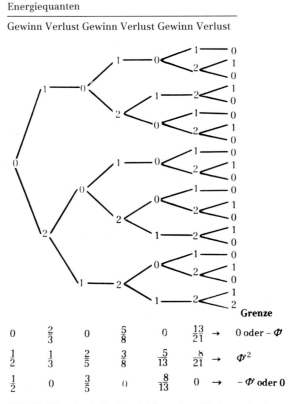

Energiequanten						
Gewinn	Verlust	Gewinn	Verlust	Gewinn	Verlust	

0	$\frac{2}{3}$	0	$\frac{5}{8}$	0	$\frac{13}{21}$	$\rightarrow$ 0 oder $-\Phi$
$\frac{1}{2}$	$\frac{1}{3}$	$\frac{2}{5}$	$\frac{3}{8}$	$\frac{5}{13}$	$\frac{8}{21}$	$\rightarrow$ Φ^2
$\frac{1}{2}$	0	$\frac{3}{5}$	0	$\frac{8}{13}$	0	$\rightarrow$ $-\Phi$ oder 0

Abb. 10: Hypothetische Entwicklung eines Elektrons im Atom

24 H. E. HUNTLEY: The Divine Proportion, S. 151 – 167

Abb. 8: Mandala-Form menschlichen Werdens: Der menschliche Leib entwickelt sich aus einer Zelle durch Vereinigung von Sperma und Ovum. Jedes menschliche Individuum beginnt als befruchtetes, aktiviertes Ei. Es wird aus dem befruchteten Zentrum ein Mensch von unerhörter Einmaligkeit.

Das Diagramm zeigt die aufeinanderfolgenden Brüche der Atomzahlen im jeweiligen Zustand ihrer Elektronen. Diese sind ausschließlich zusammengesetzt aus Fibonacci-Brüchen.[25]

b) Genealogie von Kaninchen

Die Fibonacci-Serien (wie den Goldenen Schnitt) finden wir auch an völlig unerwarteten Plätzen, wie in Beziehung zum Züchten von Kaninchen. Lange bevor der Virus für Myxomatosis das Kaninchenproblem in Australien löste, das im Überhandnehmen dieser Nagetiere bestand, versuchte man der Sache Herr zu werden durch mathematische Berechnungen der Fortpflanzung, nämlich zur Zeit des Fibonacci. Dieser hatte das rechnerische Problem bereits in seinem *Liber Abaci* (1202) behandelt, da er annahm, daß die Fortpflanzung – ausgehend von einem einzigen Hasenpaar – folgenderweise zunimmt:

Angenommen ein Kaninchenpaar brütet im Januar ein zweites Paar aus, danach ein weiteres im Februar usw. Aber jedes neu existierende Paar produziert im folgenden Monat ein weiteres Paar nach der Geburt. Die Frage ist dann: Wieviele Kaninchen existieren im Dezember desselben Jahres?

Fibonaccis vier Kolumnen zeigen in den zwölf Monaten die jeweiligen Kaninchenpaare an (Abb. 11).[26]

MONAT	1	2	3	4
Jänner	0	1	0	1
Februar	1	0	1	2
März	1	1	1	3
April	2	1	2	5
Mai	3	2	3	8
Juni	5	3	5	13
Juli	8	5	8	21
August	13	8	13	34
September	21	13	21	55
Oktober	34	21	34	89
November	55	34	55	144
Dezember	89	55	89	233

Abb. 11: Kaninchen-Vermehrung

c) Drohnen-Vermehrung

Die Fibonacci-Serien spielen auch eine Rolle in der Vermehrung von *Drohnen*, also im Bienenstaat. Warum wählen die Bienen ein sechsek-

25 Ebenda, S. 156
26 Ebenda, S. 159

kiges Muster für ihre Honigwabe? Das ist nicht vorerst eine psychologische (Benehmensfrage), sondern eine mathematische Frage. Die Antwort ist, daß diese Form bestimmt ist durch In-Betracht-Ziehung von
Sparsamkeit und Effektivität.

Die Honigwabe ist ein Muster im Raum. Die geneologische Anlage
ist aber für die Biene auch eine Frage der Zeit. Der entomologische
Mathematiker, der im Raum teilnahm, wirkte auch durch Zeitrechung
mit.

Die Drohne (männliche Biene) wird ausgebrütet von einem unbe-
fruchteten Ei. Befruchtete Eier produzieren nur weibliche (Arbeits-)
Bienen und Königinnen. Die Befruchtung aber braucht Zeit. Wenn
wir dies in Betracht ziehen und auf eine geneologische Liste

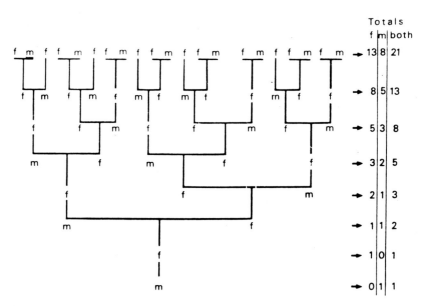

Abb. 12: Drohnen-Vermehrung

der Bienen anwenden, die die Abstammung einer Drohne über mehrere Generationen hin zeigt, kommen wir zur Schlußfolgerung von Abb.
12: Abstammung einer Drohne: Addieren wir nämlich alle männlichen
(m), alle weiblichen (f) Bienen und dann alle Bienen beider-
lei Geschlechts, die eine Generation ausmachen, so finden wir dreimal
die überhängenden Fibonacci-Serien wiederholt: einmal für männliche, einmal für weibliche und einmal für beide Arten zusammen. Ma-

thematisch sind also die Drohnenzellen der unfruchtbaren Eier auszuschalten, der Raum- und Zeitzweckmäßigkeit der Waben zu entsprechen.[27]

d) Pflanzen

Aber es ist nicht nur der Kaninchenzüchter und der Entomologe, der durch seine Züchtungen Kontakt bekommt mit den «Goldenen Zahlen». Auch der *Botaniker* kommt mit ihnen zusammen in verschiedenen Sparten seiner Studien, z. B. im Arrangement von Blättern, in Blüten einer Familie, in den Auszweigungen von Stämmen, im Ansetzen von Dornen bei Pflanzen. Natürlich finden wir selten absolut vollkommene Arten, die exakt dem rechnerischen Muster entsprechen, aber völlige Ungleichheit ist auch nicht anzutreffen.

Ein Wiesengänseblümchen kann etwa 33 oder 56 Blütenblättchen haben – also nahe an den Fibonaccizahlen 34 und 55. Jedoch ein Gänseblümchen mit 40 oder 50 Blütenblättern ist unauffindbar.

Weitere Beziehung von den Fibonacci-Serien ist zu finden in der Anzahl von Blatt- oder Verzweigungswinkeln am Stamm einer Pflanze während ihrer Entwicklung.

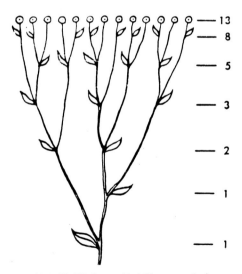

Abb. 13: Nießwurz (Achillea ptarmica)

27 Ebenda

Nießwurz

Ein ideal-einfacher Fall ist gegeben in der *Nießwurz* (Sumpfgarbe), wo die Blätter und Blüten am Stengel schematisch austreiben. Man sieht einen neuen Zweig vom Blattwinkel austreiben und davon zweigen dann wiederum mehrere Zweige ab. Werden die alten und neuen Zweige addiert, findet sich jeweils eine Fibonacci-Zahl in jeder horizontal addierten Summe (Abb. 13).[28]

Blütenblätter

Die «Goldene Zahl» tritt wieder auf, wenn wir die Zahl der *Blütenblätter* von allgemein vorkommenden Blumen zählen. Beispiele:

Iris – 3 Blütenblätter
Pfingstrose – 5 Blütenblätter
Lappenkraut – 13 Blütenblätter
Maßliebchen – 34 Blütenblätter
Herbstastern – 55, evtl. 89 Blütenblätter

Die Anzahl und die Anordnung von Blüten am Ende einer solchen Pflanze ist ein besonders schönes Beispiel der in der Natur vorkommenden «Goldenen Zahl». (Natürlich gibt es auch andere Fälle, die dazu Ausnahmen bilden und in welchen die «biologische Gesetzmäßigkeit» andere Muster zeigt.)

Phyllotaxis

Phyllotaxis ist ein *botanischer Ausdruck*, eine Gesamtbenennung, die sich auf Blattanordnungen an Stielen oder Stengeln von Pflanzen bezieht. Diese Anordnungen sind charakteristisch für je eine ganze Art solcher Pflanzen. Die Blattrichtung gibt die Winkeltrennung zweier aufeinanderfolgender Blattansätze am Stiel, Stengel, Stamm an, ermessen an einer Spirale, die von der Wurzel der Pflanze aufwärts, zum neuen Wachstumspunkt oder Blattansatz geht. So kann die Blattanordnung genau festgestellt werden im Sinne der Abweichungsdivergenz. Eine Spirale ist so gezeichnet, daß sie genau durch den Ansatz eines Blattes geht, bis sie zum neuen Ansatzpunkt kommt, der vertikal über demselben liegt. Angenommen, die Anzahl der Windungen der Wachstumsspirale ist «P», die Anzahl der Blattansätze, die passiert werden,

---

28 Ebenda, S. 163

ist «Q». Dann ergibt P / Q einen Bruch, der für die Pflanze charakteristisch ist, nämlich die Blattdivergenz oder den Abzweigungsabstand. Nun neigen sowohl «P» wie «Q» dieses Bruches dazu, Glieder der Fibonacci-Folgen zu sein.

Das Interesse des Botanikers an der *Blattdivergenz* ist aber nicht primär ein mathematisches. Seine Aufmerksamkeit richtet sich vor allem auf die Tatsache, daß alle Glieder solcher Bruchserien zwischen 1 / 2 und 1 / 3 liegen, so daß je folgende Blätter so getrennt voneinander sind, daß sie mindestens 1 / 3 des Stammumfangs oder des Stieles folgen, damit eine maximale Belichtung und Luftzufuhr für jedes Blatt usw. garantiert ist (Abb. 14).

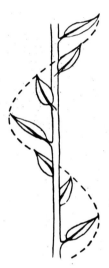

Abb. 14: Phyllotaxis

H. E. LICKS stellt fest, daß – generelle Regel – Auszweigungen für verschiedene Pflanzen wie folgt festgestellt werden können:

Gewöhnliches Gras – 1 / 2
Riedgras – 1 / 3
Obstbäume, z. B. Apfel – 2 / 5
Banane – 3 / 8
Lauch – 5 / 13 usw.[29]

---

29 Ebenda, S. 161 – 162

e) Spiralen

Spiralen finden sich in Pflanzen und Tieren in Fühlern, in Muscheln von Weichtieren, Schwämmen, Blattordnungen, Samenanordnungen, in Wirbeln und Strudeln von Wasser, Luft, Sternwolken und Sternstraßen – Milchstraßen, usw.

F. H. CRICK und J. D. WATSON fanden (1953) die Spirale «Doppelhelix» im Molekül von DNS. Die Tatsache aber, daß die Spiralenmuster stets in den Fibonacci-Serien vorkommen, macht uns erstaunen (Abb. 15).

Abb. 15: Spiralmuster

f) Diatome

Diatome sind Kieselalgen und gehören zur Klasse der braunen Einzeller des Süßwassers und der Meere (Abb. 16). Grundtypen sind:
a) völlig symmetrische Mandalas – rund
b) längliche, kettenförmige Algen

g) Die wunderbare Spirale

Viele Menschen mögen sie gesehen haben – aber sie haben sie nicht bemerkt in dem Muster der Blüten, z. B. des Gänseblümchens, obwohl sie in der Natur seit Millionen Jahren vorhanden ist: die *gleichwinkeli-*

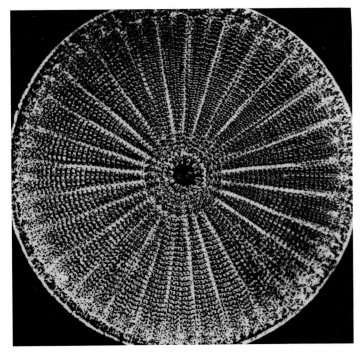

Abb. 16: Kieselalge

ge Spirale. Schon eher wird die Spirale bemerkt in der Sonnenblume. Da kann man nämlich sehen, daß zwei entgegenlaufende, gleichwinkelige Spiralen den Blütenkorb stellen. Eine Spirale läuft in Uhrzeigerrichtung, die andere dieser entgegen. So hat jedes Blütenblatt eine Doppelbeziehung. Das ist erstaunlich genug, doch dazu kommt noch, daß die Uhrzeigerrichtung einundzwanzig, in entgegenlaufender Richtung 34 Spiralen (Abb. 17) hat, in deren Zwischenräumen jeweils die Samenansätze eingebettet sind. Diese Kombination von:

1. Reiz entgegenlaufender Spiralen,
2. der Doppelrolle jedes Blütenblattes,
3. der Einfachheit mathematischer Anordnung,
4. die unerwartete Verbindung in Fibonacciverhältnissen, besonders auch die Farbverbindungen,

stellt das höchstbeeindruckende Beispiel mathematischer Schönheit und Proportion in der Natur dar. Vergleichbare Anordnungen von entgegenlaufenden Spiralen im Fibonacci-Zahlenverhältnis sind zu finden in Tannenzapfen, in der Ananas (Bromelie), in Kakteen.[30]

30 Ebenda, S. 164 – 165

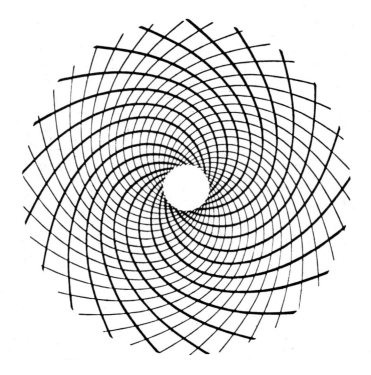

Abb. 17: Spira Mirabilis

Die Samen der Sonnenblume (Abb. 18), wie auch die der Tannenzapfen, sind genau angeordnet in den Zwischenräumen zweier sich entgegenlaufender Spiralen.

Mathematisch genau enthält jede Spiralenreihe die für die Art spezifische Anordnung. Zum Beispiel erscheint das gleiche Spiralenmuster in der Ananas (Abb. 19), in gewissen Kakteen, im Maßliebchen (Gänseblümchen), usw.

Was das *Spiralenmuster* in der Natur besonders zu bedenken aufgibt, ist dies, daß das Muster unfehlbar zusammentrifft mit der mathematischen Progression der Fibonacci-Serien. Gemäß dieser ist die folgende Zahl immer die Summe der zwei vorhergehenden: 1, 1, 2, 3, 5, 8, 13, 21, 34, 55, 89, usw.

Die zusammentreffenden Zahlen der Spiralen z. B. sind für Tannenzapfen und Ananas 13 und 21; bei den meisten Maßliebchen 21 und 34; 34 und 55 bei größeren Blumen; 55 und 89 bei Sonnenblumen, usw.[33]

31 A. FEININGER: Nature and Art

Abb. 23: Der Alte der Tage, der Schöpfer die Welt vermessend –
Gemälde von William Blake (1794)

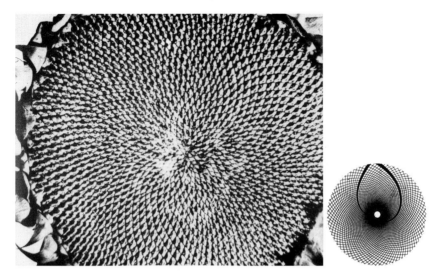

Abb. 18: Sonnenblumen-Muster in entgegenlaufenden Spiralen: 55 zu 89 (Fibonacci)

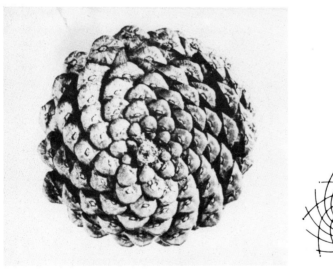

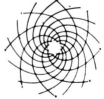

Abb. 19: Ananas

h) Muscheln

Außerordentliche Beispiele von gleichwinkeligen Spiralen in der Natur sind die *Muscheln*, eine weite Varietät von Geschöpfen, angefangen bei der winzig kleinen «Foraminerva», welche durch ein Nadelöhr schlüpfen kann, bis zum «Nautilus», der mehrere Zentimeter im Durchmesser hat.

Die Schönheit des *Nautilus* (Abb. 20) in seinen Abteilungen hat die Aufmerksamkeit und die Bewunderung der Mathematiker, der Zoologen, der Paläontologen, Künstler und Dichter angeregt. So sagt A.

Abb. 20: Nautilus: vielkammeriger Mollusk (Weichtier) mit logarithmischer Spirale nach Fibonacce-Serien bzw. nach dem Goldenen Schnitt. Die Spirale läßt sich ganz allgemein als Linie definieren, die ihre Krümmung ständig verringert und sich so vom ursprünglichen Wachstumspunkt entfernt, eine Linie, bei der der Krümmungsradius ständig zunimmt.

FEININGER: «Die schiffartige Nautilus-Muschel hat eine innere Spirale mit Dutzenden von kleinen Kammern, abgeteilt durch Wände aus reinstem Perlmutter innerhalb der Muschel. Wenn die Tiere wachsen, dehnt sich die Öffnung (der Mund) der Muschel und bewegt sich hin und her und wieder vorwärts in die bequemeren Quartiere, indem sich die «Tür» dahinter schließt mit einer Schicht von perlmuttriger Masse, so daß das Tier nur die äußerste Kammer innehat, und selbstverständlich ist dann jede neue Kammer größer als die vorige. Die in Kammern abgeteilten Teile der Muschel sind mit Gas oder Luft gefüllt, so daß die ganze Muschel trotz ihres massiven Baus schwimmend und belebt erhalten bleibt. – Der kleine, dünne Schwanz – auch Saugstück genannt, erstreckt sich vom hinteren Ende des Tieres direkt zum Anfang hin, indem er durch die glatten Öffnungen durch die abgeteilten Kammern geht.»[32]

Oliver Wendel HOLMES war so beeindruckt von Nautilus, daß er folgendes Gedicht verfaßte:

> Das ist das Schiff aus Perlmutter,
> welches die unbeschatteten Ströme entlangsegelt –
> und wovon die Dichter schreiben.
> Die abenteuerliche Barke, die ihre purpurnen Segel
> hinauswirft an den sanften Sommerwind,
> und die die Meeresbuchten verzaubert da,
> wo die Sirene singt, wo die Korallenriffe liegen
> und wo die kalten Seejungfern
> ihr strömendes Haar der Sonne zugewandt kämmen.
>
> O meine Seele, baue Dir stattlichere Häuser
> da, solange die eiligen Jahreszeiten verrollen.
> Verlasse Deine niedrig-gewölbte Vergangenheit.
> Lasse jeden neuen Tempel nobler als den vorherigen
> Dich umschließen vom Himmel, einem Dom, größer und
> größer, bis Du endlich frei bist
> und Du Deine ausgewachsene Muschel
> verläßt in des Lebens unruhiger See.

Zu diesen *Gastropoden* gehören viele andere Arten, z. B. die Wendeltreppen, die Sonnenuhrschnecken, die Kristallschnecken u. a.

Wissenschaftler kommen zu schätzungsweise 50 000 solch lebender Spezien. Die meisten von ihnen harren noch der Entdeckung in den Tiefen der Ozeane. Neben diesen heute noch lebenden Weichtierarten sind bisher noch annähernd 55 000 ausgestorbene Arten gemäß fossiler Ablagerungen der sechs Kontinente beschrieben worden. Das Alter dieser «Kunstwerke der Natur» kann auf Millionen Jahre geschätzt werden.

---

32 A. FEININGER: Shells: Forms and Designs of the Sea. - New York: Dover Publ. 1983

i) Der Sternfisch

Der *Sternfisch* (Abb. 21) ist wiederum (wie das Gänseblümchen!) ein Beispiel radialer Symmertrie der Natur, wodurch zahllose Ornamente und Kunstwerke von Menschenhand inspiriert wurden.

Abb. 21: Sternfisch

Welche Art von Mechanismus reguliert das Wachstum dieser Formen – ein Mechanismus, der zählt, der einen Kreis teilt in eine ganz bestimmte Anzahl gleicher Teile – und das regelmäßig durch Millionen von Exemplaren und durch Millionen von Jahren.

Biologen, Zoologen, usw. behaupten, das läge in den Genen der Arten, aber was das genau bedeutet, harrt noch heute wissenschaftlicher Klärung bzw. Erklärung.

j) Ordnung und Chaos

Die Abb. 22 gibt einen komplizierten, zeitabhängigen Prozeß graphisch wieder, der in ähnlicher Weise *in allen Disziplinen der Naturwissenschaften* – von der Himmelsmechanik bis zur Biochemie und molekularen Biologie – vorkommt.

Abb. 22: MPG-Spiegel 6 / 84

Die Vielfalt und Schönheit der Formen (in diesem Bild) rührt von dem nichtlinearen Anteil einer algebraischen Formel her, die als «Hill-Gleichung»[33] eine Schlüsselrolle bei der Regulation von Stoffwechselprozessen in lebenden Systemen spielt.

Ähnliche Bilder erhält man bei den skroboskopischen Behandlungen dynamischer Zustände des enzymatischen Zuckerabbaus (Glykolyse).

33 Archibald Vivian HILL, geb. 26. Sept. 1885, Bristol, Gloucestershire; gest. 3. 6. 1977 in Cambridge; Prof. in Manchester und an der Royal Society in London. Er erhielt 1922, zusammen mit dem deutschen Biochemiker Otto MAYERHOFF, den Nobelpreis für Medizin für seine Untersuchungen über die energetischen Vorgänge bei der Muschelzusammensetzung.

4. Schlußbemerkung

Von PLATON bis heute bemühten sich Denker, eine Antwort zu finden auf die Frage nach einem höchsten Wesen, das Ursache von Universum, Erde, Natur, Mensch und der ewigen Gesetze im Kleinsten und Größten wahrnehmbarer Realität sein könnte. Mit anderen Worten: Sie bemühten sich um einen *Gottesbeweis*. – Schließlich begnügte man sich damit, alles Existierende einem *Seienden* als solchem zuzuschreiben. Man erinnere sich nur der Versuche solcher Konklusionen eines Thomas von AQUIN, eines ANSELM of Canterbury, des Immanuel KANT.

Bei den gelehrten Disputationen an der Universität von Paris wagte aber bereits Meister ECKEHART (1260 – 1328) noch hinter das *Sein* zu deuten, indem er behauptete: Vor dem Sein – und damit Ursache allen Seins – stünde der *Geist*, d. h. der Intellekt. Damit erinnerte er an ARISTOTELES, der die Platonische Lehre von den ewigen Formen oder Ideen zu verabgründen suchte mit dem *Intellectus purus*.[41]

Heute ist es verhältnismäßig still geworden um die Gottesbeweise. Aber «die ewige Weisheit ist die nie zur Neige gehende Nahrung des Lebens, von der unser Geist... ewig lebt, – ist Ursprung, Mittelpunkt, Endziel der Sehnsucht nach unvergänglichem Leben. Die Weisheit aber ist das *Wort*, der *Logos*, der *Vernunftgrund* aller Dinge» (Nikolaus von Cues – 1401 – 1454).

Dorthin ist die Menschheit unterwegs. Wenn sie aber einmal vorgestoßen ist zur Evidenz der Geheimnisse der Natur, zu den «*Signaturen des Logos in der Schöpfung*» (Abb. 23), wird man inne, daß man vorgestoßen ist an die Peripherie aller geschaffenen Dimensionen. Man erkennt beglückt, daß man selbst zur «Gemeinschaft des Logos» gehört.

Für das tägliche Streben aber bleibt wichtig zu realisieren, was Gabriel MARCEL klar zusammengefaßt hat mit seiner Feststellung:

«Die Grundstruktur des Menschen ist nicht das *sum* (ich bin), sondern das *sursum* (empor!)»[34]

---

34 Gabriel MARCEL: Philosophie der Hoffnung, 1949; Christopher BIRD: Wünschelrute. Die weissagende Hand oder das Mysterium. (Abb. 23) - München: Moos 1981; Peter S. STEVENS: Zauber der Formen in der Natur. - München: Oldenbourg 1983

JOHANNES C. BRENGELMANN

PERSÖNLICHE EFFEKTIVITÄT, STRESS UND LEBENSQUALITÄT
Strukturen der positiven Lebensgestaltung

1. Wie das Individuum mit unserer Aversionsgesellschaft fertig werden kann

Unser Thema befaßt sich im weitesten Sinne mit der persönlichen Effektivität in *positiver Lebensgestaltung*. Kernpunkte dieser Effektivität sind die Fähigkeit zur *Selbstkontrolle* und *Kontrolle der sozialen Umgebung* zwecks Erreichung einer möglichst positiven Lebensqualiät. Jeder von uns versucht sein eigenes Leben und das seiner Familie optimal zu gestalten und erfährt dabei Schwierigkeiten, die zu bewältigen sind, Rückschläge, die zu verkraften sind, und Probleme, die nicht allein oder nur schwer zu lösen sind. Presse, Radio und Fernsehen überfallen uns täglich außer aller Proportion mit beängstigenden oder abwertenden Nachrichten, als ob sie es darauf anlegen würden, den Bürger nach und nach mit Angst zu erfüllen, seine menschliche Würde herabzusetzen und ihm die Fähigkeit zu nehmen, sein Leben wirksam zu bewältigen und positiv zu gestalten. Sektiererische Gruppen und selbst christliche Religionsgemeinschaften veranlassen die Schwachen unter uns, auf großen öffentlichen Veranstaltungen zu erklären: «Ich habe Angst vor dem Krieg», «Ich habe Angst vor der Bombe», «Ich habe Angst vor der Vergiftung» oder einfach: «Ich habe Angst und weiß nicht einmal, warum». Verstehen kann man solche Streßreaktionen, aber helfen tun sie kaum.

Es *gibt* Realitäten, die einem bis zur Existenzbedrohung hin Angst einjagen können, aber gerade dies ist der Grund, *nicht* von der Angst zu reden, ohne gleichzeitig praktikable Lösungen zu ermöglichen. Es ist ein zweifelhaftes Verfahren, mit einer negativen Emotion eine positive Problemlösung herbeireden zu wollen. So funktioniert der Mensch nicht. Die Motivationen und Ziele der Angsteinpeitscher sind schwer zu erkennen, aber die von ihnen ausgesandten Strafreize besitzen unnütze, negative und selbst gefährliche Auswirkungen, wie die folgende Beschreibung aus den experimentellen Untersuchungen zur Bestrafung zeigen soll.

a) Strafreize

Ein *Strafreiz*, mit dem eine Problemlösung erzielt werden soll, behindert oder verzögert gerade *das* Verhalten, mit dessen Hilfe das Problem tatsächlich gelöst werden könnte. Wenn man sich der aversiven Beeinflussung enthält und stattdessen alles Verhalten verstärkt, das zur sachlichen Problemlösung beitragen kann, dann erhöht sich auch die Wahrscheinlichkeit, daß die Probleme tatsächlich gelöst werden, anstatt neue zu schaffen.

b) Aversive Reize

Mit *aversiven Reizen* kann man in der Tat häufig eine sofortige oder baldige Verhaltensänderung erzielen. Viele Lehrer und Eltern ziehen es deshalb vor, ein unerwünschtes oder Fehlverhalten zu bestrafen, anstatt das dazugehörige *positive* Verhalten zu belohnen. Politiker attackieren lieber das vermeintliche Fehlverhalten ihrer Opponenten, anstatt eine sachliche Analyse vorzutragen, die auch von Experten genutzt oder gestützt werden könnte. Diese Vorgehensweisen sind ungesund. Das Problem des aversiven Vorgehens besteht allgemein darin, daß in einem negativen Klima nicht nur Kenntnisse oder sachliche Verhaltensweisen gelernt werden, sondern daß *Aversion Furcht* erzeugt und das Lernergebnis konsequenterweise ein Mischprodukt aus Sachkenntnis und Furcht oder innerer Unruhe darstellt, das der Sache abträglich ist. Die Angstprediger unserer Zeit sind lebendige Beispiele eines solchen Mischprodukts. Sie können selbst ihre sachlichen Anliegen kaum noch ohne Erregung vortragen, weil sie durch zahlreiche Angstwahrnehmungen oder -vorstellungen konditioniert und an die Angst gekettet sind.

c) Aversives Vorgehen

Aversives Vorgehen erzeugt auch sekundäre Seiteneffekte, die weder für den Angsterzeuger noch für den angstempfangenden Bürger von

Nutzen sind. Dem Erzeuger sind die Wirkungen seiner Verängstigung meistens sogar unbekannt. Dies soll an ein paar Beispielen aufgewiesen werden.

Beispiel 1: Ein Kind entwickelt keine *chronische, emotionelle Fehlanpassung*, weil es sich am Ofen verbrennt oder beim Unfall mit dem Fahrrad das Bein bricht. Dies sind konkrete Ereignisse, die entsprechend konkrete Ängste ohne Breitenwirkung zur Folge haben. Wenn alle Unfälle oder sonstigen negativen Ereignisse andauernde Effekte zeigen würden, wären wir alle seelische Krüppel. Konkret definierte negative Lebensereignisse sind in ihrer Wirkung beschränkt und nur von kurzer Dauer. Schädlich sind aber *unkontrollierbare Angstreize*, wie private und öffentliche Anschuldigungen oder Verbreitung von Gerüchten, die nicht nachprüfbar oder kontrollierbar sind. Die größte Angst vieler Menschen besteht darin, daß man in ungenauer Form schlecht über sie redet, und daraus entstehen viele Belastungen und Fehlanpassungen.

Beispiel 2: *Bestrafung* führt zur Gegenreaktion seitens des Bestraften, einschließlich aggressiver Reaktionen. Wenn bestimmte Personen oder Verhaltensweisen verurteilt werden, fühlen sich viele andere Personen mitbetroffen und setzen sich entsprechend zur Wehr. Das soziale Klima wird so vergiftet. Die negative Beeinflussung unserer Gesellschaft als Ganzes kann sehr bedenkliche Folgen haben, denn das vernünftige Überleben der Menschheit ist von der Aufrechterhaltung harmonischer sozialer Beziehungen abhängig.

Beispiel 3: Das Sich-zur-Wehr-setzen ist nicht die einzige Antwort des Individuums auf Strafreize. Unter bestimmten Bedingungen besteht die Abwehrreaktion in offener *Aggression*, die durch den jeweils damit erzielten Erfolg verstärkt und aufrechterhalten wird.

d) Streß und Gesundheit

Ich habe mich etwas detailliert mit den *psychologischen* Aspekten der Produktion jener Angst und Belastung befaßt, die den Streß und die Gesundheit in unserer Bevölkerung wahrscheinlich am meisten betreffen. Wir wollen hier nicht die verschiedenen Arten der Belastung aufzählen, aber das gewählte Thema ist von erstrangiger Bedeutung, weil jeder von uns in der einen oder anderen Form davon *persönlich* betroffen ist, weil die öffentlichen Medien und Personen aus Furcht oder Unkenntnis nicht die geeigneten Schutzmaßnahmen ergreifen und weil die Belastungsprobleme der Gesellschaft im Laufe von Jahrzehnten ins Groteske angewachsen sind.

Effektive Maßnahmen der Öffentlichkeit gegen diesen Zustand sind nicht in Sicht,

– weil aus Unkenntnis oder Furcht eine Art *Apathie* herrscht, oder auch ein Zuwarten nach dem Motto: «Das wird sich schon von selbst erledigen.»

– weil *Gesundheitsorganisationen* ihr Geld meist für eine relativ unwirksame Gesundheitserziehung ausgeben, die rein verbal-instruktiv und nicht verhaltensorientiert ist, d. h. der Klient lernt zu erkennen, warum er Probleme hat oder was er zu tun hat, aber nicht, wie er sein Verhalten tatsächlich gesundheitswirksam verändern kann und schließlich

– weil die *Verhaltenforschung* durch mangelnde Unterstützung oder gar in direkter Form behindert wird, so daß praktikable und effektive Antworten auf die angesprochenen Probleme ausbleiben.

Die Frage ist nun: wie kann das Individuum mit dieser Aversionsgesellschaft fertig werden, um eine positive Lebensqualität zu erreichen und seine Gesundheit zu bewahren? Eine wirksame Antwort auf diese Frage kann ohne die Verhaltensforschung nicht geliefert werden, und diese Antwort muß letztlich vom Individuum ausgehen, nicht weil dies unsere a priori-Überzeugung ist, sondern weil die zu demonstrierenden Daten dies zeigen werden.

e) Selbstkontrolle und soziale Kontrolle

Unsere Forschungen haben ergeben, daß die Fähigkeiten der *Selbstkontrolle* und *sozialen Kontrolle* für die Gestaltung einer *positiven Lebensqualität* entscheidend sind.

Selbstkontrolle besteht, wenn Entscheidungen in Übereinstimmung mit den persönlichen Zielen der Freiheit und Offenheit richtig getroffen sowie in Eigenverantwortlichkeit und unter Vermeidung aversiver Reizung durchgeführt werden.

Soziale Kontrolle liegt vor, wenn man den Partner durch Initiative, Verhalten und Überzeugung zur Verwirklichung eigener oder gemeinsamer Ziele veranlaßt, die positive Konsequenzen für die Betroffenen zur Folge haben.

Diese Fertigkeiten kann man auch unter der Bezeichnung «persönliche Effektivität» zusammenfassen. Sie beseitigen noch nicht den Streß oder nur teilweise, aber sie erhöhen die Wahrscheinlichkeit der Gewinnung einer positiven Lebensqualität. Es gibt auch deutliche Begrenzungen, die man stets beachten sollte. Nicht jeder kann die angesprochenen Fertigkeiten im gewünschten Maße lernen, wohl aber kann man Streßreaktionen in einem beträchtlichen Maße reduzieren. Beides wird unsere Lebensqualität verbessern, wobei es nie möglich sein wird, allen oder auch nur vielen Individuen die gleiche Lebensqualität zu besorgen. Wir Menschen sind und bleiben unausrottbar verschieden und die Verbesserung der Lebensqualität wird primär durch die Reaktionsweise der Einzelperson für sich selbst und in Gemeinsamkeit mit anderen gewährleistet und nicht etwa durch Diktat von außen, gleichgültig, wie wohlmeinend dies sein mag.

2. Messung der Streß- und Bewältigungsfaktoren

Im Zentrum unserer Betrachtungen steht also das *Individuum*, wie es sich selbst und seine Umwelt so kontrolliert, daß positive Konsequenzen für alle entstehen. Es ist nicht möglich, dieses Verhalten adäquat zu beschreiben, ohne es zu messen. Je zuverlässiger und gültiger die Messung des individuellen Verhaltens ist, umso tiefer ist auch das Verständnis des einzelnen und seines gesamten Lebensraumes und umso sicherer sind die nutzbaren Folgerungen, die man aus der Forschung ziehen kann.

Die Aufgabenstellung unserer *Streßforschung* war eine umfassende. Wir wollten alles Notwendige wissen, was mit der Lebensbewältigung von Menschen unterschiedlichster Herkunft zusammenhängt. Zu diesem Zweck wurden in den letzten sechs Jahren etwa 35 Experimente durchgeführt, in denen Tausende von Personen mit Tausenden von Fragen so untersucht wurden, daß die wichtigsten Grunddimensionen des Verhaltens in bezug auf Lebensprobleme und Lebensmeisterung sichtbar wurden. Mit Hilfe mathematisch-statistischer Methoden wurde die riesige Informationsmenge unter laufender Bewährungskontrol-

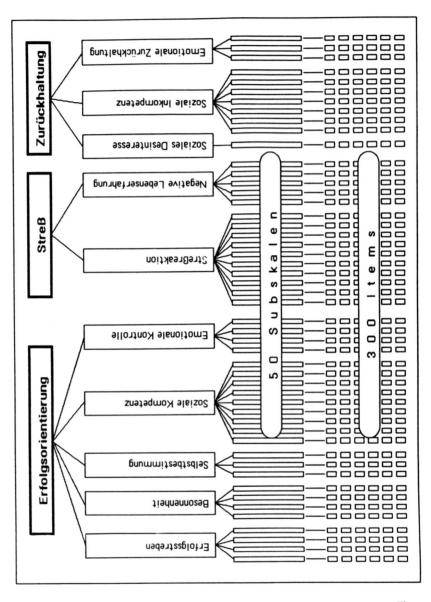

Abb. 1

le zu einem Fragebogen mit 300 Feststellungen (Items) vereinfacht, mit dessen Hilfe sich jeder selbst diagnostizieren und mit anderen Menschen vergleichen kann. Die Struktur dieses Fragebogens ist in Abb. 1 dargestellt.

Die 300 Items des Fragebogens, der mit der Bezeichnung SCOPE (S = Streß, COPE = Bewältigung) belegt wurde, sind durch die kleinen Kästchen unten im Bild repräsentiert. Durch mathematische Analyse (Hauptkomponentenanalyse mit anschließender Varimax-Rotation) ergaben sich 50 Subskalen mit je 6 Items. Jede Subskala vertritt einen besonderen, wichtigen Aspekt der Lebensbewältigung, zum Beispiel *Selbstbestimmung* und *Ärgerkontrolle*, oder Belastung, wie etwa *Schlafstörungen* und *Pessimismus*. Da man nicht ständig mit 50 Begriffen umgehen kann, wurden zwei weitere Faktorenanalysen angeschlossen, die man als Analyse zweiter und dritter Ordnung bezeichnet. Die Analyse zweiter Ordnung ergab 10 *Sekundärfaktoren*, die das gesamte Bewältigungsverhalten in abstrakter Form bündig gliedern. Unsere Versuchspersonen geben an, wie sehr sie sich am Lebenserfolg orientieren, welche Streßreaktionen sie dabei aufweisen und welches Maß an sozio-emotionaler Zurückhaltung sie dabei ausüben. Uns interessieren hier nur die ersten beiden Dimensionen *Erfolgsorientierung* und *Streß*, denn diese bestimmen die persönliche Effektivität in der Lebensbewältigung am meisten.

3. Erfolgsorientierung als Promoter der persönlichen Effektivität

Die Zusammensetzung der Dimension *Erfolgsorientierung* ist in Abb. 2 beschrieben.

Die fünf wichtigsten sekundären Faktoren sind in der linken Bildhälfte in der Reihenfolge ihres quantitaven Anteils an der Erfolgsorientierung dargestellt.

Das *Erfolgsstreben* leitet diese Reihenfolge ein. Es gründet sich auf Leistungsorientierung und Besitzstreben, wozu ein entsprechendes Maß an Entschlußkraft und Selbstvertrauen notwendig ist.

Erfolgsstreben ist offensichtlich eng mit *Besonnenheit* verbunden. Wer ernsthaft nach Erfolg strebt, muß seine Aufgaben gewissenhaft und aufmerksam verfolgen, auf Genauigkeit bedacht sein und versuchen, für sein Anliegen bei anderen Menschen Gehör zu finden.

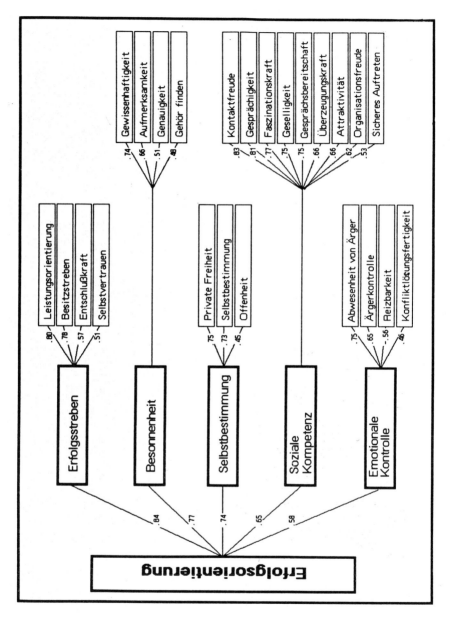

Abb. 2

Selbstbestimmung ist der Motor für das Streben nach Erfolg. Sie ist realisierbar, wenn ein großes Maß an privater Freiheit besteht, die benötigten Entscheidungen selbst getroffen und in Offenheit ausgetragen werden. Dies ist ein außerordentlich wichtiger Faktor, der eng mit Selbstverantwortlichkeit und Selbstkontrolle verbunden ist, die beide eine entscheidende Rolle in der erfolgreichen Selbstregulierung des eigenen Lebens spielen.

Menschen, die ihre eigene Person gut kontrollieren und steuern können, besitzen meist auch eine hohe *soziale Kompetenz*. Diese ist gekennzeichnet durch spontane Kontaktfreude und Gesprächigkeit, begleitet von der Fähigkeit, andere Menschen zu faszinieren, geselligen Umgang zu pflegen und sich den Gesprächswünschen anderer zu öffnen. Auch aktivere Beeinflussung sozialer Art ist ein wichtiger Bestandteil der sozialen Kompetenz, wie die Primärfaktoren *Überzeugungskraft, Attraktivität, Organisationsfreude* und *sicheres Auftreten* belegen.

Einen ziemlich hohen Anteil an der positiven Erfolgsorientierung besitzt schließlich noch die *Emotionale Kontrolle*, die sich durch Abwesenheit von Ärger, Fähigkeit der Ärgerkontrolle, mangelnde Reizbarkeit und Fertigkeit der Konfliktlösung in emotionellen Situationen auszeichnet.

Natürlich besitzt nicht jeder *Erfolgsorientierte* alle diese Eigenschaften, aber dies ist das Idealbild des erfolgsorientierten Menschen, der sehr unterschiedliche Verhaltensfaktoren für die Erlangung seiner Ziele einsetzt: die Orientierung und Motivation zum Erfolg (Erfolgsstreben), die selbstbestimmte Durchsetzung, den Einsatz der sozialen Umgebung für seine Ziele und die Zielerreichung durch Besonnenheit im Vorgehen und Kontrolle der Gefühle. Dieses Bild des Erfolgsorientierten zeichnet sich durch ein hohes Maß an Selbstkontrolle und Kontrolle der sozialen Umgebung aus, die sich in gegenseitiger Freiheit, Offenheit und Toleranz vollzieht und der jeder Zwang, negative Einflußnahme und unfaire Vorteilnahme fremd sind. Solche negativen Elemente der unfairen Machtgewinnung und -ausübung sind dem Erfolgsorientierten fremd und stammen aus ganz anderen Quellen. *Erfolg* und *Macht* sind unabhängige Faktoren.

Es ist möglich, daß wir hier auch einen Schlüssel zum *Altruismus* gefunden haben. Der Erfolgsorientierte ist insofern ein besonders effek-

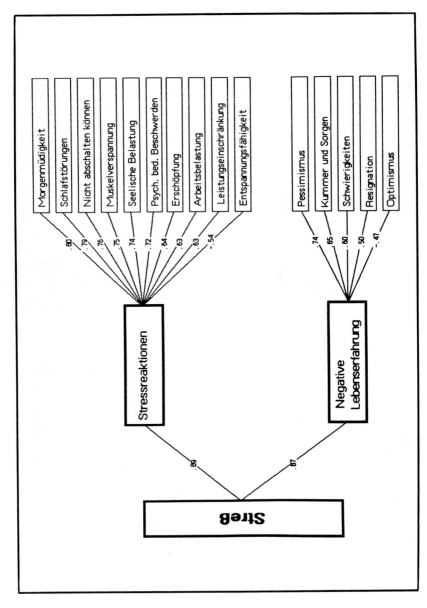

Abb. 3

tiver Altruist, als er die Fertigkeiten der Erfolgverschaffung in offener Wechselwirkung mit der sozialen Umwelt beherrscht und so praktiziert, daß andere davon profitieren.

Diese Form des Altruismus ist kein primär gefühlsbestimmtes Helfenwollen, sondern eine durch erfolgreiches, sich selbst förderndes Verhalten charakterisierte effektive Hilfestellung für andere. Wie könnte auch jemand, der nicht in der Lage ist, sich selbst erfolgreich einzusetzen, anderen zu ihrem Erfolg verhelfen?

4. Streßreaktionen als Hemmer der persönlichen Effektivität

Wir wenden uns jetzt der Dimension *Streß* zu, deren Zusammensetzung in Abb. 3 dargestellt ist.

Unter *Streß* verstehen wir hier ausschließlich die Reaktionen der Versuchsperson und nicht etwa die von außen einwirkenden Stressoren. Abb. 3 zeigt, daß sich der *subjektiv* erlebte Streß in zwei Sekundärfaktoren ausdrückt:

Streßreaktionen und *negative Lebenserfahrung*. Der eine Faktor dient der Beobachtung von Reaktionen und der andere der Bewertung als negative Lebenserfahrung. Daß eine weitere Aufgliederung nicht stattfindet, liegt wahrscheinlich an der emotionellen, stark generalisierten Natur des Streßerlebens. Menschen unterscheiden sich sehr hinsichtlich der Bewertung von Streß. Der eine stellt die körperlich seelischen Streßreaktionen lediglich fest und macht sich weiter nichts daraus, während der andere sie als negativ empfindet. Er hat Sorgen, erlebt Schwierigkeiten, resigniert, wird pessimistisch und verliert seinen Optimismus.

Die in Abb. 3 beschriebenen Streßreaktionen sind teils *körperlicher* Art, wie Morgenmüdigkeit, Muskelverspannung, Erschöpfung oder mangelnde Entspannungsfähigkeit. Andere Reaktionsarten weisen deutliche *seelische* Komponenten auf, nämlich Schlafstörungen, Nichtabschaltenkönnen, seelische Belastung und psychisch bedingte Beschwerden. Arbeitsbelastung und Leistungseinschränkung beziehen sich auf einen Lebensbereich, aus dem viele Streßursachen kommen.

Damit sind die zwei vermutlich wichtigsten Verhaltensdimensionen der Auseinandersetzung des Menschen mit seinen täglichen Lebens-

aufgaben beschrieben. Mit Hilfe des von uns entwickelten Fragebogens kann jeder interessierte Mensch den Grad seiner Erfolgsorientierung und seines Streßerlebens feststellen und mit den Normwerten anderer Personen vergleichen. Er kann weiterhin feststellen, welche
Auswirkungen diese beiden Dimensionen auf andere wichtige Aspekte
seines Lebens haben. Diese Auswirkungen, mit denen wir uns jetzt befassen werden, sind offensichtlich beträchtlich. Umso wichtiger ist es
zu erkennen, wohin einen die Erfolgsorientierung führt und wie einen
das Streßerleben beeinträchtigt.

5. Soziodemographische Faktoren, Erfolgsorientierung und Streß

Abb. 4 beschreibt zunächst, wie sich die *soziodemographischen Variablen* auf unsere Verhaltensdimensionen beziehen.

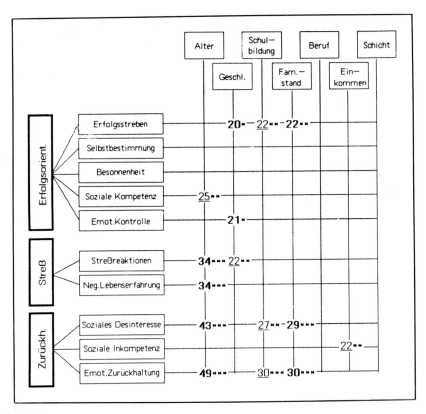

Abb. 4

Die Erfolgsorientierung scheint sich mit dem *Alter* nicht zu verändern, d. h. mit Ausnahme der Tatsache, daß die soziale Kompetenz etwas nachläßt. Mit dem Altern ziehen sich die Menschen ein wenig aus dem sozialen Leben zurück. Angesichts der Tatsache, daß das mittlere Alter unserer Versuchsgruppen etwa 45 Jahre beträgt und von 11 bis 82 Jahren variiert, ist es ermutigend, zu sehen, daß auch bis ins höhere Alter hinein kein besonderer Verlust in der Erfolgsorientierung und im positiven Selbstbild auftritt. Anders sieht es beim Streß aus. *Streßreaktionen* und *negative Lebenserfahrung* nehmen bedeutsam zu. Dies ist möglicherweise der im Verlauf des Alterns erfahrenen negativen Veränderlichkeit der Gesellschaft und ihrer Lebensbedingungen zuzuschreiben, möglicherweise aber auch der zunehmenden Gebrechlichkeit und Angewiesenheit auf andere Menschen in bestimmten Fällen. Im großen und ganzen spielt aber das Alter keine sehr große Rolle, und man tut gut daran, Erfolge und Probleme mit den Grundformen der Lebensbewältigung nicht dem Altern, sondern der *persönlichen Reaktionsweise* des einzelnen Menschen zuzuschreiben.

Interessant ist noch zu sehen, daß die Erfolgsorientierung den erhöhten Streßwerten nicht folgt. Diese beiden Erlebnisdimensionen verhalten sich an diesem Punkt unabhängig voneinander. Das Streßerleben kann also beträchtlich zunehmen, ohne daß sich das Erfolgsbild davon beeindrucken läßt. Selbst unter großer Belastung oder in großer Not bewahrt der Mensch sein positives Selbstbild.

Das *Geschlecht* sorgt ebenfalls für interessante Ergebnisse. *Männer* zeigen etwas höhere Werte als *Frauen* in bezug auf Erfolgsstreben und emotionale Kontrolle. Sie unterscheiden sich aber nicht bedeutsam hinsichtlich *Selbstbestimmung, Besonnenheit* und *sozialer Kompetenz.* Im großen und ganzen ist die Erfolgsorientierung der Frauen der der Männer ebenbürtig. Dies ist bemerkenswert hinsichtlich der Tatsache, daß ein großer Teil der untersuchten Frauen nicht berufstätig ist. Hieraus ist auch zu erklären, daß Frauen mehr Streßreaktionen erleben, doch führt dies nicht zu einer entsprechend negativeren Lebenserfahrung. Unsere Frauen bleiben positiv.

Für *Schulbildung* und *Familienstand* – ob ledig, verheiratet oder verwitwet – wird nur für Erfolgsstreben eine signifikante Korrelation gefunden, nicht aber für die restlichen sechs Sekundärfaktoren. Es ist möglich, daß das Streben nach Erfolg leichter von außen, zum Beispiel

von einem Vorbild oder durch die Familie, beeinflußt werden kann als
die Fähigkeit, besonnen, kompetent und kontrolliert zu entscheiden.

Beruf, Einkommen und *soziale Schicht* korrelieren in keinem Fall bedeutsam. Es ist beeindruckend zu sehen, daß Menschen aller Art die
gleiche Kompetenz in der Lebensbewältigung besitzen: Arme wie Reiche, Dumme wie Intelligente und Ungebildete wie Gebildete. Dieses
Ergebnis müßte allen jenen zu denken geben, die glauben, daß Erfolgsorientierung und Streß allein oder vorwiegend durch Bildung, soziale
Klasse oder gar Einkommen bestimmt seien – im Gegensatz zu der Meinung, daß diese Dinge in einem hohen Maße von der Persönlichkeits-
ausstattung des einzelnen Menschen abhängen. Man geht wohl am
besten davon aus, daß die Fähigkeit zur Lebensbewältigung und stabilen Reaktion in allen Schichten gleich gut ausgeprägt ist. Dies erklärt
auch am besten die vertikale Mobilität in den sozialen Schichten.

6. Positive Lebensqualität, Erfolgsorientierung und Streß

Als nächstes wollen wir die Zusammenhänge zwischen *Erfolgsorientierung* und Streß auf der einen Seite und *positiver Lebensqualität* auf
der anderen Seite analysieren. Die Vorstellungen der Wissenschaftler
und anderer Bürger über positive Lebensqualität sind bisher nicht ausreichend untersucht worden, so daß wir eigentlich nicht genau wissen,
was das ist. Wir selbst befassen uns hier mit drei Dingen, die nach unserer Forschungserfahrung wichtige Aspekte der positiven Lebensqualität zu sein scheinen, nämlich die Verfügung über genügend Aktions-
raum im persönlichen Leben und bei der Arbeit, eine ausreichende Ge-
wandtheit in der Bewältigung der täglichen Lebensaufgaben sowie Zufriedenheit mit dem eigenen Leben. Diese Beziehungen werden in
Abb. 5, 6 und 7 erörtert.

a) Initiative

Unsere Versuchspersonen wurden gefragt, wieviel eigene *Initiative*
sie in ihrem Leben und Beruf entfalten können und wieviel *Freiheit* sie
im Leben und bei der Arbeit besitzen. Die Ergebnisse wurden mit Erfolgsorientierung und Streß verglichen, wie aus Abb. 5 hervorgeht.

SCOPE—FAKTOREN	Leben		Arbeit	
	Initiative	Freiheit	Initiative	Freiheit
Erfolgsorientierung				
Erfolgsstreben	23***	08*	25***	13**
Besonnenheit	17***	10*	14**	08
Selbstbestimmung	26***	36***	11**	10*
Soziale Kompetenz	30***	19***	20***	21***
Emotionale Kontrolle	05	03	11**	06
Stress				
Stressreaktionen	−33***	−22***	−18***	−22***
Negative Lebenserfahrung	−31***	−23***	−16***	−22***

SCOPE vs. Initiative und Freiheit

Abb. 5

Abb. 5 zeigt, daß *Erfolgsorientierung* bedeutsam mit *Initiative* und *Freiheit* korreliert, und zwar in bezug auf das private Leben und die Arbeit. Freiheit korreliert deutlich geringer als Initiative und die Koeffizienten sind etwas höher für Leben als für Arbeit. Erfolgsorientierung scheint sich also primär durch Initiative im Leben verwirklichen zu wollen und sekundär durch Arbeitserfolg. Die beiden Streßfaktoren korrelieren deutlich negativ unter allen Bedingungen. Streßerleben bedeutet also Mangel an Initiative und Freiheit im ganzen Leben. Offensichtlich tragen Initiative und Freiheit wegen ihrer Beziehungen zum Stress eine stark emotionale Mitbedeutung.

b) Lebensgewandtheit

Dies trifft nicht auf die *Lebensgewandtheit* zu, deren Beziehungen zu Erfolgsorientierung und Streß andersartig sind, wie in Abb. 6 dargestellt.

Der Begriff Lebensgewandtheit stammt aus unseren Manageruntersuchungen, in denen vier spezielle Fertigkeiten des effektiven Umgangs mit Mensch und Material gewonnen wurden. *Flexibilität* und *Besonnenheit* bedeuten Fertigkeiten im Umgang mit materiellen Dingen und Situationen, während *Menschenkenntnis* und *Einfühlsamkeit* ausgesprochen menschorientiert sind. Alle Korrelationen mit Erfolgs-

SCOPE–FAKTOREN	Flexibilität	Besonnenheit	Menschen–kenntnis	Einfühlsamkeit
Erfolgsorientierung				
Erfolgsstreben	62∗∗∗	56∗∗∗	50∗∗∗	29∗∗∗
Besonnenheit	43∗∗∗	50∗∗∗	42∗∗∗	40∗∗∗
Selbstbestimmung	49∗∗∗	37∗∗∗	40∗∗∗	26∗∗∗
Soziale Kompetenz	48∗∗∗	29∗∗∗	44∗∗∗	23∗∗∗
Emotionale Kontrolle	42∗∗∗	40∗∗∗	32∗∗∗	24∗∗∗
Stress				
Stressreaktionen	−24∗∗∗	−01	−05	05
Negative Lebenserfahrung	−21∗∗∗	−05	−06	00

SCOPE und Lebensgewandheit

Abb. 6

orientierung sind vergleichsweise hoch, der flexible Umgang mit Situationen korreliert jedoch wesentlich höher als das Einfühlen in den Menschen. Zur gleichen Zeit korreliert Flexibilität deutlich negativ mit Streß, nicht aber Einfühlsamkeit.

(Andere Ergebnisse haben sogar gezeigt, daß Einfühlsamkeit positiv mit Streß korrelieren kann.) Lebensgewandtheit im allgemeinen und Flexibilität des Verhaltens im besonderen sind also wichtige Träger der Erfolgsorientierung im Leben. Dies hat besonders bedeutsame Konsequenzen für alle Manager von Organisationen und Betrieben.

c) Zufriedenheit

Zufriedenheit mit Mensch und Dingen wird häufig als Maß der Lebensqualität benutzt. In Abb. 7 prüfen wir die Effekte der Zufriedenheit im Hinblick auf *Beruf*, *Familie* und *Freizeit*.Der Erfolgsorientierte findet seine Zufriedenheit vor allen anderen Dingen in der Freizeit, ist also ausgesprochen genußfreundlich. *Streß* korreliert unter allen Bedingungen negativ mit Zufriedenheit, und zwar am meisten hinsichtlich Beruf und Familie, wo sich die meisten Stressoren finden, jedenfalls deutlich mehr als in der Freizeit. Diese Daten belegen, daß Erfolgsorientierung und Streß verzweigte positive bzw. negative Beziehungen zur Lebensqualität in allen Lebensbereichen aufweisen.

SCOPE und Zufriedenheit

SCOPE—FAKTOREN	Beruf	Familie	Freizeit
Erfolgsorientierung			
Erfolgsstreben	24***	17***	28***
Besonnenheit	13**	06	38***
Selbstbestimmung	19***	22***	36***
Soziale Kompetenz	11*	05	20***
Emotionale Kontrolle	25***	19***	24***
Stress			
Stressreaktionen	—49***	—40***	—19***
Negative Lebenserfahrung	—42***	—48***	—26***

Abb. 7

7. Negative Lebensqualität, Erfolgsorientierung und Streß

Bei der Frage nach der *Lebensqualität* dürfen wir auch ihre *negativen Aspekte* nicht außer acht lassen, denn *Negativität* ist psychologisch nicht das genaue Gegenteil von *Positivität*. In Abb. 8 werden vier derartige Aspekte behandelt, die man als *biopsychosozialen Streß* ansprechen kann. Die Versuchspersonen beurteilen den gewohnheitsmäßig erlebten Grad an Belastung und Angst, die Art und Häufigkeit ihrer psychosomatischen Beschwerden und der deswegen eingenommenen Tabletten.

Die Ergebnisse zeigen zwei Dinge sehr klar. Erstens korreliert *Erfolgsorientierung* nur an *einigen* Punkten bedeutsam negativ mit biopsychosozialem Streß. Das gesamte Bild plädiert eher für eine Nullkorrelation. Dies kann bedeuten, daß eine noch so positive Erfolgsorientierung nicht streßreduzierend wirkt oder daß sie bei einigen den Streß reduziert und bei anderen erhöht. Zweitens korrelieren die beiden *Streßfaktoren*, wie erwartet, *hoch* bis sehr hoch mit allen biopsychosozialen Streßwerten. Dies bestätigt erneut, daß Streßreaktionen mit hoher Gleichförmigkeit Korrelate in allen Verhaltensbereichen besitzen. Daß der erfolgsorientierte, Initiative ergreifende, lebensge-

SCOPE und biopsychosozialer Stress

SCOPE—FAKTOREN	Belastung	Angst	PsySo Beschwerden	Tabletten
Erfolgsorientierung				
Erfolgsstreben	−11**	−22***	00	02
Besonnenheit	05	03	05	04
Selbstbestimmung	−12**	−13***	−01	02
Soziale Kompetenz	−06	−13**	−14**	−12*
Emotionale Kontrolle	−09*	−20***	−08	−04
Stress				
Stressreaktion	42***	56***	72***	49***
Negative Lebenserfahrungen	34***	46***	51***	34***

Abb. 8

wandte und rundherum zufriedene Mensch genausoviel biopsychosozialen Streß tragen soll wie der gewohnheitsmäßig Gestreßte, ist aber
schwer zu verstehen. Wir suchten deshalb nach einer Klärung dieses
Zweifels, die im nächsten Abschnitt mit Hilfe einer komplexen typologischen anstatt einfach korrelativen Methodik versucht wird.

8. Erfolgsorientierung / Streß-Reaktionstypen und Krankheit

Viele psychologische Eigenschaften wie verschiedene Formen der
Intelligenz oder Größe und Gewicht im Körperbau weisen lineare, mo-
notone Beziehungen zueinander auf. Wenn eine Variable sich verändert, verändert sich auch die andere in einer vorhersagbaren Weise.
Andere Eigenschaften weisen komplizierte kurvilineare Beziehungen
auf. So erhöht sich zum Beispiel die Lernmotivation mit steigender
Aufgabenschwierigkeit (= positive Korrelation), um nach Überschreiten eines optimalen Schwierigkeitsgrades wieder systematisch abzufal-
len (= negative Korrelation). Derart nicht-lineare und nicht-monotone
Zusammenhänge sind mit der einfachen Korrelationsrechnung nicht
erkennbar, wohl aber, wenn man die verschiedenen Abschnitte der Beziehung zwischen zwei Variablen genau inspiziert. Dann erkennt man
die Stimmigkeiten und Unstimmigkeiten leichter, zum Beispiel daß die

ERFOLGSORIENTIERUNG, STRESS und KRANKHEIT
(N=673, Erfolgsorientierung vs. Stress −0.030)

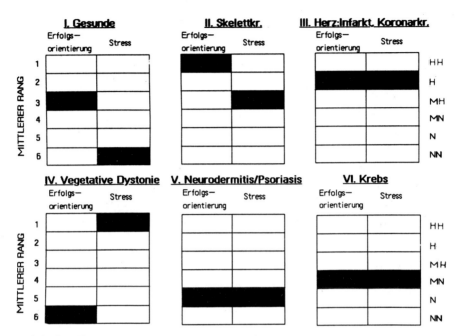

Abb. 9: HH = sehr hoch, H = hoch, MH = mittelhoch, MN = mittelniedrig, N = niedrig, NN = sehr niedrig

Paarung zwischen starker Erfolgsorientierung und geringem Streß etwas Gesundes ist, während die Paarung starker Erfolgsorientierung mit intensivem Streß Probleme machen kann. Diese beiden Verhaltensweisen sind einfach unverträglich, wenn sie in intensiver Form zusammen auftreten.

a) Erfolgsorientierung und Streß

Dies war der Ansatzpunkt für den Vergleich aller möglichen Kombinationen zwischen *Erfolgsorientierung und Streß* mit den verschiedenen *chronischen Krankheiten*, die in unseren Versuchsgruppen repräsentiert sind. Abb. 9 faßt die Ergebnisse einer solchen typologischen Analyse kategoriell zusammen.

In dieser Abb. sind die folgenden sechs von uns benutzten Versuchsgruppen aufgeführt:

I. Gesunde

II. Skeletterkrankungen

III. Organische Herzerkrankungen (Infarkt und Koronarkrankheiten)

IV. Vegetative Dystonien (Angst, Belastung, Erschöpfungssyndrom)

V. Hautkrankheiten (Neurodermatitis, Psoriasis) und

VI. Krebs (nach Operationen).

Diese sechs Gruppen wurden aufgrund ihrer Mittelwerte für Erfolgsorientierung und Streß in eine Rangfolge gebracht, und das Verhältnis der Dimensionen zueinander wurde interpretiert.

Man erkennt, daß die *Gesunden* (I) eine mäßig hohe Erfolgsorientierung (MH = 3. Rangplatz) aufweisen, gepaart mit sehr niedrigem Streß (NN = 6. Rangplatz).

Bei den *Skelettkrankheiten* (II) liegt die Erfolgsorientierung sehr hoch (HH = 1. Rangplatz) und das Streßniveau mäßig hoch. Im Vergleich zu den Gesunden ist der Streß relativ zur Erfolgsorientierung hoch.

Die *Herzkrankheiten* (III) leiden an Übererregung und weisen einen gleich hohen Rangplatz für Erfolgsorientierung und Streß auf. (Diese Kombination erinnert an den bekannten Typ A.)

Beim *vegetativen Syndrom* (IV) ist die Erfolgsorientierung sehr niedrig und der Streß sehr hoch. Es ist, als ob der Glaube an den Erfolg verlorengegangen und der Streß entsprechend angestiegen oder hoch geblieben wäre. Dieses Bild ist in abgeschwächtem Maße auch typisch für funktionelle Herz-Kreislauf-Störungen, Schlafstörungen und andere internistische Krankheiten.

Bei den *Hautkrankheiten* (V) besteht eine Art Untererregung hinsichtlich Erfolgsorientierung und Streß, die beide auf demselben Rangplatz liegen.

Viele andere Krankheiten werden sich wie unsere *Krebspatienten* (VI) verhalten, indem sich Erfolgsorientierung und Streß im Niveau angleichen.

b) Erfolgsorientierung minus Streß

Es ist möglich, daß diese Angleichung bzw. dieser Bilanzverlust zwischen Erfolgsorientierung und Streß ein allgemeines Verhaltenssymptom kranker Menschen ist und daß Gesundheit sich durch eine möglichst große positive Diskrepanz zwischen Erfolgsorientierung und Streß auszeichnet. Diese Diskrepanz kann man auch als positive Lebensbilanz bezeichnen, die wir als Mittelwertdifferenz zwischen *Erfolgsorientierung* und *Streß* in Abb. 10 dargestellt haben.

Man sieht, daß die Bilanz für die Gesunden am positivsten ist und daß alle Krankheiten an einer mehr oder weniger starken Bilanzschwäche leiden. Ganz auffallend ist der starke Bilanzabfall für die vegetativen Dystoniker. Bei psychiatrischen Patienten, besonders bei Neurotikern, verkehrt sich diese Bilanz sogar ins Negative, wie wir aus anderen Analysen wissen.

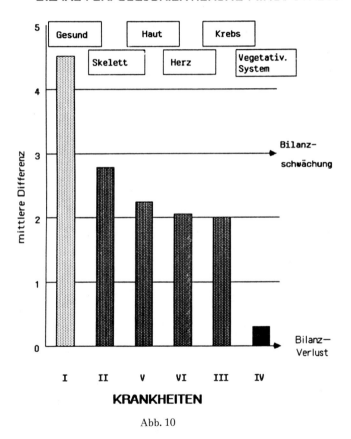

Abb. 10

Dies sind wichtige Erkenntnisse, die uns noch auf viele Jahre hinaus beschäftigen werden, um ihren vollen Sinn zu verstehen. Eines erscheint aber sicher: Die beiden Dimensionen *Erfolgsorientierung und*

Streß bestimmen nicht nur viele Ereignisse des psychosozialen Lebens, sondern greifen tief in den biologischen Unterbau des Verhaltens ein. Sie scheinen sogar die Art und Intensität der Erkrankung mitzubestimmen. Dies ist eine These, der Mediziner noch heute ungläubig gegenüberstehen, aber man kann die Krankheit nicht mehr losgelöst vom Verhalten betrachten, ohne lebens- und therapiewichtige Informationen zu verlieren.

9. Erfolgsorientierung / Streß-Reaktionstypen und Beruf

Angespornt von der durchdringenden Präsenz oder Wirksamkeit der von uns entwickelten Reaktionstypen haben wir zwei berufliche Aspekte einer gesunden Stichprobe unter diesem Gesichtspunkt analysiert, nämlich das *Berufsniveau* und die Art der *Beschäftigung*. Sie werden mit den folgenden vier Reaktionstypen (RT) in Beziehung gesetzt:

Reaktionstypen	Erfolgsorientierung	Streß
Gesunder RT	hoch (E+)	niedrig (S–)
Stress-RT	niedrig (E–)	hoch (S+)
Über-RT	hoch (E+)	hoch (S+)
Unter-RT	niedrig (E–)	niedrig (S–)

Dies sind die vier möglichen Reaktionstypen, wenn man die gesamte Stichprobe mit dem Medianwert als Kriterium in mehr (+) oder weniger (–) erfolgsorientierte (E) und gestreßte (S) Personen einteilt.

a) Berufsniveau

Das erste Ergebnis ist in Abb. 11 dargestellt und befaßt sich mit dem Berufsniveau.

Man sieht, daß das *Berufsniveau* in die folgenden vier Kategorien eingeteilt ist: *ohne Beruf, ungelernter Arbeiter, mittlerer / gehobener Dienst* und *höherer Dienst / Selbständige*. Die E / S-Reaktionstypen sind oben im Bild angegeben. Die Ergebnisse sind wie folgt: In bezug auf den gesunden Reaktionstyp (E+ S–) erzielen die zwei höheren Berufsniveaus sehr viel höhere Werte als die zwei niedrigeren Niveaus, und für den Streß-Reaktionstyp (E– S+) ist es umgekehrt. Hier weisen insbesondere die ungelernten Arbeiter hohe Streßwerte, gekoppelt mit geringer Erfolgsorientierung, auf.

ERFOLGSORIENTIERUNG (E) UND STRESS (S)
VS. BERUFSNIVEAU (%)

BERUFSNIVEAU	GESUNDER RT E + S −	STRESS RT E − S +	ÜBER−RT E + S +	UNTER−RT E − S −	N
OHNE BERUF	21.6	**27.5**	21.6	29.4	51
UNGELERNTER ARBEITER	18.3	**46.7**	21.7	13.3	60
MITTLERER/ GEHOBENER DIENST	**37.0**	21.1	12.9	29.0	172
HÖHERER DIENST SELBSTÄNDIGE	**44.4**	22.5	20.0	13.1	36

Abb. 11

b) Berufliche Beschäftigung

Abb. 12 demonstriert ähnliche Ergebnisse in bezug auf die *berufliche Beschäftigung*, welche die folgenden vier Kategorien enthält: *Hausfrau, unbeschäftigt,* in der *Ausbildung, voll beschäftigt.* (Die Hausfrau ist natürlich sehr beschäftigt, aber nicht beruflich.) *Hausfrauen*

ERFOLGSORIENTIERUNG (E) UND STRESS (S)
VS. DERZEITIGE ARBEITSBESCHÄFTIGUNG (%)

BESCHÄFTIGUNG	GESUNDER RT E + S −	STRESS RT E − S +	ÜBER−RT E + S +	UNTER−RT E − S −	N
HAUSFRAU	13.2	**45.3**	22.6	18.9	53
UNBESCHÄFTIGT	16.4	**30.9**	24.2	28.5	165
IN DER AUSBILDUNG	**38.3**	19.1	6.4	36.2	47
VOLLBESCHÄFTIGT	**33.6**	25.3	18.2	22.9	292

Abb. 12

und *Unbeschäftigte* zeigen beim gesunden Reaktionstyp die niedrigsten und beim Streß-Reaktionstyp die höchsten Werte im Vergleich zu den sich in der Ausbildung befindenden Personen bzw. den Vollbe-

schäftigten. Diese Unterschiede sind sehr bedeutsam. Hinsichtlich der
Über- und Unter-Reaktionstypen gibt es auch hier keine systematisch
signifikanten Unterschiede zwischen den vier Kategorien. Die Ergebnisse von Abb. 11 und Abb. 12 gleichen sich also.

c) Vorläufige Interpretation

Diese Befunde sind neuartig und bedürfen der Überprüfung. Die vorläufige Interpretation ist wie folgt. Niedrigere Berufsniveaus und mangelnde Arbeitsbeschäftigung (außer Hause) sind negativ mit dem gesunden RT und positiv mit dem Streß-RT assoziiert; höhere Niveaus
und Beschäftigung erreichen das Gegenteil. Diese Ergebnisse plädie-
ren dafür, daß *bestimmtes* berufliches Verhalten *bestimmte Aspekte*
der Hauptdimensionen Erfolgsorientierung und Streß beeinflußt,
nicht aber andere. Unsere Analysen unterstützen dabei nicht die Annahme, daß sozioökonomische Faktoren wie Bildung, soziale Klasse
und Einkommen die entscheidenden Variablen der Lebensbewältigung
sind, sondern einfach Verhaltensweisen, die der Mensch sinnvoller-
weise und zu seiner Zufriedenheit ausübt. Es ist ein Unterschied, ob
das persönliche Verhalten oder die sozioökonomischen Merkmale für
die Probleme verantwortlich gemacht werden. Die mit den Über- und
Unterreaktionstypen erzielten Ergebnisse weisen darüber hinaus auf
die Bedeutsamkeit konstitutioneller Faktoren hin und engen damit den
Spielraum für sozioökonomische Faktoren ein. Damit behaupten die
biopsychologischen Faktoren einen Einfluß, den viele in dieser Intensität angesichts der heute noch vorherrschenden Milieutheorien nicht
eingeräumt haben.

10. Lebenshaltungen im Lichte von Erfolgsorientierung und Streß

Das Verhalten der Menschen wird auch durch ihre Glaubensweisen
charakterisiert, die man meist als *Werthaltungen* bezeichnet. Werthaltungen können das tägliche Leben genauso bestimmen wie sie dadurch
geprägt werden. Wir haben solche Haltungen nicht im Sinne von Meinungen oder Wertbeimessungen, sondern als selbstbeschriebene Verhaltensweisen untersucht. Ihre Quantifizierung mit anschließender
Faktorenanalyse ergab die in Abb. 13 festgehaltene Gliederung.

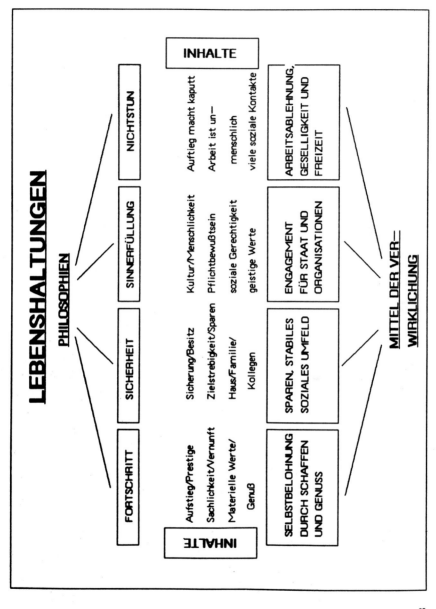

Abb. 13

a) Lebenshaltungen

Man kann nach diesem Ergebnis die *Lebenshaltungen* der Bürger in vier praktische Philosophien einteilen, wie folgt. Dem *Fortschritt* verschreiben sich solche, die für sich selbst arbeiten und beruflichen Aufstieg schaffen wollen, praktisch-sachlich denken, gut verdienen und ausgeben wollen sowie die materiellen Werte und den Lebensgenuß hochschätzen. Sie erreichen ihre Ziele dadurch, daß sie sich ständig selbst belohnen.

Der zweite Typ sucht *Sicherheit* und Festigkeit im Leben, besonders durch Schaffung einer stabilen Umgebung. Dazu gehören zielstrebiges Vorgehen, kluges und sicheres Investieren, ein eigenes Dach über sich haben und verläßliche Beziehungen mit Familie und einigen Freunden und Kollegen pflegen. Diese Ziele erreicht man durch Arbeit, Sparen, Besitzen und Aufbau eines begrenzten, aber stabilen sozialen Umfeldes.

«Höhere» *Sinnerfüllung* suchen solche Menschen, die ihr Pflichtbewußtsein in kulturellen und humanen Dingen verwirklichen wollen. Sie streben nach sozialer Gerechtigkeit und geistigen Werten unterschiedlicher Art. Diese Ziele können nicht durch Einzelaktion, Familien oder Kleingruppen erreicht werden, sondern über größere Organisationen, und man engagiert sich konsequenterweise für den Staat oder andere größere Vereinigungen zwecks Realisierung der idealistischen Vorstellungen.

Die vierte Lebenshaltung bringt jene Menschen zusammen, welche die *Arbeitsideologie ablehnen*. Nach ihrer Meinung ist arbeiten unmenschlich, und der Kampf um den Aufstieg macht einen kaputt. Es werden keine großen Ansprüche an das Leben gestellt, es wird nicht formell organisiert, aber man sucht viele lockere soziale Kontakte. Die Mittel der Verwirklichung sind, wie das Verhalten selbst, zwanglos und können eigentlich nur durch das praktizierte Verhalten beschrieben werden: Ablehnung von Arbeit und Anstrengung, doch geselliges Leben in freizeitähnlichen Umgebungen. Es war schwer, hierfür einen treffenden Namen zu finden, so daß wir uns vorläufig mit dem Ausdruck «*Nichtstun*» zufriedengeben.

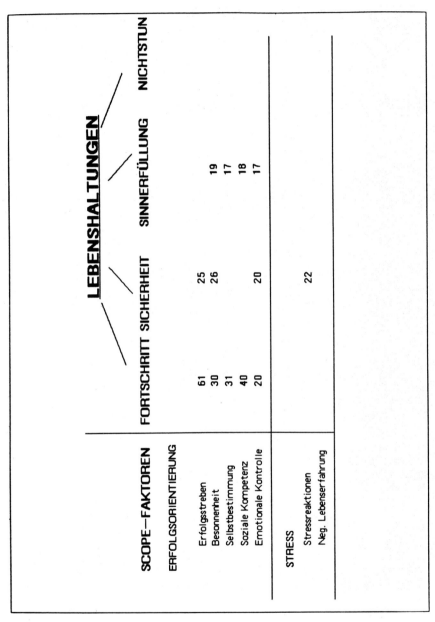

Abb. 14

b) Lebensphilosophien

Nachdem wir wissen, daß die zwei zentralen *Verhaltens*dimensionen
unseres täglichen Lebens *Erfolgsorientierung* und *Streß* sind, wollen
wir herausfinden, wie sich die vier Lebens*philosophien* mit ihren über-
geordnetenn Zielsetzungen darauf beziehen. Dies ist in Abb. 14 dargestellt.

Diese Ergebnisse bieten keine Schwierigkeiten der Intepretation. *Er-*
folgsorientierung korreliert hoch mit *Fortschritt*, mittelhoch mit *Si-*
cherheit, niedrig mit *Sinnerfüllung* und nicht bedeutsam mit *Nichts-*
tun. *Stress* korreliert signifikant nur mit *Sicherheit*. Hieraus kann man
zunächst zwei Dinge folgern. Je näher eine Lebenshaltung an die materiellen und selbstverstärkenden Lebensweisen heranrückt, umso mehr
repräsentiert sie das, was wir persönliche Effektivität in der Lebensbewältigung genannt haben. *Nichtstun* korreliert mit nichts und
ist in diesem Sinne am meisten lebensfremd. *Sinnerfüllung* scheint
auch etwas lebensfern über den Wolken zu schweben. Ihr Bezug zum
praktischen Verhalten ist relativ schwach, und vielleicht korreliert sie
deshalb nicht mit Streß. *Sicherheit* ist wesentlich lebensnäher, aber in
einer komplizierten Weise. Sie korreliert bedeutsam mit Erfolgsorientierung *und* Streß, ähnlich dem Über-Reaktionstyp. Die anscheinend
gesündeste Lebenshaltung ist *Fortschritt*, der besonders gekennzeichnet ist durch intensives Erfolgsstreben, hohe soziale Kompetenz und
die Fähigkeit, seine Ziele in Selbstbestimmung besonnen und emotional kontrolliert durchzuführen. Diese Lebenshaltung ist weder streß-
frei noch streßbetont.

11. Schlußbemerkung

Unsere Daten würden noch eine detailliertere Spezifikation der Lebenshaltungen erlauben, jedoch ohne die beschriebene Grundposition
wesentlich zu verändern. In bezug auf unser Thema, die persönliche
Effektivität in der *Lebensbewältigung*, ist klar geworden, daß Arbeit
und Genuß zum Zweck der Selbstbelohnung die effektivste Methode
zur Erreichung einer *positiven Lebensqualität* für alle ist, die auch
gleichzeitig streßneutral ist. Doch werden sich deswegen die Menschen nicht ändern. Ihre unterschiedlichen Verhaltensweisen und Le-

bensphilosophien werden wie bisher fortbestehen. Das Thema dieser Ausführungen betrifft lediglich die Verwirklichung des alltäglichen Lebens, was nichts über die Wertigkeit anderer Lebensziele aussagt, über die wir leider nur persönlich gefärbte Lebensphilosophien erfahren, die ich aber den betroffenen Wissenschaftlern ans Herz lege, einmal in Fleisch und Blut, d. h. mit Daten gefüllt und mathematisch-statistisch analysiert, zu interpretieren.

In dieser Schlußbemerkung möchte ich noch einmal auf das Thema *Altruismus* zurückkommen. Der Gegenstand dieser Ausführungen war zwar die persönliche *Effektivität* des Individuums in der Lebensbewältigung, und die *Selbstbestimmung* oder Selbstkontrolle zur Erfüllung eigener Zielsetzungen war als besonders wichtig erkannt worden. In der Dimension *Erfolgsorientierung* war jedoch auch die soziale Komponente oder Kontrolle fest eingebettet, und dies entspricht der Tatsache, daß keine Lebensbewältigung ohne die Interaktion zwischen Mensch und Umgebung stattfindet. Selbstkontrolle und soziale Kontrolle sowie die sich daraus ergebenden Konsequenzen korrelieren sehr hoch. Sie sind einander so ähnlich, daß jene Verfahrensweisen, die sich am besten zur Selbstförderung eignen, auch für die Förderung anderer Menschen am besten sind. Ein Selbstkontrolltraining würde also dieselben Modifikationsprinzipien benutzen wie ein Altruismustraining. So sind auch Aussagen zu verstehen wie: «Fördern Sie den anderen Menschen aus Ihrem eigenen Interesse heraus» oder: «Bitten Sie nie einen Menschen um etwas, was gegen sein Interesse geht» oder auch: «Altruismus = hohe Erfolgsorientierung für sich selbst im Dienste anderer.»*

* Diese Arbeit konnte nicht geschrieben werden ohne die tatkräftige Hilfe von Gerhard HENRICH, Peter FITZGERALD, Franz PETERANDER und Raimund SCHWENDNER.

Diese Erfolgsorientierung für sich selbst ist nur dann gewährleistet, wenn das Selbst eine tragende Wertigkeit enthält. So war es frühzeitig das Bemühen des Menschen, sein Selbst zu formen und in eine kosmische Einheit zu bringen, was die Yoga-Sutras des PATAÑJALI, wie Franz-Theo GOTTWALD ausführt, durch die Entfaltung der psychisch-geistigen Fähigkeiten bis in ihre letzten Feinheiten zu verwirklichen suchen.

Diese Formung und Einbettung des Selbst in die kosmische Einheit vollzieht sich im Bereich der veränderten Bewußtseinszustände, die durch den personalen Gottesbegriff der christlichen Lebenserfahrung das immanente Selbst zur transzendenten Gemeinschaft der Heiligen führen, wie Hubert LARCHER darlegt.

FRANZ-THEO GOTTWALD

VIBHŪTI ODER SIDDHI
THEORIE UND PRAXIS DER ERWEITERUNG MENSCHLICHER
FÄHIGKEITEN NACH DEN YOGA-SŪTRAS DES
PATAÑJALI

I. ZUR ERWEITERUNG DES ERFAHRUNGSSPEKTRUMS

In allen Kulturen gab und gibt es Menschen, die sich in herausragender und als wunderbar angesehener Weise verhalten. Es sind Menschen, die über besondere Fähigkeiten und Kräfte verfügen, die nicht einfachhin verstanden, geschweige denn erklärt werden können. In christlich geprägten Gesellschaften werden diese Menschen, wenn sie bestimmten Maßstäben genügen, als *Heilige* bezeichnet. In den asiatischen Kulturen nennt man sie *Erleuchtete* oder *Verwirklichte*. Neben diesen Personen gibt es allerdings auch Menschen, die hochentwickelte Einzelfähigkeiten oder besondere Kräfte besitzen, die man teils unter dem Oberbegriff *Psi* zusammenfaßt.[1] Die moderne parapsychologische Forschung nimmt sich der durch diese Fähigkeiten und Kräfte ausgelösten Vorgänge an und beobachtet sie gezielt. Dabei fällt auf, daß entsprechende paranormale Phänomene von einer Vielzahl von Personen erzeugt und beherrscht werden und nicht nur in den Kreisen der Schamanen, Heiler, Medizinmänner und -frauen, Dorf- oder Stammesältesten, unter Derwischen und Sādhus vorkommen.[2]

Wohl die erstaunlichste Fähigkeit in diesem Zusammenhang ist die des *Levitierens*. Sie gilt als die komplizierteste Erscheinung, die bislang allen theoretischen Spekulationen und Hypothesen die größten

1 Siehe S. OSTRANDER / L. SCHROEDER: PSI. - Bern / München / Freiburg: Scherz 1974

2 Vgl. die Vielzahl von Berichten aus der Parapsychologie, wie sie in den verschiedenen Jahrgängen der Zeitschrift «esotera» gesammelt vorliegen.

Schwierigkeiten bereitet.[3] Das psychokinetische Phänomen der Levitation beschreiben eine Reihe von Biografien christlicher Heiliger, tibetischer Erleuchteter und anderer spiritueller Leitpersonen. Aber auch Augenzeugenberichte über geistlich weniger bedeutende Persönlichkeiten bestätigen, daß Levitation dem Menschen prinzipiell möglich sein muß.

So gibt es z. B. relativ viele Aussagen darüber, daß der Heilige Joseph von COPERTINO, u. a. Patron der *Weltraumfahrer* (!), in der Lage war zu levitieren oder gar zu «fliegen».[4] Und in neuerer Zeit wird immer wieder auf das schottische Levitationsmedium D. D. HOME hingewiesen, aber auch auf den Ballettstar W. NIJINSKY, wenn vom Phänomen des freien Schwebens die Rede ist.[5]

Aus den Biographien und Augenzeugenberichten geht hervor, daß die besonderen Kräfte und Fähigkeiten zu einem einzigartigen Erfahrungswissen führen. Erfahrungswissen ist Wissen, das im Er- und Durchleben von bestimmten Situationen und Zusammenhängen zu einer gezielt nutzbaren, praktischen Einsicht geworden ist. Im Erfahrungswissen sind Intuition und Reflexion geeint und bilden eine neue Bewußtseinsform. Wo dieses Wissen als mit bekannten Erfahrungsgesetzen unvereinbar angesehen wird oder aber als aus der Eingebung durch eine von der Natur unterschiedene Ursache stammend, gilt es als nicht natürlich, widernatürlich oder als übernatürlich.[6] Die Entwicklung des Flugzeugs- und Raketenbaus oder aber physikalische Gegebenheiten wie Superflüssigkeit oder Supraleitfähigkeit zeigen jedoch, daß die Grenzen der Erfahrung bzw. die Kenntnis der Naturgesetze ständig erweitert werden können. Bei genügend umfassender Naturerforschung lassen sich Phänomene erzeugen und Technologien entwickeln, die bisher für unmöglich Gehaltenes verwirklichen. Deshalb sollte man hinsichtlich besonderer Fähigkeiten und Kräfte von Menschen nicht vorschnell urteilen, sondern nach wissenschaftlichen Untersuchungsmöglichkeiten ausschauen.[7]

3 Diese Ansicht führt E. MECKELBURG aus: Die Macht des Geistes über alles Stoffliche. In: esotera 10 (1985) 36, S. 908 – 916; Auf der Spur des Unbegreiflichen. In: esotera 11 (1985) 36, S. 1010 – 1020

4 Levitationserfahrungen im Christentum sind übersichtlich zusammengestellt von M. HOZZEL: Flug zum Selbst. - Frankfurt / M.: Dhyana Druck, o. J., S. 77 – 90

5 E. MECKELBURG: Der PSI-Lift. In: esotera 4 (1984) 35, S. 329 – 339; A. M. TURI: Der schwebende Tänzer. In: esotera 7 (1983) 34, S. 606 – 611

6 I. KANT: Anthropologie in pragmatischer Hinsicht. Kants Werke VII (Akad. Textausgabe). - Berlin: W. de Gruyter & Co. 1968, S. 187 ff.

Psychologische Studien über *veränderte Bewußtseinszustände* belegen, daß die Verwirklichung neuer Fähigkeiten und Kräfte und die Vervollkommnung alter Fertigkeiten gebunden ist an die Erweiterung des menschlichen Bewußtseins.[8] So versucht man heute, die Beziehung zwischen den menschlichen Fähigkeiten, Kräften und Fertigkeiten und dem Bewußtsein systematisch zu erforschen. Dadurch erhofft man sich, die für das Verständnis paranormaler Phänomene notwendigen Erkenntnisse zu bekommen. In diesem Zusammenhang steht auch die Auseinandersetzung mit den klassischen Systemen der *indischen Philosophie*. Diese Systeme können als systematische Studien zur Erfahrung des Bewußtseins begriffen werden.[9] Insbesondere im Yoga-System des PATAÑJALI findet man ein umfassendes bewußtseinsorientiertes Modell der Erweiterung menschlicher Fähigkeiten und Kräfte, einschließlich praktischer Anleitungen, um diese theoretischen Aussagen durch Eigenerfahrung zu überprüfen.[10] Die «empirisch-psychologische» Haltung, die das System von PATAÑJALI prägt, macht es für den westlichen Forscher besonders reizvoll.

II. DAS VERFAHREN DER ERWEITERUNG MENSCHLICHER FÄHIGKEITEN NACH DEM YOGA-SYSTEM

Das *klassische Yoga-System* ist in 194 kurzen Merksprüchen (*sūtra*) abgefaßt, die im Laufe der Zeit in vier großen Abschnitten zusammengefaßt wurden (im folgenden mit: I, II, III, IV gekennzeichnet). Die Datierung des Yoga-Systems (im folgenden: YS) ist strittig.[11] Es dürfte

7 Hier ist vor allem die paranormologische Forschung angesprochen, die mittlerweile beachtenswerte wissenschaftliche Erkenntnisse über das Menschenmögliche geliefert hat. Für den deutschsprachigen Raum siehe u. a. die «Zeitschrift für Parapsychologie und Grenzgebiete der Psychologie».

8 Siehe die Arbeiten in Ch. T. TART (Hrsg.): Transpersonale Psychologie. - Olten / Freiburg: Walter 1978

9 Diese Interpretationsrichtung moderner Indologie stellt vor: M. MITTWEDE: Die sechs Systeme der Vedischen Philosophie – Eine Einführung. In: Mittbl. Dt. MERU-Ges. 10 (1985), S. 28 – 48

10 R. PRASADA (ed.): Patañjali's Yoga Sūtras with the Commentary of Vyāsa and the gloss of Vācaspati Miśra. - New Dehli: Oriental Books Reprint 1978; PATAÑJALI: Die Wurzeln des Yoga. München: O. W. Barth 1982

11 H. ZIMMER: Philosophie und Religion Indiens. - Frankfurt / M.: Suhrkamp 1979, S. 257

zwischen dem 2. bis 5. Jahrhundert n. Chr. zusammengestellt worden
sein, geht jedoch auf ältere Quellen zurück, die bis in die vedische Zeit
(1200 v. Chr.) zurückverfolgt werden können.[12] Auch über den vermuteten Verfasser, PATAÑJALI, werden verschiedenste Ansichten
vertreten.[13] Beides ist allerdings hier von untergeordneter Bedeutung,
da im indischen Denken ein grundsätzlich anderes Geschichtsver-
ständnis vorherrscht. Im Kernstück des YS, das die Sūtren II.28 bis
III.55 umfaßt[14], findet sich das Modell über die Entwicklung und Vervollkommnung von Fähigkeiten und Kräften des Menschen.

Wenn ein Mensch in seinem Verhalten einen bestimmten Grad an
Vollkommenheit erlangt hat, wenn er wahrhaftig «Herr der Situation»
ist oder Meisterschaft in einem Bereich erlangt hat, so daß er diesen
Bereich der Wirklichkeit nach seinem Willen gestalten kann, da verfügt er über eine besondere Mächtigkeit, die im Sanskrit *vibhūti* heißt.
Das YS befaßt sich mit dem, was dem Menschen idealerweise möglich
ist, wenn er sein natürliches Potential an Fähigkeiten vollständig aktualisiert. Und es setzt sich mit praktischen Anweisungen auseinander,
um das geistig-körperliche Potential ganzheitlich zu entfalten. Dazu bedenkt es nicht zuletzt die Verwirklichung einer Fülle von einzelnen Fähigkeiten und Kräften, die Voraussetzung dafür sind, daß ein Mensch
sich bestimmte Wünsche erfüllen und Ziele erreichen kann, die sich
bis zum höchsten Ziel der Yoga-Praxis erstrecken, der sogenannten *Erleuchtung.* Derjenige Mensch, der in der Lage ist, alle seine Wünsche
und Ziele im Einklang mit der natürlichen und sozialen Umwelt zu erfüllen, ist ein *siddha*, ein «Ins-Ziel-Gelangter» (*sidh*, schwache Form
der Wurzel *sadh* = erreichen, ins Ziel gelangen, einfach sein, das Höchste erlangen).

Ein *siddha* sein heißt konkret z. B., daß dieser Mensch die sogenannten acht «Großen Kräfte» (*mahā-siddhi*) verwirklicht hat, auf die III.45
hinweist. Hierbei handelt es sich nach dem Kommentar zum YS von
VYĀSA um: die Fähigkeit, so klein wie ein Atom zu werden (*animan*);

12 M. V. MAHASHABDE: Siddhis in Yoga Philosophy. Unpubl. paper pres. at the 3rd
World Sanskrit Conference. - Paris, 20 – 25 Juni 1977

13 Vgl. H. ZIMMER: Philosophie und Religion Indiens; H. V. GLASENAPP: Die Philosophie der Inder. - Stuttgart: Kröner 1974, S. 221

14 Diese Einteilung stammt von J. W. HAUER: Der Yoga. Ein indischer Weg zum
Selbst. - Stuttgart: Kohlhammer 1958, S. 234. Hauer geht nach inhaltlichen Gesichspunk-
ten vor und sieht in diesem Teil «das vollständigste systematische Sūtram des Yoga», da
es die sog. «Acht Glieder des Yoga» (*yoganga*) aufführt, auf die sich alle späteren Werke
über Yoga beziehen.

Levitation (*laghiman*); die Fähigkeit, sich unendlich auszudehnen (*mahiman*); die Macht, überallhin zu reichen (*prāpti*); Freiheit des Willens zu besitzen (*prākāmya*); die Herrschaft über die natürliche Schöpfung (*vaśitva*); die Kraft zu erschaffen (*īśitva*); die Gabe der Wunscherfüllung (*kāmāvasāyitva*).[15]

Um Mißverständnissen entgegenzuwirken: in diesem Kernstück des YS wird nur von der Erweiterung angelegter menschlicher Möglichkeiten bis zu deren Vervollkommnung durch den Menschen selbst gesprochen. Das YS zeichnet ein Bild der Vervollkommnung, das demjenigen der humanistischen Psychologie sehr ähnelt. So versteht A. H. MASLOW *Selbstverwirklichung* als die volle Anwendung und Nutzung der Talente, Kapazitäten und Fähigkeiten, zu der ein seins- oder wachstumsmotivierter Mensch gelangen kann.[16] Genauso wie die humanistische Psychologie bleibt auch die Yoga-Philosophie ausschließlich im Bereich der Erweiterung des natürlichen Potentials des Menschen. Vollkommenheit, Mächtigkeit, Meisterschaft (*vibhūti*) hat somit nicht ausdrücklich etwas mit übernatürlich-gnadenhaften Widerfahrnissen zu tun. Die gnadenhafte Entwicklung des Menschen über die einzelnen Siddhis oder Vollkommenheiten hinaus zu einem ganzheitlich vollendeten Wesen, das zu Lebzeiten «von den Bindungen dieser Welt befreit», erleuchtet oder erlöst worden ist (*jīvan-mukti*, wird im YS gesondert reflektiert (Sūtren IV.2 bis 13).

1. Yoga zur Selbstentdeckung

Die Erweiterung und Vervollkommnung der menschlichen Möglichkeiten hängt mit davon ab, daß man sich in allen Dimensionen des Menschseins, also körperlich, geistig und seelisch selbst entdeckt. Der Yoga geht davon aus, daß diese umfassende Selbstentdeckung dem Ideal ganzheitlicher Selbstverwirklichung oder vollkommener Einheit entspricht. Dies genau heißt nämlich *Yoga*. Die von Meistern im Yoga empfohlene Einübung in Yoga ist innengeleitet und auf Selbsterleben ausgerichtet. Kernidee der Yoga-Praxis ist es, Wirklichkeit in allen Er-

15 Zu diesem Zusammenhang siehe auch G. FEUERSTEIN: Der Yoga im Lichte der Bewußtseinsgeschichte der indischen Kultur. - Schaffhausen: Novalis 1981, S. 141
16 A. H. MASLOW: Motivation und Persönlichkeit. - Reinbek: Rowohlt 1981, bes. S. 179 – 212

lebnisfeldern unmittelbar wahrzunehmen und dadurch die im allgemeinen vorherrschende Wahrnehmungsspaltung in Subjekt und Objekt oder in Innen und Außen aufzuheben. In der unmittelbaren Wahrnehmung sind nämlich das erkennende Subjekt, das erkannte Objekt und der Prozeß der Erkenntnis in einer Einheit gegeben, die integraler Natur ist. *Yoga* (Wurzel: *yuj*) bedeutet wörtlich: *anjochen, verbinden.* Vereinigung im Erkennen oder Wissen als Wesensschau (*prajñā*, vgl. III.5) setzt die Selbsteinung des Erkennenden voraus. *Selbsteinung*, das Finden der eigenen Wesensidentität, ist Ziel des Weges der yogischen Selbstentdeckung. Diese Selbsteinung ist vollendet, wenn alle Bereiche des Lebens im Lichte der Einheit gemeistert und miteinander integriert sind.

K. WILBER umschreibt in seiner transpersonalen Psychologie diesen Zustand als Zustand letzter Einheit, in der alle Dinge und Ereignisse eins sind, während sie vollständig getrennt und diskret bleiben. Yoga ist in diesem Sinn kein spezieller Zustand, sondern die Soheit aller Zustände, das Wasser, das sich selbst in jeder Erfahrung einer Welle als Erfahrung des Ozeans ausdrückt.[17]   Nach der Yoga-Philosophie kann diese Einheit in acht Lebensbereichen erlebt werden. Das YS kennt mithin acht Erlebnisfelder zur praktischen Einübung in Yoga. Diese Übungsfelder heißen: *yama, niyama, āsana, prāṇāyāma, pratyāhāra, dhāraṇā, dhyāna* und samādhi (II.29).

a) yama

Das YS begreift die den Menschen umgebende *Umwelt* als den *ersten Bereich* des Lebens. Mit diesem weiten Feld ist der Mensch über seine Gedanken und sein Handeln in ständiger Wechselwirkung. Eine harmonische, vereinheitlichende Beziehung zu diesem Bereich der Schöpfung zeichnet sich dadurch aus, daß man Selbigkeit in Andersheit wahrnimmt. Um eine derartige Beziehung aufzubauen, empfiehlt der Yoga die Entwicklung eines Verhaltens, das von fünf Grundhaltungen geregelt wird:

– Wahrhaftigkeit (*satya*)
– Gewaltlosigkeit (*ahiṃsā*)

---

17 K. WILBER: A Developmental Model of Consciousness. In: R. N. WALSH / F. VAUGHAN: Beyond Ego. Transpersonal Dimensions in Psychology. - Los Angeles: J. P. Tarcher Inc. 1980, S. 99 – 114, bes. S. 104

– Freiheit von Habgier, Nicht-Stehlen (*asteya*)
– Keuscher Lebenswandel (*brahmacarya*)
– Nicht-Annahme fremder Besitztümer (*aparigrahā*) (II.30)

Wenn man sich diese Grundhaltungen zu eigen gemacht hat, beziehungsweise sich spontan an die mit ihnen verbundenen regulativen Ideen hält, hat man Yoga im Bereich von *yama* verwirklicht (*yama* = Regel, Pflicht). Entsprechendes Verhalten dient dazu, die menschlichen Beziehungen zur Umwelt zu harmonisieren.

b) niyama

Der *zweite Bereich* des Lebens erstreckt sich nach dem YS auf das Verhalten gegenüber allen *Erscheinungen des eigenen Lebens*. Yoga heißt hier im Bezug auf die eigene Leiblichkeit und Geistigkeit auf natürliche Weise fünf Regeln vollkommen zu beobachten (*niyama* = zügeln, kontrollieren, regulieren).

Die fünf Lebensregeln, die diesem Wirklichkeitsbereich förderlich sind, lauten:

– Reinigung (*śauca*)
– Zufriedenheit (*samtoṣa*)
– Schlichtheit, Einfachheit, Askese (*tapas*)
– Eigenes Forschen, Studieren (*svādhyāya*)
– Hingabe an Gott, Frömmigkeit (*īśvarapraṇidhāna*) (II.32 bis 45).

Wenn ein Mensch sein persönliches Leben, seinen Umgang mit sich selbst im Einklang mit diesen Lebensregeln gestaltet, hat er Yoga in diesem Lebensbereich verwirklicht.

In diesem Zusammenhang ist zu betonen, daß sowohl die Verwirklichung der fünf Grundhaltungen der Umwelt gegenüber (*yama*) als auch der fünf Lebensregeln (*niyama*) nicht im Sinne einer von außen auferlegten Zucht verstanden werden muß, sondern als natürliche Voraussetzung, um Wirklichkeit in diesen beiden Lebensbereichen unmittelbar wahrzunehmen. Erst wenn ein Mensch die fünf Grundhaltungen und die fünf Lebensregeln verinnerlicht hat, verfügt er über Meisterschaft, Yoga in diesen beiden Bereichen.

c) *āsana*

Der *dritte Lebensbereich*, der im Yoga kultiviert wird, ist der Bereich des Körpers bzw. der *Körperhaltungen*. Um Yoga in diesem Bereich auszudrücken, gilt es bestimmte Körperhaltungen und Bewegungsabläufe einzuüben. Diese Praxis heißt *āsana* (II.46 bis 48). Das Praktizieren von *āsana* dient dazu, alle Teile des Körpers daran zu gewöhnen, harmonisch zusammenzuwirken. Wenn alle Teile des Körpers aufeinander abgestimmt sind, ist der Mensch fähig, Bewegungs- und Haltungsgrenzen zu überschreiten, die im Alltag durch einseitige Körperbelastung und den Alterungsprozeß auftreten mögen. *āsana* ermöglicht es, Einschränkungen im Bereich des Körpers zu überwinden, so daß der Körper als Ganzer in einer ruhigen, am natürlichen Gleichgewicht orientierten Weise funktioniert.

Yoga heißt in diesem Wirklichkeitsbereich, daß ein Mensch beliebig lange Zeit ruhig und ohne zu ermüden in einer Körperstellung verharren kann bzw. bestimmte Bewegungsabläufe vollziehen kann, so daß er das Unendliche, Zeitlose körperlich abbildhaft darstellt und erfährt. Durch *āsana* gelingt es dem Menschen, die innerste, «absolute» Wirklichkeit, die sich durch Stabilität und Gleichmaß, aber auch durch unendliche Flexibilität und Dynamik auszeichnet, in der äußeren Wirklichkeit des eigenen Körpers zu gestalten. Innerstes und Äußeres werden so vereinigt.

In diesem Sinne schreibt R. S. MISHRA: «Der Körper hat soviel Würde wie der Geist. Bewußtsein manifestiert sich entprechend der Entwicklung von Körper und Geist.» «Durch das Üben der Stellungen wird das Bewußtsein frei von Bindung und Schwäche und erfährt eine unbeschränkte Existenz und unendliche Seligkeit.»[18]

d) *prāṇāyāma*

Der *vierte Lebensbereich* ist der des *Atems*. Um Wissen von sich selbst zu erlangen, bedarf es auch des Vertrautwerdens mit der Wirklichkeit des Atems. Meisterschaft über den Bereich der Atmung erlangt man durch bestimmte *Atemübungen* (*prāṇāyāma*, II.49 bis 53). Yoga heißt im Bereich des Atems, daß die Atemtätigkeit von alleine zur

18 R. S. MISHRA: Vollendung durch Yoga. - München: O. W. Barth 1985, S. 146

Ruhe kommt. Der Strom des Atems wird verlangsamt und schließlich gibt es weder Ein- noch Ausatmen. Da das Atmen Voraussetzung aller Lebensbewegungen ist, bedeutet das Zur-Ruhe-Kommen der Atmung ein Zur-Ruhe-Kommen aller Lebensbewegungen. In diesem Vorgang lernt der Mensch die Grundlage aller Lebensbewegungen deutlich kennen. Durch richtig ausgeführte Atemübung kann er sich mit dem Ursprung aller Lebensbewegungen, der *absoluten Ruhe*, vertraut machen. Ähnlich der Praxis von *āsana*, erlaubt auch *prāṇāyāma* damit den bewegten, manifesten, groben Bereich der Wirklichkeit mit dem stillen Urgrund derselben zu vereinen.

A. van LYSEBETH faßt die Bedeutung von *prāṇāyāma* wie folgt zusammen: «Prana ist ungeschiedene, universelle Energie... Ohne Prana ist kein Leben möglich... » Pranayama verleiht die Macht, «den Strom des Prana gemäß unserem eigenen Willen durch die Kraft des Gedankens zu lenken. Damit verleiht Yoga (Pranayama) einen bewußten Zugang zu den Quellen des Lebens.»[19]

e) pratyāhāra

Der *fünfte Bereich* der Wirklichkeit liegt nach dem YS zwischen den *Sinnen des Menschen* und *ihren Objekten*. Normalerweise «kleben» die Wahrnehmungsorgane, die Sinne, an den Gegenständen der Wahrnehmung. Man verwirklicht Yoga in diesem Bereich, wenn man die Sinne zurückzuziehen vermag, sie einzieht oder sie sich gleichsam in sich zurückziehen läßt (*pratyāhāra*, II. 54 bis 55). Damit der Mensch seine Wahrnehmungsorgane unmittelbar erleben kann, muß er sich im Zurückziehen der Sinne üben.

Eine bekannte Folge von *pratyāhāra* ist die sog. Entautomatisierung derjenigen physischen und psychischen Strukturen, die Wahrnehmungsreize auf den Organismus auswählen, begrenzen, organisieren und interpretieren. Während *pratyāhāra* kommt es zu einem «Abschalten» der Input-Auswahlsysteme und einer Verlagerung von einem aktiven, verbal-analytischen Operationsmodus auf einen passiv-rezeptiven Wahrnehmungsmodus. Eine selbstinduzierte Außenreizeinschränkung tritt ein, die bewirkt, daß bestimmte Reize zeitlich begrenzt ausgeschlossen werden. Die Freiheit von habituellen Informationsverar-

---

19 A. van LYSEBETH: Die große Kraft des Atems. Die Atemschule des Pranayama. - München: O. W. Barth 1982, S. 10 / 11

beitungsweisen erlaubt eine Lockerung eingeschliffener Wahrnehmungsmodi und einen Ab- bzw. Umbau erstarrter kognitiver Kategoriensysteme.[20]

Yoga bedeutet in diesem Erlebnisbereich, daß die Sinne derart
selbstgenügsam geworden sind, daß sie nicht länger unwillkürlich von
jedem sich ihnen anbietenden Wahrnehmungsobjekt angezogen werden, sondern Freiheit im Einsatz der Sinne gewonnen wurde. Vollständige Zurückgezogenheit vom Bereich der Sinnesobjekte, das ist
pratyāhāra. Wenn die Sinne sich vollkommen in sich zurückgezogen
haben, tritt das Bewußtsein aus dem Bereich der äußeren Wirklichkeit, in dem es bislang war, in die eigentliche, die *innere Welt* oder *citta*
ein. Es faltet sich gleichsam ein, bezieht sich auf sich zurück, auf seine
Eigengestalt. Hier wird die Selbsteinung, die Yoga ist, besonders deutlich. Nicht länger werden äußere Lebensbereiche oder gröbere Strukturen der Wirklichkeit mit ihrem Ursprung vereinigt, sondern durch
das *Zurückziehen der Sinne* von ihren Objekten beginnt ein Prozeß bewußter Selbsteinung des Erkennenden.

f) dhāraṇā

Der *sechste Bereich* des Lebens, der im Yoga erkundet wird, ist der
Übergangsbereich, der zwischen *sensorischer* und *mentaler* Aktivität
liegt. In Anlehnung an die Erkenntnisse des Hirnphysiologen J. C. ECC
LES könnte man diesen Zwischenbereich als die Grenze verstehen,
über die eine Wechselwirkung in beide Richtungen (Geist und Gehirn
bzw. die Sinne) stattfindet, die man sich als Fluß von Information,
nicht von Energie vorstellen kann.[21] Wenn die Sinne durch *pratyāhāra*
zu sich gefunden haben, zur Ruhe gekommen sind, dann kann sich das
Bewußtsein vollständig von der äußeren Welt der Erscheinungen ablösen und in die Welt des Geistigen eindringen. Um in die geistige Welt,
in *citta*, einzutreten, bedarf es des Vertrautwerdens mit der Wirklichkeit, die zwischen Sinnen und Geist liegt. Dazu dient die Übung in
dhāraṇā.

dhāraṇā bedeutet Sammlung auf den Geist als solchen hin. Die Sinne erfassen im Vorgang der Sammlung (*dhāraṇā*, III.1) einen bestimm

20 Für diesen Hinweis danke ich Herrn Dr. W. HOWALD, Münster i. W.
21 K. R. POPPER: / J. C. ECCLES: Das Ich und sein Gehirn. - München: Piper 1982, S.
440 – 445

ten inneren Gegenstand (z. B. einen Klang, ein inneres Bild) und richten sich ganz auf diesen aus. Sobald sich die Sinne auf diesen inneren
Gegenstand gerichtet haben, wird es der geistigen Aktivität, dem Fluß
der Aufmerksamkeit möglich, diesen inneren Gegenstand ebenfalls
voll zu erfassen. Wenn die bewußte Aufmerksamkeit lange genug auf
den inneren Gegenstand ausgerichtet bleibt, gelingt es dem Bewußtsein, die sinnliche Wahrnehmung von dem Gegenstand selbst zu unterscheiden und ein mentales Abbild des Gegenstandes zu erhalten. Damit wird es der bewußten Aufmerksamkeit auch möglich, sich in einem
weiteren Schritt von dem sinnlich gegebenen inneren Gegenstand zu
lösen und sich auf das mentale Abbild zu sammeln. Das *Sammeln der
Aufmerksamkeit, dhāraṇā*, findet seinen Abschluß darin, daß der
Geist vollständig aus dem Bereich der Sinne zurückgezogen ist und ein
rein mentales Abbild des Gegenstandes der Wahrnehmung besitzt.
Dann ist Yoga in diesem Wirklichkeitsbereich erreicht.

Ein ähnliches Verständnis rein mentaler Gegebenheiten findet sich
in der abendländischen Philosophie platonischen Ursprungs. In PLA-
TONs Ideenlehre gelten die *Ideen* als unsinnliche, überweltliche Wirklichkeiten, die ein eigenes Reich unter der höchsten Idee des Guten
darstellen. Zwar behauptet die Yoga-Philosophie nicht, daß diese mentalen Gegebenheiten, die durch *dhāraṇā* erkannt werden, Urbilder
sind, nach denen die irdischen Dinge gestaltet sind, jedoch besteht
eine Ähnlichkeit darin, daß sie diese Gegebenheiten auch als innere
Wesensform der Dinge begreift.

g) dhyāna

Das YS siedelt den *siebten Wirklichkeitsbereich* zwischen dem *Geist*
und dem *kosmischen Sein* an. Während der Tiefenkonzentration oder
dhāraṇā hat sich der Geist aus dem Bereich der Sinne in sich selbst
hinein zurückgezogen und ist ausschließlich mit rein mentalen Impulsen beschäftigt.[22] Werden diese mentalen Impulse verfeinert, gelangt
der Geist zunächst in das Feld, das zwischen seinen Impulsen und der

---

22 Diese Ebene rein mentaler ganzheitlicher Impulse wird auch in der indischen
Sprachphilosophie ausdrücklich bedacht. Dort heißt diese Ebene: *paśyantī.* Zur Phänomenologie dieser Ebene vgl. P. RASTER: Die verborgenen drei Viertel. Aspekte der
sprachlichen Tiefendimension in der indischen und europäischen Sprachtheorie. In: M.
FAUST (Hrsg.): Allgemeine Sprachwissenschaft, Sprachtypologie und Textlinguistik: Fest-
schrift für Peter Hartmann. - Tübingen: Narr 1983, S. 11 – 220, bes. S. 213 f.

eigentlichen Quelle derselben liegt. Dieser Vorgang der Verfeinerung
geistiger Impulse wird im Yoga *dhyāna* genannt (III.2). Es ist ein Vorgang der *Meditation*. Der Geist bewegt sich zu je feineren Zuständen
hin, die denjenigen Zuständen zugrundeliegen, in denen er angeregter
oder gröber ist. Durch diesen Vorgang kehrt der Geist mehr und mehr
in sich selbst ein, was als zunehmende Befreiung erlebt wird. Im weiteren Verlauf von *dhyāna* erlangt der Mensch Meisterschaft über diesen
Lebensbereich oder den entsprechenden Yogazustand. Dies ist dann
der Fall, wenn auch der allerfeinste Zustand geistiger Tätigkeit noch
überschritten wird und der Geist sich selbst in den Zustand reinen Bewußtseins, der absoluten Existenz des ewigen Seins transzendiert. In
diesem Zielzustand von *dhyāna* wird der *puruṣa* erfahren, also der
Wesenskern des Menschen, der gleichzeitig der *kosmische Urgrund* aller Manifestationen ist.

Dieses Verständnis des *puruṣa* ähnelt dem Konzept des *Seelengrun-
des*, das durch Meister ECKEHART in der abendländisch-christlichen
Tradition vertreten wurde. In ECKEHARTs Predigt 2 heißt es: «Ich habe
bisweilen gesagt, es sei eine Kraft im Geiste, die sei allein frei. Bisweilen habe ich gesagt, es sei eine Hut des Geistes; bisweilen habe ich gesagt, es sei ein Licht des Geistes; bisweilen habe ich gesagt, es sei ein
Fünklein. Nun aber sage ich: Es ist weder dies noch das; trotzdem ist es
ein Etwas, das ist erhabener über dies und das als der Himmel über die
Erde. Darum benenne ich es nun auf eine edlere Weise, als ich es je benannte, und doch spottet es sowohl solcher Edelkeit wie der Weise,
und es ist darüber erhoben. Es ist von allen Namen frei und von allen
Formen bloß, ganz ledig und frei, wie Gott ledig und frei ist in sich
selbst». Im weiteren Verlauf des Textes wird dann gesagt, daß «darin
Gott blühend und grünend ist mit seiner ganzen Gottheit» und daß «in
dieser selben Kraft gebiert der Vater seinen eingeborenen Sohn wie in
sich selbst», daß also der Schöpfer aller Manifestationen in der namen-
losen obersten Kraft des menschlichen Geistes immer schon aufgeht
und erscheint.[23]

h) samādhi

In der Yoga-Philosophie geht es dann über diesen Erfahrungsbe-
reich noch hinaus. Der *achte Lebensbereich*, den der Yoga thematisiert,

---

23 Meister ECKEHART: Deutsche Predigten und Traktate. - München: Diogenes 1979,
S. 163

heißt *samādhi* (III.3). Auch dann, wenn der Geist seinen allerfeinsten Eigenzustand überschritten hat und vollständige Schau des *puruṣa* erlebt, hat der Mensch noch eine letzte Differenz zu meistern, die innerhalb des Bereiches von *samādhi* liegt. Da die Schau des *puruṣa* zunächst einmal einen neuen Eindruck im Bewußtsein des Yoga übenden Menschen bildet, wird hier noch eine gewisse Dualität zwischen wahrnehmendem und wahrgenommenem Selbst erfahren. Erst wenn selbst diese letzte Form von Dualität, die die Schau des *puruṣa* hervorruft, durch vollständiges Vertrautwerden mit der Schau verblaßt und alles gleichsam «zur vollkommenen Ruhe» gelangt, dann wird Yoga im Feld von *samādhi* verwirklicht.[24] Hier sind dann Bewußtsein und Sein (*cit* und *sat*) ununterschieden eins geworden. Das Bewußtsein hat jedwede Form einschließlich seiner Eigengestalt (Bewußtsein, das keinen anderen Inhalt hat als sich selbst) aufgehoben und einen universalen Status erlangt.[25]

Wenn ein Mensch in allen acht genannten Lebensbereichen Yoga verwirklicht hat, ist keine weitere Selbstentdeckung mehr möglich. In den hier vorgestellten Sūtren II.29 bis III.3 wird eine ganzheitliche Entwicklung unter dem Gesichtspunkt ihrer Vollendung konzipiert, und es wird deshalb an dieser Stelle nicht die gezielte Entwicklung einzelner Fähigkeiten thematisiert. Diese letztere setzt nämlich ein gewisses Maß an Yoga oder einen bestimmten Grad an Selbstentdeckung voraus. Deshalb wird sie erst in den anschließenden Sūtren vorgestellt.

2. Yoga zur außergewöhnlichen Entfaltung bestimmter Kräfte und Fähigkeiten

Im Laufe der Yoga-Praxis entwickelt der Mensch eine neue Art der Erkenntnis, die *Weisheitsschau* heißt (*prajñālokah*). *prajñā* ist ein Wis-

24 YS I. 46 und I.51 unterscheiden zwischen *sabīja* und *nirbīja samādhi*, also einem *samādhi* mit einem inhaltlichen Keim und einem ohne einen inhaltlichen Keim. I.51 spricht das keimlose Versenkung, *nirbīja samādhi*, an, die entsteht, wenn «alles zur Ruhe kommt» (*sarva-nirodhān*). Siehe auch Kap. III.2

25 Diese Erklärungen des achtfältigen Yoga sind gewonnen worden in Anlehnung an: MAHARISHI MAHESH YOGI: Bhagavad-Gita. A new translation and commentary. Chapters 1 – 6. - Harmondsworth: Penguin 1969, S. 483 – 487; J. HAUER: Der Yoga, S. 312 – 324; W. LINDENBERG: Yoga mit den Augen eines Arztes. - Berlin: Schikowski 1960, S. 177 ff.

sen, das unter Aufrechterhaltung des *samādhi* gewonnen wird. *samādhi*
ist der Zustand äußersten Gesammeltseins, in dem Erkennender, Er-
kanntes und Prozeß des Erkennens ineinander verschmelzen.

prajñā ist Wissen aus unmittelbarer Wahrnehmung. *Unmittelbare
Wahrnehmung*, ein Ziel aller Übungen des Yoga, heißt, daß Wissen
nicht mehr als sinnliche und mentale Information über die Außenwelt
vorliegt, wie im durchschnittlichen Wachbewußtsein, dem die Welt
eine «Welt der Worte» ist.[26] Vielmehr ist das in unmittelbarer Wahrnehmung gewonnene Wissen immer innengeleitete, geistige Anschauung.

Das Vermögen zur unmittelbaren Wahrnehmung eines Objekts, wie
es an sich ist, gründet nach der Yoga-Epistemologie in der Bündelung
oder Sammlung der aufmerksamen Bewußtheit des Erkenntnissub-
jekts. Diese Bündelung liegt nur im Zustand des *samādhi* vor. In diesem
Zustand wird Bewußtsein nicht mehr von Informationen bestimmt, die
durch sinnliche Wahrnehmung oder verbale Kommunikation gewonnen werden. Es hat den Bereich, der durch «wählende Unterscheidung» (*khyāti*) geprägt ist, also den Bereich vermittelten Wissens,
transzendiert. *samādhi* ist in sich gesammelte «Kraft», die sich nicht auf
eine Vielzahl von Objekten verteilt, sondern rein in sich selbst ruht.

a) Weisheitsschau

In diesem *samādhi* kann Bewußtsein nichts Spezifisches erkennend
wahrnehmen. Es ist reiner Selbstbezug. Erst wenn das menschliche
Bewußtsein durch ein Vertrautwerden mit *samādhi* und die übrige
Yoga-Praxis fähig wird, einerseits dieses reine Bewußtsein aufrechtzuerhalten, während es sich andererseits gleichzeitig kognitiv, affektiv
und durch die Sinne auf ein gegebenes oder vorgestelltes Objekt richtet, dann verhilft die Kraft des Gesammeltseins zu einer direkten, ganzheitlichen Erfassung des betreffenden Objekts – zur *Weisheitsschau*
(*prajñālokah*). Die Weisheitsschau oder unmittelbare Wahrnehmung
eines Objekts an sich hängt ferner insoweit von *samādhi* ab, als die Erfahrung des *samādhi* es ermöglicht, sich von Gedächtnisinhalten und
Denkkategorien des aktiven Bewußtseins zeitweilig zu lösen. *samādhi*

---

26 Dem Verhaftetsein des alltäglichen Wachbewußtseins an eine Welt der Worte gibt
L. WITTGENSTEIN treffend Ausdruck: «Die Grenzen meiner Sprache bedeuten die Grenzen meiner Welt», in: Tractatus logico-philosophicus. - Frankfur / M.: Suhrkamp 1980, S.
89.

bringt das aktive Bewußtsein dazu, ständig sich selbst zu übersteigen, wodurch eingefahrene Wahrnehmungs- und Verhaltensweisen nicht mehr dominieren können, die ansonsten im durchschnittlichen Wachbewußtsein alle Erfahrung prägen. *samādhi* erlaubt dem Bewußtsein, vollkommen offen und spontan zu sein. *samādhi* setzt die unbegrenzte Potentialität frei, die der Dynamik des Bewußtseins zugrundeliegt und in ihrer ursprünglichen Reinheit Basis von Intuition oder unmittelbarer Wahrnehmung ist.

Wenn aufmerksame Bewußtheit, also das Vermögen zur aktiven und passiven Informationsverarbeitung[27], sich von einem Wahrnehmungsobjekt zum nächsten bewegt oder ständig in sich fluktuiert (wie z. B. im Umgang mit Vorstellungen, Konzepten und Ideen), kann kein unmittelbares Wissen ganzheitlicher Art gewonnen werden. Das Bewußtsein wird dann von Einzelheiten, von bloßen Teilen der wahrnehmbaren Wirklichkeit überschattet. Erst wenn aufmerksame Bewußtheit in sich gesammelt ist und sich aus diesem Zustand des Gesammeltseins auf ein Wissensobjekt richtet, erst dann kann ganzheitliches Wissen gewonnen werden. Weisheitsschau ist ganzheitliches Wissen insofern, als in ihr die Unterteilung zwischen Ich und Nicht-Ich aufgehoben ist, die aller fragmentierten Wahrnehmung zugrundeliegt. Im *samādhi* erfaßt sich aufmerksame Bewußtheit als Ganzheit, d. h. als innen wie außen identisch seiend. Dadurch eröffnet sich aufmerksamer Bewußtheit die Möglichkeit, jeden beliebigen Wissensgehalt als einen selbsterzeugten und selbsterhaltenen Gegenstand zu erkennen. Wissen ist nicht länger Information über einen äußeren, vom Subjekt getrennt existierenden Gegenstand, sondern Wissen und Gewußtes sind in der Weisheitsschau geeint. Sie stehen damit in einem unmittelbaren und ganzheitlichen Zusammenhang.[28]

27 Dieses Verständnis von Bewußtsein knüpft an die Bestimmungen von Ch. T. TART an: Aufmerksame Bewußtheit ist Fähigkeit, um ein Geschehen zu wissen, es sinnlich wahrzunehmen, zu erkennen oder wiederzuerkennen. Sie ist Energie: 1. in dem Sinne, daß Strukturen, die zu einem bestimmten Zeitpunkt nicht auf Bewußtsein einwirken, aktiviert werden können, wenn sich die Aufmerksamkeit auf sie richtet; 2. in dem Sinne, daß Strukturen die Energie der aufmerksamen Bewußtheit automatisch anziehen, dergestalt, daß man einen gering angeregten, spontanen und dauerhaften Fluß des Bewußtseins erfährt und 3. in dem Sinne, daß die Energie aufmerksamer Bewußtheit bestimmte Strukturen vom Funktionieren abhält. In konkreten Aufmerksamkeitsprozessen wird sie von einer Fülle psychischer und sozialer Strukturen geleitet. Vgl. Ch. T. TART: The Systems Approach to States of Consciousness, in: D. GOLEMAN / R. J. DAVIDSON (Eds.): Consciousness: The Brain, States of Awareness and Alternate Realities. - New York: Irvington 1979, S. 87 – 88

b) saṃyama

Das YS bezeichnet die Praxis, die zu *prajñā* führt, als *saṃyama*. Sūtra III.4 stellt fest:

«Diese drei (*dhāraṇā, dhyāna, samādhi*) zusammen sind *saṃyama*».

In der *Erkenntnispraxis* des *saṃyama* sind demnach drei Erkenntnisvorgänge verbunden:

1. In sich ruhende, *aufmerksame Selbst-Bewußtheit*, also *samādhi*. Bewußtsein bewegt sich in diesem Zustand rein in sich selbst, ohne einen anderen Inhalt als die Notion: Bewußtsein als solches. Diese Erkenntnisbewegung ist Selbsterkenntnis im reinen Sinn;

2. Der zweite Erkenntnisvorgang zielt auf ein *Erkenntnisobjekt*, auf einen bestimmten Inhalt, auf den sich die mentale Aktivitätsform des Bewußtseins konzentriert: *dhāraṇā*;

3. Der dritte Erkenntnisvorgang besteht in einem *Aufmerksamkeitsfluß*, der das Erkenntnisobjekt derart wahrnehmen läßt, daß es von seinen groben, feinen und feinsten Werten her erlebt wird: *dhyāna*.[29]

saṃyama ist offensichtlich ein Erkenntnisverfahren, das die gewöhnliche, angeborene natürliche Erkenntnisweise des Menschen überschreitet, da es weder kausal und mechanistisch, noch dualistisch und rational-analytischer Art ist.[30] Es hat vielmehr ganzheitlichen Charakter. Wenn dhāraṇā, dhyāna, und samādhi derart beherrscht werden, daß sie als solche in ihrer Besonderheit wahrgenommen werden und darüber hinaus zum Zusammenwirken gebracht werden können, dann ist die Fähigkeit zur unmittelbaren Objektwahrnehmung oder zur geistigen Verwirklichung im Sinne des Handelns durch mentale Impulse gegeben.

---

28 Vgl. den Kommentar zu YS III.5 in H. ĀRAṆYA: Yoga Philosophy of Patañjali. - Calcutta: University of Calcutta 1977, S. 284 / 285

29 Die ontologische Bestimmung von «groben», «feinen» und «feinsten» Werten eines Objekts wird weiter unten in Kap. III.1 gegeben. Sie kann an dieser Stelle auch in Analogie zur altindischen Stufenlehre der Sprache gesehen werden. Dort wird der gröbste Aspekt eines jeden Wortes, die akustische Lautgestalt als *vaikharī* bezeichnet. Dieser liegt die Denkgestalt zugrunde, in der Klang und Bedeutung dem aktiven Denken als Einheit gegeben sind (*madhyamā*). Diese feine Sprachebene baut ihrerseits auf der feinsten Ebene, auf *paśyantī*, auf. Diese Ebene der Sprache zeichnet sich durch sinnliche Nichtwahrnehmbarkeit aus. Die Grundform eines Wortes kann auf dieser Ebene nur durch *pratibhā*, durch unmittelbare Wahrnehmung, erkannt werden. Vgl. P. KUMAR: Bhartṛhari's Theory of Sphota, in: ders. (ed.): Linguistic Thought in Ancient India. - Delhi: Nag Publ. 1984, S. 117 – 128, bes. S. 120

30 Beschreibungselemente dieses Denktyps finden sich in den Artikeln des Sammelbandes: R. LUTZ (Hrsg.): Bewußtseins(R)evolution. Öko-LOG-Buch 2. - Weinheim: Beltz 1983

Ab Sūtra III.16 wird damit begonnen, den Wert und Nutzen der Beherrschung von *saṃyama* zu beschreiben.[31]. Dabei richtet sich die gesamte Darstellung vornehmlich am Einsatz von *saṃyama* zur gezielten Entwicklung von Fähigkeiten aus, die mit Bezug auf den durchschnittlichen Wachbewußtseinszustand außergewöhnlichen Charakter haben und gemeinhin als *parapsychisch* angesehen werden.

c) vibhūti

Im folgenden sollen die herausragenden, besonderen *Fähigkeiten* und *Kräfte* (*vibhūti*) aufgelistet werden, die vom Menschen auf dem Weg des Yoga durch den gezielten Einsatz von *saṃyama* entfaltet werden können:

1. Wissen um vergangene und zukünftige Ereignisse (III.16)
2. Wissen um die Bedeutung der «Sprachen», die die verschiedensten Lebewesen benutzen (III.17)
3. Wissen um frühere Existenzen (III.18)
4. Wissen um die Gedanken anderer Lebewesen (III.19, 20)
5. Unsichtbarwerden (III.21)
6. Vorauswissen um die Todesstunde oder um Unglück (III.22)
7. Freundlichkeit und ähnliche Tugenden (III.23)
8. Große körperliche Stärke (III.24)
9. Wissen um subtile, verborgene und weit entfernte Gegenstände (III.25)
10. Wissen vom Kosmos (III.26)
11. Wissen von der Ordnung der Gestirne (III.27)
12. Wissen von der Bewegung der Sterne (III.28)
13. Erkenntnis der körpereigenen (anatomischen und physiologischen Ordnung (III.29)
14. Beherrschung von Hunger und Durst (III.30)
15. Innere Festigkeit, Stabilität (III.31)
16. Wahrnehmung vollkommener Menschen (Siddhas) (III.32)
17. Die Fähigkeit vollkommener Intuition (III.33)
18. Wissen um Bewußtsein (III.34)
19. Wissen um den «inneren Menschen», das kosmische Sein (*puruṣa*) (III.35)
20. Unbegrenzte Hörfähigkeit, uneingeschränktes Tastvermögen, unbegrenzte Sehkraft, erweitertes Schmeck- und Riechvermögen (III.36)
21. Die Fähigkeit, in andere Körper einzutreten (III.38)
22. Die Fähigkeit, (unverletzt) über Wasser, durch Schlamm und Dornen zu gehen sowie den Körper zu verlassen (III.39)

---

31 Anknüpfungspunkte zur theoretischen Erfassung des hohen integrativen Wertes der Übung des *saṃyama* für die Persönlichkeitsbildung bietet das Konzept bimodalen Bewußtseins von A. J. DEIKMAN: Bimodal Consciousness. In: Archives of General Psychology 1971 (25), S. 481 – 489

23. Körperlich wie blendendes Licht zu strahlen (III.40)
24. Ein göttliches Gehör (III.41)
25. Die Fähigkeit, sich frei im Raum zu bewegen (III.42)
26. Die Kraft, die Hülle über der Erleuchtung (*prakasa*) zu entfernen (III.43)
27. Meisterschaft über die materielle Welt (III.44)
28. Die Kraft zur atomisierenden Verkleinerung des Körpers, zu anderen kör-
    perlichen Veränderungen und zur körperlichen Vollkommenheit
    (III.45,46)
29. Beherrschung der Sinne (III.47)
30. Bewegungsmöglichkeit in Gedankenschnelle, Benutzung der Sinnesorgane
    unabhängig vom Körper und Meisterschaft über den ursprünglichen Kau-
    salzusammenhang (die Urnatur), der alle Dinge entstehen läßt (III.48)
31. Allmacht und Allwissenheit (III.49)
32. Die Kraft zum Verzichten auf alles (III.50)
33. Die Kraft der aus Unterscheidung geborenen Erkenntnis (III.52 bis 54)

Wer diese Fähigkeiten und Kräfte (Siddhis) aktiv nutzen kann, gilt
als *siddha*. Aus der gesamten Liste der im YS festgehaltenen Vibhūtis
geht hervor, daß sie rein körperlicher, sensorisch-motorischer und
sinnlicher aber auch affektiver und kognitiver Natur sind. Sie decken
mithin ein breites Spektrum menschlicher Möglichkeiten ab. Die Logik
der Reihenfolge, in der sie aufgelistet sind, ist aufgrund des derzeitigen
Forschungsstandes jedoch noch nicht einsichtig.

Angesichts dieser außerordentlichen Fähigkeiten und Kräfte, die gezielt entwickelt werden können, wenn *samyama* auf sie hin praktiziert
wird, darf nicht vergessen werden, daß YS III.37 ausdrücklich festhält,
daß die Erlangung von *vibhūti* durchaus als Hindernis auf dem Weg
zur vollen Befreiung (*kaivalya*) wirken kann. Es heißt hier:

«Diese (Fähigkeiten und Kräfte) sind Hindernisse für *samādhi*, aber
sie sind Erlangungen für das aktive Bewußtsein.»

d) nirodha

nirbīja samādhi, der vollkommen keimlose *samādhi* oder endgültiges
Verlöschen (*nirodha*), das Ziel der Yoga-Praxis hängt davon ab, daß
man jedwede Erkenntnis, Fähigkeit und Kraft selbst noch einmal los-
läßt, auf sie verzichtet. Man darf sich also nicht durch erreichte Macht-
vollkommenheiten erneut binden, indem man sie zum eigenen oder
fremden Nutzen einsetzt und damit den Bewegungen des aktiven Bewußtseins erneute Nahrung gibt. Sūtra III.50 faßt dies zusammen:

«Durch Verzicht selbst auf diese Vollkommenheiten werden alle Keime der Unreinheit zerstört, und er (der Yogi) erlangt die völlige Freiheit.»

Andererseits muß auch die Bedeutung der Erlangungen für die Yoga-Praxis gesehen werden. «Endgültiges Verlöschen» oder «völlige Freiheit» kann nur verwirklicht werden, wenn eine Person in sich aktive und passive Bewußtseinsmodi (*dhāraṇā* auf der einen Seite, *samādhi* auf der anderen und *dhyāna* als eine Mischform) vollständig ausgelebt und integriert hat. Dann kann nämlich nichts mehr «aufflammen» oder, um ein anderes Bild der Yoga-Philosophie zu benutzen, dann kann kein Keim mehr aufgehen, denn es bleibt nichts Unbekanntes mehr, was es noch zu entdecken oder zu wünschen gäbe. Diese Integration und Erschließung von Unbekanntem wird jedoch durch den Vorgang des *saṃyama* und die Meisterung einzelner Siddhis ohne Zweifel beschleunigt. Sie stellt einen notwendigen Bestandteil des Yoga-Weges dar und erscheint nur unter der Perspektive letzter Befreiung als mögliches Hindernis für die dafür notwendige letzte Versenkung.

III. ERKLÄRUNGSELEMENTE FÜR DIE GEZIELTE ENTWICKLUNG VON VIBHŪTI ODER SIDDHI NACH DEM YS

1. Ontologisch-epistemologische Erklärungselemente

Wenn man sich fragt, welche Erklärungsmöglichkeiten das YS für die gezielte Entwicklung und das Auftreten von *paranormologischen Fähigkeiten* und *Kräften* gibt, findet man keine ausdrückliche, systematische Erklärung. Dies hängt damit zusammen, daß ihre Erklärung die Erfahrung voraussetzt. Diese aber will das YS erst vermitteln. Das YS zielt auf praktische Bewußtseinsinformation und nicht eigentlich auf die theoretische Durchdringung der Bedingungszusammenhänge für die Erlangung außergewöhnlicher Kräfte und Fähigkeiten. Erst ein *siddha* ist bewußtseinszustandsmäßig bereit dafür, eine systematische intellektuelle Durchdringung von *vibhūti* zu verstehen. Diese

Durchdringung wird dann aber die praktische Logik des YS übersteigen. Sie wird also nicht mit den Methoden des Yoga selbst geleistet. Vielmehr müssen die Methoden und Erkenntnisse anderer Systeme der indischen Philosophie herangezogen werden. Dies ist möglich, da das YS eingebettet ist in das *sāṃkhya* und die *karma mīmāṃsā*. Das *sāṃkhya* befaßt sich theoretisch mit allen Bereichen der subjektiven Existenz, die es in einem Schichtenmodell gliedert. Die *karma mīmāṃsā* erforscht die Grundlage aller Erscheinungsformen, die sie in dynamischen Strukturmustern des unmanifesten Seins erblickt. Beide Systeme (*darśana*) sind analytisch und stellen umfassende Konzepte zur Verfügung, die für die Erklärung von Siddhis eingesetzt werden könnten.[32]

Bleibt man für ein Verständnis außergewöhnlicher Kräfte und Fähigkeiten im YS selbst, so lassen sich allerdings auch hier einige Erklärungselemente nachweisen. Diese sind ontologisch-epistemologischer und bewußtseinstheoretischer Natur. Aus verschiedenen Sūtren sowie aus den bekanntesten Kommentaren zum YS von VYĀSA und VĀCASPATI MIŚRA kann eine Reihe von Bausteinen rekonstruiert werden, die von erklärendem Wert sind. Diese Erklärungselemente beziehen sich im wesentlichen auf die Voraussetzungen, auf die Bedingungszusammenhänge, die zur Erlangung einer *siddhi* führen, nicht jedoch auf das eigentliche Wie ihres Zustandekommens.

Ein erster Erklärungskomplex wird durch ontologisch-epistemologische Bedingungen gebildet. Yoga ist zweifelsohne eine Art in praktischer Metaphysik wurzelnder Erkenntnislehre. Da es im Yoga darum geht, in systematischer, erlebnisbezogener Innenforschung das eigene Sein als Sein der gesamten Wirklichkeit zu erkennen, setzt der Yoga eine bestimmte Metaphysik voraus. Die indologische Forschung sieht die ontologische Systematik des erwähnten *Sāṃkhya*-Systems der indischen Philosophie als Grundlage auch des Seins- und Weltverständnisses des Yoga-Systems an.[33]

Das Seins- und Weltverständnis des Yoga ist von dorther realistisch

---

32 Zum systematischen Zusammenhang der Systeme der indischen Philosophie siehe M. MITTWEDE: Die sechs Systeme der Vedischen Philosophie. Es muß jedoch betont werden, daß der Versuch, *siddhi* mit den Mitteln des *sāṃkhya* und der *karma mīmāṃsā* zu erklären, bislang noch nicht durchgeführt worden ist. Dieser Forschungsvorschlag ergibt sich jedoch, wenn man das Konzept der philosophischen Systeme als aufeinander bezogene und zusammenhängende Einheiten ernst nimmt.

33 P. DEUSSEN: Allgemeine Geschichte der Philosophie mit besonderer Berücksichtigung der Religionen, Bd. 1, 3. Abt. - Leipzig: Brockhaus 1908, S. 548

geprägt. Die klare Erkenntnis der Gesetzmäßigkeiten und Wirkprinzipien, die alle Bereiche der Wirklichkeiten strukturieren, wird durch die Yoga-Praxis gefördert. Damit wird gleichzeitig die Realität dieser Bereiche anerkannt. Mithin muß auch die Erlangung von *siddhi* als vollkommen real angesehen werden und nicht als etwas, das bloß in Vorstellungen oder hypnotischen Zuständen gegeben ist und insofern nur eingeschränkt real wäre.

Dem Yogi gilt das Sein, innere und äußere Wirklichkeit, als ein zusammenhängender eigengesetzlicher Wirkzusammenhang. Er hat diesen zu ergründen, will er Befreiung (*kaivalya*) erlangen. Denn ohne die Erkenntnis der Wirklichkeit kann er sich keine Verhaltensweisen aneignen, um alle Bereiche der Wirklichkeit zu transzendieren. Auf der Grundlage eines realistischen Wirklichkeitsentwurfs hält der Yogi alles für real, was ihm während seiner Übungen widerfährt, also alle Bewußtseinsphänomene.[34]

Um die Wahrheit yogischer Erkenntnis zu prüfen, setzt der Yoga als Wahrheitskriterium die Übereinstimmung der Erkenntnis mit *ṛta* – mit der *kosmischen Ordnung*, wie sie in der klassischen vedischen Literatur beschrieben ist.[35] Erkenntnis ist dann *prajñā*, also *weisheitliche*, unmittelbare Anschauung, wenn sie *ṛtambhara* ist, voll von *ṛtam* (YS I.48). Im yogischen Denken konvergieren Erkenntnis und Sein in einem Feld, das *ṛtam* heißt. Wenn sich das individuelle Bewußtsein für dieses Feld öffnet, dann verfügt es über ein Wissen, das die *Wahrheit* selbst (*ṛtam*) ist, oder absolut wahr.

Die Ontologie des Yoga geht davon aus, daß jedes zu erkennende Objekt eine Teilstruktur dieses Feldes ist, daß es an der Weltordnung als Ganzer teilhat und diese zu einem bestimmten Grad manifestiert. Darin hat es sein eigenes *ṛtam*. Jedes Objekt stellt ein Teilfeld dar, das durch sein *Wesen* (*dharma*), ferner durch sein *Bewußtsein* (*citta*) und schließlich durch seine manifeste Form als eine *Schwingung der Weltstoffenergie* (*pariṇāma* der *prakṛti*) konstituiert ist.

Erkenntnis ist dann wahr, wenn der Erkennende bewußt das *ṛtam* des Erkenntnisobjekts erfaßt, d. h. alle Konstituentien des Objekts in

---

34 J. W. HAUER: Der Yoga, S. 278

35 Zur Geschichte des Begriffes «*ṛtam*» siehe P. DEUSSEN: Allgemeine Geschichte der Philosophie, Bd. 1, 1. Abt. - Leipzig: Brockhaus 1906, bes. S. 92, 134, 249, 313 ff; H. v. GLASENAPP: Die Philosophie der Inder, S. 28 f. Zu seiner Verwendung im Yoga des Patañjali siehe S. KUMAR: Sāṃkhya-Yoga Epistemology. - Delhi: Eastern Book Linkers 1984, S. 24 f.

ihrer Wechselwirkung mit seinen eigenen *ṛtam*-Strukturen ganzheitlich wahrnimmt.

In der modernen Physik findet sich ein Verständnis von Ordnung,
das dem vedischen Konzept von *ṛtam* ähnelt. Gemeint ist D. BOHMs
Theorie *impliziter Ordnung*. Dies ist diejenige Ordnung, die dem kosmischen Gewebe von Zusammenhängen auf einer tiefen, nicht-mani-
festen Ebene innewohnt. Nach BOHM ist das Ganze der Ordnung in jedem seiner Teile eingefaltet und entfaltet sich durch ganzheitliche Bewegungen (Holomovement) zu expliziter Ordnung, also zu relativ unabhängigen, sich wiederholenden Sub-Totalitäten. Hierzu zählen auch
Körper und Bewußtsein des Menschen, sich gegenseitig einfaltende
Projektionen der höheren Wirklichkeit. Erkenntnis ist nach BOHM
wahr, wenn in einem spontanen und uneingeschränkten Wahrneh-
mungsakt festgestellt wird, daß eine Wahrnehmung mit dem, was als
tatsächliches Geschehen beim Erfassen der Wahrheit wahrgenommen
wird, übereinstimmt.[36]

Nach YS III.43 hat jedes Erkenntnisobjekt aber nicht nur eine ihm
eigene *ṛtam*-Struktur, sondern es drückt diese Struktur in vierfacher
Weise aus. Die gröbste Ausdrucksform eines Objekts ist seine *sthūla*-
Form, seine *äußere Erscheinung*. Sie besteht aus dem sinnlich Wahrnehmbaren und vermittelt den Oberflächeneindruck. Dieser Form
liegt eine besondere *feinstoffliche* Erscheinungsform zugrunde:
svarūpa. In dieser manifestiert sich die *allgemeine Naturkraft* oder
Schwingung der Natur (*vṛtti*), die die Wesensform eines Objekts bildet
und seine kognitiv-affektive Wirkmächtigkeit ausmacht. In ihr drückt
sich der allgemeine Grundcharakter aus, den ein Objekt mit anderen
derselben Art gemeinsam hat. Die dritte Erscheinungsform des *ṛtam*
eines Objekts ist seine «*feine*» Form (*sūkṣma*). Diese ist in sich nochmals mehrfach gestuft. Sie besteht aus den sog. *tanmātras* – aus
subtilen Weltstoffenergieformen, die für die Dynamik sorgen, die nötig
ist, daß ein Objekt sinnlich wahrnehmbar wird. Die feinste Form eines
Objekts wird durch sein kausal-relationales Vernetztsein mit allen anderen Objekten gebildet. Es ist diejenige Form, in der die drei großen
Grundkräfte der Natur wirken: die *aufbauende*, die *erhaltende* und die
zerstörende Kraft (*sattva, rajas, tamas*). Jedes Objekt zeichnet sich

---

36 D. BOHM: Die implizite Ordnung. - München: Dianus-Trikont 1985. Zur Wahrheit
bes. 69 ff.

durch eine bestimmte Art und Weise des Zusammenwirkens dieser drei Grundkräfte aus, die seine vierte Form, die *anvaya*-Form ausmacht.

Yogische Erkenntnis ist dann wahr und ontologisch umfassend, wenn der Erkennende bewußt das *ṛtam* eines Objekts erfaßt, wie es sich in den vier aufeinander aufbauenden Formen des Objekts manifestiert.

Aus diesem Wirklichkeitsentwurf der Yoga-Philosophie ergibt sich als allgemeine ontologisch-epistemologische Voraussetzung zur Erlangung von *vibhūti* oder *siddhi*, daß der Yogi in der Lage sein muß, ein Objekt in seiner Teilhabestruktur an der *kosmischen Ordnung* (*ṛtam*) und in allen seinen Formen zu erfassen.

2. Bewußtseinstheoretische Erklärungselemente

Die Sūtren III.9 bis 13 befassen sich mit den *bewußtseinstheoretischen* Voraussetzungen von *saṃyama*, also demjenigen Erkenntnisprozeß, der zur Beherrschung von *siddhi* führt. Sie beschreiben den Prozeß der *Verwandlung der Aktivität des Bewußtseins* (*citta*), der stattfinden muß, damit sich bewußte Aufmerksamkeit zu einer umfassenden Bewußtheit erweitert. Umfassende Bewußtheit erfaßt alle Ebenen subjektiver, nach innen gerichteter, mentaler Aktivität und die außengerichtete, sinnliche Wahrnehmung eines Objekts gleichzeitig.

a) Ruhezustand

«Wenn die Eindrücke (*saṃskāra*) des aktiven Geistes abwechselnd mit dem Ruhezustand (des Geistes) auftreten und wenn Bewußtsein sich jeden Augenblick mit dem Ruhezustand verbindet, ist das die 'Verwandlung in den Ruhezustand' (*nirodha-pariṇāma*)» (III.9).

Eine entscheidende bewußtseinstheoretische Voraussetzung von *siddhi* und *vibhūti* wird in der Fähigkeit des Bewußtseins gesehen, sich jeden Augenblick mit dem *Ruhezustand* zu verbinden (*nirodhakṣaṇa-citta-anvayaḥ*). Der Ruhezustand ist ein erweiterter Bewußtseinszustand. In ihm liegen nämlich keine inhaltlichen Grenzen (kein Bewußtsein von etwas Bestimmtem) mehr vor, wie in allen anderen Zuständen körperlicher, kognitiver oder affektiver Tätigkeit. Dieser Zu-

stand entgrenzter Bewußtheit wird als reiner Bewußtseinsstrom erlebt. Der *Ruhezustand* zeichnet sich nur durch eine Eigenschaft aus, er
ist friedvoll, wie Sūtra 10 formuliert:

«Das Dahinströmen (des Bewußtseins) ist friedvoll (ungestört) aufgrund des Eindrucks (des Ruhezustandes)» (III.10).

b) Zustand der Versenkung

Wenn Bewußtsein in der Lage ist, sich in jedem Augenblick körperlicher und geistiger Tätigkeit mit dem Ruhezustand zu verbinden, kann
es bei allen Aktivitäten (physischer oder mentaler Art) entspannt sein.
Dadurch wird es nicht von den möglichen Eindrücken überschattet
oder eingeengt und bleibt dauerhaft vollständig wahrnehmungs- oder
beobachtungsfähig. Diese erweiterte, volle Wahrnehmungsfähigkeit
muß gegeben sein, um besondere Fähigkeiten und Kräfte zu kultivie-
ren, damit Bewußtsein sich nicht von seinen eigenen Produkten,
vibhūti oder *siddhi*, absorbieren und einengen läßt. Würde es nämlich von seinen eigenen Hervorbringungen absorbiert, dann wäre es
nicht fähig, diese Erlangungen als solche dauerhaft wahrzunehmen
bzw. in Zuständen größerer körperlich-geistiger Aktivität aufrechtzuerhalten. Flüchtige paranormologische Erfahrungen oder Leistungen sind jedoch keine Erlangungen im Sinne des Yoga. Zur vollen Her-
vorrufung und Wahrnehmung einer *siddhi* muß Bewußtsein also selbst
ohne jedes Attribut sein, «wie eine Null» (*svarūpa-śūnyam*, vgl. III.3),
und sich nicht durch die Welt der Eigenschaften anregen oder gar erregen lassen.

Wie dieses Sūtra (III.10) nahelegt, kann aber die bewußte Wahrnehmung eines ungestörten, friedvollen Bewußtseinsstromes selbst noch
einmal als Eindruck und damit als Inhalt erscheinen. Um dieser feinen
Selbsterfahrung nicht anzuhängen, muß Bewußtsein noch eine zweite,
vertiefte Verwandlung durchmachen. Um wahrhaftig frei, offen, leer
und unzerstreut zu sein, darf keine Erfahrung von Dualität mehr vorliegen. Dies wäre aber der Fall, wenn Ruhe oder ungestörtes Fließen
noch als Eigenqualität von aufmerksamer Bewußtheit erfaßt würden.
Dualität oder Spaltung im eigenen Bewußtsein in einen Wahrnehmenden und ein Wahrgenommenes ist im Yoga das Hindernis überhaupt
für einen vollkommenen unbehinderten Informationsfluß zwischen
Subjekt und Objekt, der für die *vibhūti* notwendig ist.

In einer zweiten Verwandlung wird deshalb Bewußtsein in den *Zustand der Versenkung* (*samādhi-pariṇāma*) gebracht.

«Die Auflösung von Alles-Gerichtetheit und das Erwachen von Eins-Gerichtetheit des Bewußtseins ist die 'Verwandlung der Versenkung' (III.11).

c) Einsgerichtetheit

Im *samādhi*-Zustand ist Bewußtsein so in sich versunken, daß es keinerlei Zweiheit mehr wahrnimmt, wahrhaft eigenschaftslos geworden ist. War der Geist, bislang zwischen den Polen von Aktivität und Ruhe lebendig (III.9) und neigte dann mehr zum Ruhepol (III.10), löst sich durch ein Verweilen im Ruhepol diejenige Aufmerksamkeitsstruktur auf, die alles, Aktivität und Ruhe, umfaßt (*sarvārthata*) und Bewußtsein gelangt in einen Zustand ausgerichteten *Eins-Seins* (*ekāgratā*), in den *samādhi*-Zustand. Die Verwandlung in Versunkenheit (*samādhi-pariṇāma*) vereinigt die gesamte bewußte Aufmerksamkeit zu einem reinen Zustand, der sich durch *vollkommenen Frieden* auszeichnet. Sūtra 12 beschreibt dann das Zu-sich-Kommen dieses Zustandes zu einem Zustand vollkommen einsgerichteten Bewußtseins näher:

«Die 'Verwandlung des Bewußtseins in Einsgerichtetheit' (*ekāgratā pariṇāma*) (liegt vor), wenn der friedvolle Zustand und der erwachte Zustand wieder gleich geworden sind.» (III.12)

Wenn Bewußtsein im friedvollen Zustand so zu sich selber kommt, daß es nicht länger (wie in Sūtra 10 beschrieben) zwischen sich und dem friedvollen Dahinströmen unterscheidet, aber doch nicht rein wahrnehmungslos ist (wie in Sūtra 11 nahegelegt wird), sondern sich als wach erfaßt, während es in sich versunken ist, dann hat es einen Ausgleich, eine Verähnlichung, eine Angleichung zwischen dem friedvollen Zustand und dem Zustand der Wahrnehmungsfähigkeit erreicht (*śānta-uditau tulyapratyayau*) und ist *reine einsgerichtete Aufmerksamkeit*.

Diese letzte *dritte* Verwandlung bringt Bewußtsein mithin in einen Zustand, in dem es vollkommen in sich selbst und durch sich selbst zu sich gekommen ist. Dies gilt als der *vollendete Bewußtseinszustand*, der sich durch einen uneingeschränkten Wirkungsgrad auszeichnet, da in ihm das volle Potential des Bewußtseins ausgelotet und aktualisiert worden ist.

d) Verwandlung des Körpers

Da die Yoga-Philosophie *Körper und Geist* als voneinander abhängig
und miteinander interagierend begreift, geht mit der *dreifachen Verwandlung des Bewußtseins* eine *dreifache Verwandlung des Körpers*
oder der objektiven Wirklichkeit des Subjekts (*bhūta*) einher. Diese
wird in III.13 analysiert:

«Damit sind die Verwandlungen der Eigenschaften (*dharma*), der
Merkmale (*lakṣaṇa*) und der Bedingungen (*avasthā*) in den elementa-
ren Strukturen (des Körpers) und den Sinnesorganen beschrieben.»
(III.13)

Analog zum ontologischen Modell der vier Formen oder Gestalten,
die jedes Phänomen besitzt (vgl. Kap. III.1), thematisiert das YS zunächst die Verwandlung des *grobstofflichen* Aspekts des Körpers. Die
körperliche Beschaffenheit hängt von den Eigenschaften, Fähigkeiten
und Kräften ab, die ein Körper zur Wirklichkeitsgestaltung entwickelt
hat. Eine Änderung, die zu einer Erweiterung führt, kann sich auf dieser Ebene nur einstellen, wenn der Körper sich mit den allgemeinen
lebensfördernden Eigenschaften der Natur als Ganzer im Einklang befindet. Die dies bewerkstelligende *erste Verwandlung* heißt *dharma-
pariṇāma*. Sie bedeutet, daß der Körper im Gleichgewicht und ganzheitlich gesund ist. Da die grobstoffliche Form des Körpers in der Dynamik der Weltstoffenergien wurzelt, muß sich auch eine *zweite Verwandlung* einstellen, die alle *feinstofflichen Merkmale des Körpers* betrifft: *lakṣaṇa-pariṇāma*. Im Zuge dieser Verwandlung verändern
sich die raum-zeitlichen Vorgänge im Körper, so daß z. B. der Informationsfluß insgesamt optimiert ist.[37] Die *dritte Verwandlung* findet
schließlich auf der feinsten Ebene der objektiv-körperlichen Wirklichkeit statt, auf der Ebene der alles betreffenden und vernetzenden *Bedingungszusammenhänge* für Manifestationen überhaupt. In *avasthā-
pariṇāma* wird der Körper derart transformiert, daß er sich allein
durch sein ontisch-kausales Eingebettetsein in das Netzwerk der Bedingungszusammenhänge des Universums aufrechterhalten kann und
hinsichtlich seiner Erhaltung nicht mehr von den gröberen Formen
seiner selbst abhängt.[38] Es wird spekuliert, daß dieser Ebene kosmolo-

---

37 D. W. ORME-JOHNSON: Higher states of consciousness: EEG coherence, creativity,
and experiences of the siddhis. In: Electroencephalography and Clinical Neurophysi-
ology (1977) 43, S. 581

38 Vgl. J. W. HAUER: Der Yoga, S. 290 f.

gisch gesehen ein «Hyperraum» entspricht (eine höhere Dimensionalität). In diesem sollen alle Informationen des Universums, also auch diejenigen, die an der Basis des eigenen Körpers liegen, im Sinne superluminaler Quantenverbindungen unendlich korreliert sein. Befindet sich ein Wesen in einem entsprechenden Wahrnehmungs- oder Bewußtseinszustand, könnte es über einen zeitlosen und reibungslosen Informationsaustausch verfügen, der für manche Siddhis Voraussetzung zu sein scheint.[39]

Da der Yoga des PATAÑJALI keine nähere Auskunft über spezielle Übungen zur Verwandlung des Körpers gibt, darf davon ausgegangen werden, daß diese dreifache Verwandlung spontan abläuft, wenn sich ein Mensch der geistigen Schulung in Yoga und den in den acht Bereichen des Yoga umrissenen Übungen unterzieht.

Wenn ein Mensch diese dreifache Verwandlung physisch und bewußtseinsmäßig durchlebt hat, ist er mit seiner eigenen Natur und seiner Umwelt so vertraut, daß er seine Meisterschaft über die Natur (*vibhūti*), die in seinem Im-Einklang-Sein mit der Natur als Ganzer besteht (*ṛtam*), in jeder beliebigen Gestalt ausdrücken kann (*siddhi*).

IV. BEMERKUNGEN ZUM BEITRAG DES YS ZUR PARANORMOLOGIE

Theorie und Praxis der Entwicklung außergewöhnlicher Kräfte und Fähigkeiten nach dem YS sind zweifelsohne von Wert für die *Paranormologie*. Im YS liegt eine umfassende Darstellung der Möglichkeiten menschlicher Entwicklung vor, in der das Feld außergewöhnlicher Kräfte und Fähigkeiten einbezogen ist. Dieses Feld wird als im gesamten Spektrum menschlicher Bewußtseinserfahrungen integriert vorgestellt. Da *vibhūti* auf dem Weg der Entfaltung des Bewußtseins notwendig erlebt wird, verliert es den Charakter des Randständigen oder gar des numinos Übernatürlichen. Das YS fordert dadurch regelrecht zur wissenschaftlichen Erforschung des Phänomenbereiches der Siddhis heraus.

39 G. ZUKAV: Die tanzenden Wu Li Meister. - Reinbek: Rowohlt 1985, bes. S. 338

Untersuchungen an Yogis haben gezeigt, daß sich die paranormologischen Kräfte und Fähigkeiten durch Meditation und andere Yogaübungen in besonderer Weise fördern lassen.[40] Man kann sagen, daß das YS wissenschaftliche Tätigkeit darüber hinaus insofern anleitet, als es mit der Methode des *saṃyama*, also der gezielten Anwendung einsgerichteter, aufmerksamer Bewußtheit eine standardisierbare Übungsform beschreibt, die allgemein eingesetzt werden könnte.[41]

Theorie und Praxis des YS vermehren und verbessern die Prüfmöglichkeiten von paranormologischen Hypothesen, indem sie sie in ein logisches Netzwerk integrieren. Es ist deshalb durchaus vorstellbar, daß die moderne Paranormologie ein Forschungsprogramm entwickelt, das an dem YS ausgerichtet ist.

Wenn z. B. empirisch gezeigt werden könnte, daß die Yoga-Praxis und besonders das *saṃyama*-Verfahren der praktischen Bewußtseinserweiterung dienen und zu reproduzierbaren Ergebnissen führen, könnten daraus spezielle Forschungspläne entwickelt werden, um die Phänomenologie derjenigen Personen zu vertiefen, die von sich behaupten, paranormologische Fähigkeiten zu besitzen. In diesem Zusammenhang wäre u. a. zu prüfen, ob diese Personen mit *saṃyama* zu gleichen, wenn nicht besseren Ergebnissen kommen bzw. gleiche oder bessere Ausprägungen ihrer entsprechenden Kräfte und Fähigkeiten aufweisen. Was schließlich das Verständnis von paranormologischen Tatsachen und Erscheinungen anbelangt, so verdienen die Erklärungen zu bestimmten Fähigkeiten und Kräften, die von den Kommentatoren des YS, VYĀSA und VĀCASPATI MIŚRA gegeben werden, weitergehender Berücksichtigung.

---

40 E. MECKELBURG: Die Macht des Geistes über alles Stoffliche, bes. S. 914 f.

41 Eine Reihe von umfangreichen Experimenten in diese Richtung wurde in den letzten Jahren an der *Maharishi International University* (USA) durchgeführt. Das sog. «TM-Sidhi-Programm» ist ein Versuch, *saṃyama* zu standardisieren und dadurch der Meditations- und Bewußtseinsforschung zu erschließen. Vgl. B. F. ZEIGER: Erfahrungen mit dem TM-Sidhi-Programm. In: Christa KNIFFKI: Transzendentale Meditation und Autogenes Training. - München: Kindler 1979, S. 151 – 167

HUBERT LARCHER

VERÄNDERTE BEWUSSTSEINSZUSTÄNDE

Die Erforschung der *veränderten Bewußtseinszustände* befindet sich noch im Entwicklungsstadium, und eine Studie über dieses Gebiet ist schwierig, wenn man, wie Jacques MONOD fordert, als wissenschaftlich nur gelten läßt, was dem *Prinzip der natürlichen Objektivität* unterliegt.[1]

Der *Bewußtseinsinhalt,* wenn nicht sogar das *Bewußtsein* selbst, ist tatsächlich in erster Linie subjektiv. Daher konnten Behavioristen und Neo-Behavioristen auch die Behauptung aufstellen, das Bewußtsein gehöre nicht in den Bereich der wissenschaftlichen Psychologie.[2]

Die Trennung zwischen Wissenschaft und Bewußtsein ging vermutlich von Cordoba aus, wo sich um 1200 Ibn ARABI, ein Anhänger PLATONS, von AVERROES, einem Anhänger der aristotelischen Philosophie, lossagte. Zur Erneuerung dieses Dialogs wählte France Culture deshalb 1979 Cordoba als Tagungsort für das Thema *«Wissenschaft und Bewußtsein».*[3]

Sonderbarerweise ist mir von dieser Tagung keine eindeutige Definition für «Bewußtsein» in Erinnerung geblieben. Dies vielleicht deshalb, weil offensichtlich die Definition der Lexika übernommen wurde, nämlich: Bewußtsein als «Kenntnis über affektive, intellektuelle und Willensphänomene, die sich in uns vollziehen», oder weil «Bewußtsein», wie HAMILTON glaubte, von vornherein undefinierbar ist.[4]

---

1 Jacques MONOD: Le hasard et la nécessité. Essai sur la philosophie naturelle de la biologie moderne. - Paris: Le Seuils 1970, 32 – 33

2 Arthur KOESTLER: Le cheval dans la locomotive. - Paris: Calmann-Lévy 1968, 2; 1913 schrieb John Broadus WATSON: «Es ist an der Zeit, daß die Psychologie dem Bewußtsein ihre ganze Aufmerksamkeit zuwendet.»; B. F. SKINNER: Science and Human Behaviour. 1953, S. 30 – 31

3 Science et Conscience. Les deux lectures de l'univers. In: France-Culture, Colloque de Cordue, Oktober 1979. Paris: Stock 1980

4 HAMILTON: Lectures. - Metaphysics 1, 191

Will man zu einer einigermaßen präzisen Definition der veränderten Bewußtseinszustände gelangen, so muß zur psychologischen Betrachtungsweise notgedrungen noch eine physiologische hinzutreten. Laut Prof. Yugiro IKEMI sollte man in diesem Fall eher von «psychophysiologisch veränderten Zuständen» sprechen.[5]

Tatsächlich konnte durch die experimentelle Erforschung der Physiologie des *Schlafes* gezeigt werden, daß – entgegen der Meinung FREUDs – dieser «paradoxe Schlaf», der Traum, aufgrund des verringerten Muskeltonus ein tieferes Stadium bezeichnet als der normale Schlaf.

Allerdings lag es nicht so sehr an der Unmöglichkeit, «Bewußtsein» als solches überhaupt zu definieren, sondern hier spielte vielmehr das Ergebnis physiologischer Untersuchungen herein, wo André VIREL bei der Unterscheidung des Bewußseins vom Wachzustand nur zeigen konnte, was «Bewußtsein» nicht ist: «Wenn der Wachzustand, der eventuell seiner elektrischen Übertragung nach quantifizierbar ist, aufgrund seines Zustandsniveaus definierbar ist, so gilt dies nicht für das Bewußtsein, das sui generis nur durch verschiedene *Zustände* dargestellt werden kann.»[6] Das «Phänomen Bewußtsein» ist «psychologisch subjektiv, qualitativ weder meßbar noch abstufbar, und es kann auch nicht in verschiedene Ebenen eingeteilt werden. Man muß also von «Bewußtseinszuständen» oder auch «Formen» und «Modalitäten» des Bewußtseins, von seinem «Inhalt» und seiner «Funktion» sprechen. Diese Bewußtseinszustände dürfen nicht mit den verschiedenen Stufen des Wachzustandes verwechselt werden.»[7]

1975 veröffentlichte Andreas RESCH im IMAGO MUNDI Band V, «Mystik», meine Darstellung «Medizinische und psychologische Aspekte der Mystik».[8] Darin spreche ich von zehn psycho-physiologischen Ebenen. Fünf dieser Ebenen fallen unter die Bezeichnung «Psychologie der Tiefen»: Es sind dies die drei *hypnischen* Zustände: *Schlaf, Hypnose,* und *Biokömese* und die zwei *lethargischen* Zustände: *Biostase* und *Thanatose.*[9] (Abb. 1)

5 Yugiro IKEMI: Les états modifiés de conscience, S. 129 – 154

6 André VIREL: Pensée hypnique et rêve de veille: une infusion réciproque? - France-Culture, S. 155 – 173

7 Derselbe, ebenda

8 Hubert LARCHER: Medizinische und psychologische Aspekte der Mystik. In: Andreas Resch (Hrsg.): «Mystik», IMAGO MUNDI Bd. 5. - Innsbruck: Resch Verlag 1975, S. 281 – 352

9 Derselbe, ebenda, S. 282 – 294

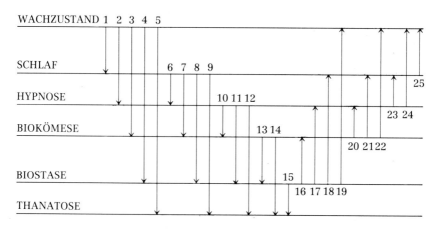

Abb. 1: Dynamik der Tiefentransite

Richtung Tiefe:
  1. Hypnagogische Trance. Narkoleptische Trance
  2. Induktion zur Hypnose
  3. Induktion zur Biokömese
  4. Funktionsstillstand
  5. Trepas
  6. Somno-hypnotische Trance
  7. Winterschlaf
  8. Somno-lethargische Trance
  9. Letzter Schlaf
  10. Hypno-biokömetische Trance
  11. Hypno-lethargische Trance
  12. Hypnotischer Tod
  13. Suspension des Lebens
  14. Dysthanasien
  15. Suspension des Todes.

Richtung Oberfläche:
  16, 17, 18, 19. Trancen der Wiederbelebung
  20. Hiberno-hypnotische Trance
  21. Paradoxer Schlaf, Somniloquie, Somnambulismus
  22. Erwachen vom Winterschlaf
  23. Traum
  24. Kataplexie, Vigilambulismus, post-hypnotische Suggestion
  25. Hypnopompische Trance. Hypnopompische Halluzination

Fünf weitere Ebenen entsprechen der «Psychologie der Höhen»: die drei *Wachzustände*: Wachen, *Luzidität,* und *Ekstase* und die zwei *höheren Ebenen*: *Psychostase* und *Glückseligkeit.*[10] (Abb. 2)

10 Derselbe, ebenda

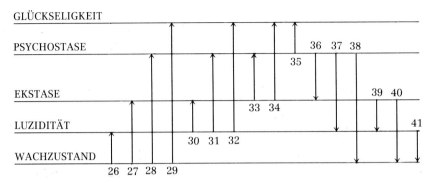

Abb. 2: Dynamik der Höhentransite

Auf diese zweifache Bedeutung hin schematisierte ich die theoretisch möglichen Übergangsarten zwischen diesen 10 Ebenen, d. h. alle *Transite* (Übergänge), deren das Bewußtsein *in allen seinen Zuständen* fähig sein könnte, was zu einer Unterscheidung von 72 Transiten führt.[11] (Abb. 3)

Eine Darstellung des 73. Transits auf der Tabelle ist nicht möglich, weil die beiden Extreme: *Thanatose* und *Glückseligkeit* nicht umkehrbar sind. Diese Problematik läßt sich dann besser beim Thema «Glückseligkeit» veranschaulichen.

Wenn auch in den letzten zehn Jahren seit der Veröffentlichung dieser theoretischen Schemata von der physiologischen und experimentellen Forschung auf diesem Gebiet noch kaum Fortschritte zu verzeichnen sind, soll uns dies nicht daran hindern, einige Punkte näher zu beschreiben.

Einerseits wird in der derzeitigen Entwicklung der Konzepte von Physik, Kosmologie und Biologie versucht, dem Bewußtsein in einem neuen epistemologischen (erkenntnistheoretischen) Aufschwung seinen alten Platz in Beziehung zur Wissenschaft einzuräumen.[12] Andererseits werden sowohl durch die Fortschritte in Psychologie und Neuropsychiatrie als auch durch einen regen Gedankenaustausch zwischen östlicher und westlicher Welt[13] die Behauptungen jener in Frage gestellt, die die *Mystik* auf die Pathologie und die «Psychologie der Höhen» auf die «Psychologie der Tiefen» reduzieren wollen.

11 Derselbe, ebenda, S. 294 – 297; 301 – 305
12 Science et Conscience: les deux lectures de l'univers. - France-Culture, Colloque de Cordoue. Paris: Stock 1980
13 Science et symbole: les voies de la connaissance. - France-Culture, Colloque de Tsukuba, 1985

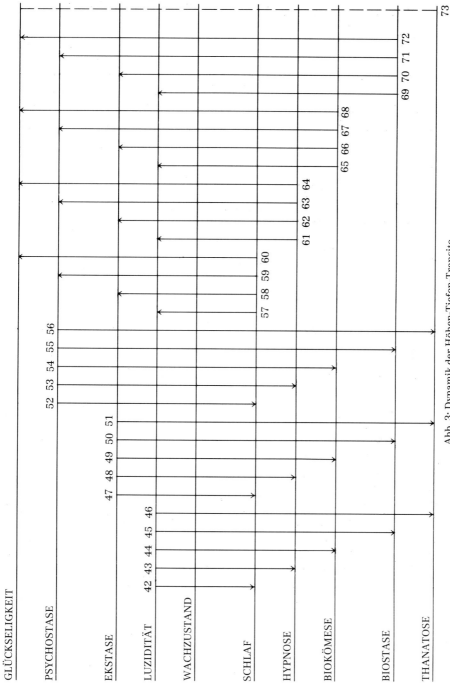

Abb. 3: Dynamik der Höhen-Tiefen-Transite

I. HYPNOSE, BIOKÖMESE UND BIOSTASE

Befassen wir uns zunächst mit der sogen. «Psychologie der Tiefen», wo die über den Schlafzustand hinausgehenden Ebenen *Hypnose*, *Biokömese* und *Biostase* angesiedelt sind.

1. Hypnose

Nach zweihundertjähriger Kontroverse[14] ist eine Definition von «Hypnose» immer noch schwierig, dies vor allem aufgrund einer Diskrepanz zwischen äußerem Erscheinungsbild und phänomenologischer Analyse. Eine hervorragende Darstellung dieses Problems stammt von Didier MICHAUX.[15]

a) Das äußere Erscheinungsbild der Hypnose

Das *äußere Erscheinungsbild der Hypnose* beinhaltet wahre, hypothetische und imaginäre Ursachen und stellt einen mehr oder weniger schweren *natürlichen* und *spontanen* Zustand dar, der im allgemeinen von einem Hypnotiseur durch Suggestion hervorgerufen wird. Geleitet von ihrem Willensdrang machen gewisse professionelle Hypnotiseure zwischen Hypnose und Suggestion keinen Unterschied.

Andere wiederum betrachten die Hypnose als Auswirkung eines magnetischen Einflusses durch einen Magnetiseur, ohne dabei von okkulten psychischen oder physischen Einflüssen zu sprechen.

Unter der Bezeichnung «Hypnose» werden häufig auch ihre wahren, falschen oder imaginären Konsequenzen verstanden, wie z. B. alle psycho-physiologischen Auswirkungen von Suggestion und Suggestibilität.

Ein suggestiver Mensch ist unter Hypnose nicht nur geneigt, bewußt gegebenen Befehlen Folge zu leisten, wie dies bei posthypnotischen Suggestionsexperimenten der Fall ist, sondern auch unausgesproche-

14 Léon CHERTOK: Résurgence de l'hypnose. Une bataille de deux cents ans. - Paris: Desclée de Brouwer 1984

15 Didier MICHAUX: Au-delà de la représentation sociale de l'hypnose: un phénomène aux formes multiples. In: Léon CHERTOK: Résurgence de l'hypnose, S. 123 – 135

nen oder gar unbewußten Wünschen von Beobachtern und / oder Forschern zu entsprechen, die so – zuweilen ohne Wissen – in das Experiment miteinbezogen werden.

Unter diesen Umständen ist es manchmal schwierig, zu unterscheiden, ob eine Äußerung tatsächlich als Ausdruck eines hypnotischen Zustandes zu werten ist oder ob es sich nur um ein Mienenspiel auf die unbewußt suggestive Erwartungshaltung des Beobachters hin handelt.

Schließlich verbindet man mit «Hypnose» alle möglichen *Begleiterscheinungen*: einerseits Phänomene, die *spontan* oder durch *Suggestion* von ihrer Ebene her induziert werden; andererseits Phänomene, die mit diesen mehr oder weniger zusammenhängen.

Daher sprach Albert de ROCHAS von sogenannten «tiefen und oberflächlichen *Hypnosezuständen*, soferne er, ausgehend von der Ebene der Hypnose-Transiten, angrenzende Zustände induzierte, wie z. b. Lethargie und Somnambulismus.

Die Notwendigkeit einer phänomenologischen Analyse schließlich versteht sich aus der extremen Ambivalenz der Beziehungen zwischen *Hypnose* und *Suggestibilität* auf der einen Seite und zwischen *Suggestion, Mimik,* «Beziehung» und *Transfer* der Psychoanalytiker auf der anderen Seite.

b) Phänomenologische Analyse der Hypnose

Vom medizinisch-rechtlichen Standpunkt aus unterscheidet Gilles de la TOURETTE den *«rein hypnotischen Zustand* von analogen Zuständen.[16] Er stellte fest, daß während des Hypnotisiervorganges die *Katalepsie* immer zuerst auftritt, dies sowohl bei Hypnosen, die z. B. durch Fixierung eines glänzenden Gegenstandes hervorgerufen werden, als auch bei «zufälligen» Hypnosen, die durch Geräusche, Schock oder starke Emotionen ausgelöst werden. Ein Hauptsymptom der Katalepsie ist die *Steifheit*, die u. a. auch die Atemorgane befallen kann.

Ein weiteres Symptom ist die *Suggestibilität*: Die Versuchsperson bleibt optisch und akustisch, besonders aber über das Muskelempfinden reizbar. Die Muskulatur ist empfänglich für motorische Halluzinationen und wird dadurch zu einer automatischen Mimik befähigt, um schließlich wieder in Starrheit überzugehen.

16 Gilles de la TOURETTE: L'hypnotisme et les états analogues du point de vue médico-légal. - Paris: Plon, Nourrit et Cie 1887

De la TOURETTE betont die Nähe von Hypnose und analogen Zuständen, indem er auf Techniken verweist, mit denen diese Zustände hervorgerufen und verhindert werden können.

«Bei schlagartiger bzw. starker Anstrahlung des fixierten Gegenstandes kommt es augenblicklich zu einer Katalepsie. Ist das Objekt hingegen indifferent, gilt es den Augenblick zu erfassen, wo der Blick eigenartig starr wird und das Auge sich weitet, die Bindehaut sich rötet und die Lidbewegung aufhört. Der fixierte Gegenstand wird daraufhin rasch entfernt, weil die Versuchsperson häufig nicht die Augen davon lassen kann und dabei unmerklich von selbst in einen lethargischen Zustand verfällt.»[17]

De la TOURETTE empfiehlt dem *Kataleptiker* die Augen zu schließen, um Lethargie hervorzurufen, und den Scheitel zu massieren, um Somnambulismus zu bewirken. In Wahrheit hatte diese Vorgangsweise nur Suggestionswert, wie es Henri NIZET darstellte, dessen Versuchspersonen nicht darauf eingestellt waren und nicht in gleicher Weise reagierten.[18]

Als Schüler CHARCOTs beschreibt de la TOURETTE auch Kriterien *neuromuskulärer Erregbarkeit*, die der Lethargie und dem Somnambulismus eigen sind. Man kann leicht verstehen, daß die Suggestibilität, die besonders durch den «*Zustand der Beziehung*» zum Hypnotiseur begünstigt wird, letzteren oft dazu verleitet, Folgen einer unvorsichtigen oder unverantwortlichen Suggestion als klinische Symptome oder Syndrome zu betrachten.

1892 veröffentlichte Albert de ROCHAS die «*Tiefenstadien der Hypnose*».[19] Nach einem Hinweis auf die Klassifizierung der Zustände *Lethargie*, *Katalepsie* und *Somnambulismus* durch CHARCOT analysiert er anhand der Experimente eines Magnetiseurs die Reihenfolge der Zustände, die seine Versuchsperson durchläuft:

1. *Stadium der Kredulität*
2. Lethargie
3. *Katalepsie*
4. Lethargie
5. *Somnambulismus*

17 Derselbe, ebenda, S. 86–87
18 Henri NIZET: L'hypnotisme. Etude critique. - Paris: Alcan 1893, Kap. 1
19 Albert de ROCHAS D'AIGLUN: Les états profonds de l'hypnose. - Paris: Chamuel / Carré 1892

6. Lethargie

7. *Stadium der Beziehung*

8. Lethargie

Bei Weiterführung seiner Experimente entdeckte er, daß diese Reihenfolge beibehalten wird:

9. *Stadium der Kontaktsympathie*

10. Lethargie

11. *Stadium der Luzidität*

12. Lethargie

13. *Stadium der Sympathie auf Distanz*

Auffallend hierbei ist, daß die Versuchsperson vom Stadium der Kredulität an durchwegs lethargische Zwischenphasen durchläuft, um so stufenweise in immer höhere Ebenen zu gelangen.

Hundert Jahre nach dem Wirken Sigmund FREUDs und Jean Martin CHARCOTs in der Klinik «La Salpêtrière» unternahm Didier MICHAUX den Versuch, die Hypnose durch kritische Untersuchungen von ihrem äußeren Erscheinungsbild abzugrenzen.[20] Aus diesen Untersuchungen geht hervor, daß es sich bei der Hypnose um einen bestimmten psychosomatischen Zustand handelt, der sich sowohl vom Wachstadium als auch von Schlaf- und Traumphase unterscheidet; daß Hypnose nicht unbedingt vom Unbewußten, von der Befreiung von Automatismen und von der posthypnotischen Amnesie charakterisiert wird; daß Hypnose nicht mit Suggestion verwechselt werden darf. Schließlich bemühte sich MICHAUX, durch eine möglichst objektive Beschreibung die Hauptcharakteristika des Phänomens selbst aufzuzeigen.[21] Er unterschied vier völlig konträre hypnotische Verhaltensformen:

1. die «*somnambule*» *Form* mit Wachaktivität, hypnotischem Bewußtseinszustand und Suggestibilität

2. die «*pseudo-lethargische*» Form, deren große Passivität die Suggestibilität zur Verstärkung eben dieser Passivität beeinträchtigt

3. die «*kataleptische*» Form mit Stummheit und Aufrechterhaltung der motorischen Spannung, mit Widerstand gegen die Wachsuggestion und progressiver Suggestibilität der Motorik

---

20 Didier MICHAUX: Au-delà de la représentation sociale de l'hypnose.

21 D. MICHAUX: Aspects expérimentaux et cliniques de l'hypnose. - Unveröffentlichte Dissertation, Paris VIII, 1982

4. die sogenannte «*Aufwachlethargie*» mit Absinken des Muskeltonus wie im Schlaf und mit Aufrechterhaltung eines hohen Aktivitätsniveaus des Wachbewußtseins.

Die drei ersten Formen erinnern an die von CHARCOT als *Lethargie*, *Katalepsie* und *Somnambulismus* bezeichneten Zustände, während der vierte mit seiner Schlafmotorik und seinem Wachbewußtsein die Umkehrung des Somnambulismus darstellt, bei dem das Bewußtsein mit der Aufwachmotorik schläft.

Für MICHAUX ist daher «Hypnose eine Regression zu archaischen Formen der Bewußtseinsstrukturierung und der Verhaltensdetermination».[22]

Hinsichtlich der Verhaltensdetermination stellt er fest, daß die beiden ersten Formen durch Annahme einer Interrelation miteinander verschmelzen: *aktiv* im *Somnambulismus*, *passiv* in der *Pseudo-Lethargie*; die beiden letzteren hingegen stellen Abwehrreaktionen dar: *aktiv* durch Unterwerfung in der *Katalepsie*, *passiv* mit Wachheit in der «*Aufwachlethargie*».

Was die Veränderung mentaler Vorgänge betrifft, so bewirken sie keinen Bewußtseinsverlust, sondern führen zu einer Kontrollhemmung des Willens und der Vorstellungskraft.

c) Kritik der phänomenologischen Analyse

Die äußere Darstellung der Hypnose legt den Akzent auf alle von einem Hypnotiseur durch Suggestion hervorgerufenen Phänomene, was zwischen den beiden eine Beziehung von Beherrschen und Abhängigsein hervorruft.

Die phänomenologische Analyse zeigt eine Vielfalt von Zuständen, die D. MICHAUX mit *natürlichen* Verhaltensweisen der aktiven und *passiven* Beziehung von Annahme oder Abwehr vergleicht:

– der *Somnambulismus* mit oralen und sexuellen Beziehungen
– die *Pseudo-Lethargie*, in der die Sorge um Befriedigung einem andern überlassen wird
– die *Katalepsie* mit verbalen, mentalen und motorischen Funktionshemmungen aus Angst vor dem anderen oder der Gruppe
– die *Aufwachlethargie* mit Bewußtseinsveränderung im Falle von Bedrohung oder Konflikt.

22 Léon CHERTOK: Résurgence de l'hypnose, S. 133

Der Vergleich mit tierischen Verhaltensweisen ist sehr aufschlußreich für die Bedeutung dieser Zustände fürs Überleben:

– der *Somnambulismus* mit Verfolgungstendenz, Seduktion und Ab-
wehrhaltung

– die *Pseudo-Lethargie* mit einer den Tod vortäuschenden Bewegungs-
losigkeit

– die *Katalepsie* mit Unterwerfung, um dem Lebewesen den Kampf auf
Leben und Tod zu ersparen

– die *Aufwachlethargie* mit dem Erwachen des Murmeltieres aus dem
Winterschlaf, um vor der Bedrohung einer Schlange zu flüchten.

Wie aber ist es möglich, daß eine so vitale Verhaltensvielfalt, als ein
Ganzes betrachtet, «Hypnose» genannt wird, und müßte die Hypnose
nicht alle veränderten Bewußtseinszustände bzw. alle veränderten psychophysiologischen Zustände beinhalten?

Wenn nun diese «Regression zu archaischen Formen der Bewußt-
seinsbildung und der Verhaltensdetermination» nicht nur auf das
Überleben, sondern auch auf die Vervollkommnung des Lebens ausgerichtet ist – *ähnlich einem Zurücktreten, um besser springen zu können* –
muß dann diese Entwicklung auf ihre untere Ebene reduziert werden?

D. MICHAUX hob deutlich hervor, daß eine Typologie der mentalen
Reorganisation in Hypnose zwei große Tendenzen zu unterscheiden
erlaubt: Die eine entspricht der äußeren Erscheinung der Hypnose,
mit *geistiger Passivität*, fixiertem Bewußtsein und Unterwerfung unter
äußere Kontrolle; die andere scheint den mystischen Zuständen näher
zu sein, mit *geistiger Aktivität*, verschwommenem Bewußtsein und innerer Kontrolle.[23]

Daraus geht klar hervor, daß die zweite Tendenz das Aufbrechen erhöhter Bewußtseinsformen fördert.

«Unter hypnotischem Zustand ist nicht nur ein einheitlicher Zustand, sondern ein sehr vielseitiges Spektrum von Zuständen zu verstehen, die von plumper Simulation bis zur tiefsten Trance reichen. (...).
Bei derselben Versuchsperson und während derselben Sitzung kann es
von einem Moment zum andern intensivste Schwankungen geben. Zudem kann man gleichzeitig in einem sensorischen Bereich einen hohen
Grad an Wachsamkeit vorfinden, der über dem Normalen liegt, während er in einem anderen Bereich geringer ist.» (MONTSERRAT-
ESTEVE, 1967)[24]

23 Derselbe, ebenda

Das besagt, daß die Hypnose alle Zustände auf allen Ebenen umfaßt, einschließlich der dissoziierten Zustände, und daß man, wenn man diesen Standpunkt gelten läßt, von dieser nicht definierten Hypnose den Zustand des «hypnotischen Schlafes» abgrenzen müßte, der uns wieder zur Katalepsie mit Suggestibilität von Gilles de la TOURETTE zurückführt.

Hierbei ist zu erwähnen, daß die drei anderen, von D. MICHAUX beschriebenen Zustände, wie ihre Namen andeuten, komplexe Zustände sind:

– *Somn-ambulismus* mit Schlaf des Bewußtseins und motorischem Wachzustand

– *Aufwach-Lethargie* mit Schlafmotorik und wachem Bewußtsein

– *Pseudo-Lethargie*, die eine simulierte Bewußtlosigkeit im lethargischen Zustand darstellt.

Erstaunlich sind in diesem Zusammenhang auch die außerordentlichen Hilfsmittel der Natur, um Leben gegenüber der physischen und psychischen Umwelt zu schützen und ihr anzupassen.

Das Wort *Lethargie* kommt vom dem griechischen «letharghia», zusammengesetzt aus «lethe» (Fluß des Vergessens) und «arghia» (Untätigkeit). Das französische Wort «latent» leitet sich vom lateinischen «latere» (verborgen sein) ab. Die Lethargie ist ein tiefer, lang andauernder Schlaf, in dem die Lebensfunktionen aufgehoben zu sein scheinen. «*Letalität*» bedeutet Mortalität.

Wie das Wort «*Hypnose*» kann auch das Wort «*Lethargie*» verschiedene Zustände bezeichnen. Man kann sagen, der lethargische Schlaf oder die lethargischen Schlafzustände sind dem Tod ähnlicher als der hypnotische Schlaf. Die von ROCHAS beschriebene Lethargie ist eine Pseudo-Lethargie. Er beschrieb die rein lethargischen Zustände 1913 in dem Buch «*La suspension de la vie*».[25]

Wir unterscheiden allerdings die Zustände des *verlangsamten* Lebens (*Biokömese*) und die Zustände des *suspendierten* Lebens (*Biostase*).

---

24 B. STOKVIS: / S. MONTSERRAT-ESTEVE / J. P. GUYONNAUD: Introduction à l'hypnose et à la sophrologie. - Paris: Maloine 1972, S. 10

25 Albert de ROCHAS D'AIGLUIN: La suspension de la vie. - Paris: Dorbon Aîné 1913, Kap. 1

2. Die Biokömese

Die *Biokömese* (Körperschlaf), aus dem Griechischen «bios» = Leben, Körper, und «koimesis» = Schlaf, ist der von C. JAULMES vorgeschlagene Terminus, um die Zustände des «verlangsamten» Lebens zu charakterisieren, seien sie natürlich oder künstlich.[26]

Man könnte demnach unter dieser Kategorie die echten Lethargien zusammenfassen, die durch Suggestion oder Hypnose induzierbar sind.

Wir beschränken uns hier auf die *spontanen Biokömesen*, deren bekannteste der *Winterschlaf* der Kaltblüter, der sogenannten «Poikilothermen», ist. Weniger bekannt ist die Biokömese der Warmblüter, der sogenannten «Homoithermen», vor allem die des menschlichen Organismus. Noch seltener sind gewisse lethargische Biokömesen.

a) Der Winterschlaf

Die Untersuchung der sogenannten *«hypnotischen» Zustände* hat uns ihre Beziehungen zu grundlegenden Verhaltensweisen der Anpassung – wie Widerstand und Unterwerfung – gezeigt. Diese beiden Verhaltensweisen inspirierten Henri LABORIT zu folgendem Buchtitel: *«Widerstand und Unterwerfung in der Physiologie. Der künstliche Winterschlaf».*[27] Als Militärchirurg entwickelte er ein pharmakologisches Mittel, mit dem er das neuro-vegetative System der Verletzten ausschalten konnte, um die Reaktionen *homoithermer* Lebewesen zu hemmen und aus ihnen Poikilotherme zu machen, wodurch sich die Möglichkeit ergab, sie abzukühlen. Durch die so erreichte Anpassung an die Kälte konnte Energie eingespart werden, da der Stoffwechsel, dessen Schnelligkeit zur Temperatur proportional ist, reduziert wurde.

Diese Anpassung an die Außentemperatur ermöglicht es Kaltblütern, den Winter durch natürlichen Winterschlaf zu überleben. Ihre sensorische, motorische und allgemeine Erstarrung verringert ihr Nahrungs- und Atmungsbedürfnis.

---

26 C. JAULMES: Vorwort zu LABORIT / P. HUGUENARD et. al.: Pratique de l'hibernothérapie en chirurgie et en médecine. - Paris: Masson 1954
27 Henri LABORIT: Résistance et soumission en physiobiologie: l'hibernation artificielle. - Paris: Masson 1954

b) Der Winterschlaf der Homoithermen

Analoge Zustände können bei *Warmblütern* vorkommen, wenn es ihnen gelingt, sich als Homoitherme unter außergewöhnlichen Bedingungen zu Poikilothermen zurückzubilden.

Noch außergewöhnlicher ist der Fall der *Schwarzbären* in den Bergen Colorados, die als «*falsche Winterschläfer*» bezeichnet werden, weil
ihre Körpertemperatur gleich bleibt, während sie *tatsächlich* drei Monate lang überwintern, oft sogar noch länger, ohne feste oder flüssige
Nahrung zu sich zu nehmen. Die Forscher des *Colorado Departement
of Natural Resources* und die des *Carle Foundation Hospital* von Urba-
na in Illinois entdeckten, daß sich der Harnstoffspiegel im Blut dieser
Bären im Winter um die Hälfte verringerte, während sie einen Teil als
Proteine wieder aufarbeiteten.[28]

Ist ein Mensch ungewöhnlicher Kälte ausgesetzt, so widersteht er
ihr durch absichtliche Bewegungen, danach durch Reflexzittern, das
die Muskelfasern erwärmt, jedoch sehr viel Energie verbraucht. Daher
sind diese Widerstandsformen nur von kurzfristigem Wert und an die
Bedingung geknüpft, daß ausreichend Nahrungsmittel vorhanden sind.
Längerfristig muß man sich der Kälte in gleicher Weise unterwerfen,
wie ich es vom Februar bis Mai im Winter 1944 / 45 erfahren und erforscht habe.

Ich war damals 24 Jahre alt, hatte das intensive Atemtraining des
PRANAYAMA geübt und bemühte mich um die Hemmung des Zitterns,
indem ich die Atemtätigkeit kontrollierte, d. h. die Ausatmung verlang-
samte.

Gleichzeitig mußte ich ständig meine Aufmerksamkeit und meinen
Willen auf diese Hemmung des Zitterns richten, um die Kälte zu beja-
hen und zu akzeptieren, ebenso kalt zu werden wie mein Bruder, die
«*Kälte*», die ich in meiner Vorstellung personifizierte, um ihr innerlich
zu sagen: «Wenn ich so kalt bin wie Du, dann kannst Du mich nicht
mehr abkühlen.»

Nach drei Wochen haben diese Anpassungsversuche ihre Früchte
getragen, sie waren zu Reflexen geworden, wobei instinktive Bewe-
gungsverringerung die Gedanken für andere Willensanstrengungen
freimachten.

---

28 Sciences et Avenir 458, April 1985, S. 14

Diese Methode lehrte ich einen neu hinzugekommenen Kameraden, der fähig war, sie zu verstehen. Er erreichte dieselben Ergebnisse, und wir gehörten zu den Überlebenden, obwohl wir uns vier Monate hindurch mit einer täglichen Nahrungsmittelration von 200 bis 250 Kalorien begnügen mußten.

Ungefähr 30 Jahre später beteiligte ich mich an einem Experiment zur absichtlichen Hemmung der Kältewiderstandsfähigkeit. Hautthermometer auf den inneren Handflächen ließen einen Temperaturrückgang von 37 auf 30 Grad Celsius feststellen, der in der Abkühlungsphysiologie der Extremitäten normal ist. Zwei Unterbrechungen während des Experiments machten sich in zweimaligem Anhalten des Thermometerrückgangs bemerkbar und bewiesen die Rolle des *mentalen* Verhaltens im Verlauf des Prozesses.

So wird verständlich, welches Interesse ich am Bericht einer Indienreisenden Ende Januar 1985 hatte, als diese bei ihrer Rückkehr von Gesprächen mit einem Inder berichtete, der einen Großteil seiner Zeit und seines Vermögens dem Studium von Phänomenen widmete, die den Rahmen des Gewöhnlichen sprengen.

Er versicherte ihr, im Schnee des Himalaya nackte, unbewegliche Yogis gesehen zu haben, die die starke Winterkälte nicht spürten und in einen Zustand tiefer Meditation versunken schienen. Es war verboten, sie zu berühren, da man sonst ihr Leben in Gefahr brächte. Aber ausnahmsweise bekam er die Erlaubnis, die Haut eines von ihnen mit einem Finger zu berühren. Er konnte so die Geschmeidigkeit des Gewebes und die Erhaltung einer minimalen Körpertemperatur feststellen.

Ist der Zustand dieser Asketen mit dem der Schwarzbären in Colorado vergleichbar? Es wäre äußerst interessant, die Studien in diesem Bereich zu vertiefen.

c) Die lethargischen Biokömesen

Man kann vorübergehende Biokömesen von lang andauernden Biokömesen und von jenen, die das ganze Leben verändern, unterscheiden.

Im Jahre 1936 bewies Thérèse BROSSE mit Hilfe elektrokardiographischer Aufzeichnungen eines Yogi seine Fähigkeit, «willentlich einen Zustand starker Kreislaufreduktion herbeizuführen, d. h. die tatsächliche starke physiologische Auswirkung verschiedener Yogaübungen».[29]

In seinen Experimenten über «Außerkörperliche Erfahrung» («Out-of-Body-Experience», OOBE), die P. E. CORNILLIER seiner Versuchsperson unter Hypnose suggerierte, stellte er fest, daß diese sich abkühlte. Er nahm aber nie Temperaturmessungen vor.[30]

Im Jahre 1982 fragte ich beim Kongreß anläßlich des 100-jährigen Bestehens der «Society for Psychical Research» am Trinity College von Cambridge eine der derzeit hervorragendsten Spezialistinnen der «OOBE»-Forschung, ob man das Erkalten während dieser Experimente beobachtet habe. Sie konnte nicht nur keine Antwort geben, sondern ich hatte auch das Gefühl, daß ihr diese Frage unpassend erschien.

Im Jahre 1913 veröffentlichte Oberst de ROCHAS eine Studie über lang andauernde Biokömesen: *Das lange Fasten*[31] und *der lange Schlaf*[32], deren Beziehung zueinander sich auch in dem volkstümlichen Sprichwort: «*Wer schläft, der ißt*», zum Ausdruck kommt.

Mag diese historische und chronologische Zusammenfassung verschiedener Fälle auch sehr interessant sein, so gestattet sie dennoch keine systematische, vergleichende Studie. Man findet in bezug auf langes Fasten nämlich keine differenzierende Diagnostik zwischen *physiologischem* Fasten, *mentaler* Appetitlosigkeit und der offensichtlichen Möglichkeit, jahrelang *aktiv* ohne Nahrung zu leben, wie z. B. *Nikolaus von der Flüe.*

Ebenso vermischen sich die untersuchten Fälle langer Schlafperioden, von denen fast ausschließlich Frauen – sogenannte «Schläferinnen» – befallen werden, mit Fällen langer Katalepsie und solchen, die an den Winterschlaf der Tiere und an rein lethargische Zustände im eigentlichen Sinn erinnern, d. h. an ein äußerst verlangsamtes Leben.

Ich möchte hier nicht auf diese teilweise willentlich hervorgerufenen Biokömesen der Asketen eingehen, wie Abtötung der sexuellen Funktionen, der Verdauung und der damit verbundenen Funktionen der Atmung, der Nerven, des Kreislaufes und der allgemeinen Funktionen, die wir schon bei einer Arbeit über die Mystik untersucht

---

30 P. E. CORNILLIER: La survivance de l'âme.
31 Albert de ROCHAS D' AIGLUN: La suspension de la vie
32 Derselbe, ebenda, Kap. 2

haben.[33] Jedenfalls fragte sich Oberst de ROCHAS bezüglich der Nahrungslosigkeit ohne Aktivitätsverringerung oder Gewichtsverlust, wie bei *Zélie Bouriou*, deren klinische Überwachung 125 Tage [34] dauerte, ob sie den Stickstoff der Luft binden und nach dem volkstümlichen Ausdruck «von der Luft leben» konnte. Man könnte sich auch fragen, ob die Protosynthese nicht durch Saprophyten (Mikroorganismen ohne krankmachende Eigenschaften)[35] erfolge. Kann man sich die Bedeutung solcher Untersuchungen im Hinblick auf das weltweite Hungerproblem und die Ernährung der Astronauten vorstellen?

Noch rätselhafter ist der Fall nahrungsloser Stigmatisierter, wie *Anna Katharina Emmerich, Therese Neumann* und *Marthe Robin*, die ihren Blutverlust ausgleichen konnten. Wie führten sie die Synthese der acht Aminosäuren durch, die ein normaler Mensch nur aus seiner Nahrung beziehen kann? Sobald neue Fälle von Nahrungslosigkeit auftreten, wäre es von allerhöchster Wichtigkeit, ihren Harnstoffzyklus und ihren Stickstoffmetabolismus zu untersuchen.

3. Die Biostase

Die *Biostase* ist der Grenzpunkt der Biokömese, der Abschluß des verlangsamten Lebens, der vollständige Stillstand aller Lebensfunktionen, des Metabolismus, der Mitosen und jeglichen Austausches[36] und somit auch des Alterungsprozesses. Sie ist ein *scheinbarer* Zustand funktionellen Todes, aber ein *wirklicher* Zustand statischen Lebens, der manchmal als *suspendiertes Leben* bezeichnet wird.

Dieser Zustand muß genau vom funktionellen Tod unterschieden werden, weil er reversibel ist, d. h. der Patient bleibt empfänglich für spontane oder provozierte Wiederbelebung. Genauso, wie der Motor eines stehenden Autos nicht als «tot» bezeichnet wird, solange er weiter gestartet werden kann, so darf der Stillstand biologischer Funktionen nicht als Zustand des Todes betrachtet werden, sofern diese Funktionen wieder in normale Bahnen gelenkt werden können.

---

33 Hubert LARCHER: Medizinische und psychologische Aspekte der Mystik, S. 308 – 317

34 A. de ROCHAS: La suspension de la vie, S. 21 – 24

35 Derselbe ebenda, S. 38

36 GOSWAMY / PRAMANIK: Conférence à la Sorbonne, Paris 1951 (unveröffentlicht)

Beispiele hiefür sind die *Kältebiostase*, die *Lethargiebiostase* und die *Agoniebiostase*.

a) Die Kältebiostase

Die Kältebiostase ist die logische und heilsame Folge des Winter-
schlafes, denn dank dieser Tätigkeit konnte *Jérôme Genin* physiologisch überleben. Er ertrank am 30. April 1623 im Fier und wurde nach
den Worten *Claude Puthods*, des Pfarrers von Les Ollières, nach sieben
Stunden von dem Taucher *Alexandre Raphin* in nicht mehr erkennba-
rem Zustand aus dem Wasser geborgen. Dies geschah um 18.00 Uhr.

Die physiologischen und geistigen Aspekte seiner Rückkehr ins Leben sind äußerst interessant. Als man ihn in den Sarg legte, um ihn zu
begraben, hob er einen Arm und sagte: «O seliger Franz von Sales!»
Dann begann er wieder zu atmen und bekam normale Gesichtszüge.

In dem Moment, als er ertrank, hörte ihn sein Bruder Franz rufen:
«Seliger Franz von Sales, rette mich!» Er selbst hatte diese Anrufung
wiederholt, und ihm war es gelungen, sich vor dem Ertrinken zu retten. Beim Aufwachen am nächsten Morgen erklärte *Jérôme*, daß der
Selige ihm so erschienen war, wie man ihn von Bildern kennt, und ihm
seinen Segen gegeben habe.[37]

Doktor Martin J. NEMIROFF von der Universität Michigan gelang es
bei seinen Experimenten, neun von dreizehn im kalten Wasser Ertrun-
kene wiederzubeleben ohne Schädigung oder Folgen für das Gehirn.
Er erklärte diese Resultate durch das Auftreten eines Reflexes, der von
Meeressäugetieren beim Tauchen bekannt ist. Beim Menschen aber
muß die Wassertemperatur unter 20 Grad Celsius liegen, damit das
Gehirn nach mehr als 4 Minuten unter Wasser noch eine Chance hat,
keine Verletzungen davonzutragen.

Auf diese Weise konnte er einen Buben wiederbeleben, der 38 Minuten im eiskalten Wasser war, allerdings spielt bei Kindern unter
dreieinhalb Jahren der Reflex eine günstigere Rolle.[38]

Diese Resultate medizinischer Eingriffe zeigen, daß die Biostase *Jérôme Genins* sehr viel tiefer war, obwohl seine Rückkehr ins funktionelle Leben spontan und sehr viel schneller geschah. Eine Reflex-

---

37 Alexandre VII.: Bulle de canonisation de saint François de Sales. 13 mai 1661. Vgl.:
L'Homme Nouveau, 2. April 1972, S. 16, 19, 20
38 Informations et documents, no. 379, September 1977, S. 19

lethargie und die psychischen und geistigen Bedingungen seines Abenteuers haben sicherlich eine zusätzliche Rolle zu der des Ertrinkens gespielt.

Schließlich haben kryogenische (Kälte-) Untersuchungen deutlich gezeigt, daß die Kältebiostase kein Zeichen des Todes ist.[39]

Biostase, Gefrieren und Tiefgefrieren wurden bisher nur an Tieren oder Teilen von ihnen experimentell untersucht.

Mit der Technik der jugoslawischen Physiologen GIAJIA und ANDJUS hat Prof. Andrew SMITH aus London Goldhamster gefroren und dann wiederbelebt.

Mit Glyzerin (zum Auftauen) als Frostschutz hat Dr. Louis REY das Herz eines Hühnerembryos auf −193 Grad Fahrenheit tiefgefroren und es dann durch Erwärmen wieder zum Schlagen gebracht.[40]

Das völlige Erkalten des Menschen, wie dies am Embryo bereits durchgeführt wurde, stößt auf das Hindernis, daß die intrazelluläre Flüssigkeit zu Eiskristallen gefriert.

b) Die Lethargiebiostase

Die Abkühlung des Körpers durch Anpassung an das Erkalten ist nicht die einzige Überlebensform durch Biostase. Es scheint, daß die Biostase auch einem Sauerstoffentzugsschock widerstehen kann, denn außer dem Ertrinken hat man den Fall eines japanischen Bergarbeiters beobachtet, der 21 Tage Verschüttetseins überlebte.

Bei einer Barbituratvergiftung wurde ein 24-stündiger «Stillstand der Gehirnströme» beobachtet, dem eine folgenlose Heilung folgte.[41]

Obwohl man meines Wissens die Abkühlung bei «Außerkörperlichen Erfahrungen» nie temperaturmäßig untersucht hat, zeigt die Erfahrung, daß verschiedene Versuchspersonen umso besser «in die Ferne schweiften», je weiter ihr Körper abgekühlt war und sich der Biostase näherte.[42]

Als Mrs. A. W. *Wilcox* Opfer einer spontanen «Exteriorisation» auf

39 Hubert LARCHER: Le froid: le refroidissement n'est plus signe de mort. - Medica, Dezember 1958, S. 6 – 11

40 L. R. REY: Physiologie du coeur de l'embryon de poulet in vitro après congélation à très basse température. - Oxford: Clarendon Press. (Ms. vom 25. Juli 1957)

41 J. M. MANTZ et coll.: Silence électrique cérébral de 24 heures au cours d'une intoxication massive par 10 g de pentobarbital. - Hémodialyse. Guérison. - Presse Médicale, 79, no. 27, 29. März 1971, S. 1243

42 P. E. CORNILLIER: La survivance de l'âme

der Straße wurde, erklärte die Ärztin, die sich über sie beugte, daß sie tot sei. Als sie wieder «in ihren Körper zurückkehrte» oder wie man sagt, zu sich gekommen war, begann sie wieder zu atmen, und die Ärztin sagte: «Das ist möglicherweise ein Wunder!»[43]

Mollie *Fancher*, die in teilweiser Biokömese lebte und daher nach den Worten von Prof. WEST «keine der normalen Lebensfunktionen erfüllte außer der Atmung»[44], wurde manchmal von tiefen Trancen ergriffen, über die sie zu Richter *Dailey* sagte: «Wenn ich in einen Trancezustand falle, verlasse ich mich selbst, gehe aus mir heraus, gehe hier und dort hin und sehe viele Dinge.» Eines Tages war ihre Trance so tief, daß einer ihrer Freunde sie für tot hielt.[45]

Albert de ROCHAS zeichnete die freiwilligen Lethargie-Experimente des Fakir *Harides* auf, dessen längstes kontrolliertes Bestattetsein zehn Monate dauerte. Außerdem beschrieb er einige sehr gut vergleichbare Untersuchungen.[46]

Hingegen geschah es vollkommen gegen den Willen der sieben Buben aus Ephesus: *Malchus, Maximian, Marcellus, Denis, Johannes, Seraphion* und *Konstantin*, daß sie – als sie zwischen 249 und 253 auf der Flucht vor der Verfolgung des Kaisers Decius in der Grotte des Monte Celius Zuflucht suchten, zusammen mit ihrem Hund eingemauert wurden. Als die Mauer unter Theodosius II. abgetragen wurde, wachten sie alle aus ihrer Lethargie auf, die mindesten 155 Jahre gedauert hatte[47], starben aber sofort am darauffolgenden Tag, noch bevor sie Zeit gehabt hatten, zu altern. Christen und Muslems kennen sie unter dem Namen «*Sieben Schläfer*». Man kann heute noch ihre Gräber sehen, die in den Felsen nahe der Grotte gehauen wurden, mit einem kleinen Grab für ihren Hund, der ihr außergewöhnliches Abenteuer geteilt hatte.

c) Die Agoniebiostase

Jeder kennt Dr. MOODYs Untersuchungen über das «*Leben nach dem Leben*», wie es fälschlicherweise benannt wurde.

43 S. MULDOON / H. CARRINGTON: Les phénomènes d'extériorisation consciente du corps astral. - Paris: Dervy 1966, S. 303 – 306

44 Abraham H. DAILEY: Mollie Fancher, the Brooklin Enigma. - Brooklin 1894, S. 173

45 Herbert THURSTON: Les phénomènes mystiques du mysticisme. - Paris: Gallimard 1961, S. 368

46 Albert de ROCHAS: La suspension de la vie, S. 70 – 91

47 Jacques VINCENT: Dormans, in: Dictionnaire de Moreri, T. III, Paris 1732

Es handelt sich nämlich vielmehr um ein Leben vor dem Tod, einen scheinbaren klinischen Tod, d. h. eine noch reversible *Agoniebiostase*, weil die Patienten hernach wieder aufwachten und von ihren Erfahrungen berichteten.

Die Tatsache, daß sich gewisse Personen als «außerhalb ihres Körpers» erleben und sogar die Umgebung erkennen, unterscheidet sich nicht von den Erfahrungen «außerhalb des Körpers» zu sein, außerhalb der Agonie.

Unterschiede lassen sich in den Vorboten eines solchen «Verlassens» feststellen: die Person gerät in einen mit Worten nicht erfaßbaren Zustand, hört, daß man sie als «tot» bezeichnet und hat das Gefühl von Ruhe und Frieden. Dazu kommen auditive Phänomene und das Gefühl, sich in einem dunklen Tunnel zu bewegen, worin verschiedene Psychologen eine Erinnerung an den vergleichbaren Weg beim Geburtsvorgang sehen.

Verschiedene Personen sprechen nach dem «Verlassen des Körpers» von dem Eindruck eines Kontaktes mit geistigen Wesen, die sich ihrem Tod widersetzen oder ihn erleichtern. Andere treten in direkte nonverbale Kommunikation mit einem blendenden Lichtwesen, das ganz Liebe und ganz Wahrheit ist.

Andere gehen sogar so weit, die Grenze zu einem Jenseits zu beschreiben, von dem es keine Wiederkehr gibt. Dies scheint dem Übergang von *reversibler Biostase* in Richtung *irreversibler Thanatose* zu entsprechen, ohne daß man allerdings bisher beweisen kann, daß die psychische *Aktivität* aufhört oder über diese Schwelle hinweg andauert.

Derzeit laufen Untersuchungen über Bewußtseinszustände in Agonie, wie die bemerkenswerte Dissertation von Dr. Elisabeth SCHNETZLER-EYSSERIC und Dr. Friedrich SCHMITT über *«Die Erfahrungen kurz vor dem Tod»* zeigen.[48]

Die Verfasser nennen die Häufigkeit von Phänomenen auf dieser Ebene, verbunden mit Hellhören, Hellsehen und Telepathie.[49] Für sie gilt als sicher, daß «die letzten Eigenheiten der sogenannten transzendenten Erfahrung, als Krönung der Erfahrungen kurz vor dem Tod, vor

48 Elisabeth SCHNETZLER-EYSSERIC / Frédéric SCHMITT: Expériences de l'imminence de la mort. Medizinische Dissertation, Grenoble, 29. Nov. 1983
49 Dieselbe, ebenda, S. 205

allem dem sehr nahekommen, was an anderer Stelle bei den Heiligen als «mystische Erfahrung» bezeichnet wird.»[50]

Diese Schlußfolgerungen veranlassen uns, unsere Aufmerksamkeit auf die *«Psychologie der Höhen»* zu lenken.

II. LUZIDITÄT, EKSTASE UND PSYCHOSTASE

Das Studium der *Hypnose,* der *Biokömese* oder des verlangsamten Lebens und der *Biostase* oder des statischen Lebens ließ uns verstehen, mit welchen Virtuosität die Natur in der Lage ist, ihre Regressionsmöglichkeiten, den «Rückzug» der lebenden Organismen zu nutzen, um ihre Existenz zu erhalten. Geht es nun darum, Widerstand zu leisten oder sich zu unterwerfen, zu flüchten oder zu simulieren – die Natur ist in der Lage zu destrukturieren, um zu restrukturieren, einen «Schritt zurückzutreten, um besser springen zu können» und aus der Not eine Tugend zu machen.

So führt uns die «Psychologie der Tiefen» zur Beschäftigung mit der «Psychologie der Höhen», mit den über dem Wachzustand liegenden Stadien der *Luzidität,* der *Ekstase* und der *Psychostase.* Zudem werden wir die Beziehungen zwischen diesen drei Ebenen und den drei Ebenen der Tiefe: *Hypnose, Biostase* und *Biokömese* untersuchen und erklären. Abschließend wollen wir versuchen, einige Perspektiven der beängstigenden, irreversiblen und mysteriösen Grenzen der Glückseligkeit aufzuzeigen.

1. Die Luzidität

Luzidität bezeichnet die Eigenschaft einer erleuchteten Person. Dieses Wort entstammt dem lateinischen «lucidus»: klar, leuchtend. Wenn man das Wachbewußtsein als *inneres psychisches Licht*[51] bezeichnen kann, so schafft dieses Licht durch vermehrte Klarheit dem Bewußt-

50 Dieselbe, ebenda
51 Hubert LARCHER: Conscience du présent et de l'éternité. - Védanta, no. 18, Gretz 1970, S. 33 – 35

sein die Möglichkeit, im Stadium der Luzidität *hellseherische Fähigkeiten* zu entwickeln. So ist es richtig, außerordentliche Informations- und Kommunikationszustände als *luzid* zu bezeichnen und «Luzidität» zur Bezeichnung für para- und supranormale Erkenntnisfähigkeit zu verwenden.

Schon 1882 schrieb Albert de ROCHAS in seiner *«Zustandsklassifikation»*[52], daß «der Wachzustand nur eine einzelne, gewöhnliche Phase der verschiedenen Modalitäten sei, deren das Gehirn fähig sein kann. Der Wachzustand beinhaltet den mittleren Teil der intellektuellen Möglichkeitsskala.»[53]

In dieser Klassifikation legte er über das *«Stadium der Beziehung»* den *«Zustand der Kontaktsympathie»*, darüber dann den *«Zustand der Luzidität»*[54], worin zwei neue Fähigkeiten aufscheinen:

1. «Die Versuchsperson, die dauernd die Empfindungen der sie umgebenden Personen verspürt..., sieht ihre inneren Organe und diejenigen jener Menschen, mit denen sie in Beziehung steht, wobei sie diese auch mit ihren eigenen vergleichen kann.

2. Sie kann «die Spur» erkennen, die ein Kontakt hinterlassen hat, und dies sogar auf mehrere Tage hin.»

Im Jahre 1909 definierte Dr. Paul JOIRE[55] die Luzidität als eine «Fähigkeit, durch die die Versuchsperson Kenntnis über Dinge erhält, die ihren normalen Sinnen nicht zugänglich sind.» Sie kann also einen Gegenstand, lebende oder tote Menschen erkennen, so wie sie waren, sind oder objektiv sein werden, und zwar auch mit ihren subjektiven Qualitäten. Sie kann auch ein ganzes Ereignis, einen Fall, eine Handlung, wie auch deren Vorbereitung und Folgen, und schließlich sogar die Gedanken eines anderen erkennen. Diese erstreckt sich auch auf die Entfernung im Raum und zeitlich gesehen sogar auf Zukunft und Vergangenheit. Diese Art der Erfahrung betrifft die Sinne, die Motorik, die Gefühle und das Denken, das sich übermitteln und Bilder und Bewegungen hervorbringen kann. Diese Definition deckt sich mit dem Begriff der *«Außersinnlichen Wahrnehmung»* von Gustav PAGENSTE-

52 A. de ROCHAS: Les états profonds de l'hypnose. - Paris: Chamuel / Carré 1892, Kap. 1

53 Derselbe, ebenda, S. 28

54 Derselbe, ebenda, S. S. 17 – 19

55 Paul JOIRE: Les phénomènes psychiques et supernormaux. - Paris: Vigot 1909, Kap. XXI, S. 254 – 263

CHER (1855 – 1942), der von J. B. RHINE unter dem Namen «*Extra-sensory Perception*» wieder aufgegriffen wurde und sowohl Hellsehen und Telepathie als auch Vorahnungen einschließt.

Dr. Eugène OSTY, der vor allem die bewußte und gewollte Luzidität untersuchte, beschränkte im Jahre 1913 nach genauer Beobachtung von Personen, die unter der Bezeichnung «Zweites Gesicht» ihren Beruf ausübten, die Luzidität auf die intuitive Fähigkeit der Erfahrung, die «in ihrer gesamten Möglichkeit völlig auf die menschliche Persönlichkeit begrenzt sei.»[56]

Seiner Meinung nach ist die Luzidität weder «Außersinnliche Wahrnehmung» noch rationales Denken[57], sondern ein «intuitiver, unterbewußter Gedanke»[58], ein «unterbewußtes Empfangen der energetischen Form des Denkens und dessen Verarbeitung in für den Ausdruck geeigneten Vorstellungsbildern»[59]. Denn «intuitive Erfahrung ist nur in Verbindung mit einer menschlichen Individualität» möglich.[60]

Im Jahre 1922 definiert er diese «supranormale Kenntnis des Menschen durch den Menschen» genauer als «Fähigkeit gewisser Menschen, etwas unmittelbar zu erfassen, ohne sich der bekannten Sinne (oder, besser gesagt: ohne erkennbare Verwendung der bekannten Sinne) noch der Vernunft, der moralischen, intellektuellen, organischen und sozialen Eigenschaften menschlicher Individuen, mit denen sie in Beziehung kamen, und ohne sich ihres abgelaufenen und künftigen Lebens zu bedienen.»[61]

Nach dieser Definition von Luzidität als «supranormales objektives menschliches Erkennen»[62] erklärt Eugène OSTY, daß «supranormal» nicht «übernatürlich», sondern «über das normale Maß hinausgehend» bedeutet.

Diese Fähigkeit zeigt sich dem Bewußtsein meistens durch geistige Bilder oder Klischees, die, beschreibend oder symbolisch, meist visuell, manchmal auditiv, aber auch von anderen sensorischen oder motorischen Formen bestimmt sein können.

---

56 Eugène OSTY: Lucidité et intuition. Etude expérimentale. Paris: Alcan 1913
57 Derselbe, ebenda, S. 197
58 Derselbe, ebenda, S. 377
59 Derselbe, ebenda, S. 197
60 Derselbe, ebenda, S. 20
61 Eugène OSTY: La connaissance supranormale. - Paris: Alcan, Juli 1922, 2. Aufl. 1925, S. XIX
62 Derselbe, ebenda, S. XVIII

Seltener handelt es sich, sei es spontan oder gewollt, um wirkliche Wahrnehmungen, um visuelle Wahrnehmungen wie bei der Kristallkugel, um auditive wie bei der Muschel, um koenästhetische wie bei einer Übertragung von Sinnesempfindungen – in diesem Fall wird das Zweite Gesicht als *extraluzid* bezeichnet.

2. Die Ekstase

Ekstase, aus dem griechischen «extasis» und dem lateinischen «extasis» oder «ectasis» bedeutet wörtlich: «außer sich sein». Als partielle ekstatische Phänomene kann man also gewisse nicht pathologische Funktionshemmungen einer oder mehrerer normaler Sinne bezeichnen, mit Auftreten paranormaler Wahrnehmungsfähigkeit eines oder mehrerer Sinne. Ganz allgemein kann man zu dieser Kategorie alle nicht pathologischen Exteriorisationsphänomene der Sensibilität und der Motorik zählen.

Ein jederzeit und überall bekanntes Beispiel ist «das Verlassen des Körpers», im Englischen «out-of-the-body-experience» (OOBE)[63] oder OBE[64] genannt, ein Phänomen, das spontan oder gewollt sein kann.[65] Die Exteriorisation der Sensibilität und der Motorik wurde von Albert de ROCHAS[66] experimentell untersucht, die willentliche Verdoppelung von Charles LANCELIN.[67]

Was die *sensorischen* Ekstasen anbelangt, muß man an die Beobachtungen von J. v. GÖRRES erinnern: Jeder Sinn hat zwei Teile, wie zwei grundsätzlich unterschiedliche Elemente: einen äußeren, der die äußerlichen Dinge fühlt, und einen innerlichen, der dem ersten zwar entspricht, aber in einer direkten Verbindung mit der Seele steht, der er die von außen kommenden Eindrücke mitteilt.[68]

63 Dean SHEILS: A Cross-cultural Study of Beliefs in Out-of-the-Body Experiences, waking and sleeping. - Journal of the Society for Psychical Research, March 1978, vol 49, no.775, S. 697 – 741

64 Susan J. BLACKMORE: A Postal survey of OBE's and other experiences. - Journal of the Society for Psychical Research, Feb. 1984, vol 52, no. 796, S. 225 – 244

65 Sylvan MULDOON / Hereward CARRINGTON: The Phenomena of Astral Projection. -

66 A. de ROCHAS D'AIGLUN: Les états profonds de l'hypnose, Kap. V, S. 65 – 74; L'exté'riorisation de la sensibilité, 1895; L'exteriorisation de la motricité, 1896 teriorisation de la sensibilite', 1895; L'exteriorisation de la motricité, 1896

67 Charles LANCELIN: Méthode de dédoublement personnel (1912). - Paris: Omnium Littéraire, 2. Aufl. 1975

68 J. v. GÖRRES: Die christliche Mystik, 2. Bd. - Regensburg, o. J., 4. Buch, 2. Kap., S. 81

Bei der normalen Wahrnehmung geht alles so vor sich, als ob der innere Sinn dem äußeren untergeordnet sei, während bei der Wahrnehmung ohne Wahrnehmungsgegenstand, was als Halluzination bezeichnet wird, der innere Sinn seine Bilder auf die äußeren Sinne projiziert,
die dann untergeordnet sind.

Bei der paranormalen Wahrnehmung verläuft alles so, als ob die
Funktionshemmung der äußeren Sinne die entsprechenden inneren
Sinne befreien würde. «Es wird aber ein so gehöhter Sinn die Dinge
ganz in anderer Weise schauen, als ein Solcher, der in der Stimmung
natürlicher Zustände sich befindet. Dieser an den Umkreis hingewiesen, und selbst in der Art des Umkreises gebreitet, schaut auch das
Wahrnehmbare peripherisch an, es bei seiner äußeren Umhülle, der
Erscheinung, fassend; dabei nicht achtend dessen, was hinter diesem
Ausschein sich verbirgt. Der Andere aber, in dem sich eine gründliche-
re Mitte ausgetieft, von der aus mehr gesammelte centrirte Kräfte ihn
durchwirken, wird wie er selbst mehr die Natur des Centrums hat, so
auch mehr in seiner Verrichtung auf das Centrum, und das innerlich
Verhüllte in den wahrnehmbaren Dingen gehen. Durchschlagend die
äußere Oberfläche, wird er die unter ihr verborgenen Kräfte suchen,
und in ihnen nun das Wahrgenommene in größerer Schärfe und weiterem Überblick erfassend, es nicht wie zuvor von Außen nach Innen
hinein, sondern vielmehr von Innen nach Außen heraus anschauen. In
den innersten Kern der Dinge wird sich daher ein solcher Sinn, so lange er dem Äußeren geöffnet steht, versenken, und da alles Erscheinende nur die symbolische Hülle ist, die den tief innen liegenden Inhalt
umfängt, wird all sein Streben, durch das Zeichen hindurch, auf diesen
Inhalt gerichtet sein, und willig gibt der dem Forschenden sich hin.»[69]

So konnte Mollie FANCHER, die blind war, mit dem Tastvermögen
bei Nacht genauso gut lesen wie am Tag. Als Richter Abram *Dailey* sie
über ihre Ekstasen befragte, bekam er zur Antwort: «Ich verlasse mich
selbst, gehe aus mir heraus, gehe hierhin und dorthin und sehe viele
Dinge. .... Manchmal kann ich durch das ganze Haus sehen. Als meine
Tante noch lebte, verlegte sie oft ihre Geldbörse, ihren Schlüssel oder
ihre Handschuhe, und wußte nicht mehr, wo sie noch suchen sollte.
Sie machte es sich zur Angewohnheit, zu mir zu kommen, um die Sache
zu finden. Ich durchsuchte das ganze Haus, und schließlich sagte ich

69 Derselbe, ebenda

ihr, wo sie versteckt waren. .... Wenn ich mich nicht fürchte, zu sehen, dann kann ich sehr deutlich sehen.»[70]

Was den Hausverstand, den im Volksmund so genannten «sechsten Sinn», betrifft, der nach GÖRRES die Synthese der einzelnen Sinne bildet, deren Zentrum er ist, so kann dieser durch die Ekstase so erregt werden, daß die Wahrnehmung die Grenzen von Raum und Zeit überwindet.

Die Erregung dieses Sinnes kann im provozierten *Somnambulismus* erfolgen: hypnotisiert von Herrn de LISLE, dreht sich die junge Thérèse um und zeigt dem Diener Antonio eine lange Nase, die dieser seinerseits hinter ihrem Rücken gemacht hatte. Eine der kleinen Seherinnen von Garabandal, die ganz spontan in Ekstase geriet, drückte, ohne sich umzudrehen, in einer präzisen Bewegung über ihre Schulter hinweg, das Kreuz ihres Rosenkranzes auf die Lippen einer Person, die hinter ihr ging.

Gérard CORDONNIÈR hatte bei vollem Bewußtsein des Empfindens der «Gegenwart Gottes» diese eigenartige Vision: «Ein Gedanke verfolgte mich seit einiger Zeit, nämlich daß unsere Sicht der Dinge von der Stellung der Augen aus *«äußerlich»* und *«perspektivisch»* ist, während die eines «Allgegenwärtigen Geistes» nach Art eines «Feldes» in mehr oder weniger engem Kontakt mit der Schöpfung *«innerlich»* und *«konform»* sein müßte. Plötzlich wurde ich mit geschlossenen Augen im Geist in eine solche Vision versenkt, die in ihrem Ausmaß auf die Größe meines Zimmers beschränkt war. Alles war überall gleichzeitig sichtbar. Ich weiß nicht, wie lange diese «Panoramaschau» dauerte; sie trat nie wieder auf. Ich möchte übrigens betonen, daß sie sich auf die «äußere Erscheinungsform» beschränkte, ohne tieferen Bezug zum «Wesentlichen».[71]

Ekstatiker können in Wahrung der vollen Fähigkeit ihrer einzelnen Sinne nicht nur sehr weit über ihr Zimmer, ihr Haus oder ihr Land hinaus «reisen», sondern auch tief in die Zeit hinein, um ganz deutlich all das zu sehen, was sich an den von ihnen besuchten Orten und zu jenen Zeiten, wo sie dieselben besuchten, vorfand und ereignete.

70 Herbert THURSTON: Les phénomènes physiques du mysticisme. - Paris: Gallimard 1961, S. 369 – 371; deutsch: Die körperlichen Begleiterscheinungen der Mystik. - Luzern: Räber 1956, S. 271 / 72

71 Gérard CORDONNIER: Voyance et mathématiques. - Revue métapsychique 2, Juni 1966, S. 40

Das außergewöhnlichste Beispiel einer solchen visionären Fähigkeit
ist Anna Katharina *Emmerich,* die wir aus den Aufzeichnungen von
Clemens BRENTANO kennen, dessen Texte als Resultat einer Osmose
oder psychischen Interaktion zwischen der Seherin und ihrem schrift-
stellerisch begabten Sekretär bezeichet werden können.[72]

Gerade durch die exakten Beschreibungen des Lebensendes Mariens konnte am 29. Juli 1891 ihr Wohnhaus in Panaghia aufgefunden
werden. Ich war in den Jahren 1966, 1967, 1969 und 1970 persönlich
an diesem Ort, um die Übereinstimmung zwischen Vision und dem
wirklichen Standort zu überprüfen, der auf türkisch *Meryem Ana* genannt wird und in der Nähe von Ephesus liegt. Ich konnte feststellen,
daß die Beschreibungen mit jenen Orten übereinstimmten, wie sie vor
1900 Jahren waren, und daß sie seither sehr stark verändert worden
sind.[73]

3. Die Psychostase

Die *Psychostase* darf nicht mit der *Psychostasie* verwechselt werden
– vom griechischen «stasis», das gleichbedeutend ist mit dem Vorgang
des Wiegens, dem Abwägen der Seele durch *Anubis* bei den Ägyptern
und durch den Hl. *Michael* bei den Christen, als Symbol des persönlichen und Jüngsten Gerichts.

Die Psychostase ist allerdings von dieser Symbolik nicht sehr ferne,
da es sich bei der Psychostase um einen Scheintod handelt, ähnlich
dem ekstatischen Tod, von dem er sich nur durch seine Reversibilität
unterscheidet.

In der *westlichen Mystik* wird sie «Ruhe» oder «höhere Ruhe» genannt und scheint an einen Zustand bewegungsloser Kontemplation
des göttlichen Lichts gebunden zu sein.

Dieser Zustand scheint der großen Ekstase der Inder zu entsprechen: dem *Samadhi,* der aus zwei Stufen besteht, dem *Savikalpasama-*

---

72 Hubert LARCHER: Die Emmerick-Brentano Beziehung aus der Sicht eines Parapsychologen. - Emmerick und Brentano. Dokumentation eines Symposions, Münster 1982. -
Dulmen / Westfalen: Laumann 1983

73 Eugène POULIN: Journal du Rev. P. Eug. Poulin alias Gabrielovich. Smyrne (Izmir),
Turquie. 1843 – 1928. Histoire de la découverte de la maison de la Ste Vierge à Meryem-
Ana-Evi près d'Ephèse. Les Amis d' A. C. Emmerick. R. Dessainlaan 22. B. – 2800
Mechelen 1984

dhi mit Aufgabe des Bewußtseins der äußeren Welt, aber mit Fortbestand des Denkens und dem Empfinden des eigenen Lebens, sowie dem *Nirvikalpasamadhi*, bei dem auch Denken und Empfinden verschwinden.[74]

Man erzählt, daß RAMAKRISHNA mehrere Monate in diesem Zustand verweilte, von Ende 1865 bis Anfang 1866, und daß er nur dank eines letzten Restes persönlichen Bewußtseins aufwachte. Da er die Gefahren des *Nirvikalpasamadhi* kannte, weigerte er sich vehement, seinem Schüler VIVEKANANDA diese «gefährliche Tür, die an den Abgrund des Absoluten führt», zu öffnen.[75] Er selbst «kämpfte verzweifelt gegen alle Versuchungen des ekstatischen Todes und wich seinen Gefahren aus.»[76]

Dennoch gehorchte ihm sein Schüler nicht, und als seine Kameraden sahen, daß er bewußtlos und sein Körper kalt wie ein Leichnam war, liefen sie zu ihrem Meister. Dieser zeigte überhaupt keine Beunruhigung, sondern lächelte und sagte: «Sehr gut!» und wartete still, bis VIVEKANANDA das äußere Bewußtsein wiedererlangte.[77]

Das Beispiel zeigt, wie nahe die *Psychostase* beim ekstatischen Tod liegt und wie verführerisch dieser ist.

Sicherlich erscheint «die Tür, die zum Abgrund des Absoluten führt», gefährlich, doch sind dieses unbewegliche Leben, diese vollkommene Ruhe nicht Befreier der höchsten Funktionen der Seele, ihrer subtilsten geistigen Spitze?

Und ist dieser Übergang von der *Psychostase* zum *ekstatischen, irreversiblen Tod*, dieses «vollständige Erlöschen» oder *Parinirvana* nicht beglückend, das in der schlafenden Buddhastatue in Gal Vihara in Sri Lanka und in der Dormitio (Einschlafen) Mariens dargestellt ist?

III. DIE DREI TRANSITE DES HERMES

Das Pantheon der Griechen zeigt uns *Hestia* und *Hermes* als einander ergänzende Gottheiten.

74 Romain ROLLAND: Vie de Ramakrishna. - Paris: Stock 1930, S. 84 – 87
75 Derselbe, ebenda
76 Derselbe, ebenda, S. 95, Anm. 1
77 Derselbe, ebenda, S. 255

Die aufmerksame *Hestia* überwacht die Feuer auf allen Stufen, während der selbstbewußte, ungreifbare, plötzlich auftauchende, reiselustige *Hermes* ständig seine Erscheinung ändern und sich sogar unsichtbar machen kann.

Er kann in den Olymp aufsteigen und als einziger der Olympbewohner auch in die Unterwelt hinabsteigen.

«Er führt vom Wachen zum Schlaf und vom Schlaf zum Wachen, vom Leben zum Tod, von einer Welt zur anderen. Er ist das Bindeglied, der Vermittler zwischen Menschen und Göttern, zwischen denen unten und denen oben.»[78]

Während Hestia als Wächterin über die Feuer der verschiedenen Stufen uns an die Wachsamkeit gemahnt, wechselt Hermes gleich einem Gaukler die Zustände, wie sich Bewußtsein nach Belieben der Transite zwischen diesen Ebenen ändert.

An dieser Stelle muß man sich an den Aphorismus des Hermes erinnern:

> Das Obere ist gleich dem Unteren,
> und das Untere gleich dem Oberen,
> um das einzig Wichtige zu erfüllen.

Dieser Aphorismus läßt sich ganz treffend auf das Schema der Ebenen und der Transite anwenden, das ich vorgeschlagen habe.[79]

Bereits 1974 wies ich beim IMAGO MUNDI Kongreß über Mystik auf den verborgenen Zusammenhang zwischen den unteren und den oberen Ebenen hin. Dieser Zusammenhang beruht auf Gegensätzen, Ähnlichkeiten und Ergänzungen. Hier sollen die Zusammenhänge der drei Transite von unten nach oben näher dargelegt werden, nämlich:

– *Hypnose zur Luzidität*

– *Biokömese zur Ekstase*

– *Biostase zur Psychostase.*

Diese Transite liegen zwischen dem *hypnopompischen Transit* vom Schlaf zum Wachzustand (Nr. 25) und dem mysteriösen Transit von der *Thanatose* zur Glückseligkeit (Nr. 73), wie aus Abb. 4 zu ersehen ist (Nr. 61, 66, 71):

78 Jean-Pierre VERNANT: Mythe et pensée chez les Grecs. I. 3: L'organisation de l'espace. Hestia – Hermès. - Paris: F. Maspéro 1980, S. 124 – 127

79 Hubert LARCHER: L'odyssée de la conscience. - Congrès annuel de la Société de Thanatologie: D'Eleusis à nos jours. Institut français d'Athènes, 5. / 6. Oktober 1980. Revue métapsychique, vol 15, no. 4, 1981, S. 29 – 50

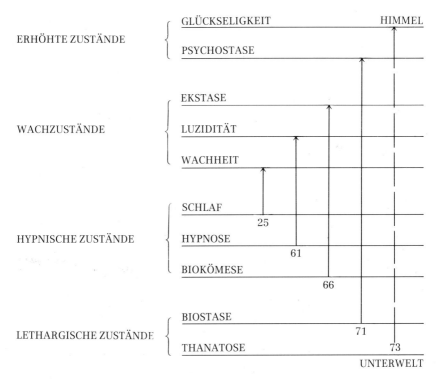

Abb. 4:

25. Schlaf-Wach-Trance
61. Hypnoblepsie
66. Trance von der Biokömese zur Ekstase
71. Biopsychostatische Trance (ekstatischer Tod)
73. Die Trance der Auferstehung kann in dieser Tabelle nicht dargestellt werden, da sie zwei Zustände verbindet, die zueinander irreversibel sind. Später werden wir sehen, wie wir sie einordnen können, aber um dorthin vorzustoßen, müssen wir zunächst die somatischen und psychischen Phänomene der Mystik studieren.

1. Hypnose und Luzidität

Im Jahre 1909 gab Dr. Paul JOIRE der *Luzidität* eine extrem weite Definition, die auch das Hellsehen von nicht-menschlichen Zielgegenständen einschloß, wobei er auf seine Beobachtung verwies, daß die Versuchsperson im Augenblick der Entstehung dieses Phänomens sich *immer* in einem oberflächlichen, leichten oder tiefen hypnotischen Zustand befindet.

Sie befindet sich entweder in einem spontanen, unauffälligen und vorübergehenden *somnambulen Wachzustand* oder in *leichter Hypnose*, was durch eine «erwartende Aufmerksamkeit» und den Blick auf ein Kristall, einen glänzenden Gegenstand, durch das Hören des Rauschens in einer Muschel mit seinem monotonen andauernden Brummen, durch die Konzentration auf alle anderen visionären Hilfsmittel oder durch das Auslösen der motorischen Phänomene (automatisches Schreiben, Typtologie) unterstützt werden kann. Schließlich kann die Versuchsperson auch in einen spontanen oder hervorgerufenen tiefen somnambulen Zustand fallen.

Auf welchem Niveau auch immer die Luzidität auftritt – immer erscheint sie sowohl der Versuchsperson selbst als auch dem Beobachter oder Experimentator mit Hypnose verbunden zu sein.[80]

Wir haben aber gesehen, daß Albert de ROCHAS die Versuchsperson zunächst auf das Niveau der Lethargie, wahrscheinlich einer hypnotischen *Pseudolethargie* absteigen ließ, um vom Zustand der *Kontaktsympathie* in den der *Luzidität* zu gelangen. Dr. Eugène OSTY gelang es jedoch 1913, in Abgrenzung des Luziditätsbegriffes auf den menschlichen Bereich, unbewußte Mechanismen der Informations- und Kommunikationsleistung aufzudecken, die von der luziden Person intuitiv und bewußt in Form von Klischees wahrgenommen werden, während sie der Hypnotisierte mit der gleichen Intensität wie normale sensorische Wahrnehmungen empfängt.[81]

Eugène OSTY wird seinen logischen Folgerungen vollkommen gerecht, wenn er es ablehnt, die Wahrnehmungen des Hypnotisierten als «außersinnlich» und an das rationale Denken gebunden zu betrachten, weil sie tatsächlich sensorisch sind, wenngleich ohne Hilfe der äußeren Sinne, und weil ihr Gegenstand wirklich real ist, wenngleich außerhalb des Bereiches der normalen Wahrnehmung in Raum und Zeit.

Deshalb ist eine *visuelle* Wahrnehmung nicht «außersinnlich», selbst wenn sie «extra-okular» oder «extra-retinär» ist. Sie ist aber auch keine Halluzination, die Henry EY als eine «Wahrnehmung ohne wahrzunehmenden Gegenstand»[82] definiert, weil sie auf einen feststellbaren Gegenstand gerichtet ist, weshalb sie tatsächlich als *Vision* betrachtet werden kann.

80 Paul JOIRE: Les phénomènes psychiques et supernormaux. - Paris: Vigot 1909, Kap. XXI, S. 224 – 226

81 Eugène OSTY: Lucidité et intuition, Etude expérimentale. - Paris: Alcan 1913

82 Henri EY: Traité des hallucinations. - Paris: Masson 1973, Bd. I, S. 47

Das visuelle «Klischee» ist nichts anderes als die abgeschwächte Übertragung der visuellen Wahrnehmung des Hypnotisierten auf die Ebene des luziden Bewußtseins. Dasselbe gilt für alle Sinne: die Versuchsperson *fühlt* zuerst und übersetzt danach. Eine Versuchsperson sagte sehr treffend, daß, als sie «Wasser *gesehen*», «Salz *gekostet*» und «das Rauschen der Wellen *gehört*» und dies bewußt in Form von «Klischees» wahrgenommen hatte, ihre bewußte Intelligenz synthetisch übersetzte: «*das Meer*».

Wenn der *Transit von Hypnose zur Luzidität* intensiv genug ist, erfolgt keine «Übersetzung»: die Wahrnehmung selbst beeinflußt die Versuchsperson auf der Ebene der Luzidität. Diesen Transit kannten schon die Griechen. Sie nannten ihn *Hypnoblepsie*, von *Hypnos* = = Schlaf und *Blepsie* = Sehen.

Die Versuchsperson ist bei vollem Bewußtsein und erinnert sich der so hervorgerufenen Wahrnehmungen, weshalb man sie als «*extraluzid*» bezeichnet. Diese Bezeichung trifft deshalb zu, weil die Reichweite der so betroffenen Sinne ihren normalen Rahmen sprengt und die Wahrnehmung durch das Überschreiten der normalen physiologischen Grenzen «ekstatisch» wird.

Eugène OSTY schrieb dazu folgendes: «In der Annahme, daß die Verstärkung des Trancezustandes vielleicht den Umfang der Fähigkeiten von Mademoiselle *Laplace* weiten könnte, versuchte ich sie in Hypnose zu versetzen. Dieser Versuch lehrte mich: 1. daß sie sich gegen eine aufgezwungene Hypnose zur Wehr setzte, 2. daß sie auf dem Grad der Hypnose, in die man sie versetzt, ihre speziellen Fähigkeiten völlig erreicht. Letztere Feststellung hatte ich zuvor schon bei anderen Versuchspersonen gemacht, die in scheinbar *normalem* Zustand paranormale Fähigkeiten besaßen, diese Fähigkeiten aber verloren, sobald sie den Grad der Hypnose, in den sie versetzt werden konnten, erreichten.

Im Gegensatz dazu erinnere ich daran, daß andere Versuchspersonen, wie z. b. Madame *Morel*, ihre Fähigkeiten paranormaler Kenntnisse nur im Zustand des Somnambulismus erlangten und außerhalb dieses Zustandes völlig unfähig waren.»[83] Es ist leicht verständlich, daß, wenn die Fähigkeit von Jeanne *Laplace* durch einen Transit von unten nach oben durch Hervorrufen der *Hypnoblepsie* bedingt wurde, dieser

---

83 Eugène OSTY: Une faculté de connaissance paranormale: Mlle Jeanne Laplace. - Revue métapsychique 4 (1934) 218 – 219

Vorgang nur dem entgegengesetzten widerstehen konnte, der ihn be-
hinderte. Im Gegensatz dazu mußte man Madame *Morel* vom Wachzustand in den Hypnosezustand versetzen, um eine somnambule Trance
hervorzurufen. Dieses Beispiel zeigt deutlich, daß die Transite in die
Tiefe mit einer Bewußtseinsausschaltung einhergehen und daß Transite in die Höhe das Bewußtsein verstärken, wobei die Quellen paranormaler Information in der Verborgenheit der Tiefe gesucht werden
müssen, um dann, dank der Psychodynamik der Transite, in das Licht
des Bewußtseins zu gelangen, wie Abb. 5 darlegt:

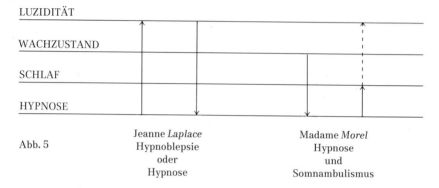

LUZIDITÄT

WACHZUSTAND

SCHLAF

HYPNOSE

Abb. 5

Jeanne *Laplace*
Hypnoblepsie
oder
Hypnose

Madame *Morel*
Hypnose
und
Somnambulismus

2. Biokömese und Ekstase

Wenn der Gegenstand der Vision mit gegenseitiger Hemmung der
entsprechenden normalen sensorischen Wege gleichzeitig Sinne affi-
ziert und wenn er in gleicher Weise mehrere Zeugen in seinen Bann
zieht, wird er als *Erscheinung* erlebt. In diesem Fall nennt man die
Seher «Ekstatiker», weil sie sich *außerhalb der normalen Welt*[84] befinden, obgleich sie *bei sich bleiben*. Ein Phänomen dieser Art ist seit dem
24. Juni 1981 in Medjugorje (Jugoslawien) bei 5 jugendlichen Sehern
zu beobachten: *Ivan, Ivanka, Jakov, Maria* und *Vicka*.

Im Verlauf von vier Untersuchungsreihen (24. und 25. März, 9. und
10. Juni, 6. und 7. Oktober, 28. und 29. Dezember 1984) haben Prof.
Henri JOYEUX und seine Mitarbeiter, der Neurophysiologe Prof. Jean
CADILHAC, der Internist Dr. Bernard HOARAU, der Augenarzt Dr.
Jacques PHILIPPOT, der Hals-Nasen-Ohren-Arzt Dr. François ROUQUE-
ROL, der Kardiologe Dr. Renaud VOLPILIÈRE zusammen mit dem Elek-

---

84 Henri JOYEUX / René LAURENTIN: Etudes médicales et scientifiques sur les appari-
tions de Medjugorje. O. E. I. L. 1985

troingenieur M. René DUBOIS-CHABERT, eine medizinisch-wissenschaftliche Studie an den 5 Sehern durchgeführt. Die Beobachtungen, Experimente und Aufnahmen wurden vor, während und sofort nach kurzen Ekstasen von 60 bis 120 Sekunden Dauer gemacht.

Die klinischen und paraklinischen Befunde, die Elektroenzephalogramme und Elektrokardiogramme, die Elektrookularogramme, die Hörtests, die Tests der Kehlkopfbewegungen und die Filmaufzeichnungen ermöglichten der Medizinergruppe aus Montpellier, ein umfassendes Gutachten zu erstellen – es ist das erste dieser Art – und ermöglicht präzise Schlußfolgerungen.

Während der *Ekstasen* kommt es zu einer Unterbindung der äußeren *motorischen* und *sensorischen* Wege: Die *Augenbewegungen* hören auf, die reflexhafte Lidbewegung, ob spontan oder provoziert, ist unterbrochen oder verringert, der Pupillenreflex bleibt erhalten.

Wird eine Tafel vor ihre Augen gehalten, so wird diese nicht gesehen, die *Vision* aber nicht unterbrochen.

Die *Kehlkopfbewegungen* hören auf, wobei die Sprechfähigkeit aber erhalten bleibt. Betäubte man Ivans linkes Ohr, so reagierte das rechte nicht einmal auf einen Stimulus von 90 Dezibel. Während sie der Außenwelt gegenüber taub sind, hören sie die weibliche Stimme der «Erscheinung».

Die *Ekstasen* und *Wahrnehmungen* der Seher treten ganz synchron auf, so daß sie offensichtlich alle dasselbe Objekt wahrnehmen:

Das Aufhören der Augen- und Kehlkopfbewegungen und ihr gemeinsamer Wiederbeginn erfolgen exakt im selben Moment. Der Blick aller geht in dieselbe Richtung; wenn die Erscheinung entschwindet, erheben alle gleichzeitig die Augen und den Kopf.

Vor und nach den Ekstasen sind alle Versuchspersonen absolut normal, sowohl physiologisch als auch psychologisch.

Während der Ekstasen können Simulation, Schlaf, Traum, persönliche oder kollektive Halluzination, Epilepsie, Katalepsie, individuelle oder kollektive Hysterie, Neurose und pathologische Ekstasen ausgeschlossen werden.[85]

Es handelt sich in der Tat nicht um einen dieser Zustände, die man «bei pathologischen Mystikern und besonders bei Mythomanen, Debilen, chronischen Deliranten und Visionären vorfindet, die im allgemei-

---

85 R. LAURENTIN / L. RUPČIĆ: Das Geschehen von Medjugorje. Eine Untersuchung. - Graz / Wien / Köln: Styria 1985

nen von religiös und erotisch gemischten Wahnvorstellungen ausgehen.» Solche Ekstasen «sind mit Anfällen von Eksaltationen und lüsterner Erregung verbunden und bleiben in ihrer pragmatischen Aktivität absolut steril. Es scheint sich hierbei um einen Kompensationsprozeß zu handeln, der einer instinktiven oder affektiven Unzufriedenheit entspricht.»[86]

Dennoch betrifft diese motorische und sensorische «Abschirmung», die die Seher teilweise *aus der Welt* nimmt, ohne sie in irgendeiner Hinsicht *außer sich* zu bringen, nur *drei* sensorisch aktive Sinne:[87] die *Augenfunktion* und das *Sehvermögen*, das *Gehör* und die *Stimmbildung* sowie die *Schmerzreaktion* auf einen tiefen, bis zur Blutung führenden Nadelstich oberhalb des linken Schulterblattes von Vicka.[88]

Wenn es stimmt, daß es sich um keine *Halluzination* handelt, muß man auch anerkennen, daß «das wahrgenommene» Objekt eine sehr eigenartig *erscheinende Person* ist: *Vision* oder *Erscheinung?* Subjektive oder objektive Wahrnehmung?

An dieser Stelle sollte die Unterscheidung zwischen objektiv und subjektiv diskutiert werden, denn so, wie Pater René LAURENTIN bemerkt, sind «subjektiv und objektiv wie die Licht- und Schattenseite des Bewußtseins.»[89]

Die *Vision* scheint, vom objektiv menschlichen Standpunkt aus, im Verhältnis zur *Luzidität* und zur Hypnoblepsie *extraluzidär* auf einer höheren Ebene zu liegen. Ich würde jedoch Seher lieber als *Hyperluzide* denn als Ekstatiker bezeichnen, gebe aber zu, daß ihre Trance bis zu den geöffneten Toren der Ekstase reicht. Denn die eigentliche Ekstase ist mit einer Verlangsamung der Lebensfunktionen, d. h. mit einer mehr oder weniger ausgeprägten Biokömese verbunden. Die Medizin beschreibt dies als einen «vom physischen Standpunkt aus durch beinahe vollständige Unbeweglichkeit gekennzeichneten Zustand mit einer Verminderung aller Beziehungs-, Zirkulations- und Atemfunk-

86 Th. KAMMERER: Extase, in: Dr. POROT: Manuel de psychiatrie
87 Vgl. Henri DARAN: A propos de l'interaction sensori-active, Réflexions et suggestions. - Medizinische Dissertation, Paris VII, 3. Juni 1980; Interaction sensori-active. Revue métapsychique 15 (1981) 3, S. 25 – 30; Structure de la perception et métapsychique. Ebenda, 16 (1982), S. 51 – 55
88 Test de l'abbé Nicolas BULAT, 2 juin 1984, in: Henri JOYEUX / René LAURENTIN: Etudes médicales et scientifiques, S. 26 – 27
89 René LAURENTIN, ebenda, S. 48

tionen.»[90] Pierre JANET bezeichnet die Ekstase vom affektiven Standpunkt aus als «ein Glücksgefühl voll unsagbarer Freude, die sich auf alle geistigen Vorgänge erstreckt und die man als absolut charakteristisch für diesen Zustand betrachten kann.»[91]

Wir haben schon an anderer Stelle darauf hingewiesen, wie wichtig es wäre, Studien über die Abkühlung des Körpers von Ekstatikern zu machen, die diesen «verlassen». Ebenso sollte die Biokömese der großen stigmatisierten Ekstatiker der katholischen westlichen Welt untersucht werden, deren *Hämorraghien* vielleicht die visionären Fähigkeiten in Zeit und Raum verstärken und sie zuweilen bis zu den Pforten der Agonie, des Scheintodes, der *Biostase* führen.

3. Biostase und Psychostase

Wir kennen die Definition der *mystischen Ekstase* von Emile *Boutroux*: «Ein Zustand, in dem jede Kommunikation mit der Außenwelt unterbrochen ist. Die Seele hat das Gefühl, mit einem inneren Gegenüber in Verbindung zu stehen, einem vollkommenen unendlichen Wesen, mit Gott... Die Ekstase ist die Vereinigung des Lebewesens mit seinem Gegenstand. Es gibt keinen Vermittler mehr zwischen beiden. Die Seele sieht es, berührt es, besitzt es, sie ist in ihm, sie ist es. Es ist nicht mehr der Glaube, der glaubt ohne zu sehen, es ist mehr als die Wissenschaft selbst, die das Sein nur in seiner Idee begreift: es ist eine vollkommene Vereinigung, in der die Seele ihre volle Existenz erfährt; dadurch verschenkt sie sich und verzichtet auf sich selbst, denn derjenige, dem sie sich schenkt, ist das Sein und das Leben selbst.»[92] Diese Identifikation mit dem Gegenstand ihrer Liebe macht aus den großen stigmatisierten Ekstatikern Ebenbilder der Passion Jesu: es ist die Macht ihres Mitleidens, die an ihrem eigenen Leib diese schmerzhaften Züge seiner Kreuzigung und seines Todes zum Ausdruck bringt.

In *Indien* erleiden manchmal große, nicht stigmatisierte Ekstatiker starke Durchblutungen, wobei sie Blut schwitzen, wie dies bei *Ramakrishna* geschah: «Kleine Blutstropfen glänzten auf seiner Haut. Sein

---

90 André LALANDE: Extase, in: Vocabulaire technique et critique de la philosophie. - Presses Universitaires de France, Paris 1947, Extase, S. 316 – 317

91 Pierre JANET: Une extatique. - Bull. Inst. psychol., 1901, S. 229 – 230

92 Emile BOUTROUX: Le mysticisme. - Bull. Inst. psychol., 1902, S. 15 u. 17

ganzer Körper war feurig.»[93] Als er dann Visionen hatte, entwickelten sich diese in drei Etappen: «zuerst nahm er sie nach außen wahr, dann verschwanden sie in ihm, schließlich war er sie.»[94]

Im Gegensatz zu diesem dramatischen Mitleiden, diesen Imitationen und Identifikationen, die absolut nicht erholsam sind, vertiefen sich die *Hesychasten* durch die Philokalie, das *Herzensgebet* im Namen Jesu, in eine Lebensweise[95] zur Pflege des Schweigens, des Denkens für die unverletzbare Ruhe des Herzens, das immerwährende Gedenken Gottes, die Hesychia oder die Ruhe, deren Ziel das Reich Gottes ist.[96]

Gaston BARDET, der diese Hesychia bei zeitgenössischen Mystikern untersuchte, kam die Idee, den Physiker Alphonse GAY zu bitten, an drei Hesychasten während des Chorgebetes mikroplethysmographische Aufzeichnungen zu machen. Die *Mikroplethysmographie* ist die mechanische Aufzeichnung des Pulses auf Kapillarniveau und wurde von Dr. Roger VITTOZ zur Messung der Empfindungen entwickelt, die er bei der Auflegung seiner Hand auf die Stirn seiner Patienten empfand.[97] Inzwischen ist die Mirkoplethysmographie durch die *Mikroplethysmoskopie* im Labor des Centre Hospitalier et Scientifique in Selins, einem psychiatrischen Krankenhaus bei Lyon, verbessert und vervollständigt worden.[98]

Die Mikroplethysmogramme der Mystiker haben gezeigt, daß zwischen normalen Personen und psychisch Kranken Unterschiede bestehen. Die Kurven betender Mystiker sind mit jenen pathologischer Zustände unvereinbar. Bei Versuchspersonen, deren Seele sich auf die geistige Ebene erhob, in eine «rein passive, übernatürliche Kontemplation, bei der das Psychische hinter das Geistige zurücktritt», stellten die Kurven, die den Frieden, die Geduld und Gleichmütigkeit aufzeigten, einen völligen Gegensatz zu jenen aktiver imaginärer Zustände oder der natürlichen Betrachtung dar und vor allem zu jenen der Unruhigen, Nervösen und insbesondere der psychisch Kranken.»[99]

93 Romain ROLLAND: La vie de Ramakrishna, S. 49

94 Derselbe, ebenda, S. 50, Anm. 2

95 Jean CLIMAQUE: L'échelle sainte. Vingt-septième degré: De la sainte Hésichia du corps et de l'âme

96 Georges PEGAND: La neurocybernétique du comportement humain à la lumière du silence de la pensée de l'hésychasme. - Science et Conscience, S. 413 – 430

97 Roger VITTOZ: Traitement des psychonévroses par la rééducation du con .rôle cérébral. - Paris: Baillière 1907, 10. Aufl., S. 35 – 36

98 69360 Saint Symphorien d'Ozon. France

Drei Jahre zuvor, um 1950, hatte Dr. Thérèse BROSSE den Yogi L. S. *Rao* aus Tumkur nach Selins kommen lassen. Die Länge einer normalen Welle des Mikroplethysmogrammes einer entspannten, ruhenden Versuchsperson liegt bei 70 bis 80 mm auf einem Aufzeichungsband, das mit einer Geschwindigkeit von 15 mm / sec läuft. Die des Yogi *Rao* erreichte eine Länge von 1800 mm, als er seinen eigenen Angaben nach folgendes erlebte: «Nachdem ich den Körper von seinem inneren Staub gereinigt, ...mich selbst so weit vergessen hatte, daß ich nicht mehr in Begriffen von Ich, Er, Sie usw. dachte, ...mich dann mit dem Wasser verglich, das die Form des gesamten Gefäßes annimmt, das es aufnimmt, erreichte ich den Zustand, von dem aus ich die Universalität der menschlichen Gemeinschaft in der Liebe betrachtete.»[100]

Der Yogi *Rao* beschrieb so auf seine Weise ganz genau diesen Zustand der Rezeptivität, den Roger VITTOZ[101] in der Psychotherapie entfalten möchte und dessen Feinheit Alphonse GAY präzisiert, indem er sagt, daß sie nicht passiv sein darf, sondern *durch Teilnahme* aktiv sein muß. Diese Teilnahme darf jedoch nicht darin bestehen, empfangen zu wollen, sondern Empfangen anzunehmen.[102] Wenn es also nicht mehr darum geht, etwas rein Menschliches oder Kosmisches zu empfangen, sondern vielmehr um das Empfangen des Lichtes des Geistes Gottes, der sich der Seele mitteilt, so erlebt die Seele eine Anagoge, – griechisch: *anagogé*, – eine Erhebung, d. h. eine Entführung oder eine Entrückung in die mystische Kontemplation. So «versank die *Hl. Teresa* – wie ihr Biograph *Flech* berichtet – durch Entzückungen und Ekstasen in die Betrachtung der Unendlichkeit Gottes, wobei ihr Körper in Schwebe und unbeweglich blieb.[103] In diesem Fall ist es schwierig zu sagen, welche Wellenlänge das Mikroplethysmogramm der Hl. Teresa von Avila gehabt hätte. Man kann sich aber vorstellen, daß während dieser Betrachtung der Unendlichkeit Gottes, die durch ihre Unendlichkeit die Universalität der Brüderlichkeit des Menschen in der Liebe überstieg, diese Länge unendlich geworden wäre, d. h. flach als Zeichen einer vollkommenen Biostase.

99 Gaston BARDET: Je dors mais mon coeur veille. Librairie d'art ancien et moderne. Paris, S. 408 – 425

100 Marguerite et Alphonse GAY: Manifestation et psychothérapie de Vittoz, S. 6 (unveröffentlicht)

101 Dieselben, ebenda, S. 503 – 505

102 Dieselben, ebenda, S. 269 – 270

103 FLECH: Panégyrique de sainte Thérèse. Littré

Oscar Vladislas von LUBICZ MILOSZ brachte uns auf diesen Gedanken, indem er 1916 den Körper, den Raum und die Zeit als drei Bewe-
gungskomponenten beschrieb und erklärte, daß – wenn wir die Vorstellung einer einzigen Unendlichkeit annehmen – «die Unendlichkeit
sich unserem Verstand in all ihrer erschreckenden Majestät der *absoluten Ruhe* zeigt.»[104] Die Seele hat als Spiegel des Ganzen keinen
Wunsch mehr und keinen Grund, etwas zu «werden», und auch keinen
Antrieb, etwas zu ändern. In der *Psychostase* genießt sie die Betrachtung des *Pleroma*, d. h. einer umfassenden Informationsfülle, die das
vermittelt, was die heutige Physik als Maximum an Negentropie oder
Syntropie bezeichnen würde. Es ist weder diese oder jene senso-
motorische oder moto-sensorische Funktion noch ihre Gemeinsamkeit,
die sich von der Außenwelt isoliert, sondern der ganze Körper wie ein
abgeschlossenes System. Unter diesen Bedingungen befindet er sich
durch Erreichen seiner maximalen Syntropie im stabilen Gleichgewicht, wenn man auf ihn das zweite Prinzip der klassischen Thermodynamik oder das *Carnot*-Prinzip anwendet.

Der Physiker Charles-Eugène GUYE vermutete, daß *«ein lebender Organismus einer solchen Bedingung nicht genügen könnte*; in einem solchen Fall wäre alles entspannt und *im Gleichgewicht*; der Organismus
wäre wie tot, ohne jedoch zu verwesen.»[105] Beim *Transit von der Biostase zur Psychostase* geschieht aber genau dies: Körper und Seele
sind an der Schwelle der «gefährlichen Tür, die zum Abgrund des Absoluten», zur «Tiefe der Kontemplation» und der «beängstigenden Majestät der *absoluten Ruhe*» führt.

IV. DIE GLÜCKSELIGKEIT

Wie der *hypnotische Transit* von den Schatten des Schlafes zum Licht
des Wachzustandes und der *hypnobleptische Transit* vom hypnotischen
Schlaf zur Luzidität führt, so verstärkt die *Biokömese* die *Ekstase* und
so begleitet die Biostase die *Psychostase*. Ebenso zeigen all diese her-

---

104 O. V. de L. MILOSZ: Ars Magna, I: Epitre à Storge, S. 21
105 Charles-Eugène GUYE: L'évolution physico-chimique. - Paris: Hermann 1942, S.
157

metischen Transite einerseits die tiefe Solidarität zwischen somati-
schem Verhalten und psychischen Phänomenen, andererseits wie die
Informationsquellen von den «Tiefen» zu den «Höhen» geleitet werden
können.

Durch das Wachbewußtsein können wir die objektive Welt wahrnehmen und die Subjektivität einer anderen Person empfinden, so wie
sich diese in das Wahrnehmungsfeld unserer äußeren Sinne begeben
sowie nach Ausmaß unserer normalen Intuition. Wir haben gesehen,
– daß die *Luzidität* diesen Bereich und dieses Ausmaß übersteigt, da
sie die Wahrnehmung von uns entfernten Gegenständen und Personen
in Raum, Zeit und Bewegung ermöglicht;
– daß die *Ekstase* die Exteriorisation dieser Wahrnehmungen ohne bekannte Grenzen bewirken kann, solange die Ausschaltung der äußeren
Sinne bei Reizung der inneren Sinne und des Gemeinsinnes die Betrachtung der Visionen, die als «Erscheinungen» wahrgenommen werden, bestimmt;
– daß die *Psychostase* durch völlige Absonderung des Mikrokosmos
ihre Wahrnehmungsfähigkeit auf Dimensionen des Makrokosmos, mit
dem sie sich in einem unbeweglichen Gleichgewicht befindet, auszudehnen und zum Geheimnis der Unendlichkeit zu erheben scheint.
Tatsächlich brachten jene, die zurückkehrten, die Erinnerung an eine
«ozeanische Vision»[106] oder an eine Vision des «Jenseits», an einen
Kontakt mit geistigen Wesen, an eine Kommunikation mit einem Wesen von überströmendem Licht mit, das «ganz Liebe und ganz Wahrheit» ist[107]

Für die einen ist dies eine reine Einbildung: es gibt kein echtes Jenseits, sondern nur eine Illusion, um uns die Schrecken des Nichts zu
verbergen. Für andere eröffnet die Psychostase das Tor zur Glückseligkeit. Die *Glückseligkeit* ist die optimistische Antwort auf den Pessimismus Arthur SCHOPENHAUERs, da sie der «*Psyche*», der leidenden Seele, die Welt des «*Pneuma*», des tröstenden Geistes schenkt. Sie ist auch
die größte Möglichkeit des Wohlwollens, das man sich denken kann.
Beim Versuch, uns über die Glückseligkeit eine Vorstellung zu machen, müssen wir uns mit dem Problem einer möglichen Verwirklichung des großen hermetischen Transits befassen, der die *Thanatose*

---

106 Romain ROLLAND: La vie de Ramakrishna. - Paris: Stock 1930
107 R. MOODY: La vie après la vie. - Paris: Laffont 1977

mit der *Glückseligkeit* verbindet. Beim Versuch, die *Bedingungen* des volllkommenen Glücks zu begreifen, müssen wir einige Sätze aus dem *Apostolischen Glaubensbekenntnis* untersuchen in ihrer Beziehung zu dem, was wir von der Wirklichkeit zu erfassen glauben.

1. Chance, Glück und Glückseligkeit

Da wir dem Spiel des *Zufalls* und der Notwendigkeit ausgeliefert sind, können wir uns letzterem nur unterwerfen, indem wir uns bemühen, das Bestmögliche aus all dem zu ziehen, was unsicher ist, «auf Glück hin vorauszuschreiten», «alles zu riskieren» und «unserem Glück nachzulaufen»;[108] aus diesem Grunde zog STENDHAL jeden Morgen aus, «sein Glück zu jagen».

Das französische Wort «hasard» kommt vom arabischen *az-zahr*, «der Würfel», vom spanischen *azar*, «Zufall», und dem französischen Wort *hasart*, dem Namen eines Würfelspiels, das im Mittelalter verwendet wurde. Das Wort *Chance* stammt vom lateinischen *cadere*, «fallen», und von dem aus dem 12. Jahrhundert stammenden französischen Ausdruck *chéance*, der Art und Weise, wie die Würfel fallen.

Die *Chance*, «die Art zu fallen», kann sich drehen wie das Glücksrad und Gewinn oder Verlust, gutes oder schlechtes Los, Glück oder Unglück bedeuten. Das Wort *heur*, vom lateinischen *augurium*, «Weissagung», bedeutet im Französischen *glücklicher* oder *unglücklicher Zufall*. Heute noch spricht der Franzose von einem «glücklichen Zufall», um ein ungewisses Ereignis zu bezeichnen, das zur rechten Zeit eintrifft, um sein Glück zu bringen. Für den Engländer ist alles, was sich «zufällig ereignen kann» eine «gute Chance» (*good luck*) und verhilft ihm zum Glück (*happiness*). Ein deutscher ist glücklich, wenn ihm etwas gelingt.

Diese Arten des Glücks sind jedoch abhängig von zufälligen Begebenheiten und deshalb unbeständig, zerbrechlich und flüchtig. Sie bilden die *eutychia* (glücklicher Zufall) des ARISTOTELES, was man als «kleines Glück» bezeichnen könnte. Er unterscheidet *eutychia* von *eudaimonia* (Glückseligkeit), dem Zustand vollkommener Zufriedenheit, der das ganze Bewußtsein mit großem Glück erfüllt. Dieses ist

---

108 «au petit bonheur la chance», tenter notre chance», courir notre chance» sind gängige Redewendungen im Französischen.

aber immer noch nichts anderes als zeitliches Glück, gleich den Empfindungen, die es wahrnehmen, und den Gefühlen, die es verspüren.

Demgegenüber ist das *Glück* (das KANT als *Glückseligkeit* bezeichnet) «*die Befriedigung aller unserer Neigungen* (sowohl extensiv, der
Mannigfaltigkeit derselben, als auch intensiv, dem Grade, als auch protensiv, der Dauer nach).»[109]

Allein dieser beständige und erworbene Glückszustand verdient den
Namen Glückseligkeit. Da die effektive Glückseligkeit psychologischer
Natur ist, scheint die Glückseligkeit als ein unerreichbares oder geistiges Ideal vorstellbar oder begreiflich zu sein, als Gegenstand der Kontemplation, «die den gesamten Menschen in die überwältigende Vision
einbezieht, die ihm verheißen ist und die er mit seinem ganzen Sein
gleichzeitig fürchtet und ersehnt.»[110]

Maurice BLONDEL sagt, daß dieser Ausdruck «sich auf das höhere
oder zukünftige Leben bezieht und das Eingreifen Gottes oder das Eingehen in den göttlichen Besitz beinhaltet. Die Glückseligkeit scheint
also weniger die Befriedigung unserer derzeitigen Neigungen als das
transzendente oder göttliche Wesen in uns zu sein.»[111]

2. Der dreiundsiebzigste Transit

Wenn das *Glück* psychologischer Natur Auswirkungen hat, so stellt
sich die Frage, ob die *Glückseligkeit* in ihrem geistigen Wesen nicht als
unerreichbares Ideal gesehen werden muß, oder ob sie nicht ebenfalls
wirksam werden kann. Damit nähern wir uns der Schwelle des Absoluten, die von RAMAKRISHNA und SUARES als «gefährlich» und von
MILOSZ als «erschreckend» bezeichnet wurde, so, als ob die Versuchsperson «in einem Abgrund versinken» müßte.

Tatsächlich führt diese Schwelle von den *reversiblen* Ebenen zu den
irreversiblen: In der Tiefe führt sie von der *Biostase*, dem suspendierten Leben oder Scheintod, zur *Thanatose*, dem suspendierten Tod oder

109 Immanuel KANT: Kritik der reinen Vernunft. Zweites Hauptstück der Transzendentalen Methodenlehre; Zweiter Abschnitt des Kanons der Reinen Vernunft. Text der
Ausgabe von 1781. - Köln: Atlas, o. J., S. 461 Abschn.

110 André SUARES: Trois hommes, Dostoievski, IV, S. 226

111 André LALANDE: Béatitude, in: Vocabulaire technique et critique de la philosophie. - Presses Universitaires de France, Paris 1947, Béatitude, S. 105 – 106

dem scheinbaren organischen Leben. In der Höhe führt sie von der *Psychostase* zur *Glückseligkeit*. Irreversibilität macht diese beiden Transite so furchtbar.

Deshalb wird der hermetische Transit, der die Thanatose mit der Glückseligkeit verbinden soll, auf unserem Schema der Transite (Abb. 5) nur in einer unterbrochenen Linie (Nr. 73) dargestellt.

Wir haben gesagt, daß in der biostasischen Psychostase, die MILOSZ die *Absolute Ruhe*[112] nennt, sich die Seele der Kontemplation des *Pleroma* erfreut, der Gesamtheit der unendlichen Information, die echte überwältigende Wahrheit ist.

In der *thanatosischen Glückseligkeit* teilt sich das Pleroma als Kontemplationsgegenstand dem Menschen mit. Man kann nicht mehr sagen, daß er sich in Ekstase, «außer sich», befindet, sondern man muß seinen Zustand vielmehr als «*Instase*» bezeichnen. Diese vollständige Information wird ihm vom *Logos* mitgeteilt, der die Totalität der unendlichen Information ist und der sich verströmenden Liebe, wie das Licht-Wesen, das die Patienten Dr. MOODYs sahen.[113]

Dank dieser unendlichen Mitteilung des unendlichen Wissens ist der Mensch dazu berufen, an der göttlichen Allmacht teilzunehmen, die das Prinzip alles Guten ist.[114]

Daß die Seele durch die göttliche Gnade mit dem göttlichen Geist in Verbindung tritt, ist für uns ein Geheimnis, daß aber der Körper in der Thanatose verbleibt, erscheint uns jedweder vernünftigen Grundlage zu entbehren, weil er in diesem Zustand früher oder später verwesen muß. Da er nämlich nicht wiederbelebt werden kann, muß er früher oder später entweder zerfallen oder sich umwandeln. Die Natur zeigt uns jedoch durch die Entomologie (Insektenkunde) der Metamorphose den analogen Weg der Anthropologie der Auferstehung.[115]

Eines Tages sagte mir jemand, daß ich «nicht an die Auferstehung glaube». In Wirklichkeit hatte ich erklärt, daß die Auferstehung nur ein *Wunder* sein könne, weil der sterbende Körper den Endpunkt des thermodynamischen Ausgleiches erreiche, d. h. das Maximum der En-

112 O. V. de L. MILOSZ: Ars Magna

113 R. MOODY: La vie après la vie

114 Vgl. Hubert LARCHER: Information, Kommunikation und Aktion bei den paranormalen und supranormalen Heilungen. In: Paranormale Heilung (Imago Mundi Bd. 6), Innsbruck: Resch Verlag 1977, S. 625 – 642

115 Jean GUITTON: Philosophie de la résurrection. In: Oeuvres complètes. Philosophie. - Desclée de Brouwer 1978, S. 796 – 799

tropie. Ich fügte sofort die Wunder-Definition bei, die mir der Mathematiker und Physiker Jean HELY gegeben hatte:

Das Unwahrscheinliche ist nicht unmöglich. Das unendlich Unwahrscheinliche ist nicht unmöglich. Diese unendliche Unwahrscheinlichkeit ist einer unendlichen Macht vorbehalten.

Man kann an die Gnade und an das Wunder der Auferstehung glauben oder nicht, und wenn man daran zweifelt, kann man der Regel der Wette PASCALs folgen.

Die Verneinung, der Zweifel oder die Bejahung reichen jedoch als philosophische und religiöse Haltungen nicht aus, um uns über den Transit der Metamorphose des physischen Körpers in den verklärten Körper, die *pneumatische Mutation*, aufzuklären. Diesbezüglich müssen wir uns in die drei Aussagen des Apostolischen Glaubensbekenntnisses vertiefen: die *Gemeinschaft der Heiligen*, die *Auferstehung des Leibes* und das *ewige Leben*.

3. Das Apostolische Glaubensbekenntnis und der mystische Realismus

a) Die Gemeinschaft der Heiligen

Die *Gemeinschaft der Heiligen* kann nicht ohne das Licht der Ewigkeit verstanden werden, so unerreichbar uns dieses auch erscheinen mag.

Wir beten im Glaubensbekenntnis: *Ich glaube an Gott, den allmächtigen Vater... und an Jesus Christus, seinen eingeborenen Sohn... Ich glaube an den Heiligen Geist.* Dabei werden die drei göttlichen Personen so voneinander unterschieden, daß es Mohammedanern sehr schwer fällt, an den christlichen Monotheismus zu glauben. Und dennoch bestätigt das Kreuzzeichen: *Im Namen des Vaters, des Sohnes und des Heiligen Geistes*, bei dem nicht gesagt wird: «wie sie waren...», sondern «...wie es war *am Anfang, jetzt und alle Zeit, und in Ewigkeit*» durch den Singular, daß die drei Personen ein *einziger* und *gleicher Gott* sind.

Die *Zen-Meister* stellen ihren Schülern *koan*, d. h. für ihren Verstand anscheinend unlösbare Meditationsthemen. Das größte *koan* innerhalb der christlichen Meditation scheint das Geheimnis der Heiligsten Dreifaltigkeit zu sein. Wenn wir uns aber an die Definition der

Unendlichkeit von Richard DEDEKIND erinnern: *Wenn in einem endlichen Bereich ein Teil kleiner ist als das Ganze, so werden sie im unendlichen Bereich isomorph*[116], dann kann man die drei Personen als isomorph betrachten, da sie jeweils Teil der anderen sind und die beiden
anderen durch ihre unendliche Ganzheit vollkommen erfüllen. Da es
sich hier aber nicht um Mathematik oder Geometrie, sondern um Personen handelt, sollte man unbedingt hinzufügen, daß ihr Isomorphis-
mus keinesfalls der Tatsache entgegensteht, daß sie drei verschiedene
Personen sind, obwohl keine von ihnen unendlich sein kann, ohne die
beiden anderen in sich zu vereinen; denn sonst wären sie nicht mehr
unendlich, nicht mehr sie selbst, also nicht mehr der *Dreieinige Gott*.

Da die unendliche Information des *Pleroma* und das Handeln des
Allmächtigen den großen Transit der *Kommunikation des Logos* an die
menschliche Natur verwirklicht, kann das Geheimnis der Menschwerdung des Wortes in keiner Weise die göttliche Natur, die Menschenge-
stalt annimmt, verringern. Deshalb war es logisch, auf dem Konzil von
Ephesus im Jahre 431 zu verkünden, daß Maria Mutter des menschgewordenen Wortes *theotokos*, d. h. Mutter Gottes, sei.

Auf Ikonen wird sie als *Theotokos* mit Jesus Christus, dem menschgewordenen Wort, dargestellt. Die Ikonen der Dormitio zeigen Christus, der sie in Herrlichkeit aufnimmt. Die Bilder der Krönung der
Mutter Gottes zeigen sie in ihrer dreifachen Beziehung als Tochter,
Braut und Mutter, vollständig einbezogen in die Heiligste Dreifaltigkeit, was besagt, daß sie vollkommen an ihr teilhat, *wie der Teil eines
unendlichen Ganzen*, wobei sie aber ihre Eigenschaft einer abgehobe-
nen Person bewahrt. Durch ihre Teilhabe an der Herrlichkeit des mystischen Leibes ist sie das Beispiel für alle Menschen, die berufen sind,
ihrerseits in dieses unendliche Heil einzugehen.

Wenn wir also alle Kommunikationsphänomene und intrahumanen,
interhumanen oder transpersonalen Teilhaben von dem schweren Tri-
but unterscheiden, den sie als Preis an die psychosomatische und mentale Pathologie zahlen, so können wir verstehen, daß sie ihren wahren,
höheren Sinn nur finden, wenn wir sie in Beziehung zu diesem unendlichen Ganzen setzen, durch das jeder Mensch seine Vollendung erreicht, indem er allen anderen gegenüber isomorph wird: jeder ist in
allen und alle sind in jedem, sobald sie alle in Gott sind. Besser als eine

---

116 Vgl. Hubert LARCHER: Information, Kommunikation und Aktion. In: Paranormale
Heilung, S. 635 – 642

Kommunikation, Partizipation oder gemeinsame endliche Einheit ist die Gemeinschaft der Heiligen in der Glückseligkeit.

b) Die Auferstehung des Leibes

Die Auferstehung des Leibes betont einerseits eine psychosomatische Einheit der menschlichen Person, da der Leib anscheinend an der Glückseligkeit teilhaben soll, andererseits aber beinhaltet sie die Metamorphose des Leibes, weil es sich nicht um eine Wiederbelebung handeln kann, – auch nicht durch ein Wunder, wie bei Lazarus, – sondern um eine Umwandlung des physischen Körpers in einen verklärten Leib.

Natürlich erscheint ein solcher Transit von der Thanatose zur Glückseligkeit ebenso unwahrscheinlich wie es schwierig ist, dies zu glauben. Deshalb fliehen viele unserer Zeitgenossen, die zwischen diesen Schwierigkeiten und der Vernichtungsangst hin und her gerissen sind, zu Auffassungen zurück, die verglichen mit der *Auferstehung*, archaisch zu nennen sind, wie z. B. zur *Reinkarnation* oder sogar zur *Seelenwanderung*, ohne dabei zu bemerken, daß sie sich damit an jenes Rad des Karma ketten, von dem sich die Mystiker des Ostens zu lösen suchen.

Wir müssen jedoch auch das Bemühen der Betrachtung dieses Kriteriums der Unendlichkeit würdigen, das unsere Welt von jener des Geistes unterscheidet.

Wenn wir die Pfeile, die aus entgegengesetzter Richtung die Irreversibilität der Thanatose und der Glückseligkeit anzeigen, bis ins Unendliche verlängern könnten, würden wir sehen, daß sich die beiden Extreme dort berühren. Man müßte sich das so vorstellen, als wenn das Doppelschema der Transite wie die Oberfläche eines Zylinders gebogen wäre, *hinter dem* sich die Enden der gestrichelten Linie des 73. Transites vereinigten; da jedoch der Durchmesser unendlich wäre, ist der Zylinder nicht darstellbar.

Es handelt sich hier aber nicht um ein einfaches raumgeometrisches Problem, sondern um die Möglichkeit, den großen, durch die Menschwerdung möglich gewordenen Transit *der Mitwirkung der menschlichen Natur am Logos darzustellen.*

Tatsächlich hat die Einheit von göttlicher und menschlicher Natur in einer einzigen Person, nämlich in jener Jesu Christi, *der gestorben*

ist, begraben wurde, hinabgestiegen ist in das Reich des Todes, am drit-
ten Tage wieder auferstanden und aufgefahren in den Himmel, diese
Metamorphose, diese allerletzte Umwandlung des Menschensohnes
verwirklicht, die für die ganze Schöpfung von Bedeutung sein sollte.
Die weibliche Ergänzung dazu ist die Aufnahme Mariens in den Himmel, nach einer *Dormitio* als Erwartung einer direkten Auferstehung
ohne organischen Tod.

In der dogmatischen Verkündigung dieser Aufnahme in den Himmel
durch Pius XII. am 1. November 1950 wird in keiner Weise vom Tod
gesprochen, sondern deutlich erklärt, daß die selige Jungfrau Maria,
«nachdem sie ihr irdisches Leben beendet hatte, mit Leib und Seele in die
himmlische Herrlichkeit aufgenommen wurde.»

Wie aber soll man sich eine Auferstehung verwester Körper aus ihren Gräbern vorstellen? Es ist anzunehmen, daß die schon in diesem
Leben vergängliche Materie von Körper und Blut nur zufällig der Form
und der substantiellen Struktur dient und daß im platonischen Sinne
die *Idee* dieser Form und Struktur, die ebenfalls vergänglich ist, wie
ein Plan, ein genetisches Engramm-Programm, ein Überlebenskeim,
eine Erinnerung, erhalten bleibt.

Die philosophische Anatomie, das Erforschen der Analogien der
Strukturgesetze, zeigt uns, daß jede Zelle das gesamte genetische Programm des Organismus enthält, dem sie angehört. Aufgrund des Spiels
der Differenzierung werden die verschiedenen komplementären Teile
interdependent, d. h. jeder einzelne hängt von den anderen ab und
macht diese wiederum von sich abhängig. Schließlich laufen alle Vorgänge trotz der Anamorphosen (Umgestaltung), durch die die Zellen je
nach Lage und Funktion im Gesamtorganismus verändert werden, so
ab, als ob jede einzelne Spiegel, Zusammenfassung und Ergebnis aller
anderen wäre. Jede *ist* sie selbst, weil sie in sich die Information, die
Kommunikation und die Aktion aller anderen *hat*. Hervorzuheben ist,
daß sich in keiner der Gesamtstrukturen die einzelnen Teile selbst vertreten: das Ohr hat keine Ohren, die Hand ist ohne Hände, der Kopf
hat keinen Kopf. Dieses *holographische Prinzip des Körperaufbaus* wurde von Doktor Wilhelm SCHJELDERUP beim IMAGO MUNDI Kongreß
über «Paranormale Heilung» genauestens beschrieben.[117]

---

117 Wilhelm SCHJELDERUP: Holographische Heilmethoden. In: Paranormale Heilung
(Imago Mundi Bd. 6), Innsbruck: Resch Verlag 1977, S. 281 – 310

Beruht die *Eucharistie* nicht auf diesem holographischen Prinzip des Körperaufbaus? Durch das Mysterium der *Transsubstantiation* nimmt Jesus die Gestalt von Brot und Wein an, indem er sagt: *Dies ist mein Leib, dies ist mein Blut.* Wie klein die Teile dieses Brotes, die Tropfen dieses Weines auch sein mögen – sie enthalten Ihn doch ganz wie *Teile eines unendlichen Ganzen,* um als Heilige Kommunion jene zu ernähren, die eingeladen sind, in die Gemeinschaft der Heiligen einzutreten.

Wenn also das holographische Prinzip des Körperaufbaus und das der Eucharistie den Aufbau des mystischen Leibes nur andeuten, so werden alle Teile, die dazu bestimmt sind, sich in eine unendliche Einheit einzugliedern, sie selbst und dennoch allen anderen und dem Gesamten gegenüber isomorph, d. h. interdependent, abhängig vom Wohlwollen des andern sein[118], damit sich das Wunder am Ende der Zeiten verwirklicht, die Auferstehung des *verklärten Leibes,* der dann in die Herrlichkeit des mystischen Leibes, des kostbaren Blutes[119] und des Ewigen Lebens eingehen kann.

c) Das Ewige Leben

Da wir auf das irdische Leben ausgerichtet sind, können wir uns das *ewige Leben* nicht vorstellen, aber wir haben eine Vorahnung davon, weil wir es mit Worten beschreiben.

Die verschiedenen psychophysiologischen Ebenen und Zustände haben uns gezeigt, daß sich eine Konstante, nämlich das Bewußtsein, verändert, je mehr es, entsprechend der Höhe des Aufstiegs auf der Skala zu den höchsten Bewußtseinsebenen, erleuchtet wird. Über dem Wachzustand, der physiologisch an das Tageslicht gebunden ist, beginnt die *Luzidität* die Wahrnehmung von den Grenzen von Raum und Zeit zu befreien; die *Ekstase* befreit dann von den Bewegungseinschränkungen. Die *Psychostase* schließlich ermöglicht dem Bewußtsein, durch Raum, Zeit und Bewegung dieses Universum in sich zu verstehen. Der Übergang zur *geistigen Glückseligkeit* ermöglicht dem Bewußtsein, den strahlenden Glanz dessen zu ertragen, den der Dichter MILOSZ die «Sonne der Erinnerung»[120] nennt, diesen «blen-

---

118 griechisch: eucharisteo = danken
119 Proben haben ergeben, daß die auf dem Turiner Leichentuch abgebildeten Blutstropfen der Blutgruppe AB angehören; Pierluigi BAIMA BOLLONE: Du sang sur le Saint suaire? Quel Sang? Sur le pas de saint Paul, I, März 1983, S. 8 – 12
120 O. V. de L. MILOSZ: Ars Magna

denden Gott», der uns mit einem absoluten Bewußtsein überstrahlen würde, wenn wir ihn von Angesicht zu Angesicht schauen könnten. Er würde dann aber jegliches funktionelle Leben von uns nehmen und uns zur Unbeweglichkeit der Instase zurückführen.

Bleiben die Sinne erhalten, wenn das absolute Bewußtsein der Instase die Bewegung aufhebt? Wir haben bereits gesehen, daß in der *Ekstase* die Wahrnehmung extraokulär sein oder sich exteriorisieren kann und daß in der von Gérard CORDONNIER beschriebenen «instatischen Panoramaschau» die «äußere und perspektivische» Sicht durch eine «innere und angemessene» Wahrnehmung ersetzt wird, in der alles «gleichzeitig und von überall her» gesehen wird.[121]

Der Hl. THOMAS von Aquin sagt, daß die Unempfindlichkeit des verklärten Leibes die Tätigkeit der Sinne nicht ausschließt, sondern vervollkommnet: «Das Sehen, das Hören, der Geruchssinn, der Geschmackssinn, der Tastsinn, werden sich in der bestmöglichen und vollkommensten Weise betätigen können, mit der einzigen Ausnahme dessen, was in Beziehungen zu den Bedürfnissen des derzeitigen tierischen Lebens stünde, das für immer zur Gänze umgewandelt würde. Und so wird auch die Unempfindlichkeit des verklärten Leibes nicht der Vollkommenheit unseres Sinneslebens schaden, sondern – ganz im Gegenteil – für alle Ewigkeit glänzend und strahlend machen.»[122] So kann man verstehen, daß – nachdem die äußeren Sinne keine Bedeutung mehr haben – die inneren Sinne als Synthese aller Sinne die Vollendung des *Sensorium Hominis* (Sensorium des Menschen) in dieser vollkommenen Übereinstimmung mit dem *Sensorium Dei* (Sensorium Gottes) finden, das allein ihre hypostatische Einheit ermöglicht.[123]

In diesem Zusammenhang muß auch hervorgehoben werden, daß das absolute Bewußtsein, wenn es sensorisch ist, nur *sensorisch aktiv* sein kann.[124] Denn das Bewußtsein ist Bewußtsein des Gegenwärtigen, und das Gegenwärtige kann auf der Ebene des Wachbewußtseins, das unsere Ebene ist, nur definiert werden durch den Augenblick des Kontaktes zwischen den Informationen, die wir über die Sinne aus der Vergangenheit und durch den Ausgangspunkt der Handlungen in die Zukunft erhalten.

121 Gérard CORDONNIER: Voyance et mathématiques, Revue métapsychique (1966) 2, S. 40

122 Thomas PEGUES: Commentaire français littéral de la Somme Théologique de saint Thomas d'Aquin. XXI: La résurrection. - Paris: Téqui 1932, S. 306 – 318

123 Hubert LARCHER: Information, Kommunikation und Aktion, S. 625 – 642

Da aber die *Information* und die *Aktion* für das instatische Bewußtsein als Einheit verstanden werden, beinhaltet dieses auch alle Zeit, alle Zeiten in seiner Gegenwart: seine Gegenwart ist die Ewigkeit.[125]

So wie *Yin* und *Yang* ins Tao integriert sind, so wurden alle Dichotomien vom menschgewordenen Wort transzendiert: Objekt – Subjekt, Ursache – Ziel, Äußeres – Inneres, Sensibilität – Motorik, Vergangenheit – Zukunft. In ihm erkennen sich alle Monaden, sie *erkennen sich auf ewig im Feuer der göttlichen Liebe.*[126]*

124 Henri DARAN: A propos de l'interaction sensori-active

125 Hubert LARCHER: Conscience du présent et de l'éternité. - Védanta 18, Gretz 1970

126 Sigurd BÖHM: La temporalité dans l'anthropologie augustinienne. - Dissertation, Paris: Cerf 1984

* Für die wertvolle Mitarbeit bei der Übersetzung des schwierigen Textes gilt Barbara Viererbe ein besonderer Dank.

Dieser Bezug zur Transzendenz erfährt in der Mystik einen Bewußt-seinszustand kosmischer Religiosität und dauernder Gottverbundenheit, wie Theodor LANDSCHEIDT veranschaulicht.

In dieser Weite der Selbsterfahrung verbinden sich Fühlen, Denken und Lebenserfahrung zur alles umfassenden Weisheit. Die Weisheit trennt nicht und haftet nicht, sie erhebt sich über den Alltag und jede Form der Begrenztheit. Sie trägt die Züge des Ewigen und vermag dem Leben Sinn und Inhalt zu geben, wie Claus SCHEDL anhand der ägyptischen Ma'at und der biblischen Weisheit darlegt.

THEODOR LANDSCHEIDT

MYSTIK UND LIEBE: WURZELN DER LEBENSBEJAHUNG

I. MENSCH UND KOSMOS

1. Selbsttranszendenz und kosmisches Bewußtsein als Wurzeln menschlicher Seinsfülle

Schon vor 18 Jahrhunderten hat Mark AUREL in seinen «Selbstbetrachtungen» konstatiert: «Ich nenne die Verantwortungslosigkeit der Intellektuellen eine Pest, weit gefährlicher noch als die Verpestung der Luft, die wir atmen.» Diese Pest, die unausrottbar zu sein scheint, grassiert in unserer Zeit mit existenzgefährdender Virulenz, seit Mittelmaß-Intellektuelle, die von unfrohen linken Ideologien besessen sind, über technische Mittel verfügen, die ihnen als Minderheit die Macht geben, die wirkliche öffentliche Meinung zu unterdrücken. Louis PAUWELS[1] ist diesem Mißbrauch der Medien vehement entgegen getreten. In seinem «Manifest eines Optimisten», einer «Abrechnung mit pessimistischen Futurologen, Schwarzsehern, Untergangsphilosophen und anderen Totengräbern unserer Lebensfreude und Zukunftshoffnung» bezeichnet er es als «Infamie der schreienden Knirpse des Negativen», Menschen davon überzeugen zu wollen, sie hätten Grund, unglücklicher zu sein als ihre Vorfahren.

So kommt es nicht von ungefähr, daß der materiell verwöhnte und durch ungeistige Lustbefriedigung ausgehöhlte Medienkonsument unserer Zeit in einem Sumpf von Angst, Verzagtheit und Negativität lebt. Er wartet verzweifelt auf fremde Hilfe, die ihn aus einer Hölle befreien soll, die nur in seiner *Psyche* existiert. Dabei

---

1 Louis PAUWELS: Manifest eines Optimisten. - Bern / München: Scherz Verlag 1972

könnte er sich selbst aus dem seelischen Morast freikämpfen, wenn er seine Lebensanschauung änderte. Nach der Diagnose des Psychiaters Viktor FRANKL[2] ist ein existentielles Vakuum die Wurzel allen Übels. Nach FRANKL gehört es zum Wesen menschlichen Daseins, daß es über sich selbst hinausweist, auf einen Sinn, den es zu erfüllen gilt. Erfüllte menschliche Existenz ist charakterisiert durch ihre Selbst-Transzendenz. Je mehr es dem Menschen um zentrierte Lust geht, desto mehr vergeht sie ihm schon. Je mehr er nach Glück jagt, desto mehr verjagt er es. In Wirklichkeit ist der Mensch nicht darauf aus, glücklich zu sein. Was er tatsächlich will, ist, einen Grund hierfür zu haben. *Glück* muß erfolgen, es kann nicht unmittelbar angestrebt werden.

Selbsttranzendenz, die ein existentielles Vakuum mit Lebenssubstanz füllt, geschieht stets in der Hingabe an ein Anderes, sei dies ein Mensch, die Kunst, die Wissenschaft, eine Idee, die Natur oder die religiöse Wirklichkeit. Kennzeichen wahrer selbstvergessener Hingabe, sei dies Liebe oder ein anderer Akt der Erkenntnis, ist die beglückende Kreativität, die sie auslöst, und das sichere Gefühl, an einem sinnerfüllten Ganzen teilzuhaben. Dieses lebendige Ganze in einem scheinbar abgegrenzten Bereich ist auf eine Weise, die vielen Menschen zeitlebens verborgen bleibt, mit dem größten Ganzen verbunden: *dem Universum als Kosmos*. Die *Kreativität*, die durch Hingabe entsteht, hat stets kosmische Wurzeln. Dies gilt insbesondere für die *religiöse Hingabe*. Wo sich Religion als lebendige Wirklichkeit entfaltet, hat sie Rückbezug auf den lebendigen Kosmos. So hat der Theologe SCHLEIERMACHER die persönliche Erfahrung der Religion als «Anschauen und Erfühlen des Universums» definiert.[3]

2. Kosmische Erkenntnistheorie

Dieser existentielle Gesamtzusammenhang läßt sich umfassend nur durch eine *Kosmische Erkenntnistheorie*[4] erfassen, welche die Evolu-

2 Viktor E. FRANKL: Der Pluralismus der Wissenschaften und das Menschliche im Menschen. - In: Arthur KOESTLER / J. R. SMYTHIES: Das neue Menschenbild. - Wien / München / Zürich: Verlag Fritz Molden 1970, S. 374

3 Friedrich D. E. SCHLEIERMACHER: Über die Religion. - Aalen 1967

4 Theodor LANDSCHEIDT: Funktionen kosmischer Organismen: Schwingungen der Sonne und irdische Resonanzen. - In: Andreas RESCH: Geheime Mächte: Der Innenraum des Menschen. - Innsbruck: Resch Verlag 1984, S. 37

tion des Kosmos als Vorgeschichte jedes Individuums erkennt, sei dies eine Galaxie, eine Sonne, ein Planet, ein Mond, eine Zelle, oder ein Elementarteilchen. Die Entwicklungslinien aller kosmischen Körper und Systeme einschließlich des Menschen treffen sich im mehr als 13 Milliarden Jahre zurückliegenden Ausgangspunkt der Expansion und Evolution des Universums, den George LAMAITRE[5] sinnfällig das *kosmische Ei* genannt hat. Alle existierenden Seinsformen sind kosmische Verwandte, deren gemeinschaftlichem Ursprung vielfältige Wechselbeziehungen entsprechen, die das gesamte Universum als unvorstellbar kompliziertem Organismus erscheinen lassen, in welchem alles mit allem zusammenhängt. Die Zentren aller kosmischen Systeme sind in ähnlicher Weise wie Zellkerne Träger von weit in die Vergangenheit zurückreichender Urerfahrung, die durch morphogenetische Felder als schöpferischer Urimpuls in den kosmischen Lebensraum übertragen wird, so wie die Information des Zellkerns den Zellkörper strukturiert. Seitdem wir wissen, daß solche komplexen Funktionsnetze von Systemgesetzen beherrscht werden, deren Bedeutung sich nur erschließt, wenn das vernetzte System als Ganzheit untersucht wird, ist es hoffnungslos geworden, die Zusammenhänge im Universum rechnerisch erfassen zu wollen. So macht zum Beispiel die verschwindend geringe Gravitationskraft, die von einem winzigen Elektron am Rande des Universums ausgeht, die Bewegung irdischer Sauerstoffmoleküle schon vom 56. Zusammenstoß an unberechenbar,[6] wobei man wissen muß, daß ein Sauerstoffmolekül in der Atmosphäre während einer Sekunde milliardenfach mit anderen Molekülen zusammenprallt.

3. Kosmische Religiosität

Der bereits erwähnte Philosoph SCHLEIERMACHER, der zugleich Theologe war, hat in seinen berühmten Werken «Über die Religion» und «Der christliche Glaube» die persönliche, reale Erfahrung der Religion auf ein Existentialverhältnis zum Universum bezogen und Offenbarung als «jede ursprüngliche und neue Mitteilung des innersten Lebens des Weltalls an den Menschen» definiert.[7] Der amerikanische

5 George LEMAÎTRE: L'atome primitif. - Genf 1948

6 Uli DEKER / Harry THOMAS: Chaos-Theorie. - Bild der Wissenschaft 1 (1983) S. 73

7 Friedrich D. E. SCHLEIERMACHER: Was heißt Offenbarung. - In: Walter TRITSCH (Hrsg.): Christliche Geisteswelt. - Baden-Baden: Holle Verlag 1957, S. 320

Weise EMERSON[8] hat ähnliche Gedanken formuliert. Teilhard de CHARDINs Werk[9] ist ohne die Verknüpfung von Religion und Kosmos nicht zu denken. Für Menschen, die mit solchen Gedankengängen nicht vertraut sind, ist es eine seltsame Erscheinung, daß Wissenschaftler wie Blaise PASCAL extrem rationalistische Denker und zugleich ausgesprochene Mystiker sein können.[10] Aber *kosmische Religiosität* ist geradezu ein Kennzeichen kreativer Menschen.

Albert EINSTEINs *Selbstzeugnisse*[11] sind ein Beispiel hierfür: «Ich behaupte, daß die kosmische Religiosität die stärkste und edelste Triebfeder wissenschaftlicher Forschung ist. Nur wer die ungeheueren Anstrengungen und vor allem die Hingabe ermessen kann, ohne welche bahnbrechende wissenschaftliche Gedankenschöpfungen nicht zustande kommen, vermag die Stärke des Gefühls zu ermessen, aus dem allein solche dem unmittelbar praktischen Leben abgewandte Arbeit erwachsen kann... Nur wer sein Leben ähnlichen Zielen hingegeben hat, besitzt eine lebendige Vorstellung davon, was diese Menschen beseelt und ihnen Kraft gegeben hat, trotz unzähliger Mißerfolge dem Ziel treu zu bleiben. Es ist die kosmische Religiosität, die solche Kräfte spendet.»

Künstler, die Avantgardisten der Kreativität, waren sich dieses Zusammenhangs stets bewußt. Der Karmeliter Fra Philippo LIPPI hat ihm als Maler Ausdruck gegeben. In seinem Bild «Anbetung des Kindes und der Hl. Bernhard» (Abb. 1) ist das Haupt Gott Vaters von einer Aura von Sternen umgeben, und der Zusammenhang mit der irdischen religiösen Szene wird durch Lichtemanationen des Heiligen Geistes dargestellt.

Ludwig van BEETHOVEN hat seine kosmische Religiosität durch Musik ausgedrückt. Er hat aber auch gesagt: «Wenn ich am Abend den Himmel staunend betrachte und das Heer der ewig in seinen Grenzen schwingenden Lichtkörper, Sonnen und Erden genannt, dann schwingt

8 Ralph Waldo EMERSON: Die Allseele. - In: Manfred PÜTZ (Hrsg.): Die Natur. Ausgewählte Essays. - Stuttgart: Reclam 1982, S. 179. Helene SIEGFRIED / Hans HARTMANN: Ralph Waldo Emerson. Ein Weiser Amerikas spricht zu uns. - Hamburg: Broschek Verlag 1954, S. 41

9 Pierre Teilhard de CHARDIN: Der Mensch im Kosmos. - München: Verlag C. H. BECK 1969. Derselbe: Die menschliche Energie. - Olten: / Freiburg i. Br.: Walter Verlag 1967

10 Alwin DIEMER / Ivo FRENZEL (Hrsg.): Philosophie. Fischer Lexikon. - Frankfurt: Fischer Bücherei 1967, S. 186

11 Albert EINSTEIN: Mein Weltbild. - Berlin: Ullstein Taschenbücher Verlag 1959, S. 16 – 18

Abb. 1: Fra Filippo Lippi «Anbetung des Kindes und der Hl. Bernhard», um 1459. Gemäl-
degalerie der Stiftung Staatliche Museen, Berlin (West)

Abb. 2: Hildegard von Bingen: «DER KOSMOSMENSCH»
2. Vision des Codex Latinus 1942 «Liber divinorum operum» der
Biblioteca Statale di Lucca, mit besonderer Genehmigung

sich mein Geist über diese so vielen Millionen Meilen entfernten Gestirne hin zur Urquelle, aus der alles Erschaffene strömt, und aus der ewig neue Schöpfungen erwachsen.«[12] Hermann HESSE hat sein kosmisches Bewußtsein mit folgenden Worten ausgedrückt: «Die Zeit vergeht und die Weisheit bleibt. Sie wechselt ihre Formen, aber sie beruht zu allen Zeiten auf demselben Fundament: auf der Einordnung des Menschen in den kosmischen Rhythmus.»[13]

Mystiker haben schon immer gewußt, daß die Wirklichkeit nur als lebendige Einheit von kosmischer Dimension erfaßt werden kann, die schützend alles einhegt, was im Kosmos enthalten ist. Die hier gezeigte mittelalterliche Vision der *Hildegard* von Bingen (Abb. 2), Teil ihres «Liber divinorum operum simplicis hominis»[14], ist ein beeindruckendes Beispiel. In ihrer Schrift «Die göttlichen Werke»[15] hat sie auch mit Worten die parallele Entwicklung von Sein und Werden im Mikrokosmos und Makrokosmos dargestellt. Diese Gedanken kehren in moderner Form in der von Ludwig von BERTALANFFY begründeten Systemtheorie[16] und in dem Werk von Erich JANTSCH[17] wieder. Eindrucksvoll ist die mystische Lyrik der *Hildegard* von Bingen:

> Alles durchdringst Du,
>
> die Höhen,
>
> die Tiefen
>
> und jeglichen Abgrund.
>
> Du bauest und bindest alles.

12 Heinrich TIECK: Holde Musik. Gesammelte Bekenntnisse. - Wien 1956, S. 52. Fritz STEGE: Musik, Magie, Mystik. - Remagen: Otto Reichl Verlag 1961, S. 300

13 Volker MICHELS (Hrsg.): Hermann Hesse. Lektüre für Minuten. - Frankfurt a. Main: Suhrkamp Verlag 1977, S. 165

14 Hildegard von BINGEN: Liber divinorum operum simplicis hominis. - In: J. P. MIGNE: Patrologia Latina. S. Hildegardis abtissae opera omnia. - Paris 1952, Bd. 197, S. 739 – 1038

15 Siehe Anm. 14. Weiter: Hildegard von BINGEN: Scivias. Wisse die Wege. - Salzburg: Otto Müller Verlag 1975, S. 398

16 Ludwig von BERTALANFFY: General Systems Theory: Foundations, Development, Applications. - New York: Braziller 1968. Erwin LASZLO: Introduction to Systems Philosophy: Toward a New Paradigm of Contemporary Thought. - New York: Gordon and Breach 1972. Franz WUKETITS: Zustand und Bewußtsein. - Hamburg: Hoffmann und Campe 1985, S. 165. Rainer KAKUSKA: Andere Wirklichkeiten. Die neue Konvergenz von Naturwissenschaften und spirituellen Traditionen. Mit Beiträgen von S. H. der Dalai Lama, Richard Baker-Roshi, Joachim E. Berendt, Morris Berman, David Bohm, Fritjof Capra, Gopi Krishna, Rupert Sheldrake, David Steindl-Rast, William I. Thompson, Francisco Varela. - München: Dianus-Trikont Verlag 1984. Frederic VESTER: Unsere Welt - ein vernetztes System. - München: Deutscher Taschenbuch Verlag 1983

17 Erich JANTSCH: Die Selbstorganisation des Universums. - München: Carl Hanser Verlag 1979

Du auch führest den Geist,
der Deine Lehre trinkt,
ins Weite.
Wehest Weisheit in ihn
und mit der Weisheit die Freude.[18]

II. URLICHT UND KOSMISCHE GANZHEIT

1. Urlicht als schöpferisches Potential

Die Erfahrung lebendiger Wirklichkeit als unauflösliche *kosmische Ganzheit* kehrt in allen Berichten von *Mystikern* wieder. Obwohl sich diese Schilderungen über Jahrtausende erstrecken, kennzeichnen sie in beeindruckender Übereinstimmung ein kosmisches Urlicht als untrügliches und unabdingbares Wesensmerkmal der Ganzheitsschau. Die Schöpfungsenergie, die in diesem Licht steckt, das sich von jeglichem materiellen Licht in der zergliederten Erscheinungswelt unterscheidet, ergreift den Mystiker im tiefsten Seelengrund, versetzt ihn in Schwingungen, wie nichts in der materiellen Welt schwingt, und füllt ihn mit Schöpferkraft, die ihn verwandelt und ihn treibt, selbst schöpferisch zu wirken. Der Theologe und Physiker NEWTON suchte bei seinen alchimistischen Experimenten nach Trägern dieses noumenalen Lichts, die nicht nur Erkenntnis ausstrahlen, sondern auch eine Persönlichkeitswandlung bewirken.[19]

2. Licht als Wesensmerkmal mystischen Erlebens

a) *Zeugnisse aus alter Zeit*

Lichterfahrungen stehen im Zentrum der verschiedenartigsten Original-Zeugnisse mystischer Erfahrung aus allen Zeitaltern:

18 Hildegard von BINGEN: Scivias, S. 384
19 P. M. RATTENSI: Science, Medicine, and Society in the Renaissance. - London 1972. Jean E. CHARON: Der Geist der Materie. - Frankfurt / Berlin / Wien: Ullstein Verlag 1982, S. 19. Jean ZAFIROPULO / Catherine MONOD: Sensorium Dei. - Paris 1976. Alexandre KOYRÉ: Von der geschlossenen Welt zum unendlichen Universum. - Frankfurt 1969. Betty J. Teeter DOBBS: Les Fondements de l'Alchimie de Newton. - Paris: Éditions de la Maisnie 1981

Ein Gedicht LAO-TSEs:

> Leer der Geist,
> Das Wesen Gott geöffnet,
> Lebe ich in der Stille.
> Das Leben steigt und fällt,
> Es ist Geburt, Wachstum und Wiederkehr,
> Ein rhythmischer Bogen von Quelle zu Quelle.
> Im Rhythmus liegt Gelassenheit
> Und stille Unterwerfung:
> Hingabe der Seele bedeutet Friede,
> Aufgehen in der Ewigkeit.
> Und damit: Das große Licht.[20]

PLOTIN, der Gnostiker: «Das Höchste strahlt über allem Erkennbaren. Der Suchende wird plötzlich emporgerissen und auf den Kamm der Woge des Geistigen gehoben. Er schaut, er weiß selbst nicht wie. Die Vision überflutet seine Augen mit Licht: aber er sieht nichts anderes – das Licht selbst ist die Vision... Schauen und geschaut werden ist eins. Das Geschaute und der Schauende sind eins. Bewußtes wird ausgelöscht. Alles geht im Strom der Liebe, in der höchsten Seligkeit des Entrücktseins unter. In dieser Hingerissenheit liegt höchstes Glück.»[21] PLOTIN hat aus dieser Erfahrung eine «Metaphysik des Lichtes» entwickelt: «Daß der Geist sich ganz dem Einen überläßt, das heißt, daß er nicht Etwas denkt, macht die ekstatische Einung erst möglich. In ihr ist die Bezogenheit von Denken und Gedachtem, Sehen und Gesehenem aufgehoben. Sehen und Gesehenes sind unmittelbare Einheit: LICHT... Der Mittelpunkt des Schauenden verbindet sich im Augenblick der Schau mit dem Mittelpunkt des Weltkreises. Weil aber der Geist als Nichtgeist diese Einung erfährt und in ihr jedes Unterschiedene aufgehoben ist, ist die Schau schwer zu sagen.»[22]

SYMEON der neue Theologe (970 – 1040): «Ich schaue das wahrhaft seiende Licht und alles Lichtes Schöpfer... Nun bin ich in Wahrheit ganz da, wo das Licht allein und einfach ist.»[23]

---

20 Sheldon CHENEY: Vom mystischen Leben. - Wiesbaden: Limes Verlag 1949. S. 53
21 S. CHENEY: Vom mystischen Leben, S. 165
22 Werner BEIERWALTES: Plotins Metaphysik des Lichts. - In: Clemens ZINTZEN: Die Philosophie des Neuplatonismus. - Darmstadt: Wissenschaftliche Buchgesellschaft 1977, S. 110

Hildegard von Bingen in einem Brief an den Mönch *Wilbert:* «Ich war kaum drei Jahre alt, als mich eine solche Fülle inneren Lichts durchgoß, daß ich in meinem Herzen erzitterte. Ich fand aber keine Worte, um das, was mir begegnete, auszusprechen.»[24]

Meister ECKEHART: «Also muß sich der Mensch abkehren von den geschaffenen Dingen, muß ihrer frei und ledig werden in der Abgeschiedenheit und Gelassenheit, denn soweit du das tust, soweit wirst du geeint und beseligt in dem Fünklein in der Seele, das weder Zeit noch Raum je berührte. Dieser Funke widersagt allen Kreaturen und will nichts als Gott, unverhüllt, wie er in sich selbst ist... es will in den einfältigen Grund, in die stille Wüste, in die nie Unterschiedenheit hineinlugte, weder Vater noch Sohn, noch Heiliger Geist. In dem Innersten, wo niemand daheim ist, dort erst genügt es diesem Licht, und darin ist es innerlicher als in sich selbst. Denn dieser Grund ist eine einfältige Stille, die in sich selbst unbeweglich ist; von dieser Unbeweglichkeit werden aber alle Dinge bewegt.» Für Eckehart war Gott «Vater des Lichts.»[25]

Jakob BÖHME, der teutonische Philosoph, in seinem Werk *Aurora:* «Es war wie eine geheimnisvolle Geburt mitten im Tode. Es war wie eine Auferstehung von den Toten. Die Augen meines Geistes waren aufgetan, und ich sah Gott in wunderbarem Lichte. Das innerste Wesen aller Dinge war erleuchtet. Von da an konnte ich Gott in allem erkennen, was da ist, in den Tieren, in den Pflanzen und Gräsern. Ich verstand was Gott ist, und wie er ist.»[26]

b) Lichterfahrungen der Neuzeit

Mystische Erfahrung ereignete sich nicht nur in ferner Vergangenheit, im brennenden Dornbusch, den *Moses* sah, im Blitzstrahl geistigen Lichts, der *Saulus* vom Pferde warf und zum Paulus wandelte. Auch die neuzeitlichen Künstler W. BLAKE und VAN GOGH wußten

---

23 Martin BUBER: Ekstatische Konfessionen. - Darmstadt: Wissenschaftliche Buchgemeinschaft 1984, S. 46, 49

24 Ildefons HERWEGEN: Les collaborateurs des Ste. Hildegarde. - Revue Bénédictine 21 (1904), 103 A. Karl CLAUSBERG: Kosmische Visionen. - Köln: DuMont Verlag 1980, S. 58

25 Meister ECKEHART: Von der Geburt der Seele. - Gütersloh: Bertelsmann 1959, S. 25, 81

26 Jakob BÖHME: Aurora oder Morgenröte im Aufgang. - Freiburg i. Br.: Aurum Verlag 1977, S. 280; S. CHENEY: Vom mystischen Leben, S. 289

vom kosmischen Licht. Man sehe sich aus diesem Blickwinkel das letzte Selbstportrait van GOGHs, seine «Kirche in Auvers», das «Kornfeld mit Zypressen» und die «Sternennacht» sowie «The Song of Los» von BLAKE an. G. SIMMEL, L. WITTGENSTEIN, K. JASPERS, M. HEIDEGGER, E. JÜNGER, H. v. HOFMANNSTHAL, H. BROCH, R. M. RILKE, F. KAFKA, M. BUBER, E. JÜNGER, W. KANDINSKY und P. KLEE, um nur einige zu nennen, waren oder sind Mystiker.[27] Der Hauptgegenstand des Romans «Der Mann ohne Eigenschaften» von Robert MUSIL ist Mystik. Literaturwissenschaftler haben in diesem Werk 247 versteckte mystische Zitate gefunden[28], alle aus Martin BUBERs Texten.

Auch moderne Menschen, die der Kreativität nicht so nahe sind wie Künstler, haben mystische Zeugnisse abgelegt, Dr. R. M. BUCKE, ein berühmter kanadischer Psychiater des 19. Jahrhunderts, berichtet über eine mitternächtliche Fahrt mit einem Pferdegespann: «Plötzlich, ohne die geringste Warnung, sah ich mich in eine flammend-farbige Wolke gehüllt. Einen Augenblick glaubte ich, es brenne irgendwo in der Nähe, in der Stadt. Dann wußte ich, das Feuer war in mir selbst. Es überkam mich ein Gefühl der Freude, die gepaart war mit einer inneren Erleuchtung, die nicht zu beschreiben ist. Ich glaubte nicht nur, sondern sah buchstäblich, daß die Welt nicht nur aus toter Materie zusammengesetzt ist, sondern sich als lebendige Wirklichkeit darstellt. Ein tiefes Gefühl ergriff mich, daß ich am ewigen Leben teilhatte. Ich sah: daß alle Menschen unsterblich sind; daß im Kosmos alles mit allem zusammenwirkt; daß der fundamentale Urgrund das ist, was wir Liebe nennen. Diese Vision währte nur ein paar Sekunden, aber die Erinnerung daran und die Gewißheit der Realität dessen, was sie mir mitteilte, ist mir über das Vierteljahrhundert geblieben, das seither verstrichen ist. Ich wußte im tiefsten Innern: was die Vision enthüllte, war wahr.»[29]

Frank TOWNSHEND, ein englischer Lyriker:

«Solches geschah mir plötzlich:
Eines Tages, als ich in einer Stadt im Osten wandelte,

27 Hans Dieter ZIMMERMANN (Hrsg.): Rationalität und Mystik. - Frankfurt a. M.: Insel Verlag 1981

28 Derselbe: S. 25

29 William JAMES: Varieties of Religious Experience. - London / New York / Bombay 1902. Willibald E. MONOD de FROIDEVILLE: Rückkehr zum Selbst. - Frankfurt a. M.: Holle Verlag 1949, S. 89

Wurde meine Umgebung wie von innerem Licht erhellt.
Und in diesem Augenblick erkannte ich in meinem Innern
das Walten des Universums;
Erkannte meinen Platz darin;
Wußte, daß ich unsterblich bin;
Ich verstand den Sinn des Lebens
Und mein Verbundensein mit der Erde.
Ich schöpfte meine Einsicht aus der gleichen Quelle, aus
der Lao-tse und
Buddha die ihre schöpften;
Und ich weiß es.
Diese Erkenntnis ist unverrückbar,
Auch meines Leibes Tod kann ihr nichts anhaben.
Ich weiß, daß ich in dieser Erkenntnis unsterblich bin;
Ich weiß, daß sie in dir wohnt wie in mir
Und ihrer Entfaltung harrt.
Und ich weiß, daß sie dir nicht sagbar ist.
Sie liegt in dir; und die Stunde ihres Erwachens
Kannst du nicht wählen.
Ich bin Gott.
In mir brennt ein Funken des Lebens,
Der gibt seine Kraft weiter
Von Ewigkeit zu Ewigkeit.»[30]

Der amerikanische Zeitgenosse WILMHURST: «Es geschah in einer Dorfkirche, als das Te Deum angestimmt wurde. Das Kirchenschiff füllte sich mit einem violetten Lichtnebel, verschieden von allem, was es in der körperlichen Welt gibt. Ich sah nicht nur mit meinen Augen, sondern mit meinem ganzen Körper gleichzeitig. Ich wurde von Frieden und einem unbeschreiblichen Glücksgefühl durchdrungen. Zugleich breitete sich ein goldener Glanz aus, ein unbeschreibliches Licht, als dessen äußerer Rand jetzt der violette Lichtnebel erschien. Das blendende Goldlicht brach aus einer gewaltigen Kugel im Zentrum hervor. Noch wunderbarer als diese Strahlen und Wogen von Licht empfand ich, daß die gesamte Lichtsphäre und selbst die ungeheure Kugel im Zentrum mit Formen des Lebendigen erfüllt waren. Ein einzi-

---

30 Frank TOWNSHEND: Earth. - London 1935, S. 129. De FROIDEVILLE: Rückkehr, S. 91

ger zusammenhängender Organismus erfüllte den endlosen Raum, und doch setzte er sich zugleich aus unendlich vielen individuellen Existenzen zusammen.»[31]

G. H. M. WHITEMAN, Professor der Mathematik in Kapstadt: «Vor mir, über mir, um mich, und doch zugleich in mir, glänzte das archetypische Licht. Es gibt kein wirklicheres Licht, denn dieses Licht macht anderes Licht erst zu Licht. Es ist kein flaches materielles Licht, sondern das schöpferische Licht des Lebens selbst, es ist die Wurzel alles anderen Lebens.»[32] In diesem Zeugnis eines geschulten modernen Denkers tritt die kreative Funktion des *kosmischen Urlichts* besonders deutlich hervor. Es ist bezeichnend, daß kreative Musiker, die sich der Akustik als Medium bedienen, vom «Urlicht» sprechen, wenn sie das Schöpferische in der Musik bezeichnen wollen. So heißt es in einem Essay von F. B. BUSONI: «Nicht die Musik ist ein Abgesandter des Himmels, wie der Dichter meint. Sondern des Himmels Abgesandte sind jene Außerwählten, denen das hohe Amt aufgebürdet ist, einzelne Strahlen des Urlichts durch unermeßlichen Raum uns zuzubringen.»[33]

Moderne *Naturwissenschaft* und *Mystik* schließen sich nicht aus. Im Gegenteil, kreative Naturwissenschaftler wie M. PLANCK, A. EINSTEIN, W. PAULI, W. HEISENBERG und Carl Friedrich von WEIZSÄCKER stehen der Mystik viel näher als manche heutigen Theologen, die das Christentum mit dem Marxismus verwechseln. Von WEIZSÄCKER hat in seinem Buch «Der Garten des Menschlichen» gesagt:«Die Einheit der Natur, die uns die Naturwissenschaft zu sehen lehrt, ist eine Spiegelung der Einheit, um die es in der Meditation geht.»[34] Von Weizäcker hat sich auch zu einer mystischen Erfahrung bekannt: «Da wußte ich im Blitz: Ja, das ist es...Das Wissen war da, und in einer halben Stunde war alles geschehen... Im Flug waren die Schichten, die Zwiebelschalen durchstoßen... Seligkeit ohne Tränen... Ich wußte nun, welche Liebe der Sinn irdischer Liebe ist... Ich war jetzt ein völlig anderer geworden, der, der ich immer gewesen war.»[35]

31 Mircea ELIADE: Significations de la Lumière intérieure. - In: Olga FROBE-KAPTEYN: Eranos-Jahrbuch 1957. Mensch und Sinn. - Zürich: Rhein Verlag 1958, S. 235. R. C. JOHNSON: The Imprisoned Splendour. - New York 1953, S. 306

32 J. H. M. WHITEMAN: The Vision of Archetypal Light. - Review of Religion 18 (1954) S. 153

33 F. STEGE: Musik, Magie, Mystik, S. 301

34 Carl F. v. WEIZSÄCKER: Gespräch über Meditation. - In: Carl F. v. WEIZSÄCKER: Der Garten des Menschlichen. - München / Wien: Hanser Verlag 1977, S. 550

35 C. F. v. WEIZSÄCKER: Garten des Menschlichen, S. 595

Ein sehr nüchterner Biochemiker, Erwin CHARGRAFF, hat seiner eben herausgekommenen Autobiographie folgendes Gespräch mit einem fiktiven Partner hinzugefügt:

EC: «Als ich jung war, war Hoffnung der Mittelpunkt meiner Welt. Es war nicht eine Hoffnung auf irgend etwas Bestimmtes, Bestimmbares. Es war die Hoffnung, daß über den Wolken, oder sogar über dem blauen Sommerhimmel eine unglaubliche Wesenheit ist, ein ewiges Darüberhinaus von unvorstellbaren Möglichkeiten. Es war die Gewißheit, daß wenn meine Seele in einer finsteren Nacht war, das einzige, was zu ihr kommen konnte, Licht war; und daß dies geschehen werde.»

KS: (Körperlose Stimme): «Ist es geschehen?»

EC: «Ja.»

KS: «Könntest du etwas aufschlußreicher sein?»

EC: «Wie kann ich mit San Juan de la Cruz konkurrieren? Bei dem, wovon ich jetzt spreche, versagen die Zeitwörter ihren Dienst, es ist das Ende menschlicher Grammatik. Die Entgötterung der Welt begann mit dem Verschwinden der Ideogramme. Gott ist nicht wie ein Tisch ist. Wirklich, ich kann nicht mehr sagen.»[36]

Auch Arthur KOESTLER wird Nüchternheit und Vermögen zu unbestechlicher Analyse nachgesagt. In seinen gesammelten autobiographischen Schriften hat er ein mystisches Erlebnis geschildert, das ihn überwältigte, als er sich als zum Tode Verurteilter in seiner Gefängniszelle in Sevilla mit EUKLIDs Beweis für die Unendlichkeit der Folge der Primzahlen befaßte: «Das Unendliche ist wie eine mystische, in Nebel gehüllte Masse, und doch war es möglich, etwas darüber zu erfahren, ohne sich in verschwommenen Unklarheiten zu verlieren. Die Bedeutung dieser Erkenntnis schlug über mir zusammen wie eine Welle. Die Welle war einer artikulierten verbalen Einsicht entsprungen, die sich aber verflüchtigt hatte und nur einen wortlosen Niederschlag zurückließ, einen Hauch von Ewigkeit, ein Schwingen des Pfeils im Blauen. Ich muß so einige Minuten verzaubert dagestanden haben, in dem wortlosen Bewußtsein, «das ist vollkommen – vollkommen»... Dann wurde mir, als glitte ich, auf dem Rücken liegend, in einem Fluß des Friedens unter Brükken des Schweigens. Ich kam von nirgendwo und trieb nirgendwo hin. Dann war weder der Fluß mehr da noch ich. Das Ich hatte aufgehört zu sein.»[37]

---

36 Erwin CHARGRAFF: Das Feuer des Heraklit. - München: Deutscher Taschenbuch Verlag 1984, S. 230

Abb. 3: Mathias Grünewald «Auferstehung Christi». Isenheimer Altar, 1513 – 1515, Colmar, Musée d'Unterlinden

Sehr aufschlußreich ist der Kommentar, den KOESTLER dieser Schilderung hinzugefügt hat: «... Wenn ich sage, 'das Ich hatte aufgehört zu existieren', so beziehe ich mich auf ein konkretes Erlebnis, das in Worten so wenig ausdrückbar ist wie die Empfindungen, die durch ein Klavierkonzert ausgelöst werden, das aber genau so wirklich ist – nein, sehr viel wirklicher. Tatsächlich ist sein wichtigstes Kennzeichen der Eindruck, daß dieser Zustand viel realer ist als irgendein zuvor erlebter – daß zum erstenmal die Schleier gefallen sind und man in Berührung gekommen ist mit der 'wirklichen Wirklichkeit', der geheimen Ordnung der Dinge, die im Normalfall schichtenweise von Unerheblichkeiten überdeckt ist. Was diese Art von Erlebnissen von den Verzauberungen des Gemüts durch Musik, Landschaft oder Liebe unterscheidet, ist, daß sie einen ausgesprochen sinnvollen, im Kant'schen Sinne noumenalen Inhalt haben. Er ist sinnvoll und faßbar, aber nicht in Worten. Verbale Umschreibungen, die ihm am nächsten kommen, sind ungefähr die Einheit und die innere Verbundenheit alles Existierenden, eine gegenseitige Abhängigkeit, wie jene von Gravitationsfeldern oder kommunizierenden Röhren. Das 'Ich' hört auf zu existieren, weil es durch eine Art geistiger Osmose mit dem universalen Sein in Verbindung getreten und darin aufgegangen ist.»[38]

Als Abschluß das Zeugnis eines weiteren Amerikaners aus unserem Jahrhundert, Warner ALLEN: «Es geschah zwischen zwei aufeinanderfolgenden Noten der 7. Symphonie von Beethoven. Ich sah ein silbernes Licht, das die Form eines Kreises annahm, der ein helleres Zentrum einschloß. Der Kreis wurde zu einem Lichttunnel, der seinen Ursprung in einer entfernten Sonne hatte und in das Herz des Selbst mündete. Während ich schnell, aber sanft durch den Lichttunnel getragen wurde, wandelte sich das Licht von Silber zu Gold. Ich zog Kraft aus einem unbegrenzten Meer von Energie. Ich war erfüllt von Frieden. Der Glanz wurde noch intensiver, und ich kam zu einem Punkt, wo Zeit und Bewegung aufhörten zu existieren. Ich ging ein in das Licht der Universums, in die kosmische Wirklichkeit, die im Feuer der Selbsterkenntnis strahlte. Ich ging wie ein Tropfen Quecksilber im Ganzen auf, und bewahrte dennoch meine getrennte Existenz wie ein Sandkorn in der Wüste. Frieden, der alles Vorstellbare übertrifft, und

---

37 Arthur KOESTLER: Abschaum der Erde. - Wien / München / Zürich: Verlag Fritz Molden 1971, Bd. 2, S. 246
38 Derselbe, ebenda, S. 247

pulsierende kreative Energie sind im Zentrum, dort wo sich die entgegengesetzten Polaritäten versöhnen.»[39]

3. Mystik als Quelle der Kreativität und Lebensbejahung

Mystik ist nach Martin BUBER stärkster Ausdruck der «Lebensbejahung und positiven Genialität».[40] Die Biographien großer Mystiker zeigen, wie stark die kreativen Energien sind, die durch die Einung von Mikrokosmos und Makrokosmos erschlossen werden. Entscheidend ist dabei der *kreative Anstoß*. Der schöpferische Mensch scheint resonant für kosmische Erregungsimpulse zu sein, die ihn dort anregen, wo die Rechtfertigung menschlicher Existenz liegt: in der *Kreativität*. Jeder *Mystiker* reagiert darauf in seiner individuellen Weise, im Rahmen seiner Anlagen und entsprechend der Qualität der jeweiligen Raumzeit. Damit setzt er für andere Menschen ein Beispiel erfüllten Lebens und menschlichen Glücks. Nur wer kreativ ist, gewinnt Lebensfülle. Dies gilt in besonderem Maße, wenn der Mensch seiner kosmischen Aufgabe gerecht wird, wenn er tut, was seinem Wesen und seiner individuellen Begabung entspricht, sei dies in der uneigennützigen Menschenliebe, in der Kunst oder in der Wissenschaft.

Die Weigerung des modernen *Massenmenschen*, seine *kosmische Funktion* zu erfüllen, ist Hauptursache seiner Existenzangst und seiner Negativität. JOHANNES vom Kreuz hat gesagt: «Widerstrebt nichts mehr dem göttlichen Willen, findet eine Umwandlung zu Gott durch die Liebe statt.»[41] Unter göttlichem Willen in diesem Sinne kann verstanden werden, daß jeder Mensch, der in seiner jetzigen Form erstmalig im Universum erschienen ist und nie wieder so konstelliert im Kosmos erscheinen wird, alle Kräfte und Begabungen, die ihm mitgegeben worden sind, zur Entwicklung bringt, zu seiner Erfüllung und zum Nutzen anderer kosmischer Entitäten. TSCHUANG-TSE, ein Schüler LAO-TSE's, hat über die insoweit beispielhafte Funktion der Mystiker gesagt:«Die Menschen der höchsten Geistigkeit steigen zum Licht auf... Sie bringen die Kräfte, mit denen sie begabt sind, zum Äußersten empor und lassen nicht eine einzige Eigenschaft unerschöpft.»[42] Für

39 Warner ALLEN: The Timeless Moment. - London 1946, S. 309
40 M. BUBER: Ekstatische Konfessionen, S. 241
41 Johannes BOLDT (Hrsg.): Johannes vom Kreuz. - Olten: Walter Verlag 1983, S. 125
42 M. BUBER: Ekstatische Konfessionen, S. 216

NEWTON, der sich eingehend mit der Mystik auseinandergesetzt hat, war die *Unio mystica* nicht Höhepunkt, sondern Anfang der Aufgaben des Individuums, begrifflich zu formen, was es im wissenden Gefühl vom Ganzen erahnt.[43] Marc CHAGALL hat dies anders ausgedrückt: «Meine Arbeit ist mein Gebet.»

Martin BUBER hat diese Erkenntnis in seiner Weise zum Ausdruck gebracht: «Wie die Ekstase der Mystiker nicht das Hereinbrechen eines Unerhörten war, was die Seele überwältigt, sondern Einsammlung und tiefstes Quellen und eine Vertrautheit mit dem Grunde, so lag auf ihnen das Wort nicht wie ein treibender Brand; es lag auf ihnen wie die Hand eines Vaters. Und so lenkte es sie, das Erlebnis einzutun – nicht als Ereignis in das Getriebe, nicht als Bericht in die Kunde der Zeit, sondern es einzutun in die Tat ihres Lebens, es einzuwirken in ihr Werk, daraus neu zu dichten den uralten Mythos, und es so hinzusetzen nicht als ein Ding zu den Dingen der Erde, sondern als einen Stern zu den Sternen des Himmels».[44]

Wird sich der Mensch seiner kosmischen Wurzeln bewußt, so eröffnet sich für ihn eine unerschöpfliche Quelle der psychischen Energie und Inspiration. Der Komponist BRAHMS hat kurz vor seinem Tode erklärt: «Wie Beethoven zu erkennen, daß wir eins sind mit dem Schöpfer, ist ein wunderbares, ehrfurchtgebietendes Erlebnis. Sehr wenige Menschen gelangen zu dieser Erkenntnis, weshalb es so wenige große Komponisten oder schöpferische Geister auf allen Gebieten menschlichen Bemühens gibt. Über dies denke ich nach, bevor ich zu komponieren anfange... Ich spüre unmittelbar danach Schwingungen, die mich ganz durchdringen. Sie sind der Geist, der die inneren Seelenkräfte erleuchtet; ... dann fühle ich mich fähig, mich wie Beethoven von oben inspirieren zu lassen. Vor allem wird mir in solchen Augenblicken die ungeheure Bedeutung des von Gott berauschten Nazareners bewußt: «Ich und der Vater sind eins... Nicht ich, sondern der Vater, der in mir wohnt, der tut die Werke.»[45]

43 Johannes WICKERT: Isaac Newton. - München / Zürich: Piper Verlag 1983, S. 126
44 M. BUBER: Ekstatische Konfessionen, S. XXXVII
45 A. M. ABELL: Gespräche mit berühmten Komponisten. - Kleinjörl 1977. Herbert PIETSCHMANN: Das Ende des naturwissenschaftlichen Zeitalters. - Frankfurt / Berlin / Wien: Ullstein Verlag 1983, S. 8

III. DIE SONNE ALS ZENTRALES ELEMENT
MYSTISCHER ERFAHRUNG

1. Die Sonne als Strahler von Information

Mystiker sind Forscher, die in die verborgene Wirklichkeit eindringen. Ihre Forschungsprotokolle bezeugen, daß der Mensch unverlierbarer Teil einer urlebendigen kosmischen Ganzheit ist, die ihn mit ihrem Schöpfungsgrund trägt und ihm ihr kreatives Potential aufschließt, wenn er sich nicht vom Kosmos abschließt. Nach den Worten RAMAKRISHNAs ist Gott in allen Menschen, aber nicht alle Menschen sind in Gott: darum leiden sie und spüren unbegründete Existenzangst. Vertraut der Mensch auf die Ergebnisse der Forschungsarbeit der Mystiker, überträgt sich auf ihn die unerschütterliche Sicherheit dessen, der sich in einer lebendigen Ganzheit geborgen weiß.

Die *Sonne*, die in der Vision des Amerikaners Warner ALLEN als Ausgangspunkt der Lichtbrücke zur Seele des Mystikers erschien, weist deutlich auf den kosmischen Charakter der Beziehung zur Ganzheit hin. Die Sonne, ein kosmischer Lichtträger, spielt bei Erscheinungen inneren Lichts eine existentielle Rolle. Sie ist auch in der physikalischen Welt ein Lichtstrahler. Sie ist Träger schöpferischer Kräfte, wie ich in einem Vortrag mit dem Titel «Funktionen kosmischer Organismen: Schwingungen der Sonne und irdische Resonanzen» anläßlich des IX. IMAGO MUNDI-Kongresses in Innsbruck dargelegt habe.[46] Die Sonne strahlt nicht nur Energie, sondern auch strukturerhaltende Information, deren Quantität mit den Formeln der Informationstheorie berechnet werden kann.[47]

2. Die mystische Funktion der Sonne in Kunst, Überlieferung
und befruchtender Vision

Die von Mathias GRÜNEWALD gemalte «Auferstehung» (Abb. 3) deutet den von Mystikern beschriebenen Zusammenhang zwischen kosmi-

---

46 T. LANDSCHEIDT: Funktionen, S. 59

47 M. TRIBUS / E. C. McIRVINE: Energy and Information. - Scientific American 9 (1971) S. 183

schen Lichtträgern, unauslöschlichem Leben und Kreativität mit künstlerischen Mitteln besser an, als dies mit Worten möglich wäre. Dabei handelt es sich nicht nur um symbolische Entsprechungen, wie professionelle Kunstinterpreten oft meinen, sondern um Realbezüge, die für Mystiker gewissere Wirklichkeit sind als die physikalische Außenseite der Welt, die wir mit unserem Hirn mehr konstruieren als abbilden.

Schon der *Rigweda* (I, 115, 1) versichert, daß die Sonne der *atman*, das Selbst aller Dinge sei. Nach der *Chandogya Upanishad* (VIII, 6, 5) ist sie das «Tor zur Welt». Für PROKLUS war die Sonne die «Königin des Geistfeuers».[48] SYMEON der neue Theologe berichtet: «Jenes aber ist ein Geistiges, unermeßlich und unerschöpflich,... und geht drinnen in meinem Herzen auf wie eine runde Sonne oder eine Sonnenscheibe»,[49] und an anderer Stelle: «... und in der Mitte meines Herzens erschien Er wie das Licht einer kreisrunden Sonne.»[50] Jakob BÖHME betont in seiner Aurora die kosmische Funktion der Sonne: «Hier merke das große Geheimnis Gottes: Die Sonne ist aus allen Sternen geboren, und ist das Licht aus der ganzen Natur genommen und scheinet wieder in die ganze Natur dieser Welt und ist mit den anderen Sternen verbunden, als wäre sie mit allen Sternen ein Stern.»[51]

MECHTHILD von Magdeburg bittet in einem Gedicht: «Christus sende mir... die heiße Sonne Deiner lebendigen Gottheit.»[52] THERESA von Avila sprach vom «hellen Sonnenlicht der übernatürlichen Erleuchtung» und in ihrem Werk «Die innere Burg» heißt es: «...Unbestreitbar zeigt sich, daß im Inneren jemand ist, der Leben gibt diesem Leben; und daß da eine Sonne ist, aus der ein großes Licht kommt.»[53] Die hl. MARINA von Escobar berichtet: «Als ich mein Bewußtsein wiedererlangte, sah ich gleichsam eine göttliche und überhimmlische Sonne, die mit den schönsten und lieblichsten Strahlen die Höhen rings herum beleuchtete, wobei meine Seele, von diesen Strahlen getroffen, sich

48 Johannes KEPLER: Weltharmonik. - Darmstadt: Wissenschaftliche Buchgesellschaft 1973, S. 353

49 M. BUBER: Ekstatische Konfessionen, S. 42

50 Derselbe, ebenda, S. 45

51 J. BÖHME: Aurora, S. 74

52 Thomas Michael SCHMIDT: Musik und Kosmos als Schöpfungswunder. - Frankfurt: Verlag Thomas Schmidt 1974, S. 288

53 Teresa von AVILA: Die innere Burg. - Zürich: Diogenes Verlag 1979, S. 197. T. M. SCHMIDT: Musik und Kosmos, S. 288

gleichsam mit ihr verschmolz.»[54] IGNATIUS von Loyola erfuhr Christus als Sonne. NIKOLAUS von der Flüe schrieb in einem Brief: «Aber das Licht von oben, die Gnade, leuchtet wie die Sonne und übertrifft an Glanz, Klarheit und Reinheit alle anderen Lichter.»[55] Bei Johannes RUYSBROEK heißt es: «Mit offenen, verklärten Augen schauen sie die Sonne in ihrer Klarheit, denn sie sind überflutet und durchschwemmt von der Gnade Gottes.»[56]

Die alten Ägypter drückten sich in Hymnen an die Sonne ähnlich aus: «Du göttliches Ursein, aus dem entsprangen des Daseins Formen und Wesen. O Re, meinen Geist segne in Gnaden. Osiris, gib meiner

Abb. 4: Echnaton, Nofretete und Strahlenarme der Sonne. Altarplatte eines Schreines aus Amarna. Ägyptisches Museum, Berlin

Seele ihr göttliches Wesen zurück.»[57] Es ist kein Zufall oder Übersetzungsfehler, daß die Sonne um die Segnung des Geistes gebeten wird. Die in Abb. 4 dargestellten Strahlenarme, welche die Sonne Echnathon

54 E. BENZ: Die Vision. - Stuttgart 1969, S. 336
55 T. M. SCHMIDT: Musik und Kosmos, S. 288
56 Derselbe, ebenda

und Nofretete zuwendet, scheinen nur die wohltuende körperliche
Wirkung der Sonne auszudrücken. Schaut man jedoch genau hin, so
nimmt man wahr, daß die jeweils äußersten Hände, die zu den Köpfen
des Pharaonenpaares zeigen, Henkelkreuze (ankh) halten, die das höhere Leben symbolisieren. Die alten Ägypter unterschieden genau zwischen *Aton*, der Sonnenscheibe, und höheren Funktionen der Sonne:
«Aton ist der Leib des Re».[58] Diese Differenzierung entspricht der Botschaft der Mystiker.

3. Die Sonne als Meditationssymbol und Auslöser
mystischer Prozesse

Es ist bezeichnend, daß die *Sonne* bei *Meditationstechniken* und bei
der *Auslösung mystischer Erfahrung* eine große Rolle spielt. Eine taoi-
stische Meditationsregel aus dem alten China lautet: «Erwarte stehend
den Aufgang der Sonne. Rufe im Grunde deiner Seele den Geist der
Sonne, der wie eine Perle glänzt und geheimnisvolle Flammen aussendet. Konzentriere deine Vorstellung darauf, daß die strahlende Aura
der Sonne dich einhüllt und berührt wie mit einem Hauch.»[59] Andere
chinesische Regeln empfehlen, darüber zu meditieren, daß die Sonne
durch den Mund aufgenommen und mit dem innersten Herzen vereinigt wird, das sich mit Glanz anfüllt.[60]

Solche Vorstellungen beruhen auf Erfahrung. Als der *Buddha* unter
einem Feigenbaum Erleuchtung fand, geschah dies, als er in die aufge-
hende Sonne blickte.[61] BÖHME geschah Ähnliches, als er die Sonne betrachtete, die sich in einem Teller spiegelte.[62] In unserer Zeit gilt nur
als existent, was gemessen wird. Selbst unter solchen einschränkenden
Bedingungen gibt es Hinweise, daß schon das Bild der Sonne auslö-
send wirken kann. In einem Bio-Feedback-Institut in Kalifornien betrachtete ein Besucher, der mit Hilfe von elektronischen Geräten Entspannung trainierte, zufällig ein Bild, das fast ganz von einer unterge-

57 Lis JACOBI: Lied der Sonne. - Stuttgart: Verlag Freies Geistesleben 1983, S. 19, 20
58 Manfred LURKER: Götter und Symbole der alten ÄGYPTER. - München: Wilhelm
Goldmann Verlag 1981, S. 47
59 M. ELIADE: Lumière intérieure. S. 215. Henri MASPERO: Les procédes de «Nourrir
le Principe Vital» dans la religion taoïste. - Journal Asiatique (1937) S. 374
60 Derselbe, ebenda
61 M. ELIADE: Lumière intérieure, S. 198
62 Derselbe, ebenda, S. 230

henden Sonne ausgefüllt war. Plötzlich ereignete sich ein gewaltiger Ausbruch von Theta-Wellen, an dessen Realität nicht gezweifelt werden kann, weil er von Geräten aufgezeichnet wurde.[63]

Theta-Wellen sind Gehirnwellen im Bereich von 4 – 7 Hertz. Sie werden zum Beispiel in *hypnagogischen Zuständen* kurz vor dem Einschlafen, bei Kekulé-Inspirationen, beim Rutengehen und in tiefer Meditation von Yogis beobachtet.[64] Sie zeigen also kreatives Geschehen an. Das musikalische Vibrato, wie es zum Beispiel zu Beginn des langsamen Satzes von BACHs Viertem Brandenburgischen Konzert aufklingt, schwingt mit 7 Hertz. Es ist nach George LEONARD[65] der ideale Ausdruck des élan vital, jenes schwer faßbaren und doch allgegenwärtigen morphogenetischen Feldes[66], welches das Universum mit zielstrebigem Leben erfüllt. Das Vibrato großer Tenöre wie CARUSO lag bei 7 Hertz. Auch die Atmosphäre der Erde, in der wir leben, reagiert auf diesen Schwingungsbereich mit Resonanz, was um so interessanter ist als die Sonne bei energetischen Eruptionen Theta-Wellen aussendet.

Aber auch aus unserer Zeit liegen Erfahrungsberichte vor, welche für eine ganz konkrete Funktion der Sonne bei mystischen Erfahrungen sprechen. So berichtet Gopi KRISHNA[67] in seinem Buch «Biologi-

---

63 Der Verfasser war anwesend und verbürgt sich für die Zuverlässigkeit des Berichts.

64 Edith M. JURKA: Brain Patterns Characteristic of Dowsers. - The American Dowser 23 (1983) 1

65 George LEONARD: Der Rhythmus des Kosmos. - Bern / München: Scherz Verlag 1980, S. 14

66 Dieser Begriff ist bereits von A. GURWITSCH (Über den Begriff des embryonalen Feldes, Archiv für Entwicklungsmechanik 51 (1922), S. 383) und P. WEISS (Principles of Development, New York: Holft 1939) formuliert worden. C. H. WADDINGTON (The Strategy of the Genes, London: Allen and Unwin 1957) und R. SHELDRAKE (Das schöpferische Universum, München: Goldmann Verlag 1985) arbeiten an seiner Weiterentwicklung. Der Verfasser hat seit den sechziger Jahren versucht, wesentliche Funktionen des morphogenetischen Feldes im kosmischen Bereich auch quantitativ zu erfassen und mit anerkannten physikalischen Gesetzen zu integrieren:
T. LANDSCHEIDT: Die Abstände der Planeten und ihre Entsprechungen zu Strukturen der Primzahlfolge und der Mikrophysik. - Nachrichten der Olbers-Gesellschaft 75 (1969). Derselbe: Gibt es einen Zusammenhang zwischen dem Alter kosmischer Körper und Systeme und ihrem spezifischen Volumen? - Abh. naturw. Verein Bremen 37 (1970) H. 3 / 1. Derselbe: Kosmische Kybernetik: Besteht ein Zusammenhang zwischen der Sonnenaktivität und der Aktivität im Zentrum der Milchstraße? - Jahrbuch der Wittheit zu Bremen 18 (1974), S. 275. Der Verfasser wird im Resch Verlag, Innsbruck, eine Arbeit vorlegen, welche die Quellen des morphogenetischen Feldes aufzeigt und lokalisiert.

Abb. 6: Sonnen-Eruption. «Flammen der Sonne»

Abb. 7: Skylab-Aufnahme der Sonne im Röntgenlicht. Das gleißende Licht kennzeichnet Aktivitäts-Zonen. Die dunkle Struktur im mittleren Bereich ist ein Korona-Loch, aus welchem Sonnenwind ausströmt, der die Erde vor der kosmischen Strahlung schützt

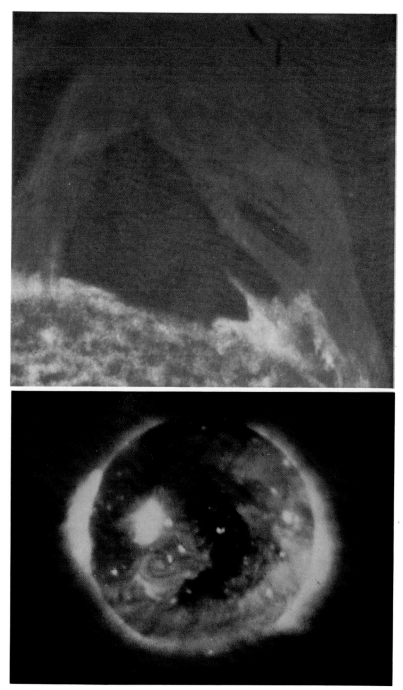

Abb. 6 und 7

sche Basis der Glaubenserfahrung», zu welchem Carl Friedrich von WEIZSÄCKER eine Einleitung geschrieben hat: «Plötzlich fühlte ich einen Strom flüssigen Lichts, tosend wie ein Wasserfall, durch meine Wirbelsäule in mein Gehirn eindringen... Ich war jetzt reines Bewußtsein,... in ein Meer von Licht getaucht. Als ich meine Augen wieder öffnete, war die Sonne aufgegangen und schien mir voll ins Gesicht.» Dies war die gleiche Konstellation wie bei der Erleuchtung Buddhas.

IV. AKTIVITÄT DER SONNE UND MENSCHLICHE KREATIVITÄT

1. Körper der Sonne und Formen ihrer Aktivität

Abb.5 zeigt den Körper der *Sonne* im weißen Licht. Die schwarzen Sonnenflecken sind Ausdruck der Kreativität der Sonne. Sie bergen ein starkes magnetisches Energiepotential, das durch Eruptionen ausgelöst wird. Abb. 6 zeigt eine solche Eruption, durch deren elementare Gewalt die gesamte Aura der Sonne, die Korona, umstrukturiert wird. Das Bild dieser Eruption erinnert an die geheimnisvollen Flammenzungen der Sonne, die in der zitierten altchinesischen Meditationsanleitung beschrieben wurden, obwohl erst moderne Instrumente ihre physische Entdeckung ermöglicht haben. Auch die alten Ägypter sprachen schon vom «Feuerspeienden Auge des Sonnengottes».[68] Hiermit scheint nicht das gewöhnlich von der Sonne kontinuierlich ausgestrahlte Licht gemeint gewesen zu sein, da als Symbol die *«Uräus-Schlange»* gewählt wurde, «die sich Aufbäumende».[69] Die Eruptionen der Sonne tragen zur Entstehung des Sonnenwinds bei, der das Sonnensystem als Schutzmantel einhüllt und die von außen eindringende harte kosmische Strahlung daran hindert, alles Leben auf unserem Planeten zu vernichten. Auch dies ist eine kreative Funktion.

Abb. 7, eine Skylab-Aufnahme der Sonne im Röntgenlicht, zeigt eindrucksvoll, welch ungeheure Energien in den Aktivitätszonen konzen-

---

67 Gopi KRISHNA / Carl Friedrich von WEIZSÄCKER: Biologische Basis der Glaubenserfahrung. - München: Otto Wilhelm Barth Verlag 1973, S. 17
68 M. LURKER: Götter und Symbole, S. 48
69 Derselbe, ebenda, S. 48, 202

triert sind. Die dunkle Struktur im mittleren Bereich ist ein Korona-Loch. Dieser offene Geburtskanal gebiert intensiven Sonnenwind, der ungehindert ausströmen kann, da an dieser Stelle die Magnetfelder der Sonne keine geschlossenen Schleifen bilden.

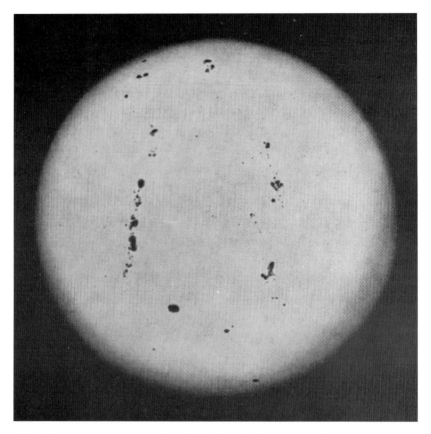

Abb. 5: Körper der Sonne im weißen Licht. Die zahlreichen Sonnenflecken zeigen ein hohes Aktivitäts-Potential an.

Die wichtigsten *Eruptionen,* auch für die Auswirkungen auf der Erde, sind gewaltige Lichtblitze der Sonne, sogenannte *Flares.* Energetische Flares entsprechen dem Energiepotential von mehreren hundert Millionen Wasserstoffbomben. Die Temperatur geht über 20 Millionen Grad hinaus. Das ist heißer als im Zentrum der Sonne, obwohl sich Flares in der Atmosphäre der Sonne ereignen. Die Energie starker Flares reicht aus, um die gesamte Erdbevölkerung 100 Millionen Jahre lang mit elektrischer Energie zu versorgen.

2. Strukturpotential der Sonne und élan créateur

Welche physikalischen Auswirkungen die Energieausbrüche der Sonne auf die Erde haben, soll uns hier nicht beschäftigen. Ich habe hierüber ausführlich an anderer Stelle berichtet.[70] Hier wollen wir der Frage nachgehen, ob von *Sonneneruptionen* psychische Anstösse ausgehen.

Diese Frage ist nicht so seltsam, wie dies auf den ersten Blick erscheinen mag. Der *physikalische Kosmos* zeigt drei Aspekte: *Materie, Bewegungspotential* und *Struktur,* die durch die physikalischen Größen *Masse, Energie* und *Information* gemessen werden. EINSTEIN hat gezeigt, daß Masse und Energie eine gemeinsame Wurzel haben. Aber auch der dritte Aspekt ist unauflöslich mit den beiden anderen verbunden. Materie oder Energiepotentiale zeigen stets Struktur, und Struktur braucht energetische oder materielle Träger. Alle drei Aspekte bilden eine existentielle kosmische Einheit.[71]

In die gleiche Richtung weisen die Ergebnisse der wieder auflebenden Diskussion der Fundamente der Quantentheorie. Das von NEUMANNSCHE Theorem der Vollständigkeit der Quantentheorie hat sich als unhaltbar erwiesen. Nicht alle Bereiche der Wirklichkeit werden von der Quantentheorie erfaßt. Eine neue Formulierung des EINSTEIN-PODOLSKY-ROSEN-Paradoxons, das wieder im Vordergrund des Interesses steht, indiziert im Zusammenhang mit den BELLschen Ungleichungen eine Inseparabilität der physikalischen Prozesse,[72] die für Mystiker seit langem unabweisliche Realität ist. Das Theorem von J. S. BELL beweist, daß die Welt unteilbar ist und eher die Vorstellung von der Realität atomarer Systeme und der Richtigkeit der Quantentheorie aufgegeben werden muß als die neue physikalische Erkenntnis des Universums als einer unteilbaren Ganzheit.[73] Die Erfahrung der Mystiker bestätigt die lebendige Einheit des Kosmos. Neuarti-

70 T. LANDSCHEIDT: Funktionen, S. 105 – 125

71 T. LANDSCHEIDT: Kosmische Kybernetik, S. 278 – 285. Derselbe: Funktionen, S. 41 – 50

72 Franco SELLERI: Die Debatte um die Quantentheorie. - Braunschweig / Wiesbaden: Vieweg Verlag 1984. Max JAMMER: Le paradoxe d'Einstein-Podolsky-Rosen. - La Recherche 11 (1980), S. 510. Bernard d'ESPAGNAT: The Quantum Theory and Reality. - Scientific American 241 (1979), S. 128

73 F. SELLERI: Quantentheorie, S. 119. B. d'ESPAGNAT: Quantum Theory, S. 140

ge Experimente wie das *Photon-Koinzidenzexperiment* und das *Bari-Catania-Experiment* versprechen weitere Aufschlüsse.[74]

Bilden Masse, Energie und Information eine Einheit, so stellt jede Materiekonzentration im Universum zugleich ein konzentriertes Strukturpotential dar.[75] F.POPP unterscheidet hierbei zwischen in Strukturen gebundener und freier Information.[76] Die Sonne, die mit ihrer ungeheuren Konzentration und Masse über ein gewaltiges Strukturpotential verfügt, ist ein Strahler freier Information.[77] Der Energiestrom, der von ihr ausgeht, ist ein Indiz hierfür.

Alle *kosmischen Kerne,* seien dies Zellkerne, Kerne von Galaxien oder Kerne von Planetensystemen, nämlich Sonnen, sind nachweislich Regulationszentren der ihnen zugeordneten Systeme.[78] Sie sind Träger eines *élan créateur,* der auf die Bedingungen im Uranfang der Differenzierung des Universums in der Expansion zurückgeführt werden kann.[79] Es liegt daher nahe, zu vermuten, daß die Eruptionen der Sonne, die als Äußerungen solarer Kreativität angesehen werden können, auch freie Information enthalten, von welcher schöpferische Impulse ausgehen.

Dabei handelt es sich gewiß nicht um spezielle Nachrichten in kortikaler Sprache. Die Sonne ist kein Gott im Sinne der Völker des Altertums. Es ist aber denkbar, daß sie einen gewaltigen *Seelenfunken* im Sinne ECKEHARTs trägt, der den in kreative Schwingungen versetzt, der kosmische Hingabe verwirklicht. Die Sonne könnte einen *Urimpuls kosmischer Kreativität* ausstrahlen, das Urwort, das an alle ergeht, die selbst den Seelenfunken lebendig erhalten haben und resonanzfähig sind. Nach der mystischen Erfahrung enthalten kosmische Impulse keine Worte der Ratio. HILDEGARD von Bingen beschrieb sie als «zuckende Flammen».[80]

---

74 Derselbe, ebenda, S. 129 – 134

75 C. A. MUSES: Foreword to J. ROTHSTEIN: Communication, Organisation, and Science. - New York: Falcon's Wing Press 1958

76 Fritz Albert POPP: Photon Storage in Biological Systems. - In: Fritz Albert POPP / Günther BECKER / Herbert L. KÖNIG / Walter PESCHKA: Electromagnetic Bio-Information: Proceedings of the Symposium Marburg, September 6, 1977. - München / Wien / Baltimore: Urban und Schwarzenberg 1979, S. 148

77 Siehe Anm. 47

78 T. LANDSCHEIDT: Kosmische Kybernetik, S. 286. Derselbe: Funktionen, S. 52 – 68

79 Derselbe, ebenda S. 53

80 Hildegard von BINGEN: Scivias, S. 394

3. Mystik und Liebe

Gibt es solche Impulse, so geht es um die Fortzeugung kosmischer Kreativitätspotentiale, die den Kosmos in uns und den Kosmos außer uns vereint , um die *Schöpfungswelt* zu verwandeln. Es drängen sich Parallelen zum körperlichen Zeugungsakt auf. In jedem Fall steht Kreativität im Zentrum des Schwingungsprozesses, der den Austausch uralter Information begleitet, die fortwirkt, auch wenn sie nicht verstanden wird. Es kommt nicht von ungefähr, daß auch die mystische Erfahrung ähnlich empfunden wird. Ortega y GASSET hat zu Recht hierauf hingewiesen.[81] Für JOHANNES vom Kreuz ist Mystik nichts anderes als «Wissenschaft der Liebe» und die mystische Vereinigung «union por amor».[82] In der «Subida del Monte Carmelo» hebt er hervor, daß nur die Ähnlichkeit der Liebe Gottes und des Menschen eine übernatürliche Vereinigung bewirken könne.[83] Die mystischen Schriften des SAN JUAN de la Cruz gelten als Meisterwerke spanischer Liebeslyrik. Was Wunder, da es in jedem Fall um Zeugung geht. Der psychische Grundakt ist stets der gleiche, ein *Eros-Vorgang*, dessen Wurzeln bis zum Beginn des Universums zurückreichen. Kosmische Liebe umfaßt alle Formen des Eros.

Hier ein Auszug aus dem Gedicht SAN JUANs «Die lebendige Liebesflamme»:

«O ihr leuchtenden Flammen,
In deren Widerschein
Selbst die tiefsten Abgründe der Sinne,
Die stets dunkel und geblendet waren,
Jetzt in außerordentlicher Schönheit
Mir Licht und Wärme an der Seite des Geliebten spenden!

Wie zärtlich und liebreich
Erinnerst Du in meiner Brust,
Im heimlichen Verweilen
Deines wohltuenden Hauches,

---

81 José ORTEGA Y GASSET: Über die Liebe. - Stuttgart: Deutsche Verlagsanstalt 1973, S. 165

82 J. BOLDT: Johannes vom Kreuz, S. 14

83 Derselbe, ebenda, S. 124

Voll unsagbarer Seligkeit.

O wie kostbar ist es doch, geliebt zu werden.»[84]

4. Sonnen-Licht und Lichtkörper der Zellen

Mystische Erfahrungen sind ein Lichtereignis. Das gleiche gilt für die Flammenzungen der Sonne, ihre *Eruptionen*. Photonen sind Träger des Lichts. Nach Forschungsergebnissen, die Fritz POPP[85] vorgelegt hat, spielen Photonen auch bei der Regulation menschlicher Lebensprozesse eine wesentliche Rolle. Kohärente Photonen ultravioletten Lichts sehr schwacher Energie steuern in Rückkoppelung biochemische Reaktionen der Zellen und sorgen im Informationsaustausch mit anderen Zellen für die Fehlerfreiheit der Erbbibliothek. Die Photonenaggregate, welche die gesamte Erbinformation dynamisch konservieren, schwingen innerhalb des Hohlraums der Helix im Zellkern, dessen Resonanzgüte 10^{15} mal besser ist als die der fortgeschrittensten technischen Resonatoren. Stirbt die Zelle, wird der Lichtkörper mit der gesamten Information freigegeben. Der entsprechende Strahlungsstoß ist mit ungeheuer feinen Meßinstrumenten registriert worden. POPP geht davon aus, daß kohärente Anteile des Sonnenlichts die Entwicklung der Photonenkybernetik der Zellkerne angeregt haben.[86] Ist dies richtig, so sind die Bedingungen für wechselseitige Resonanz günstig. Informationsaustausch könnte unmittelbar zwischen der Sonne als Kern des Planetensystems und den Regulationszentren in den Kernen menschlicher Zellen erfolgen. In Abwandlung eines Goethe-Wortes könnte man sagen:

Wär nicht das Zell-Licht sonnenhaft,

Es könnt nicht wie das Sonn-Licht schwingen.

84 Derselbe, ebenda, S. 183, 184

85 Fritz POPP: Weak Quantization. - J. Math. Phys. 14 (1973), S. 604. Derselbe und B. RUTH: Untersuchungen zur ultraschwachen Photonenemission aus biologischen Systemen. - Arzneimittelforschung – Drug Research 27 (1977), S. 933. Derselbe: Krank sein: Wenn Zellen nicht mehr miteinander reden. - Bild der Wissenschaft 8 (1977), S. 90. Derselbe und V. E. STRAUSS: So könnte Krebs entstehen. - Stuttgart: Deutscher Taschenbuch Verlag 1977

86 F. POPP: Krank sein, S. 93

5. Lichtwelt der Photonen

Dringt der Mystiker bei seiner Lichterfahrung in die Lichtwelt
der *Photonen* ein? Diese Welt ist sehr merkwürdig. Wie das Universum für einen Beobachter aussieht, hängt von der Geschwindigkeit ab, mit der er sich bewegt. Nur zwei Beobachter, die
sich in gleicher Richtung mit der gleichen Geschwindigkeit bewegen, erleben das Universum in gleicher Weise. Die Welt der
Photonen ist schon deshalb ganz anders als die Welt, in der leben, weil sie keine Ruhemasse haben und sich mit der Grenzgeschwindigkeit 300 000 km / s bewegen. Sie leben sozusagen im
Nullpunkt der Zeit. Abb. 8, die dem Buch «Alles ist relativ» des
Physikers Jean-Pierre PETIT[87] entnommen ist, zeigt mit einfachen
Mitteln, zu welchen verblüffenden Einsichten die Relativitätstheorie in diesem Zusammenhang führt. In der Zeichnung links unten ist

Abb. 8: Darstellung der Lichtwelt der Photonen in dem Buch des Physikers Jean-Pierre
Petit «Alles ist relativ»

der dreidimensionale Raum mit den Koordinaten x und y zweidi-
mensional, also als Fläche dargestellt, während die Zeit t in dieser
Vereinfachung als dritte Dimension erscheint. Dieses Gebilde hat

---

87 Jean Pierre PETIT: Alles ist relativ. - Weinheim: Physik Verlag 1982, S. 43

bei Bewegung mit relativ geringer Geschwindigkeit, wie z. B. im Sonnensystem und den in ihm lebenden Menschen, eine beträchtliche «Ausdehnung». Bei Photonen, die sich mit der Grenzgeschwindigkeit bewegen, schrumpft das Gebilde zu der Fläche x, y. Das Universum erscheint als Projektion in diese Fläche. Oder anders ausgedrückt, Ereignisse, die im menschlichen Leben durch einen längeren Zeitraum getrennt sind, wie Leben und Tod, berühren sich, sind die Vorder- und Rückseite ein- und derselben unendlich dünnen Fläche. Manches der Erfahrungsberichte der Mystiker erinnert an diese Lichtwelt der Photonen.

6. Solare Entwicklungsimpulse

Diese Zusammenhänge,insbesondere aber die lebendige Ganzheit von Masse, Energie und Information, die das kosmische Entwicklungspotential repräsentiert, legen die Annahme nahe, daß der Informationsfluß der Sonne, für dessen Existenz seine quantitative Bestimmbarkeit spricht, durch besondere Strukturen der Sonnenaktivität qualitativen Einfluß auf menschliche Kreativität nimmt. Dies ist in dem Sinn zu verstehen, daß Strukturimpulse aus dem Bereich des Urgrunds des Schöpferischen überall dort Entwicklungsanstöße geben, wo das Reifestadium günstig für die Aufnahme eines Entwicklungskeims ist, ganz gleich, ob es sich um die *Psyche* eines Künstlers oder Wissenschaftlers handelt, der auf der Schwelle zu neuen Einsichten oder Erkenntnissen steht, oder um eine Gruppe oder Gesellschaft, die in einem Wandlungsprozeß begriffen ist.

Es ist auffällig, daß immer wieder gleiche *Entwicklungstendenzen* gleichzeitig in den verschiedensten Bereichen auftauchen und manchmal sogar zu identischen Ergebnissen führen. Allgemein bekannte Beispiele sind die gleichzeitige, unabhängige Berechnung der Position des damals noch unentdeckten Planeten *Neptun* durch U. J. LEVERRIER und J. C. ADAMS, sowie die Entwicklung der Infinitesimalrechnung durch NEWTON und G. W. LEIBNIZ. Der Energiesatz wurde fast gleichzeitig von J. R. MAYER, J. P. JOULE und mehreren weiteren Forschern entdeckt. N. L. S. CARNOT und R. J. E. CLAUSIUS formten unabhängig von einander den Begriff der Entropie. Die spezielle Relativitätstheorie wurde kurz nach der Konzeption durch EINSTEIN von H. POINCARÉ entwickelt. Die Schrödinger-Gleichung wurde wenige Wochen später in gleicher Form von dem amerikanischen Forscher C. ECKART niedergeschrieben.[88] Eine historische Analyse zeigt sogar, daß sich auf so verschiedenen Gebieten wie *Mathematik, Physik, Malerei* und *Musik* gleichzeitig ähnliche Formen entwickeln.[89]

7. Energetische Sonneneruptionen, mystische Erfahrung und wissenschaftliche Intuition

Es ist sehr schwierig, den vermuteten Zusammenhang zwischen hochenergetischer *Kreativität der Sonne* und *menschlicher Kreativität* nachzuweisen. Dies gilt insbesondere für *mystische Erfahrungen*. Soweit mir zuverlässige Daten vorliegen, fallen sie ohne Ausnahme in Phasen energetischer Sonneneruptionen. Gopi KRISHNA[90] machte seine überwältigende Erfahrung des Kundalini-Yoga nach seinen Angaben zu Weihnachten 1937, als der Sonnenflecken-Zyklus ein Maximum erreichte und sich auf der Erde schwere magnetische Stürme entwickelten, denen energetische Flares auf der Sonne vorangegangen waren.[91] Das gleiche gilt für das Erlebnis KOESTLERs in der 3. Februarwoche 1937.[92] Von dem herausragenden Protonenflare vom 16. 7. 1959 weiß ich, daß er mit einer *mystischen Erfahrung* einherging, die zu einer tiefgreifenden Wandlung und umstürzenden Erkenntnissen führte.

Ein weiteres Beispiel ist der Trappist Thomas MERTON, der durch sein Buch «Der Berg der sieben Stufen», das er als Mönch geschrieben hat, weltberühmt geworden ist. Die Menschen hörten auf ihn, als er sich in den fünfziger und sechziger Jahren zu Problemen der kirchlichen Erneuerung und den Grundfragen menschli-

88 Albrecht UNSÖLD: Evolution kosmischer, biologischer und geistiger Strukturen. - Stuttgart: Wissenschaftliche Verlagsgesellschaft 1981, S. 117
89 Derselbe, ebenda, S. 106
90 Gopi KRISHNA: Kundalini. Erweckung der geistigen Kraft im Menschen. - Weilheim: Otto Wilhelm Barth Verlag 1968, S. 9
91 P. N. MAYOD: A Hundred Year Series of Geomagnetic Data 1868 – 1967. - IAGA-Bulletin 33, Meppel 1973. Nach dieser Quelle erreichte der aa-Index den hohen Wert 75.
92 aa (Mayod) = 55

cher Existenz äußerte. Claire Boothe LUCE[93] hat zu seinem Werk gesagt: «In hundert Jahren werden die Menschen zu diesem Buch greifen, wenn sie erfahren wollen, was im Herzen der Menschen in diesem Jahrhundert vor sich ging«. Am 3. Dezember 1968, nach dem Besuch von Buddhafiguren in Polonnaruwa anläßlich eines Mönchs-Kongresses, schrieb er in sein Tagebuch: «Ich weiß und habe jetzt gesehen, wonach ich dunkel gesucht habe. Ich weiß nicht, was noch übrig bleibt, aber ich habe jetzt gesehen, ich bin durch die Oberfläche gedrungen und jenseits des Schattens und der Verhüllung gelangt.»[94] Abb. 9, die auf Satellitenbeobachtungen fußt, zeigt den Verlauf der hochenergetischen Eruptionstätigkeit der Sonne im Jahre 1968. Der Pfeil weist auf

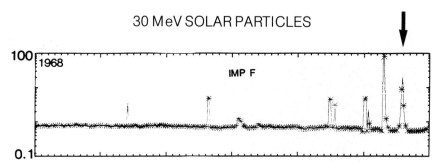

Abb. 9: Energetische Partikelstrahlung der Sonne im Jahre 1968. Starke Sonneneruptionen führen zu Strahlungsausbrüchen wie gegen Ende des Jahres 1968. Der Pfeil kennzeichnet das Datum der urkundlich belegten mystischen Erfahrung des Trappisten Thomas Merton.

das Datum des hier interessierenden Ereignisses am 3. 12. 1968 hin. Die Protonen-Aktivität der Sonne war zu dieser Zeit jenseits der Schwelle von 30 MeV ungewöhnlich stark.[95] Bereits am 2. 12. 1968 wurde ein energetischer Flare der optischen Kategorie 3n beobachtet, der zu einem starken *Forbush-Effekt* mit einer Verringerung der kosmischen Strahlung um 4,9% führte.

Auch als der deutsche Nobelpreis-Träger Klaus von KLITZING am 5. 2. 1980 nachts um 2 Uhr in Grenoble den quantisierten Hall-

93 Sabina LIETZMANN: Thomas Merton. Der beredte Trappist. - Frankfurter Allgemeine Zeitung, 15. 6. 1985, Nr. 136

94 Dieselbe, ebenda

95 T. P. ARMSTRONG / C. BRUNGARDT / J. MEYER: Satellite Observations of Interplanetary and Polar Cap Solar Particle Fluxes from 1963 to the Present. - In: Billy M. McCORMAC (Hrsg.): Weather and Climate Responses to Solar Variations. - Boulder: Colorado Associated University Press 1983, S. 75

Effekt entdeckte,[96] lag die Eruptionstätigkeit der Sonne hoch über dem Niveau des zeitlichen Umfelds. Die Sonnenflecken-Aktivität hatte im 11-jährigen Zyklus das zweithöchste Maximum seit Beginn der Sonnenfleckenzählung erreicht. Die Sonneneruptionen lösten am 5. 2. 1980 einen starken magnetischen Sturm auf der Erde aus.[97] Es handelte sich bei der Entdeckung nicht um eine bloße technische Beobachtung, sondern um einen Erkenntnisakt, der neben umfassendem Wissen Geistesgegenwart, Tiefblick und Integrationsvermögen voraussetzte.

8. Zyklus der Sonnenflecken-Tätigkeit und Kreativitätszyklen in Wissenschaft, Kunst und Religion

Erst ab Anfang der dreißiger Jahre, seit das *Lyot-Filter* und das Spektrohelioskop zur Verfügung stehen, können Flares regelmäßig beobachtet werden. Die besonders energetischen Röntgenstrahlungsausbrüche können sogar erst ab 1970 fortlaufend von Satelliten aus registriert werden. Soweit für frühere Zeiten Daten vorliegen, fehlt es an Eruptionsbeobachtungen, und seit diese zur Verfügung stehen, sind nur wenige menschliche Erfahrungen bekannt geworden, die Aufschluß über einen Zusammenhang geben könnten. Für mathematisch statistische Untersuchungen läßt sich damit nichts anfangen.

Eruptionen setzen aber ein entsprechendes Sonnenflecken-Potential voraus. Maxima der Sonnenflecken-Aktivität können daher zumindest als Indiz dafür angesehen werden, daß die Sonne zur fraglichen Zeit auch Eruptions-Kreativität entwickelt hat. Es ist auffällig, daß EINSTEIN 1905, also zur Zeit eines Sonnenfleckenmaximums, vier bahnbrechende Arbeiten, zu denen auch die spezielle Relativitätstheorie gehörte, bei der Fachzeitschrift «Annalen der Physik» eingereicht hat. Auch als Werner HEISENBERG am 8. Juni 1925 die Quantenmechanik konzipierte, ragte die Sonnenfleckentätigkeit weit aus dem zeitlichen Umfeld heraus. Die Zahl der Sonnenflecken erreichte den höchsten Stand des ersten Halbjahres 1925. HEISENBERG schrieb über dieses Erlebnis: «Ich war zutiefst erschrocken. Ich hatte das Gefühl, durch die Oberfläche

---

96 Frankfurter Allgemeine Zeitung vom 17. 10. 1985
97 aa (Mayod) = 67

der atomaren Erscheinungen hindurch auf einen tief darunter liegenden Grund von merkwürdiger innerer Schönheit zu schauen...
Ich war so erregt, daß ich an Schlaf nicht denken konnte. Ich ver-
ließ in der schon beginnenden Morgendämmerung das Haus... und
bestieg einen ins Meer vorspringenden Felsturm, auf dessen Spitze ich den Sonnenaufgang erwartete.»[98]

Ein Zusammenhang zwischen *solarer* und *menschlicher Kreativität*, auf welchen ich bereits in meiner Arbeit «Funktionen kosmischer Organismen»[99] hingewiesen habe, wird trotz der angeführten Korrelationen und Gründe manchen Leser als unglaubhaft anmuten. Inzwischen habe ich jedoch erfahren, daß in Übereinstimmung mit der bereits erwähnten Erfahrung der koinzidenten Entwicklung neuer Ideen ein anderer deutscher Wissenschaftler völlig unabhängig, aber auf der gleichen Gedankenspur, ähnliche
Vorstellungen entwickelt hat, die er durch überzeugende statistische Beweise stützt. Suitbert ERTEL, Inhaber eines Lehrstuhls für
Psychologie an der Georg-August-Universität in Göttingen, arbeitet seit mehr als zehn Jahren an einem mehrbändigen Werk mit
dem Arbeitstitel «Himmlische Inspirationen». Darin führt er mit
raffiniert konzipierten statistischen Verfahren, die gegen alle denkbaren Einwände abgesichert sind, in zahlreichen Fällen den Beweis, daß
sich die Zyklen der Sonnenflecken-Aktivität in menschlichen Kreativi-
tätszyklen ausprägen auf so verschiedenen Gebieten wie Kunst, Wissenschaft, Religion und Entwicklung neuer sozialer Strukturen. Die
Einzelergebnisse des noch zu veröffentlichenden Werks können hier
nicht vorweggenommen werden. Für den hier verfolgten Zusammenhang ist besonders interessant, daß in den einzelnen Bereichen die unmittelbare Zuordnung zum 11-jährigen Sonnenfleckenmaximum bei
der Lyrik (Irrtumswahrscheinlichkeit $P = 0.002$) und der Malerei (Irrtumswahrscheinlichkeit $P = 0.002$) besonders deutlich hervortritt.[100]
Dies entspricht der Erwartung. In der Malerei geht es ebenso wie bei
Werken der Lyrik um die unmittelbare Umsetzung von Eindrücken
und Stimmungen. Ein vom Kern des Sonnensystems ausgehender élan
créateur, der in den kosmischen Lebensraum ähnlich übertragen wird

---

98 Werner HEISENBERG: Der Teil und das Ganze. - München: Deutscher Taschenbuch
Verlag 1973, S. 78
99 T. LANDSCHEIDT: Funktionen, S. 115 – 118
100 Persönliche Mitteilung von Suitbert Ertel

wie die Information des Zellkerns in das Zytoplasma, kann daher unmittelbar den kreativen Prozeß beeinflussen.

9. Dur-Dreiklang und Sonneneruptionen

Kritisch veranlagte Leser werden vielleicht trotz dieser Ergebnisse dazu neigen, sich ihre Skepsis zu erhalten. Da kann ich nur F. NIETZSCHE zitieren: «Wenn Skepsis und Sehnsucht sich begatten, entsteht die Mystik».[101] Ich hoffe, daß meine Ausführungen dazu beitragen, solche Sehnsucht zu wecken, die Sehnsucht, die kosmischen Wurzeln wiederzubeleben und aus ihnen die Kraft zu Lebensbejahung und Existenzerfüllung zu ziehen.

Das folgende Ergebnis aus meiner astronomischen Werkstatt, das für oberflächlich naturwissenschaftlich eingestellte Skeptiker schwer verdaulich ist, aber durch unerschütterliche Fakten im positivistischen Sinne belegt wird, mag dazu beitragen, den von NIETZSCHE beschriebenen Prozeß zu beschleunigen. Wie J. KEPLER[102] nachgewiesen hat, bilden die Winkelgeschwindigkeiten der Planeten in Sonnenferne und Sonnennähe Verhältnisse, die zugleich harmonische Intervalle sind. Insgesamt entsteht der Dur-Dreiklang $c:e:g$, der durch das Zahlenverhältnis $4:5:6$ gekennzeichnet ist. Dies gilt auch für die später entdeckten *Planeten*.[103]

Ich sage seit vielen Jahren unter den kritischen Augen von Astronomen und Geophysikern langfristig *energetische Eruptionen* der Sonne vorher. Seit 1979 haben sich energetische Röntgenstrahlungsausbrüche fast ausnahmslos zur vorhergesagten Zeit ereignet, obwohl die Prognosen $1-3$ Jahre im voraus formuliert wurden.[104] Dabei stütze ich mich unter anderem auf heliozentri-

101 Friedrich NIETZSCHE: Gesammelte Werke. - München: Edition Musarion 1922 – 1928, Bd. 14, S. 22

102 Johannes KEPLER: Weltharmonik, 5. Buch

103 F. WARRAIN: Essai sur l'Harmonices Mundi ou musique du monde de Johann Kepler. - Paris 1942, Bd. 2, S. 79

104 T. LANDSCHEIDT: Funktionen, S. 122 – 125. Derselbe: Solar Oscillations, Sunspot Cycles, and Climatic Change. - In: B. McCORMAC: Weather and Climate, S. 304 – 306. Derselbe: Cycles of Flares and Weather. - In: N. A. MÖRNER / K. KARLÉN (Hrsg.): Climatic Changes on a Yearly to Millennial Basis. - Dordrecht / Boston / London: Reidel Verlag 1984, S. 473 – 481. Derselbe: Long-Range Forecast of Energetic X-Ray Bursts Based on Cycles of Flares. - In: Proceedings of the International Solar-Terrestrial Prediction Workshop, Meudon, June 18 – 22, 1984. - Boulder 1986

sche Konstellationen von Sonne und Planeten, bei denen der Planet *Jupiter*, das Sonnenzentrum und das unsichtbare Massenzentrum des Sonnensystems auf einer Linie liegen. Bildet sich eine solche Konstellation, so ereignet sich ein Sprung in der Rotation der Sonne um ihre Achse, der die Eruptionstätigkeit beeinflußt[105] Wird das Intervall von einem solchen Sprung zum nächsten als Grundschwingung behandelt, so läßt sich der diesem Grundton zugeordnete Dur-Dreiklang durch eine Überlagerung der Oberschwingungen im Verhältnis 4 : 5 : 6 graphisch darstellen. Abb. 10 zeigt das Ergebnis.[106] Die Zeiteinheiten 0 – 100 stellen normierte Bruchteile

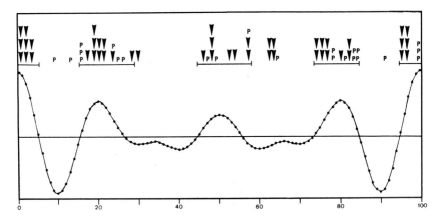

Abb. 10: Dur-Dreiklang und Sonneneruptionen: Die vollkommenste Konsonanz innerhalb der Oktave ist der Dur-Dreiklang c' : e' : g' = 4 : 5 : 6. Die Kurve in der Abbildung stellt das Ergebnis der Überlagerung von Schwingungen im Verhältnis 4 : 5 : 6 dar. Die Zeiteinheiten 0 – 100 ordnen in dieses Schwingungsmuster normierte Bruchteile beliebig langer Zyklen ein, die durch jeweils aufeinanderfolgende heliozentrische Konjunktionen des Planeten Jupiter, des Zentrums der Sonne und des unsichtbaren Massenzentrums des Sonnensystems gebildet werden und als Grundschwingung fungieren. Herausragende Protonenflares (P), die von 1942 – 1969 beobachtet wurden, und von 1970 – 1985 registrierte solare Röntgenstrahlungsausbrüche ≧ X4 (durch Pfeile gekennzeichnet) fallen in 61 von 70 Fällen in den positiven Bereich der «Dur-Dreiklang»-Schwingung. Die Konzentration in diesem Bereich ist statistisch hochsignifikant. Die einzige Ansammlung von Eruptionen außerhalb der positiven Phasen entspricht dem Verhältnis der Kleinen Sext (5 / 8).

beliebig langer Zyklen dar, die durch aufeinanderfolgende Konjunktionen von *Jupiter, Sonnenzentrum* und *Massenzentrum* des Sonnensystems gebildet werden. Das Erstaunliche ist nun, daß sich besonders

105 T. LANDSCHEIDT: Beziehungen zwischen der Sonnenaktivität und dem Massenzentrum des Sonnensystems. - Nachrichten der Olbers-Gesellschaft Bremen 100 (1976), S. 12. Derselbe: Funktionen, S. 119 – 122
106 Die Amplituden stehen im umgekehrten Verhältnis 6 : 5 : 4

energetische Eruptionen der Sonne, von denen sich von 1942 – 1985 nur insgesamt 70 ereigneten, fast ausschließlich auf die positiven Phasen der Dreiklang-Schwingung konzentrierten. Abb. 10 gibt dieses Ergebnis wieder. P steht für besonders energetische von 1942 bis 1969 beobachtete Protonenflares, während seit 1970 von Satelliten registrierte Röntgenstrahlungsausbrüche der Kategorie $\geqq$ X4 durch Pfeile gekennzeichnet sind. 61 der 70 Eruptionen liegen im positiven Bereich. Das ist statistisch hochsignifikant.[107] Dort, wo sich die einzige Ansammlung außerhalb der positiven Phasen zeigt, liegt das Intervall der kleinen Sext (5 / 8). Hier wird zugleich die Grundschwingung im Verhältnis des Goldenen Schnitts geteilt (61,8 : 38,2), das in der Kunst und in der Ästhetik eine so große Rolle spielt. Hierauf gestützte langjährige Vorhersagen haben sich bewährt. Bisher lagen ohne Ausnahme alle Eruptionen der definierten Kategorie im vorhergesagten Bereich.

10. Schlußwort

Dies bedeutet nicht mehr und nicht weniger als daß die Sonne, die manche für so tot halten, wie sie Gott für tot erklären, mit ihrer eruptiven Kreativität sensibel auf eine musikalische Struktur reagiert, die von Harmonikern als Ausdruck der vollkommensten Harmonie angesehen wird. Die Bedeutung dieses Zusammenhangs wird durch die Reaktion auf den Goldenen Schnitt noch vertieft.

Ich hoffe, daß es Ihnen hiernach so geht, wie weise *Chassidim* es ausgedrückt haben: «Wie die Hand vor das Auge gehalten den größten Berg verdeckt, so verdeckt das kleine irdische Leben dem Blick die ungeheuren Lichter und Geheimnisse, deren die Welt voll ist. Und wer es vor seinen Augen wegziehen kann, wie man eine Hand wegzieht, der schaut das große Leuchten des Weltinnern.»[108]

Auch GOETHE war ein Mystiker. Er betete: «Den Einsamen hüll in Deine Goldwolken.»[109] In seinem letzten Gespräch mit J. P. EK-

---

107 Mit dem Pearson-Test ergibt sich bei 2 Freiheitsgraden der Wert 38,6; Irrtumswahrscheinlichkeit P $\leqq$ 0.00001
108 Worte des Rabbi Nachman von Brazlaw, zitiert in: M. BUBER: Ekstatische Konfessionen, S. 222

KERMANN unmittelbar vor seinem Tode sagte er: «Fragt man mich, ob es in meiner Natur sei, die Sonne zu verehren, so sage ich abermals: durchaus! Denn sie ist eine Offenbarung des Höchsten, und zwar die mächtigste, die uns Menschenkindern wahrzunehmen vergönnt ist. Ich anbete in ihr das Licht und die zeugende Kraft Gottes, wodurch allein wir leben, weben und sind und alle Pflanzen und Tiere mit uns.»[110]

109 Henri BIRVEN: Goethes offenes Geheimnis. - Zürich: Origo Verlag 1952, S. 21, 22
110 J. P. ECKERMANN: Gespräche mit Goethe. - Frankfurt: Frankenbuchhandlung 1969, S. 376

CLAUS SCHEDL

DIE ÄGYPTISCHE GÖTTIN MA'AT
UND
DIE SPIELENDE WEISHEIT DER BIBEL

Ein religionswissenschaftlicher Vergleich

Im Buch der *Sprüche Salomons* gibt es ein Lied auf die Weisheit, das die Fachexegeten nicht in den Kontext der Sprüche einzuordnen vermögen. Daher wird vorgeschlagen, es müsse sich hier um altägyptisches «Urgestein» handeln. Die Meinungen der Kommentatoren gehen weit auseinander. Was bedeutet eigentlich das ägyptische *Ma'at* und das hebräische *hokmah*, die beide mit «Weisheit» übersetzt werden? Manche Kommentatoren lehnen die Verwandtschaft zwischen den beiden Begriffen / Ausdrücken ab; andere sehen in der Verwandtschaft beider geradezu ein religionsgeschichtlich spannendes Moment. Zumindest stehe fest, daß sowohl im *Alten Ägypten* als auch im *Alten Israel* die Gestalt der *Weisheit* eine entscheidende Rolle spielte, ja sie wird sogar als Grundentwurf der Welt und damit auch des Menschen bezeichnet. – Wir haben uns nicht vorgenommen, in die Diskussion mit den Kommentatoren einzutreten, da dies den Rahmen dieses Beitrages überschreiten würde; was wir aber tun können, ist, die wichtigsten ägyptischen und hebräischen Texte über die «Weisheit» auszuheben und für sich selbst sprechen zu lassen.

Im I. Teil behandeln wir demnach die *ägyptische Ma'at*, vor allem anhand der Schöpfungstexte und Weisheitshymnen. Im II. Teil analysieren wir etwas ausführlicher zwei Texte aus dem Buch der *Sprüche Salomons*: die «vor Gott spielende Weisheit» (8,22 – 31) und «das Haus der Weisheit» (9,1 – 9).

I. DIE ÄGYPTISCHE GÖTTIN MA'AT

Die *Ma'at* wird einerseits als zierliche Göttin dargestellt, in Kniestel-
lung, die Arme über der Brust verschränkt, auf dem Kopf eine Straußenfeder, die zugleich als Hieroglyphe ihres Namens gilt; andererseits
– vor allem in den Gräbern im Tal der Könige – finden wir sie aufrecht
stehend, den Verstorbenen, dessen Name in die Kartusche eingetragen
ist, auf seinem Weg in das Jenseits begleitend; die zarten Arme und
Hände hängen neben dem Körper herab. Auch hier ist ihr Erkennungs-
zeichen die Straußenfeder auf dem Kopf. Die volle Mejestät der Ma'at
wird an den Jenseits-Pforten sichtbar: wenn der Tote den Weg in sein
Grab, d. h. in das Jenseits antritt, muß er zwölf Pforten durchschreiten.
Im Grab der *Nofretari* (Lieblingsgemahlin Ramses II) füllt die Gestalt
der Ma'at die ganze Fläche der Oberschwelle der Tür aus: sie kniet,
streckt die Arme aus, die zu großen, ausgebreiteten Schwingen werden. Im selben Raum ist sie an der Wand noch einmal kniend dargestellt: ihre Schwingen sind – wie bei einem Seraphengel – schützend
über die Kartusche gebreitet.[1] Im Totengericht wird die Ma'at nur
durch eine Feder auf der einen Waagschale dargestellt; in der anderen
liegt das Herz des Verstorbenen und wird mit der Ma'at gewogen. –
Dazu gibt es noch viele andere Darstellungen der Ma'at in verschiedenen Funktionen: so opfert der *Pharao* eine kleine Ma'at-Statue dem
Gott *Amon* – oder: Ma'at steht allein vor dem Gott *Atum*, entweder die
Hände erhoben oder vorgeneigt und Gaben darbringend. Die Deutung
mancher Darstellungen ist sehr schwierig; – in manchen Fällen könnte
es sich auch um die vor Gott spielende Ma'at handeln. Diese Meinung
vertritt Othmar KEEL in seinem Artikel: «Die Weisheit spielt vor
Gott».[2] Dadurch wird man geradezu herausgefordert, einen religions-
geschichtlichen Vergleich zwischen der ägyptischen Ma'at und der
spielenden Weisheit der Bibel durchzuführen.

Die Gestalt der *ägyptischen Ma'at* wird schon verständlicher, wenn
man fragt, was ihr ägyptischer Name eigentlich bedeutet. Die ägyptischen Götternamen bezeichnen oft eine bestimmte Eigenschaft. Am be-

---

1 E. DONDELINGER: Der Jenseitsweg der Nofretari. Bilder aus dem Grab einer ägyptischen Königin. - Akademische Druck- und Verlagsanstalt Graz 1973, 98.109
2 Ein ikonographischer Beitrag zur Deutung des me ṣaḥāqät (spielend) in Spr 8,30 f.
(Freiburger Zs. für Philosophie und Theologie. 88. Jahrgang, 1 – 66 mit 33 Abbildungen)

kanntesten ist wohl der *Horus-Falke*, der seine Schwingen schützend über den Pharao breitet: so heißt *hor* nichts anderes als «der Ferne»; *hor-wer*, «der große Ferne». Der Hauptgott von Theben führt den Namen *Amun*, d. i. «der Verborgene». Die Namen der Urgötter der Weltwerdung: *Nun, Nut, Geb* dagegen bedeuten «Urwasser», «Himmel», «Erde». Übersetzt man die ägyptischen Namen, werden die Texte gleich verständlicher. Versuchen wir nun dies bei der Ma'at!

Von Haus aus scheint Ma'at etwas sehr Einfaches zu sein, und zwar ein konkreter räumlich-physikalischer Begriff, der *Geradheit* und *Ebenheit* bedeutet. Ihr (ältestes) Schriftzeichen ⟋▭ stellt vielleicht die Geradheit des ägyptischen Thronsockels dar.»[3] Auf die Ethik übertragen ist der gerade, aufrechte Mensch zugleich der Weise, der den vorgegebenen Gesetzen folgt. In der Übersetzung wird der ägyptische Name Ma'at meist beibehalten, weil kein deutsches Wort genau dem ägyptischen Ausdruck entspricht. In der koptischen Bibelübersetzung wird das griechische Wort für «Wahrheit» mit mě = altäg. Ma'at übersetzt. Da die ägyptischen Weisheitsbücher den wahren und richtigen Weg weisen wollen, ist man wohl auch berechtigt, Ma'at mit «Weisheit» zu übersetzen. Aber um welche Weisheit handelt es sich? Wir müssen klar zwischen der *Weisheit* im *göttlichen*, im *kosmischen* und im *menschlichen* Bereich unterscheiden.

1. Die Ma'at in den Schöpfungsmythen

Um das Wesen der Ma'at zu verstehen, müssen wir auf die *Mythen der Weltentstehung* zurückgreifen.

a) Der Naturmythos von Hermopolis

Im *Naturmythos von Hermopolis* wird alles zur Zeit Existierende weggedacht. Dadurch kommt man aber nicht zu einem schöpferischen Urgott, sondern zur *Urmaterie*, die keine Eigenschaften hat; denn die Eigenschaften wurden ja alle weggedacht. Ist diese sogenannte Urmaterie also das Nichts, oder das Ur-Sein einfachhin, oder ähnlich dem indischen Nirvana? Diese Urmaterie spaltet sich in ihre Elemente auf:

---

3 S. MORENZ: Ägyptische Religion, Religionen der Menschheit, Bd. 8. - Stuttgart: Kohlhammer 1960, S. 120

es werden *vier Urelemente* genannt, die durch das jeweilige weibliche Gegenelement zu vier Paaren, also insgesamt acht Elementen erhöht werden. Dies ergibt die *Achtheit von Hermopolis*, das einfachhin «Stadt der Acht» genannt wird. Wenn wir die ägyptischen Namen gleich in das Deutsche übersetzen, wird folgende Vorstellung des Ur-Anfanges sichtbar:

> Der Urozean – die Ursee
> der Endlose – die Endlosigkeit
> der Finstere – die Finsternis
> der Verborgene – die Verborgenheit

Aus diesen wäßrigen, endlosen, finsteren und verborgenen Urelementen treten die einzelnen Elemente des Kosmos nicht durch Schöpfung, sondern durch weitere Zeugungen ins Dasein. In diesem System ist für einen Schöpfergott kein Platz. Der jeweilige Hochgott ist nur die höchste Entfaltung der naturimmanenten Entwicklung.

b) Der Weltschöpfungs-Mythos von Heliopolis

Im *Weltschöpfungsmythos von Heliopolis* wird der Weltwerdung ohne Gott die *Welt-Zeugung* durch den Gott *Atum*, «der sich selbst schuf, der Urgott der Urgötter», gegenübergestellt. Aus dem Urozean entstand nach dieser Vorstellung nicht die Achtheit, vielmehr hatte sich der Allherr durch einen Willensakt selbst geschaffen. Dies wird folgendermaßen verdeutlicht: «Atum ist es, der ins Werden trat, der in On (Heliopolis) sich selbst befriedigte. Er nahm seinen Phallus in die Faust, um damit die Lust zu erregen, und so wurden die Zwillinge *Schu* und *Tefnut* ('Luft' und 'Feuchtigkeit') geboren» (Pyramidentext § 1248). Dieses erste Götterpaar zeugte dann weiter *Nut* (Himmel) und *Geb* (Erde), und diese die zwei Paare *Isis* und *Osiris* (Fruchtbarkeit, Fruchtland) sowie *Nephthys* und *Seth* (Wüste, Öde). Mit dem Urwasser zusammen gibt dies «die Neunheit von Heliopolis». Atum wird zwar als jener Gott bezeichnet, aus dem das All hervorgegangen ist, aber die Entstehung der Welt ist trotzdem keine Erschaffung durch Gott, sondern eine Welt-Entwicklung durch den Kreislauf von Zeugungen.

c) Der Weltschöpfungs-Mythos von Memphis

In *Memphis* wird der Schöpfungsvorgang vergeistigt und damit der Durchbruch in das Metaphysische eingeleitet. Der physischen Zeu-

gungskraft des Atum wird die *Schöpferkraft des Gottes Ptah* entgegen-
gestellt, dessen Symbole *Herz* und *Zunge* sind. Das *Herz* war in ägyptischer Vorstellung der Sitz nicht nur des Gefühls, sondern auch des
Verstandes und des Denkens: «Es ist so, daß Herz und Zunge über alle
Glieder Macht haben... Das Sehen der Augen, das Hören der Ohren,
das Luftatmen der Nase, sie bringen dem Herzen Meldung. Das Herz
ist es, das jede Erkenntnis hervorkommen läßt, und die Zunge ist es,
die wiederholt, was vom Herzen gedacht wird.»

«So ist die Schöpfung entstanden, nicht aus dem Chaos, wie in Hermopolis, sondern unmittelbar aus Gott, gemäß dem Befehl, den der
göttliche Geist erdachte, und der als Schöpferwort aus seinem Mund
hervorging. Geformt wird das Wort durch die Zunge.» Und so heißt es
weiter in deutlicher Polemik gegen Heliopolis: «Die Götterneunheit
des Atum soll ja entstanden sein durch seinen Samen und seine Finger,
die Götterneunheit entstand aber in Wirklichkeit durch die Zähne und
die Lippen in seinem Mund... »[4]

Damit ist die frühere Auffassung einer Erzeugung des Lebens aus einer Urkraft überwunden. Die Schöpfung entsteht im Denken und gewinnt Gestalt durch das göttliche Wort, «das den Namen aller Dinge
kennt». *Gott* ist der *Ur-Geist*, jenseits allem vom menschlichen Geist
Erfaßbaren. Er ist der «Große Gott» einfachhin.[5]

d) Der Große Gott und die Maʿat

Der grandiose Entwurf der Weltschöpfung durch das Wort transpo-
niert eigentlich das *Denken, Fühlen* und *Handeln* des Menschen bis in
den Uranfang zurück. Man könnte daher von einem menschlich-psy-
chologischen Welt-Entwurf sprechen; denn bevor der Mensch etwas in
die Tat umsetzt, hat es bereits eine konkrete Vorstellung, einen Plan in
seinem Geiste angenommen. Daher kann man fragen, welcher Plan als
erster über die Zähne und die Lippen des Großen Gottes hervorging?
Die Antwort ist: die *Maʿat*. Sie bleibt aber nicht im innergöttlichen
Denken verborgen; alles Geschaffene wird nach dem Plan der Maʿat geschaffen. Die Maʿat wurde zwar vor der Schöpfung entworfen, sie
durchwirkt aber jedes Geschöpf, das von Gott ins Dasein gerufen wurde. «Maʿat ist daher der im Schöpfungsakt gesetzte richtige Zustand in

---

4 E. DONDELINGER: Der Jenseitsweg der Nofretari, S. 33 f.
5 Derselbe, ebenda, S. 34 f.

Natur und Gesellschaft.»[6] Was von Gott in der Urzeit «zur ersten Mal»
gesetzt wurde, muß vom König immer neu hergestellt werden. In der
Gottheit selbst, ob es sich um Atum, Amun oder Re handelt, ist die
Ma'at schon vollendet. Beim Hervorgehen aus Gott oder beim Herab-
steigen in die Schöpfung nimmt sie aber jeweils eine konkrete Gestalt
an: «Die Ma'at stieg herab in ihrer (der Urgötter) Zeit und verbrüderte
sich mit den Göttern»; bzw. «Die Ma'at kam aus dem Himmel zu ihrer
Zeit und gesellte sich zu denen, die auf Erden lebten.»[7] – Was ist also
die Ma'at? Bloß eine dichterische Personifikation der kosmischen Ur-
Ordnung, oder eine Person? Jedenfalls wird sie als Göttin dargestellt.
In der Beantwortung dieser Frage beschränken wir uns auf den selten
behandelten Ma'at-Hymnus.

2. Der Ma'at-Hymnus

Wir verwenden im folgenden die Übersetzung von Jan ASSMANN:
Ägyptische Hymnen und Gebete.[8] Da dieser Hymnus 124 Zeilen hat,
können wir hier nur das besonders Charakteristische herausheben.
Das Wort Ma'at kommt im ganzen Text 50mal vor. Der Titel lautet:
«Spruch zur Darbringung der Maat. Zu rezitieren».

Daraus folgt, daß wir es mit einem liturgischen Text zu tun haben,
der innerhalb des Kultes rezitiert wurde, – und nicht bloß mit irgendeiner religiösen Dichtung. Als Haupt- und Schöpfergott wird *Amun* oder
Amun-Re angesprochen, der auch einfach als Gott bezeichnet wird.
Welches Verhältnis besteht nun zwischen Gott und Maat? (Der Name
der Göttin hier vereinfacht Maat statt Ma'at geschrieben).

> Die Maat ist gekommen, um bei dir zu sein
> Maat ist an allen deinen Stätten....
> Alles was entstand, im Umkreis des Himmels,
> Ihre Arme beten dich an.
>
> Sei gegrüßt, der du ausgestattet bist mit Maat,
> Schöpfer des Seienden, der das, was ist, hervorbrachte,
> Du bist der vollendete Gott,
> Der geliebte.

6 S. MORENZ: Ägyptische Religion, S. 120
7 Derselbe, ebenda, S. 121 f.
8 Jan ASSMANN: Ägyptische Hymnen und Gebete. - Zürich / München: Artemis-
Verlag 1975, S. 268 – 273

Du kommst herab in Maat,
Du lebst von Maat,
Deine Glieder vereinen sich mit Maat,
Du läßt Maat sich auf deinem Haupte niederlassen,
Damit sie Platz nehme auf deinem Scheitel.

Deine Tochter ist Maat,
Du verjüngst dich bei ihrem Anblick,
Du lebst vom Duft ihres Taus,
Als Udjat-Amulett ist die Maat an den Hals gegeben,
So daß sie auf deiner Brust ruht.

Du gehst durch die beiden Länder mit Maat,
Du salbst dein Haupt mit Maat,
Du gehst, indem deine Hände Maat tragen,
Dein Gewand und deine Leinenstreifen ist Maat,
Die Hülle deines Leibes ist Maat.

Du ißt von Maat,
Du trinkst von Maat,
Dein Brot ist Maat,
Dein Bier ist Maat,
Du atmest Weihrauch ein als Maat,
Die Luft deiner Nase ist Maat,
ATUM (Ur-Gott) kommt zu dir mit Maat.

Deine Tochter Maat ist am Bug der Barke,
Sie ist die eine, die in deiner Kapelle ist,
Solange du existierst, solange existiert Maat,
Solange Maat existiert, solange existierst du.
Maat währt, deinem Haupte vermählt,
Indem sie vor dir steht in Ewigkeit.

Du durchläufst den Himmel,
Du durchziehst die Erde,
Maat ist bei dir Tag für Tag,
Du gehst unter in die Unterwelt – Maat ist bei dir!

Maat bleibt im Innern von Karnak,
Wie bleibend ist Maat!
Sie ist allein, du bist ihr Schöpfer.
Kein anderer Gott teilt sie mit dir,
Außer dir allein in Ewigkeit.

Trotz der innigen Verbindung zwischen Gott und Ma'at, die hier in anschaulichen Bildern dargestellt wird, folgt aus der letzten Strophe, daß Ma'at kein Gott, sondern das liebste Geschöpf des Einen Gottes ist, neben dem es keinen anderen gibt. Sie wird sogar Tochter genannt, die bei allen Werken Gottes dabei ist. Sie ist also so innig mit Gott vereint, daß sie ohne Gott gar nicht gedacht werden kann. Wenn Ma'at als die *Ur-Ordnung* des Kosmos erklärt wird, so ist diese Ur-Ordnung eine von Gott selbst gesetzte Ordnung. – Auf einzelne Erklärungen können wir hier nicht eingehen. Eines steht aber fest: die Ma'at ist unzertrennlich mit Gott und Kosmos verbunden. Die Weisheitsbücher, vor allem das Totenbuch, zeigen aber, daß die Ma'at auch unzertrennlich mit dem Schicksal des Menschen verbunden ist.

3. Weisheitsbücher und Jenseitsgericht

Aufgabe des Pharao war es, die Ma'at, wie sie am ersten Tag war, die von Gott gesetzte Ur-Ordnung, je neu wieder herzustellen. Daher der häufige Ausdruck: «Die Ma'at tun». Was im Konkreten zu tun ist, das künden die Weisheitsbücher. Hier findet man keine Kosmogonien, also Vorstöße in den Anfang, in die Urzeit. Der Blick auf die Gegenwart ist entscheidend, mit praktischen Anweisungen für den richtigen Lebensweg; heißt doch das Wort Ma'at: «gerade, richtig». Wer den Weg der Ma'at einschlägt, wird ein Weiser. Daher waren gerade die Weisheitsbücher der Anlaß dafür, daß man Ma'at einfach mit *Weisheit* gleichsetzte.

a) Die Weisheitsbücher

Ägypten kann auf eine uralte *Weisheits-Tradition* zurückblicken. Aus der Zeitspanne von 2000 – 100 v. Chr. sind uns sieben Weisheitslehren ganz oder zumindest fast vollständig erhalten, von fünf weiteren liegen Bruchstücke vor, von sechs anderen kennt man nur die Titel. Von der Bedeutung, die diese Weisheitsbücher im ägyptischen Altertum selbst gehabt haben, zeugt neben den mannigfachen Zitaten und Anspielungen die Tatsache, daß die meisten Werke in mehreren Abschriften erhalten sind.

Die *Träger der Weisheitsüberlieferung* waren Angehörige der führenden Schichten, und zwar im Alten Reich die *Wesire*, im Neuen Reich die *Verwaltungsbeamten*. Wenigstens dem Namen nach seien hier die wichtigsten Weisheitsbücher genannt: *Die Lehre des Kagemmi* (AR, 3. / 4. Dyn.), die *Lehre des Ptahhotep* (AR, 5. Dyn.), die *Lehre für König*

Merikare (MR, 10. Dyn.), die *Lehre des Königs Amenemhet* (MR, 12. Dyn.), die *Lehre des Anî* (NR, 18. Dyn.), die *Lehre des Amen-em-ope* (NR, 22. Dyn.). Dieser zuletzt genannten Weisheitslehre kommt in unserer Untersuchung eine besondere Bedeutung zu; *Amen-em-ope* hat seinem Sohn 30 Sprüche als Richtschnur für dessen Leben mitgegeben. Teilweise wurden diese im Buch der Sprüche Salomons übernommen und neu geformt: «Hab ich nicht *dreißig* für dich geschrieben als einsichtsvollen Ratschlag» (Spr 22,20).

Welches Erziehungsideal schwebte den ägyptischen Weisheitslehrern vor? Es werden zwei Typen einander gegenübergestellt: der *Heißsporn* (smw), d. i. der Aufbrausende, Ungestüme, Gewissenlose, Gewinnsüchtige, einfachhin der unbeherrschte Mensch. Sein Gegenbild ist der *Schweiger* (gr), der Zufriedene, Ruhige, der Mildtätige, oder der *Kalte* (ḫb), der sein Gemüt zu beherrschen vermag; es ist dies der Mensch, der stets Herr der Lage ist, der seine Zunge hütet, sich auch innerlich zurückhält und aller Erregung abhold ist. Das Ziel der Erziehung ist also der ausgeglichene Mensch, der die Leidenschaften zu meistern versteht. Dieses allgemein klingende Lehrziel wird durch viele konkrete Beispiele aus dem täglichen Leben veranschaulicht.

Wie anschaulich die Weisheitslehrer sprechen konnten, zeigt ein Beispiel aus der *Lehre des Anî*:

«Verdopple das Brot, das du deiner Mutter gibst.
Trag sie, wie sie dich getragen hat.
Sie hatte viel Last mit dir, und überließ sie mir nicht.
Als du geboren wurdest nach Verlauf deiner Monate
Trug sie dich auf dem Nacken,
Und ihre Brust war drei Jahre lang in deinem Mund.
Sie hatte nicht Ekel vor deinem Auswurf.
Sie ekelte sich nicht und sagte nicht:
«Was tue ich da!»
Sie schickte dich in die Schule,
Als du im Schreiben unterwiesen wurdest.
Sie stand täglich da mit Brot und Bier aus ihrem Haus.
Wenn du ein Jüngling geworden bist
Und du ein Weib genommen und ein Haus eingerichtet hast,
So denke daran, daß deine Mutter dich geboren,
Und daß sie dich in allem aufgezogen hat,
Damit sie dich nicht tadle
Und nicht ihre Hände zu Gott erhebe
Und Gott ihr Geschrei erhöre.»[9]

b) Das Jenseitsgericht

Schon *Anî* beruft sich in der letzten Zeile auf das Gericht Gottes. Neben der Weisheitsliteratur gab es eine ausgedehnte Totenliteratur, angefangen von der Pyramidenzeit bis zum Ausgang des altägyptischen Reiches. Im sogenannten *Totenbuch* kommt nun der Ma'at die entscheidende Rolle im letzten Gericht zu. Das Totenbuch ist nicht für die Lebenden geschrieben, vielmehr bringt es Texte, die der Verstorbene auf seiner Wanderung durch die zwölf Tore der Unterwelt je an einem bestimmten Ort zu rezitieren hatte. Nach dem Durchschreiten der zwölf Tore betritt die Seele des Verstorbenen, von Anubis geleitet, die große Halle, in der die 42 Totenrichter warten. In der Mitte des Saales steht eine Waage, auf der das Herz des Verstorbenen mit dem Gewicht der Feder der Ma'at gewogen wird. Neben der Waage steht der Gott *Thot* (in hellenistischer Zeit mit Hermes gleichgestellt), der mit seiner Schreibfeder alles aufzeichnet. Entspricht das Herz nicht dem Gewicht der Ma'at, wird es der «großen Fresserin» zum Fraß hingeworfen. Hat es aber entsprochen, wird der Tote verwandelt und geht in die Verklärung ein; – er wird also dem Gott Osiris *gleich*.

Für den Augenblick, in dem die Seele des Verstorbenen vor dem Richter steht, soll dieser das 25. Kapitel des Totenbuches sprechen, das auch die Bezeichnung «negative Beichte» oder «negatives Glaubensbekenntnis» trägt. Hierin zählt der Verstorbene auf, welche Sünden er nicht begangen hat, um am Schluß zu erklären: «Ich bin rein, ich bin rein, ich bin rein!» Gregoire KOLPAKTCHY bringt in seinem Buch: *Ägyptisches Totenbuch* [10] gleich zwei Fassungen dieser «negativen Beichte». Die zweite Fassung nach Papyrus *Nebseni* bringt, den 42 Totenrichtern entsprechend, 42 negative Aussagen, die viel genauer sind als die zehn biblischen Gebote / Verbote. Zur Veranschaulichung bringen wir hier zehn Beispiele: Ich habe nie als Gottloser gehandelt – ich habe nie grausame Gewalttaten verübt – nie verübte ich Raub – nie habe ich wissentlich Betrug verübt – nie habe ich wissentlich gelogen – nie habe ich jemanden verleumdet – nie brach ich die Ehe – nie gab ich dem Jähzorn nach – nie sündigte ich wider Natur mit den Männern – nie habe ich den Gott meiner Stadt verachtet. (l. c. 190 – 194)

---

9 H. GRESSMANN: Altorientalische Texte zum Alten Testament, 2. Aufl. 1926, S. 38
10 Gregoire KOLPATCHKY: Ägyptisches Totenbuch. - Otto Wilh. Barth-Verl., 5. Aufl. 1976

Die Ägyptologen sind sich darin einig, daß hier trotz der negativen Formulierungen eine menschliche Ethik entwickelt wird, die durch nichts mehr zu übertreffen ist. Das Zentrum dieser Ethik ist aber die Ma'at. Die erste Fassung des Bekenntnisses Nach Papyrus Nu schließt mit dem folgenden Satz: «Ich kenne die Namen der Götter, welche Ma'at an allen Seiten umringen, die große Göttin der Wahrheit / Gerechtigkeit» (l. c. 190). Die Götter, die Ma'at von allen Seiten umgeben, sind die 42 Totenrichter; aber es scheint, daß nicht diese das Urteil fällen; alle blicken gespannt auf die Ma'at; denn von ihr allein hängt das Urteil über den Verstorbenen und dessen Schicksal im Jenseits ab.

Wenn nur die Totentexte vorhanden wären, könnte man schon sagen: *Ma'at ist das Gewissen der Menschen.* Der Mensch wird doch nach seinen guten und bösen Taten gerichtet. Der Ort der Entscheidung ist das *Gewissen,* das im Herzen seinen Sitz hat. Welches Wissen soll man aber unter Ge-Wissen verstehen? Doch das Wissen um die *Ur-Ordnung von Kosmos und Mensch.* Gerade im Gewissen wird die von Gott gesetzte Ur-Ordnung des ganzen Kosmos erst bewußt.

Im Ma'at-Hymnus fanden wir die sonderbare Aussage über das Essen und Trinken der Ma'at. Was soll das? Es sind nur bildliche Ausdrücke für das Verwirklichen der Ur-Ordnung, also ein Elementar-Akt, an dem sich das Schicksal des Menschen entscheidet. «Essen» und «Trinken» sind Ausdrücke für «die Ma'at tun und verwirklichen». Daher erhebt sich abschließend die Frage: Ist es gar der Mensch selbst, der die Ma'at ins Dasein bringt? Hängt die wahre Existenz der Ma'at von der Gewissensentscheidung ab? Die Bejahung der Ma'at würde so der Ma'at erst die wahre Existenz verleihen.

Doch dies wäre zu einseitig formuliert. Man muß *zwei Ma'at* unterscheiden: die von *Gott* entworfene, den Kosmos und das Wesen des Menschen durchdringende, und die vom *Menschen* durch seine Entscheidung verwirklichte. Wenn wir das ägyptische Wort Ma'at beiseite lassen, heißt dies: Gott hat die Welt und den Menschen von uran nach einem bestimmten Plan entworfen. Er hat von Anfang an die Ur-Ordnung gesetzt. Von der Bejahung oder Verneinung dieser Ur-Ordnung hängt das Schicksal des Menschen ab. Sein und Sollen hängen damit auf das Engste zusammen. Das Sein der Ordnung ist vorgegeben. Die Verwirklichung hängt von der Entscheidung des Menschen ab.

4. Vermittlerin des wahren Seins

Wir fanden also *zwei Gestalten der Ma'at* vor: einerseits die von Gott
am Anfang geschaffene – andererseits die vom Menschen je neu ver-
wirklichende. Ma'at ist ganz Gottes, denn der Gott Re oder Atum oder
Amun «umarmt sie» (Hymnus 136.159.181). Der Sonnengott Re sitzt
sogar auf dem Schoß der Ma'at (105); er ist der einzige Gott, der «von
der Ma'at lebt» (172.182). Trotzdem ist er «der Herr der Ma'at»
(182.201.204). In ihrem Sein und Wirken ist sie von ihrem Herzen abhängig: «Die Ma'at ist bei dir; sie ging aus dir hervor; sie verwirklicht
sich nach diesem Gebot» (191). Der Gott wird sogar aufgefordert: «Erhebe dich, Ma'at ist vor dir; sie legt ihren Arm um dich; dein Ka ist in
ihr; deine Tocher hat dich gebaut». (263)

Man kann sogar einen Schritt weiter gehen und sagen, daß Gott
selbst durch die Ma'at lebt. Über den Gott Amun wird ausgesagt:
«Ma'at vereint sich mit dir in der geheimen Kapelle.» Trotz dieser Vereinigung wird die Ma'at Tochter, und sogar Mutter (403) genannt»;
doch die Lesung «Mutter» ist unsicher. Jedenfalls ist sie allein vor Gott;
denn «aus ihm ging sie hervor».

Abschließend könnte man daher sagen, daß die Ma'at ein doppeltes
Gesicht zeigt: einerseits die vollendete Lieblingsschöpfung des Gottes
vom Ur-Anfang her; durch sie wurde die kosmische und auch die
menschliche Ur-Ordnung begründet; andererseits die unvollendete,
die erst durch das rechte, gerade und aufrechte Handeln des Menschen verwirklicht wird. Kosmologie und Ethik greifen ineinander,
man kann sie nicht voneinander trennen. Somit ist es die Ma'at, die
den Kosmos und den Menschen zu einer Gott-menschlichen Harmonie
verbindet. Auf diesen Gedanken werden wir auch bei der biblischen
«Weisheit» stoßen. Die Ägypter haben zum Himmel ragende Pyramiden gebaut, ihre Gräber tief in den Fels eingehauen; beides, um Unver-
gänglichkeit und Ewigkeit zu erlangen. Die Pyramiden und die Felsen-
gräber wurden teils geplündert, teils sind sie verfallen; doch was unvergänglich bleibt, ist die Gestalt der Ma'at, die jedem Menschen ins
Herz geschrieben ist; denn sie vermittelt das wahre und richtige
Sein.[11]

---

11 Muhammad kommt im Koran sehr oft auf das letzte Gericht zu sprechen. In Sure
7,8 sagt er: «Das Gericht an jenem Tage ist die Wahrheit» (al ḥ aqq), was doch mit Ma'at
gleichbedeutend ist.

II. DIE VOR GOTT SPIELENDE WEISHEIT IN DER BIBEL
(Spr 8, 22 – 31 u. 9, 1 – 9)

Der Titel *Die spielende Weisheit* ist aus den *Sprüchen Salomons* 8, 30c – 31 genommen: «Spielend vor ihm allezeit, spielend auf seinem Erdenrund, und meine Wonne habend bei den Menschenkindern.» Das AT ist nicht arm an Weisheitsliteratur. Das älteste Weisheitsbuch ist das Buch der Sprüche, auch Proverbia genannt, das zum Teil dem König Salomon zugeordnet wird. Faszinierend ist auch der Streit der Weisen im Buch Ijjob. Der Name *Ijjob* bedeutet «der Angefeindete». Hier wird versucht, das Problem des Leidens zu klären. Zur Weisheitsliteratur gehört noch das mit Problemen beladene Buch *Kohälät*, der Prediger; und schließlich lädt das Buch *Jesu ben-Sira*, Ecclesiasticus genannt, die Schüler in das «Haus der Weisheit» ein, um weise zu werden. Alle vier genannten Bücher sind im Urtext hebräisch geschrieben. Nur das zeitlich letzte Buch, einfachhin die «Weisheit Salomons» genannt, stammt aus der Spätzeit des AT und ist griechisch geschrieben. Es bringt aber altes Weisheitsgut, in neue Form gefaßt. Aus all dem folgt schon, daß es sehr schwer ist, über die «Weisheit im Alten Testament» kurz und einfach zu sprechen. Daher beschränken wir unsere Untersuchung – ähnlich wie bei der ägyptischen Ma'at – auf klar abgrenzbare, konkrete Texte. Die beiden ausgewählten Texte stammen aus dem Buch der Sprüche Salomons: zuerst die «spielende Weisheit» in Spr 8,22 – 31 und anschließend das »Haus der Weisheit», Spr 9,1 – 9

A. DIE «SPIELENDE WEISHEIT» (Spr 8,22 – 31)

Im folgenden bringen wir zuerst den Text, den wir genau nach dem hebräischen Urtext übersetzten, Hauptsätze (HS) als Hauptsätze, Nebensätze (NS) als Nebensätze, zu denen auch die Satzbildungen mit Participial (Ptp) gehören, schließlich die satzerweiternden Zusätze = Appositionen (App). Ein Blick auf unsere Übersetzung zeigt verschiedene Zahlen: wir haben HS, NS und App der Reihe nach am lin-

Vss	HS	App	Wörter
(22)	1.	JHWH formte mich als Erstling seines Weges	4
		1° Als Aufgang vor seinen Werken vor damals	3°
(23)	2.	Vor der Zeit wurde ich eingesetzt	2
		2° Vor dem Anbeginn, vor den Uranfängen der Erde	3°
(24)	3.	Beim Nochnicht-Sein der Urflut wurde ich geboren	3
		3° Beim Nochnicht-Sein der Quellorte, reich an Wasser	4°
		NS	
(25)		1' Bevor die Berge eingesenkt wurden	3'
	4.	Vor den Hügeln ward ich geboren	3
(26)		2' Als er Erde und Fluren und allen Erdenstaub noch nicht gemacht hatte	8'
(27)		3' Beim Aufrichten des Himmels	2'
	5.	(War) ich dort	2
		4' Beim Abgrenzen des Erdkreises über der Fläche der Tiefe	5'
(28)		5' Beim Befestigen der Wolken oben	3'
		6' Beim Zähmen der Quellen der Tiefe	3'
(29)		7' Beim Bestimmen der Grenzen für das Meer	3'
		8' Sodaß die Wasser seinen Befehl nicht überschreiten	4'
		9' Beim Setzen der Grundsäulen der Erde	3'
(30)	6.	Und ich war an seiner Seite als 'amôn	3
	7.	Und ich war lauter Wonne Tag um Tag	4
		10' Spielend vor seinem Antlitz allezeit	4'
(31)		11' Spielend auf seinem Erdenrund	3'
		12' Und meine Wonne (habend) bei den Menschenkindern	4'

(Klammer über 2'–9': 23)

7 HS + 3° App + 12' NS = 22 SFü   21 + 10° + 45' =

55

76 Wörter

ken Rand durchgezählt. Am rechten Rand ist der jeweilige Wortbestand verzeichnet. Dies alles ist notwendig, um herauszufinden, welche Art von Literatur vorliegt: ob ungebundene Prosa oder streng nach Bauplan-Zahlen durchkomponierte Kunst-Sprache, d. i. Dichtung.

1. Logotechnische Strukturanalyse

Bevor man einen Text nach seinem Inhalt erklärt, muß man sich vergewissern, ob auch tatsächlich eine literarische Texteinheit vorliegt. Hierüber geben die beiden Handschriften *Codex Aleppo* und *Codex Leningrad* die zuverlässigste Auskunft. In diesen Handschriften werden die großen Abschnitte mit einer «offenen» Zeile (p^{e}tûḥah), die kleineren mit einer «geschlossenen» Zeile (s^{e}tûmah) gekennzeichnet. Der Text Spr 8,22 – 31 beginnt und schließt mit einer «offenen» Zeile, bildet also eine handschriftliche Einheit.

Ist nun die Texteinheit abgesichert, muß man sich vergewissern, welche Art von Text vorliegt: ob entweder freie Prosa oder streng nach Baugesetzen geformte Kunstsprache, also Dichtung. In der Druckausgabe der *Biblia Hebraica* werden die Sprüche ähnlich wie die Psalmen nach dem Gesetz des Parallelismus membrorum gedruckt, d. h. in langen Zeilen, die durch eine Cäsur in der Mitte in zwei Hälften geteilt werden. Die beiden Hälften laufen insofern parallel, als die zweite Hälfte den Gedanken der ersten aufnimmt und weiterführt. Daraus kann gefolgert werden, daß das Lied der Weisheit tatsächlich der literarischen Gattung der Dichtung zugehört. Die beiden genannten Handschriften gliedern diese Verse ebenfalls durch Freilassen eines Raumes von einigen Buchstaben in zwei Teile. Die Cäsur ist aber nicht nach dem Parallelismus gesetzt, sondern nach einem Prinzip, das willkürlich erscheint und noch zu wenig erforscht ist. Das gleiche gilt auch von der Schreibweise der Psalmen. Da aber die Psalmen unbestritten als Dichtung betrachtet werden, kann das gleiche auch von den Sprüchen gelten. Jedenfalls stoßen wir anhand der Druckausgabe und der Handschriften auf zwei unterschiedliche Arten, den vorliegenden Text aufzugliedern. – Nun aber gibt es noch eine dritte Art der Textaufschlüsselung, und zwar aufgrund der Satzkonstruktion. Hierbei müssen alle Satzanalytiker zum selben Ergebnis kommen; denn ein Abschnitt hat nun einmal so und soviele Hauptsätze, Nebensätze und satzerweiternde Appositionen. Darüber läßt sich nicht streiten, außer man operiert mit Textkorrekturen. Somit ist m. E. die Konstruktion der Sätze der beste Wegweiser zur Findung der Struktur, d. i. des *Bauplanes* eines Textes. Dieser Art von Textanalyse haben wir den aus dem Neugriechischen stammenden Namen *Logotechnik*, d. i. Wortkunst, gegeben. Wir haben in unserer Übersetzung am linken Rand die HS, NS und App durchgezählt und erhielten als Summe 7 HS + 12' NS + 3º App = 22 Satzfügungen (SFü). Die Endsumme wirkt alarmierend, treten doch soviele SFü in Erscheinung, als das hebräische Alphabet Buchstaben zählt. Wurde das Weisheits-Lied also tatsächlich nach der Zahl der hebräischen Buchstaben ausgerichtet? Handelt es sich um ein «verschlossenes» Alphabet-Lied? Wenn ja, dann müssen auch die Teilwerte der Alphabet-Zahl in der Konstruktion der Sätze ausgeprägt sein.

Wie wird aber die Alphabet-Zahl 22 aufgeschlüsselt? Wir sind hier nicht auf Willkür oder Phantasie angewiesen. Das kleine Büchlein *Sefär j^{e}sîrah*, das eigentlich nicht verdient, ein Buch genannt zu werden, weil es so schmal ist, gibt uns hierüber Auskunft. Früher wurde dieses Büchlein in das Mittelalter datiert; die zahlreichen Untersuchungen von G. SCHOLEM haben aber erbracht, daß es sich um uraltes Überlieferungsgut handelt, das in die Gründerzeit des Judentums (70 – 135 n. Chr.) verweist; u. E. handelt es sich hierbei jedoch um noch viel älteres Gedankengut, weil dieses Modell bereits in den Sprüchen Salomons Verwendung findet. Nach Angaben von *Sefär j^{e}sîrah* werden die 22 Buchstaben aufgeteilt: in die 3 «Mütter» + 7 doppelte + 12 einfache Konsonanten = 22. Auf die kosmologische Deutung dieses Modells wollen wir hier nicht eingehen, uns genügt das literarische Modell.

a) Die Satzfügungen

Das Weisheits-Lied bringt nun einmal 7 HS! Davon sind 6 Verbalsätze und einer ein Nominalsatz (5. HS). Im Hebräischen steht hier nur «Ich – dort», im Deutschen muß man das Verbum «war» ergänzen. Es liegt hier also das Siebener / Wochen-Modell vor: 6 Tage Arbeit + 1 Tag Sabbat = 7.

Ferner fällt auf, daß die ersten 3 HS je eine satzerweiternde Apposition bringen: der Nachsatz nimmt je ein Wort des Vordersatzes auf und führt es weiter:

1. Erstling ...	1° Aufgang
2. Vor der Zeit ...	2° vor Anbeginn
3. Urflut ...	3° Quellorte

Diese 3 App, die nur je eine Erweiterung der HS sind – nicht aber einen selbständigen Satz bilden – prägen den Wert der *3 «Mütter»* aus.

Es verbleiben noch *12 NS*, davon 6 mit Infinitiv mit vorangesetzten
«beim...», 3 mit Verbum finitum (1' 2' 8'), 2 mit Partizipium (10' und 11')
und ein Nominalsatz (12'), bei dem das Ptp «habend» mitzudenken ist.
Dies gibt $6 + 3 + 2 + 1 = 12$ NS. Daraus folgt, daß in der Satzkonstruktion tatsächlich das Alphabet-Modell als Bauplan verwendet wurde:

3 App + *7* HS + *12* NS = *22* SFü = Buchstaben des hebr. Alphabets.

Weil nun die Buchstaben den Urbestand des Wortes bilden, legt sich
die Vermutung nahe, daß *Weisheit* in der Nähe von *Logos / Memra* einzuordnen ist; denn nach dem Schöpfungsbericht wurde ja alles durch
das «Wort» geschaffen, das aus den 22 Buchstaben gefügt ist.

b) Wortbestand

Da die SFü klar nach einem bestimmten Bauplan ausgeführt wurden, legt sich die Vermutung nahe, daß auch der Wortbestand planmä-
ßig geordnet ist; dies wird sichtbar, wenn man den Wortbestand nach
HS einerseits und nach NS mit Appositionen andererseits erfaßt. In
unserer Übersetzung vermerkten wir schon als Endergebnis: 21 Wörter HS + 45 Wörter NS + 10 Wörter App = 21 + 55 = 76 Wörter. Besonders auffallend wirkt die Summe der zusätzlichen Bauelemente
(NS + App) mit 55 Wörtern. Nun ist 55 nichts anderes als die Summe
der arithmetischen Reihe von 1 bis 10, also die Voll-Entfaltung der
Zahl 10, die einfachhin als Zahl der *Panteleia*, der Allvollkommenheit,
gilt. Nach PHILO handelt es sich hierbei um die volle Entfaltung des
Raumes, denn: 1 = Punkt, 2 = Linie, 3 = Fläche, 4 = Raum. Alles, was
darüber hinausgeht, ist nur weitere Entfaltung der Vierheit. Schreibt
man die Zahlen von 1 bis 10 in das pythagoreische Dreieck, erhält man:

$$\underline{1}$$
$$2 - 3$$
$$4 - \underline{5} - 6$$
$$\underline{7} - 8 - 9 - \underline{10}$$

Die Eckpunkte mit der Mitte = 23;
das verbleibende Sechseck = 32.

Taucht also bei einer Bestandsaufnahme als Endsumme der Wörter
die Zahl 55 auf, muß man weiter fragen, ob auch die Teilwerte 23 und
32 durch die Satzfügungen ausgeprägt sind. In unserem Fall: die 6 Infi-
nitiv-Sätze «beim...» geben mit dem eingebauten siebten Satz mit Verbum finitum (NB: Siebener-Model: $6 + 1 = 7$) tatsächlich 23 Wörter.

Die 3° Appositionen bringen $3 + 3 + 4 = X$ Wörter und die NS: $3 + (8 + 4) + (3 + 4) = 3 + 12 + 7 = 22$ Wörter. Hier sind sogar die Teilwerte des Alphabet-Modells ausgeprägt! App + NS ergeben $22 + X = 32$ Wörter. Das Büchlein *Sefär j^eṣîrah* beginnt mit der Feststellung: «Durch die 32 wunderbaren Wege der Weiheit hat Gott ... seine Welt ausgehauen und geschaffen». In der Verteilung des Wortbestandes wird also die Gestalt der die Welt schaffenden Weisheit sichtbar.

Die HS allein bringen 21 Wörter. Es könnte sich hierbei um eine Entfaltung der Zahl 7 handeln ($3 \times 7 = 21$). Nun aber bringt der Text zweimal das Verbum *'äjjäh*, von uns mit «und ich war» übersetzt (HS 6. und 7.). Der im brennenden Dornbusch geoffenbarte Gottesname lautet ebenfalls *'ähjäh*, gewöhnlich mit «Ich bin der Ich bin» übersetzt. Der Zahlenwert von *'äh̲j̲äh̲* ist aber: *'h j h = $1 + 5 + 10 + 5 = 21$* (!). Daher könnte man zusammenfassend sagen: die App mit den NS weisen auf die weltschaffende Weisheit, die HS hingegen auf den verborgenen und sich offenbarenden Namen Gottes hin.

c) Das Akrostich

Der hebräische Text bringt 10 Verse. Wenn wir die Anfangsbuchstaben der Verse, also das *Akrostich*, ausheben und nach ihrem Stellenwert im Alphabet rechnen, erhalten wir:

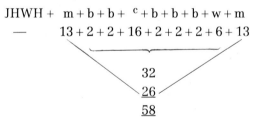

$$JHWH + \quad m + b + b + \ ^c + b + b + b + w + m$$
$$— \qquad 13 + 2 + 2 + 16 + 2 + 2 + 2 + 6 + 13$$
$$32$$
$$\underline{26}$$
$$\underline{58}$$

Der Gottesname JHWH wird nicht als Zahl gerechnet. Die Summe der 9 Versanfänge entspricht dem Zahlenwert der Erscheinungsherrlichkeit, dem k^ebôd-JHWH = k b w d + JHWH = $(20 + 2 + 6 + 4) + (10 + 5 + 6 + 5) = 32 + 26 = 58$. Daraus folgt, daß sogar die Anfangsbuchstaben der Verse nach Modellzahlen ausgerichtet sind.

2. Inhaltliche Aufschlüsselung

Dem Inhalt nach können wir drei Strophen unterscheiden: die Weisheit vor der Weltschöpfung – in der Weltschöpfung – und jetzt; oder: im göttlichen Bereich – im kosmischen Bereich – im menschlichen Bereich.

a) Die Weisheit im göttlichen Bereich (vss 22 – 24)

Zunächst wird ein radikaler Trennungsstrich zwischen *Weisheit* und *Schöpfung* gezogen. Der Dichter verwendet nicht das hebräische Wort für «erschaffen» (*bara'*), etwa wie es am Beginn des Schöpfungsberichtes zu finden ist: «Im Anfang *schuf* Gott Himmel und Erde», sondern das Verbum *qanah*, von dem auch das Hauptwort *qajin*, «Schmied», abgeleitet wird. Im Deutschen hat man ja auch die Wendung «Pläne schmieden», also im Geiste etwas entwerfen, voraus-formen und gestalten. Gott «schmiedet» als Erstling seines Weges die Weisheit; nach dem ugaritischen Sprachgebrauch kann «Weg» (*drkt*) auch soviel wie «Herrschermacht» bedeuten. Hinter dem hebr. Wort für «Erstling» (*re'šît*) steht die Vorstellung von «Kopf, Haupt». Rein philologisch gesehen könnte man mit «Häuptling» übersetzen. Wie die griechische Göttin *Athene* aus dem Haupt des Zeus hervorging, so könnte die Weisheit aus dem Haupte JHWHs hervorgegangen sein.

Die Weisheit ist daher in Gott, vor dem Beginn der Zeit, vor dem Uranfang der Erde. Als Ur-Elemente kennt die altorientalische Kosmogonie *Apsu* und *Tiamat*, den Salzwasser- und den Süßwasser-Ozean. Vs 24 spricht von den Urfluten (*t*e*hômôt*) und den Quellorten. Selbst diese waren noch im Nochnicht-Sein, als die Weisheit schon in Gott war.

Um zur Weisheit vorzustoßen, muß man also alles, was existiert, wegdenken. In gleicher Weise wird auch im babylonischen Weltschöpfungs-Epos *Enuma eliš* alles, was existiert, weggedacht:

enûma eliš / / la nabû šamamu

šapliš amatum / / šuma la zakrat

Als droben der Himmel noch nicht ward genannt
und unten die Erde noch nicht ward gerufen...

Apsu, der Erste, ihr Erzeuger
Mummu und Tiamat, die sie geboren
Ihre Wasser miteinander noch mischten...
Strauchwerk noch nicht zusammengefügt
Rohr noch nicht gesehen wurde
Als die Götter noch nicht ins Dasein getreten, noch keiner...
Da war es, daß die Götter gebildet wurden...[12]

Wie der babylonische Erzähler hat auch der biblische Spruchdichter alles Seiende «weggedacht», um so den Blick auf das Sein vor dem «Noch nicht» frei zu bekommen. Dem Babylonier gelingt nur der Vorstoß auf den Zustand der Vermischung der Ur-Elemente, aus denen durch Göttererzeugung die weiteren Elemente des Kosmos entstanden sind. Für den Schöpfergott am Anbeginn ist hier kein Platz. Im Buch der Sprüche ist dagegen der die Welt erschaffende Gott die Voraussetzung für alles Seiende. Trotzdem steht vor allem Geschaffenen die Gestalt der *Weisheit*. Wie ist sie einzuordnen, wo ist ihr Standort? Sicherlich nicht bei den geschaffenen Kreaturen. Also bei Gott? Wie aber verhält sie sich dann zu Gott?

«Die Weisheit ist nicht Gott selbst, sondern Gottes... Sie ist die Weltidee, welche, einmal entworfen, Gott gegenständlich ist, nicht als totes Schemen, sondern als lebendiges Geistesbild; sie ist das Urbild der Welt, welches aus Gott entstanden, vor Gott steht, die Welt der Idee, welche das Medium zwischen der Gottheit und der Welt der Wirklichkeit bildet, die bei der Entstehung und Vollendung der Welt, so wie Gott diese haben will, betheiligte geistige Macht.»[13]

Daher verwendet der Dichter in Vs 22 für das ins Dasein-Treten der Weisheit nicht – wie schon erwähnt – das Verbum «erschaffen» (*bara'*), sondern «formen», «schmieden» (*ganah*); das Verbum in Vs 23 wird gewöhnlich mit «einsetzen» übersetzt, es wird aber von manchen mit «weben» gedeutet, etwa wie «Gedanken ge / ver-woben» werden. Vs 24 spricht sogar von «geboren werden». Das hebräische Wort *ḥôlaltî* hat ursprünglich die Bedeutung «sich winden, in Schmerzen gebären», übertragen hier einfach «hervorbringen».

Das schwierigste Problem von Philosophie und Theologie besteht darin, zu verstehen und zu erklären, wie aus *Unendlichem Endliches*, aus *Ewigem Zeitliches*, aus *Unbegrenztem Begrenztes* entstehen kann. Die spätere *Kabbalah* erklärt dieses Problem zwar nicht, spricht aber von einem *zimzum*, einer *contractio*, einem Zusammenziehen innerhalb der Gottheit, was den Geburtswehen gleichkommt. Aus dieser innergöttlichen Einschränkung entstanden die 22 Buchstaben, mittels welcher die ganze Welt ins Dasein gerufen wurde.[14]

---

12 Claus SCHEDL: Geschichte des Alten Testaments, Bd. I, 2. Aufl. 1964, S. 243

13 F. DELITZSCH: Biblischer Commentar über die poetischen Bücher des AT, Bd. III: Das Salomonische Spruchbuch 1873, 141 f.

14 G. SCHOLEM: Zur Kabbalah und ihrer Symbolik. - Darmstadt 1969, 148 – 150

Wenn man das Weisheitslied vor dem Hintergrund des *Logos-Hymnus* des Johannes-Evangeliums liest, ergeben sich sofort Entsprechungen zum Logos: «Im Anfang war der Logos. Der Logos war bei Gott, und Gott war der Logos. Alles ist durch den Logos geworden, und ohne den Logos ward nichts von dem, was geworden ist.» Hier ist *Logos* klar als innergöttliche Person zu verstehen. Der Text des Weisheitsliedes reicht aber nicht aus, um von der Weisheit als Person zu sprechen. Mit bloßer Personifikation kommt man aber auch nicht weiter, wird sie doch von Gott «geformt» und «gewoben». Sie ist der *innergöttliche Plan* oder *Entwurf* für die zu schaffende Welt. Daher ist die Weisheit – wie wir gleich zeigen werden – bei jedem Schöpfungsakt anwesend.

Was wird mit dieser Weisheits-Theologie eigentlich erreicht? Zwischen Gott und der geschaffenen Welt steht kein Demiurg, der Gott zum Trotz die Welt machte, weshalb die Welt an sich böse wäre; der Urgrund der Welt liegt in Gottes Gedanken und Plänen; durch seine Weisheit erschuf er alles Seiende. Von Gott ausgehend, durch die Weisheit ins Dasein eintretend, kann die Welt daher nur gut sein. Für einen Dualismus ist hier kein Platz mehr. Die Weisheits-Theologie gehört daher in den Bereich der Kontrovers-Theologie. In der späteren Gnosis fielen Gott und Welt vollkommen auseinander. Weltformung wird dort sogar als «Sündenfall Gottes» erklärt. Durch die Weisheit werden aber Gott und seine Schöpfung unzertrennlich verbunden, so daß für einen dazwischentretenden Demiurgen kein Raum bleibt. Die von Gott durch die Weisheit geschaffene Welt ist daher gut, ja sogar «sehr gut», wie es am Schluß des Schöpfungsberichtes lautet.

b) Die Weisheit im kosmischen Bereich (Vss 25 – 29)

In den ersten drei HS mit ihren Appositionen wird die Weisheit im Gegensatz zu den *Urelementen des Kosmos* gestellt. Sie wurde schon vor den Ur-Anfängen der Erde, vor der Ur-Flut und vor den Quellorten, einfachhin vor der Zeit, «»geboren». Der Blick wendet sich nun von den Uranfängen hin zu den konkreten Schöpfungswerken. Zuerst auch hier negativ formuliert: Vor den Bergen und Hügeln, vor den Fluren und vor allem Erdenstaub; dann aber positiv: sie ist Mitgestalterin des Kosmos; denn sie war bei allen Schöpfungsvorgängen dabei. Dies wird – ähnlich der Schöpfungs-Woche in Genesis – mit 6 Infinitiven umschrieben:

1. *Beim Aufrichten des Himmels*
2. *Beim Abgrenzen des Erdkreises*
3. *Beim Befestigen der Wolken*
4. *Beim Zähmen der Quellen*
5. *Beim Bestimmen der Grenzen des Meeres*
6. *Beim Setzen der Grundsäulen der Erde*

Hier haben wir einen Schöpfungsbericht in kurzen Sätzen vor uns. In der Genesis werden die einzelnen Schöpfungswerke ausführlich beschrieben: zuerst die Scheidung von Oben und Unten, dann die Scheidung der Ozeane oben und unten, schließlich die Scheidung auf der Erde zwischen Meer und Land. Bei all diesen Werken war die Weisheit dabei (5. HS). Als bloße Zuschauerin – oder als Mitwirkende? Die Weisheit spricht ihre Rolle bei der Schöpfung in dem schwer deutbaren Satz aus: «Ich war bei ihm als *'amôn*» (6. HS).

Zwei Richtungen zeichnen sich bei der Erklärung des nur hier und in Jer 52,15 vorkommenden Wortes *'amon* ab. Jedenfalls ist die Weisheit in der unmittelbaren Nähe Gottes anzusiedeln. Es wird aber gefragt, ob sie beim Werk der Schöpfung nur spielend dabei war wie ein Kind, oder als selbständig mitwirkende Kraft? Die griechischen Übersetzer AQUILA, SYMMACHUS und THEODOTION entschieden sich für «Kind» in der Bedeutung von «Pflegling, Zögling, Liebling, alumnus». Auch Martin BUBER übersetzt «Ich war neben ihm als Pflegling». So auch Otto PLÖGER in seinem Kommentar «Sprüche Salomons».[15] Wenn diese Deutung recht hätte, wäre die Weisheit nur passive Zuschauerin, die sich an den einzelnen Schöpfungsakten Gottes ergötzt.

Die andere Deutung sieht aber in der Weisheit eine aktive, an der Schöpfung mitwirkende Gestalt. Das hebräische Wort *'amôn* wird vom akkadischen *ummanu*, «Handwerker», hergeleitet. *Nabusardan* hat nach der Zerstörung Jerusalems «den Rest der *'amôn*» nach Babylonien abtransportiert, d. i. «den Rest der Handwerker» (Jer 53,15). M. BUBER übersetzt mit «Gewerke». Die Septuaginta übrsetzt mit *harmozousa*, «die Zusammenfügende», die Vulgata dementsprechend mit *componens*, « die Zusammensetzende». Beide Male liegt ein Anklang an die Musik vor: in Harmonie bringen und Komponieren. Dann würde das zweimalige «spielend» nicht überraschen; denn Spielen bezieht sich nicht einseitig auf das Kind. Selbst David «spielte, tanzte» als erwachse-

15 O. PLÖGER: Sprüche Salomons 1984, 86

ner Mann vor der Bundeslade (2 Sam 6,5.21). Die Weltschöpfung wäre demnach ein Spiel der Weisheit voller Wonne. Ihre größte Wonne aber findet sie auf Erden bei den Menschen.

Damit sind wir bei dem Begriff «Künstler» angelangt. Im Buch der Weisheit 7,21 und 8,6 wird die Weisheit tatsächlich *technitēs*, Künstlerin genannt. Sie schaut bei der Schöpfung nicht zu, sie wirkt vielmehr selbst mit, ist daher «Werkmeister, *artifex*». Hier sagt nun Franz DELTZSCH: «Diese Selbstbezeichnung (mit 'amôn) der Weisheit tritt hier wohlvermittelt auf, denn nachdem gesagt wird, daß sie aus Gott geboren ist, ehe die Welt war, und daß sie zugegen war, als diese wurde: beantwortet nun dieses 'amôn die Frage, worauf Gott sein Absehen hatte, als er der Weisheit ihr sonderliches Dasein gab, und in welcher Eigenschaft sie der Weltschöpfung assistierte: sie war es, welche die in Gottes Schöpferwillen urständenden und durch sein Schöpfergeheiß in Bewegung gesetzten Schöpfungsgedanken aus ihrer idealen Wirklichkeit in reale umsetzte und gleichsam die Entwürfe der einzelnen Creaturen künstlerisch ausführte; sie war die Mittelursache, war die demiurgische Kraft, deren sich die göttliche Schöpfertätigkeit bediente.»[16] – In de aramäischen Übersetzung des Schöpfungsberichtes lautet daher der erste Satz: «Durch die Weisheit hat JHWH Himmel und Erde erschaffen». Im weiteren Text wird das hebräische «Und Gott sprach» mit «Und das Wort Gottes (*Memra'*) erklang» übersetzt.

Logos und *Sophia*, *Wort* und *Weisheit*, sind demnach nur verschiedene Bezeichnungen für die Art der Schöpfertätigkeit Gottes. Gott zieht sich nicht als *deus otiosus* (teilnahmsloser Gott) in die Unannehmbarkeit zurück, er überläßt die Weltschöpfung nicht einem Demiurgen. Durch Wort und Weisheit war er im ganzen Kosmos gegenwärtig. Alles, was ins Dasein trat, wurde von der Weisheit entworfen und durch das Wort verwirklicht.

Damit eröffnet sich ein positiver Zugang zur Welt und zum Kosmos. Wenn die Weisheit vor Gott noch immer spielt, – denn die Schöpfung ist noch immer nicht zu Ende –, dann muß ja die ganze Welt wie eine Symphonie aufklingen, die ihre Tonart aus der Mitte Gottes schöpft. KEPLER hat demnach recht, wenn er sein großes Werk mit «Harmonicae mundi», Harmonie der Welt, überschreibt. Doch die Weisheit baut sich nicht bloß im Kosmos ein Haus; ihr Lieblingsaufenthaltsort ist bei

16 F. DELITZSCH: Das Salomonische Spruchbuch, S. 147

den Menschen. Daher baut sie ein eigenes Haus für die Menschen
und lädt zum Gastmahl ein.

B. DAS «HAUS DER WEISHEIT» UND DER MENSCHLICHE BEREICH
(Spr 9, 1 – 9)

Vss	HS	NS	Wörter	
(1)	1.	Die Weisheit hat ihr Haus gebaut	3	
	2.	Ausgehauen ihrer Säulen sieben	3	
(2)	3.	Geschlachtet das Schlachtvieh	2	
	4.	Gemischt ihren Wein	2	
	5.	Auch ihren Tisch schon gedeckt	3	
(3)	6.	Hat ausgesandt ihre Mädchen	2	
	7.	Sie ruft zum hohen Rücken der Stadt:	5	
(4)		1' Wer einfältig		2'
	8.	Soll hier einkehren	2	
		2' (Wer) unverständigen Herzens		2'
	9.	Dem sagt sie:	2	
(5)	10.	Kommt!	1	
	11.	Eßt von meinem Brot	2	
	12.	Und trinkt vom Wein	2	
		3' den ich gemischt		1'
(6)	13.	Laßt ab, ihr Einfältigen	2	
	14.	Und sucht das Leben	1	
	15.	Und schreitet voran auf dem Wege der Einsicht	3	
(7)		4' Der einen Spötter Zurechtweisende		2'
	16.	Holt sich Schande	3	
		5' Der einen Frevler Tadelnde		2'
		—— seine Beschämung	1	
(8)	17.	Einen Spötter sollst du nicht tadeln	3	
		6' Aufdaß er dich nicht hasse		2'
	18.	Tadle den Weisen	2	
		7' (Aufdaß) er dich liebe		1
	19.	Gib einem Weisen	2	
	20.	Und er wird noch weiser	2	
	21.	Belehr einen Gerechten	2	
	22.	Und er nimmt noch an Lehre zu	2	

22 HS + 7' NS = 29 SFü $\dfrac{52 + 12' = 64}{\diagup\diagdown}$

26 + 26

Auch hier haben wir den biblischen Text nach HS und NS gegliedert
und am linken Rand durchgezählt. Am rechten Rand wird wieder der
Wortbestand der einzelnen SFü erfaßt. Die Satzkonstruktion allein
muß entscheiden, ob eine klar nach einem Baumodell durchkomponierte Einheit vorliegt oder nicht.

1. Logotechnische Strukturanalyse

Der Abschnitt über das *Haus der Weisheit* bildete eine handschriftliche Einheit; denn er beginnt und schließt mit einer «offenen» Zeile
($p^e tu\d{h}ah$). Erfaßt man den Satzbestand nach HS und NS, erlebt man seine Überraschung: es kommen 22 HS und 7 NS = 29 SFü vor. Damit stoßen wir wieder auf das hebräische Alphabet, und zwar in seiner vollen
Ausprägung. Die Grundaufgliederung der Alphabetzahl 22 ist: 3 «Mütter» + 7 doppelte + 12 einfache Konsonanten. In der «vollen Ausprägung» werden aber die 7 doppelten auch doppelt gerechnet, was die
Formel ergibt: $3 + (7 + 7) + 12 = \underline{29}$.

Vom Inhalt her läßt sich der Abschnitt in zwei Teile gliedern: *Haus-
bau* und *Gastmahl* mit 12 HS (Vss 1 – 5) sowie die Lehre mit 10 HS
(Vss 6 – 9). Unter diesen 10 HS sind 7 Aufrufe, 6 davon im Imperativ
und 1 negativer Jussiv (Siebener Modell!): laßt ab (13.) – sucht (14.) –
schreitet voran (15.) – *nicht tadeln* (17.) – tadle (18.) – gib (19.) – belehr
(21.)

Es verbleiben 3 Verba in der 3. Person: holt sich Schande (16.) – und
er wird weiser (20.) – er nimmt zu (22.)

Der das Alphabet-Modell auffüllende zweite Siebener wird in den 7'
NS ausgeprägt. Hier ist zu beachten, daß NS 7' im Targum und in der
syrischen sowie der lateinischen Übersetzung analog zu NS 6' als NS
übersetzt wurde.

Aus obiger Analyse folgt, daß der Textabschnitt über das «Haus der
Weisheit» mit seltener Klarheit nach dem Modell des voll ausgeprägten
Alphabets durchkomponiert wurde.

2. Inhaltliche Analyse

Vom Inhalt her läßt sich Spr 9, 1 – 9 in *Allegorie* (Vss 1 – 5) und

Weisheitslehre (Vss 6 – 9) aufgliedern. Beide ergänzen einander. Die Weisheitslehre ist zugleich eine Erklärung zur Bildersprache der vorangehenden Verse.

a) Die Allegorie

Mit 6 Verba im Perfekt wird geschildert, was die Weisheit alles zur Vorbereitung des Gastmahles getan hat: es ist *ihr* Werk, das hier geschieht: sie hat *ihr* Haus gebaut, *ihre* Säulen ausgehauen, *ihren* Wein gemischt und *ihren* Tisch gedeckt. Obwohl diese Schilderung sehr klar klingt, weiß man nicht, wie das Haus aussah und wo die Säulen standen. Jedenfalls handelt es sich um steinerne Säulen, da das Verbum *ḥaṣab*, «aushauen», verwendet wird. Für hölzerne Säulen wäre das Verbum *ḥaṭab*, «behauen (des Holzes)», vorauszusetzen. Bei der Nennung der 7 Säulen beginnt die Phantasie zu spielen. Der altorientalische Raum wird danach abgesucht, wo es Bauten mit 7 Säulen gegeben hat. Man verweist auf das Neujahrshaus (*akitu*) in Assyrien, eine Halle mit 7 Säulen – oder auf phönikische Wohnhäuser mit 7 Säulen – oder auf das Heiligtum der Muttergöttin auf Zypern, wo 7 freistehende Säulen um einen Altar gruppiert waren; schließlich auf die 7 Planeten und die 7 Säulen der Welt. Der Verweis auf den salomonischen Tempel, in dem die beiden Säulen am Eingang je 7 Flechtwerke als Ornament hatten, paßt in diesen Zusammenhang nicht hinein. So verbleibt noch der Hinweis auf die 7 Sammlungen des Buches der Sprüche, was aber an der Abgrenzung der einzelnen Abschnitte scheitert. In der mittelalterlichen Exegese dachte man an die 7 artes liberales (*Trivium*: Grammatik, Rhetorik, Dialektik; *Quadrivium*: Musik, Arithmetik, Geometrie, Astronomie) oder gar an die 7 Sakramente.

Am besten ist es, wenn man beim biblischen Sprachgebrauch bleibt. So hat Jes 11,1 – 3 die Gaben des Geistes siebenfältig aufgegliedert. Da *Geist Gottes* und Weisheit vielfach gleichbedeutend sind, wird man die 7 Säulen der Weisheit mit den 7 Gaben des Geistes Gottes gleichsetzen dürfen; doch die genaue Identifizierung der «sieben Säulen» muß offen bleiben.

Nach den zwei Sätzen über den Hausbau folgt nun die Vorbereitung des Gastmahles. Es handelt sich nicht um ein kultisches Mahl; denn es wird nicht das Wort für «Schlachtopfer (*zäbaḥ*), sondern das für einfaches Schlachten (*ṭäbaḥ*) verwendet. In bezug auf den Wein wird die

altorientalische Trinksitte sichtbar: der Wein wurde nie pur, sondern
mit Wasser und / oder Gewürzen vermischt getrunken. Beim Wort
«Tisch» ist an eine große Tafel zu denken, auf der alles Notwendige
schon angerichtet war.

Dann werden die Mädchen ausgesendet. Sie verkünden, daß Frau
Weisheit «auf dem hohen Rücken der Stadt» zum Gastmahl einlädt. Es
bleibt der Phantasie überlassen, wer diese Mädchen sind; da Frau
Weisheit einlädt, sind es wohl ihre Dienerinnen. Mehr liegt wohl in
dem Satz (Vs a) nicht drin. Ebenso rätselhaft ist der «hohe Rücken der
Stadt», wo das Mahl stattfinden soll. Soll man an eine Akropolis, den
hervorragendsten Teil einer antiken Stadt, denken? Jedenfalls steht
das Haus der Frau Weisheit nicht an irgend einer Ecke der Stadt, sondern an einem erhöhten, allen zugänglichen Ort. Und wer wird zum
Gastmahl eingeladen?

Doch die «Einfältigen» – das sind die Unentschiedenen, die noch
nicht wissen, welchen Weg sie einschlagen sollen; und die mit «unver-
ständigem Herzen», jene also, denen am Herzen etwas «mangelt». Da
das Herz als Ort der Entscheidung gilt, werden von der Einladung vor
allem diejenigen getroffen, die von Versuchungen zum Bösen ange-
fochten werden. All diesen Wankenden und Schwankenden ruft die
Weisheit zu: «Kommt! Eßt von meinem Brot, und trinkt von meinem
Wein, den ich gemischt habe!» (Vs 5). Die Einladung zum Mahl stellt
die Menschen in die Entscheidung für oder gegen die Weisheit.

Damit schließt die Allegorie, die Bildrede, die wegen ihrer Bildhaf-
tigkeit umso leichter verständlich ist. Die Begegnung mit der Weisheit
gleicht einem Festmahl.

b) Die Weisheitslehre

Mit Vs 6 werden konkrete Verhaltensweisen für konkrete Fälle angegeben. Der *Einfältige* soll sich endlich entscheiden, das Leben suchen und auf dem Weg der Einsicht voranschreiten. Dann wird vor
dem *Spötter* und dem *Frevler* gewarnt, weil bei ihm Zurechtweisung
oder Tadel das Gegenteil erreichen würde; man würde sich nur Schande und Schimpf dabei holen. Beim *Weisen* und *Gerechten* dagegen
bringen Tadel und Belehrung Gewinn: der Weise wird noch weiser,
und der belehrte Gerechte nimmt an Lehre zu.

Das Lied, das so hochpoetisch begonnen hat, mündet also in eine sehr nüchterne Belehrung. Daraus folgt, daß hier die Weisheit, die bei der Erschaffung der Welt zugegen war und vor Gott spielte, nicht weit entfernt in der Verborgenheit Gottes bleibt; ihre Wonne ist es, bei den Menschen zu sein. Ihre Nähe zum Menschen zeigt sie in Anweisungen, die alltägliche Probleme betreffen, und führt so auf den richtigen Weg. Es wird hier also der kühne Versuch unternommen, die kosmische Weisheit mit der ethischen Weisheit gleichzusetzen. Der Mensch wird dadurch aus seiner erdhaften Vereinsamung in die kosmische Weite eingebunden. Somit gibt es keinen Riß oder Abgrund zwischen dem von Gott durch die Weisheit geschaffenen Kosmos und dem Bereich des Menschen. Die vor Gott spielende Weisheit nimmt auch den Menschen in die göttliche Harmonie hinein.

c) Die Frau Torheit

Der «Frau Weisheit» wird in Spr 9, 13 – 18 die Gestalt der «Frau Torheit» gegenübergestellt. In derber Sprache wird berichtet, sie sei «ein brünstiges Weib, das nicht weiß, was» (Vs 13). Auch sie hat sich auf der Höhe der Stadt ein Haus gebaut, wo sie vor der Tür sitzt und die Vorübergehenden zu sich einlädt. Ihr Ruf wirkt verführerisch; denn «gestohlenes Wasser ist süß, und heimliches Brot köstlich» (Vs 17). Doch wer ihr folgt, denkt nicht daran, daß dort die Schatten (*repha'îm*) wohnen und daß die von ihr Eingeladenen in der tiefsten Hölle (*š^e'ôl*) hausen müssen. Der *Harmonie in Gott* wird hier die *Disharmonie der Hölle* gegenübergestellt.

Aus dieser Gegenüberstellung folgt, daß sich das letzte Schicksal des Menschen daran entscheidet, ob er der Weisheit oder der Torheit folgt. Damit sind wir aber im Bereich des Gewissens angelangt. Nach biblischer Auffassung ist das Herz jener Ort, wo die Entscheidung gefällt wird. Daraus könnte man folgern, daß des Menschen Herz auch jener Ort ist, wo Weisheit und Torheit ihr Haus bauen, um den Menschen für sich zu gewinnen.

Welches Menschenbild wird hier sichtbar? Sind die beiden Frauengestalten bloß dichterische Ausschmückung eines psychischen Vorganges im Menschen? Ist der Mensch nicht ein autonomes Wesen, das sich selbst bestimmt? – Sicher trifft der Mensch selbstverantwortlich seine Entscheidung. Aber das Maß, nach dem er entscheidet, stammt nicht von ihm; es ist ihm von der Weisheit mitgegeben. Der gesamte Kosmos wurde durch die Weisheit geschaffen; zum Kosmos gehört auch der Mensch. Daher trägt er von Anbeginn an die Prägung der Weisheit in seinem Wesen / Herzen. Die Weisheit ist Gottes Weisheit und kann daher von Gott nicht getrennt werden. Daher das Axiom im Anschluß an das Lied vom Haus-Bau: Der Anfang der Weisheit ist die Gottesfurcht, und die Anerkennung des Heiligen ist Einsicht» (Vs 9,12). Erst die Ehrfurcht vor Gott und die Anerkennung der Existenz des Numinosen vermitteln die wahre Einsicht in das Wesen des Menschen.

III. SYNTHESIS UND SCHLUSS

Nach der Durchführung der Untersuchung über die *ägyptische Ma'at* und die *biblische Weisheit* ist es kaum mehr notwendig zu sagen, daß eine große Ähnlichkeit oder, auf großen Strecken, sogar Gleichheit zwischen beiden besteht. In beiden Vorstellungen – der *ägyptischen* und der *biblischen* – ist die Weisheit der Erstling der Schöpfung, der Entwurf für die Ur-Ordnung des Seins. Weisheit und Ma'at sind schon vor der Schöpfung da und spielen vor Gott. Das rätselhafte hebräische Wort 'amôn kann man mit Hilfe der ägyptischen Ma'at näher deuten. Die Ma'at wird Tochter genannt; aber nicht bloß das: sie ist der Liebling oder die Geliebte des Gottes; denn der Gott verjüngt sich bei ihrem Anblick, er liebt den Duft ihres Taues, trägt sie als Amulett auf der Brust. Vielleicht war dies für den biblischen Verfasser zu viel. Erst im Hohen Lied wird das Wagnis unternommen, menschliche Liebe mit der göttlichen zu vergleichen. Weisheit ist daher Tochter und Braut Gottes in einem.

Es ist weiters auffallend, daß der biblische Verfasser in der Weisheitsrede zwar auf den š‘ôl, die Hölle zu sprechen kommt, aber das Jenseitsgericht nicht eigens schildert. Hierin ist die ägyptische Fassung sicher der biblischen überlegen. In der Darstellung des Gottesbildes jedoch überragt die biblische Fassung die ägyptische; denn Ma'at erreicht den Rang einer Göttin neben vielen anderen Göttern, die biblische Weisheit steht aber allein vor dem Einen Gott.

Aus der Tatsache, daß die ägyptische Ma'at mit der biblischen Weisheit auf weite Strecken übereinstimmt, muß gefolgert werden, daß der biblische Verfasser die ägyptische Ma'at-Theologie kannte und sie seinem monotheistischen Weltbild entprechend neu formte. Damit sei unser religionsgeschichtlicher Vergleich abgeschlossen.

Zu einer antiken Rede gehört aber, daß am Schluß die Zuhörer persönlich angesprochen werden. Was könnte ich Ihnen anderes sagen als – mit der ägyptischen Ma'at – Ihnen zurufen: Eßt die Ma'at, trinkt die Ma'at; denn ihr Brot ist gut und ihr Bier ist kräftig! – Oder soll ich Ihnen mit der biblischen Weisheit zurufen: Kommt, eßt von meinem Brot und trinkt von meinem Wein, den ich gemischt habe!

Weisheit ist mehr als bloßes Fühlen und Denken; denn Bier und Wein sind berauschende Getränke (und Brot ist Grundnahrung!). Daher gab schon PHILO von Alexandrien dem, der sich mit Theologie – d. i. mit der «Weisheit» – beschäftigt, den Rat, er möge erfüllt sein von «berauschender Nüchternheit» oder vom «nüchternen Rausch»; denn erst dann erschließen sich ihm die unergründlichen Tiefen Gottes, der spielend mit der Weisheit das All erschaffen hat und erhält.

SACHREGISTER

SCHRIFTENREIHE IMAGO MUNDI
(Herausgeber Andreas Resch)

RESCH VERLAG A-6010 INNSBRUCK, MAXIMILIANSTR. 8, PF. 8
Tel. 05222/34772